Gewalt und Erinnerung im ländlichen Raum

Martin Clemens Winter

Gewalt und Erinnerung im ländlichen Raum

Die deutsche Bevölkerung und die Todesmärsche

(M) | METROPOL

Gedruckt mit freundlicher Unterstützung der
Rosa-Luxemburg-Stiftung und der Stiftung Zeitlehren

Ausgezeichnet mit dem Stanislav-Zámecník-Preis des
Comité International de Dachau

Umschlagbild:
Ein deutscher Zivilist transportiert exhumierte Leichen von Häftlingen an einen Ort, wo sie beigesetzt werden sollen, Estedt bei Gardelegen, 11. Mai 1945
United States Holocaust Memorial Museum, courtesy of National Archives and Records Administration, College Park, Fotograf: Don(ald) Bradler/Bradlor

Zugl. Univ. Diss., Fakultät für Geschichte, Kunst- und Orientwissenschaften der Universität Leipzig

ISBN: 978-3-86331-416-3

Ansbacher Straße 70
D–10777 Berlin
www.metropol-verlag.de

Druck: buchdruckerei.de, Berlin

Inhalt

Einleitung ... 9

I. Handlung ... 31

1. Raum ... 31
1.1. Dorf und ländlicher Raum im Nationalsozialismus ... 31
1.2. Quartiere, Haftstätten, Verstecke ... 40
1.3. Mordstätten ... 47
1.4. Graborte ... 55
1.5. Resümee: Gewaltraum Dorf ... 63
2. Akteure ... 65
2.1. Frauen und Männer: Todesmärsche und Geschlecht ... 65
2.1.1. Gerüchte, Befehle und Reaktionen ... 66
2.1.2. Einheimische Akteurinnen ... 73
2.1.3. Weibliche Opfer der Todesmärsche ... 77
2.2. Verwaltung und Partei ... 79
2.2.1. Organisatoren und Verwalter: Die Bürgermeister ... 81
2.2.2. Macher: Ortsgruppenleiter der NSDAP ... 90
2.3. Ordnungsmacht: Polizei und Gendarmerie ... 97
2.3.1. Handlungsspielräume von Polizisten und Gendarmen ... 99
2.3.2. Polizeieinheiten als Ersatzbewachung ... 102
2.4. Die Jungen und die Alten: Hitler-Jugend und Volkssturm ... 112
2.4.1. Junge Veteranen und adoleszente Abenteurer ... 116
2.4.2. Faktotum: Der Volkssturm ... 131
2.4.3. Resümee: HJ und Volkssturm im Umfeld der Todesmärsche ... 143
2.5. Seelsorger und Chronisten: Dorfpfarrer ... 147
3. Situationen ... 154
3.1. Teilnehmende Beobachtung ... 154
3.2. Dokumentation ... 159

3.3. Hilfeleistung 170
3.4. Denunziation 177
3.5. Gestrandete Züge 182
3.6. Befreiung 190
Fazit: Das letzte NS-Gesellschaftsverbrechen 197

II. Ahndung 200

1. US-amerikanische Ermittlungen und Prozesse 200
1.1. Das US-amerikanische War Crimes Program 201
1.2. Die Ermittler und ihr Vorgehen 205
1.3. Zeugen und Täter 210
1.4. Die Todesmärsche in den Dachauer Prozessen 215
1.5. Exkurs: Ermittlungen und Prozesse der sowjetischen Militärjustiz 219
2. Suche nach den Opfern: „Death March Programming" in der US-Zone 224
2.1. Organisation der Suchbüros 225
2.2. Fragebögen und ihre Auswertung 228
2.3. Antworten zu Opfern und Augenzeugen 232
2.4. Auswertung durch die Suchdienste 242
2.5. Exkurs: Opfersuche in der Sowjetischen Besatzungszone 245
2.6. Resümee 249
3. Ermittlungen und Prozesse deutscher Behörden 251
3.1. Rechtliche Rahmenbedingungen und Quellenlage 251
3.2. Ermittlungen und Prozesse in der SBZ/DDR 258
3.2.1. Ermittlungen in der SBZ: Beispiel Sachsen 258
3.2.2. Ermittlungen der politischen Polizei K 5 263
3.2.3. Transitional Justice: Prozesse in der SBZ 1946–1948 267
3.2.4. Ermittlungen des MfS: Beispiel Herzsprung 273
3.3. Ermittlungen und Prozesse in der Bundesrepublik 278
3.3.1. SS-Männer vor Gericht: Beispiel Brunsbüttelkoog 278
3.3.2. Strafverfolgung auf dem Land: Beispiel Bayern 291
3.4. Deutsch-deutsche Ermittlungen: Zentrale Stellen und das MfS 302
3.5. Aushandlungen: Todesmärsche vor Gericht 311

3.5.1. Raum: Strafverfahren im Dorf ... 311
3.5.2. Akteure: Täterbilder, Alter und Geschlecht ... 319
3.5.3. Situation: Befehlsnotstand und Massenpsychose ... 328
Fazit: Die Ahndung von Todesmarschverbrechen nach 1945 ... 333

III. Erinnerung ... 338

1. Der Umgang mit den Toten ... 338
1.1. Umbettungen in Bayern ... 338
1.2. Konfrontationen I: Befreier und Bevölkerung ... 341
1.3. Umbettungen in Sachsen ... 345
1.4. Konfrontationen II: Überlebende und Einheimische ... 351
2. Kampf um die Denkmäler ... 370
2.1. „Denkmalinflation" und Verwahrlosung in der SBZ/DDR ... 370
2.2. Missliebige Erinnerungszeichen: KZ-Gräber in Bayern ... 375
2.3. Räumliche Zentralisierung und ideologische Engführung ab 1950 ... 381
3. Die Todesmärsche im Geschichtsbild der SED 1950–1980 ... 388
4. Die Todesmärsche in der Erinnerungskultur der 1980er-Jahre ... 409
4.1. „Junge Historiker" und Geschichtswerkstätten ... 410
4.2. Denkmäler an Routen der Todesmärsche ... 423
5. Neue Perspektiven nach 1990 ... 440
5.1. Neue und alte Denkmäler ... 442
5.2. Die Ära der Augenzeugen ... 447
Fazit und Ausblick: Todesmärsche erinnern ... 450

Schlussbetrachtung ... 455

Dank ... 471
Abkürzungen ... 473
Quellen- und Literaturverzeichnis ... 476
Ortsregister ... 526

Einleitung

Quenstedt, mitten in Deutschland

„I take a quick look around. Now or never! And off I go. Through the bushes, I reach the road that leads to the village." Louis de Wijze, holländischer Jude, 22 Jahre alt und Häftling des Buchenwalder KZ-Außenlagers Langenstein-Zwieberge bei Halberstadt, ist auf der Flucht. Wenige Tage zuvor, am 9. April 1945, ist er zusammen mit Tausenden Gefangenen ostwärts getrieben worden, weg von der sich aus Westen nähernden US-Armee, in Richtung eines ungewissen Ziels. Die Häftlinge nennen diese Räumungstransporte „Todesmärsche", denn Fliehende und Zurückbleibende werden von den Wachmannschaften erschossen. In der Abenddämmerung nutzt Louis de Wijze einen günstigen Moment und springt unbemerkt ins Gebüsch. Abgehetzt erreicht er ein Bauernhaus. Licht brennt, Stimmen von Kindern sind zu hören. Er fasst sich ein Herz, klopft an die Tür und tritt ein. Fünf Augenpaare sind auf ihn gerichtet – der Bauer, seine Frau und ihre drei Kinder starren den KZ-Häftling an. Der fleht um Hilfe, bittet um einen Schlafplatz in der Scheune, um dort auf die Amerikaner zu warten. Doch der Bauer lehnt ab und fordert ihn auf zu gehen, er könne nichts für ihn tun, seine Familie nicht in Gefahr bringen. Louis de Wijze verlässt das Haus, verzweifelt wägt er seine Situation ab. Er weiß, dass die Bedrohung nicht nur von den uniformierten Bewachern ausgeht: „But what chance do I stand if I keep wandering around? Nobody is going to help an escaped prisoner in these lifethreatening circumstances. It is not unthinkable that they might even surrender me. It may sound strange, but maybe the safest place to be is among my own group of prisoners."[1] Und so bricht er seinen Fluchtversuch ab und kehrt unbemerkt zur Kolonne zurück, die auf einem Sportplatz Rast macht. Einige Tage später flieht er erneut und überlebt.

Louis de Wijze hat ein gutes Gespür. In den Dörfern entlang der Marschroute gerät die Bevölkerung in Aufregung. Gerüchte gehen den Kolonnen voraus – Tausende Kriminelle hätten sich aus einem Lager befreit, plündernd würden sie ostwärts marodieren. Hitler-Jugend und Volkssturm werden alarmiert.

1 Louis de Wijze, Only My Life. A Survivor's Story, New York 1997, S. 150 f.

Bewaffnete Patrouillen sollen die Dörfer schützen, panische Dorfbewohnerinnen und -bewohner feuern sie an, mit den Häftlingen kurzen Prozess zu machen.

Zahlreiche Gefangene ergreifen die Flucht, um dem mörderischen Gewaltmarsch zu entgehen. Ein anderer jüdischer Häftling ist über Auschwitz, Groß-Rosen und Buchenwald nach Langenstein-Zwieberge gekommen. Nun, nach vier Marschtagen, hat seine Kolonne Quenstedt erreicht, eine verschlafene Ortschaft im östlichen Harzvorland mit etwa Tausend Einwohnerinnen und Einwohnern. Dort flieht er nachts vom Todesmarsch und klopft ebenfalls an die Tür eines Hauses. Zu seinem Entsetzen öffnet ein Mann in Wehrmachtsuniform, doch der gibt ihm tatsächlich einen ganzen Laib Brot und verschwindet wieder im Haus. Der geflohene Häftling verkriecht sich in einer Hütte in der Nähe und schläft erschöpft ein. Am nächsten Morgen wird er von Hundegebell geweckt. Zwei Männer des örtlichen Volkssturms nehmen ihn fest und wollen ihn zurück zur Kolonne bringen – gemeinsam mit acht weiteren Aufgegriffenen. Nur eine erneute Flucht kann das Leben des Häftlings retten. Er rennt kurz entschlossen in den Wald und hat Glück – keiner der Schüsse, die ihm um die Ohren pfeifen, trifft. Erschöpft irrt er durch das Unterholz, bricht schließlich zusammen und verliert das Bewusstsein. Als er wieder erwacht, befindet er sich unter amerikanischen Soldaten, die ihn notdürftig versorgen.

Zu diesem Zeitpunkt ergeht andernorts der Befehl Himmlers, dass kein Häftling lebend von den Alliierten befreit werden soll. Weitere Lagerkomplexe, die zuvor selbst Ziel von Transporten waren, werden geräumt: Flossenbürg, Dachau, Sachsenhausen, Ravensbrück. Innerhalb des immer schmaler werdenden Korridors zwischen den Alpen und der Ostsee mäandern die Kolonnen über die Landstraßen und durch die Dörfer. Tausende Leichen säumen den Weg. Häftlinge sterben an Hunger, Kälte und Erschöpfung. Sie werden bei Schwäche von Wachmannschaften erschossen oder nach Fluchtversuchen auf „Hasenjagden" von Einheimischen getötet. Nach einem britischen Luftangriff in der Neustädter Bucht, bei dem auch KZ-Schiffe mit Gefangenen getroffen werden, ertrinken Tausende von ihnen. Andere werden in Güterwaggons eingepfercht auf Bahnstrecken „vergessen". Erst Anfang Mai werden die letzten Überlebenden auf den Räumungstransporten befreit.

Als der in Quenstedt geflohene Häftling wieder bei Kräften ist, wird er Dolmetscher für die Besatzungstruppen und feiert am 8. Mai sowohl das Ende des Krieges in Europa als auch seinen 21. Geburtstag, den er einen Tag zuvor erleben durfte. Überall in der Gegend finden die US-Soldaten in diesen Tagen tote Häftlinge. Sie liegen unbestattet am Wegesrand oder hastig verscharrt in Erdlöchern. Bei Ermsleben, einem Nachbarort von Quenstedt, gräbt ein Hund Leichenteile aus; ein weiterer Toter wird in einer Aschegrube gefunden. Einige Kilometer westlich, in Strenznaundorf, lassen die Amerikaner vier ermordete KZ-Häftlinge, die von Dorfbewohnern auf einem Acker vergraben wurden, auf dem örtlichen Friedhof beisetzen. Die einheimischen Kinder sehen mit Sorge auf die Gerätschaften, die dort, auf einem Hügel inmitten des Dorfes, aufgebaut werden. Wieder machen angstvolle Spekulationen die Runde: Sind das Gewehre? Sollen Einwohner zur Strafe für die im Ort begangenen Verbrechen erschossen werden? Erleichterung macht sich erst breit, als sich herausstellt, dass die Amerikaner Kameras und Stative positionieren, um das „Sühnebegräbnis" von der Friedhofsmauer aus zu filmen. Sie wollen festhalten, wie die Deutschen den verhassten „Untermenschen" erzwungenermaßen die letzte Ehre erweisen.

Einzelne Beteiligte aus der Ortschaft werden verhaftet; um ihr Schicksal werden sich noch jahrzehntelang weitere Gerüchte ranken. Doch die amerikanische Besatzung währt nur kurz, und die meisten Ermittlungsakten werden ohne Ergebnis geschlossen. Nach wenigen Wochen schon gehört die Region zur Sowjetischen Besatzungszone. Bald ermittelt die K 5, die politische Polizei, aus der später das Ministerium für Staatssicherheit werden soll, wegen der Morde im April 1945 in der Gegend. Staatsanwälte ermahnen die Polizisten: Hier muss breit gefahndet werden. Wer aus der Ortschaft hat diese Taten unterstützt und befeuert? Wieder kommt Unruhe in den Dörfern auf. Einzelne, die belastende Aussagen machen, werden als Denunzianten beschimpft, von der Dorfgemeinschaft geschnitten und selbst von engsten Angehörigen mit Gewalt bedroht. Allein aus Quenstedt stehen sieben Einwohner vor Gericht, etliche weitere aus umliegenden Ortschaften. Ende 1949 sind die Prozesse abgeschlossen, zahlreiche Einheimische erhalten mehrjährige Haftstrafen.

Quenstedt gehört nun zur neu gegründeten „antifaschistischen" DDR. Hier soll das „Vermächtnis" der KZ-Häftlinge in die Tat umgesetzt werden. Um das zu demonstrieren, werden Gedenksteine an den Gräbern der Toten errichtet. Auf dem Quenstedter Friedhof mahnt einer von ihnen, hier seien „8 unbekannte Opfer des Faschismus zur letzten Ruhe gebettet".

Sind dies die acht Häftlinge, die damals vom örtlichen Volkssturm aufgegriffen wurden? Der neunte, überlebende, versucht von Frankfurt am Main aus, den Ort seiner Befreiung im Mansfelder Land aufzusuchen. Als er dafür um ein Einreisevisum bittet, fordern ihn die DDR-Behörden auf nachzuweisen, dass er wirklich KZ-Häftling war. Erst nach mehreren Monaten, als er Unterlagen des Internationalen Suchdienstes in Bad Arolsen vorlegen kann, erhält er die entsprechende Bescheinigung. In der DDR werden die Toten geehrt, ihre Denkmäler gepflegt und akribisch in Broschüren dokumentiert, doch der Besuchswunsch des Überlebenden aus der Bundesrepublik ist verdächtig und gerät zum Politikum.

Und in Westdeutschland? Spät, in den siebziger Jahren, wird in der Bundesrepublik zum Außenlager Halberstadt und dessen Evakuierung ermittelt. Überlebende Häftlinge werden befragt, aber auch mutmaßliche Täter. Der stellvertretende Kommandoführer ist mittlerweile über 60 Jahre alt und Rentner. Er sagt aus, er habe als Führer des Evakuierungsmarsches Gefangenen Entlassungsscheine ausgestellt und den Wachposten verboten, auf Häftlinge zu schießen. Das Verfahren wird 1975 ohne Ergebnis eingestellt.

Im Jahr 1997 ist der überlebende Häftling zurück in Quenstedt. Die Grenze zwischen Ost- und Westdeutschland ist mittlerweile gefallen. Nun dreht der südwestdeutsche Rundfunk eine Reportage über seine Haftzeit und die Befreiung. Er gilt jetzt als einer der „Zeitzeugen" des Holocaust, die – wie langsam allen bewusst wird – immer weniger werden. Nach einiger Zeit finden sie den Gedenkstein aus DDR-Zeiten. Der Überlebende bemerkt: „Die Inschrift auf der Grabplatte hätte neun statt acht Häftlinge verzeichnet, wenn die Volkssturm-Männer entweder bessere Schützen oder schlechtere Menschen gewesen wären."[2]

Am 27. Januar 2005 steht dieser Mann hochbetagt vor dem Deutschen Bundestag und hält eine Rede anlässlich des offiziell begangenen Gedenktags für die Opfer des Nationalsozialismus. Gleich zu Beginn seiner Ansprache äußert er die Hoffnung, dass die historische Forschung sich dem Thema der Todesmärsche annehmen möge, diesen „sich auf Deutschlands Straßen abspielenden tausendfachen Tragödien".[3] Der Mann weiß, wovon er spricht, nicht nur als Überlebender der Konzentrationslager und der Räumungstransporte, sondern auch als Historiker. Es ist Arno Lustiger, der 40 Jahre nach seiner lebensrettenden Flucht bei Quenstedt begann, dem jüdischen Widerstand einen Platz in der Geschichtsschreibung zum Nationalsozialismus einzuräumen. Er stirbt 2012, kurz nach seinem 88. Geburtstag.

Quenstedt liegt mitten in Deutschland. Diese Episode ist nur ein Beispiel für zahlreiche Orte, in denen sich im Frühjahr 1945 Ähnliches abgespielt und jahrzehntelang vergleichbare Wirkungen hinterlassen hat. Die Todesmärsche und Räumungstransporte haben Gemeinden wie Quenstedt zu Tatorten gemacht, aber auch zu Orten der Befreiung und des Überlebens. Was in Ortschaften wie

2 Arno Lustiger, Deportiert ins KZ Langenstein-Zwieberge – Erinnerungen, in: Jutta Dick/ Marina Sassenberg (Hrsg.), Wegweiser durch das jüdische Sachsen-Anhalt, Potsdam 1998, S. 326–333, hier S. 332 f.

3 Rede von Professor Arno Lustiger bei der Gedenkstunde im Deutschen Bundestag zur Erinnerung an die Opfer des Nationalsozialismus am 60. Jahrestag der Befreiung des Konzentrationslagers Auschwitz, 27. 1. 2005, online unter: http://www.lpm.uni-sb.de/typo3/fileadmin/Benutzer/lpb/pdf/pdf2012/Rede_Prof.Lustiger.Gedenkstunde_Bundestag-2005.pdf [20. 4. 2016].

Quenstedt geschehen ist, wird über die Jahre immer wieder thematisiert, erklärt und interpretiert, juristisch, politisch oder moralisch eingeordnet. Davon handelt dieses Buch.

Forschungsstand, Fragestellung und Aufbau der Arbeit

Seit Arno Lustiger vor über zehn Jahren im Bundestag angemahnt hat, die Todesmärsche genauer wissenschaftlich zu erforschen, hat sich viel getan. Nach jahrzehntelanger eher stiefmütterlicher Behandlung gehört die „Endphase" des Dritten Reichs inzwischen zu den von der Historiografie intensiv untersuchten Teilaspekten des Nationalsozialismus.[4] Aber auch die zuvor erschienenen Beiträge, die ab den 1980er-Jahren vor allem aus dem Ausland kamen, dürfen nicht übersehen werden.[5] Nachdem die Todesmärsche lange eher ein Thema für Heimatforscher und engagierte Hobby-Historiker waren, liegen insbesondere seit den 1990er-Jahren zahlreiche Studien zur Schlussphase und Evakuierung verschiedener Lager[6] sowie einzelner Verbrechen im Umfeld der Räumungs-

4 Jörg Hillmann/John Zimmermann (Hrsg.), Kriegsende 1945 in Deutschland, München 2002; Bernd-A. Rusinek (Hrsg.), Kriegsende 1945. Verbrechen, Katastrophen, Befreiungen in nationaler und internationaler Perspektive, Göttingen 2004; Cord Arendes/Edgar Wolfrum/Jörg Zedler (Hrsg.), Terror nach Innen. Verbrechen am Ende des Zweiten Weltkrieges, Göttingen 2006; Richard Bessel, Germany 1945. From War to Peace, London/New York/Sydney/Toronto 2009; Ian Kershaw, Das Ende. Kampf bis in den Untergang. NS-Deutschland 1944/45, München 2011.

5 Yehuda Bauer, The Death-Marches, January-May 1945, in: Modern Judaism 3 (1983) 1, S. 1–21; Shmuel Krakowski, The End of the Holocaust. The Death Marches in the Period of the Evacuation of the Camps, in: Yisrael Gutman/Avital Saf (Hrsg.), The Nazi Concentration Camps. Structure and Aims, the Image of the Prisoner, the Jews in the Camps. Proceedings of the Fourth Yad Vashem International Historical Conference, January 1980, Jerusalem 1984, S. 475–489. Als frühen Beitrag vgl. auch die wenig rezipierte Dokumentation von Irena Malá/Ludmila Kubátova, Pochody Smrti, Prag 1965.

6 Andrzej Strzelecki, Endphase des KL Auschwitz. Evakuierung, Liquidierung und Befreiung des Lagers, Oświęcim-Brzezinka 1995; Sigrid Jacobeit (Hrsg.), „Ich grüße Euch als freier Mensch". Quellenedition zur Befreiung des Frauen-Konzentrationslagers Ravensbrück im April 1945, Berlin 1995; Beiträge zur Geschichte der nationalsozialistischen Verbrechen in Norddeutschland 2 (1995); Günter Morsch/Alfred Reckendrees (Hrsg.), Befreiung Sachsenhausen 1945, Berlin 1996; Gerhard Hoch, Von Auschwitz nach Holstein. Die jüdischen Häftlinge von Fürstengrube, Hamburg 1998; Joachim Neander, Das Konzentrationslager „Mittelbau" in der Endphase der nationalsozialistischen Diktatur. Zur Geschichte des letzten im „Dritten Reich" gegründeten selbständigen Konzentrationslagers unter besonderer Berücksichtigung seiner Auflösungsphase, Clausthal-Zellerfeld 1999; verschiedene

transporte vor.[7] Im Jahr 2008 erschien mit Katrin Greisers grundlegender Arbeit zu den Todesmärschen von Buchenwald eine erste Monografie, die sich dezidiert und ausführlich der Räumung eines KZ-Komplexes widmete.[8] Anknüpfend an diese Ergebnisse wurden übergreifende Betrachtungen und Analysen zumeist in Form kürzerer Überblicksbeiträge publiziert.[9] Ausstellungen haben inzwischen die Erträge der Historiografie einem breiteren Publikum zugänglich gemacht,[10] und es liegen erste Literaturberichte vor, die die Forschungen zu den Todesmärschen systematisierend in den Blick nehmen.[11] Im Jahr 2011 – Arno Lustiger

Beiträge in: Dachauer Hefte 20 (2004); Detlef Garbe/Carmen Lange (Hrsg.), Häftlinge zwischen Vernichtung und Befreiung. Die Auflösung des KZ Neuengamme und seiner Außenlager durch die SS im Frühjahr 1945, Bremen 2005; Simone Erpel, Zwischen Vernichtung und Befreiung. Das Frauen-Konzentrationslager Ravensbrück in der letzten Kriegsphase, Berlin 2005; Marc Buggeln, Arbeit & Gewalt. Das Außenlagersystem des KZ Neuengamme, Göttingen 2009, S. 625–657; Eleonore Lappin, Ungarisch-Jüdische Zwangsarbeiter und Zwangsarbeiterinnen in Österreich 1944/45. Arbeitseinsatz – Todesmärsche – Folgen, Wien/Berlin/Münster 2010; Jean-Luc Blondel/Susanne Urban/Sebastian Schönemann (Hrsg.), Auf den Spuren der Todesmärsche, Göttingen 2012.

7 Mijndert Bertram, April 1945. Der Luftangriff auf Celle und das Schicksal der KZ-Häftlinge aus Drütte, Celle 1989; Diana Gring, Die Todesmärsche und das Massaker von Gardelegen. NS-Verbrechen in der Endphase des Zweiten Weltkrieges, Gardelegen 1993.

8 Katrin Greiser, Die Todesmärsche von Buchenwald. Räumung, Befreiung und Spuren der Erinnerung, Göttingen 2008.

9 Daniel Blatman, Die Todesmärsche – Entscheidungsträger, Mörder und Opfer, in: Ulrich Herbert/Karin Orth/Christoph Dieckmann (Hrsg.), Die nationalsozialistischen Konzentrationslager. Entwicklung und Struktur, Bd. II, Göttingen 1998, S. 1063–1092; Daniel Blatman, The Death Marches, January-May 1945. Who Was Responsible for What?, in: Yad Vashem Studies 28 (2000), S. 155–201; Gabriele Hammermann, Die Todesmärsche aus den Konzentrationslagern 1944/1945, in: Arendes/Wolfrum/Zedler, Terror, S. 122–148; Daniel Blatman, Rückzug, Evakuierung und Todesmärsche 1944–1945, in: Wolfgang Benz/Barbara Distel (Hrsg.), Der Ort des Terrors. Geschichte der nationalsozialistischen Konzentrationslager, Bd. 1: Die Organisation des Terrors, München 2005, S. 296–312. Zuletzt Jens-Christian Wagner, Mörderisches Ende: Todesmärsche, Räumungstransporte und die Auflösung der Konzentrationslager, in: Konzentrationslager. Studien zur Geschichte des NS-Terrors 1 (2015), S. 17–36.

10 Katharina Hertz-Eichenrode (Hrsg.), Ein KZ wird geräumt. Häftlinge zwischen Vernichtung und Befreiung. Die Auflösung des KZ Neuengamme und seiner Außenlager durch die SS im Frühjahr 1945. Katalog zur Wanderausstellung, Bremen 2000; Regine Heubaum/Jens-Christian Wagner (Hrsg.), Zwischen Harz und Heide. Todesmärsche und Räumungstransporte im April 1945. Begleitband zur Wanderausstellung, Göttingen 2015.

11 Martin Clemens Winter/Katrin Greiser, Untersuchungen zu den Todesmärschen seit 1945, in: Blondel/Urban/Schönemann, Spuren, S. 73–84; Daniel Blatman, On the Traces of the Death Marches. The Historiographical Challenge, in: ebenda, S. 85–107.

durfte es noch erleben – erschien die erste monografische Gesamtdarstellung von Daniel Blatman auch auf Deutsch.[12]

Bislang sind in zusammenfassenden und kontextualisierenden Studien vier Analyse- und Erklärungsmuster für die Todesmärsche vorgebracht worden. Die Räumungstransporte werden demnach entweder als antisemitische Mordmethode, die letzte Phase des KZ-Systems, ein Sonderfall von Völkermord oder als Teil der „Verbrechen der Endphase" interpretiert.[13]

Eine erste Einordnung legte Mitte der 1990er-Jahre Daniel Jonah Goldhagen vor, der die Todesmärsche als eine von drei „Mordinstitutionen" zur Vernichtung der europäischen Juden begriff.[14] Goldhagen war – um seine These vom „eliminatorischen Antisemitismus" zu erhärten – der Meinung, die Todesmärsche hätten sich in besonderem Maße gegen die jüdischen Häftlinge gerichtet und ausschließlich deren qualvolle Ermordung zum Ziel gehabt: „Die Todesmärsche waren nichts anderes als eine Fortsetzung der Konzentrations- und Vernichtungslager, ein Werk Hitlers und all der Deutschen, die zur Ausrottung eines unschuldigen Volkes beitrugen."[15]

Die Erkenntnisse der KZ-Forschung stehen dieser radikal-intentionalistischen Schlussfolgerung entgegen. So legte Karin Orth in ihrer „politischen Organisationsgeschichte" der Konzentrationslager auch in Bezug auf die Todesmärsche eine funktionalistische Perspektive vor. Im Anschluss an die von ihr konstatierten mehrfachen Funktionswechsel des Lagersystems interpretierte sie die KZ-Räumungen als „letzte[n] Funktionswandel", der „zur endgültigen Katastrophe, […] in die Apokalypse der Todesmärsche" geführt habe.[16] Daran anknüpfend schloss Katrin Greiser aus ihren Befunden zur Räumung des KZ Buchenwald: „Die Todesmärsche waren also Konzentrationslager auf Wanderschaft, die Transporte rollende Konzentrationslager. […] Es scheint, dass man gar nicht von einem Chaos

12 Daniel Blatman, Die Todesmärsche 1944/45. Das letzte Kapitel des nationalsozialistischen Massenmords, Reinbek bei Hamburg 2011.

13 Diese Synthese habe ich in ähnlicher Form knapp ausgeführt in: Martin Clemens Winter, Evacuating the Camps: The Last Collective Crime of Nazi Society, in: Dapim: Studies on the Holocaust 29 (2015) 3, S. 138–153, hier S. 139. Dort bin ich von fünf maßgeblichen Analysemustern ausgegangen, jedoch inzwischen zu der Ansicht gelangt, dass sich Orths und Greisers Interpretationen weniger voneinander abgrenzen, als vielmehr gemeinsam in die unten dargestellte Tradition der KZ-Forschung einordnen lassen.

14 Daniel Jonah Goldhagen, Hitlers willige Vollstrecker. Ganz gewöhnliche Deutsche und der Holocaust, Berlin 1996, S. 39.

15 Ebenda, S. 436.

16 Karin Orth, Das System der nationalsozialistischen Konzentrationslager. Eine politische Organisationsgeschichte, Hamburg 1999, S. 340.

in der Endphase sprechen kann, sondern von einer Variante eines immer noch recht stabilen KZ-Systems."[17] Auch in den jüngsten Monografien, die das System der Konzentrationslager insgesamt in den Blick nehmen, sind die Räumungstransporte in dessen Entwicklung eingeordnet worden. Stefan Hördler bezeichnete die Lagerevakuierungen im April/Mai 1945 als letzte „Phase quasi nach dem System".[18] Nikolaus Wachsmann erkennt in den Todesmärschen die mörderische Beschleunigung schon länger bestehender Tendenzen des Lagersystems.[19]

Demgegenüber schlug drittens Daniel Blatman in seiner großen Studie vor, die Todesmärsche von der Geschichte der Lager zu entkoppeln,[20] als „eigenständiges Kapitel [...] in der Geschichte des nationalsozialistischen Völkermords"[21] und „Sonderfall eines Genozids" zu begreifen, „der in vieler Hinsicht an die bisherige Vernichtung und die Shoah anknüpft".[22]

Zuletzt werden die Todesmärsche von einigen Historikerinnen und Historikern mittlerweile in das breitere Gewaltgeschehen der sogenannten Endphaseverbrechen im Zweiten Weltkrieg eingeordnet, dem ebenso ausländische Zwangsarbeiter, Wehrmachtsdeserteure oder „Defätisten", aber auch abgeschossene alliierte Flugzeugbesatzungen[23] zum Opfer fielen. So definierte Diana Gring Todesmarschverbrechen als „nicht-stationär verübte NS-Gewalttaten in der Kriegsendphase, die im Zusammenhang mit den Räumungen der Konzentrationslager standen und während der Märsche bzw. an den entsprechenden Aufenthalts- und Endpunkten des Routenverlaufs verübt wurden".[24] Sven Keller versteht diese Taten als letztes Aufbäumen der „Volksgemeinschaft", die in einem finalen Gewaltexzess als „Selbstvergewisserung und der Machtdemonstration" unter Beweis stellen wollte, dass sie „noch nicht am Ende war, dass die eigenen Werte und die eigene Identität nach wie vor Gültigkeit beanspruchen und notfalls gewaltsam durchgesetzt werden konnten".[25]

17 Greiser, Todesmärsche, S. 137.

18 Stefan Hördler, Ordnung und Vernichtung. Das KZ-System im letzten Kriegsjahr, Göttingen 2015, S. 468.

19 Nikolaus Wachsmann, KL. Die Geschichte der nationalsozialistischen Konzentrationslager, München 2016, S. 665.

20 Blatman, Todesmärsche, S. 21.

21 Ebenda, S. 27.

22 Ebenda, S. 690.

23 Hierzu zuletzt Georg Hoffmann, Fliegerlynchjustiz. Gewalt gegen abgeschossene alliierte Flugzeugbesatzungen 1943–1945, Paderborn 2015.

24 Diana Gring, Das Massaker von Gardelegen, in: Dachauer Hefte 20 (2004), S. 112–126, hier S. 113.

25 Sven Keller, Volksgemeinschaft am Ende. Gesellschaft und Gewalt 1944/45, München 2013, S. 434.

Alle diese Einordnungen und Interpretationen haben unser Verständnis für die Räumung der Konzentrationslager und die Umstände, die zu ihnen führten, ungemein bereichert: die anhaltende Wirksamkeit antisemitischer und rassistischer Ideologie, Entwicklungen im System der Konzentrationslager und strukturelle Kontinuitäten im Angesicht des sich ankündigenden Zusammenbruchs, einhergehend mit genozidalen Einstellungen breiter Teile der beteiligten Akteure, eingebettet in den Kontext außerordentlicher Gewaltexzesse inmitten der nationalsozialistischen Gesellschaft der Kriegsendphase.

Nicht zuletzt haben die jüngeren Studien die Beteiligung der Einheimischen hervorgehoben. So fasste Katrin Greiser zusammen: „Auch das Verhalten der Zivilbevölkerung passte sich den Strukturen des KZ-Systems weiterhin an, und das bedeutete in der Hauptsache: Sie hielten sich fern. Ihre weitgehende Passivität und teilweise aktive Unterstützung der Wachmannschaften demonstrierte, dass im Prinzip nichts Ungewöhnliches geschah und sie das Geschehen akzeptierten."[26]

Daniel Blatman hat die Rolle der lokalen Bevölkerung besonders betont. Er erkennt während der Todesmärsche „das Auftreten einer neuen Gemeinschaft von Mördern, einer ‚lokalen Abwicklungsgemeinschaft', deren Mitglieder sowohl altgediente Mörder waren (die SS-Aufseher), die gemeinsam mit den Häftlingen aus den Lagern im Osten eintrafen, als auch Personen, die sich dem mörderischen Treiben erst anschlossen, als es ihr Lebensumfeld und ihre Familie unmittelbar betraf: Mitglieder des Volkssturms, Polizisten, lokale Parteifunktionäre, Angehörige der Hitlerjugend und andere Normalbürger".[27]

Und laut Sven Keller wurde die einheimische Bevölkerung im Angesicht der Räumungstransporte „zum Mitwisser, ja Komplizen an den Massenverbrechen des NS-Regimes – zumindest dort, wo sie durch die Beteiligung an der Jagd auf entflohene Häftlinge nicht ohnehin zum unmittelbar Tatbeteiligten und Mittäter wurde".[28]

Dennoch lassen die angeführten Interpretationsmuster im Hinblick auf die soziale Dimension der Todesmärsche, die meines Erachtens das signifikante und nach wie vor erklärungsbedürftige Merkmal dieses Verbrechenszusammenhangs ausmacht, Fragen offen. Selbst Daniel Goldhagen nutzte dieses Potenzial für die von ihm vorgelegte eindimensionale pauschale Charakterisierung der Deutschen als fanatische Judenmörder kaum. Er konzentrierte sich in seinen Kapiteln zu den Räumungstransporten fast ausschließlich auf die Akteure

26 Greiser, Todesmärsche, S. 452 f.

27 Blatman, Todesmärsche, S. 692.

28 Keller, Volksgemeinschaft, S. 422.

aus den SS-Wachmannschaften und schenkte der Zivilbevölkerung erstaunlich wenig Beachtung.[29]

Karin Orths konzise Studie hat viel zum Wissensstand über die Befehlswege im Vorfeld der Evakuierungen und deren Ablauf beigetragen. Doch ihr Untersuchungsansatz benötigte keine nähere Untersuchung der lokalen Gegebenheiten auf der Mikro-Ebene und stellte somit das KZ-System während seiner Auflösung relativ unverbunden mit dem gesellschaftlichen Kontext dar.[30] Auch wenn es wichtig ist, strukturelle Kontinuitäten vor und während der Räumung der Lager zu beachten, erscheint Katrin Greisers These von der nahezu ungebrochenen Funktionstüchtigkeit der zentralen bürokratischen und organisatorischen Strukturen in Anbetracht der tatsächlich häufig recht chaotischen Verhältnisse auf den Transporten übertrieben.[31] Mit Blick auf die Akteure stellte sie ihrer Arbeit voran: „Die Täter, Opfer und Zuschauer waren zwar während der Todesmärsche eng miteinander verbunden, aber sie hatten (fast) nichts gemeinsam und kannten einander nicht."[32] Diese Adaption des Hilbergschen Modells, die ihre Studie gliedert, erscheint mir in mancherlei Hinsicht zu statisch, um die zeitlichen, räumlichen und insbesondere die sozialen Dynamiken während der Todesmärsche genauer zu erfassen.[33]

Daniel Blatman hat die Morde an KZ-Häftlingen während der Evakuierungen der Lager als arbeitsteilige Kollektivtaten beschrieben, bei denen die Kooperation der Mörder spontan und ohne größere Schwierigkeiten abgelaufen sei. Allerdings ist durchaus fraglich, ob sich die „Teilchen in diesem Mordpuzzle" tatsächlich so zielgerichtet und problemlos zum „großen Ganzen" zusammenfügten[34] oder ob nicht weitaus differenziertere und widersprüchlichere Prozesse zu konstatieren sind. In dem Zusammenhang ist abzuwägen, ob das Beispiel, das Blatman für seine minutiöse Rekonstruktion von Todesmarschverbrechen gewählt hat – das Massaker von Gardelegen –, tatsächlich als paradigmatisch gelten kann, oder ob es sich dabei, gemessen an Größenordnung, Verbrechensdynamik und situativem Kontext, nicht um eine exzeptionelle Gräueltat

29 Lediglich kurze Passagen bzw. die dazugehörigen Endnoten befassten sich damit. Goldhagen, Vollstrecker, S. 428 f.

30 Orth, System, S. 270–336.

31 Vgl. dazu auch Blatman, Todesmärsche, S. 678 f.

32 Greiser, Todesmärsche, S. 11.

33 Vgl. zur Kritik an Hilbergs Modell in Bezug auf den Holocaust: Frank Bajohr/Andrea Löw, Tendenzen und Probleme der neueren Holocaust-Forschung: Eine Einführung, in: dies. (Hrsg.), Der Holocaust. Ergebnisse und neue Fragen der Forschung, Frankfurt a. M. 2015, S. 9–30, hier S. 10–13.

34 Blatman, Todesmärsche, S. 670.

handelte.[35] Obwohl Blatman seine Untersuchung der Todesmärsche instruktiv mit aktuellen Forschungen zu NS-Tätern und Theorien zu genozidalen Dynamiken verbindet, legt er ein widersprüchliches Resümee vor. Einerseits erkennt er in den Todesmarschverbrechen das Wirken einer „mörderischen"[36] beziehungsweise „eliminatorischen Ideologie"[37] und erklärt in Bezug auf die einheimischen Mörder: „Die Einheitlichkeit ihres Verhaltens wurde de facto durch die genozidäre Mentalität diktiert, die die Gesellschaft, in der sie lebten, schon lange beherrschte."[38] Andererseits identifiziert er ebenso eine „existenzialistisch-utilitaristische Motivation", den Willen, „das eigene Heim und die Familie in den bevorstehenden Tagen der Ungewissheit zu schützen",[39] und betont die Notwendigkeit einer „gewissen sozialen Dynamik", um aus Ideologie einen kollektiven Gewaltausbruch werden zu lassen.[40] Da er sich jedoch genau dieser Dynamik nur in Bezug auf die Täter und deren mutmaßliche Vorstellungen über die Opfer nähert, steht am Ende eine quasi intentionalistische Aufzählung gemeinschaftlicher Motive zum Mord, die zwar mit guten Gründen angenommen, aber nur schwer aus den Quellen abgeleitet werden können.[41] So werden die Taten der Mörder zwar dicht beschrieben, aber kaum in einen breiteren sozialen Kontext eingebettet.

In Bezug auf andere Gewalttaten in den letzten Kriegswochen findet sich eine solche Kontextualisierung in den Untersuchungen zu den „Endphaseverbrechen". Aber auch hier liegt – etwa in der aktuellen Studie von Sven Keller – der Schwerpunkt stark auf den Direkttätern. Dies hängt insbesondere mit den von ihm verwendeten Quellen zusammen. In den Urteilstexten aus Strafprozessen, auf denen Kellers Arbeit basiert, sind neben den angeklagten Hauptverdächtigen andere Akteure, die das Tatgeschehen in einem außerjuristischen, sozialgeschichtlichen Sinne prägten, kaum repräsentiert.[42]

Zusammenfassend liegen mittlerweile hervorragende, detaillierte und differenzierte Erkenntnisse vor, was die letzten Monate des KZ-Systems, die Räumungsbefehle, die Organisation seitens der NS-Institutionen, die Zusammen-

35 Zur dieser Kritik vgl. meine Besprechung von Blatmans Buch in: H-Soz-Kult, 25. 3. 2011, online unter http://www.hsozkult.de/publicationreview/id/rezbuecher-15746 [21. 4. 2016), ebenso die Rezension von Jens-Christian Wagner in: English Historical Review 128 (2013) 532, S. 739–741 sowie Wachsmann, KL, S. 678.

36 Blatman, Todesmärsche, S. 688.

37 Ebenda, S. 689.

38 Ebenda, S. 696.

39 Ebenda, S. 705.

40 Ebenda, S. 701.

41 Ebenda, S. 698–706.

42 Dies wird von Keller selbst problematisiert. Vgl. Keller, Volksgemeinschaft, S 10.

setzung der Tätergruppen und deren mutmaßliche ideologische Dispositionen betrifft. Dass sich ein breites Spektrum aus der lokalen Bevölkerung dabei nicht nur passiv verhielt, sondern auf die eine oder andere Weise an den Verbrechen im Umfeld der Todesmärsche beteiligt war, kann mittlerweile als Konsens gelten.

Aber all diese Ansätze folgen explizit oder implizit noch immer einer *vertikalen* Logik: Wer gab die Befehle? Wie waren die Evakuierungen organisiert? Welche ideologischen Motive lagen den Taten zugrunde? Und wie brachten die Funktionsträger die Mittäter zur Kooperation? Mit dieser Perspektive bleibt das soziale Umfeld zwangsläufig unterbelichtet. Die konkreten Gewaltdynamiken vor Ort, die es zu analysieren und zu typisieren gilt, geraten mitunter zu illustrativen Fallbeispielen für die Rekonstruktion eines Geschehens, das a priori aus Kenntnissen oder Annahmen über Befehls- und Handlungslogiken übergeordneter organisatorischer Ebenen und Entscheidungsträger abgeleitet wird.[43]

Ich möchte in dieser Arbeit eine eher *horizontal* operierende Perspektive einnehmen. Statt zu fragen, *warum* die Lager geräumt wurden oder *aus welchem Grund* die Täter ihre Opfer ermordeten, gehe ich der Frage nach, *ob* und *wie* das komplexe Unternehmen, Tausende von KZ-Häftlingen auf mittelmäßig organisierte Transporte quer durch das Reichsgebiet zu treiben – einhergehend mit tausendfachem Mord inmitten zahlloser Gemeinden – in die nationalsozialistische Gesellschaft der Kriegsendphase eingebettet gewesen ist und welche Nachwirkungen dies hatte.[44] Diesem Zusammenhang werde ich entlang der drei gliedernden Teile *Handlung*, *Ahndung* und *Erinnerung* nachgehen. Darin bilden jeweils die Parameter *Raum*, *Akteure* und *Situationen* wiederkehrende Schwerpunkte der Analyse.

Im ersten Teil der Arbeit geht es um die räumlichen Bedingungen und Auswirkungen, die verschiedenen Akteure und ihre Handlungslogiken sowie die spezifischen Situationen, die dieses dezentrale Massenverbrechen hervorbrachte. Eine meiner Vorannahmen ist, dass wir es hier mit dezentraler, kollektiver Gewalt zu tun haben, die als soziales Handeln analysiert werden kann.[45] Harald Welzer

43 Zu diesem Argument in Bezug auf Sven Kellers Arbeit vgl. die Rezension von Daniel Mühlenfeld in: Beiträge zur Geschichte des Nationalsozialismus 31 (2015), S. 210–212.

44 Vgl. analog für die Soziologie vor mittlerweile über 20 Jahren: „Man kann diesen Wechsel von der Soziologie der Ursachen der Gewalt zur Soziologie der Gewalt als die Umstellung von der ‚Warum?'-Frage auf die ‚Was?'- und ‚Wie?'-Frage nennen." Trutz von Trotha, Zur Soziologie der Gewalt, in: Kölner Zeitschrift für Soziologie und Sozialpsychologie 37 (1997), S. 9–56, hier S. 20.

45 Vgl. dazu zuletzt Benjamin Schwalb/Axel T. Paul, Nicht-organisierte kollektive Gewalt, in: dies. (Hrsg.), Gewaltmassen. Über Eigendynamik und Selbstorganisation kollektiver Gewalt, Hamburg 2015, S. 383–408.

hat darauf hingewiesen, dass die sozialen Funktionen von Gewalt keineswegs nur destruktiver, sondern durchaus konstruktiver Natur sein können: Gemeinsam begangene Gewalttaten stellen „emotionale Bindungen zwischen den Tätern her, sie schaffen soziale Handlungsräume, sie bringen Erfahrungen mit sich, Lernprozesse, sie sozialisieren."[46] Jan Philipp Reemtsma betonte außerdem die kommunikativen Aspekte: „Kommunikation mit Gewalt ist eine mitunter recht komplexe Information über gesellschaftliche Normalität im Ist- bzw. Soll-Zustand."[47] In Bezug auf die frühen Jahre des Dritten Reiches ist dieser Zusammenhang von Michael Wildt untersucht worden: „In der Aktion bildete sich jene ‚Volksgemeinschaft', von der die NS-Propaganda sonst nur redete: eine Gemeinschaft, die einen Feind besaß, dessen Verfolgung und Vertreibung zum Prüfstein ihrer Existenz wurde; eine Gemeinschaft, die sich nicht durch Gesetze definierte, die immer auch Grenzen hätte setzen können, die sich erst durch die Tat schuf und als Selbstintensivierung erfahren werden konnte."[48]

Es ist zu prüfen, inwiefern ähnliche soziale Mechanismen für die letzten Kriegswochen und das Geschehen im Umfeld der Todesmärsche zu konstatieren sind. Auf der Mikroebene soll die Funktionsweise solch lokaler, kollektiver Gewalt genauer untersucht werden. Diese ist nach Ulrich Bielefeld „auch und gerade […] vom Zusammenhang von Dynamik und Struktur durchzogen. Sie nutzt […] nachbarschaftliche Strukturen und vermischt sie mit ideologischen Begründungen, administrativen Diskriminierungen und politischen Aktionen und Organisationen."[49]

Stichwort Organisationen: Zuletzt hat der Soziologe Stefan Kühl einen wichtigen Beitrag zur Debatte um die NS-Täter vorgelegt, in dem er systemtheoretisch die Funktionsweise nationalsozialistischer Gewaltorganisationen untersucht hat. Er hat in Bezug auf die Todesmärsche einschränkend betont, dass sich diese „nur begrenzt als organisationales Verhalten erklären [lassen], weil die staatlichen Gewaltorganisationen sich weitgehend in Auflösung befanden".[50] Tatsächlich lässt sich mit seinem organisationssoziologischen Fokus kaum die ganze Bandbreite

46 Harald Welzer (unter Mitarbeit von Michaela Christ), Täter. Wie aus ganz normalen Menschen Massenmörder werden, Frankfurt a. M. 2007, S. 264.

47 Jan Philipp Reemtsma, Vertrauen und Gewalt. Versuch über eine besondere Konstellation der Moderne, Hamburg 2008, S. 473 f.

48 Michael Wildt, Volksgemeinschaft als Selbstermächtigung. Gewalt gegen Juden in der deutschen Provinz 1919 bis 1939, Hamburg 2007, S. 373.

49 Ulrich Bielefeld, Gewalt, Nachbarschaft und Staat. Eine Soziologie lokaler Gewalt, in: Mittelweg 36 13 (2004) 5, S. 5–22, hier S. 9.

50 Stefan Kühl, Ganz normale Organisationen. Zur Soziologie des Holocaust, Frankfurt a. M. 2014, S. 325.

der Akteure und Handlungen während der Räumungstransporte erfassen. Dennoch wird zu prüfen sein, inwiefern sich Kühls Befunde zu den „ganz normalen Organisationen" auf die involvierten lokalen Formationen aus Polizei, Hitler-Jugend oder Volkssturm anwenden lassen.

Jan Philipp Reemtsma hat auf die sich zeitlich verlängernden Wirkungen und Funktionen von Gewalt im sozialen Nahbereich verwiesen. Es offenbare sich sowohl das Potenzial gegenseitiger Denunziation als auch „eine neue Dimension gute Nachbarschaft stiftender Intimität. Gewalt als gemeinsam begangen, als gebilligt, als mitgewußt, als vertuscht, verschwiegen, oder, je nachdem, als etwas, dessen man sich gemeinsam rühmt."[51]

Die vorliegende Arbeit wird solche und andere Nachwirkungen von Todesmarschverbrechen im ländlichen Raum in den Blick nehmen. Vor dem Hintergrund der in großer Zahl vorliegenden Forschungsergebnisse zur justiziellen Aufarbeitung nationalsozialistischer Gewalttaten nach Kriegsende[52] wird die in bisherigen Beiträgen nur an einzelnen Fallbeispielen behandelte Ahndung von Verbrechen während der Todesmärsche durch alliierte und deutsche Behörden sowie Gerichte im zweiten Teil der Arbeit thematisiert.[53] Diese Darstellung wird

51 Jan Philipp Reemtsma, Nachbarschaft als Gewaltressource, in: Mittelweg 36 13 (2004) 5, S. 103–120, hier S. 120.

52 Grundlegend: Annette Weinke, Die Verfolgung von NS-Tätern im geteilten Deutschland. Vergangenheitsbewältigungen 1949–1969 oder: Eine deutsch-deutsche Beziehungsgeschichte im Kalten Krieg, Paderborn/München/Wien/Zürich 2002; Andreas Eichmüller, Keine Generalamnestie. Die Strafverfolgung von NS-Verbrechen in der frühen Bundesrepublik, München 2012; Edith Raim, Justiz zwischen Diktatur und Demokratie. Wiederaufbau und Ahndung von NS-Verbrechen in Westdeutschland 1945–1949, München 2013. Die weiteren zugrundeliegenden Arbeiten werden in diesem Teil der Arbeit angeführt.

53 Für Österreich vgl. Eleonore Lappin, Die Ahndung von NS-Gewaltverbrechen im Zuge der Todesmärsche ungarischer Juden durch die Steiermark, in: Claudia Kuretsidis-Haider/Winfried R. Garscha (Hrsg.), Keine „Abrechnung". NS-Verbrechen, Justiz und Gesellschaft in Europa nach 1945, Leipzig/Wien 1998, S. 32–53; Heimo Halbrainer, „Unsere Pflicht, wahrhaft und objektiv Gerechtigkeit zu sprechen" – Die Ahndung nationalsozialistischer Verbrechen im Zuge des Todesmarschs ungarischer Juden durch den Bezirk Leoben, in: ders./Christian Ehetreiber (Hrsg.), Todesmarsch Eisenstraße. Terror, Handlungsspielräume, Erinnerung, Graz 2005, S. 95–134; Susanne Uslu-Pauer, „Vernichtungswut und Kadavergehorsam". Strafrechtliche Verfolgung von Endphaseverbrechen am Beispiel der so genannten Todesmärsche, in: Thomas Albrich/Winfried R. Garscha/Martin F. Polaschek (Hrsg.), Holocaust und Kriegsverbrechen vor Gericht. Der Fall Österreich, Innsbruck 2006, S. 279–304. Zu Gardelegen vgl. Blatman, Todesmärsche, S. 598–608. Zur Ahndung der Todesmärsche von Buchenwald durch die US-Armee vgl. Greiser, Todesmärsche, S. 370–450. Vgl. auch Marc Bartuschka, Der Versuch einer Aufarbeitung: Prozesse wegen Verbrechen gegen Häftlinge und Zwangsarbeiter in der zweiten Hälfte der

den zeitlichen Ablauf, die jeweils ahndenden Behörden und die inhaltlichen Schwerpunkte miteinander verschränken. Um der Chronologie und dem transnationalen Ansatz Rechnung zu tragen, wird in diesen Abschnitt zur Strafverfolgung der Täter auch die Suche nach den Opfern durch internationale Organisationen integriert. Stets stehen dabei die Effekte von Gewalt im sozialen Nahbereich im Mittelpunkt der Betrachtung und damit die Rolle der lokalen Bevölkerung bei der Aufklärung von Massenverbrechen vor ihrer Haustür: Wie reagierten die Einheimischen darauf, dass innerhalb der Dorfgemeinschaften nach NS-Tätern gefahndet wurde? Ebenso wird in diesem Teil der Arbeit in umgekehrter Perspektive gefragt, welche Bilder sich die alliierten und deutschen Ermittler von den Räumungstransporten und den entsprechenden Tätern machten. Von welcher Relevanz war für sie die sich für uns heute so deutlich abzeichnende Involvierung der Bevölkerung? Und inwiefern wirkten sich die unterschiedlichen politischen und sozialen Kontexte während der verschiedenen Phasen der Ahndung auf die Strafverfolgung von Todesmarschverbrechen aus?

Die Todesmärsche hinterließen Spuren. Sie waren eine schwere Hypothek für die Nachkriegsgesellschaften im Allgemeinen und die zu Tatorten gewordenen Gemeinden im Konkreten. Entlang der Routen wurden die Opfer bestattet; ihre Gräber wurden mit Gedenkzeichen geschmückt und gepflegt, aber auch vergessen und vernachlässigt, mitunter geschändet, aufgelöst oder verlegt. In kleinsten Dörfern – wie in Quenstedt – wurden Mahnmale errichtet, die deutlich sichtbar machten: Hier, inmitten dieser Ortschaft, vor aller Augen, wurden NS-Verbrechen begangen und die Opfer liegen unter dieser Erde begraben. Gerade die Todesmärsche und die in ihrem Umfeld verübten Verbrechen machten deutlich, wie weit der Nationalsozialismus und seine schlimmsten Gräuel in die Gesellschaft hineingereicht hatten.

Wie gingen die deutschen Nachkriegsgesellschaften mit der Geschichte der Räumungstransporte um? Um diese Frage geht es im dritten Teil der Arbeit. Die vielgestaltige Erinnerungskultur, verstanden nach Christoph Cornelißen als „Oberbegriff für alle denkbaren Formen der bewussten Erinnerung an historische Ereignisse, Persönlichkeiten und Prozesse“,[54] ist in Bezug auf die Todesmärsche

1940er Jahre, in: ders. (Hrsg.), Nationalsozialistische Lager und ihre Nachgeschichte in der StadtRegion Jena. Antisemitische Kommunalpolitik – Zwangsarbeit – Todesmärsche, Jena 2015, S. 293–324, hier S. 299–306, sowie Martin Clemens Winter, Die strafrechtliche Ahndung der Todesmärsche aus Leipzig: Ermittlungen und Prozesse 1945 bis 1976, in: Detlev Brunner/Alfons Kenkmann (Hrsg.), Leipzig im Nationalsozialismus. Beiträge zu Zwangsarbeit, Verfolgung und Widerstand, Leipzig 2016, S. 135–154.

54 Christoph Cornelißen, Was heißt Erinnerungskultur? Begriff – Methoden – Perspektiven, in: Geschichte in Wissenschaft und Unterricht 54 (2003) 10, S. 548–563, hier S. 555.

bislang kaum übergreifend als Teil der „zweiten Geschichte“[55] in den Blick genommen worden.[56] Anknüpfend an den zweiten Teil und die Verortung der Ahndung der Todesmärsche im deutsch-deutschen Systemkonflikt wird die Erinnerung an die Räumungstransporte nicht für Bundesrepublik und DDR getrennt, sondern vielmehr als integrierte Nachkriegsgeschichte behandelt.[57] Dabei soll nach Parallelen, aber auch deutlichen Differenzen gefragt werden. Abschließend wird die Entwicklung nach 1990 in den Blick genommen.

Quellen

Abgesehen von vereinzelten Fundstücken liegen für die Todesmärsche und Räumungstransporte – zumindest was meine Fragestellungen anbetrifft – kaum zeitgenössische Quellen vor. Dem gegenüber steht eine ausgesprochen große, aber ebenso inhomogene und zerstreute Menge von Quellen, die mit unterschiedlichem zeitlichen Abstand zu den Ereignissen entstanden sind. Bisher ist insbesondere den Berichten von überlebenden Häftlingen – zu Recht – eine große Bedeutung beigemessen worden.[58] Da allerdings in Anbetracht der zugrundeliegenden Frage nach der Rolle der lokalen Bevölkerung die Hauptprotagonisten meiner Arbeit Einheimische, Ermittler und Erinnerungsakteure sein werden,

55 Peter Reichel/Harald Schmid/Peter Steinbach (Hrsg.), Der Nationalsozialismus. Die zweite Geschichte. Überwindung – Deutung – Erinnerung, München 2005.

56 Vgl. als Fallstudien: Detlef Garbe, Wiederentdeckte Geschichte: Gedenken an Todesmärsche, Auffanglager, Cap Arcona und andere Stätten der Erinnerung an das Ende des KZ Neuengamme im Westen Deutschlands, in: Garbe/Lange, Häftlinge, S. 295–307; Sven Schiffner, Cap-Arcona-Gedenken in der DDR: Gedenken, Volkssport, Propaganda, in: ebenda, S. 309–324; Jörg Skriebeleit, Exhumierungen und Erinnerungen. Paradigmenwechsel im Umgang mit Gräbern von Todesmarschopfern: Das Beispiel Pleystein, in: Blondel/Urban/Schönemann, Spuren, S. 314–327; Carmen Lange, „Ihr Vermächtnis lebt in unseren Taten fort“. Todesmarschgedenken in der DDR, in: ebenda, S. 328–344; Juliane Hummel, „Hier ruhen 156 unbekannte Opfer des Dritten Reichs“. Gräber und Gedenken an die Opfer der Räumungstransporte – Skizzen aus Niedersachsen, in: Heubaum/Wagner, Zwischen Harz und Heide, S. 126–131. Zu Gardelegen vgl. Blatman, Todesmärsche, S. 569–598. Weitere vorliegende Beiträge werden im entsprechenden Abschnitt der Arbeit eingeführt.

57 Christoph Kleßmann, Spaltung und Verflechtung – ein Konzept zur integrierten Nachkriegsgeschichte 1945 bis 1990, in: ders./Peter Lautzas (Hrsg.), Teilung und Integration. Die doppelte deutsche Nachkriegsgeschichte als wissenschaftliches und didaktisches Problem, Bonn 2005, S. 20–37.

58 Blatman, Todesmärsche, S. 18 f.; Greiser, Todesmärsche, S. 32 f.

bilden andere Dokumente das maßgeblich zugrundeliegende Quellenkorpus. Um das umrissene Forschungsprogramm umzusetzen, greife ich zum größten Teil auf Unterlagen zurück, die bisher nicht systematisch für die Auseinandersetzung mit den Todesmärschen und ihrer Nachgeschichte herangezogen worden sind.

Hauptsächlich sind dies erstens Ermittlungs- und Prozessakten alliierter und deutscher Behörden, zweitens Arbeitsmittel des Internationalen Suchdienstes, drittens Dokumente von Überlebendenverbänden und viertens Presseerzeugnisse. Durch die Kombination verschiedener Quellenarten wie Vernehmungsprotokolle, Behördenschriftgut, standardisierte Fragebögen, Tatortskizzen, Karten, Fotografien und Erinnerungsberichte wird das Tatgeschehen mit seinen Nachwirkungen aus unterschiedlichen Perspektiven in den Blick genommen.[59]

In der Forschung zu NS-Verbrechen und ihren Täterinnen und Tätern ist mittlerweile die Arbeit mit Unterlagen aus Ermittlungs- und Strafprozessakten etabliert.[60] Insbesondere die bekannten Editionen zu Prozessen wegen nationalsozialistischer Tötungsverbrechen in der Bundesrepublik[61] und DDR[62] ermöglichen einen leicht zugänglichen Einblick in die Urteilstexte und sind eine häufig genutzte Grundlage für Forschungen zu verschiedenen Verbrechenskomplexen.[63] Es liegt daher nahe, diese Quellen für die Analyse von Todesmarschverbrechen systematisch heranzuziehen. Allerdings habe ich mich aus zwei Gründen nicht auf die Urteilstexte beschränkt: Einerseits können so weitaus mehr Fälle in die Untersuchung einfließen, da der Löwenanteil der Ermittlungen ohne Prozess eingestellt wurde. Andererseits wurden für die Formulierungen der Urteile notwendigerweise viele komplexe Zusammenhänge, Widersprüche und unterschiedliche Perspektiven auf das Tatgeschehen verkürzt oder geglättet, um das juristische Ergebnis zu legitimieren. Doch gerade diese Aspekte sind außerordentlich instruktiv

59 Hier erfolgt nur ein erster Überblick über die Quellenbasis der Arbeit. Wo eine ausführliche Quellenkritik zu einzelnen Quellengattungen oder Beständen notwendig ist, findet sich diese einleitend in den entsprechenden Kapiteln.

60 Wegweisend war hierfür Christopher R. Browning, Ganz normale Männer. Das Reserve-Polizeibataillon 101 und die „Endlösung“ in Polen, Reinbek bei Hamburg 1993. Vgl. auch Welzer, Täter.

61 Christiaan F. Rüter u. a. (Bearb.), Justiz und NS-Verbrechen. Sammlung deutscher Strafurteile wegen nationalsozialistischer Tötungsverbrechen, Bd. I ff., Amsterdam/München 1968 ff. Diese Edition ist noch in Bearbeitung.

62 Christiaan F. Rüter u. a. (Bearb.), DDR-Justiz und NS-Verbrechen. Sammlung ostdeutscher Strafurteile wegen nationalsozialistischer Tötungsverbrechen, Bd. I–XIV, Amsterdam/München 2002–2009.

63 Zuletzt Keller, Volksgemeinschaft.

im Hinblick auf das soziale Setting und die differenzierte, manchmal subtile Beteiligung der verschiedenen Akteure. Sie werden insbesondere in den Aussagen von Zeuginnen und Zeugen deutlich, die von deutschen und alliierten Behörden, Armee, Polizei oder Staatsanwaltschaften protokolliert worden sind. Diese Vernehmungen, von denen mehr als 700 für diese Arbeit ausgewertet wurden, eröffnen – kritisch gelesen – eine breite Perspektive auf die Gesellschaft der Kriegsendphase.[64]

Der Arbeit mit diesen Quellen muss freilich eine fundierte Quellenkritik zugrunde gelegt werden, um nicht der „Zurichtung des Materials im juristischen Diskurs" aufzusitzen.[65] Jürgen Finger und Sven Keller haben in dieser Hinsicht eine präzise Propädeutik vorgelegt. Sie verweisen unter anderem darauf, dass es sich bei den Vernehmungsniederschriften in der Regel nicht um Protokolle im Wortlaut, sondern um in einem spezifischen Kontext komponierte Texte in einer „kondensierten, begriffliche und juristische Eindeutigkeit herstellenden Form" handelt, die „Sachverhalte als ‚Fälle' individualisiert, isoliert und klassifiziert, während atmosphärische Details oder scheinbare Nebensächlichkeiten wegfallen". Zudem stellt sich grundsätzlich die Frage nach der Autorenschaft, die sich der Zeuge oder die Zeugin als *intellectual*, der beziehungsweise die Ermittelnde als *juridical* sowie der oder die Protokollführende als *material author* teilen.[66] Somit sprechen aus den Protokollen weniger die Vernommenen selbst als vielmehr die ermittelnden Beamten.

64 Erste Gedanken zur Quellenkritik habe ich in ähnlicher Form dargelegt in Martin Clemens Winter, „Dienstleistung anläßlich eines Gefangenentransportes": Polizei und Evakuierungstransporte aus Konzentrationslagern am Beispiel Brunsbüttelkoog, in: Beiträge zur nationalsozialistischen Verfolgung in Norddeutschland 15 (2013), S. 40–49, hier S. 41 f.

65 Michael Wildt, Differierende Wahrheiten. Historiker und Staatsanwälte als Ermittler von NS-Verbrechen, in: Norbert Frei/Dirk van Laak/Michael Stolleis (Hrsg.), Geschichte vor Gericht. Historiker, Richter und die Suche nach Gerechtigkeit, München 2000, S. 46–59, hier S. 54. Vgl. auch Ahlrich Meyer, Täter im Verhör. Die „Endlösung der Judenfrage" in Frankreich 1940–1944, Darmstadt 2005, S. 299–306; Jan Kiepe, Das Reservepolizeibataillon 101 vor Gericht. NS-Täter in Selbst- und Fremddarstellungen, Hamburg 2007, S. 92–95. Besondere Inspiration und Motivation verdanke ich in dieser Hinsicht dem Beitrag von Christopher R. Browning, German Memory, Judicial Interrogation, and Historical Reconstruction: Writing Perpetrator History from Postwar Testimony, in: Saul Friedlander (Hrsg.), Probing the Limits of Representation. Nazism and the „Final Solution", Cambridge/London 1992, S. 22–36.

66 Jürgen Finger/Sven Keller, Täter und Opfer – Gedanken zu Quellenkritik und Aussagekontext, in: dies./Andreas Wirsching (Hrsg.), Vom Recht zur Geschichte. Akten aus NS-Prozessen als Quellen der Zeitgeschichte, Göttingen 2009, S. 114–131, hier S. 116 f.

Dass zudem mit bewussten Täuschungen und Falschaussagen zu rechnen ist, liegt auf der Hand. Das erschwert einerseits den Umgang mit diesen Dokumenten. Zugleich bieten diese Entlastungsstrategien aber Chancen, wenn man mit Michael Wildt nicht nur „nach ‚Tätern', sondern nach Akteuren, Beteiligungen, Teilnahmen und ihren Veränderungen fragen" will.[67] Da die als Zeuginnen und Zeugen Geladenen versuchten, ihre eigene Beteiligung herunterzuspielen, persönliche Verantwortlichkeit gegebenenfalls an Dritte zu delegieren und zu demonstrieren, dass sie nicht auf eigene Faust gehandelt hatten, werden in den Niederschriften oft zahlreiche andere involvierte Personen oder Organisationen erwähnt. So zeichnen sich – nicht selten in Nebensätzen und scheinbar beiläufig – die lokalen Strukturen ab, auf die die Räumungstransporte trafen.

Mit den Todesmarschverbrechen werden die viel beschworenen „ganz normalen" Leute zu Protagonisten der hier zu erzählenden Geschichte. Sie haben – abgesehen von diesen Dokumenten – kaum Spuren in den Archiven hinterlassen. Dennoch ist es nach den wegweisenden Erkenntnissen der mittlerweile etablierten „Täterforschung", die sich vor allem auf institutionell eingebundene Akteure konzentriert hat,[68] an der Zeit, den Blick erneut zu weiten und gleichsam zu schärfen. Dabei sind nicht immer befriedigende und verallgemeinerbare Ergebnisse zu erwarten. So bemerkte schon Christopher Browning: „If an historian is going to work with available but imperfect sources, not all options are open."[69] Doch lohnt sich meines Erachtens das Experiment, auf diese Weise den „Kontext des Mords, […] die Billigung der Mörder durch die Gesellschaft, das Mit-Tun von Hunderttausenden" herauszudestillieren.[70]

Ausgehend von den benannten Urteilseditionen, aber auch weit über die entsprechenden Fälle hinaus habe ich diese Dokumente in verschiedenen Landes- beziehungsweise (Haupt-)Staatsarchiven sowie in der Außenstelle Ludwigsburg des Bundesarchivs eingesehen. Sehr ergiebig war in der Hinsicht zudem die Recherche in den Unterlagen des Bundesbeauftragten für die Unterlagen des Staatssicherheitsdienstes der ehemaligen DDR (BStU). In der National

67 Wildt, Volksgemeinschaft, S. 11.

68 Gerhard Paul, Von Psychopathen, Technokraten des Terrors und „ganz gewöhnlichen" Deutschen. Die Täter der Shoah im Spiegel der Forschung, in: ders. (Hrsg.), Die Täter der Shoah. Fanatische Nationalsozialisten oder ganz normale Deutsche?, Göttingen 2002, S. 13–90; Frank Bajohr, Täterforschung: Ertrag, Probleme und Perspektiven eines Forschungsansatzes, in: ders./Löw, Holocaust, S. 167–185.

69 Christopher Browning, Reply to Daniel Fulda, in: Norbert Frei/Wulf Kansteiner (Hrsg.), Den Holocaust erzählen. Historiographie zwischen wissenschaftlicher Empirie und narrativer Kreativität, Göttingen 2013, S. 151–164, hier S. 163.

70 Wildt, Differierende Wahrheiten, S. 57.

Archives and Records Administration (NARA) in Washington, D.C. habe ich über 40 Ermittlungsakten im Bestand „Cases not tried“ finden können, die die frühesten dezentralen Ermittlungen der US-Armee zu Todesmarschverbrechen dokumentieren.

Einen zweiten Eckpfeiler des Quellenfundaments stellen die Unterlagen des International Tracing Service (ITS) Bad Arolsen dar. Seit einigen Jahren sind dort die Unterlagen der alliierten Suchdienste zugänglich, die die Ermittlungen zu den Todesmärschen und ihren Opfern aus den späten 1940er- und frühen 1950er-Jahren dokumentieren. Dabei handelt es sich um den wohl größten geschlossenen Bestand serieller Quellen zu den Todesmärschen, der bis heute nur zu Bruchteilen ausgewertet wurde.[71] Besonders die von deutschen Behörden ausgefüllten standardisierten Fragebögen über Räumungstransporte in ihren Gemeinden ermöglichen Einblicke in ihre an die Alliierten kommunizierte Darstellung der Todesmärsche. Neben dem gelegentlichen Rückgriff auf einzelne dieser Dokumente an verschiedenen Stellen der Arbeit werde ich an einem regionalen Beispiel die Potenziale einer statistischen Auswertung dieser Quellen aufzeigen.

Insbesondere für den Abschnitt zur Nachgeschichte konnten die einschlägigen Bestände im Bundesarchiv Berlin ausgewertet werden, wobei vor allem die regional abgelegten Dokumente der Vereinigung der Verfolgten des Naziregimes (VVN) und der Komitees der Antifaschistischen Widerstandskämpfer in der DDR (KAW) herangezogen wurden.

Ergänzt wurden diese Quellengrundlagen durch Recherchen in den Sammlungen der Gedenkstätten Dachau, Flossenbürg, Mittelbau-Dora, Sachsenhausen, der Gedenkstätte Todesmarsch im Belower Wald sowie dem United States Holocaust Memorial Museum (USHMM) in den USA und dem Institut für Zeitgeschichte in München. Dort konnten weitere Unterlagen wie Interviews, internes Schriftgut, aber auch Kopien aus anderen, schwer zugänglichen Sammlungen und Archiven eingesehen werden. Für den Teil zur Erinnerungskultur wurden zahlreiche Presseerzeugnisse ausgewertet, die den internen Blick der Erinnerungsakteure durch die veröffentlichte Berichterstattung ergänzen. Weitere Unterlagen verdanke ich vereinzelten Zufallsfunden oder der Generosität zahlreicher Kolleginnen und Kollegen.

71 Für diese Arbeit stand mir, wie anderen Mitgliedern der „AG Todesmärsche“, eine digitale Kopie des Bestands zur Verfügung. Zu den Quellen vgl. Sebastian Schönemann, Die Untersuchungstätigkeit des International Tracing Service zu Todesmärschen. Das Programm „Attempted Identification of Unknown Dead“, in: GedenkstättenRundbrief 159 (2011), S. 28–33; Susanne Urban, „Unknown Dead“. Unsettling Finds from the Archive of the International Tracing Service, in: Yad Vashem Studies 40 (2012) 1, S. 197–216.

Den Leserinnen und Lesern des Quellenverzeichnisses im Anhang wird nicht entgehen, dass entsprechende Recherchen in anderen Archiven, Gedenkstätten oder Zeitungen zweifelsohne weitere Ergebnisse zeitigen würden. Die kundigen Expertinnen und Experten werden problemlos zusätzliche relevante Dokumente oder Bestände nennen können, die ich nicht berücksichtigt habe. Da einer Dissertation jedoch enge forschungsökonomische Grenzen gesetzt sind, schien mir jeder Versuch, hier auch nur annähernde Vollständigkeit anzustreben, von vornherein zum Scheitern verurteilt. Ich habe bei meinen Forschungen pragmatisch in konzentrischen Suchbewegungen den Radius erweitert, bis ein Grad der theoretischen Sättigung erreicht schien, nach dem weitere umfangreiche Recherchen empirisch etliche neue und gewiss interessante Einzelaspekte zutage befördert, aber im Hinblick auf die analytische Verallgemeinerbarkeit wenig Neues beigetragen hätten. Ich hoffe, auf dieser Grundlage die zentralen Aspekte des Gegenstands plausibel, anschaulich und nachvollziehbar darstellen zu können.

Sprache und Gewalt

Über die Todesmärsche und Räumungstransporte zu schreiben, birgt nicht nur empirisch und methodisch viele Fallstricke, sondern auch sprachlich, insbesondere angesichts der umrissenen Quellenbasis. Schnell ist man – wie in anderen Themenfeldern auch – dazu verleitet, in den Duktus der Dokumente zu verfallen, was in diesem Fall oft bedeutet: in die Sprache der Täter, ihrer Helfer und Mitwisser. Zugleich wirft die Gewalt, die in ihren Aussagen deutlich wird, die Frage auf, wie man diese Taten beschreiben kann, ohne sich oder die Leserinnen und Leser zu Voyeuren zu machen. Zudem besteht die Gefahr, nachträglich zum Komplizen bei der Dehumanisierung der Opfer zu werden, von denen wir in den allermeisten Fällen kaum etwas wissen, weil die Täter sich nicht für sie als Menschen interessierten.

Ich werde versuchen, mich so nüchtern wie möglich und doch so drastisch wie nötig auszudrücken. In einigen Fällen habe ich darauf verzichtet, besonders grausame Details zu schildern, sofern dies nicht für die eingehende Analyse notwendig erschien. Wenn möglich versuche ich, auch den Opfern eine Stimme und Identität zu verleihen, aber da hier die deutsche Bevölkerung im Mittelpunkt steht, werde ich in dieser Hinsicht keine integrierte Geschichte der Todesmärsche vorlegen.[72]

72 Vgl. dazu in Bezug auf den Holocaust Saul Friedländer, Das Dritte Reich und die Juden, 2 Bde., München 1998 und 2006. Zu den Konzentrationslagern vgl. Wachsmann, KL.

Pragmatismus bestimmt auch den Umgang mit geschlechtersensibler Sprache. Ich habe mich im Sinne der Lesbarkeit gegen gendernde Unterstriche, Sternchen oder Binnen-Is entschieden und versuche in der Regel, männliche und weibliche Formen im Text auszuschreiben. Auf etwaige weitere Geschlechtsidentitäten habe ich in den Quellen keinen Hinweis gefunden.

Dennoch werden im Text Sternchen an Namen auftauchen. Damit sind zahlreiche Namen gekennzeichnet, die pseudonymisiert wurden, um archiv- und datenschutzrechtlichen Belangen Rechnung zu tragen. Es wird künftigen Forscherinnen und Forschern jedoch leicht möglich sein, anhand dieser Pseudonyme in Verbindung mit den Signaturen die entsprechenden Quellen aufzufinden und daran meine Ergebnisse zu überprüfen. Zitate aus den Quellen werden in der zeitgenössischen Rechtschreibung wiedergegeben. Einige in den Dokumenten enthaltene Rechtschreib- und Zeichensetzungsfehler wurden stillschweigend korrigiert.

In der Arbeit werden die Begriffe „Todesmarsch“, „Räumungstransport“ und „Evakuierungstransport“[73] oftmals synonym verwendet. Angesichts der wenigen zur Verfügung stehenden Begriffe scheint mir dies – auch wenn ich mich im jeweils konkreten Fall um begriffliche Trennschärfe bemühe – legitim, um im Sinne der Lesenden die ohnehin häufigen Wiederholungen zu reduzieren. Gleichwohl bin ich mir der Problematik bewusst, damit nicht nur die Transportmethoden – etwa Zugtransport und Gewaltmarsch –, sondern auch erfahrungsgeschichtlich die Perspektiven der Opfer, die den Begriff „Todesmärsche“ etablierten, und der Täter, aus deren Sicht die Lager „geräumt“ oder „evakuiert“ werden sollten, gelegentlich zu vermengen.

73 Im Deutschen hat „Evakuierung“ den positiven Beiklang von „Rettung“. Aus diesem Grund wird der Begriff in Bezug auf die Räumung der Konzentrationslager gelegentlich kritisiert und auch ich benutze ihn deswegen seltener. Allerdings bezieht sich die „Evakuierung“ auf das Lager, nicht auf die Häftlinge. Vgl. auch Greiser, Todesmärsche, S. 10.

I. Handlung

1. Raum

1.1. Dorf und ländlicher Raum im Nationalsozialismus

Die Todesmärsche und Räumungstransporte bewegten sich größtenteils durch die Provinz, über Landstraßen, Pfade und Waldwege und mitten durch kleine Städte, Dörfer, Weiler und Flecken. Bevor die Akteure und typische Situationen ihres Agierens untersucht werden, soll im Folgenden der Raum vorgestellt werden, in dem sie handelten: das Dorf.

Dieser Arbeit wird im Anschluss an den „spatial turn" in den Sozial- und Kulturwissenschaften[1] die mittlerweile etablierte Annahme zugrunde gelegt, dass Raum als soziale Kategorie begriffen werden muss,[2] wobei von einem Wechselverhältnis zwischen geografischem und sozialem Raum auszugehen ist.[3] Einerseits sollen hier die Veränderungen, die der ländliche Raum im Nationalsozialismus durch die Todesmärsche erfuhr, in den Blick genommen werden. Andererseits kann die nähere Untersuchung von „Praktiken der Aneignung und Zuweisung"[4] dörflicher Räume auch in dieser Mikroperspektive dazu beitragen, „durch die Analyse der sozialen Verarbeitung des Raums mehr über die inneren Dynamiken der Gewalt zu erfahren".[5]

1 Stephan Günzel (Hrsg.), Raum. Ein interdisziplinäres Handbuch, Stuttgart 2010; Jörg Döring/Tristan Thielmann (Hrsg.), Spatial Turn. Das Raumparadigma in den Kultur- und Sozialwissenschaften, Bielefeld 2008; Jörg Dünne/Stephan Günzel (Hrsg.), Raumtheorie. Grundlagentexte aus Philosophie und Kulturwissenschaften, Frankfurt a. M. 2006.

2 Martina Löw, Raumsoziologie, Frankfurt a. M. 2001.

3 Diesem Ansatz von Pierre Bourdieu folgt Marc Buggeln, Tödliche Zone KZ-Außenlager: Raumorganisation und die Be- und Entgrenzung von Gewalt 1942–1945, in: Jörg Baberowski/Gabriele Metzler (Hrsg.), Gewalträume. Soziale Ordnungen im Ausnahmezustand, Frankfurt a. M./New York 2012, S. 189–203, hier S. 189 f.

4 Michaela Christ, Die Dynamik des Tötens. Die Ermordung der Juden in Berditschew, Frankfurt a. M. 2011, S. 40.

5 Ebenda, S. 37.

Methodisch bietet es sich an, sich dem Zusammenhang von Raum und Gewalt auch anhand von Quellen zu nähern, die die textuelle Perspektive um visuelle Aspekte ergänzen: In den Ermittlungsunterlagen sind Tatortskizzen überliefert, die vor allem Todes- und Graborte von KZ-Häftlingen dokumentieren und Strafverfolgungsbehörden sowie Gerichten als Hilfsmittel dienen sollten. Einige von ihnen haben das Potenzial, die räumliche Dynamik während der Todesmärsche zu rekonstruieren, auch wenn viele im Archiv verschwanden und nie in Prozessen zum Einsatz kamen. Zudem sind in den Unterlagen des ITS zahlreiche Karten und Skizzen überliefert, die Friedhöfe und Grabstätten von KZ-Häftlingen dokumentieren. Auch diese erlauben einen Blick auf die Verortung der Verbrechen und ihrer Opfer.[6]

Quellenkritisch muss beachtet werden, dass Karten[7] keinen objektiven Blick auf eine räumliche Wirklichkeit eröffnen, sondern im historischen Kontext als kulturelle Konstruktionen mit einem spezifischen Zweck gelesen werden müssen.[8] Tatortskizzen sollten der strafrechtlichen Ahndung von Verbrechen dienen, Friedhofspläne der Lokalisierung und Identifizierung von Opfern. Die Karten inhärente Evidenzsuggestion musste dieses Medium dafür besonders geeignet erscheinen lassen, sollte in der historisierenden Analyse aber kritisch reflektiert werden.[9]

Während man sich sprachlich stets „mit der chronologischen Ordnung des ‚eins nach dem anderen' und damit der Gewichtung und Sequenzierung von

6 Eine historisch-kartografische Annäherung an die Todesmärsche mit Fokus auf der Opferperspektive findet sich bei Simone Gigliotti/Marc J. Masurovsky/Erik B. Steiner, From the Camp to the Road: Representing the Evacuations from Auschwitz, January 1945, in: Anne Kelly Knowles/Tim Cole/Alberto Giordano (Hrsg.), Geographies of the Holocaust, Bloomington/Indiana 2014, S. 192–226.

7 Im engeren Sinne handelt es sich bei den hier untersuchten Zeichnungen eher um Kartogramme, da sie häufig keinem korrekten Maßstab zugrunde liegen und eher eine „topographisch nicht exakte, mehr schematische Darstellung von Raumbezügen" aufweisen, bzw. um Kartenskizzen, die „örtlich nach einfachen Messungen oder Schätzungen" entstehen. Günter Hake/Dietmar Grünreich/Liqiu Meng, Kartographie. Visualisierung raum-zeitlicher Informationen, 8. Aufl., Berlin/New York 2002, S. 30.

8 Grundlegend dazu nach wie vor John Brian Harley, Deconstructing the Map, in: Cartographica 26 (1989) 2, S. 1–20. Vgl. auch Steffen Siegel, Die ganze Karte. Für eine Praxeologie des Kartographischen, in: ders./Petra Weigel (Hrsg.), Die Werkstatt des Kartographen. Materialien und Praktiken visueller Welterzeugung, Paderborn 2011, S. 7–28.

9 Vgl. Maximilian Benz, Kritik der Karte. Mapping als literaturwissenschaftliches Verfahren, in: Marion Picker/Véronique Maleval/Florent Gabaude (Hrsg.), Die Zukunft der Kartographie. Neue und nicht so neue epistemologische Krisen, Bielefeld 2013, S. 199–218, hier S. 204.

tatsächlich parallel und unsortiert ablaufenden Prozessen begnügen" muss, kann der Blick auf die Karte helfen, die Komplexität und Dynamik der Ereignisse angemessener zu erfassen.[10] In diesem Sinne untersuche ich nach einer einleitenden Skizze zu Dörfern im Nationalsozialismus die räumlichen Aspekte und Wirkungen von Gewaltdynamiken im Zuge der Todesmärsche mittels einer kombinierten Quellenanalyse von Texten und Karten.

Von welchem Raum ist hier die Rede, wenn es um Gewalt in Dörfern geht? Gemeint sind damit zum einen die konkreten, in den Quellen benannten Ortschaften, in denen sich die beschriebenen und untersuchten Ereignisse abspielten. Zum anderen wird „das Dorf" im allgemeineren Sinne verstanden als eine kulturgeschichtlich spezifische Sozialform, die sich nicht lediglich ex negativo als Gegenteil des Urbanen definieren lässt. Ihrer „Geschichte des Dorfes" haben Werner Troßbach und Clemens Zimmermann vorangestellt, dass das Dorf einerseits „einen Begriff, eine Abstraktion darstellt, der eine vielgestaltige Realität zugrunde liegt" und dass andererseits „eine agrarische Definition des Dorfes weder für die fernere Vergangenheit noch gar für die Gegenwart ausreichend trägt. Viel mehr geht es hier im Kern um einen (wenn auch nur relativ) abgegrenzten Raum sozialer Vergesellschaftung mit definierten Regeln und erstaunlich hoher Variabilität, in dem sich Leben und Interaktionen von Personen, Personengruppen vollzog."[11]

Konkreter ist das Dorf als „bemerkenswert eng zusammenhängendes und für seine Mitglieder transparentes Sozialsystem"[12] gekennzeichnet durch spezifische Normen, Kommunikationsformen, Wertvorstellungen, Ordnungen und Mentalitäten. Selbstredend hat diese Verallgemeinerung ihre Grenzen, und es ist nicht anthropologisierend von *dem* dörflichen Charakter auszugehen. Außerdem sind die Auswirkungen regionaler (also sozio-kultureller) Besonderheiten nicht zu unterschätzen. Dennoch sind grundlegende Strukturmerkmale der Sozialform „Dorf" für die untersuchten Fälle vorauszusetzen, die sich auch in den Quellen wiederfinden: die zentrale Bedeutung räumlicher und sozialer Nähe sowie von Verwandtschaft und Nachbarschaft als Abhängigkeitsverhältnisse, die Permanenz sozialer Kontrolle sowie eine eindeutige und unhinterfragte patriarchale Rollenverteilung der Geschlechter. Im Folgenden liegt „dem Dorf" ein praxeologisches Verständnis zugrunde, welches „das Dorf zu allererst als einen Raum von

10 Christ, Dynamik, S. 38.

11 Werner Troßbach/Clemens Zimmermann, Die Geschichte des Dorfes. Von den Anfängen in Frankreich zur bundesdeutschen Gegenwart, Stuttgart 2006, S. 15 f.

12 Albert Ilien/Utz Jeggle, Leben auf dem Dorf. Zur Sozialgeschichte des Dorfes und Sozialpsychologie seiner Bewohner, Opladen 1978, S. 19.

Beziehungen" begreift. Die räumlichen und sozialen Grenzen des Dorfes sind im Anschluss daran keine „undurchlässige[n] Linien, sondern Zonen des Übergangs zwischen Innen- und Außenwelt sowie zwischen Konstanz und Wandel".[13]

Die bisherigen Forschungen zum Nationalsozialismus auf dem Land untersuchten zumeist auf lokaler bzw. regionaler Ebene die Ausbreitung und Durchsetzung nationalsozialistischer Macht. Ab Mitte der 1990er-Jahre erschienen im Anschluss an frühe Studien zur NS-Agrarpolitik[14] mehrere Darstellungen, die sich mit Teilaspekten dieser Politik beziehungsweise den bäuerlichen Reaktionen darauf beschäftigten.[15] Grundlegend ist für all diese Studien die Frage nach der Wirkmächtigkeit und Akzeptanz nationalsozialistischer Ideologie und Politik auf dem Land. Laut Wolfram Pyta befanden sich die Domänen der NSDAP „seit 1930 eindeutig im ländlich-protestantischen Deutschland – hier war sie bei einer treuen Stammwählerschaft verwurzelt, hier schälte sich der harte Kern der NS-Massenbewegung heraus".[16] Er beruft sich insbesondere auf die Studien von Jürgen W. Falter, der Konfession und Urbanisierungsgrad als signifikante Faktoren bei Wahlentscheidungen für oder gegen die NSDAP in den späten 1920er- und frühen 1930er-Jahren herausgearbeitet hat.[17] Zugleich betont Pyta, dass „die Hitler-Partei den politischen Durchbruch auf dem Lande nicht in ihrer Eigenschaft als ‚Volksgemeinschaftspartei' schaffte. Dieses Profil schadete ihr nicht, nutzte ihr aber nur begrenzt. Gewählt wurde sie von den Bauern vor allem als Protest-

13 Ernst Langthaler/Reinhard Sieder, Die Dorfgrenzen sind nicht die Grenzen des Dorfes. Positionen, Probleme und Perspektiven der Forschung, in: dies. (Hrsg.), Über die Dörfer. Ländliche Lebenswelten in der Moderne, Wien 2000, S. 7–30, hier S. 24.

14 John E. Farquharson, The Plough and the Swastika. The NSDAP and Agriculture in Germany 1928–1945, London 1976; Friedrich Grundmann, Agrarpolitik im „Dritten Reich". Anspruch und Wirklichkeit des Reichserbhofgesetzes, Hamburg 1979.

15 Beatrix Herlemann, „Der Bauer klebt am Hergebrachten". Bäuerliche Verhaltensweisen unterm Nationalsozialismus auf dem Gebiet des heutigen Landes Niedersachsen, Hannover 1993; Theresia Bauer, Nationalsozialistische Agrarpolitik und bäuerliches Verhalten im Zweiten Weltkrieg. Eine Regionalstudie zur ländlichen Gesellschaft in Bayern, Frankfurt a. M./Berlin/New York/Paris/Wien 1996; Daniela Münkel, Nationalsozialistische Agrarpolitik und Bauernalltag, Frankfurt a. M./New York 1996; Caroline Wagner, Die NSDAP auf dem Dorf. Eine Sozialgeschichte der NS-Machtergreifung in Lippe, Münster 1998. Regional übergreifend: Wolfram Pyta, Dorfgemeinschaft und Parteipolitik 1918–1933. Die Verschränkung von Milieu und Parteien in den protestantischen Landgebieten Deutschlands in der Weimarer Republik, Düsseldorf 1996. Vgl. zuletzt auch Rainer Pomp, Bauern und Großgrundbesitzer auf ihrem Weg ins Dritte Reich. Der Brandenburgische Landbund 1919–1933, Berlin 2011.

16 Pyta, Dorfgemeinschaft, S. 13.

17 Jürgen W. Falter, Hitlers Wähler, München 1991, S. 256–266.

partei, der es gelungen war, den bäuerlichen Unmut über die Agrarkrise in ihre politischen Bahnen zu lenken."[18]

Demzufolge habe die NSDAP zwar an die antiindividualistischen Züge dörflicher Mentalität anknüpfen können, jedoch vor allem deshalb, weil das Konfliktpotenzial zwischen den Modellen dörflicher und völkischer Vergemeinschaftung „weithin außerhalb der politischen Vorstellungswelt der ganz in ihrem dörflichen Mikrokosmos aufgehenden Bauern"[19] gelegen habe. Diese Deutung, die den Erfolg der NSDAP als Mischung von bäuerlicher Beschränktheit und nationalsozialistischer Täuschung über ihre eigentlichen Ziele beschreibt, trägt einerseits zu einer differenzierten Sicht auf widersprüchliche Motive für die individuelle und kollektive Unterstützung der NS-Politik bei. Auf der anderen Seite wird dabei möglicherweise der „Appeal" verschiedener Aspekte volksgemeinschaftlicher Inals auch Exklusion unterschätzt.[20] Jüngere Untersuchungen haben gerade für die Provinz die gewalttätige Durchsetzung der „Volksgemeinschaft als Selbstermächtigung" analysiert,[21] und mit Blick auf Österreich bilanzierte Ernst Langthaler: „Die Identitäten der Frauen und Männer auf den Höfen entziehen sich eindeutigen Zuordnungen, bewirkten nicht selten zugleich Konsens und Dissens mit der nationalsozialistischen ‚Volksgemeinschaft'."[22]

Hinsichtlich der Durchsetzungskraft nationalsozialistischer Macht auf dem Land zeigt sich ein ähnlich widersprüchliches Bild: Während Theresia Bauer feststellte, dass die Bauern „gegenüber jeglichen Neuordnungskonzepten der Nationalsozialisten im agrarischen Bereich eine massiv ablehnende Haltung einnahmen",[23] resümierte Daniela Münkel: „Die praktische Umsetzung der NS-Agrarpolitik durch die lokalen Reichsnährstandsbehörden im Spannungsfeld von staatlichen und bäuerlichen Interessen hat mit zur Akzeptanz des Regimes in den Dörfern beigetragen."[24]

Diese Befunde deuten auf eine Dialektik von enormen nationalsozialistischen Mobilisierungspotenzialen und der beharrlichen Resistenz dörflichen Eigen-Sinns gegen die Einflussnahme von Partei und Regime hin. Dieses differenzierte

18 Pyta, Dorfgemeinschaft, S. 331.

19 Ebenda.

20 Vgl. zum „Modernitäts- und Mobilisierungsappeal" schon früh Martin Broszat, Zur Struktur der NS-Massenbewegung, in: VfZ 31 (1983), S. 52–76, hier S. 66.

21 Wildt, Volksgemeinschaft.

22 Ernst Langthaler, Eigensinnige Kolonien. NS-Agrarsystem und bäuerliche Lebenswelten 1938–1945, in: Emmerich Tálos/Ernst Hanisch/Wolfgang Neugebauer/Reinhard Sieder (Hrsg.), NS-Herrschaft in Österreich. Ein Handbuch, Wien 2000, S. 348–375, hier S. 371.

23 Bauer, Nationalsozialistische Agrarpolitik, S. 145.

24 Münkel, NS-Agrarpolitik vor Ort, S. 45.

Spannungsverhältnis muss jeweils entsprechend der zugrunde liegenden Fragestellung ausgelotet werden, um pauschalisierende Urteile zu vermeiden. Zudem ist auf die Ambivalenzen nationalsozialistischer Bauern-Bilder verwiesen worden, denen sowohl ein antimodernistischer und bauerntumsideologischer als auch ein kriegswirtschaftlich motivierter agrartechnokratischer Diskurs inhärent war.[25]

Die „Dorfgemeinschaft" wurde nicht von der „Volksgemeinschaft" abgelöst, die Grenzen des Dorfes lösten sich nicht auf. Sie waren jedoch durchlässig für nationalsozialistische Ideen in der einen sowie für Impulse und Signale lokaler Systemakzeptanz und Gewaltinitiative in der anderen Richtung. Diese Entwicklung verstärkte sich während des Zweiten Weltkriegs, als sowohl das Dorf nach Europa als auch Europa in das Dorf kam: Es expandierte über seine Grenzen, indem es in Gestalt seiner männlichen Bewohner mit der Wehrmacht und anderen NS-Organisationen in fremde Länder einfiel. Auf der anderen Seite veränderte sich an der „Heimatfront" die Sozialstruktur der Ortschaften grundlegend. Nach dem deutschen Überfall auf Polen wurde der durch die „Landflucht" ohnehin bestehende Arbeitskräftemangel noch größer, da die Wehrmacht im Verhältnis zu anderen Wirtschaftszweigen überproportional viele Land- und bäuerliche Betriebsarbeiter rekrutierte.[26] Das Gegenstück zu diesem freiwilligen oder erzwungenen Rückgang vor allem der männlichen Dorfbevölkerung war der stetig steigende Anteil an Kriegsgefangenen und ausländischen Zivilarbeitskräften unter den in der Landwirtschaft Beschäftigten. Zwangs-Landarbeit wurde zu einem flächendeckenden Phänomen.[27] Intensiver noch als in urbanen Räumen war Zwangsarbeit hier in die lokalen Lebenswelten eingebettet und erzeugte ein „latentes Spannungsverhältnis": Einerseits wurden die Höfe mit dem „Ausländereinsatz" quasi unter staatliche Aufsicht gestellt, andererseits nahmen die Handlungsspielräume und Disziplinierungskompetenzen der deutschen Dorf-

25 Ernst Langthaler, Die Erfindung des Gebirgsbauern. Identitätsdiskurse zwischen NS-System und voralpiner Lebenswelt, in: ders./Sieder, Über die Dörfer, S. 87–142, hier S. 93; Langthaler, Kolonien; Clemens Zimmermann, Ländliche Gesellschaft und Agrarwirtschaft im 19. und 20. Jahrhundert. Transformationsprozesse als Thema der Agrargeschichte, in: Werner Troßbach/Clemens Zimmermann, Agrargeschichte. Positionen und Perspektiven, Stuttgart 1998, S. 137–163, hier S. 154.

26 Ela Hornung/Ernst Langthaler/Sabine Schweitzer, Zwangsarbeiter in der Landwirtschaft, in: Jörg Echternkamp (Hrsg.), Das Deutsche Reich und der Zweite Weltkrieg, Bd. 9/2, München 2005, S. 577–666, hier S. 581 f.

27 Neuere Veröffentlichungen gehen davon aus, dass „fast die Hälfte der Arbeitskräfte in der Landwirtschaft" Ausländer waren. Vgl. Volkhard Knigge/Rikola-Gunnar Lüttgenau/Jens-Christian Wagner (Hrsg.), Zwangsarbeit. Die Deutschen, die Zwangsarbeiter und der Krieg. Begleitband zur Ausstellung, Weimar 2010, S. 93.

bewohnerinnen und -bewohner gegenüber den ausländischen Beschäftigten zu.[28] Diese unmittelbaren und oftmals der direkten Kontrolle durch Partei und Sicherheitsorgane entzogenen Verhältnisse begünstigten wohlwollendes oder zumindest menschliches Verhalten von Deutschen gegenüber den Zwangs-Landarbeitern auf der einen, deren brutale Bestrafung, Ausbeutung, Erniedrigung sowie sexuelle Übergriffe gegenüber Frauen auf der anderen Seite.[29]

Ein eindringliches Bild der Verhältnisse im ländlichen Württemberg hat zuletzt Jill Stephenson gezeichnet. Dabei hat sie sich unter anderem mit dem Verhältnis der Landbevölkerung sowohl zu ausländischen Zwangsarbeiterinnen und Zwangsarbeitern als auch gegenüber („volks-")deutschen Migranten, Evakuierten und Flüchtlingen auseinandergesetzt,[30] für die der ländliche Raum gleichsam zu einem neuen mittel- oder langfristigen Ziel werden sollte. Das betraf zum einen die im Reich anzusiedelnden „Volksdeutschen" aus Osteuropa und dem Baltikum,[31] zum anderen Evakuierte aus den zunehmend vom alliierten Luftkrieg betroffenen Städten.[32] Zahlreiche der etwa 850 000 mit der „Erweiterten Kinderlandverschickung" aus den Städten versandte Kinder wurden auf dem Land untergebracht, wo sich das Zusammenleben mit der einheimischen Bevölkerung oft schwierig gestaltete.[33]

Viele Dörfer wurden so zu Knotenpunkten der nationalsozialistischen Verwaltung von Kriegsfolgen und geprägt von einer damit einhergehenden Neuordnung der Einwohnerschaft. Diese setzte sich nicht mehr nur aus dem Kern der „alten" Dorfgemeinschaft zusammen, von dem vor allem die weiblichen, die jungen und die alten Mitglieder verblieben waren. Sie wurde zugleich um zahlreiche

28 Hornung/Langthaler/Schweitzer, Zwangsarbeiter in der Landwirtschaft, S. 661 f.

29 Mark Spoerer, Die soziale Differenzierung der ausländischen Zivilarbeiter, Kriegsgefangenen und Häftlinge im Deutschen Reich, in: Echternkamp, Das Deutsche Reich, Bd. 9/2, S. 485–576, hier S. 573 f.

30 Jill Stephenson, Hitler's Home Front. Württemberg under the Nazis, London 2006, S. 265–312.

31 Vgl. hierzu, allerdings ohne Bezug auf die Aufnahmegemeinden Stephan Döring, Die Umsiedlung der Wolhyniendeutschen in den Jahren 1939 bis 1940, Frankfurt a. M./Berlin/Bern/New York/Paris/Wien 2001, insb. S. 311–321.

32 Vgl. Michael Krause, Flucht vor dem Bombenkrieg. „Umquartierungen" im Zweiten Weltkrieg und die Wiedereingliederung der Evakuierten in Deutschland 1943–1963, Düsseldorf 1997, insb. S. 134–142.

33 Gerhard Kock, „Der Führer sorgt für unsere Kinder …" Die Kinderlandverschickung im Zweiten Weltkrieg, Paderborn/München/Wien/Zürich 1997, S. 96–98; Carsten Kressel, Evakuierungen und Erweiterte Kinderlandverschickung im Vergleich. Das Beispiel der Städte Liverpool und Hamburg, Frankfurt a. M./Berlin/Bern/New York/Paris/Wien 1996, S. 214 f.

„Fremde" erweitert, denen die Angehörigen der ursprünglichen *community* aus rassistischen Motiven sowie wegen religiöser oder kultureller Unterschiede häufig wenig freundschaftlich gesonnen waren.

Für die Bewohner der Dörfer vermischten sich zunehmend die Grenzen zwischen zivilen und militärischen Bereichen. Viele männliche Einwohner, die bis dato zu alt, zu jung oder aus anderen Gründen nicht als wehrtauglich eingestuft worden waren, wurden ab Herbst 1944 im „Volkssturm" organisiert.[34] Einerseits weitete damit die NSDAP ihre Macht ein letztes Mal aus, andererseits ermächtigte der Volkssturm einzelne Bewohner durch deren Bewaffnung und die Legitimierung paramilitärischer Gewalt.[35]

In der Endphase des Krieges wurden die Grenzen des Dorfes immer durchlässiger; es geriet zum offenen Transitraum für Einheiten von Wehrmacht, SS oder Hitler-Jugend, für Flüchtlinge, insbesondere aus den von der Roten Armee besetzten Gebieten im Osten, für ausgebombte Städterinnen und Städter, Kolonnen von Kriegsgefangenen, Zwangsarbeiterinnen und -arbeitern und zunehmend desorganisierte Formationen aus Partei- und Staatsapparat. Das Dorf wurde zur Etappe, dann zur Front und schließlich zum von den Alliierten besetzten Gebiet.

Jill Stephenson beschreibt in diesem Zusammenhang, wie Dörfer in den letzten Wochen des Krieges plötzlich zu „emergency quarters for a variety of concerns"[36] wurden. Da sie sich dabei fast ausschließlich auf Quellen beruft, die in den Nachkriegsjahren von den Gemeinden selbst verfasst wurden,[37] reproduziert ihre Darstellung jedoch die darin enthaltenen Leerstellen.[38] Dies verdeutlicht ein Abgleich mit anderen Quellen. Einige Ortschaften, deren Berichte über die letzten Kriegstage von Stephenson ausgewertet wurden, waren auch von Todesmärschen durchquert worden – ein „concern", der dabei offenbar keine Erwähnung fand. So erfahren wir zwar beispielsweise, dass in Kerkingen im Ostalbkreis in den ersten

34 Armin Nolzen, Die NSDAP, der Krieg und die deutsche Gesellschaft, in: Jörg Echternkamp (Hrsg.), Das Deutsche Reich und der Zweite Weltkrieg, Bd. 9/1: Die deutsche Kriegsgesellschaft 1939–1945. Politisierung, Vernichtung, Überleben, München 2004, S. 99–193, hier S. 185; David K. Yelton: Hitler's Volkssturm. The Nazi Militia and the fall of Germany 1944–1945, Lawrence, Kansas 2002.

35 Vgl. das Kapitel zum Volkssturm in der vorliegenden Arbeit.

36 Stephenson, Hitler's Home Front, S. 314.

37 Ebenda, S. 457.

38 Vgl. ausführlicher die kritischen Rezensionen von Peter Fritzsche in: The Historian 70 (2008) 4, S. 846 f.; Kristin Semmens in: Central European History 40 (2007) 4, S. 749–751; Drew Bergerson in: H-German, H-Net Reviews, April 2007, online unter: http://www.h-net.org/reviews/showrev.php?id=13095 [6. 7. 2015].

Apriltagen ein Hospital für kranke Pferde eingerichtet wurde,[39] dass zur gleichen Zeit ein Transport von über 150 KZ-Häftlingen durch den Ort geführt wurde und vier Gefangene dort verstarben, hingegen nicht.[40] Für Hüttlingen wird über den Durchmarsch von Tausenden deutschen Soldaten auf dem Rückzug berichtet,[41] nicht jedoch über denjenigen von ca. 850 Häftlingen aus dem KZ-Außenlager Vaihingen/Enz nach Dachau.[42]

Zweifelsohne müssen die Ergebnisse der Forschungen berücksichtigt werden, die wie Stephensons Studie dafür sprechen, dass großen Teilen der Landbevölkerung eine latente Renitenz gegenüber bestimmten nationalsozialistischen Ordnungs- und Politikvorstellungen eigen war oder dass Zwangsarbeiterinnen und Zwangsarbeiter auf dem Land oftmals weniger konsequent restriktive und menschenverachtende Lebensumstände erfuhren, als dies in Städten der Fall war.[43] Diese Umstände verhinderten jedoch nicht, dass in Dörfern in den letzten Tagen des Krieges Massenverbrechen auf Grundlage einer breiten gesellschaftlichen – oder besser: dorfgemeinschaftlichen – Einbindung begangen wurden.[44]

Dörfer boten keineswegs nur ein Setting latenter Nonkonformität; Zonen, in denen das Konzept der „Volksgemeinschaft" kaum erfolgreich durchgesetzt werden konnte; Räume bäuerlicher Widerständigkeit gegen den Nationalsozialismus. Dörfer wurden ebenso zu Räumen entgrenzter Gewalt, in denen sich mörderische Dynamiken entwickeln konnten. Im Folgenden soll es einerseits um die Veränderungen gehen, die der ländliche Raum durch die Todesmärsche erfuhr. Andererseits sollen die Auswirkungen räumlicher Strukturen auf entsprechende Gewaltdynamiken untersucht werden.

39 Stephenson, Hitler's Home Front, S. 314.

40 Bürgermeisteramt Kerkingen, 4. 12. 1946, 5.3.1/84599127, ITS Digital Archive, Bad Arolsen.

41 Stephenson, Hitler's Home Front, S. 316.

42 Bürgermeister der Gemeinde Hüttlingen, 2. 12. 1946, 5.3.1/84598930, ITS Digital Archive, Bad Arolsen; Arno Huth, Die Auflösung des KZ Natzweiler und seines Außenlagerkomplexes. Eine Übersicht, in: Blondel/Urban/Schönemann, Spuren, S. 184–197, hier S. 194.

43 Stephenson, Hitler's Home Front, S. 286. Vgl. auch Spoerer, Die soziale Differenzierung, S. 573 f.

44 Hierzu zuletzt Angelika Laumer, Getting Rural. Ein Plädoyer für kritische Forschung zu nationalsozialistischen Verbrechen im ländlichen Raum, in: Frédérick Bonnesoeur/Philipp Dinkelaker/Sarah Kleinmann/Jens Kolata/Anja Reuss (Hrsg.), Besatzung. Vernichtung. Zwangsarbeit. Beiträge des 20. Workshops zur Geschichte und Nachgeschichte der nationalsozialistischen Konzentrationslager, Berlin 2017, S. 221–243.

1.2. Quartiere, Haftstätten, Verstecke

In Darstellungen der Todesmärsche wird oft der Eindruck erweckt, die Kolonnen hätten unerwartet die Dörfer durchquert; die Einheimischen seien vom Geschehen überrascht worden. Allerdings waren die Häftlinge in vielen Fällen nicht plötzlich in den Gemeinden aufgetaucht.[45] Um den Ablauf der Transporte möglichst ohne Schwierigkeiten und Verzögerungen zu gewährleisten, hatten die zuständigen Transportführer ein Interesse daran, dass in den Ortschaften, in denen Rast gemacht oder übernachtet werden sollte, im Vorfeld ein Mindestmaß an Vorbereitung stattfand. Dafür waren einzelne Angehörige der Wachmannschaften zuständig, die den Kolonnen vorausfuhren und in den Ortschaften die Vorbereitungen veranlassten. So berichtete eine Frau, die im brandenburgischen Katerbow Bekanntschaft mit einem Wachmann des Todesmarsches aus dem KZ Sachsenhausen gemacht hatte, es sei dessen Aufgabe gewesen, „für seinen Marschblock von einem Tag zum anderen die notwendigen Quartiere zu beschaffen und auch die Verpflegung der Häftlinge zu organisieren".[46] Ansprechpartner dafür waren auf lokaler Ebene zunächst die örtlichen Bürgermeister.[47] Diese verteilten dann Kontingente von Häftlingen an Gemeindeangehörige, bei denen eine Unterkunft möglich war.[48] Zum Teil wurden Einwohner direkt von Angehörigen der Wachmannschaften wegen Quartieren für Gefangene angesprochen.[49] Dabei waren die KZ-Räumungstransporte häufig nur eine kurzfristig einzuquartierende Gruppe unter anderen. So waren oftmals auch Einheiten von sich zurückziehendem Militär oder dem Reichsarbeitsdienst in Dörfern untergebracht. Für sie wurden – wenn möglich – Unterkünfte bereitgestellt, die zumindest rudimentäre hygienische und sanitäre Verhältnisse gewährleisteten:

45 Darauf verweist auch Greiser, Todesmärsche, S. 260.

46 Vernehmung von Gertrud Rösner*, MfS Potsdam, 9. 9. 1955, BStU, MfS, Pdm AU 41/56, Bl. 310–322, hier Bl. 312.

47 Vernehmung von Wilhelm Leppin, MfS Potsdam, 12. 7. 1955, ebenda, Bl. 229–234, hier Bl. 231 f.; Polizeileiter von Lauterbach, Kz-Häftlingszug aus Richtung Zwickau-Helmsdorf durch Lauterbach – Landkreis Zwickau – bis Mannichswalde/Thür. – Landkreis Gera –, 26. 8. 1945, Sächsisches Hauptstaatsarchiv Dresden (SHStAD), 11391 Ministerium für Arbeit und Sozialfürsorge, Nr. 992, Bl. 91.

48 Vernehmung von Michael Schlemp*, Bayerische Landpolizei, Kriminalaußenstelle Bad Tölz, 2. 3. 1955, Staatsarchiv München (StAM), Staatsanwaltschaften, 34480, Bl. 5.

49 Vernehmung von Martha Hübner*, Kreispolizei Flöha, Posten Borstendorf, 2. 9. 1945, SHStAD, 11391, Nr. 994, Bl. 4; Vernehmung von Franz Klang*, Kriminalamt Halle/Saale, Kriminalaußendienststelle Hettstedt, 27. 4. 1948, BStU, MfS, BV Halle, ASt. 5220, Bd. 1, Bl. 7 f., hier Bl. 7.

Privatunterkünfte,[50] Schulgebäude[51] oder die Säle von Gasthäusern.[52] Für die Häftlingstransporte hingegen nutzte man zumeist Scheunen, die weder über Fenster, Toiletten noch Waschgelegenheiten verfügten.

Die Involvierung der lokalen Administration und Bevölkerung in die Logistik der Todesmärsche barg erhebliches Konfliktpotenzial, das sich häufig an der Zuweisung von Räumen entzündete. Der ehemalige Bürgermeister von Drackenstedt bei Magdeburg berichtete, bei ihm seien zwei SS-Männer aufgetaucht und hätten eine Unterkunft für Tausend Personen verlangt. Als er ihnen eröffnet habe, dass er kein zumutbares Quartier für so viele Menschen bereitstellen könne, führte dies „zu sofortigen Auseinandersetzungen mit den S.S. Führern und unter Drohungen der Meldung an die vorgesetzte Dienststelle verließen sie meine Wohnung".[53] Letztlich nahmen die Wachmannschaften eigenmächtig eine Feldscheune am Ortsrand in Beschlag. Am nächsten Morgen wurden 58 KZ-Häftlinge, die die Scheune nicht verließen, an Ort und Stelle ermordet.[54]

Durch die Einquartierung von Evakuierungstransporten wurden dörfliche Räume mithilfe von Gewalt neu definiert. Das Verhältnis von innen und außen, das Hinein- oder Heraustreiben von Gefangenen und das Eingesperrt-Halten der KZ-Häftlinge gaben dem Raum jenseits seiner ursprünglichen Funktion einen neuen, temporären Sinn. Aus bis dahin landwirtschaftlich genutzten Gebäuden wurden über Nacht provisorische Haftorte und gegebenenfalls sogar Mordstätten.

Bei der Unterbringung der Gefangenen in abgeschlossenen Räumen ging es den Wachmannschaften weniger darum, den Häftlingen ein Dach über dem Kopf zur Verfügung zu stellen, als vielmehr um ihre Verbringung an einen mit geringem Personaleinsatz gut zu kontrollierenden Ort. In einem geschlossenen Raum waren die Häftlinge weitaus leichter zu bewachen als auf freiem Feld. So bot die Unterbringung in der Scheune in Drackenstedt für die KZ-Wachmann-

50 Vernehmung von Annelore Dollmann*, Kriminalpolizei Wernesgrün, 20. 8. 1945, SHStAD, 11391, Nr. 992, Bl. 9; Vernehmung von Sebastian Strom*, Bayerische Landpolizei, Landpolizeistation Bad Tölz, 27. 2. 1955, StAM, Staatsanwaltschaften, 34488, Bl. 4.

51 Eidesstattliche Vernehmung von Paul Reuss, HQ 7th US Army, 27. 4. 1945, NARA, RG 549, „Cases not tried", Box 488, 000-12-424, unpag.

52 Vernehmung von Wilhelm Wehren, MfS Potsdam, 13. 7. 1955, BStU, MfS, Pdm AU 41/56, Bl. 111–115, hier Bl. 111.

53 Hermann Handge an Rat der Gemeinde Drackenstedt, 6. 12. 1949, SAPMO-BArch, DY 55/V 278/4/89, unpag.

54 Bezirksverwaltung für Staatssicherheit Magdeburg, Kreisdienststelle Wanzleben an MfS, HA IX/11, Verbrechen in Drackenstedt, 2. 7. 1973, BStU, MfS, BV Magdeburg, Nr. 270, Bl. 8–10.

schaften die Möglichkeit, sich über Nacht abzuwechseln und zu erholen.[55] Aus ihrer Perspektive waren möglichst wenige und kleine Räume von Vorteil. Dieser Umstand wirkte sich wiederum fatal auf die Häftlinge aus, die oftmals unter quälend beengten Verhältnissen leiden mussten. Der Gutsverwalter eines Ritterguts im sächsischen Lichtentanne berichtete, dass im Februar 1945 von der Gemeinde ein Nachtquartier für 80 Personen bestellt worden sei. Kurz darauf trafen jedoch etwa 450 völlig entkräftete jüdische Frauen unter Bewachung ein: „Statt 80 Personen wurden nun die vielen Menschen von der Wachmannschaft in die Scheune getrieben, wenn es nicht schnell genug ging, halfen sie mit dicken Knüppeln nach. [...] Auf meinen späteren Einspruch beim Führer des Zuges, daß es so nicht ginge, antwortete dieser, er könnte die Leute nicht teilen, er hätte zu wenig Wachleute. Darauf wurden die Leute einfach in der Scheune eingeschlossen." Problematisch war für den Gutsverwalter nicht nur das Schicksal der Häftlinge, sondern auch der Zustand nach dem Verlassen des Anwesens. Er fuhr fort: „Wie am nächsten Tage die Scheune aussah, ist wohl auszudenken, denn es war den Leuten nicht möglich mal auszutreten."[56]

Bei der Unterbringung in Gebäuden waren die KZ-Häftlinge ebenso wie auf dem Marsch ständiger Gewalt ausgesetzt. Nachdem die Nachtquartiere festgelegt worden waren, wurden sie meist unter massiven Misshandlungen hineingetrieben. Auf engstem Raum zusammengepfercht, begann dann häufig für die Gefangenen untereinander der ihnen aus überfüllten Baracken und Eisenbahnwaggons bekannte Kampf um Platz, Nahrung und Sauerstoff. Auch davon wurden Anwohnerinnen und Anwohner Zeugen. So berichtete eine Einwohnerin aus dem bayerischen Altendorf: „Ich hörte von meiner Wohnung aus die Gefangenen im Stadel schreien. Als es dunkel wurde, fragte ich einen der SS-Männer, warum die Leute so brüllen und dieser sagte, daß die Leute Hunger haben. [...] Wir haben die Gefangenen die ganze Nacht brüllen hören. Wir konnten nicht schlafen."[57]

Nicht nur private Scheunen und Höfe,[58] auch andere Teile des dörflichen Raums erfuhren während der Todesmärsche eine neue Nutzung: In Glaubitz bei

55 Willy Mirbach, „Damit du es später deinem Sohn einmal erzählen kannst ..." Der autobiographische Bericht eines Luftwaffensoldaten aus dem KZ Mittelbau (August 1944–Juli 1945). Hrsg. von Gerd Halmanns, Geldern 1997, S. 163.

56 Gutsverwalter Wolper*, Bericht über die Unterbringung von KZ-Häftlingen (Jüdinnen) in der Nacht zum 4. Februar 1945 im Rittergut Lichtentanne, 20. 11. 1945, SHStAD, 11391, Nr. 992, Bl. 120.

57 Vernehmung von Fanny Herrmann, Ausländersuchstelle Altendorf, 17. 7. 1947, 5.3.1/84596818, ITS Digital Archive, Bad Arolsen.

58 Bericht über ein aufgefundenes Massengrab von Kz.-Häftlingen in Kleinradisch, 2. 4. 1946 (Abschrift vom 27. 3. 1946), SHStAD, 11391, Nr. 993, Bl. 181.

Riesa wurden im April 1945 Tausende Häftlinge mehrere Tage lang unter freiem Himmel auf dem Sportplatz des Ortes untergebracht. Dabei diente die vorhandene Umzäunung des Platzes zur Begrenzung des provisorischen Konzentrationslagers und zur Verhinderung von Fluchtversuchen.[59] Bemerkenswert ist bei diesem Rückgriff auf örtliche Ressourcen auch, dass die Wachmannschaften einen sehr pragmatischen Umgang mit der lokalen Öffentlichkeit an den Tag legten. Man versuchte nicht, die geschwächten, misshandelten und sterbenden Gefangenen vor den Augen der Bevölkerung zu verbergen, sondern brachte sie innerhalb der Ortschaften unter. Im Fall von Glaubitz fand dies sogar auf einem frei einsehbaren Gelände statt, das als Sportplatz eine zentrale soziale Funktion im dörflichen Alltag erfüllte. Im Gegensatz zum oben angeführten Beispiel der Scheune in Lichtentanne kümmerten sich die Bewacher dort sogar darum, den requirierten Raum vor dem Abmarsch annähernd in den vorherigen Zustand zurückzuversetzen, wie ein Überlebender berichtete: „Gegen 8 Uhr zwingt uns die SS, den Fußballplatz zu säubern, indem wir uns mit unseren Kleidern darüber rollen müssen, um unsere Exkremente zu beseitigen. Eine traurige Arbeit, die unsere Bewacher und die Bevölkerung, die da ist, um uns zuzuschauen, noch mehr entwertet."[60]

Dieser Verweis auf die Zuschauer macht noch einmal den Zusammenhang zwischen Gewalt, Raum und Öffentlichkeit deutlich. Den kommunalen Raum des Sportplatzes eigneten sich zunächst die Wachmannschaften für ihre Zwecke an und transformierten ihn zum Haftort. Bevor ihn die Einwohnerinnen und Einwohner wieder in Besitz nahmen, wurde der Sportplatz dann zu einer Arena, in der sich die Einheimischen gefahrlos die Demütigung anderer Menschen ansehen konnten. Harald Welzer hat diese Art Voyeurismus am Beispiel der Zuschauer bei den „Schauspielen" von Massenerschießungen in den Blick genommen, was sich auch auf die oben beschriebene Situation übertragen lässt: „Man kann [als Zuschauer] das Ganze in einer Mischung von Abscheu und Faszination wie ein Experiment beobachten, an dem man teilzunehmen das Privileg hat, und man kann gewiss auch einen Thrill dabei empfinden, dass man einfach vorgeführt bekommt, was möglich ist in einer Situation absolut vereinseitigter Macht."[61]

59 Mehrere Überlebende berichteten vom Versuch, diese Umzäunung zu überwinden. Vgl. Bericht und Brief von Tadeusz Sulima aus Wrocław, abgedruckt in Klaus Hesse, Rüstungsindustrie in Leipzig. Teil II, Leipzig 2001 (Eigenverlag), S. 293–295, hier S. 294; Auszüge aus einer Dokumentation einer Gemeinschaft des ehemaligen KZ-Außenlagers Thekla-Schönefeld über die Evakuierung des Lagers im April 1945, abgedruckt in: ebenda, S. 286–293, hier S. 288.

60 Ebenda, S. 289.

61 Welzer, Täter, S. 205.

Die lokale Bevölkerung reagierte allerdings nicht lediglich auf Forderungen und Verhalten der Wachmannschaften. Die Einheimischen entwickelten auch selbst kreative Lösungen, wenn sie ohne SS im Ort auf sich alleine gestellt waren. So wurden beispielsweise aus Spritzenhäusern der örtlichen Feuerwehren Gefängnisse für entflohene Häftlinge gemacht.[62] In Ermsleben in Sachsen-Anhalt wurde ebenfalls der örtliche Sportplatz von Polizei und Volkssturm als Sammelpunkt für geflohene und zurückgebliebene KZ-Häftlinge genutzt, die in den Nachbarort transportiert werden sollten.[63] Die überlieferte Skizze der Kriminalpolizei zeigt, dass an den Sportplatz unmittelbar der Friedhof angrenzte. Dort wurde zu diesem Zeitpunkt bereits ein Massengrab für Häftlinge, die im Ort und der unmittelbaren Umgebung tot aufgefunden worden waren, ausgehoben.[64] Aus Sicht der Einheimischen war die angrenzende Lage von Friedhof und Sportplatz auch deswegen so günstig, weil die Häftlinge körperlich dermaßen geschwächt waren, dass durchaus mit Todesopfern unter ihnen gerechnet werden musste.

Aus Perspektive der KZ-Häftlinge boten die örtlichen Gegebenheiten während der Todesmärsche Chancen, zu fliehen und sich zu verstecken. In den Ortschaften waren sie jedoch der Gefahr ausgesetzt, von Angehörigen der Wachmannschaften oder Einheimischen entdeckt zu werden. In Drackenstedt etwa war es drei Häftlingen gelungen, einem Massaker zu entkommen, indem sie sich in der Scheune im Stroh versteckt hatten. Erst nach mehreren Tagen wagten sie sich heraus.[65]

In der Nähe der eben erwähnten Ortschaft Ermsleben kehrten drei geflohene polnische KZ-Häftlinge in die Scheunen zurück, die am Tag zuvor als Unterkunft ihrer Marschkolonne genutzt worden waren. Dort trafen sie auf französische Zwangsarbeiter, „und diese gaben uns zu bedenken, daß wir uns lieber im Walde verstecken sollten, da die Deutschen ein paar eben ergriffene Häftlinge erschossen hätten. Daraufhin verließen wir das Gut und hielten uns ein paar Tage lang im Walde versteckt, bis zur Ankunft der amerikanischen Truppen.“[66]

62 Vernehmung von Heinz Joachim Grippach*, Kriminalpolizei Außendienststelle Großenhain, 14. 11. 1945, SHStAD, 13471 NS-Archiv des MfS, VgM Nr. 10100/1, Bl. 9 f.; Vernehmung von Herbert Weitfass*, Kreispolizeibehörde Herford, 8. 10. 1955, Staatsarchiv Augsburg (StAA), Staatsanwaltschaft Memmingen, KS 2/1956, Bl. 28; Sworn Statement of Margot Schülbe, taken by Major John C. DeWolfe, 24. 4. 1945, NARA, RG 549, „Cases not tried“, Box 461, 000-12-38, unpag.

63 Vgl. auch Blatman, Todesmärsche, S. 652 f.

64 Vernehmung von Marie Mollweber*, Kriminalamt Halle/Saale, Kripo.-Außendienststelle Mansfelder Gebirgskreis, Hettstedt, 12. 3. 1948, BStU, MfS, BV Halle, ASt. 6722, Bd. 1, Bl. 1.

65 Ortsgruppe der SED Drackenstedt an VVN Landesvorstand Sachsen-Anhalt, OdF-Mahnmal in Drackenstedt, 17. 1. 1950, SAPMO-BArch, DY 55/V 278/4/89, unpag.

66 Vernehmung von Josef Czylok, Bezirkskommission zur Untersuchung von NS-Verbrechen in Wrocław, 20. 8. 1969, BArch, B 162/15511, Bl. 444–450, hier Bl. 449.

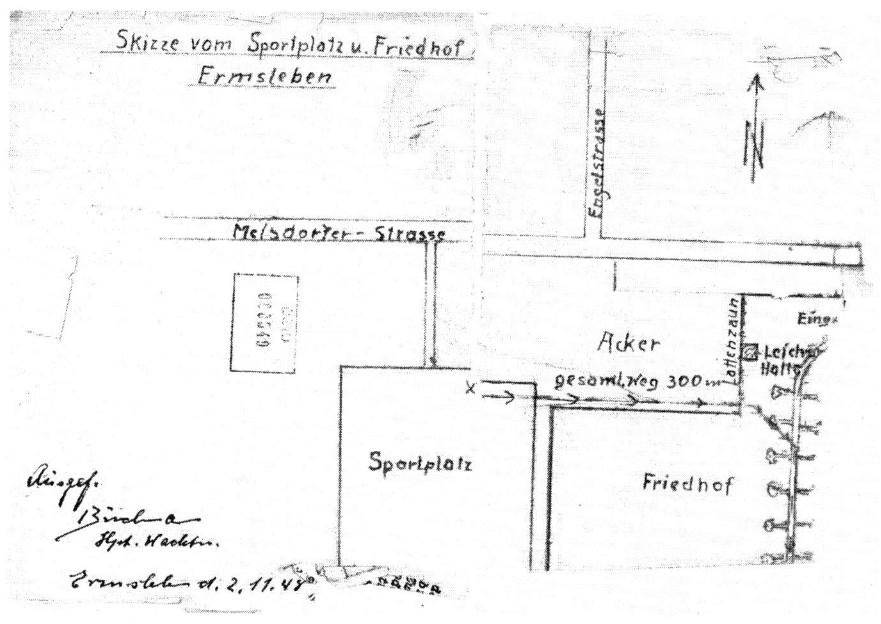

Skizze vom Sportplatz und Friedhof Ermsleben, 1948
BStU, MfS, BV Halle ASt. 6722, Bd. 1, Bl. 349

Nach dem Einmarsch der US-Armee begannen auch in Ermsleben Untersuchungen zu Verbrechen im Umfeld der Todesmärsche. Eine Tatortskizze aus diesen Ermittlungsakten kann direkt an den linken Rand der eben vorgestellten Skizze mit dem Sportplatz gelegt werden. Sie verdeutlicht eindrucksvoll, wie nah Überlebens- und Todesort beieinander lagen. Im Zentrum dieser Zeichnung befindet sich eine Scheune, 600 Meter außerhalb des Ortes gelegen. Entgegen den Sehgewohnheiten ist die Skizze nicht mit der oberen Kante nach Norden ausgerichtet, sondern ein Pfeil zeigt die nördliche Himmelsrichtung rechts unten an.

Mit dieser Drehung, welche die Scheune stärker in den Bildmittelpunkt rückt, wird die Fokussierung auf den Tatort betont. Am Grundriss der Scheune sind Längenmaße verzeichnet, die Ortschaft selbst hingegen erscheint nur grob angedeutet und schraffiert im unteren Bilddrittel als „General Area of Ermsleben“. Im Gegensatz zur Kriminalpolizei Halle waren die US-Ermittler, die ein anderes Verbrechen im selben Ort untersuchten, weniger an der Topografie der Gemeinde als vielmehr an seiner Peripherie interessiert. Zwei rote Kreuze markieren Mordstätten, rot eingekreiste Zahlen verweisen auf die Standorte von zwei Zeugen des Verbrechens. Bei einem von ihnen (1) handelte es sich um einen

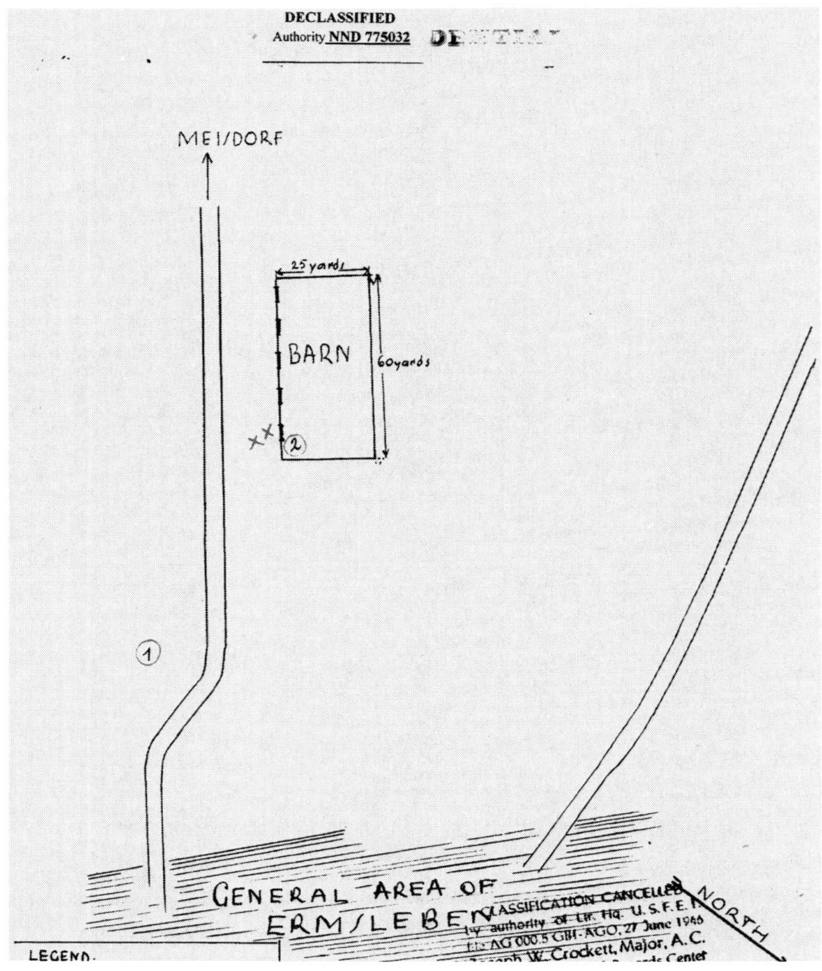

Tatortskizze der US-Armee vom Tatort in Ermsleben, 1945
NARA, RG 549, „Cases not tried“, Box 471, 000-12-189, unpag.

polnischen Kriegsgefangenen, der am 11. April 1945 gegen sechs Uhr abends aus einiger Entfernung beobachtet hatte, wie zwei Polizisten an der Scheune auf zwei Menschen schossen.[67]

Dem zweiten Zeugen (2), dem damals 27-jährigen Polen Marian Nowak, war es gelungen, sich von einem Todesmarsch abzusetzen und Richtung Ermsleben zu

67 Statement of Adam Stelmacronek, VII US Army, 3. 5. 1945, NARA, RG 549, „Cases not tried“, Box 471, 000-12-189, unpag.

fliehen, wo er sich in der Scheune im Stroh versteckte. Er sagte aus, am Abend sei plötzlich ein Russe in die Scheune gekommen. Dieser sei von einem Deutschen verfolgt worden, der den Russen aus der Scheune geholt habe. Kurz darauf seien vier Schüsse zu hören gewesen. Nowak habe sich ein Stück aus seinem Versteck gewagt und draußen zwei sich entfernende Deutsche sowie zwei am Boden liegende Männer gesehen. Einer der beiden war tot, der andere schwer verwundet. Aus Angst, so Nowak, sei er, statt Hilfe zu leisten oder zu holen, in der Scheune geblieben. Der Todeskampf des angeschossenen Russen dauerte fast 24 Stunden, bis er am darauffolgenden Nachmittag vor der Scheune starb.[68] Erst zwei Tage nach der Tat wurden die beiden Leichen vom Totengräber auf dem örtlichen Friedhof begraben.[69]

Auch wenn man sich nur schwer die psychische Situation des hinter dem Scheunentor versteckten Marian Nowak vergegenwärtigen kann, verdeutlicht die Verbindung seiner erschütternden Aussage und der nüchternen Tatortskizze die hier dramatisch verdichtete Gleichzeitigkeit von Überleben und Vernichtung in unmittelbarer Nähe. Die Scheune außerhalb des Dorfes wurde sowohl zur Zufluchts- als auch zur Mordstätte. Das war jedoch nicht durch Zufall bedingt, sondern durch eine räumliche Ordnung, die auch dieser ausgesprochen kontingenten Situation zugrunde lag: Der periphere Ort bot für den geflohenen Häftling ein halbwegs übersichtliches und zugleich überdachtes Versteck, das auch die später Ermordeten zu erreichen versucht hatten. Andererseits gewährleistete die Scheune am Ortsrand aus der Perspektive der Täter die gebotene Diskretion, sodass es nicht notwendig war, einen anderen Ort für die Erschießung zu finden.

1.3. Mordstätten

Während die Kolonnen in Bewegung waren, wurden schwache und zurückbleibende KZ-Häftlinge von den Wachmannschaften an Ort und Stelle, an Straßen, Wegen und auf Feldern, getötet. Die Routen der Märsche waren gesäumt von Leichen. Ein Delegierter des Internationalen Komitees des Roten Kreuzes (IKRK), der mit einem Hilfskonvoi den Todesmärschen aus dem KZ Sachsenhausen folgte, berichtete später: „Am Morgen des 22. April entdeckten wir die ersten 20 erschossenen Häftlinge am Straßenrand auf einer Strecke von 7 km […]; alle waren durch Kopfschuß getötet worden. In dem Maße, wie wir vorankamen, stießen wir auf eine immer größere Anzahl von erschossenen Häftlingen am Straßenrand oder in den -gräben. […] Auf unsere Frage erklärten uns die Häftlinge, daß die SS-

68 Statement of Marian Nowak, VII US Army, 23. 5. 1945, ebenda.

69 Statement of Hermann Marscheider, VII US Army, 23. 5. 1945, ebenda.

Leute ihre Opfer oft gezwungen hatten, sich zur Exekution fünfzig Meter hinter der marschierenden Kolonne niederzuknien oder auf die Erde zu legen.“[70]

Diana Gring hat für dieses Geschehen ein „Prinzip des zufälligen Tatortes“ ausgemacht, wonach Tatorte und -zeitpunkte „weitestgehend willkürlich“ gewesen seien.[71] Allerdings lassen sich, insbesondere unter Einbeziehung visueller Quellen, gewisse Muster dieses Gewalthandelns erkennen.

Im oberpfälzischen Pechbrunn wurde ein Kraftfahrer der Wehrmacht namens Krüger Augenzeuge dieses mobilen Mordens.[72] Er schilderte gegenüber der US-Armee kurz darauf, wie ein Todesmarsch von etwa Tausend KZ-Häftlingen mit brutaler Gewalt durch den Ort getrieben worden war. Eine von ihm angefertigte Tatortskizze verdeutlicht, wie ermordete KZ-Häftlinge die Straße von West nach Ost säumten.[73] Anhand der Kombination von Aussage und Zeichnung deutet sich für diese auf dem Marsch begangenen Morde eine Topografie der Gewalt an: Während Misshandlungen von Häftlingen oft inmitten der Dörfer ausgeübt wurden, fanden Erschießungen beim Durchzug der Kolonnen eher außerhalb der bewohnten Gebiete statt.[74] Eine Karte wie die hier abgebildete „duldet nur Synchronie“,[75] kann also schwerlich zeitliche Veränderungen und Prozesse abbilden. Dennoch lässt die Markierung der Mordstätten mit roten Kreuzen in nahezu regelmäßigen Abständen die Dynamik des Geschehens erahnen, welche die Ausführung der Gewalttaten „unterwegs“ hervorbrachte.

Die Skizze zeigt, dass alle acht Leichen auf der rechten Seite der Straße gefunden wurden, was dafür spricht, dass es auch bei diesem mobilen Morden eine räumliche Ordnung gab. Offenbar bewegte sich die Kolonne tendenziell in Fahrtrichtung auf der rechten Seite der Straße. Fotografien von Todesmärschen in Bayern zeigen, dass dort häufig die rechte Fahrspur genutzt und die linke freigelassen wurde.[76] Damit sollte wohl der Verkehrsfluss möglichst ungestört

70 Bericht eines IKRK-Delegierten über die Versorgung der Evakuierten von Oranienburg (Sachsenhausen) und Ravensbrück, in: Internationales Komitee vom Roten Kreuz (Hrsg.), Die Tätigkeit des IKRK zugunsten der in den deutschen Konzentrationslagern inhaftierten Zivilpersonen (1939–1945), Genf 1985 [1947], S. 121–128, hier S. 119 f.

71 Gring, Massaker, S. 117.

72 Dieser Fall wird auch angeführt bei Greiser, Todesmärsche, S. 261–263.

73 Situations-Skizze zum Bericht vom 24. Mai 1945 von H.R.C. Krüger, 25. 5. 1945, NARA, RG 549, „Cases not tried“, Box 488, 000-12-429, unpag.

74 Gring, Massaker, S. 117.

75 Benz, Kritik der Karte, S. 204.

76 Vgl. die Abbildungen in: Constanze Werner, Die Todesmärsche und -transporte in Bayern: Itinerare des Grauens, in: Bayerische Verwaltung der staatlichen Schlösser, Gärten und Seen (Hrsg.), „Wenn das neue Geschlecht erkennt, was das alte verschuldet …“ KZ-Friedhöfe und -Gedenkstätten in Bayern, Regensburg 2011, S. 15–35.

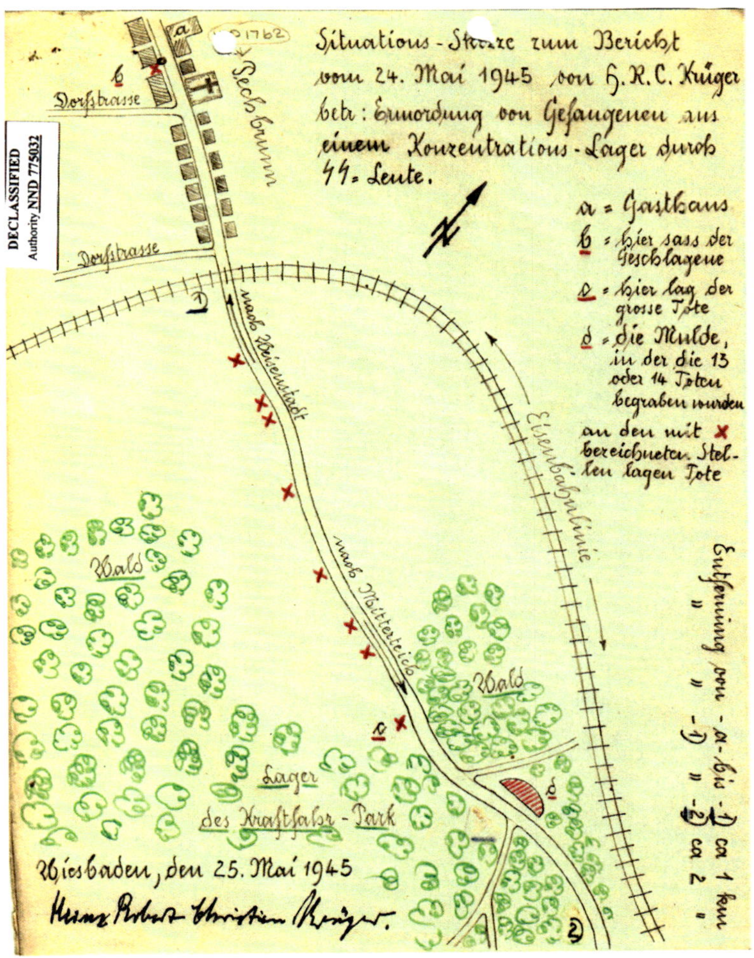

Tatortskizze zu Pechbrunn, 1945
NARA, RG 549, „Cases not tried", Box 488, 000-12-429, unpag.

bleiben. Die Evakuierungen fanden in einem gesellschaftlich genutzten, öffentlichen Raum statt, in dem die Straßen ein wichtiges Element der Infrastruktur darstellten. In den Verkehr aus Militärfahrzeugen, Flüchtlingstrecks und zivilen Fahrzeugen mussten auch die Todesmärsche eingetaktet werden. Anscheinend herrschte dabei nicht immer Chaos, sondern in etlichen Fällen vielmehr die Straßenverkehrsordnung und das Rechtsfahrgebot. Infolgedessen wurden die Opfer in diesem Fall sämtlich am rechten Straßenrand ermordet. Krüger berichtete, wie ein entkräfteter Häftling „vom SS-Mann zur rechten Straßenseite in der

Marschrichtung in den Graben gestoßen [wurde], wo er in halbsitzender Stellung liegen blieb. Der SS-Mann trat an ihn heran und schoß ihm mit der Pistole ins Gesicht."[77] Das anschließende Verscharren der Toten folgte dann einer anderen Logik. Während die Morde auf offener Straße stattfanden, suchten die Wachmannschaften für das Grab zwar keinen versteckten, aber zumindest einen etwas abgelegenen Ort an der Waldgrenze aus.[78]

Wenn Häftlinge getötet werden sollten, die nach ihrer Flucht vom Todesmarsch aufgegriffen worden waren, entstand für die beteiligten Akteure die Notwendigkeit, umgehend dafür geeignete Orte zu finden. Unabhängig voneinander wurden in vielen Fällen ähnliche Plätze ausgewählt: Stellen am Ortsrand[79] oder in angrenzenden Wäldern,[80] die Gelegenheit boten, die Opfer an Ort und Stelle zu verscharren. Häufig wurden dafür Kies- oder Sandgruben genutzt.[81] Sie befanden sich außerhalb der Wohngebiete, waren abgelegen und trotzdem über befestigte Wege gut zu Fuß zu erreichen. Ihre Beschaffenheit bot den Mördern gegebenenfalls einen Kugelfang sowie eine Möglichkeit zum schnellen Zuschütten der Leichen. Zudem handelte es sich um eindeutig adressierbare Orte, deren Lage den Einheimischen gut bekannt war, sodass es unkompliziert war, sich auf diese Plätze als Erschießungsstätten zu einigen.

Auch in der Nähe des oben erwähnten Glaubitz wurde eine Kies- bzw. Sandgrube zum Exekutionsort. Zunächst erschossen dort Angehörige der Wachmannschaften,[82] später Angehörige der Hitler-Jugend KZ-Häftlinge. Nachdem sie aufgegriffene Gefangene aus dem Spritzenhaus der Feuerwehr geholt

77 Vernehmung von Heinz Robert Christian Krüger, 25. 5. 1945, NARA, RG 549, „Cases not tried, Box 488, 000-12-429, unpag.

78 Ebenda.

79 Staatsanwaltschaft bei dem Landgericht Ulm-Do., Einstellung des Verfahrens, 19. 3. 1962, BArch, B 162/26756, unpag.; Staatsanwaltschaft Ellwangen/Jagst, Einstellung des Verfahrens gegen Heinrich Bültemeier und Eberhard Müller, 6. 2. 1950, IfZ, Ge 02.08.

80 Vernehmung von Walter Richard Beckert, Kriminalamt Dresden, Dienststelle Freiberg, K 5, 16. 2. 1948, SHStAD, 13471 NS-Archiv des MfS, ZA 3215/54, Bl. 9; Staatsanwaltschaft Ellwangen/Jagst, Anklageschrift gegen Karl-Heinz Engel, 1. 3. 1949, IfZ, Ge 02.09/1.

81 Vernehmung von Sebastian Strom*, Bayerische Landpolizei, LP.-Station Bad Tölz, 27. 2. 1955, StAM, Staatsanwaltschaften, 34488, Bl. 4; Der Bürgermeister der Gemeinde Dalkingen, Betrifft: Todesmarsch Kochendorf-Dachau, o. D. (vermutl. 1946), 5.3.1/84597504, ITS Digital Archive Bad Arolsen. Vgl. auch das Urteil des LG Ellwangen, 16. 3. 1950, Lfd. Nr. 201, in: JuNSV, Bd. VI, S. 221–226; Urteil des LG Ellwangen, 25. 10. 1950, Lfd. Nr. 251, in: JuNSV, Bd. VII, S. 615–621. Auf der Grundlage eines der Urteile wird der Fall erwähnt bei Keller, Volksgemeinschaft, S. 299 f.

82 Vernehmung von Albert Schröter, SMA Leipzig, 24. 12. 1945 (Übersetzung aus dem Russischen), BStU, MfS HA IX/11, RHE-West 615/1, Bl. 38–54, hier Bl. 50.

hatten, sagte ihnen ein Gendarm, „daß die Häftlinge an der Kiesgrube erschossen werden sollten und bemerkte noch, daß dort oben schon drei Häftlinge erschossen liegen, es soll einer davon noch am Leben sein, diesen sollte ich durch einen Gnadenschuß noch erschießen".[83]

Das verweist auf eine Pfadabhängigkeit, nach der Plätze, die „erfolgreich" als Mordstätten genutzt worden waren, gegebenenfalls mehrfach ausgewählt wurden. So berichtete der zitierte HJ-Angehörige im Verhör, eine weitere Erschießung habe an einem Waldrand stattgefunden, wo bereits zuvor drei Ermordete verscharrt worden waren. In diesem Fall habe das Opfer jenes frische Grab vor seiner Ermordung öffnen müssen.[84]

All diese Verortungen setzten Überlegungen und Entscheidungen voraus, was zeigt, dass diese Taten keineswegs Affekt- oder gar Notwehrhandlungen waren, sondern kurzfristig geplante, aber organisierte Exekutionen. Möglicherweise griffen die Akteure dabei zum Teil auf Erfahrungen aus dem Krieg zurück. Dies ist im Einzelfall schwer nachzuweisen, aber gerade beim zuletzt angeführten Beispiel, bei dem die Täter kurz zuvor an der Ostfront gedient hatten, nicht auszuschließen.

Die Wahl der Mordstätten hing nicht nur mit deren spezifischer Qualität und dem situativen Kontext zusammen, sondern auch mit dem Interesse, diese Taten an bestimmten anderen Orten *nicht* auszuüben. Nicht nur, dass einige Täter die Zahl der Augenzeugen gering halten wollten, auch die lokale Bevölkerung hatte wenig Interesse daran, dass solch tödliche Gewalt vor ihrer Haustür stattfand und protestierte teilweise dagegen. Dabei ist im Nachhinein kaum zu rekonstruieren, ob dies dem Versuch geschuldet war, den eigenen Nahbereich zu schützen und angesichts des bevorstehenden Kriegsendes „sauber zu halten", oder ob es sich um grundsätzliche moralische Einwände handelte.

Ein Einwohner der Ortschaft Endorf am Rand des Harzes berichtete der US-Armee im Mai 1945, dass seine Gaststätte einen Monat zuvor von der Wehrmacht beschlagnahmt worden sei. Eines Tages sei er von der Feldarbeit auf seinen Hof gekommen, wo er auf einige KZ-Häftlinge traf: „Dabei stand ein SS-Offizier, der diese Männer auf meinem Hof erschießen wollte. Ich machte denselben sofort darauf aufmerksam, daß ich solche Handlungsweise in meinem Grundstück nicht dulde und bat ihn energisch, den Hof zu verlassen, was er auch tat."[85] Er habe erreichen wollen, dass die Häftlinge durchziehenden

83 Vernehmung von Heinz Siegfried Gabler*, Kriminalpolizei Dresden, 21. 3. 1947, SHStAD, 13471 NS-Archiv des MfS, VgM Nr. 10100/1, unpag.

84 Ebenda.

85 Aussage von Otto Einbrodt, 5. 5. 1945, HQ VII Corps US Army, NARA, RG 549, „Cases not tried", Box 492, 000-12-480, unpag.

Evakuierungsmärschen angeschlossen würden. Aus der Aussage eines überlebenden KZ-Häftlings, des damals 18-jährigen Polen Felix Szymczyk, wird deutlich, dass dieses Gehöft als Sammelpunkt gedient hatte, wo einheimische Zivilisten geflohene Häftlinge ablieferten. Szymczyk wurde aus unerfindlichen Gründen auf sein Flehen hin als einziger der 16 Gefangenen von einer Erschießung ausgenommen,[86] die außerhalb der Ortschaft von Wehrmachts- und SS-Angehörigen durchgeführt wurde.[87]

Für das in der Einleitung angeführte Strenznaundorf lässt sich der Umgang mit dem dörflichen Raum anhand einer weiteren Tatortskizze nachvollziehen. In der Nacht vom 11. zum 12. April 1945 wurde ein Todesmarsch aus dem Buchenwalder Außenlager Langenstein-Zwieberge durch den Ort geschleust. Da der Bürgermeister der Meinung war, sein Dorf vor den KZ-Häftlingen schützen zu müssen, alarmierte er den örtlichen Volkssturm. In der Karte ist der Weg des Todesmarsches mit einer blauen Linie (6) markiert. Sie zeigt, dass der Transport von West nach Ost mitten durch die Ortschaft führte. Der in den Akten der US-Armee überlieferte Dienstplan des Volkssturms[88] ermöglicht in Verbindung mit der Tatortskizze und den Vernehmungsprotokollen, den Zusammenhang zwischen Raum, Zeit und Akteuren nachzuvollziehen: wer in welchem Zeitraum an welchem Ort Streifendienst hatte. In drei Schichten waren je zwei Männer auf Patrouillen eingeteilt worden, die mit einem Gewehr bewaffnet die Straßen und Wege kontrollieren sollten. Mit den Gruppenführern waren 33 Männer aus dem Ort in dieser Nacht im Einsatz gewesen, die fast das gesamte Dorf überwachten.[89] Vor allem die Straßen an den Außengrenzen der Ortschaft wurden bestreift, aber auch für den Dorfkern war eine Patrouille eingeteilt (4, rote unterbrochene Linie).

Einwohner, die nicht zum Volkssturm gehörten, beobachteten die Geschehnisse ebenfalls. Der 51-jährige Waldemar Höhndorf sah, wie nachts der Todesmarsch durch den Ort getrieben wurde. Dabei wurde in der Nähe seines Hauses ein KZ-Häftling von einem Wachmann erschossen.[90] Auf der Skizze ist an den

86 Aussage von Felix Szymczyk, 4. 5. 1956, HQ VII Corps US Army, ebenda.

87 Aussage von Günter Mehmel, 6. 5. 1945, HQ VII Corps US Army, ebenda.

88 Affidavit of Fritz Bremer showing assignments of Volkssturm during night of 11 and 12 Apr 45, 27. 4. 1945, VII Corps, US Army, NARA, RG 549, „Cases not tried", Box 461, 000-12-38, unpag.

89 Das waren ca. 6 % der etwa 560 Einwohnerinnen und Einwohner. Vgl. Statistisches Reichsamt (Hrsg.), Amtliches Gemeindeverzeichnis für das deutsche Reich auf Grund der Volkszählung 1939, Berlin 1941, S. 103.

90 Aussage von Waldemar Höhndorf, VII Corps, US Army, 26. 4. 1945, NARA, RG 549, „Cases not tried", Box 461, 000-12-38, unpag.

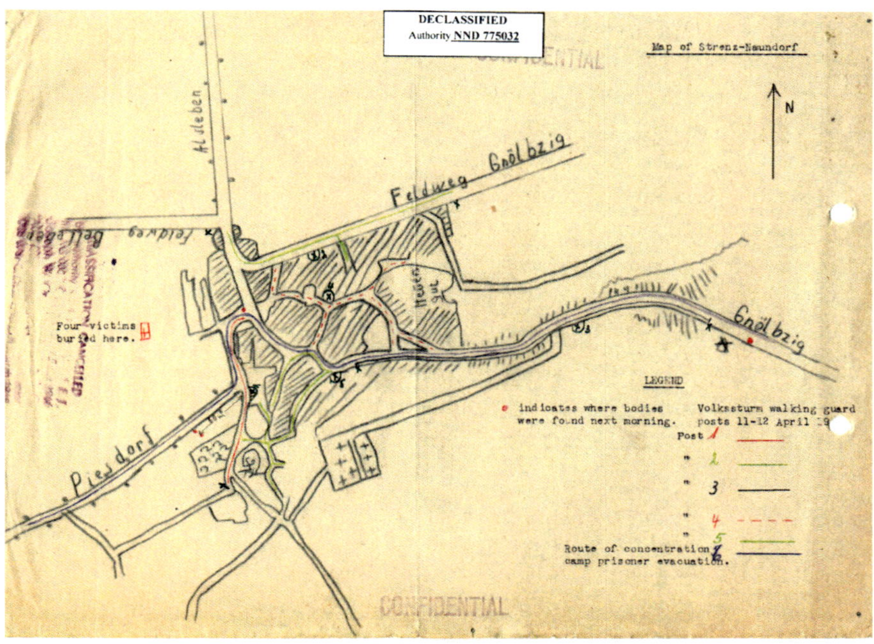

Tatortskizze von Strenznaundorf, 1945
NARA, RG 549, „Cases not tried", Box 461, 000-12-38, unpag.

roten Punkten, die die Fundstellen von Leichen markieren, zu erkennen, dass nur diese Erschießung so zentral innerhalb des Wohngebiets stattgefunden hatte. Die Volkssturmangehörigen führten diese Taten etwas außerhalb der Ortschaft aus. Zur Zeit des Todesmarsches hatte an der Westseite des Dorfes die zweite Schicht der ersten Streife (1, rote Linie) Dienst. Dies waren der 41-jährige Bauer Artur Bohnet und der 25-jährige Tischler Paul Prange. Auch sie hörten den tödlichen Schuss aus der Ortsmitte und ergriffen kurz darauf zwei geflohene KZ-Häftlinge, die auf der Straße aus Richtung Süden das Dorf betraten.

Als sie die beiden Gefangenen ins Dorf gebracht hatten, berieten sie mit Volkssturmmännern anderer Streifen, wie sie weiter verfahren sollten. An der Ermordung der KZ-Häftlinge waren also Akteure beteiligt, deren Aufgabe laut Dienstplan darin bestanden hätte, in anderen Teilen der Ortschaft beziehungsweise erst in einer späteren Schicht zu patrouillieren. Nachdem zunächst diskutiert worden war, beide ins Spritzenhaus einzusperren, ergriff der Volkssturmmann Prange die Initiative. Er soll sich ein Gewehr genommen, die Häftlinge zum Dorf hinausgetrieben und von hinten erschossen haben. Da die Toten mitten auf der Straße lagen, habe ein anderer Volkssturmmann bemerkt: „wir können die aber hier nicht liegen lassen“ und die Leichen gemeinsam mit Prange an den linken Straßenrand geschleppt, wo sie bis zum nächsten Tag verblieben.[91]

Währenddessen hatte der 46-jährige Landarbeiter Karl Schulze am anderen Ende des Dorfes Dienst und bewachte die Ausfallstraße Richtung Osten (3, schwarze Linie), wo er mit seinem Kollegen auf eine bewachte Häftlingskolonne stieß und kurz darauf selbst Häftlinge gefangen nahm. Auf dem Weg Richtung Dorfmitte hatte er vom Ortsausgang her Schüsse fallen hören.[92] Am nächsten Tag fand man auch dort die Leiche eines Häftlings. Damit waren in Strenznaundorf am Morgen des 12. April vier Tote zu begraben. Dies geschah nicht etwa auf dem örtlichen Friedhof oder daneben, sondern – wie aus der Tatortskizze ersichtlich – auf einem Acker westlich der Ortschaft. Da etliche KZ-Häftlinge aufgegriffen worden waren, zogen die Strenznaundorfer für das Verscharren der Leichen diese Gefangenen heran, bevor sie sie unter Bewachung des Volkssturms der Marschkolonne hinterhertrieben.[93]

Die Tatortskizze aus Strenznaundorf veranschaulicht die umfassende und organisierte Selbstmilitarisierung des dörflichen Raums für die Dauer der vermeintlichen Gefahrensituation. Dabei wurde schon das „Eindringen“ geflohener KZ-Häftlinge in den „eigenen“, flächendeckend geschützten Raum des Dorfes als abzuwehrender Angriff wahrgenommen und mit Gewalt beantwortet.

In den Vernehmungsprotokollen wird deutlich, dass vor allem die Leiche des KZ-Häftlings, die morgens inmitten der Ortschaft gefunden wurde, zu erheblicher Aufregung unter den Dorfbewohnerinnen und -bewohnern führte.[94] Jedoch war auch die Ermordung der anderen drei Opfer durch Einheimische im Dorf bekannt, und die Bestattung der Toten wurde ebenfalls aus dem Ort beobachtet.[95] Das spricht dafür, dass es bei der Verortung von Mord und Begräbnis an der Peripherie weniger darum ging, die Verbrechen an sich vor den Nachbarn geheim zu halten. Vielmehr scheint man Stellen gesucht zu haben, an denen mörderische Gewalt sowie Leichen und Gräber schlichtweg niemanden störten. Es ließ sich kaum vermeiden, dass Dorfbewohner die Ermordung von Häftlingen bemerkten; sie sollten den Tätern aber nicht unbedingt dabei zusehen. Das Verscharren der Toten auf freiem Feld abseits von Häusern und Straßen dürfte in der Erwartung eines baldigen Einmarschs der Alliierten geschehen sein, vor denen man die Toten verbergen wollte.

91 Vernehmung von Friedrich Naundorf, VII Corps, US Army, 26. 4. 1945, ebenda.

92 Vernehmung von Karl Schulze, VII Corps, US Army, 26. 4. 1945, ebenda.

93 Vernehmung von Paul Brinkmann, VII Corps, US Army, 27. 4. 1945, ebenda.

94 Sworn statement of Elli Schulz, VII Corps, US Army, 25. 4. 1945, ebenda; Sworn statement of Mayor Hermann Lorenz, VII Corps, US Army, 25. 4. 1945, ebenda.

95 Sworn statement of Margot Schülbe, VII Corps, US Army, 24. 4. 1945, ebenda.

1.4. Graborte

Während die Evakuierungstransporte weiterzogen, waren die Einwohnerinnen und Einwohner der durchquerten Ortschaften häufig damit konfrontiert, die zurückgelassenen Leichen begraben zu müssen.[96] Sehr früh betraf dies die Bewohner von Dörfern an Bahnstrecken in Sachsen. Dort wurden Ende Januar 1945 zahlreiche Leichen gefunden, weil zu dem Zeitpunkt, als Einheiten der Roten Armee Auschwitz erreichten, Räumungstransporte aus den Lagern im östlichen Europa per Zug durch Sachsen geschleust wurden.[97]

Für bestimmte Streckenabschnitte, wie etwa zwischen Hof und Leipzig, lässt sich anhand der dokumentierten Leichenfunde die Route dieser KZ-Züge von Süden nach Norden über eine 80 Kilometer lange Strecke vom bayerischen Feilitzsch[98] über Grobau bei Plauen[99] bis nach Ruppertsgrün bei Zwickau nachvollziehen.[100] Zum Teil waren auch Angestellte der Bahn in die Ergreifung und Ermordung von geflohenen Häftlingen involviert.[101]

Am Mittag des 27. Januar 1945 meldete ein Lokführer, dass er bei Neumark auf der Bahnstrecke mehrere Tote gesehen habe.[102] Der Neumarker Friedhofsverwalter wurde vom Bürgermeister beauftragt, mit vier Einwohnern und einem Pferdeschlitten die Leichen abzuholen und auf den örtlichen Friedhof zu bringen. Er erklärte sich dazu bereit, betonte aber im Nachhinein, dass es eigentlich nicht zu seinen Aufgaben gehöre, „außerhalb des Friedhofes Leichen aufzuheben".[103] Da nur drei der sechs aufgefundenen Toten auf Neumarker Flur lagen, wurde

96 Vgl. auch Greiser, Todesmärsche, S. 284–293.

97 Zu Leichenfunden in Böhmen vgl. zahlreiche Dokumente in: Malá/Kubátová, Pochody Smrti.

98 Landpolizei Ober- und Mittelfranken, Posten Feilitzsch, Bezirk Hof, Betrifft: Evakuierungsmärsche von Kz.-Lager-Insassen, 4. 4. 1947, 5.3.2/84604164, ITS Digital Archive, Bad Arolsen.

99 Gendarmerie-Posten Grobau, Kreis Plauen an die Kriminalpolizeistelle in Zwickau, Betr.: Auffinden eines unbekannten Toten, 27. 1. 1945 (Abschrift), SHStAD, 11391, Nr. 993, Bl. 27.

100 Gendarmerieposten Ruppertsgrün b.W. an den Landrat in Zwickau, Betr.: Aufgefundene Tote, 28. 1. 1945 (Abschrift), SHStAD, 11391, Nr. 992, Bl. 89.

101 Martin Clemens Winter, Frühe Ermittlungen zu den Todesmärschen. Quellen im Vergleich, in: Blondel/Urban/Schönemann, Spuren, S. 136–151, hier S. 147.

102 Kreispolizeiposten Neumark an die Landesverwaltung Sachsen, Landesnachrichtenamt, Bericht über die am 27. 1. 1945 in Flur Neumark/S. und Schönbach aufgefundenen sechs toten KZ-Häftlinge, 28. 9. 1945, SHStAD, 11391, Nr. 992, Bl. 112.

103 Vernehmung von Otto Ernst Pustner*, Kreispolizeiposten Neumark, 2. 10. 1945, ebenda, Bl. 113.

der Bürgermeister des benachbarten Schönbach informiert, dass er die restlichen drei bis zum Abend auf den Neumarker Friedhof zu bringen habe. Diese Toten wurden an einem abgelegenen Platz hinter der Friedhofshalle ohne Särge in einer Grube verscharrt. Anschließend wurden dem Schönbacher Bürgermeister für die Bestattung der Toten 36 Reichsmark berechnet. Für diesen Preis war er nicht nur die Leichname losgeworden, sondern hatte seiner Ansicht nach jede weitere Verantwortung für eine behördliche Berichterstattung an die Nachbargemeinde abgegeben.[104]

Anhand der Verortung der Leichen in Neumark zeigt sich, wie im Zuge der Räumungstransporte und der damit einhergehenden Improvisation soziale und bürokratische Normen zunehmend durchlässiger wurden. So erweiterte sich plötzlich der Zuständigkeitsbereich des Totenbettmeisters zwar nicht über die Gemeinde-, aber zumindest über die Friedhofsgrenzen hinaus. Der Bürgermeister beharrte darauf, dass jede Gemeinde sich prinzipiell selbst um die Bestattung „ihrer" Toten kümmerte. Die drei Toten aus Schönbach begrub man auf dem Neumarker Friedhof, allerdings verscharrte man sie nicht einfach mit oder leistete Amtshilfe. Vielmehr ging man den bürokratischen Weg und stellte dem Nachbardorf die Bestattung in Rechnung.

Es zeichnet sich ab, dass die Gemeinden, die hier mit Leichenfunden an Bahnstrecken konfrontiert waren, unabhängig voneinander, aber nach gleichem Muster verfuhren, um die Situation zu bewältigen: Verantwortlich waren zunächst die Bürgermeister, die umgehend dafür sorgten, dass die Toten von einheimischen älteren Männern geborgen und auf den jeweiligen Friedhof gebracht wurden. Dort verblieben sie, bis die Bürgermeister die Vorkommnisse mit den übergeordneten Behörden abgeklärt hatten. In einigen Fällen machten in diesem Zeitraum die zuständigen Gendarmerieposten die Leichenfunde aktenkundig.[105] Bestattet wurden die Toten dann mit so geringem Aufwand wie möglich: in Massengräbern und ohne Särge. Für die Wahl der Graborte zeigt sich ebenfalls ein jeweils ähnliches Verfahren. Es wurden stets abgelegene Plätze auf dem Gelände oder in unmittelbarer Nähe der örtlichen Friedhöfe ausgewählt. Markiert wurden diese Gräber zunächst nicht.[106]

104 Vernehmung von Kurt Rauschuh*, Kreispolizeiposten Neumark, 6. 10. 1945, ebenda, Bl. 116.

105 Gendarmerie-Posten Grobau, Kreis Plauen an die Kriminalpolizeistelle in Zwickau, Betr.: Auffinden eines unbekannten Toten, 27. 1. 1945 (Abschrift), SHStAD, 11391, Nr. 993, Bl. 27; Gendardmerie-Posten Leubnitz, Kreis Zwickau an den Landrat in Zwickau, Betr.: Auffindung eines Toten, 27. 1. 1945 (Abschrift), SHStAD, 11391, Nr. 992, Bl. 101.

106 Vernehmung von Albin Kreischer*, Kriminalpolizei Plauen, 24. 9. 1945, SHStAD, 11391, Nr. 993, Bl. 25v.; Vernehmung von Alfred Hermann Narking*, Gendarmerieposten Beiers-

Die Masse an Toten im öffentlichen Raum hatte ein schnelles Umstellen des Procederes zur Folge. Schon zu diesem relativ frühen Zeitpunkt der Räumungstransporte auf Reichsgebiet fingen die Akteure an, zu improvisieren und die geltenden Normen spontan zu modifizieren, um die ungewöhnliche Situation pragmatisch zu bewältigen. So wurde auf der Bahnstrecke zwischen dem tschechischen Lovosice und Dresden ein Sonderzug eingesetzt, um die zahlreichen Leichen, die am 27. Januar aus einem Güterzug geworfen worden waren, einzusammeln.[107] Eigentlich waren die jeweiligen Gemeinden für die Beerdigung der Toten zuständig, aber angesichts dieser Ausnahmesituation reagierte die Bahn flexibel: „Da das Aufheben und Wegbringen Toter durch die Gemeinden erfahrungsgemäß immer längere Zeit beansprucht, wurde das vorgeschilderte Sammeln der Toten ausnahmsweise angeordnet."[108]

Wie die Unterbringung in den Ortschaften führte auch die Frage, wo tote Häftlinge zu bestatten seien, zu Konflikten zwischen Einheimischen und dem Wachpersonal der Marschkolonnen. Dabei wurde immer weniger nach einheitlichen Regelungen verfahren, sondern die Beteiligten handelten das Vorgehen direkt miteinander aus oder schufen ohne Absprachen einfach Tatsachen. Als im Februar 1945 der bereits angeführte Transport von weiblichen KZ-Häftlingen in Lichtentanne bei Zwickau eintraf, wurden schon fünf Tote mitgeführt. Diese wurden zunächst vor einer Scheune abgelegt und mit Stroh zugedeckt. Die Angehörigen der Wachmannschaft hatten vor, sie kurzerhand hinter dem Gebäude verscharren zu lassen, worauf der Gutsverwalter intervenierte und sie zum Friedhof bringen ließ.[109] Allerdings war die Frage der Bestattung keineswegs geklärt, denn der Totenbettmeister rief überrascht beim Ortspfarrer an und

dorf, 28. 8. 1945, SHStAD, 11391, Nr. 992, Bl. 109v.; Vernehmung von Gerhard Johannes Kleinwacker*, Kreispolizeiposten Neumark, 25. 10. 1945, ebenda, Bl. 103; Bürgermeister von Ruppertsgrün bei Werdau an den Landrat zu Zwickau, Betr.: Besonderes Vorkommnis, 27. 1. 1945 (Abschrift), ebenda, Bl. 76. Im Jahr 2013 konnte ein Heimatforscher anhand der in den Akten überlieferten eintätowierten Häftlingsnummern die Identität eines der Toten in Ruppertsgrün klären. Es handelte sich um den 1904 in Saloniki geborenen und nach Auschwitz deportierten Josef Aelion. Vgl. „Ein Name ist jetzt bekannt", in: Freie Presse, 19. 6. 2013, online unter: http://archive.today/0BQDx [18. 6. 2016].

107 Vgl. auch die Aussagen überlebender Häftlinge im Prozess gegen den ehemaligen SS-Hauptscharführer Bernhard Rakers. Urteil des LG Osnabrück, 9. 10. 1959, Lfd. Nr. 483a, in: JuNSV, Bd. XVI, S. 63–74, hier S. 69, 71.

108 Vernehmung von Herbert Neißner*, Kriminalpolizei Pirna, 12. 9. 1945, SHStAD, 11391, Nr. 993, Bl. 69–71, hier Bl. 70 f.

109 Gutsverwalter Wolper*, Bericht über die Unterbringung von KZ-Häftlingen (Jüdinnen) in der Nacht zum 4. Februar 1945 im Rittergut Lichtentanne, 20. 11. 1945, SHStAD, 11391, Nr. 992, Bl. 120.

meldete, „daß vor dem Friedhofstor 5 Leichen von den Jüdinnen lägen". Dem Pfarrer konnte weder der Bürgermeister konkretere Anweisungen geben, der ihn „sehr kurz damit abfertigte, daß es da nicht viel zu sagen gäbe, sondern daß sie einfach zu begraben seien", noch der zuständige Standesbeamte. Dieser hatte zwar versucht, Unterlagen für die Leichenaufhebung zu bekommen, was ihm aber „bei der sturen Ablehnung der Begleitmannschaft nicht gelungen" war. Als am folgenden Tag erneut eine Leiche einfach vor dem Friedhofseingang abgelegt worden war, beschwerte sich der Pfarrer bei der Gendarmerie, die wiederum auf die Anordnung des Bürgermeisters verwies. Möglicherweise war der Pfarrer tatsächlich über dieses Vorgehen so empört, weil ihm an einem ordnungsgemäßen Begräbnis gelegen war. Allerdings ist es auch denkbar, dass er es aus religiösen Gründen ablehnte, die jüdischen Häftlinge auf einem christlichen Friedhof begraben zu lassen und deswegen an einer anderweitigen Lösung des Problems interessiert war. Dafür spricht sein weiteres Vorgehen, er entschied nämlich, die Toten nicht auf dem Friedhof, sondern auf einem gesonderten Grabfeld beerdigen zu lassen.[110] Das zeigt abermals, dass die Lokalisation der Todesmarschopfer ein konfliktbehafteter Vorgang war, der von Pragmatismus bestimmt, aber auch durch verwaltungstechnische, soziale oder religiöse Vorstellungen geprägt war. An diesen Verortungen werden die unterschiedlichen Interessen, Maßstäbe und Hemmschwellen der Akteure deutlich.

Das hier skizzierte Vorgehen bei der Bestattung der Opfer verlief mehr oder weniger in den geregelten Bahnen administrativer Planung. Wenige Wochen später, als der Einmarsch der Alliierten unmittelbar bevorstand, folgte das Verscharren der Toten kaum noch verwaltungstechnischen Regeln. Nun waren es eher kurzfristige und spontane Maßnahmen, mit denen unterschiedliche Akteure versuchten, die Opfer und Spuren der Verbrechen vor der eigenen Haustür verschwinden zu lassen. Oftmals wurden die Toten kurzerhand an Ort und Stelle vergraben.[111] Zugleich hatten selbst die Gemeindevorsteher zunehmend Mühe, sich gegen die ortsfremden Akteure durchzusetzen, denen nur an einer schnellen Lösung gelegen war.

Anfang April 1945 hatte im niedersächsischen Handeloh ein mit mehreren Tausend Häftlingen beladener Güterzug, der auf dem Weg in das KZ Bergen-Belsen war, fast einen Tag lang Aufenthalt. Der zuständige Transportführer wollte direkt am Bahnhof mehr als 60 Tote begraben lassen. Daraufhin erklärte ihm der Bürgermeister, „daß die Toten dort nicht beerdigt werden könnten, sondern auf

110 Pfarrer Tschaschel, Bericht, 7. 11. 1945, ebenda, Bl. 121.

111 Nur als eines von zahlreichen Beispielen vgl. Vernehmung von Ernst Riebeck*, Gendarmerie-Einzelposten Steinbach im Erzgebirge, 5. 7. 1945, ebenda, Bl. 147.

dem Friedhof beerdigt werden sollten. Er [der Transportführer] ging dann wieder weg und sagte, er wolle sich an die Polizei wenden."[112] Genau das versuchte jedoch der Bürgermeister ebenfalls. Ein Polizist sagte später aus, dass der Bürgermeister ihn telefonisch gefragt habe, ob eine Beerdigung am Bahngelände „statthaft sei. Ich verwies ihn an den Landrat und erinnerte gleichzeitig daran, daß Bestattungen grundsätzlich nur auf den Friedhöfen stattfinden durften. Kurze Zeit darauf erschien ein Feldwebel der Waffen-SS bei mir und bedeutete mir auch, daß beabsichtigt sei, am Bahnhof in Handeloh Tote zu begraben. Meine Einwendungen tat er damit ab, daß sie keine Zeit hätten, die Toten erst zum Friedhof zu bringen."[113] Während der Bürgermeister, dem zunehmend die Definitionsmacht über den von ihm verwalteten Raum entglitt, noch versuchte, beim Landrat klare Anweisungen einzuholen, ließ der Transportführer des Zuges schon von KZ-Häftlingen eine Sandkuhle in der Nähe des Bahnhofs vertiefen und darin die Leichen vergraben.[114]

In Uchtspringe in der Altmark versuchten Einwohner zur gleichen Zeit, sich gegen das Begraben von 66 Toten aus einem KZ-Zug zu wehren, „weil man die teils verwesten Leichen nicht vom Bahnhof bis zum Friedhof transportieren wollte". Als die SS-Wachmannschaften vorschlugen, die Häftlinge direkt am Bahndamm zu verscharren, legte die Bevölkerung ebenfalls Protest ein, „weil der Boden dort genutzt wird".[115] Letztlich gab man jedoch nach, die Apotheke des Krankenhauses stellte Chlorkalk zur Verfügung, und der Uchtspringer Bürgermeister, der stellvertretende Direktor der Landesheilanstalt sowie der zuständige SS-Rottenführer unterschrieben gemeinsam ein Protokoll des Begräbnisses außerhalb der Ortschaft.[116]

Vor besondere Schwierigkeiten waren die Einwohner gestellt, wenn tote KZ-Häftlinge mitten in den Ortschaften zurückblieben. So gaben etliche Einwohnerinnen und Einwohner des niederbayerischen Pullach an, dass auf ihren Ländereien Leichen von Gefangenen vergraben worden seien.[117] Einige berichteten,

112 Vernehmung von Heinrich Pentker*, Amtsgericht Tostedt, o. D. (vermutl. 1950), LASH, Abt. 352 Itzehoe, Nr. 421, Bl. 147.

113 Vernehmung von Gustav Wersig*, Polizei-Posten Handeloh, 18. 10. 1950, LASH, Abt. 352 Itzehoe, Nr. 422, Bl. 291.

114 Polizei-Posten Handeloh an Kriminalpolizei Harburg, 28. 5. 1950, LASH, Abt. 352 Itzehoe, Nr. 421, Bl. 131.

115 Staatsanwalt Schmidt, Protokoll, 6. 1. 1966, LASA Magdeburg, P 25, V/1/290, Bl. 2–4, hier Bl. 2.

116 Direktor der Landesheilanstalt Uchtspringe, 9. 4. 1945 (Abschrift), ebenda, Bl. 6.

117 Sworn statement of Sebastian Huber, HQ 3rd US Army, 13. 6. 1945, NARA, RG 549, „Cases not tried", Box 411, 000-12-836, unpag.; Sworn statement of Andreas Perzl, HQ 3rd US Army, 13. 6. 1945, ebenda.

dass sie selbst Tote direkt auf ihren eigenen Anwesen bestattet hatten.[118] Ein Mann sagte aus: „Ich habe auf meinem Grundstück einen Häftling gefunden, der bloß ein wenig mit Erde zugedeckt war, ich hatte denselben am 12. Mai tiefer begraben."[119] So scheint zunächst fast das gesamte Dorf zeitweise zum Friedhof geworden zu sein, bevor die Leichen Ende Mai 1945 exhumiert und mit anderen in der Umgebung aufgefundenen Todesmarschopfern in einem Massengrab bestattet wurden.

Häufig wurden Tote nicht innerhalb der Ortschaften, sondern in der Peripherie begraben. Auch zu solch spontanen Bestattungen gibt es Kartenskizzen, die den Umgang mit den Toten im ländlichen Raum verdeutlichen. Einige entstanden etwa in der Oberpfalz im Rahmen der ersten systematischen Untersuchungen der *United Nations Relief and Rehabilitation Administration* (UNRRA) zu den Todesmärschen im Sommer 1946. Sie waren von den Gemeinden den standardisierten Formularen mit Angaben zu Gräbern ausländischer Toter beigefügt worden.[120] Bei Lukahammer beispielsweise wurden 41 Tote in drei Massengräbern im Wald und einer Sandgrube bestattet. Diese waren nach Aussage des Bürgermeisters zunächst von der „Beerdigungskommission des Transportes und nachträglich (besser) von Gemeindebürgern" begraben worden.[121] Den Weg ins sechs Kilometer südlich gelegene Schneeberg säumten weitere Gräber von 30 KZ-Häftlingen, die zunächst vom „Beerdigungskommando" des Transports verscharrt und später von Dorfbewohnern in einem Massengrab beerdigt wurden.[122]

An den Skizzen wird zunächst deutlich, dass die Gräber meist außerhalb der Ortschaften angelegt wurden, unmittelbar dort, wo die Häftlinge ums Leben gekommen waren. Die Karten sind sehr einfach gehalten und verzeichnen die Straßen lediglich als Linien; die Ortschaften tauchen nur namentlich, aber nicht skizziert auf. Kreuze beziehungsweise rote Punkte an den Straßen markieren die zum Teil nummerierten Grabstätten der Opfer. Während die Routen der Todesmärsche bis heute üblicherweise anhand der Ortsnamen kartiert werden – so auch seitens der Suchdienste im Fall des Todesmarsches von Flossenbürg nach

118 Sworn statement of Johann Hochreiter, HQ 3rd US Army, 13. 6. 1945, ebenda; Sworn statement of Thomas Pollinger, HQ 3rd US Army, 13. 6. 1945, ebenda.

119 Sworn statement of Johann Amann, HQ 3rd US Army, 13. 6. 1945, ebenda.

120 Josephine Ulbricht, Die Untersuchungen der UNRRA zu den Todesmärschen des KZ Flossenbürg, in: Blondel/Urban/Schönemann, Spuren, S. 152–168.

121 Der Bürgermeister der Gemeinde Wildeppenried, Betrifft: Todesmarsch, 14. 4. 1947, 5.3.1/84602268, ITS Digital Archive, Bad Arolsen. Vgl. die Skizze unter 5.3.1/84602269, ebenda.

122 Gemeinde Schneeberg an das Landratsamt Oberviechtach, Betr.: Todesmarsch, 12. 4. 1947, 5.3.1/84605442, ebenda.

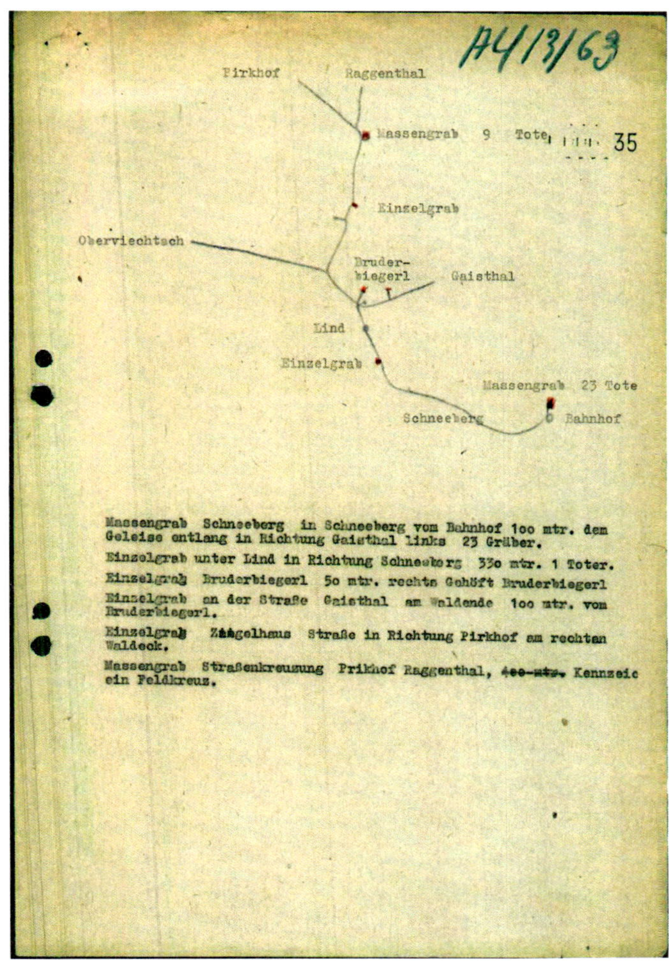

Massengrab Schneeberg in Schneeberg vom Bahnhof 100 mtr. dem Geleise entlang in Richtung Gaisthal links 23 Gräber.

Einzelgrab unter Lind in Richtung Schneeberg 330 mtr. 1 Toter.

Einzelgrab Bruderbiegerl 50 mtr. rechts Gehöft Bruderbiegerl

Einzelgrab an der Straße Gaisthal am Waldende 100 mtr. vom Bruderbiegerl.

Einzelgrab Zäagelhaus Straße in Richtung Pirkhof am rechten Waldeck.

Massengrab Straßenkreuzung Prikhof Raggenthal, ~~400 mtr.~~ Kennzeic ein Feldkreuz.

Skizze zu Schneeberg, 1946
5.3.2/84605436, ITS Digital Archive, Bad Arolsen

Cham[123] – entsteht mit diesen Grabskizzen eine anders gelagerte Topografie. Mit den Grabstätten rücken hier vielmehr die Zwischenräume in den Blick: die Ortsränder und Landstraßen. Die Namen der Ortschaften dienen der räumlichen Orientierung, im Mittelpunkt stehen jedoch die zahlreichen Einzel- und Massengräber links und rechts der Straßen.

123 UNRRA Bureau of Documents and Tracing U.S. Zone, Subject: Flossenberg [sic!] - Cham Death March, 23. 3. 1946, 6.1.1/82513410, ebenda.

Der Blick auf diese Karten zeigt, dass sich die Routen der Todesmärsche anhand der Ortsnamen zwar relativ genau nachvollziehen lassen, aber viele der Todes- und Graborte im toponomastischen Niemandsland zwischen den Dörfern gar nicht konkret benannt werden konnten. Diese Namenlosigkeit der Tatorte korrespondierte häufig mit der Anonymität der Opfer und war ein Faktor, dass sich das Wissen um die genauen Umstände der Verbrechen und ihre Akteure binnen kurzer Zeit im Ungefähren verlor.

Das Begraben zurückgelassener Leichen durch die Angehörigen der jeweiligen Gemeinden war ein wichtiger Berührungspunkt zwischen den Todesmärschen und den Einwohnerinnen und Einwohnern der durchquerten Dörfer. Mochte man vorher die Gewalttaten und Morde „nur" beobachtet haben, ergab sich nach dem Abmarsch der Kolonnen die Notwendigkeit, aktiv zu werden und sich um die Toten zu kümmern. Es lassen sich idealtypisch drei verschiedene Phasen der Verortung der Toten ausmachen:

Bei den frühen Räumungsstransporten ins Reichsinnere wurde zumeist der örtliche Friedhof oder dessen unmittelbare Umgebung als Begräbnisort gewählt. Hier beeilte man sich zwar auch, die Toten verschwinden zu lassen, allerdings ging es noch darum, die Bevölkerung nicht übermäßig mit den Leichen zu konfrontieren. In einer zweiten Phase, als unmittelbar vor Kriegsende die Fronten immer näherrückten, entglitt den einheimischen Autoritäten zunehmend die Macht über den von ihnen verwalteten Raum. Einerseits gab es Interessenkonflikte mit den Wachmannschaften, andererseits galt es, die toten KZ-Häftlinge schnellstmöglich vor den alliierten Soldaten zu verbergen. Außerdem waren nun öfter Einheimische als Täter direkt beteiligt. In aller Eile wurden die Toten deswegen an Ort und Stelle – häufig außerhalb der Ortschaften am Wegesrand oder in unmittelbarer Nähe der Straße – verscharrt. Erst nach dem Einmarsch der Alliierten wurden diese Leichen dann auf die örtlichen Friedhöfe umgebettet. In dieser dritten Phase, die im dritten Teil dieser Arbeit näher beleuchtet wird, hatten die Einheimischen unter der Besatzungsherrschaft die Kontrolle über den dörflichen Raum verloren. Nun wurden die Todesmarschopfer aus den indifferenten Zwischenräumen der Felder und Straßenränder geholt und eindeutig bestimmten Ortschaften zugeordnet.

1.5. Resümee: Gewaltraum Dorf

Es zeigt sich zusammenfassend, dass die Faktoren Raum, Zeit, Gewaltpraxis und Öffentlichkeit auf komplexe Weise in Wechselwirkung miteinander standen. Als „erstes spezifisches Merkmal des Phänomens der Todesmärsche" benannte die Historikerin Diana Gring die „*geografische Zufälligkeit* der Tatorte".[124] Diese pauschale Feststellung ist auf die Region als Maßstab möglicherweise zutreffend, bei genauer Betrachtung der Gemengelage vor Ort jedoch erheblich zu differenzieren. Bei dem von Gring gewählten Exempel – dem Massaker von Gardelegen – mag das Kreisgebiet tatsächlich „durch puren Zufall zum Aufenthalts- und Endpunkt der Transporte und zum Schauplatz der kommenden Geschehnisse" geworden sein.[125] Die Scheune außerhalb der Ortschaft als konkreter Tatort des Massenmords wurde aber, wie Gring selbst betont, vorsätzlich als „Mordstätte, die die Tötung von hunderten von Menschen ermöglichte", ausgewählt.[126] In Ergänzung dieser Forschungsergebnisse verdeutlichen die hier angeführten Beispiele, dass die Aneignung spezifischer Orte zwar situativen Faktoren, aber weniger dem Zufall unterlag. Auch inmitten des vermeintlich oder tatsächlich chaotischen Geschehens etablierte sich eine räumliche Ordnung. Maßgeblich dafür war eine Mischung aus den importierten Gewaltpraxen, welche die SS-Wachmannschaften als Erfahrungswerte von Dorf zu Dorf mitnahmen, dem Bemühen der lokalen Autoritäten um einen geregelten Ablauf sowie den Improvisationen anderer einheimischer Akteure.

Jörg Baberowski betonte, dass „alle Gewalträume Ermöglichungs- und Ermächtigungsräume [sind], in denen Regeln sozialer Kommunikation, die im Frieden gelten, suspendiert sind".[127] Die Betrachtung deutscher Dörfer während der Todesmärsche als Gewalträume hat hingegen gezeigt, dass in ihnen keineswegs alle Normen aufgehoben wurden und das Chaos herrschte. Vielmehr wurden einzelnen Elementen der Häftlingstransporte bestimmte Zonen zugewiesen, in denen jeweils andere Regeln galten. Es waren zunächst die Straßen, auf denen temporäre, mobile und öffentliche Gewalträume entstanden. Während die Todesmärsche in Bewegung waren, wurden schwache und zurückbleibende Häftlinge von Angehörigen der Wachmannschaften zumeist direkt

124 Gring, Massaker, S. 116 (Hervorhebung i. O.).

125 Ebenda, S. 117.

126 Ebenda, S. 122. Zur Entscheidung für die Feldscheune als Tatort vgl. auch Blatman, Todesmärsche, S. 531–533.

127 Jörg Baberowski, Einleitung: Ermöglichungsräume exzessiver Gewalt, in: ders./Metzler, Gewalträume, S. 7–27, hier S. 25.

am Straßenrand getötet. Wenn aus dem mobilen Gewaltgeschehen ein statisches wurde, weil Transporte in den Gemeinden Quartier machten, wurden bestimmte Gebäude oder Plätze für mehrere Stunden oder Tage zu provisorischen Haftorten gemacht. Aus zivilen Alltagsstrukturen wie privaten Scheunen oder kommunalen Sportplätzen wurden mehr oder weniger abgegrenzte und zugleich für die lokale Bevölkerung deutlich wahrnehmbare Gewalträume, die Fluchten unterbinden und die Häftlinge von den Einwohnern separieren sollten. Doch gerade mit dieser Transformation dörflicher Räume weitete sich die Mitwisserschaft der Einheimischen erheblich aus und wurde zu einer logistischen Beteiligung am Geschehen, schließlich gehörten die genutzten Gebäude immer irgendjemandem, der oder die durch diese Aneignung nolens volens in den Ablauf der Transporte involviert wurde.

Die damit einhergehenden Konflikte zeigen, dass in den Dörfern trotz der massiven und omnipräsenten Gewalt keineswegs alle Regeln im Handumdrehen aufgehoben waren, sondern in kontroversen Prozessen ausgehandelt wurden. Differenzen gab es zwischen Ortsfremden und Einheimischen, die versuchten, ihre Gemeinde vor den mit den Todesmärschen einhergehenden Belastungen und Gefahren zu bewahren.

Das betraf auch die Auswahl der Mordstätten. Die SS mordete häufig außerhalb der Wohngebiete. Einerseits wurde damit den Zivilisten der Anblick von Erschießungen erspart, andererseits ging man so offenen Konflikten mit den Einheimischen aus dem Weg. Die lokalen Täter kannten sich besser in der Gegend aus und konnten zielgerichteter bestimmte Orte auswählen, um Häftlinge zu beseitigen. Auch hier versuchte man in der Regel, die Morde aus dem Zentrum der eigenen Gemeinde fernzuhalten – wenngleich der Umstand, dass Häftlinge von Einwohnern getötet worden waren, häufig zum offenen Geheimnis in der Dorfgemeinschaft werden sollte.

In Bezug auf die Graborte konnte herausgearbeitet werden, wie das Näherrücken der Fronten die Entscheidungsmacht über den dörflichen Raum beeinflusste. Die erste Phase der Todesmärsche im Januar/Februar 1945 war von stärkerer Orientierung an bürokratischen Vorgaben geprägt als der Zeitraum unmittelbar vor dem Ende des Krieges im April.

Die begangenen Gewalttaten hatten eine veränderte Rezeption des dörflichen Raums zur Folge, da bestehende Orte mit neuen, negativen Erfahrungen besetzt wurden. So waren alltägliche Orte wie Scheunen oder Kiesgruben nach den Todesmärschen auch als Haft- oder Mordstätten bekannt, und auf Friedhöfen waren nicht mehr nur die Verstorbenen aus der Dorfgemeinschaft beigesetzt, sondern auch unbekannte, als fremd und deplatziert empfundene KZ-Häftlinge.

2. Akteure

2.1. Frauen und Männer: Todesmärsche und Geschlecht

Genderspezifische Aspekte der Todesmärsche sind zwar in der Literatur zu den Todesmärschen als wünschenswerte Forschungsperspektive benannt worden,[128] es liegen jedoch bislang keine Untersuchungen vor, die die Kategorie Geschlecht dezidiert in den Blick nehmen.[129] Sowohl im Hinblick auf die betroffenen Häftlinge, die Wachleute, die Dorfbevölkerung und die Befreier waren die Todesmärsche eine Massenerfahrung von Frauen und Männern. Als die Konzentrationslager evakuiert werden sollten, waren unter den etwa 714 000 Gefangenen ungefähr 202 000 Frauen.[130] Während Wachmänner männliche KZ-Häftlinge auf den Räumungstransporten eskortierten, wurden die weiblichen Häftlinge von männlichem Personal *und* weiblichen Aufseherinnen bewacht. Häufig dürfte ein geschlechtsspezifisch bedingtes unterschiedliches Zahlenverhältnis vorgelegen haben, nach dem Kolonnen weiblicher Häftlinge weniger stark bewacht wurden als diejenigen mit männlichen Häftlingen.[131]

Die Anwesenheit beider Geschlechter setzte sich in den Dörfern fort: Als die Aufseherinnen und Aufseher die KZ-Häftlinge durch die Ortschaften trieben, waren Männer und Frauen in gleichem Maß Zeugen. Dabei waren sie nicht nur passive Zuschauerinnen und Zuschauer; die Einwohnerinnen und Einwohner wurden zu Akteuren, die sich in irgendeiner Weise zu den Todesmärschen verhalten mussten. So entstand auch in diesem Kontext ein „spezifisches, von beiden Geschlechtern getragenes, zwischen den Geschlechtern aber asymmetrisch angeordnetes Gesamtmilieu, das die NS-Verbrechen möglich machte".[132] Im Folgenden sollen die Todesmärsche in deutschen Dörfern im Anschluss an Lerke Gravenhorst als Verbrechen analysiert werden, die „im Rahmen eines Verbundes zwischen den Geschlechtergruppen zustande gekommen sind und begangen

128 Vgl. mit Bezug auf die weiblichen Opfer: Blatman, Traces, S. 106.

129 Auch Simone Erpel geht in Bezug auf die Todesmärsche von Ravensbrück kaum explizit auf geschlechtsbedingte Spezifika ein. Vgl. Erpel, Vernichtung, S. 155–178.

130 Barbara Distel, Frauen in nationalsozialistischen Konzentrationslagern – Opfer und Täterinnen, in: Benz/Distel, Ort des Terrors, Bd. 1, S. 195–209, hier S. 195.

131 Simone Erpel, Einführung, in: Müller/Lepschies, Tage, S. 11–28, hier S. 24 f.

132 Lerke Gravenhorst, NS-Verbrechen und asymmetrische Geschlechterdifferenz: eine kritische Auseinandersetzung mit historischen Analysen zur NS-Täterschaft, in: Elke Frietsch/ Christina Herkommer (Hrsg.), Nationalsozialismus und Geschlecht. Zur Politisierung und Ästhetisierung von Körper, „Rasse" und Sexualität im „Dritten Reich" und nach 1945, Bielefeld 2009, S. 86–103, hier S. 87.

wurden, der nach den Bedingungen einer Männer exponierenden Asymmetrie strukturiert war".[133] Um den Genderaspekt der KZ-Räumungstransporte zu akzentuieren, müssen empirisch und analytisch zwei Unsichtbarkeiten überwunden werden: Dies betrifft zum einen die weiblichen Anteile am Tatgeschehen, die bislang kaum als relevant herausgearbeitet wurden. Zum anderen sind in diesem Zusammenhang die geschlechtsspezifischen Konnotationen männlichen Handelns von Interesse. Mit dieser integrierten Perspektive wird die Bedeutung der Kategorie Geschlecht für die Todesmärsche als nationalsozialistisches Massenverbrechen in das Blickfeld gerückt.

2.1.1. Gerüchte, Befehle und Reaktionen

Daniel Blatman hat darauf hingewiesen, dass der Beginn der KZ-Räumungstransporte zeitlich mit der Massenflucht von Deutschen vor der Roten Armee aus dem Osten des Reiches zusammenfiel. Er hat in diesem Zusammenhang betont, dass sich die „Angst vor der bestialischen Rache der Russen" kurz darauf, „mit der Evakuierung der Häftlinge aus den Konzentrationslagern, [...] in einem finalen Gewaltausbruch gegen jene wenden [sollte], die wie eine apokalyptische Bedrohung vor der eigenen Haustür erschienen".[134] Bei der eingehenden Auseinandersetzung mit den als ursächlich für die Beteiligung der Bevölkerung benannten „panischen Ängste[n] vor den Opfern und deren möglichen Taten"[135] fällt auf, dass es sich um einen in hohem Maße vergeschlechtlichten Diskurs[136] handelte, denn die von der nationalsozialistischen Propaganda befeuerte Furcht vor der Grausamkeit der Rotarmisten war zu großen Teilen diejenige vor sexueller Gewalt gegen deutsche Frauen und Mädchen.[137]

An-, aber nicht ausgesprochen war damit die „Vorstellung von Vergewaltigung als Eindringen in einen gesellschaftlichen Zusammenhang, seine soziale

133 Ebenda, S. 89.

134 Blatman, Todesmärsche, S. 131.

135 Ebenda, S. 704.

136 Vgl. Stephan Scholz, „Als die Frauen ihren Mann stehen mussten". Geschlechtermotive im bundesdeutschen Vertreibungsdiskurs, in: Ariadne. Forum für Frauen- und Geschlechtergeschichte 59 (2011), S. 32–37, hier S. 33. Auf den Zusammenhang von sexueller Gewalt und Konstruktionen von Ethnizität verweist Miranda Alison, Sexuelle Gewalt in Zeiten des Krieges. Menschenrechte für Frauen und Vorstellungen von Männlichkeit, in: Insa Eschebach/Regina Mühlhäuser (Hrsg.), Krieg und Geschlecht. Sexuelle Gewalt im Krieg und Sex-Zwangsarbeit in NS-Konzentrationslagern, Berlin 2008, S. 35–54.

137 Kershaw, Das Ende, S. 163–182; Atina Grossmann, A Question of Silence. The Rape of German Women by Occupation Soldiers, in: October 72 (1995), S. 43–63, hier S. 50–53.

und reproduktive Ordnung“ sowie als „Eigentumsverbrechen, dass [sic!] sich gegen das (männliche) Umfeld der Frau richtete“.[138] Mit anderen Worten wurde, da „der weibliche Körper als symbolische Repräsentation des Volkskörpers fungiert“, die Vergewaltigung von Frauen einer Gemeinschaft „als die symbolische Vergewaltigung des Körpers dieser Gemeinschaft betrachtet“.[139] Der zugrundeliegende Topos des in deutschen Ortschaften marodierenden „volksfremden“ Mannes, der sich ungehindert des Besitzes und der Frauen der Einheimischen bemächtigt, wurde aktualisiert, als im April 1945 die letzte Phase der Lagerevakuierungen begann.

Tatsächlich lag die patriarchale Vorstellung einer akuten Bedrohung für den weiblichen Teil der „Volksgemeinschaft“ den finalen Anordnungen zur Räumung der Konzentrationslager zugrunde. Heinrich Himmlers letzter Befehl die KZ-Häftlinge betreffend, gerichtet an das KZ Flossenbürg und möglicherweise weitere Lager, soll gelautet haben: „Die Übergabe kommt nicht in Frage. Das Lager ist sofort zu evakuieren. Kein Häftling darf lebend in die Hände des Feindes fallen. Die Häftlinge in Buchenwald haben sich gegen die Zivilbevölkerung benommen.“[140] Zwar wurden in diesem Wortlaut Vergewaltigungen nur verklausuliert angesprochen, derartige Vorstellungen waren jedoch ursächlich für die Erteilung des Befehls gewesen. So soll Himmler laut dem ehemaligen Kommandanten des KZ Buchenwald, Hermann Pister, bei einem Treffen am 15. April 1945 von einer Rundfunknachricht berichtet haben, „wonach im K.L. Buchenwald 5000 Häftlinge ausgebrochen seien & nach Überwältigung der Wachposten nach Weimar gezogen, dort geplündert & Frauen vergewaltigt hätten. Ich [Pister] konnte die Falschmeldung widerlegen. Um solche Vorkommnisse in anderen Lagern zu verhindern, habe er [Himmler] die Räumung befohlen, welchen Befehl er nicht zurückziehe.“[141]

138 Regina Mühlhäuser, Vergewaltigung, in: Christian Gudehus/Michaela Christ (Hrsg.), Gewalt. Ein interdisziplinäres Handbuch, Stuttgart/Weimar 2013, S. 164–170, hier S. 165, 169.

139 Ruth Seifert, Krieg und Vergewaltigung. Ansätze zu einer Analyse, in: Alexandra Stiglmayer (Hrsg.), Massenvergewaltigung. Krieg gegen die Frauen, Frankfurt a. M. 1993, S. 87–112, hier S. 101.

140 Zitiert nach Greiser, Todesmärsche, S. 60. Eine Primärquelle ist zu diesem Befehl bisher nicht gefunden worden. Zur Überlieferungsgeschichte des „Himmler-Befehls“ vgl. die Darstellung des Dachau-Überlebenden und Historikers Stanislav Zámečník, „Kein Häftling darf lebend in die Hände des Feindes fallen.“ Zur Existenz des Himmler-Befehls vom 14./18. April 1945, in: Dachauer Hefte 1 (1985), S. 219–231. Vgl. auch Blatman, Todesmärsche, S. 248–251.

141 Zitiert nach Greiser, Todesmärsche, S. 60.

Im Gegensatz zu den zahlreichen Vergewaltigungen deutscher Frauen durch alliierte Soldaten[142] waren sexuelle Übergriffe und Gräueltaten befreiter KZ-Häftlinge gegenüber Zivilistinnen wohl nur Gerüchte.[143] Aber diese Horrorvisionen entwickelten vor dem Hintergrund der konkreten demografischen Situation in den vermeintlich bedrohten Ortschaften eine immense Wirkmächtigkeit. Die Nachbarschaft bestand mittlerweile zu großen Teilen aus Fremden: aus ausländischen Zwangsarbeiterinnen und Zwangsarbeitern sowie gegebenenfalls deutschen Flüchtlingen oder Bombenkriegsgeschädigten. Von diesen war völlig unklar, inwiefern sie den angeblich Bedrohten helfen könnten und würden; ihre Anwesenheit wurde ja selbst zum Teil als potenzielle Gefahr wahrgenommen. Von den Einheimischen hingegen waren neben den Frauen und Mädchen vor allem sehr junge und alte Männer im Heimatort verblieben, während die meisten Männer mittleren Alters zur Wehrmacht eingezogen waren und als Verteidiger „ihrer“ Frauen und Kinder ausfielen. Diese Vorstellung des Mannes als Beschützer der Frauen (und damit der Gemeinschaft) gilt als ein dauerhaftes Merkmal hegemonialer Männlichkeit,[144] womit jene Form von Maskulinität gemeint ist, „die in einer gegebenen Struktur des Geschlechterverhältnisses die bestimmende Position einnimmt“.[145] Im Frühjahr 1945 war es nun an den verbliebenen männ-

142 Atina Grossmann, Juden, Deutsche, Alliierte. Begegnungen im besetzten Deutschland, Göttingen 2012, S. 84–147; zuletzt Miriam Gebhardt, Als die Soldaten kamen. Die Vergewaltigung deutscher Frauen am Ende des Zweiten Weltkriegs, München 2015.

143 Blatman, Todesmärsche, S. 250. Allerdings berichtete Elie Wiesel in einer frühen jiddischen Version von „Die Nacht“ über das Vorhaben befreiter jüdischer Häftlinge, in Weimar Kartoffeln und Kleidung zu stehlen sowie deutsche Mädchen zu vergewaltigen („un tsu fargvaldikn daytshe shikses“). In späteren anderssprachigen Ausgaben wurde diese Stelle abgeändert zu „to get some potatoes and clothes – and to sleep with girls. But of revenge, not a sign.“ Grossmann, Juden, Deutsche, Alliierte, S. 109.

144 Zuletzt merkte Raewyn Connell an: „So we might ask about the emotional and interactional basis of the ‚protector‘ image of masculinity, which became a very prominent propaganda theme in the later stages of the war when the euphoria was gone.“ Raewyn Connell, Masculinity and Nazism, in: Anette Dietrich/Ljiljana Heise (Hrsg.), Männlichkeitskonstruktionen im Nationalsozialismus. Normen, Funktionen und Wirkungsmacht von Geschlechterkonstruktionen im Nationalsozialismus und ihre Reflexion in der pädagogischen Praxis, Frankfurt a. M. 2013, S. 37–42, hier S. 40. Als weitere dauerhafte Merkmale hegemonialer Männlichkeit wurden benannt: körperliche Stärke, technische Kompetenz und sexuelle Leistungsfähigkeit. Vgl. John Tosh, Hegemonic masculinity and the history of gender, in: Stefan Dudink/Karen Hagemann/ders. (Hrsg.), Masculinities in Politics and War. Gendering Modern History, Manchester/New York/Vancouver 2004, S. 41–58, hier S. 47.

145 Robert W. Connell, Der Gemachte Mann. Konstruktion und Krise von Männlichkeiten, 3. Aufl., Wiesbaden 2006, S. 97. In der Forschungsdiskussion ist akzentuiert worden, dass „hegemoniale Männlichkeit eine relationale Kategorie ist, die nicht nur in der Relation zu

lichen Dorfbewohnern, die maskulin attribuierte Rolle des Beschützers der vermeintlich bedrohten Einwohnerschaft, vor allem der Frauen, einzunehmen.

Das Resultat des auf übergeordneter Ebene erteilten Befehls, der – wie dargelegt – mit einer vergeschlechtlichten Argumentation legitimiert wurde, war die Räumung der noch bestehenden Lager. Damit wurde aber ein Zusammentreffen von Zivilistinnen und Zivilisten mit den KZ-Häftlingen keineswegs verhindert. Ganz im Gegenteil wurden in der Folge mitten durch die Ortschaften Tausende von Gefangenen getrieben, von denen zahlreiche die Flucht ergriffen. Die Frauen und Männer in den Dörfern waren nun mit diesem Resultat des Erlasses konfrontiert und mussten sowohl auf die furchterregenden Gerüchte[146] als auch auf die Anwesenheit der Häftlinge reagieren.

Ein Beispiel für die Wirkmächtigkeit solcher Gerüchte auf lokaler Ebene findet sich in den Akten der US-Armee zum bereits angeführten Strenznaundorf. Bürgermeister Lorenz berichtete gegenüber den Ermittlern, wie er am 11. April 1945 aus einer Stadtratssitzung gerufen worden sei, weil der Volkssturmführer eines wenige Kilometer westlich gelegenen Dorfes angerufen und alarmierende Neuigkeiten übermittelt habe: Mehrere Tausend Kriminelle seien von den Amerikanern in Nordhausen freigelassen worden und würden nun Richtung Osten marschieren. Der Volkssturm habe den Ort und das Eigentum der Bewohner zu schützen.[147] Unter den Bewohnern von Strenznaundorf scheint sich diese beängstigende Vorstellung schnell herumgesprochen zu haben, wenn auch in abgewandelter Form. Eine Frau wusste zu berichten, dass Bürgermeister Lorenz an jenem Abend den Volkssturm alarmiert habe, um möglichst viele der 10 000 Häftlinge einzufangen, die aus einem Konzentrationslager in Thüringen geflohen seien.[148] Das dem Befehl von Himmler zugrundeliegende Gerücht über die in Weimar marodierenden KZ-Häftlinge aus Buchenwald war offensichtlich abgewandelt und auf das KZ Mittelbau-Dora bei Nordhausen[149] projiziert worden. Dieses

Weiblichkeit(en) ihre Gestalt erhält, sondern auch, wenn nicht sogar primär, in Relation zu anderen, untergeordneten Männlichkeiten". Michael Meuser/Sylka Scholz: Hegemoniale Männlichkeit. Versuch einer Begriffsklärung aus soziologischer Perspektive, in: Martin Dinges (Hrsg.), Männer – Macht – Körper. Hegemoniale Männlichkeiten vom Mittelalter bis heute, Frankfurt a. M./New York 2005, S. 211–228, hier S. 214.

146 Zu Gerüchten im Vorfeld des Massakers von Gardelegen vgl. Blatman, Todesmärsche, S. 660–662.

147 Sworn Statement of Mayor Hermann Lorenz, taken by Major John C. DeWolfe, 25. 4. 1945, NARA, RG 549, „Cases not tried", Box 461, 000-12-38, unpag.

148 Sworn Statement of Margot Schülbe, taken by Major John C. DeWolfe, 24. 4. 1945, ebenda.

149 Zu Gerüchten über Plünderungen befreiter Häftlinge des KZ Mittelbau-Dora in Nordhausen vgl. Martin Clemens Winter, Öffentliche Erinnerungen an den Luftkrieg in Nordhausen 1945–2005, Marburg 2010, S. 28 f., 99 f.

Lager war tatsächlich am selben Tag von der US-Armee befreit worden. Allerdings waren dort nur wenige Hundert völlig entkräftete Häftlinge verblieben, die nicht von der SS auf die Evakuierungstransporte getrieben worden waren.[150]

In der Kommunikationswissenschaft wird ein Gerücht definiert als „Mechanismus kollektiver sozialer Selbsthilfe, der durch Reproduktion von Kommunikation durch Kommunikation entsteht und bei Mangel an Information, an Informationskanälen und/oder bei Beschädigung von Normen und Werten aktiviert wird".[151] Alle diese Merkmale treffen zweifelsohne auf die Situation in Strenznaundorf Anfang April 1945 zu. Hinzu kam hier allerdings einerseits, dass die Vorstellung Tausender KZ-Häftlinge, die demnächst vor der eigenen Haustür eintreffen würden, einen realen Kern darin hatte, dass sich in der Tat unzählige Gefangene auf die Region zubewegten. Diese waren zwar in der Masse keineswegs befreit oder geflohen, sondern befanden sich unter Bewachung auf den Todesmärschen aus dem KZ Langenstein-Zwieberge bei Halberstadt, aber mit jedem Tag, den die Transporte andauerten, gelang es mehr Häftlingen, sich von den Kolonnen abzusetzen. Andererseits beschränkte sich die „kollektive Selbsthilfe" in Strenznaundorf nicht auf die Verbreitung von Legenden.

Bürgermeister Lorenz mobilisierte umgehend den örtlichen Volkssturm, um die Ortschaft verteidigen zu lassen. Da es lediglich darum gegangen sei, „Besitz und Leben der Einwohner zu schützen", soll es ihm zufolge keinen Schießbefehl gegeben haben. Dies galt jedoch nicht in einer Situation der „Selbstverteidigung".[152] Die Befehlslage war sehr unklar definiert; so gestand einer der zum Dienst eingeteilten Volkssturmmänner später: „Wir wußten ja gar nicht, wie wir uns benehmen sollten."[153]

In den Vernehmungen wird immer wieder deutlich, dass die einheimischen Männer das Gefühl hatten (oder im Nachhinein für sich beanspruchten), sich um die besonders bedrohten Frauen kümmern zu müssen. So betonte einer der Strenznaundorfer Volkssturmmänner, er habe seinen nächtlichen Dienst für eine Stunde unterbrochen, um nach seiner Ehefrau zu sehen, die einen Ohnmachtsanfall erlitten habe.[154] Anderen Einwohnerinnen untersagte ein Mann, sich am

150 Jens-Christian Wagner, Produktion des Todes. Das KZ Mittelbau-Dora, Göttingen 2001, S. 285.

151 Klaus Merten, Zur Theorie des Gerüchts, in: Publizistik 54 (2009), S. 15–42, hier S. 40.

152 Sworn Statement of Mayor Hermann Lorenz, taken by Major John C. DeWolfe, 25. 4. 1945, NARA, RG 549, „Cases not tried", Box 461, 000-12-38, unpag.

153 Translation of sworn Statement of Fritz Bremer, taken by Major John C. DeWolfe, 26. 4. 1945, ebenda.

154 Ebenda.

Morgen auf die Straße zu begeben.[155] Dieser Herr Brinkmann hatte weder ein wichtiges Amt inne, noch war er im Volkssturm organisiert. Seine Autorität den Frauen gegenüber scheint sich in dem Fall schlicht aus seinem Geschlecht abgeleitet zu haben. Er selbst sei durch den Verweis auf eine verängstigte Nachbarin dazu bewegt worden, einen Häftling einzufangen und zu inhaftieren: Es „kam mein Kamerad Wilke und sagte, bei mir sitzt ein Mann im blau-weiß gestreiften Anzug im Garten, meine Frau hat sich so erschrocken, komm doch mal mit".[156] Jener Herr Wilke hatte sich offenbar nicht getraut, auf eigene Faust gegen den KZ-Häftling vorzugehen, schrieb die Angst vor dem Fremden seinem Nachbarn gegenüber aber seiner Frau zu. Brinkmann wiederum hatte nun Gelegenheit, seine männliche Tatkraft gleich in doppelter Hinsicht unter Beweis zu stellen – einerseits gegenüber der verängstigten Frau, aber auch gegenüber Wilke als Mann. Dessen über den Verweis auf seine Frau codiertes Hilfeersuchen gab Brinkmann die Gelegenheit, Wilkes Verhalten umso deutlicher mit der eigenen männlichen Initiative zu kontrastieren und zu zeigen, wie seine Entschlossenheit angeblich im Handumdrehen zur erfolgreichen Lösung der Situation geführt habe: „Ich ging mit hin und sah den Häftling sitzen, forderte ihn auf mitzukommen und er kam auch."[157] Hinter dieser Darstellung, nach der der KZ-Häftling ihm auf seinen Befehl hin quasi freiwillig gefolgt sei, wird die Gewalthaltigkeit der Umstände unsichtbar.

Nicht nur einheimische, auch ortsfremde Männer fühlten sich für die Sicherheit von Einwohnerinnen verantwortlich und hatten genaue Vorstellungen darüber, wovor diese vermeintlich zu beschützen waren. In Ittelsburg im schwäbischen Unterallgäu verhandelten die Angehörigen einer RAD-Einheit Mitte April 1945 über das Schicksal zweier KZ-Häftlinge, die nach ihrer Flucht vom Todesmarsch aufgegriffen worden waren.[158] Als Oberstfeldmeister Mainert* gefragt wurde, wieso seiner Meinung nach die Häftlinge erschossen werden müssten, soll er erwidert haben: „Wenn sie freigelassen würden, würden sie unsere Frauen, Mütter und Töchter vergewaltigen."[159] Damit konnte kaum Mainerts* tatsächliche Familie gemeint sein, diese befand sich nämlich zu dem Zeitpunkt etwa

155 Sworn Statement of Elli Schulz, taken by Major John C. DeWolfe, 25. 4. 1945, ebenda.

156 Translation of sworn statement of Paul Brinkmann, taken by Major John C. DeWolfe, 27. 5. 1945, ebenda.

157 Ebenda.

158 Der Fall wird erwähnt bei Keller, Volksgemeinschaft, S. 162 f. Vgl. dazu auch in der vorliegenden Arbeit das Kapitel zu Hilfeleistungen durch Einheimische.

159 Vernehmung von Herbert Weitfass*, Kriminalpolizei Herford, 14. 5. 1965, StAA, Staatsanwaltschaft Memmingen, KS 4/1965, Bd. I, Bl. 83.

150 Kilometer entfernt bei Schwäbisch Gmünd.[160] Ihm ging es also weniger um konkrete Gefahrenabwehr als vielmehr ums volksgemeinschaftliche Prinzip. Das Zitat verweist somit deutlich auf den Zusammenhang zwischen den Differenzkategorien „Rasse" und Geschlecht: „Unsere Frauen" waren gar nicht die Angehörigen oder die Nachbarinnen, sondern in einem übertragenen Sinne alle „Volksgenossinnen". Die Politikwissenschaftlerin Miranda Alison hat in Bezug auf die ethnisierte Konstruktion von Männlichkeit betont, dass in Konfliktsituationen „‚männlich' und ‚weiblich' innerhalb einer Gruppe kontrastiert und zwischen den Gruppen ‚wir' gegen ‚sie' gestellt werden [...]. Kriegspropaganda zeigt den (männlichen) Feind als denjenigen, der ‚unsere' Frauen vergewaltigen und ermorden will, und der Kriegsaufwand wird betrieben, um ‚unsere' Frauen zu schützen."[161]

Auch im vorliegenden Beispiel kam es zu Konflikten zwischen den Geschlechtern, als die ortsansässige Frau Durs*, die ja angeblich vor den KZ-Häftlingen beschützt werden sollte, heftig gegen das Einsperren der Häftlinge in ihren Eiskeller und deren spätere Erschießung protestierte.[162] Offenbar waren die Männer der Ansicht, Kraft ihrer maskulinen Autorität notfalls auch gegen die Frauen entscheiden zu müssen, um sie vor Unheil zu bewahren. So verweigerte der RAD-Mann trotz ihres Insistierens die Herausgabe des Schlüssels zu Frau Durs* Keller.

Noch Jahrzehnte nach den Todesmärschen war der Topos der „vergewaltigenden Häftlinge" präsent und diente den Beteiligten zur Verständigung über die Ereignisse. Im brandenburgischen Herzsprung trafen sich im Jahr 1955 zwei Männer, die zehn Jahre zuvor an der Erschießung von KZ-Häftlingen beteiligt gewesen waren. Einer der beiden fragte den anderen „im Verlauf dieses Gespräches, ob er sich noch erinnern könnte, wie die KZ-Häftlinge 1945 in Herzsprung die Frauen vergewaltigt haben und er einen erschossen hat. Leppin [der ehemalige NSDAP-Ortsgruppenleiter] sagte, daß er das noch wüßte. Weiter hat sich Leppin nicht dazu geäußert."[163]

160 Vernehmung von Erich Mainert*, Amtsgericht Bruchsal, 1. 2. 1956, StAA, Staatsanwaltschaft Memmingen, KS 2/1956, Bl. 74 f., hier Bl. 74v. Auch auf den aussagenden Herbert Weitfass* kann sich das „unsere" nicht bezogen haben, da dieser aus dem Ruhrgebiet stammte und sich nicht einmal richtig an den Ortsnamen erinnerte. Vernehmung von Herbert Weitfass*, Kreispolizeibehörde Herford, 8. 10. 1955, ebenda, Bl. 28.

161 Alison, Sexuelle Gewalt, S. 40 f.

162 Vernehmung von Theresia Durs*, Amtsgericht Memmingen, 18. 2. 1956, StAA, Staatsanwaltschaft Memmingen, KS 2/1956, Bl. 83 f., hier Bl. 83v.

163 Vernehmung von Hildegard Hartenfels*, MfS Potsdam, 11. 7. 1955, BStU, MfS, Pdm AU 41/56, Bl. 299–301, hier Bl. 300.

Dieser beiläufig erscheinende kausale Zusammenhang zwischen angeblicher sexueller Gewalt gegenüber deutschen Frauen und der Ermordung von KZ-Häftlingen suggeriert eine Selbstverständlichkeit, die dazu dient, die ausgeübte Gewalt im Nachhinein zu legitimieren. Tatsächlich war aber die Erschießung in Herzsprung keine Reaktion auf Übergriffe gegen Frauen aus der Zivilbevölkerung gewesen, sondern im Gegenteil das Resultat einer Denunziation geflohener KZ-Häftlinge durch eine Einwohnerin, die diese beim NSDAP-Ortsgruppenleiter angezeigt hatte.[164]

2.1.2. Einheimische Akteurinnen

Die zuletzt angeführten Beispiele zeigen, dass Frauen nicht nur Projektionsflächen nationaler und patriarchaler Verlustängste waren, sondern als Akteurinnen am Geschehen im Umfeld der Todesmärsche Anteil hatten. Der Umstand, dass die eigenen Männer oftmals nicht vor Ort waren, ließ sie zwar einerseits in den Augen anderer Einwohnerinnen und Einwohner als besonders schutzbedürftig erscheinen, erweiterte auf der anderen Seite aber ihre eigenen Handlungsspielräume. Da das männliche „Familienoberhaupt" abwesend war, waren es schon länger Frauen gewesen, die wichtige Entscheidungen getroffen hatten. Dies setzte sich bei den KZ-Räumungstransporten fort, etwa wenn Wachmannschaften auf ihrem Grundstück Quartiere für die Häftlingskolonnen verlangten,[165] Fuhrwerke zum Transport von Gefangenen benötigt wurden[166] oder entschieden werden musste, wo tote KZ-Häftlinge zu begraben waren.[167] Es ergaben sich manchmal „nebenbei" direkte Kontakte zu Angehörigen der Wachmannschaften,[168] aus denen gegebenenfalls sogar sexuelle Abenteuer oder Liebesbeziehungen werden konnten.[169] Die KZ-Räumungstransporte waren in diesem Sinne auch eine Gelegenheitsstruktur, die es den Akteurinnen und Akteuren aus Wachmannschaft und einheimischer Bevölkerung ermöglichte,

164 Vgl. dazu auch das Kapitel zu Denunziationen in der vorliegenden Arbeit.

165 Aussage von Martha Hübner*, Kreispolizei Flöha/Posten Borstendorf, 2. 9. 1945, SHStAD, 11391, Nr. 994, Bl. 4.

166 Vernehmung von Herta Geistermann*, Kriminalaußendienststelle Hettstedt, 26. 4. 1948, BStU, MfS, BV Halle, ASt. 5220, Bd. 1, Bl. 3.

167 Pfarrhaus Lauterbach: Bericht, o. D. (vermutl. 1945), SHStAD, 11391, Nr. 992, Bl. 91v–92.

168 Vernehmung von Berta Michel*, Landpolizei Oberbayern/Posten Aufkirchen, 23. 7. 1948, StAM, Staatsanwaltschaften, 34412, Bl. 10.

169 Vernehmung von Gertrud Rösner*, MfS Potsdam, 9. 9. 1955, BStU, MfS, Pdm AU 41/56, Bl. 310–322.

sich die unübersichtliche Situation anzueignen.[170] Diese bot im Einzelfall Angehörigen der Wachmannschaften die seltene Möglichkeit, ihre Familien aufzusuchen.[171] Zum Teil waren Bewacher auch gemeinsam mit ihren Familien auf den Transporten unterwegs.[172]

Frauen wurden nicht nur zu Zeuginnen von Gewalttaten an Häftlingen, sondern beeinflussten diese Situationen mitunter sehr direkt. Im baden-württembergischen Oberschefflenz etwa bestand eine Frau, in deren Scheune KZ-Häftlinge eines Evakuierungstransports aus dem KZ Neckargerach untergebracht worden waren, dem Bürgermeister gegenüber darauf, dass ein schwer kranker russischer Häftling nicht bei ihr zurückgelassen werde.[173]

Im oberbayerischen Dorf Hohenbachern hatte eine Frau im Straßengraben vor ihrem Haus einen angeschossenen KZ-Häftling entdeckt, der noch am Leben war. Als sie kurz darauf Angehörige der Wachmannschaften erblickte, beschimpfte sie diese, „ob denn das auch noch eine Sache sei, die Leute einfach zu erschießen, wenn sie nicht mehr weiterkönnten. […] Zu den nächsten 3 sagte ich, das seien doch keine Manieren und wenn sie die Leute schon umbringen, dann sollen sie es wenigstens so machen, daß sie gleich tot seien." Mit dieser Beschwerde hatte sie Erfolg: „Einer dieser 3 schoß dann plötzlich von der Straße auf den Häftling und ging weiter. Anschließend deckte ich diesen Toten – nun war er tot – mit einem Mantel zu und ging weiter."[174]

Auch an Einheimische wurden direkte Aufrufe zur Gewalt gegen KZ-Häftlinge gerichtet.[175] Im in der Einleitung angeführten Quenstedt soll eine Frau den HJ- und Volkssturmangehörigen, die geflohene Häftlinge verfolgten,

170 Mit Alf Lüdtke versteht sich eine solche Aneignung als „Art und Weise, in der Chancen wie Zumutungen wahrgenommen und in Momente des eigenen Lebens umgeformt werden". Vgl. Alf Lüdtke, Alltagsgeschichte: Aneignung und Akteure. Oder – es hat noch kaum begonnen!, in: WerkstattGeschichte 17 (1997), S. 83–92, hier S. 84.

171 Vernehmung von Elisabeth* Kleemann, Staatsanwaltschaft Itzehoe, 13. 12. 1949, LASH, Abt. 352 Itzehoe, Nr. 421, Bl. 82 f., hier Bl. 82v.

172 Vernehmung von Franz Arthur Diesner, Kreisgericht Plauen-Land, 15. 12. 1966, BStU, MfS HA IX/11, RHE-West 184, Bl. 112–116, hier Bl. 113; Headquarters XV Corps US Army an Commanding General, 7th Army: Report of Information, 8. 5. 1945, NARA, RG 549, „Cases not tried", Box 492, 000-12-475, unpag.; Sébastien Farré/Yan Schubert, From Sachsenhausen to Schwerin. The International Committee of the Red Cross (ICRC) and the death marches, in: Blondel/Urban/Schönemann, Spuren, S. 282–299, hier S. 296.

173 7th US Army, War Crimes Branch, Judge Advocate Section: Report of Information of Alleged War Crime, 25. 10. 1945, NARA, RG 549, „Cases not tried", Box 407, 66–709, unpag.

174 Vernehmung von Anna Spiegel*, Bayerische Landpolizei, Kriminalaußenstelle Erding, 7. 3. 1955, StAM, Staatsanwaltschaften, 34481, Bl. 60v.

175 Urteil des BG Magdeburg, 13. 4. 1953, Lfd. Nr. 1145, in: DDRJuNSV, Bd. IV, S. 257–262.

zugerufen haben: „Schießt sie tot, die machen uns sonst über Nacht das ganze Dorf unsicher!“[176]

Wenn auch seltener als Männer waren Frauen doch gelegentlich institutionell und beruflich an Räumungstransporten beteiligt: Streckenwärterinnen fanden auf Bahngleisen Leichen von Häftlingen, die aus überfüllten Transportzügen geworfen worden waren,[177] für die Gemeindezelle verantwortliche Frauen nahmen KZ-Häftlinge in Gewahrsam und lieferten sie anderen Beteiligten aus,[178] und in Pirna lehnte eine Ärztin die medizinische Versorgung von in Marsch gesetzten weiblichen KZ-Häftlingen mit der Begründung ab, „daß sie Jüdinnen nicht behandle“.[179]

Dass sich gelegentlich Frauen kaum weniger gewalttätig verhielten als Männer, rief bei Teilen der deutschen Bevölkerung besondere Verwunderung hervor. So berichtete ein Polizist aus dem oberpfälzischen Altendorf über die Bewachung eines Todesmarsches: „Die Transporteure waren etwa 40 SS Männer und ca. 4 Frauenspersonen. Ob diese zugelaufene Deutsche oder KZler Frauen [KZ-Aufseherinnen] waren, entzieht sich meiner Kenntnis.“ Kurz darauf sei er Zeuge geworden, wie „zwei den KZler Transport [sic!] zugehörige Frauenspersonen mit Stöcken auf einige KZler einschlugen. Dieser Vorgang hat bei den einheimischen Zuschauern Empörung und scharfe Kritik ausgelöst. Dem renitenten Auftreten nach zu schließen ist anzunehmen, daß es sich hier um KZler Frauen handelt. Auch deren brutalen [sic!] Gesichtsausdruck und freches Benehmen läßt diesen Verdacht gerechtfertigt erscheinen.“[180]

In der Forschung zu KZ-Aufseherinnen wurde herausgearbeitet, dass Vorstellungen von NS-Täterinnen häufig durch einen „doppelten Exzess“ aufgeladen sind: Zum Verbrechen selbst kommt die Übertretung tradierter Geschlechterrollen hinzu. Derart vergeschlechtlichte Bilder weiblicher Täterschaft eignen sich

176 Vernehmung von Wilhelm Reuter*, Kriminalaußendienststelle Hettstedt, 27. 4. 1948, BStU, MfS, BV Halle, ASt. 5220, Bd. 1, Bl. 16.

177 Vernehmung von Lina Rumann*, Kriminalpolizei Plauen, 24. 9. 1945, SHStAD, 11391, Nr. 993, Bl. 36.

178 Vernehmung von Martha Ruppert*, Kriminalamt Dresden, Dienststelle Freiberg, 19. 3. 1948, BStU, MfS, BV Dresden, ASt. 133/48, Bd. I, Bl. 25v–26; Vernehmung von Heinz Siegfried Gabler*, Kriminalpolizei Dresden, 21. 3. 1947, BStU, MfS, BV Dresden, ASt. 18/47, Strafsache, Bl. 113–116.

179 Vernehmung von Paul Mann, Kriminalpolizei Pirna, 12. 9. 1945, SHStAD, 11391, Nr. 993, Bl. 68v–69, hier Bl. 68v.

180 Aussage von August Heigl, Betrifft: Vorgang über KZler in Altendorf am 21.u. 22. 4. 45, 27. 7. 1947, 5.3.1/84596813, ITS Digital Archive, Bad Arolsen.

demnach besonders zur Distanzierung von den Taten.[181] Im vorliegenden Fall konnte sich der Aussagende den Umstand, dass Frauen sich derart brutal verhielten, nur damit erklären, dass es sich um KZ-Aufseherinnen gehandelt haben muss, was er vermeintlich an Phänotyp und schlechten Manieren erkannt haben will. Dass nur KZ-Aufseherinnen gewalttätig sein konnten, war nach der Deutung des Polizisten selbstevident, entsprach aber nicht den Tatsachen. Später war das zuständige Landratsamt nämlich dieser Frage genauer nachgegangen und hatte festgestellt, dass es sich bei den jungen Frauen nicht um Aufseherinnen, sondern Zivilistinnen, die mit den SS-Leuten unterwegs waren, gehandelt haben dürfte.[182]

In Einzelfällen waren Frauen gemeinsam mit Männern direkt an der Ermordung von KZ-Häftlingen beteiligt. In den Wäldern um das Dorf Breitenstein im Südharz sollen über Hundert Häftlinge nachts vom Todesmarsch geflohen sein.[183] An einem Aprilmorgen entdeckte ein 14-jähriges Mädchen, das im Haushalt des örtlichen Försters und seiner Ehefrau ihr „Pflichtjahr" absolvierte, zwei KZ-Häftlinge in einem Stall.[184] Auch sie hatte zuvor Gerüchte über vermeintlich gefährliche KZ-Häftlinge gehört. So war ihr „von den Leuten aus dem Dorfe erzählt [worden], daß sich im Walde ‚Zebras' herumtreiben würden, die sich an Menschen vergreifen. Ich sollte nicht allein in den Wald gehen, sonst könnte es mir passieren, daß ich mit diesen ‚Zebras' Bekanntschaft machen werde."[185]

Umgehend alarmierte sie die schlafenden Eheleute und rief ihnen zu, dass sie zwei „Zebras" im Stall gesehen habe, die nun flüchten würden.[186] Kurz darauf

181 Anette Kretzer, NS-Täterschaft und Geschlecht. Der erste britische Ravensbrück-Prozess 1946/47 in Hamburg, Berlin 2009, S. 388 f. Vgl. auch Julia Duesterberg, Von der „Umkehr aller Weiblichkeit". Charakterbilder einer KZ-Aufseherin, in: Insa Eschebach/Sigrid Jacobeit/Silke Wenk (Hrsg.), Gedächtnis und Geschlecht. Deutungsmuster in Darstellungen des nationalsozialistischen Genozids, Frankfurt a. M./New York 2002, S. 227–243.

182 Landratsamt Nabburg, Ausländer-Suchstelle an UNRRA-Bureau of Documents and Tracing, Field Office Bavaria, Betrifft: Kategorien-Material, 29. 7. 1947, 5.3.1/84596809, ITS Digital Archive, Bad Arolsen.

183 Aussage von Otto Bilsing in: Protokoll Nr. 24 über die Sitzung der Kr.P.K.K. Sangerhausen, 28. 6. 1950, DMD, PS DDR Bd. 16, unpag.

184 Urteil des LG Halle/Saale, 6. 1. 1951, Lfd. Nr. 1261, in: DDRJuNSV, Bd. V, S. 727–737. Auf dieser Grundlage ist der Fall geschildert in Blatman, Todesmärsche, S. 664, sowie bei Keller, Volksgemeinschaft, S. 304 f. Diesen Fall und weitere Beteiligung von Einwohnern Breitensteins an der Ergreifung geflohener KZ-Häftlinge erwähnt Wagner, Produktion, S. 547.

185 8. Strafkammer des Landgerichts Halle/Saale, Urteil in der Strafsache gegen Richard und Marianne Latzel*, 6. 1. 1951, BStU, MfS, BV Halle, ASt. 4988/50, Bl. 51–59, hier Bl. 54.

186 Vernehmung von Ella Rochberg*, Staatsanwaltschaft Halle/Saale, 17. 11. 1950, BStU, MfS, BV Halle, ASt. 4988/50, Bl. 43.

begab sich der Förster mit seiner Pistole bewaffnet auf den Hof, gefolgt vom „Pflichtjahrmädchen“ Ella sowie seiner Ehefrau. Als er sah, dass die Häftlinge schon ein Stück entfernt waren, rief er seiner Frau zu: „Hol mir mein Gewehr“ und setzte die Verfolgung fort. Nachdem seine Frau ihm das Gewehr gebracht hatte, rief er den Flüchtenden hinterher. Kurz darauf gab er drei Schüsse ab, wobei er einen der Häftlinge, den 24-jährigen Polen Josef Zopolaki, tödlich traf,[187] während der andere entkommen konnte. Dass dieser Fall von Selbstjustiz erst durch die Initiative und aktive Mitwirkung der Frauen möglich wurde, verdeutlicht, dass sie im Umfeld der Todesmärsche nicht lediglich als Zuschauerinnen „dabei“ waren, sondern als Akteure wichtige Funktionen einnahmen.

2.1.3. Weibliche Opfer der Todesmärsche

Eine intensive Auseinandersetzung mit den Erfahrungen weiblicher KZ-Häftlinge während der Räumungstransporte, die Fragen nach genderspezifisch unterschiedlichen Überlebensstrategien und -chancen beantwortet, würde eine eigene Studie mit entsprechender methodischer und empirischer Grundlage benötigen. So müssten dafür weitaus systematischer die Zeugnisse von Überlebenden ausgewertet werden, als es im Rahmen der vorliegenden Arbeit, die auf Akteure aus der einheimischen deutschen Bevölkerung fokussiert, möglich ist. Folglich können an dieser Stelle nur erste Eindrücke auf Grundlage des hier ausgewerteten Quellenmaterials formuliert werden.

Zunächst fällt auf, dass sich die meisten Gewalttaten, in die die Zivilbevölkerung involviert war, gegen männliche Häftlinge richteten. Weibliche Häftlinge hatten zwar nicht unbedingt mehr Mitleid zu erwarten, wenn sie von Transporten zurückgeblieben oder geflohen waren. Sie wurden wie männliche Gefangene an die Wachmannschaften, die Polizei oder andere Autoritäten ausgeliefert. Allerdings liegen weniger Berichte über Morde und Misshandlungen durch Einheimische an Frauen als an Männern vor. Dies kann mit verschiedenen Faktoren in Verbindung stehen: dem ungleich verteilten Zahlenverhältnis der Häftlinge, Leerstellen in der Überlieferung oder bestimmten Schwerpunkten der Recherche, die diesen Eindruck präfigurieren. Möglicherweise wurden aber Frauen tatsächlich nicht in dem Maße als infernalische Bedrohung wahrgenommen, wie es bei ihren männlichen Mithäftlingen der Fall war.

Dies bedeutet nicht, dass gegenüber weiblichen Gefangenen keine Gewalttaten verübt worden wären. Im sächsischen Dörschnitz beispielsweise war bei

187 8. Strafkammer des Landgerichts Halle/Saale, Urteil in der Strafsache gegen Richard und Marianne Latzel*, 6. 1. 1951, BStU, MfS, BV Halle, ASt. 4988/50, Bl. 51–59, hier Bl. 53.

einer nächtlichen Massenexekution eine Gefangene angeschossen, aber nicht tödlich getroffen worden.[188] Wie im oben geschilderten Fall des männlichen Häftlings im Dorf Hohenbachern versuchte die lokale Bevölkerung nicht etwa, ihr zu helfen. Vielmehr wurde es geradezu als Akt der Humanität dargestellt, dass für sie der „Gnadenschuss" eingefordert wurde: „Arbeiter und Bauern, die zur Arbeit gingen, baten die SS doch die Frau vollends zu erschießen, da sie doch ihrem Anschein nach große Schmerzen litt." Allerdings scheint die Frau den ganzen Tag über einfach schwer verletzt liegen gelassen worden zu sein. Als am Abend die Leichen der Todesmarschopfer von Einheimischen in einer Sandkuhle verscharrt werden sollten, stellte man fest, „daß die vorher erwähnte noch lebte, sodaß ein Volkssturmmann aufgefordert werden mußte, auf die schon zweimal angeschossene noch einen dritten Schuß abzugeben".[189]

Eine der exzessivsten und grausamsten in meinen Unterlagen überlieferten Gewalttaten, die von Angehörigen der deutschen Zivilbevölkerung gegenüber Häftlingen verübt wurden, richtete sich ebenfalls gegen eine Frau. Als im sächsischen Herzogswalde drei Jugendliche diese stundenlang zu Tode quälten, lag der Reiz der Grenzüberschreitung möglicherweise auch darin, mit der Ausübung massiver Gewalt gegenüber einer wehrlosen Frau kollektiv ein gesellschaftliches Tabu zu brechen.[190]

Andererseits war ein solches Handeln auch das Resultat der gezielten Verwahrlosung und versuchten Entmenschlichung der Gefangenen durch die SS, die sich besonders gegen den weiblichen Körper richtete. Die katastrophalen Bedingungen, unter denen die Häftlinge während der Evakuierungstransporte leiden mussten, führten dazu, dass sie von der Zivilbevölkerung häufig mit Ekel und Abscheu betrachtet wurden. So erinnerte sich eine Frau aus dem sächsischen Theuma an den Anblick der weiblichen Häftlinge: „Sie waren barfuß und nur mit einem alten Mantel über dem Kopf bekleidet. Ihre Haare waren verwahrlost. Da waren auch welche, die hatten Pelzmäntel an, darunter waren sie nackig. Sie durften sich wohl monatelang nicht waschen und haben deshalb fürchterlich gestunken. Die Haare waren ein richtiger Filzhaufen."[191]

Derart enthumanisiert[192] hatten die Frauen im Ort keine Hilfe von der Bevölkerung zu erwarten. Als zurückgebliebene KZ-Häftlinge in Scheunen des Dorfes

188 Vgl. auch Greiser, Todesmärsche, S. 127.

189 Bericht der VVN Meißen, o. D. (vermutl. 1945), SAPMO-BArch, DY 55/V 278/4/58, unpag.

190 Vgl. die Schilderung des Falles im Abschnitt zu Kindern und Jugendlichen in der vorliegenden Arbeit.

191 Interview mit Thea Männel, 9. 9. 2003, online unter http://www.ns-zeitzeugen.de/interview_todesmarsch_bearbeitet.pdf [23. 4. 2015].

192 Zur „Entmenschlichung" der KZ-Häftlinge vgl. Blatman, Todesmärsche, S. 700.

aufgefunden wurden, brachte man sie unter Bewachung dem weitergezogenen Todesmarsch hinterher.[193]

Zusammenfassend verweist das Handeln beider Geschlechter aufseiten der Einheimischen auf die gesamtgesellschaftliche Dimension des Verbrechensgeschehens, an dem alle anwesenden Personengruppen beteiligt gewesen sind. Das Einbeziehen von Frauen in die Untersuchung der „nicht gewohnheitsmäßigen Täter"[194] zeigt, dass eine Beteiligung als Direkttäterinnen eher die Ausnahme darstellte. Sie agierten vielmehr auf der logistischen und kommunikativen Ebene, indem sie in die Organisation eingebunden waren, die männlichen Gewaltakteure unterstützten oder ihnen Hinweise auf KZ-Häftlinge gaben. Diese Vielfalt ihrer Involvierung verdeutlicht die Verbindung der Todesmarschverbrechen mit den lokalen Alltagsstrukturen.

Eine gendersensible Analyse der zugrundeliegenden Befehle, der sich verselbstständigenden Gerüchte und des Handelns von Männern kann zu einer Konkretisierung der bisherigen Erklärungsmuster für das Verhalten der deutschen Zivilbevölkerung während der Todesmärsche beitragen. Als solche ist in der Literatur „der Wille, das eigene Heim und die Familie […] zu schützen"[195] und ein „subjektives Bedrohungsgefühl" als „emotionale[r] Faktor"[196] benannt worden. Hier konnte gezeigt werden, wie diese allgemeinen Deutungen in einen konkreten Diskurs („Vergewaltigung durch Fremde") aufgelöst werden können, der die Handlungen der Akteurinnen und Akteure auf lokaler Ebene beeinflusste.

2.2. Verwaltung und Partei

Im vorangegangenen Abschnitt sind an verschiedenen Beispielen zwei zentrale Akteure auf lokaler Ebene erwähnt worden: Bürgermeister und NSDAP-Ortsgruppenleiter. Im Folgenden soll dem Handeln sowie den daraus ablesbaren Funktionen dieser Amtsträger aus Verwaltung und Partei für den Verlauf und die Bewältigung der Todesmärsche auf lokaler Ebene genauer nachgegangen werden.

Wie am Beispiel von Strenznaundorf anklang, waren die Bürgermeister als Leiter der Ortspolizeibehörde angesichts der unübersichtlichen Situation, der Desorientierung der Einwohnerschaft und der vermeintlichen oder tatsächlichen

193 Vernehmung von Otto Albin Schneider, Kriminalpolizei Plauen, 14.9.1945, SHStAD, 11391, Nr. 993, Bl. 35.

194 Gring, Massaker, S. 126.

195 Blatman, Todesmärsche, S. 705.

196 Keller, Volksgemeinschaft, S. 303.

Gefährdung der Gemeinde die ersten Ansprechpartner sowohl für die Dorfbewohnerinnen und -bewohner als auch für die Angehörigen der Wachmannschaften. Kraft ihres Amtes waren sie mit teils erheblichen Handlungsspielräumen ausgestattet. Daniel Blatman hat die Bürgermeister und Ortsvorsteher zusammen mit den Gau- und Kreisleitern im Anschluss an eine Definition von Gerhard Paul kurzerhand den „Weltanschauungstätern" zugerechnet.[197] Es wird der Frage nachzugehen sein, welche Handlungsweisen von Bürgermeistern sich in verschiedenen zeitlichen Phasen und unterschiedlichen Situationen anhand der Quellen feststellen lassen und ob es sich beim idealtypischen Dorfbürgermeister im Angesicht der Todesmärsche tatsächlich um einen „Exekutor der rassistischen NS-Weltanschauung" handelte, „der genau wußte und wollte, was er tat".[198]

Eine ähnlich exponierte Stellung wie die Bürgermeister im Bereich kommunaler Verwaltung und Administration hatten auf Parteiebene die NSDAP-Ortsgruppenleiter.[199] Insbesondere im ländlichen Raum war eine Personalunion von Bürgermeisteramt und Ortsgruppenleitung nicht unüblich,[200] aber keinesfalls die Regel. Der politische Status der Ortsgruppenleiter war ambivalent. Carl-Wilhelm Reibel betonte, dass sie innerhalb der NSDAP einem stetigen Machtverfall unterlagen, wohingegen ihr Einfluss innerhalb der jeweiligen Ortsgruppe zunehmend anstieg.[201] Während des Krieges kam ihnen die Aufgabe zu, an der Basis der „Heimatfront" die Interessen der Partei zu vertreten. Die Funktionäre der NSDAP-Ortsgruppen waren bald „für jedes durch den Krieg aufgeworfene Problem zuständig",[202] und das betraf in den letzten Kriegswochen neben anderen Formen der Krisenbewältigung auch das Durchschleusen der Häftlingstransporte aus Konzentrationslagern.

Quellenkritisch ist zu bedenken, dass es sich für viele der von Ermittlern verhörten Einwohnerinnen und Einwohner anbot, sowohl Bürgermeister als auch Ortsgruppenleiter plausibel als allseits bekannte Hauptschuldige zu präsentieren, denen jegliche Verantwortung für das Geschehene zugeschrieben werden konnte. Das traf insbesondere dann zu, wenn sie aufgrund ihres Amtes bei Kriegsende

197 Blatman, Todesmärsche, S. 653.

198 So die von Blatman zugrunde gelegte Definition von Paul, Psychopathen, S. 61.

199 Zur Funktion der Ortsgruppenleiter und ihrer Position innerhalb der Parteihierarchie vgl. Phillip Wegehaupt, Funktionäre und Funktionseliten der NSDAP. Vom Blockleiter zum Gauleiter, in: Wolfgang Benz (Hrsg.), Wie wurde man Parteigenosse? Die NSDAP und ihre Mitglieder, Frankfurt a. M. 2009, S. 39–59, hier S. 44–49.

200 Carl-Wilhelm Reibel, Das Fundament der Diktatur: die NSDAP-Ortsgruppen 1932–1945, Paderborn 2002, S. 83.

201 Ebenda, S. 76.

202 Ebenda, S. 328.

geflohen waren und nicht mehr vor Ort vernommen werden konnten. Vonseiten der Bürgermeister liegen zahlreiche Aussagen vor, in denen sie detailliert über das Geschehen Auskunft gaben und aus denen sich ihre Perspektive auf die Todesmärsche rekonstruieren lässt. Selbstzeugnisse von Ortsgruppenleitern sind hingegen seltener überliefert, da sie – was die frühen Ermittlungen betrifft – sich häufig bei Kriegsende abgesetzt hatten, um nicht zur Verantwortung gezogen zu werden. Wenn dies nicht der Fall war, waren sie in den ersten Nachkriegsjahren oftmals in Internierungslagern inhaftiert[203] und somit für die Ermittler vor Ort nicht als Zeugen oder Verdächtige greifbar.[204] Es fällt auf, dass die Ortsgruppenleiter in den Quellen meist in unmittelbarer Nähe zum Verbrechensgeschehen auftauchen. Als eindeutig zu identifizierende ehemalige ranghöchste NS-Funktionsträger auf lokaler Ebene waren sie offensichtlich noch mehr als die Bürgermeister aus Sicht aller Beteiligten geeignet, als vermeintliche oder tatsächliche Hauptverantwortliche belastet zu werden.

2.2.1. Organisatoren und Verwalter: Die Bürgermeister

Vor allem in der frühen Phase der Evakuierungen waren die Bürgermeister bemüht, die Situation, mit der sie und ihre Gemeinde konfrontiert waren, in geregelten verwaltungstechnischen Bahnen zu bewältigen. Das zeigte sich – wie dargelegt – darin, dass sie zumeist versuchten, eine „ordnungsgemäße" Bestattung von zurückgebliebenen oder aufgefundenen Leichen auf dem örtlichen Friedhof zu organisieren.

Die Konflikte, die zwischen ihnen und Angehörigen der Wachmannschaften entstanden, verweisen auf die unterschiedlichen Normvorstellungen der beteiligten Akteure. Dies wird beispielhaft am Handeln des Bürgermeisters von Theuma in Sachsen deutlich, wo vier weibliche KZ-Häftlinge verstorben waren, während ein Todesmarsch aus Außenlagern des KZ Groß-Rosen im Ort Quartier gemacht hatte. Als Bürgermeister Schneider sich wegen der Bestattung der Toten mit der

203 In der US-amerikanischen Besatzungszone war der „Automatische Arrest" im Frühjahr 1945 bis auf die Ebene der NSDAP-Ortsgruppe ausgeweitet worden. Vgl. Christa Schick, Die Internierungslager, in: Martin Broszat/Klaus-Dietmar Henke/Hans Woller (Hrsg.), Von Stalingrad zur Währungsreform. Zur Sozialgeschichte des Umbruchs in Deutschland, 3. Aufl., München 1990, S. 301–325, hier S. 303; Klaus-Dietmar Henke, Die amerikanische Besetzung Deutschlands, 2. Aufl., München 1996, S. 254.

204 So z. B. in Quenstedt (Polizeipräsidium Halle/Saale, Ermittlungen und Vernehmung in Sache Werner Pätrang* [sic!], 2. 12. 1948, BStU, MfS, BV Halle, 4983 Bd. 1, Bl. 145 f.) oder Niederbobritzsch (Kriminalamt Dresden, Abschlußbericht, 22. 3. 1948, BStU, MfS, BV Dresden, ASt. 133/48 Bd. 1, Bl. 35–38, hier Bl. 38).

Friedhofsverwaltung in Verbindung setzen wollte, eröffnete ihm ein Wachmann, „daß eine Beerdigung auf dem Friedhof nicht in Frage käme, sondern [die Toten] draußen irgendwo begraben werden sollten".[205] Im Gegensatz zum Bürgermeister, der vorgehabt hatte, den Amtsweg einzuhalten und eine geregelte Bestattung auf dem örtlichen Friedhof zu veranlassen, war es für den Transportführer völlig selbstverständlich, tote Häftlinge einfach am Wegesrand zu verscharren und für diese Arbeit andere Häftlinge heranzuziehen, statt sich selbst die Finger schmutzig zu machen. Ein Kompromiss war gefunden worden, als Bürgermeister Schneider daraufhin anordnete, die Leichen im Gemeindegarten verscharren zu lassen. Der Bürgermeister wurde zwar belehrt, dass er keine Leute dafür bereitstellen müsse, dies würden „die Frauen selbst tun, da sie für diese Arbeiten ein Stück Brot besonders bekommen würden", beauftragte aber dennoch den Gemeindediener, die Bestattung zu beaufsichtigen.[206]

Wenn die Kolonnen der Häftlinge weitergezogen und die Leichen beseitigt waren, war die Angelegenheit für die Bürgermeister oftmals noch nicht erledigt. Häufig waren Häftlinge in den Ortschaften oder deren unmittelbarer Umgebung zurückgeblieben, und nun war es an den Bürgermeistern, über deren Schicksal zu entscheiden. So wurde der Theumaer Bürgermeister Schneider kurz nach dem Abmarsch der Kolonne benachrichtigt, dass im Ort vier Frauen sowie zwei weitere in einem benachbarten Dorf aufgefunden worden waren, die sich in den Scheunen versteckt hatten. Schneider organisierte umgehend einen Transport, rekrutierte Einwohner zur Bewachung und ließ die Häftlinge in das einige Kilometer entfernte Sachsgrün bringen, das ihm als nächste Station des Marsches bekannt war.[207]

Damit war jedoch der Fall für Bürgermeister Schneider nicht abgeschlossen, denn gegen sechs Uhr abends wurde eine weitere Frau in ihrem Versteck in einer Scheune gefunden. Um diese Uhrzeit war wohl kein Weitertransport mehr zu organisieren, und so musste Schneider improvisieren: Er sperrte die Frau mithilfe des Gemeindedieners in einen leeren Stall. Als er am nächsten Morgen erfuhr, dass die Frau durch ein Fenster geflohen war, alarmierte er die Gendarmerie. Ob sie daraufhin aufgegriffen wurde, ist nicht überliefert. Bürgermeister Schneider jedenfalls war sich im Nachhinein sicher, sich jederzeit „ordnungsgemäß" verhalten zu haben und betonte: „Irgendwelches Verschulden meinerseits [liegt] in

205 Vernehmung von Otto Albin Schneider, Kriminalpolizei Plauen, 14. 9. 1945, SHStAD, 11391, Nr. 993, Bl. 35.

206 Ebenda; Vernehmung von Erich Ernst Schnauf*, Kriminalpolizei Plauen, 15. 9. 1945, ebenda, Bl. 36v–37, hier 36v.

207 Vernehmung von Ewald Grünthal*, Kriminalpolizei Plauen, 14. 9. 1945, ebenda, Bl. 36.

Am 27. 2. 1945 sind von der Gemeinde untergebracht und verpflegt worden:

850 Judenfrauen u. 29 Begleitpersonen vom SS Wirtschafts und Verwaltungshauptamt Amtsgruppe D Oranienburg bei Berlin

Theuma, den 28. 2. 1945

Bestätigt

41

„Quittung" aus Theuma, 1945
SHStAD, 11391, Nr. 993, Bl. 41

dieser Hinsicht keinesfalls vor."[208] Nach dem Abzug der Häftlinge hatte er sich sogar eine Quittung der Wachmannschaft ausstellen lassen, die die Unterbringung des Transports bestätigte.[209] Es lässt sich nur spekulieren, ob Schneider sich mit diesem Dokument später die Kosten erstatten lassen wollte oder ob das Schriftstück mit dem Verweis auf die Verpflegung der Häftlinge vielleicht schon als eine Versicherung gegenüber den Alliierten dienen sollte.

Der Theumaer Fall steht damit für den Versuch einer eher bürokratischen Bewältigung der Situation; der Bürgermeister sah sich dabei in einer vermittelnden Position zwischen den zuständigen Instanzen. Die Toten gehörten für ihn auf den Friedhof, die Zurückgebliebenen ließ er mit erheblichem Aufwand dem Häftlingszug hinterherfahren, und die Geflohene zeigte er umgehend bei der Polizei an. Dieses Handeln erklärt sich zum einen aus dem Amtsverständnis des Bürgermeisters, zum anderen aus dem relativ frühen Zeitpunkt des

208 Vernehmung von Otto Albin Schneider, Kriminalpolizei Plauen, 14. 9. 1945, ebenda, Bl. 35.

209 Bestätigung, 28. 2. 1945, ebenda, Bl. 41.

Geschehens im Februar 1945. In dieser Phase der Evakuierungstransporte war aus Sicht der Bürgermeister das Kriegsende möglicherweise absehbar, stand aber nicht unmittelbar bevor. In Theuma herrschte noch der Eindruck vor, sich auf das Funktionieren von Verwaltung, Staat und Partei verlassen zu können. Das bedeutete im Umkehrschluss, dass der Bürgermeister sich selbst mit gutem Willen und hoher Risikobereitschaft kaum eine realistische Perspektive für gegebenenfalls vom Todesmarsch gerettete Häftlinge hätte ausmalen können. Als direkt vor dem Ende des Krieges die Todesmärsche zum Massenphänomen geworden waren und sich zugleich die gesellschaftlichen und administrativen Strukturen stetig destabilisierten, gestalteten sich die Handlungsspielräume der Bürgermeister zunehmend größer. Zugleich war angesichts knapper werdender Ressourcen mehr Eigeninitiative und Improvisationstalent gefragt, um einer Situation Herr zu werden, die außer Kontrolle geraten schien.

Nachdem Ende April 1945 ein Transport von mehreren Tausend Dachauer KZ-Häftlingen östlich des Starnberger Sees stecken geblieben war,[210] waren die Einwohner des kleinen Ortes Achmühle mit der Beerdigung der zahlreichen Toten bald völlig überfordert.[211] Daraufhin riefen Angehörige der Wachmannschaften den Bürgermeister des benachbarten Degerndorf an und forderten ihn auf, weitere Leichen mit Fuhrwerken abzuholen und zu beerdigen. Als Bürgermeister Bolzmacher mit seinem Wagen und in Begleitung von drei Bauern eintraf, war er von der an ihn gestellten Aufgabe überrascht: „Beim Aufladen der Toten war ein Mann (KZ-ler) gerade am Sterben. Der Transportleiter forderte uns auf, auch diesen gleich aufzuladen u. mitnehmen. [sic!] Auf meinen Einwand, daß dieser ja noch lebe u. ich ihn nicht mitnehme, meinte der Transportführer, der stürbe schon, bis wir an Ort u. Stelle kämen. Ich habe den Sterbenden aber nicht mitgenommen."[212]

Bemerkenswert ist an der Aussage des Bürgermeisters, dass er den Umstand, den Gefangenen *nicht* aus der Gewalt der Wachleute geholt zu haben, als positives Verhalten herausstellte. Theoretisch wäre es ja immerhin denkbar gewesen,

210 Die Angabe von 4000 Häftlingen findet sich in: ITS, Doc.-Intell.-Section: Route A – Annex 1), Dachau – Wolfratshausen – Tegernsee – Dürnbach, 28. 4. 1950, 5.3.3/84618927, ITS Digital Archive, Bad Arolsen. Von 9000 Häftlingen war in einer Auskunft der Gemeinde Degerndorf die Rede. Bürgermeister der Gemeinde Degerndorf: Todesmarsch durch die Gemeinde Degerndorf, 2. 4. 1947, 5.3.1/84602524, ITS Digital Archive, Bad Arolsen. Vgl. auch Andreas Wagner, Todesmarsch. Die Räumung und Teilräumung der Konzentrationslager Dachau, Kaufering und Mühldorf Ende April 1945, Ingolstadt 1995, S. 41–50.

211 Vernehmung von Moritz Saum*, Bayerische Landpolizei Bad Tölz, 4. 3. 1955, StAM, Staatsanwaltschaften, 34489, unpag.

212 Vernehmung von Georg Bolzmacher, Bayerische Landpolizei Bad Tölz, 4. 3. 1955, ebenda.

den Mann mitzunehmen und zu versorgen. Offenbar war jedoch für den Degerndorfer Bürgermeister dieser eine lebende Häftling eine größere Belastung als die 28 Toten, die mit seinem Karren vom Lagerplatz des Konvois zum Degerndorfer Friedhof gebracht und dort begraben wurden.[213] Denn durch die Mitnahme des schwer kranken und erschöpften Gefangenen wäre eine uneindeutige und offene Situation entstanden – insbesondere wenn der Mann nicht, wie vom SS-Mann prophezeit, während des Transports zum Friedhof verstorben wäre. Das Wegbringen und Verscharren der Leichen war zwar aus der Sicht von Bürgermeister Bolzmacher ebenfalls keine angenehme Tätigkeit, aber zumindest konnte die Angelegenheit so in absehbarer Zeit erledigt werden.

Nicht immer beschränkten sich die Aushandlungsprozesse, an denen die Bürgermeister beteiligt waren, wie in den bisher geschilderten Fällen auf die lokale Ebene. In ihrer Amtsausübung mussten sie als Mittler zwischen verschiedenen Instanzen und Organisationen tätig werden, wie das folgende Beispiel zeigt: Ebenfalls im April 1945 trafen etwa 1200 KZ-Häftlinge in einem Wald nahe der kleinen baden-württembergischen Ortschaft Hütten ein. Sie waren am 30. März aus dem Außenlager Kochendorf, das zum KZ Natzweiler-Struthof gehört hatte, in Richtung Dachau in Marsch gesetzt worden.[214] Laut den Überlebenden Peter Horowicz und Felix Ubfal hatten die Gefangenen während des zweitägigen Marsches weder Nahrung noch Wasser erhalten; unterwegs waren etwa 50 von ihnen verhungert und verdurstet.[215] Ein Bauer, der zufällig am Rastplatz des Konvois bei Hütten vorbeikam, bemerkte später, dass auch diese Häftlinge auf ihn den Eindruck machten, „als ob sie dem Verhungern nahe wären".[216] Nachdem bereits einzelne Anwohner auf eigene Faust versucht hatten, Essen zur Verfügung zu stellen, verschaffte sich der Bürgermeister von Hütten, Hans Wieland, selbst ein Bild von der Lage in seiner Gemeinde. Hinter der Postenkette erblickte er nach eigenen Angaben ein „Bild des Grauens". Der Transportführer gab Wieland auf dessen Vorwürfe hin zu verstehen, er befinde sich in einer

213 Vernehmung von Josef Drumbinger*, Bayerische Landpolizei Bad Tölz, 4. 3. 1955, ebenda.

214 UNRRA Central Tracing Bureau, Documents Intelligence Section: Death Marches (Marches de la Mort). Routes and Distances, Vol. 2, 28. 5. 1946, 5.3.3/84619469–4619470, ITS Digital Archive Bad Arolsen. Vgl. Blatman, Todesmärsche, S. 116 f.; Klaus Riexinger/Detlef Ernst, Vernichtung durch Arbeit. Rüstung im Bergwerk. Die Geschichte des Konzentrationslagers Kochendorf – Außenkommando des KZ Natzweiler-Struthof, Tübingen 2003, S. 200–205 sowie Huth, Auflösung, S. 190 f.

215 Vernehmung von Peter Horowicz und Felix Ubfal, War Crimes Branch VI Corps U.S. Army, 20. 4. 1945, NARA, RG 549, „Cases not tried", Box 468, 000-12-141, unpag.

216 Vernehmung von Karl Wieland, Landratsamt Backnang, 28. 11. 1946, 5.3.1/84598893, ITS Digital Archive, Bad Arolsen.

Misere – weder aus Stuttgart noch aus Schwäbisch Hall habe er Verpflegung für die Häftlinge erhalten. Etwa 200 von ihnen seien so schwach, dass sie nicht einmal selbstständig Wasser trinken könnten. Daraufhin veranlasste Bürgermeister Wieland mit Unterstützung eines Leutnants der Wehrmacht, dass die Häftlinge von der Zivilbevölkerung sowie aus einer Feldküche mit Milch und Nahrungsmitteln versorgt wurden.[217] Ian Kershaw hat den Hüttener Bürgermeister deswegen zutreffend als ein Beispiel für die durch engagierte Bürgermeister organisierte Hilfeleistung angeführt.[218]

Allerdings zeigen die Quellen darüber hinaus, dass Wieland vor allem daran gelegen war, sich der durch den Todesmarsch entstandenen Probleme so schnell wie möglich zu entledigen – und zwar ungeachtet der Konsequenzen für die KZ-Häftlinge. Die Kolonne wurde von den Wachmannschaften zunächst getrennt, und 200 völlig Entkräftete sollten in Hütten zurückgelassen werden. Als der Marsch der übrigen Gefangenen nach Dachau fortgesetzt werden sollte, brachen über 40 weitere Häftlinge zusammen. Angehörige der Wachmannschaft schlugen sie mit Gewehrkolben zusammen und verscharrten sie zum Teil lebendig im Wald.[219] Bürgermeister Wieland konnte durchsetzen, dass dieses notdürftige Massengrab kurz darauf wieder geöffnet und die Toten auf dem Hüttener Gemeindefriedhof bestattet wurden. Dazu wurden nicht nur Angehörige des lokalen Volkssturms beordert,[220] sondern auf Veranlassung Wielands auch KZ-Häftlinge aus dem Transport.[221] Dann bemühte er sich darum, die zurückgebliebenen 200 Gefangenen alsbald aus seinem Gemeindegebiet zu schaffen. Nach Auseinandersetzungen mit der SS und mehrmaligem Insistieren bei NSDAP-Kreisleitung, Landratsamt, Wehrmeldeamt und Polizei in Schwäbisch Hall erreichte Wieland letztlich, dass der Landrat anordnete, die Häftlinge auf Lastwagen in das 20 Kilometer entfernte KZ-Außenlager Hessental abtransportieren zu lassen.[222] Zur Unterstützung wies

217 Alliierter und Deutscher Kriegsgräberdienst, Report of the concentration camp convoy Kochendorf passing Hütten, 1. 4. 1946, 5.3.1/84598905, ITS Digital Archive, Bad Arolsen; Schreiben von Paul Raasch an Chief Death March Section, Bureau of Documents and Tracing, U.S. Zone, 13. 12. 1946, 5.3.1/84598901, ebenda.

218 Kershaw, Das Ende, S. 460. Auch bei Riexinger und Ernst wird die „Hilfe durch den couragierten Bürgermeister“ hervorgehoben: Riexinger/Ernst, Vernichtung, S. 204.

219 Vernehmung von Peter Horowicz und Felix Ubfal, War Crimes Branch VI Corps U.S. Army, 20. 4. 1945, NARA, RG 549, „Cases not tried“, Box 468, 000-12-141, unpag.

220 Alliierter und Deutscher Kriegsgräberdienst an Military Government Schwäbisch Hall, Betrifft: Protocol and report, 25. 1. 1946, 5.3.1/84598908, ITS Digital Archive, Bad Arolsen.

221 Vernehmung von Hans Wieland, War Crimes Branch VI Corps U.S. Army, 20. 4. 1945, NARA, RG 549, „Cases not tried“, Box 468, 000-12-141, unpag.

222 Alliierter und Deutscher Kriegsgräberdienst: Report of the concentration camp convoy Kochendorf passing Hütten, 1. 4. 1946, 5.3.1/84598905, ITS Digital Archive, Bad Arolsen.

Wieland mehrere Einwohner an, mit ihren Fahrzeugen das Gepäck der Wachmannschaft zu transportieren.[223]

Das Handeln von Bürgermeister Wieland zeigt exemplarisch ein widersprüchliches Verhalten: Einerseits legte er erhebliches Engagement an den Tag und riskierte scharfe Konflikte mit SS und Wehrmacht, um die entkräfteten Häftlinge versorgen zu lassen.[224] Andererseits war bald eine Situation entstanden, in der keine der zuständigen Stellen diese Häftlinge, deren baldigen Tod sie erwarteten, in ihrem Verantwortungsbereich haben wollte. So soll die SS dem Landratsamt gegenüber die Absicht geäußert haben, die Häftlinge an Ort und Stelle verhungern zu lassen.[225] Angesichts der ohnehin bestehenden logistischen Probleme bei der Evakuierung des Außenlagers Hessental waren weitere 200 schwer kranke und sterbende Häftlinge eine zusätzliche Belastung, auf welche die SS dort wohl gerne verzichtet hätte.[226] Der Hüttener Bürgermeister wiederum hatte weder ein Interesse daran, dass massenhaft weitere Tote in seinem Gemeindegebiet zurückblieben, noch konnte oder wollte er sich auf unbestimmte Zeit um die Verpflegung der Lebenden kümmern. Zudem hätte er eine Unterkunft für die Häftlinge organisieren müssen, die unter freiem Himmel kampierten. Wieland legte in dieser Situation einen Pragmatismus an den Tag, der stark von den vorherrschenden Gewaltdynamiken geprägt war. Das verdeutlicht sowohl der Umstand, dass er für seine Interessen – in diesem Fall eine halbwegs geordnete Bestattung der Toten – auf die Arbeitskraft von ohnehin völlig erschöpften KZ-Häftlingen zurückgriff, als auch die Tatsache, dass er alles daransetzte, die lebenden Gefangenen umgehend in das nächstgelegene Konzentrationslager zu schaffen und sie damit erneut der Gewalt der SS sowie den mörderischen Strapazen weiterer Evakuierungstransporte aussetzte.[227] Diese Konsequenzen seines

223 Aussagen von Albert Wahl, Friedrich Wieland, Gotthilf Gugel, Bürgermeisteramt Hütten, Dezember 1946, 5.3.1/84598890, ebenda.

224 Nach Wielands eigenen Angaben habe man ihm gegenüber geäußert, die Milch sei für deutsche Kinder gedacht, nicht für Kriminelle; zudem sei ihm mit Erschießen gedroht worden. Alliierter und Deutscher Kriegsgräberdienst: Report of the concentration camp convoy Kochendorf passing Hütten, 1. 4. 1946, 5.3.1/84598905, ebenda.

225 Alliierter und Deutscher Kriegsgräberdienst an Military Government Schwäbisch Hall, 25. 1. 1946, 5.3.1/84598908, ebenda.

226 Da die SS in Hessental auch zwei Tage später noch immer keine Lokomotive organisiert hatte, um mehrere Hundert Häftlinge abzutransportieren, wurden die Waggons letztlich an einen regulären Personenzug angekoppelt. Vgl. Huth, Auflösung, S. 191.

227 Vgl. Riexinger/Ernst, Vernichtung, S. 205: „Die vermeintliche Rettung der erschöpften Häftlinge wurde zum Ausgang einer der blutigsten Todesmärsche der Natzweiler Außenkommandos nach Dachau.“

Verhandlungsgeschicks waren für den Bürgermeister entweder nicht abzusehen oder kaum noch relevant, weil sie ab da den engeren Bereich seiner Amtsausübung nicht mehr tangierten. Während der Bürgermeister sich zuvor engagiert um Verpflegung für die KZ-Häftlinge gekümmert hatte, waren für ihn an dieser Stelle die Grenzen seines Handlungsspielraums erreicht.

Einige seiner Amtskollegen nutzten die ihnen durch Amt und Autorität zustehenden Optionen auf ganz andere Weise. Wenn in den Dörfern zur Jagd auf entflohene KZ-Häftlinge mobilisiert wurde, waren es meist die Bürgermeister, die solche Suchaktionen anordneten. Manchmal teilten sie selbst Waffen dafür aus, wie zum Beispiel im sächsischen Wernesgrün. Nachdem im April ein Häftlingstransport den Ort durchquert hatte, war einigen Gefangenen die Flucht gelungen. Ein Wernesgrüner Bauer berichtete, wie tags darauf der Volkssturm versammelt wurde: „Am 15. 4. 1945 beim Antreten in der Turnhalle erschien dort selbst der Bürgermeister Graupner und teilte mit, daß von den Häftlingen, die am Tag zuvor Wernesgrün passiert hatten, ein Teil geflüchtet sei. Diese geflüchteten Häftlinge hätten nun in der Nacht bei verschiedenen Bauern Einbruchsdiebstähle verübt. Der Volkssturm wurde nun eingesetzt, um der Flüchtigen wieder habhaft zu werden."[228] Unterstützt wurden die Männer von Angehörigen der Hitler-Jugend, die der Bürgermeister persönlich mit Waffen ausstattete.[229]

Zum Teil waren die Bürgermeister direkt an Übergriffen gegenüber KZ-Häftlingen beteiligt. Im bereits erwähnten Ermsleben soll Bürgermeister Arndt nach Aussagen von Einwohnern des Öfteren geäußert haben, „daß die angetroffenen Sträflinge ‚umgelegt' werden sollen, wo sie dann umfallen, sollen sie gleich eingegraben werden".[230] Auf dem Ermslebener Sportplatz, wo die zurückgebliebenen Häftlinge gesammelt wurden, erteilte der Bürgermeister Einwohnern den Auftrag, sie mit einem Traktor und zwei Hängern ins 17 Kilometer entfernte Oberwiederstedt zu transportieren.[231] Auf dem Sportplatz kontrollierte er persönlich die Wache des Volkssturms, wobei ein Beteiligter beobachtete, „daß Arndt einen der KZ-Häftlinge mit dem Fuß trat, da dieser etwas abseits der übrigen lag".[232]

228 Vernehmung von Christian Hermann Schnell*, Schutzpolizei Rodewisch, 2. 9. 1945, SHStAD, 11391, Nr. 992, Bl. 18–20, hier Bl. 20.

229 Vernehmung von Max Werner Nietberg*, Schutzpolizei Rodewisch, 2. 9. 1945, ebenda, Bl. 24–26.

230 Vernehmung von Franz Schmidt, Ortspolizei Ermsleben, 31. 5. 1945, NARA, RG 549, „Cases not tried", Box 487, 000-12-418, unpag.

231 Vernehmung von Paul Mildner*, Kreiskriminalpolizeiabteilung des Mansfelder Gebirgskreises, 11. 3. 1949, BStU, MfS, BV Halle, ASt. 6722, Bd. 1, Bl. 149.

232 Vernehmung von Oskar Krahmer*, Kriminaldienststelle Mansfelder Gebirgskreis, 27. 10. 1948, ebenda, Bl. 132.

Dieses Verhalten war zum einen die direkte Entsprechung des geäußerten Verbalradikalismus, zum anderen transportierte es an die beteiligten Ermslebener eine eindeutige Botschaft und legitimierte deren Gewalttaten: Wenn selbst der Bürgermeister sich an wehrlosen Häftlingen verging – warum sollten die anderen Dorfbewohner es dann nicht tun? Augenzeugen berichteten von massiven Misshandlungen seitens der Volkssturm-Angehörigen beim Verladen der Häftlinge auf die Fuhrwerke und einer direkt daran anschließenden Erschießung.[233]

Fälle, in denen Bürgermeister als Direkttäter auftraten, sind eher selten.[234] In erster Linie bestand ihre Aufgabe in der Organisation und Koordination des Geschehens auf lokaler Ebene. Ihre Funktion war die einer Schnittstelle zwischen den Wachmannschaften, den Einheimischen und weiteren involvierten Institutionen von Partei, Wehrmacht, Polizei oder Verwaltung. Die Ankunft Hunderter oder Tausender hungernder, erschöpfter und sterbender Häftlinge in ihren Dörfern zu einem Zeitpunkt, an dem der Einmarsch der Alliierten unmittelbar bevorstand und die gesellschaftlichen Strukturen zunehmend in Auflösung begriffen waren, war für die Bürgermeister vor allem eine organisatorische und logistische Belastungsprobe. Wo sollten diese Menschenmassen untergebracht werden? Wie konnten sie und ihre Bewacher versorgt werden? Wohin mit den zahlreichen Toten? Und vor allem: Wie konnte die vermeintlich gefährdete Sicherheit im Dorf aufrechterhalten werden? Ihr Handeln trug demnach vor allem Züge einer kommunalen Krisenbewältigung, bei der oberste Priorität hatte, das Problem so schnell wie möglich aus den Grenzen der eigenen Gemeinde zu schaffen und an den Nachbarort zu delegieren. Dabei kam es zu Konflikten mit Einwohnern, die gegebenenfalls zur Bewältigung der Situation durch Hilfstätigkeiten und die Bereitstellung von Ressourcen wie Nahrungsmitteln, Unterbringungsmöglichkeiten oder Fuhrwerken mobilisiert werden mussten. Auch mit übergeordneten Instanzen sowie mit Angehörigen der Wachmannschaften gab es Dissens. Diese Konflikte waren zumeist nicht grundsätzlicher, sondern pragmatischer Art. Zwar wurde in späteren Vernehmungen häufig auf die Entrüstung über die menschenverachtende Behandlung der Häftlinge verwiesen, und möglicherweise dürften tatsächlich viele Bürgermeister vom Zustand der Gefangenen sowie den brutalen Methoden der Wachleute abgeschreckt gewesen sein. Die dokumentierten

233 Vernehmung von Paul Johann*, Kriminaldienststelle Mansfelder Gebirgskreis, 27. 10. 1948, ebenda, Bl. 124 f.; Vernehmung von Walter Braun*, Kreiskriminalpolizeiabteilung des Mansfelder Gebirgskreises, 11. 3. 1949, ebenda, Bl. 131.

234 Vernehmung von Władysław Roch Wenc, Bezirkskommission zur Untersuchung der Hitlerverbrechen in Krakow, 20. 3. 1973, BStU, MfS, HA IX/11, RHE-West 661, Bl. 83–86, hier Bl. 84.

Auseinandersetzungen drehten sich aber weniger um das Schicksal der Häftlinge als vielmehr um die daraus resultierenden Probleme für die Gemeinde.

Mit diesen Befunden lassen sich die Bürgermeister weniger – wie von Daniel Blatman vorgeschlagen – als Überzeugungstäter einordnen, sondern eher als *utilitaristisch motivierte* Akteure, auf welche die von Gerhard Paul benannten Attribute dieses Tätertypus zutreffen. Sie handelten meist vor dem Hintergrund rassistischer sowie „antisemitischer Vorprägungen und konkreter Zwangslagen des Krieges" und entwickelten daraus eine pragmatische „Sachlogik", nach der sie sich dem Problem der Häftlingstransporte in ihrer Gemeinde annahmen.[235]

2.2.2. Macher: Ortsgruppenleiter der NSDAP

Ähnlich wie die Bürgermeister legten die Ortsgruppenleiter sehr unterschiedliche Verhaltensweisen an den Tag. Diese reichten von der klaren Distanzierung von Angehörigen der Wachmannschaften aufgrund der grausamen Behandlung der Gefangenen[236] bis hin zum Prahlen mit der eigenhändigen Erschießung von Geflohenen.[237] In vielen Fällen wurden die Ortsgruppenleiter im Nachhinein direkt für die begangenen Verbrechen verantwortlich gemacht und als Täter oder Beihelfer benannt. Auch in Anbetracht der notwendigen Quellenkritik deutet sich an, dass sie noch unmittelbarer als die Bürgermeister in die Verbrechen involviert waren. Während Letztere sich entsprechend ihres Amtes vor allem um administrative und logistische Belange kümmerten, traten die Ortsgruppenleiter als „Macher" auf. Für sie stellten die Todesmärsche in ihrer Gemeinde vor allem ein Sicherheitsproblem dar, das nur mit Gewalt gelöst werden konnte. Wie die folgenden Beispiele zeigen, ging es auch ihnen in erster Linie darum, die KZ-Häftlinge loszuwerden. Ihre Methode war jedoch weniger die Abschiebung oder Auslieferung der Gefangenen als vielmehr deren Ermordung.

Der Ortsgruppenleiter des erzgebirgischen Rehefeld namens Matthes soll maßgeblich für gleich mehrere Endphaseverbrechen verantwortlich gewesen sein. Am 15. April 1945 soll er dem Hilfspolizisten Willi Rein laut dessen Darstellung eröffnet haben, dass mehrere KZ-Häftlinge bei ihm abgeliefert worden seien, die „beseitigt werden sollen". Er habe ihn aufgefordert, „mit diesen Leuten

235 Paul, Psychopathen, S. 61.

236 KPD-Ortsgruppe Mannichswalde-Rußdorf, Bericht vom 11. 8. 1945, SHStAD, 11391, Nr. 992, Bl. 92v.

237 Sworn Statement of Margot Schülbe, taken by Major John C. DeWolfe, 24. 4. 1945, NARA, RG 549, „Cases not tried", Box 461, 000-12-38, unpag.; Sworn Statement of Elli Schulz, taken by Major John C. DeWolfe, 25. 4. 1945, ebenda.

einen Transport durch den Wald an den verlassenen Bergwerken vorbeizunehmen [sic!], diese dort zu erschießen und in den Schacht der stillgelegten Kalkgrube zu werfen". Als Rein dies verweigerte, sei es zu einer heftigen Auseinandersetzung gekommen, bei der sie sich gegenseitig mit Erschießen gedroht hätten. Hilfspolizist Rein habe sich zunächst mit einer Krankmeldung aus der Affäre gezogen. Am nächsten Tag habe Ortsgruppenleiter Matthes ihm schriftlich befohlen, die Häftlinge zu einer SS-Kompanie ins benachbarte Hermsdorf zu eskortieren. Rein übernahm diese Aufgabe, brachte die Gefangenen aber seiner Aussage zufolge in ein abgelegenes Dorf in der Nähe, wo sie mit Unterstützung des Bürgermeisters versorgt und schließlich ohne Bewachung in Richtung der nahegelegenen tschechischen Grenze geschickt worden seien. Zwar war diese Rettung geglückt, allerdings brachte nach Reins Aussage „jeder Tage [sic!] eine andere neue Schreckenstat des Ortsgruppenleiters mit sich",[238] und so erhielt er schon bald den nächsten Befehl.

Wenige Tage später sollte er einen Transport von 250 Frauen ins benachbarte Altenberg bringen und dort der SS übergeben. Auf den Einwand, diese müssten zunächst versorgt werden, soll Matthes erwidert haben: „Erschieße sie und werfe sie über die Brücke ins Wasser." Rein sagte später aus, er habe beschlossen, die Frauen zur NSDAP-Kreisleitung in Altenberg zu bringen, wo er hoffte, „daß es dort Leute geben würde, die eine menschlichere Gesinnung haben könnten". Offenbar spekulierte er darauf, die wenige Tage zuvor geglückte Hilfsaktion wiederholen zu können. In dieser Annahme lag er jedoch falsch, denn in Altenberg waren weder Kreisleitung noch Gendarmerie oder Wehrmacht bereit, die Frauen zu verpflegen, und der Kreisleiter habe von ihm verlangt, dass er „mit den Mädeln raus in den Wald außerhalb der Stadt gehen solle, dort mit ihnen lagern und sie gruppenweise von der großen Masse trennen und sie erschießen solle". Er habe sich dann mangels Alternativen dafür entschieden, sie „der Kreisleitung und dem Schicksal [zu] überlassen", und sei zurück nach Rehefeld gegangen.[239]

Bald darauf wurde Rein erneut Zeuge von Verbrechen an KZ-Häftlingen, die auf Befehle des Ortsgruppenleiters zurückgingen. Im deutsch-tschechischen Grenzgebiet, dem Ziel etlicher Todesmärsche, waren mittlerweile zahlreiche KZ-Häftlinge geflohen oder von den Wachmannschaften zurückgelassen worden.

238 Vernehmung von Willi Rein, War Crimes Investigation Team 6828, 30. 8. 1945, NARA, RG 549, „Cases not tried", Box 172, 12-1920, unpag.

239 Vernehmung von Willi Rein, War Crimes Investigation Team 6828, 30. 8. 1945, NARA, RG 549, „Cases not tried", Box 385, 66-44, unpag. Es ist nicht ersichtlich, ob es sich bei diesen 250 Frauen um KZ-Häftlinge handelte. Im Ermittlungsvorgang wurden sie lediglich als „Russian and Polish women" bezeichnet. Headquarters Third US Army, Office of the Commanding General an Deputy Theater Judge Advocate, War Crimes Branch, US Army, 26. 9. 1945, ebenda.

Diese waren nun ohne Bewachung in der Region unterwegs. Auch in Rehefeld trafen solche Gruppen von Häftlingen ein. Mehrfach soll Ortsgruppenleiter Matthes befohlen haben, diese aus einem Hinterhalt am Ortseingang zu erschießen.[240]

Die Darstellung des Rehefelder NSDAP-Ortsgruppenleiters durch den Hilfspolizisten trägt starke Züge einer negativen Kontrastfigur. Es ist Vorsicht geboten, dieser Schilderung, nach welcher der Ortsgruppenleiter für sämtliche Untaten der Kriegsendphase verantwortlich gewesen sei, während Rein selbst sich durch Rettungsversuche hervorgetan habe, in allen Einzelheiten zu folgen. Sie verweist dennoch auf die Handlungsspielräume der beteiligten Akteure: Hier trat im Kontrast zum oben Geschilderten ein Bürgermeister als Helfer auf, der zwar zunächst von dem „Vorhaben, die Leute laufen zu lassen, nichts wissen" wollte, sich aber „nach langem Hin und Her, und durch Beihilfe einer Büroangestellten" dazu überreden ließ, die KZ-Häftlinge freizulassen.[241] Ortsgruppenleiter Matthes dagegen scheint fest entschlossen gewesen zu sein, alle Häftlinge, die in seinen Zuständigkeitsbereich gerieten, ermorden zu lassen. Er trat als radikaler Befehlsgeber und Organisator des zuletzt geschilderten Hinterhalts auf, nicht als Direkttäter.

Noch näher am Verbrechensgeschehen als Matthes war der Ortsgruppenleiter des brandenburgischen Dorfs Herzsprung, von dem auch eigene Aussagen vorliegen. Aufgrund der Quellenlage ist es in diesem Fall zudem möglich, seine Biografie zu rekonstruieren. Wilhelm Leppin stammte aus einer Arbeiterfamilie. Der gelernte Maurer hatte im Ersten Weltkrieg gedient und 1921 eine Gaststätte in Herzsprung gekauft, die er bis 1945 betrieb. Seit 1933, dem Zeitpunkt seines Eintritts in die NSDAP, leitete er deren Ortsgruppe in Herzsprung, außerdem war er Mitglied der Nationalsozialistischen Volkswohlfahrt (NSV) und des örtlichen Kriegervereins. Zur Zeit der Todesmärsche war er 63 Jahre alt.[242] Leppin war damit sozialstatistisch ein nicht gänzlich durchschnittlicher, aber auch kein untypischer Ortsgruppenleiter,[243] und seine Biografie trägt bis 1945 die Züge eines

240 Vernehmung von Willi Rein, War Crimes Investigation Team 6828, 30. 8. 1945, NARA, RG 549, „Cases not tried", Box 385, 66-130, unpag.

241 Vernehmung von Willi Rein, War Crimes Investigation Team 6828, 30. 8. 1945, NARA, RG 549, „Cases not tried", Box 172, 12-1920, unpag.

242 Staatssekretariat für Staatssicherheit, Bezirksverwaltung Potsdam: Schlußbericht, 26. 9. 1955, BStU, MfS, Pdm AU 41/56, Bl. 660–675, hier Bl. 666–668.

243 Vgl. die statistische Auswertung von 161 Personalakten von NSDAP-Ortsgruppenleitern im Gau Baden bei Reibel, Fundament, S. 78–89. So lag Leppin etwas über dem ohnehin recht hohen Durchschnittsalter der dort untersuchten Ortsgruppenleiter, die zudem – zumindest im urbanen Raum – meist einen etwas höheren Bildungsgrad besaßen als er, der nur die Volksschule besucht hatte. Mit seiner Tätigkeit als Gastwirt und Bauer wiederum hatte er ein typisches Berufsprofil, und auch der Zeitpunkt seines NSDAP-Beitritts und der Ernennung zum Ortsgruppenleiter war für das Amt nicht unüblich.

sozialen und politischen Aufsteigers im lokalen Rahmen. In Herzsprung dürfte er durch seine Arbeit als bekannter Gastwirt am Ort sowie durch seine Parteifunktion zur oberen Schicht der Einwohnerschaft gezählt haben. Über seine Tätigkeit gab Leppin 1955 dem Ministerium für Staatssicherheit (MfS) zu Protokoll, es sei an ihm gewesen, „die Dorfbewohner im nazistischen Sinne über den Grund und das Ziel des Krieges aufzuklären. Außerdem darauf zu achten, daß keine Untergrundbewegungen bzw. Stimmungen gegen das bestehende Naziregime aufkommen und aufkommende zu bekämpfen, indem ich den zuständigen faschistischen Sicherheitsorganen darüber Meldung erstattete."[244]

Ende April 1945 kamen große Kolonnen von KZ-Häftlingen durch Herzsprung, die aus dem KZ Sachsenhausen in Marsch gesetzt worden waren.[245] Gemeinsam mit dem Bürgermeister war Ortsgruppenleiter Leppin zunächst für die Organisation von Unterkünften für Häftlinge und Wachmannschaften verantwortlich.[246] Auch in seiner Gaststätte waren Angehörige der Wachmannschaften untergebracht.[247] Als nach dem Durchzug der Kolonnen in Herzsprung versteckte KZ-Häftlinge aufgefunden wurden, war der Ortsgruppenleiter Ansprechpartner für die besorgten Einwohnerinnen und Einwohner. Eine Frau, die vier Häftlinge auf ihrem Anwesen entdeckt hatte, schickte einen ihrer Söhne zu Leppin, um diesen zu informieren.[248] Kurz darauf seien zwei SS-Männer in Begleitung des Ortsgruppenleiters bei ihr erschienen, hätten die Häftlinge aus dem Schuppen geholt und erschossen.[249] Nach der Darstellung eines der Beteiligten hätten sie zuvor gemeinsam beraten, „was mit den vier Kz-Häftlingen geschehen solle. Ich fragte, ob man die Häftlinge dem Marschblock wieder zuführen müßte, Berger war anderer Meinung und sagte, wir hätten dadurch nur Scherereien, und Leppin pflichtete dem bei. Er sagte: ‚Man weg mit diesen Polenschweinen.'"[250]

244 Vernehmung von Wilhelm Leppin, MfS Potsdam, 12. 7. 1955, BStU, MfS, Pdm AU 41/56, Bl. 229–234, hier Bl. 231.

245 Zur Räumung des KZ Sachsenhausen vgl. Antje Zeiger, Die Auflösung des Konzentrationslagerkomplexes Sachsenhausen im Frühjahr 1945, in: Garbe/Lange, Häftlinge, S. 251–270. Zuletzt Blatman, Todesmärsche, S. 268–279.

246 Vernehmung von Wilhelm Leppin, MfS Potsdam, 12. 7. 1955, BStU, MfS, Pdm AU 41/56, Bl. 229–234, hier Bl. 232.

247 Vernehmung von Wilhelm Wehren, MfS Potsdam, 13. 7. 1955, ebenda, Bl. 111–115, hier Bl. 111.

248 Vernehmung von Maria Lippmann*, MfS Potsdam, 11. 7. 1955, ebenda, Bl. 324–327, hier Bl. 324.

249 Ebenda, Bl. 325.

250 Vernehmung von Wilhelm Wehren, MfS Potsdam, 20. 9. 1955, ebenda, Bl. 139–146, hier Bl. 144.

Beim Abführen der Häftlinge soll Ortsgruppenleiter Leppin dann selbst tätlich geworden sein: „Er schlug drei Häftlinge – wenn ich mich recht erinnere, tat er dieses mit einem Knüppel, den er in der Scheune fand – und beschimpfte sie, indem er sagte: macht das [sic!] ihr raus kommt, ihr Schweine.“[251] Kurz darauf soll er auf die Frage, wer da erschossen worden wäre, geantwortet haben, es habe sich um „Verbrecher“ gehandelt.[252] Am nächsten Morgen beauftragte Leppin einen der Täter, die Leichen der Häftlinge „in der Sandkuhle zu vergraben, damit sie von den heranrückenden sowjetischen Truppen nicht gesehen werden sollten“.[253]

Wahrscheinlich noch am selben Tag, kurz vor dem Einmarsch der Roten Armee, setzte er sich aus Herzsprung ab und flüchtete mit seiner Frau ins 30 Kilometer entfernte Döllen, seinen Geburtsort.[254] Ende Mai 1945 verhaftete die Sowjetische Militäradministration Leppin, „weil er als Ortsgruppenleiter der NSDAP ein aktiver Verfechter der faschistischen Ideologie war“, und internierte ihn im Speziallager Nr. 2 in Buchenwald, aus dem er im August 1948 entlassen wurde.[255] Für die Ermordung der vier KZ-Häftlinge wurde er nicht mehr belangt. Vor dem Prozess wurde das Verfahren gegen Leppin nach §153 StPO wegen geringer Schuld eingestellt.[256]

Das Beispiel des Ortsgruppenleiters von Herzsprung verdeutlicht zunächst die spezifische Verbindung des Amtes mit der Beteiligung an Verbrechen im Zusammenhang mit den Todesmärschen. Als Häftlinge im Ort entdeckt wurden,

251 Vernehmung von Wilhelm Wehren, MfS Potsdam, 6. 8. 1955, ebenda, Bl. 133 f., hier Bl. 133.

252 Ebenda, Bl. 134. Wilhelm Leppin bestritt im Nachhinein, zu diesem Zeitpunkt überhaupt in Herzsprung gewesen zu sein. Allerdings sagten mehrere Anwohnerinnen und Anwohner aus, ihn beim Abführen der Häftlinge und in unmittelbarer Nähe zum Ort ihrer Erschießung gesehen zu haben. Vernehmung von Gertrud Rösner*, MfS Potsdam, 9. 9. 1955, ebenda, Bl. 310–322, hier Bl. 314; Vernehmung von Maria Lippmann*, MfS Potsdam, 2. 8. 1955, ebenda, Bl. 328 f., hier Bl. 328; Vernehmung von Maria Grell*, MfS Potsdam, 2. 8. 1955, ebenda, Bl. 345–347, hier Bl. 346; Vernehmung von Ursula Schneider*, MfS Potsdam, 11. 7. 1955, ebenda, Bl. 348–350, hier Bl. 349; Vernehmung von Helmut Grell*, MfS Potsdam, 3. 8. 1955, ebenda, Bl. 357–359, hier Bl. 358.

253 Vernehmung von Wilhelm Wehren, MfS Potsdam, 20. 9. 1955, ebenda, Bl. 139–146, hier Bl. 144; Gegenüberstellung von Wilhelm Leppin mit Wilhelm Wehren, MfS Potsdam, 6. 8. 1955, ebenda, Bl. 284–286, hier Bl. 286.

254 Vernehmung von Wilhelm Leppin, MfS Potsdam, 15. 7. 1955, BStU, MfS, Pdm AU 41/56, Bl. 252–256, hier Bl. 255.

255 Staatssekretariat für Staatssicherheit, Bezirksverwaltung Potsdam, Schlußbericht, 26. 9. 1955, ebenda, Bl. 660–675, hier Bl. 667.

256 Staatsanwalt des Bezirks Potsdam an Staatssekretariat für Staatssicherheit, BV Potsdam, 14. 11. 1955, ebenda, Bl. 630.

war Wilhelm Leppin nicht nur als Entscheidungsträger gefragt, sondern schritt als „Macher" mit zur Tat. Im Unterschied zu den meist unbewaffneten Bürgermeistern prädestinierte ihn als Ortsgruppenleiter dazu auch seine Ausstattung mit einer Dienstpistole.[257] In dem Fall war diese „Ehrenwaffe" nicht nur symbolisch ein „besonderes Zeichen der Macht [...] zur Verdeutlichung der Rolle des Ortsgruppenleiters als Ordnungsinstanz",[258] sondern erfuhr auch praktischen Nutzen, da er sich damit in der Gewaltsituation gegebenenfalls hätte zur Wehr setzen können. Den Mord führte er jedoch nicht eigenhändig aus, was auf der anderen Seite seine exponierte Position als Befehlsgeber auf lokaler Ebene unterstreicht.

Sehr deutlich wird die Funktion der NSDAP-Ortsgruppenleiter als Katalysator der Verbrechen gegen KZ-Häftlinge am abschließenden Beispiel des Dorfes Zschaiten bei Riesa. Im benachbarten Glaubitz war im April 1945 ein auf dem örtlichen Sportplatz lagernder Konvoi Tausender Häftlinge aus den Konzentrationslagern in Leipzig unter Fliegerbeschuss geraten, wonach eine Massenflucht der Gefangenen eingesetzt hatte. Im Anschluss daran begann eine regelrechte Hetzjagd auf die Häftlinge, an der Angehörige von Volkssturm und Hitler-Jugend aus den umliegenden Ortschaften beteiligt waren.[259] In Zschaiten war Oswin Beger Ortsgruppenleiter. Er war Landwirt, Pächter des örtlichen Ritterguts, zur Tatzeit 46 Jahre alt und im Ort dafür bekannt, „daß er die ausländischen Zwangsarbeiter verschiedentlich geschlagen hat".[260] Bei ihm im Rittergut wurden aufgegriffene KZ-Häftlinge gesammelt, zu deren Bewachung Beger Zivilisten aus der lokalen Bevölkerung heranzog und bewaffnete. Zeugen berichteten, ein Einwohner hätte „von Beger hierzu eine Pistole erhalten" und sei „offensichtlich stolz gewesen [...], diese Todeskandidaten bewacht zu haben".[261] Auf den Vorhalt, sich freiwillig zu einer „schmutzigen Handlung" hingegeben zu haben, soll der Mann sich jedoch gerechtfertigt haben: „‚Was will ich denn machen, wenn der schickt' Er meinte damit den Ortsgruppenleiter Beeger [sic!]."[262] In dieser Darstellung deutet sich an, wie die Ortsgruppenleiter kraft ihres Amtes andere Beteiligte einerseits zur

257 Vernehmung von Helmut Grell*, MfS Potsdam, 3. 8. 1955, ebenda, Bl. 357–359, hier Bl. 359; Vernehmung von Franziska* Leppin, MfS Potsdam, 2. 8. 1955, ebenda, Bl. 370–373, hier Bl. 372.

258 Reibel, Fundament, S. 89.

259 Vgl. auch das Kapitel zur Hitler-Jugend in der vorliegenden Arbeit.

260 Vernehmung von Alice Mutschke*, Kreiskriminalpolizeiabteilung Großenhain, 2. 2. 1949, SHStAD, 13471 NS-Archiv des MfS, VgM Nr. 10100/1, unpag.

261 Vernehmung von Alfred Paul Mutschke*, Polizeipräsidium Dresden, 25. 6. 1949, ebenda.

262 Vernehmung von Else Mutschke*, Kreiskriminalpolizeiabteilung Großenhain, 1. 2. 1949, ebenda.

Gewalt (oder deren Androhung) ermächtigten, andererseits aber auch unter massiven Druck setzten, was im Nachhinein freilich umso stärker betont wurde. In Zschaiten scheint der Ortsgruppenleiter sogar dem Bürgermeister Anweisungen gegeben zu haben. In einer Auseinandersetzung mit einem Einwohner soll der Bürgermeister diesem gedroht haben, er „soll sich nicht dauernd auf die Hinterbeine stellen, er kommt im Auftrage vom Ortsgruppenleiter Beeger [sic!]“.[263]

Wie in den zuvor geschilderten Fällen war der Ortsgruppenleiter hier eng in das Verbrechensgeschehen eingebunden. Bei der Erschießung von mindestens einem geflohenen KZ-Häftling war er selbst zugegen,[264] und den Hitlerjungen, die auf der Jagd nach Geflohenen waren, erteilte er Befehle zum Mord. Ein HJ-Angehöriger berichtete, dass Beger auf seine Nachfrage, ob er die Erschießung eines Häftlings tatsächlich durchführen müsse, gesagt habe: „Der Mann muß erledigt werden. Das sind KZ.-Häftlinge, die vom Transport abgerückt sind und hier plündern.“[265]

Wie sein Amtskollege Wilhelm Leppin in Herzsprung war Ortsgruppenleiter Oswin Beger vor dem Einmarsch der Roten Armee aus der Ortschaft geflüchtet,[266] wurde aber bald darauf von der Sowjetischen Militäradministration für mehrere Jahre interniert.[267] Nur wenige Monate vor seiner Freilassung 1949 waren einige HJ-Angehörige wegen der Ermordung der Häftlinge bei Glaubitz verurteilt worden, Beger hingegen wurde kein Prozess vor einem deutschen Gericht gemacht.[268]

Die Funktion der Ortsgruppenleiter während der Todesmärsche fußte einerseits auf der Bereitschaft, selbst aktiv ins Geschehen einzugreifen, andererseits auf der Macht, andere lokale Akteure zu Verbrechen gegen Häftlinge zu veranlassen. Dies hing nicht zuletzt mit ihrer respektablen sozialen Stellung in der Dorfgemeinschaft zusammen, die zum Beispiel bei Leppin zweifelsohne nicht nur an sein Amt als Ortsgruppenleiter, sondern auch an seine Rolle als Gastwirt des Dorfes gebunden war.

Mit dieser Doppelfunktion als befehlsgebende Autoritätsperson und nachbarschaftlicher „Macher“ zugleich spielten die Ortsgruppenleiter eine entscheidende

263 Ebenda.

264 Vernehmung von Karl-Heinz Mehlmann*, o. D. (vermutl. 1945), BStU, MfS, BV Dresden, ASt. 18/47 Strafsache, Bd. 1, Bl. 28–31, hier Bl. 28.

265 Vernehmung von Heinz Siegfried Gänsing*, Kriminalpolizei Dresden, 21. 3. 1947, ebenda, Bl. 113–116, hier Bl. 114.

266 Vernehmung von Else Mutschke*, Kreiskriminalpolizeiabteilung Großenhain, 1. 2. 1949, SHStAD, 13471 NS-Archiv des MfS, VgM Nr. 10100/1, unpag.

267 Kreiskriminalpolizeiabteilung Großenhain an SMAD Großenhain, 7. 6. 1949, ebenda.

268 Vgl. Urteil des LG Dresden, 14. 7. 1948, Lfd. Nr. 1582, in: DDRJuNSV, Bd. X, S. 467–471 sowie Urteil des LG Dresden, 16. 1. 1948, Lfd. Nr. 1707a in: DDRJuNSV, Bd. XII, S. 89–95.

Rolle. Sie taten sich durch rabiate Rhetorik und dementsprechende Anweisungen hervor. Im Unterschied zu den Bürgermeistern traten sie verstärkt als „Praktiker“ auf. Im Anschluss an die Ausführungen Harald Welzers zu den Kompaniechefs eines Polizeibataillons kann man feststellen, dass die Ortsgruppenleiter die Rolle desjenigen übernahmen, „in dessen Zuständigkeit die Ausführung fällt, der die Situation strukturiert und der Tatsachen schafft“.[269] Während die Bürgermeister vor allem zwischen verschiedenen Instanzen vermittelten und häufig bemüht waren, klare Anweisungen von anderen Stellen zu erhalten, trafen die Ortsgruppenleiter schnellere und radikalere Entscheidungen. Die Bürgermeister reagierten vor allen Dingen auf die Krisensituation, die sie im Sinne ihrer Gemeinde zu bewältigen hatten. Die Ortsgruppenleiter ergriffen dagegen stärker die Initiative, was meist in der massiven Ausübung von Gewalt mündete. Sie entschieden eigenmächtig über die Ermordung von Häftlingen und statteten Zivilisten mit Waffen aus, waren persönlich anwesend, als Gefangene misshandelt und erschossen wurden; zum Teil legten sie gleich selbst mit Hand an.

Im ländlichen Raum fungierten die Bürgermeister oft als oberste Polizeibehörde. Im Folgenden sollen Polizei und Gendarmerie als nächste Akteursgruppe in den Blick genommen werden.

2.3. Ordnungsmacht: Polizei und Gendarmerie

Der Historiker Patrick Wagner hat die Geschichte der Polizei im Nationalsozialismus in fünf Phasen unterteilt. Nachdem die deutsche Polizei zunächst zum Instrument der „nationalen Revolution“ gemacht und anschließend von der SS durchdrungen worden war, trat sie als zentraler Akteur der „gesellschaftspolitischen Generalpräventation nach innen“ auf. Nach Kriegsbeginn wurde der Polizeiapparat dann „zum wichtigsten Vollstrecker der nationalsozialistischen Vernichtungspolitik“.[270] Schließlich wurde die Polizei ab Ende 1944, so Wagner, „zu einer prägenden Akteursgruppe jenes apokalyptischen Finales“, das durch die Ermordung von Zwangsarbeitern, Terror durch Standgerichte und „Jagdkommandos“, Massenmorde in Polizeigefängnissen und die Todesmärsche von KZ-Häftlingen geprägt gewesen sei.[271] Zugleich verweist er darauf, dass diese letzte

269 Welzer, Täter, S. 131.

270 Patrick Wagner, Der Kern des völkischen Maßnahmenstaates – Rolle, Macht und Selbstverständnis der Polizei im Nationalsozialismus, in: Wolfgang Schulte (Hrsg.), Die Polizei im NS-Staat. Beiträge eines internationalen Symposiums an der Deutschen Hochschule der Polizei in Münster, Frankfurt a. M. 2009, S. 23–48, hier S. 29.

271 Ebenda, S. 36.

Phase und insbesondere die Involvierung der Polizei in die Räumung der Konzentrationslager bislang kaum untersucht worden ist. Obwohl in den jüngsten Monografien zu den Todesmärschen die Polizei in den Kapitelüberschriften als Tätergruppe genannt wird, sind die jeweiligen Ausführungen auf wenige Beispiele beschränkt, die zudem kaum systematisch analysiert werden.[272]

In den Forschungen zur Beteiligung der deutschen Polizei an NS-Verbrechen sind zwei Schwerpunkte auszumachen: Zum einen ist in Bezug auf die „Heimatfront" vor allem die Rolle der Gestapo herausgestellt worden, deren flächendeckender, exzessiver Mordpraxis in den letzten Wochen und Tagen des Krieges Tausende Zwangsarbeiterinnen und Zwangsarbeiter zum Opfer fielen.[273] Zuletzt hat Sven Keller dies in seiner Studie zu den Endphaseverbrechen eindrucksvoll illustriert.[274] Zum anderen ist die Ordnungspolizei in den Blick genommen worden, die nach der Neuordnung durch Heinrich Himmler am 26. Juni 1936 die Schutzpolizei, die Gendarmerie sowie die Gemeindepolizei in sich vereinte.[275] Allerdings konzentrieren sich die meisten Beiträge zu Verbrechen der Ordnungspolizei auf die Beteiligung der Polizeibataillone am Holocaust in Osteuropa.[276]

In Ergänzung dieser Forschungen wird das folgende Kapitel zunächst zeigen, wie Angehörige der Ordnungspolizei, einfache Gendarmen und Polizisten auf lokaler Ebene in die Durchführung der Räumungstransporte aus Konzentrationslagern involviert waren. Dabei werden insbesondere die Handlungsspielräume dieser Akteure im Mittelpunkt stehen. Im zweiten Teil wird die Polizei als Organisation in den Blick genommen, wobei der Frage nachgegangen wird, wie größere Formationen von Polizisten und Gendarmen angesichts der

272 Vgl. das Kapitel „Volkssturm und grüne Polizei" in: Greiser, Todesmärsche, S. 111–122. Dabei bleibt offen, ob mit der Farbe die Sicherheitspolizei oder die Schutzpolizei bzw. Ordnungspolizei gemeint ist. Blatman hingegen fasst „Armee und Polizei" in einem Unterkapitel zusammen. Als einziges Beispiel für die Beteiligung der Polizei führt er an dieser Stelle das Massaker von Celle an. Vgl. Blatman, Todesmärsche, S. 634–644.

273 Maßgeblich nach wie vor: Gerhard Paul/Klaus-Michael Mallmann (Hrsg.), Die Gestapo im Zweiten Weltkrieg. ‚Heimatfront' und besetztes Europa, Darmstadt 2000.

274 Keller, Volksgemeinschaft, S. 224–298.

275 Stephan Linck, Der Ordnung verpflichtet: Deutsche Polizei 1933–1949. Der Fall Flensburg, Paderborn/München/Wien/Zürich 2000, S. 29.

276 Wolfgang Curilla, Die deutsche Ordnungspolizei und der Holocaust im Baltikum und in Weißrußland 1941–1945, Paderborn/München/Wien/Zürich 2006, zum Forschungsstand ebenda, S. 14–17. Zuletzt auch ders., Der Judenmord in Polen und die deutsche Ordnungspolizei 1939–1941, Paderborn/München/Wien/Zürich 2011; Stefan Klemp, Nicht ermittelt. Polizeibataillone und die Nachkriegsjustiz, 2. überarb. u. erw. Aufl., Essen 2011.

Konfrontation mit den KZ-Räumungstransporten agierten und welche Handlungslogiken sich abzeichnen. Abschließend soll diskutiert werden, ob und inwiefern die Polizei während der Todesmärsche als „ganz normale Organisation" im Sinne Stefan Kühls agierte.

2.3.1. Handlungsspielräume von Polizisten und Gendarmen

Besonders große Handlungsspielräume bestanden für einzelne Polizisten, die auf geflohene oder zurückgebliebene KZ-Häftlingen trafen. Die Quellen zeigen, wie unterschiedlich verschiedene Protagonisten in diesen Situationen reagierten.

An zahlreichen Orten töteten Polizisten und Gendarmen geflohene Häftlinge. Im niedersächsischen Semmenstedt etwa war der Gendarmeriemeister Max Lepach erst wenige Tage im Dienst, als Anfang April 1945 ein Transport von bis zu 1500 KZ-Häftlingen, bewacht von 30 Wachleuten, im Dorf Rast machte.[277] Nach dem Abmarsch lieferten Einheimische am Morgen etliche zurückgebliebene Häftlinge an Lepach aus. 15 von ihnen ließ er mit einem Fuhrwerk dem Todesmarsch hinterher transportieren. Als am Nachmittag drei weitere Häftlinge bei ihm abgeliefert wurden, sperrte er sie zunächst in das örtliche Spritzenhaus. Am nächsten Tag erschoss er die drei Männer außerhalb des Dorfes und ließ sie von polnischen Zwangsarbeitern verscharren.[278] Es ist nicht ausgeschlossen, dass Lepach bei dieser Exekution auf Erfahrungen aus Erschießungen in Weißrussland zurückgriff.[279] Von 1942 bis 1944 war er im „Osteinsatz" bei Pinsk gewesen, wo unter anderem ab Herbst 1942 das Polizeibataillon 306 bis zu 20 000 Juden ermordet hatte.[280]

Willi Schneider*, der Leiter der Gendarmeriestelle in Mertendorf (Sachsen-Anhalt), hatte ebenfalls im Osten gedient. Er war von 1941 bis 1943 nach Lublin abkommandiert worden. Es ist anzunehmen, dass er dort zumindest zum Zeugen des Judenmords wurde, da der Distrikt Lublin in diesem Zeitraum einer der

277 Gemeinde Semmenstedt, Betrifft: Meldung der Transporte, 31. 8. 1941, 5 3.1/84601259, ITS Digital Archive, Bad Arolsen.

278 Urteil des BG Potsdam, 20. 4. 1955/OG, 13. 5. 1955, Lfd. Nr. 1107, in: DDRJuNSV, Bd. III, S. 681–690.

279 Zur Wiederholung der Mordpraxis im Osten durch die Gestapo im „Altreich" vgl. Keller, Volksgemeinschaft, S. 265 f.

280 Klemp, Nicht ermittelt, S. 258–260; Torsten Schäfer, „Jedenfalls habe ich auch mitgeschossen". Das NSG-Verfahren gegen Johann Josef Kuhr und andere ehemalige Angehörige des Polizeibataillons 306, der Polizeireiterabteilung 2 und der SD-Dienststelle von Pinsk beim Landgericht Frankfurt am Main 1962–1973. Eine textanalytische Fallstudie zur Mentalitätsgeschichte, Hamburg 2007.

Hauptschauplätze war.[281] Im Frühjahr 1945 war der Gendarm zurück in Mertendorf und wurde zunächst gemeinsam mit dem örtlichen Totengräber vom Bürgermeister beauftragt, von einem Todesmarsch zurückgebliebene Leichen zu beerdigen. Als die beiden auf einen schwer verletzten Häftling trafen, sollen sie zunächst erfolglos versucht haben, ärztliche Hilfe zu organisieren. Da der Totengräber sich geweigert habe, den Verletzten auf seinen Karren zu laden, soll der Gendarm den Häftling mit einem Kopfschuss getötet haben.[282]

Im sächsischen Niederbobritzsch war ein Reservepolizist im April 1945 an der Exekution von mindestens drei KZ-Häftlingen beteiligt. Schon zuvor war die Ortspolizei mit der Durchschleusung von Gefangenenkolonnen betraut gewesen. Der örtliche Postenführer hatte geflohene Häftlinge aufgegriffen und in der Gemeindezelle eingesperrt. Eines Abends, so der Polizist Berger*, habe der Postenführer ihn gemeinsam mit einem Kollegen und mehreren Volkssturmmännern zur Erschießung der Häftlinge beordert. In einem nahe gelegenen Wald wurden die Gefangenen durch Genickschüsse exekutiert: „Die Häftlinge sanken zusammen. Wimmerten noch einige Zeit in der Grube." Berger* sagte, er „habe lediglich einige Gnadenschüsse mit der Pistole auf die Sterbenden abgegeben, […] weil ich das Stöhnen nicht mehr erhören konnte."[283]

In einigen Fällen entschlossen sich Polizisten, aufgegriffene KZ-Häftlinge an andere Stellen auszuliefern. Im schwäbischen Wallerstein wurden dem örtlichen Gendarmeriepostenführer Anfang April 1945 innerhalb von zwei Tagen sieben KZ-Häftlinge von Soldaten und vermutlich auch Zivilisten übergeben. Dieser gab später an, sie zunächst in seiner Wohnung verpflegt und dann bei einer nahen Polizeidienststelle abgeliefert zu haben. Über ihr weiteres Schicksal war ihm nichts bekannt.[284] Ähnlich verhielt sich ein Reservepolizist im niedersächsischen Handeloh. Nach dem Aufenthalt eines KZ-Zugs im Ort riefen ihn Anwohner an, weil „umherirrende Häftlinge festgestellt, bezw. aufgegriffen worden waren". Daraufhin nahm er acht Häftlinge fest, sperrte sie über Nacht in eine Zelle und lieferte sie am nächsten Tag in Harburg ab, vermutlich bei der örtlichen Polizei.[285]

281 Dieter Pohl, Die Stellung des Distrikts Lublin in der „Endlösung der Judenfrage", in: Bogdan Musial (Hrsg.), „Aktion Reinhardt". Der Völkermord an den Juden im Generalgouvernement 1941–1944, Osnabrück 2004, S. 87–107. Zuletzt Curilla, Judenmord, S. 685–832.

282 Urteil des LG Halle, 11. 10. 1948, Lfd. Nr. 152, in: DDRJuNSV, Bd. X, S. 135–138.

283 Vernehmung von Bruno Berger*, Kreispolizeiabteilung Freiberg, 2. 10. 1945, SHStAD, 11391, Nr. 994, Bl. 26.

284 Hans Zöberlein an den Bürgermeister in Wallerstein, Betreff: Durchmarsch von KZ-Häftlingen im April 1945, 23. 4. 1947, 5.3.1/84602040, ITS Digital Archive, Bad Arolsen.

285 Vernehmung von Gustav Wersig*, Polizeiposten Handeloh, 18. 10. 1950, LASH, Abt. 352 Itzehoe, Nr. 422, Bl. 291.

Andere Beispiele zeigen, dass es keineswegs zwingend war, aufgegriffene KZ-Häftlinge auszuliefern oder gar zu töten. Bei entsprechenden Nachkriegsaussagen der Polizisten ist offensichtlich, dass sie versuchten, sich nachträglich in einem positiven Licht zu präsentieren.[286] Dennoch deuten sich in diesen Darstellungen Anhaltspunkte dafür an, welch große Handlungsspielräume zum Teil bestanden hatten.

Ein Oberinspektor der Hamburger Polizei sagte aus, ihm sei es zu verdanken gewesen, dass Räumungstransporte aus dem Lager Sandbostel gestoppt wurden. Ursprünglich habe er vom Befehlshaber der Ordnungspolizei (BdO) den Befehl erhalten, den Transport von Kriegsgefangenen und KZ-Häftlingen von Sandbostel nach Bremervörde zu überwachen, von wo aus sie mit dem Zug weitertransportiert werden sollten. Als er kurz vor Sandbostel auf einen Transport völlig erschöpfter Häftlinge traf, habe er „aus Gründen der Menschlichkeit" deren Weitertransport umgehend gestoppt. Nachdem er die Dienststelle des BdO per Telefon über die „unhaltbare[n] Zustände" im Lager und die Unmöglichkeit weiterer Transporte informiert habe, sei die Anweisung ergangen, das Lager den Briten zu übergeben.[287]

Mit zunehmender Erosion der Strukturen und Befehlsketten gegen Kriegsende taten sich neue Optionen für die jeweiligen Akteure auf. So gab ein Polizeiinspektor aus Wogau bei Jena an, im April 1945 sei ihm von einem Wachtmeister seiner Kompanie ein von einem Todesmarsch geflohener KZ-Häftling übergeben worden. Er brachte ihn zum Bürgermeister, um zu klären, was mit dem Aufgegriffenen geschehen sollte. Dieser wollte jedoch keine Verantwortung für das Schicksal des Mannes übernehmen und den Kompanieführer entscheiden lassen. Da dieser nicht aufzufinden war, habe er als nächster Dienstrang entschieden, den KZ-Häftling freizulassen.[288]

286 Vgl. Alfons Kenkmann, „Ich war aber nicht der böse Mann, der Sie mit Wollust fortbringen wollte …". Rechts- und Unrechtswahrnehmungen deutscher Polizisten vor und nach 1945, in: Helmut Gebhardt (Hrsg.), Polizei, Recht und Geschichte. Europäische Aspekte einer wechselvollen Entwicklung. Beiträge des 14. Kolloquiums zur Polizeigeschichte, Graz 2006, S. 147–156.

287 Polizei Hamburg, Revier 24 an Abschnitt II, Betr.: Todesmärsche, 4. 12. 1946, 5.3.1/84598496, ITS Digital Archive, Bad Arolsen. Damit entsprach der BdO den Anordnungen des HSSPF Bassewitz-Behr, das Lager an die Alliierten zu übergeben. Vgl. Klaus Volland, Sandbostel, in: Wolfgang Benz/Barbara Distel (Hrsg.), Der Ort des Terrors. Geschichte der nationalsozialistischen Konzentrationslager, Bd. 5: Hinzert, Auschwitz, Neuengamme, München 2007, S. 516–520, hier S. 517.

288 Vernehmung von Kurt Baschke*, Polizeidirektion/Kriminalamt Weimar, 1. 6. 1945, BStU, MfS HA IX/11, RHE-West 661, Bl. 140.

Ein Fall ist überliefert, in dem Polizisten tatsächlich ihre Handlungsspielräume dazu nutzten, um aktiv als Retter in Erscheinung zu treten.[289] Im niederbayerischen Oberlindhart hatte ein Polizeimeister 13 von einem Todesmarsch zurückgebliebene KZ-Häftlinge aufgegriffen. Er ließ sie auf einem Fuhrwerk zunächst ins nahe gelegene Ergoldsbach bringen, wo der Polizist Max Maurer bereits über das Eintreffen der Gefangenen informiert worden war.[290] Auf einem Bauernhof konnte einer der Häftlinge die beiden Polizisten und die Besitzerin des Hofs davon überzeugen, sie angesichts des absehbaren Einmarschs der US-Armee nicht auszuliefern, sondern zu verstecken und zu verpflegen. Schon am darauffolgenden Morgen trafen die Befreier ein.[291] Max Maurer wurde 1995 von Yad Vashem als „Gerechter unter den Völkern" anerkannt.[292]

Die hier vorgestellten Beispiele zeigen Situationen, in denen Polizisten größtenteils auf sich gestellt waren. Die Räumungstransporte waren meist weitergezogen, sie waren mit geflohenen und zurückgebliebenen Häftlingen konfrontiert, und es waren keine SS-Wachmannschaften mehr in der Nähe. Da kein formalisiertes Verfahren existierte, das es erlaubt hätte, Gefangene freizulassen, sahen die meisten Ordnungshüter vermeintlich nur die Möglichkeit, die KZ-Häftlinge und die Entscheidungsgewalt über das weitere Vorgehen an andere Stellen abzugeben, um sich der Angelegenheit zu entledigen, oder die Gefangenen eigenhändig zu ermorden. Die wenigen Gegenbeispiele zeigen wiederum, dass gerade in unübersichtlichen Situationen, in denen kaum noch Befehle ergingen, auch andere Möglichkeiten existierten.

2.3.2. Polizeieinheiten als Ersatzbewachung

Neben diesen Fällen, in denen einzelne Gendarmen und Polizisten auf eigene Faust agieren mussten, traten auch größere Polizeieinheiten in Erscheinung. Dabei ging es insbesondere um die Bewachung von Häftlingstransporten und unterstützende Tätigkeiten in deren Umfeld.

Am Abend des 6. April 1945 fuhr in den Bahnhof Brunsbüttelkoog-Nord ein Zug mit mehreren Tausend in geschlossenen Güterwaggons eingepferchten

289 Vgl auch Greiser, Todesmärsche, S. 199–201.

290 Weiße-Rose-Stiftung (Hrsg.), „Das hätte doch jeder getan!" Die Rettung der 13 Juden von Ergoldsbach. Ausstellung und Dokumentation, Regensburg 2005.

291 Aus Perspektive eines damals geretteten KZ-Häftlings geschildert von John Weiner, Todesmarsch, in: Dachauer Hefte 17 (2001), S. 162–170.

292 Akte 6198, in: Israel Gutman/Sara Bender (Hrsg.), Lexikon der Gerechten unter den Völkern. Deutsche und Österreicher, Göttingen 2005, S. 193.

KZ-Häftlingen ein, der zwei Tage zuvor im Außenlager Woffleben des KZ Mittelbau-Dora losgefahren war.[293] Kurz nach der Abfahrt waren Waggons mit mehreren Hundert Gefangenen des Außenlagers Harzungen an den Zug angekoppelt worden. Die Fahrt sollte zu einer Odyssee durch Norddeutschland werden, wobei unklar ist, ob das zunächst angesteuerte KZ Neuengamme die Aufnahme der Häftlinge verweigerte oder schlicht der Zug fehlgeleitet worden war. Über Glückstadt, Itzehoe und den heutigen Nord-Ostsee-Kanal fuhr der Zug bis zur Elbmündung nach Brunsbüttelkoog – und damit in eine Sackgasse.[294] Der Bahnhofsvorsteher war schon bei der Ankündigung des Transports „überrascht" und „wußte auch nicht, was der Transport bei uns sollte". Er informierte sofort den Bürgermeister Heinrich Timm, der zugleich das Amt des örtlichen Polizeichefs innehatte.[295] Gemeinsam mit einem Hilfspolizisten machte sich Timm auf zum Bahnhof. Auf dem Weg hörten sie „Stimmen, die wir zunächst für Singen hielten. Wir glaubten, daß die Insassen aus langer Weile Lieder sangen. Als wir aber näher kamen, mußten wir uns in unserer Auffassung sehr bald berichtigen, es war keineswegs ein Singen, sondern es waren Laute, wie man sie bei Löwen in Hagenbeck hört, wenn sie Hunger haben."[296]

Nach einer ersten Besprechung mit Angehörigen der Wachmannschaft des Zuges entfernten sich Timm und der Hilfspolizist nach dessen Angaben „schleunigst", weil ihnen „die ganze Geschichte unangenehm" gewesen sei.[297] Dann rief der Bürgermeister bei der NSDAP-Kreisleitung an. Von Kreisleiter Heinrich Nottelmann erhielt er die Zusage, Verpflegung zu bekommen, sowie die Anweisung, Luftschutzpolizei und Volkssturm zur Bewachung des Zuges heranzuziehen.[298] Verantwortlich war der Leiter der Schutzpolizei-Dienstabteilung und

293 Dieses Kapitel greift zentrale Aspekte eines bereits veröffentlichten Aufsatzes von mir auf. Vgl. Winter, Dienstleistung.

294 Jens-Christian Wagner, Woffleben („B 12"), in: Wolfgang Benz/Barbara Distel (Hrsg.), Der Ort des Terrors. Geschichte der nationalsozialistischen Konzentrationslager, Bd. 7: Niederhagen/Wewelsburg, Lublin-Majdanek, Arbeitsdorf, Herzogenbusch (Vught), Bergen-Belsen, Mittelbau-Dora, München 2008, S. 340–342.

295 Vernehmung von Nikolaus Bellmann*, Kriminalpolizei Rendsburg, 4. 9. 1950, LASH, Abt. 352 Itzehoe, Nr. 421, Bl. 184 f., hier Bl. 184.

296 Vernehmung von Heinrich Timm, Kriminalpolizei Rendsburg, 11. 9. 1959, ebenda, Bl. 198v–199, hier Bl. 198v.

297 Vernehmung von Karl Mellert*, Kriminalpolizei Rendsburg, 12. 9. 1950, ebenda, Bl. 201v.

298 Vernehmung von Heinrich Timm, Kriminalpolizei Brunsbüttelkoog, 7. 8. 1950, ebenda, Bl. 9. Laut Aussage des Kreisleiters wurde dieser jedoch nicht von Timm, sondern vom Festungskommandanten von Brunsbüttelkoog informiert und um Unterstützung bei der Verpflegung gebeten. Vernehmung von Heinrich Nottelmann, Kriminalpolizei Rendsburg, 8. 9. 1950, ebenda, Bl. 195.

Sachbearbeiter im Luftschutz, Revieroberleutnant Peter Johnke*, der zu der Zeit mit einem Fliegeralarm beschäftigt war. Er erhielt den Auftrag, die Wachmannschaft des Zuges mit seinen Leuten zu verstärken. Die Schutzpolizisten wurden in der Postenkette um den Zug zwischen anderen Wachmännern verteilt[299] und waren zum Teil für die Verpflegung zuständig.[300]

Neben der (Luft-)Schutzpolizei wurden verschiedene Einheiten der Gendarmerie alarmiert, so etwa im wenige Kilometer entfernten Sankt Michaelisdonn. Der dort zuständige Gendarmeriemeister Somburg* erinnerte sich, dass er sich mit einem Karabiner bewaffnet zum Bahnhof nach Brunsbüttelkoog begeben sollte, wo bereits ein provisorisches Wachlokal eingerichtet worden sei. Die ihnen zugeteilte Aufgabe hätte im „Streifengehen" bestanden, „vor allen Dingen sollten wir ein Ausbrechen der Häftlinge verhindern".[301]

Auch der Meldorfer Gendarmerie-Abteilungsführer Arthur Ungast* erhielt vom Landratsamt Süderdithmarschen den Befehl, sich mit seiner Abteilung von zehn Gendarmen nach Brunsbüttelkoog zu begeben. Ihr Einsatz wurde durch das Gerücht legitimiert, dass „dort unter Strafgefangenen eine Revolte ausgebrochen sei".[302] Ein Kollege von ihm sagte aus, er sei gewarnt worden, dass Häftlinge einen Waggon von innen aufgebrochen hätten und geflohen seien. Allerdings sei auch davon die Rede gewesen, dass die SS-Wachmannschaft abgelöst werden sollte, weil sie längere Zeit nicht geschlafen habe.[303] Die mit Karabinern und Pistolen bewaffneten Gendarmen waren offenbar nicht unmittelbar an den Waggons eingesetzt; dennoch bestand auch ihre Aufgabe „in der Bewachung des Zuges, damit keiner der Häftlinge fliehen konnte".[304] Einige berichteten später, dass die SS auf ihre Unterstützung keinen Wert gelegt habe und sie „eigentlich überflüssig waren".[305] Das sich anhand der Aussagen abzeichnende

299 Vernehmung von Peter Johnke*, Kriminalpolizei Plön, 13. 1. 1950, ebenda, Bl. 91; Vernehmung von Wilhelm Albrecht*, Kriminalpolizei Brunsbüttelkoog, 8. 8. 1949, ebenda, Bl. 7; Vernehmung von Torwald Kahsberg*, Kriminalpolizei Brunsbüttelkoog, 6. 8. 1949, ebenda, Bl. 8; Vernehmung von Johann Meier*, Kriminalpolizei Brunsbüttelkoog, 8. 8. 1949, ebenda, Bl. 10.

300 Vernehmung von Hinrich Sachse*, Kriminalpolizei Brunsbüttelkoog, 6. 8. 1949, ebenda, Bl. 3v.

301 Vernehmung von Hans Somburg*, Kriminalpolizei Rendsburg, 8. 9. 1950, ebenda, Bl. 196.

302 Vernehmung von Arthur Ungast*, Polizeistation Telgte, 15. 9. 1950, ebenda, Bl. 244.

303 Vernehmung von Paul Grübenstein*, Kriminalpolizei Rendsburg, 11. 9. 1950, ebenda, Bl. 197.

304 Vernehmung von Otto Allof*, Kriminalpolizei Rendsburg, 8. 9. 1950, ebenda, Bl. 194.

305 Vernehmung von Hans Somburg*, Kriminalpolizei Rendsburg, 8. 9. 1950, ebenda, Bl. 196.

Bild des Wachdienstes ist sehr widersprüchlich. Der Gendarmeriemeister von Sankt Michaelisdonn behauptete: „An den Zug direkt kamen wir nicht heran, da standen die SS-Leute."[306] Der Meldorfer Abteilungsführer stritt ebenfalls ab, dass seine Leute den Zug bewacht hätten: „Hierfür ist lediglich die Begleitmannschaft verwendet worden."[307] Einer seiner Männer hingegen sagte aus, sie seien für einen „Streifen- und Sicherungsdienst" eingeteilt worden und betonte: „Von der SS-Bewachungsmannschaft war in der Nacht nicht viel zu sehen." Erst am kommenden Morgen habe die Wachmannschaft den Wachdienst am Zug wieder übernommen.[308]

Zudem wurden mehrere Reservepolizisten aus dem benachbarten Eddelak zum Streifendienst am KZ-Zug beordert, „um bei einem evtl. Fliegerangriff dort zu sein".[309] Die zuständigen Behörden hatten Sorge, dass bei einem Luftangriff eine unübersichtliche Situation entstehen würde und Häftlinge ausbrechen könnten. Da durch den Luftalarm ohnehin Personalmangel bei der Polizei herrschte, erteilte der Bürgermeister an Revieroberleutnant Johnke* von der Schutzpolizei den Befehl, auch den Volkssturm mit zum Wachdienst heranzuziehen.[310] Ein Kompanieführer des örtlichen Volkssturms sagte aus, seine etwa 20 Leute seien unbewaffnet am Zug zwischen den Wachmannschaften verteilt worden.[311] Zusammen mit dem Volkssturm wurde der Küstenschutz zur Bewachung des Transports beordert.[312]

Die Polizisten und Gendarmen, die während des Aufenthalts des KZ-Zugs in Brunsbüttelkoog am Bahnhof Dienst hatten, wurden Zeugen der menschenverachtenden Behandlung der Häftlinge. Ein Reservepolizist erinnerte sich, wie die Wachmannschaft auf Auseinandersetzungen unter den Gefangenen reagierte: „Im Wagen lag dann auch ein Toter, den man totgetrampelt hatte. Der Tote wurde weggeschafft und der SS-Mann sprang mit seinem Hund in den Wagen, schrie dort einen Juden an mit den Worten: Du Schwein, Du hast den anderen totgeschlagen. Er schlug den Juden zum Wagen hinaus, der draußen hinstürzte. Dann

306 Ebenda.

307 Vernehmung von Arthur Ungast*, Polizeistation Telgte, 15. 9. 1950, ebenda, Bl. 244.

308 Vernehmung von Paul Grübenstein*, Kriminalpolizei Rendsburg, 11. 9. 1950, ebenda, Bl. 197.

309 Vernehmung von Anton Nikrosch*, Kriminalpolizei Rendsburg, 12. 9. 1950, ebenda, Bl. 204.

310 Vernehmung von Peter Johnke*, Kriminalpolizei Plön, 13. 1. 1950, ebenda, Bl. 91.

311 Vernehmung von Friedrich Fritzsch*, Kriminalpolizei Brunsbüttelkoog, 6. 8. 1949, ebenda, Bl. 2v-3.

312 Vernehmung von Wilhelm Albrecht*, Kriminalpolizei Brunsbüttelkoog, 8. 8. 1949, ebenda, Bl. 7.

schlug der SS-Mann dem Verletzten mit einem Knüppel über den Kopf, daß er zusammensackte. Dann erschoß er ihn mit seiner Pistole.“[313]

Allerdings zeigt sich, dass die Angehörigen der verschiedenen Einheiten in jener Nacht unterschiedliche Erfahrungen machten. Nur einzelne Gendarmen berichteten davon, gesehen zu haben, wie KZ-Häftlinge abgeführt wurden und sie kurz darauf Schüsse gehört hatten.[314] Die Aussagen stimmen jedoch darin überein, dass sie nicht direkt zu Zeugen von Morden an Häftlingen geworden waren.[315]

Die Schutzpolizisten hingegen berichteten weitaus häufiger und in noch drastischeren Worten von Gewalttaten und Morden.[316] Polizeiwachtmeister Meier* etwa wurde Zeuge, wie ein SS-Wachmann die Insassen eines Waggons dazu zwang, einen Mitgefangenen mit Knüppeln totzuschlagen. Außerdem sah er, wie zwei Häftlinge erschossen wurden.[317]

Allen Beteiligten waren die katastrophalen hygienischen Bedingungen, unter denen die Häftlinge litten, in Erinnerung geblieben.[318] Mehrere gaben an, von der SS gewarnt worden zu sein, nicht zu nah an die Waggons heranzutreten, „da die Häftlinge den Kot herauswerfen und uns unter Umständen beschmutzen würden“.[319]

Neben der Bewachung war es Aufgabe der Polizei, Verpflegung für den Transport zu organisieren. Bürgermeister Timm hatte Polizeiobermeister Johnke* den Auftrag erteilt, die Wachmannschaft zu verpflegen; trotz Nachfrage soll er nicht zur Versorgung der Häftlinge geäußert haben. So erhielt der Chef

313 Vernehmung von Anton Nikrosch*, Kriminalpolizei Rendsburg, 12. 9. 1950, ebenda, Bl. 204.

314 Vernehmung von Paul Grübenstein*, Kriminalpolizei Rendsburg, 11. 9. 1950, ebenda, Bl. 197; Vernehmung von Hans Somburg*, Kriminalpolizei Rendsburg, 8. 9. 1950, ebenda, Bl. 196v.

315 Vernehmung von Max Bartoschewski*, Kriminalpolizei Rendsburg, 7. 9. 1950, ebenda, Bl. 192; Vernehmung von Otto Allof*, Kriminalpolizei Rendsburg, 8. 9. 1950, ebenda, Bl. 194; Vernehmung von Arthur Ungast*, Polizeistation Telgte, 15. 9. 1950, ebenda, Bl. 244.

316 Vernehmung von Ernst Krumm*, Kriminalpolizei Rendsburg, 13. 12. 1949, ebenda, Bl. 80; Vernehmung von Hinrich Sachse*, Kriminalpolizei Rendsburg, 11. 9. 1950, ebenda, Bl. 199v–200.

317 Vernehmung von Johann Meier*, Kriminalpolizei Brunsbüttelkoog, 8. 8. 1949, ebenda, Bl. 10 f.

318 Vernehmung von Otto Allof*, Kriminalpolizei Rendsburg, 8. 9. 1950, ebenda, Bl. 194v.

319 Vernehmung von Max Bartoschewski*, Kriminalpolizei Rendsburg, 7. 9. 1950, ebenda, Bl. 192v; vgl. auch Vernehmung von Hans Somburg*, Kriminalpolizei Rendsburg, 8. 9. 1950, ebenda, Bl. 196; Vernehmung von Paul Grübenstein*, Kriminalpolizei Rendsburg, 11. 9. 1950, ebenda, Bl. 197.

der Luftschutzküche die Anweisung, zunächst nur für 130 Personen Verpflegung bereitzustellen. Dies geschah noch am selben Abend.[320] Johnke* selbst soll dafür gesorgt haben, dass auch die Häftlinge verpflegt wurden. Oberwachtmeister und Küchenchef Sachse* berichtete, Johnke* habe ihn angerufen und „Verpflegung für 3000 Mann [...], bestehend aus ein[em] Brot für 5 Mann, a Person ¼ L[i]t[e]r Kaffee" bestellt.[321] Diese wurde mithilfe von Wehrmacht, NSDAP-Kreisleitung und NSV organisiert und am folgenden Morgen mit zwei Lkw angeliefert.[322] Bei der Verteilung kam es zunächst zu einem Konflikt: Die Bewacher hatten sich, bevor das Brot an die Häftlinge ausgegeben wurde, reichlich an deren Zuteilung bedient, sodass Oberwachtmeister Sachse* einem aufsichtführenden Feldwebel sagte, dass es so nicht für alle reichen würde. Darauf soll er zur Antwort bekommen haben: „Es sind schon 90 Mann tot und in den nächsten Tagen sind die andern auch tot."[323]

Andere Angehörige der Polizei reklamierten im Nachhinein ebenfalls für sich, dass sie sich für die Verpflegung der Gefangenen eingesetzt hätten, so etwa Polizeiobermeister Ungast*, der den Transportleiter nach eigener Aussage gebeten hatte, „die Gefangenen waggonweise mit Wasser zu versorgen".[324] Ein Schutzpolizist sagte aus, er habe eingesperrten Häftlingen Wasser geben wollen Daraufhin sei er von einem Oberfeldwebel mit der Pistole bedroht worden, er solle sich „unterstehen, den Häftlingen Wasser zu geben, vorläufig hätten sie (die SS) noch zu bestimmen. Nach dieser Auseinandersetzung durfte ich dann doch die Becher mit Wasser füllen."[325] Abgesehen von dieser Situation konnten die eingesetzten Polizisten aber keine Erleichterungen oder Hilfeleistungen für die KZ-Häftlinge durchsetzen.

Mehrere von ihnen berichteten über Konflikte mit den Wachmannschaften. So will Gendarmeriewachtmeister Paul Grübenstein* einen SS-Mann um ärztliche Versorgung für einen deutschen Häftling, mit dem er ins Gespräch gekommen war, gebeten haben. Als dieser ablehnte, soll es zwischen den beiden zu

320 Vernehmung von Peter Johnke*, Kriminalpolizei Plön, 13. 1. 1950, ebenda, Bl. 91.

321 Vernehmung von Hinrich Sachse*, Kriminalpolizei Brunsbüttelkoog, 6. 8. 1949, ebenda, Bl. 3v.

322 Vernehmung von Heinrich Nottelmann, Kriminalpolizei Rendsburg, 8. 9. 1950, ebenda, Bl. 195; Vernehmung von Ferdinand Schröder, Kriminalpolizei Rendsburg, 8. 9. 1950, ebenda, Bl. 195v.

323 Vernehmung von Hinrich Sachse*, Kriminalpolizei Brunsbüttelkoog, 6. 8. 1949, ebenda, Bl. 3v.

324 Vernehmung von Arthur Ungast*, Polizeistation Telgte, 15. 9. 1950, ebenda, Bl. 244.

325 Vernehmung von Johann Meier*, Kriminalpolizei Brunsbüttelkoog, 8. 8. 1949, ebenda, Bl. 10 f., hier Bl. 11.

einem „heftigen Streit“ gekommen sein.[326] Oberwachtmeister Sachse* wurde von einem SS-Mann bedroht, nachdem er sich über die Misshandlung eines jüngeren Gefangenen beschwert hatte: „Er antwortete mir, ich sollte meine Gosche halten, sonst käme ich auch noch in den Wagen.“[327]

Diesen Darstellungen konfrontativer Kontakte mit SS-Leuten stehen Aussagen gegenüber, in denen die Polizisten mit Wachleuten ins Gespräch kamen. Paul Grübenstein* erinnerte sich an mehrere Bewacher in Luftwaffenuniform. Er habe diese gefragt, „wie sie so etwas durchhalten könnten. Man sagte mir, daß man dazu befohlen sei und es eben machen müsse. Ich sagte daraufhin noch, daß doch die Möglichkeit bestünde, sich krank zu melden, um diesem Tun zu entgehen.“[328] Allerdings kam dem Gendarmen offenbar nicht in den Sinn, dass er ein solches Verhalten selbst hätte an den Tag legen können. Keiner der Polizisten versuchte, sich aktiv der Situation zu entziehen. Mehrere Angehörige des Volkssturms hingegen baten den (für sie nicht zuständigen) Polizeiobermeister um Befreiung von ihrer Bewachungstätigkeit[329] oder entfernten sich nach der ersten Ablösung eigenmächtig, weil sie die Ermordung eines Häftlings beobachtet und „die Nase voll“ gehabt hätten.[330]

Offenbar beteiligte sich keiner der eingesetzten Polizisten und Gendarmen in Brunsbüttelkoog direkt an Gewalttaten gegenüber den KZ-Häftlingen. Durch die Ausübung ihres Dienstes als Bewacher des Zuges unterstützten sie jedoch die von ihnen eindeutig wahrgenommenen schweren Misshandlungen und Tötungen, entlasteten die Wachmannschaften des Transports und legitimierten deren Taten durch ihre Anwesenheit und ihr Nicht-Einschreiten. Als lokale Ordnungsmacht bestand die Funktion der Polizei nicht in der Verhinderung von Übergriffen gegenüber Wehrlosen, sondern in der Unterstützung der Täter. Die Aufgabe, „Ruhe und Ordnung“ in dieser Ausnahmesituation aufrechtzuerhalten und die vermeintlich bedrohte Bevölkerung zu schützen, bestand in der wissentlichen Absicherung von Gewalttaten und Morden an KZ-Häftlingen. Dabei scheinen die einzelnen Akteure diesen Dienst vor allem als missliebige Zumutung empfunden zu haben.

326 Vernehmung von Paul Grübenstein*, Kriminalpolizei Rendsburg, 11.9.1950, ebenda, Bl. 197v.

327 Vernehmung von Hinrich Sachse*, Kriminalpolizei Brunsbüttelkoog, 11.9.1950, ebenda, Bl. 199v–200, hier Bl. 200.

328 Vernehmung von Paul Grübenstein*, Kriminalpolizei Rendsburg, 11.9.1950, ebenda, Bl. 197v.

329 Vernehmung von Peter Johnke*, Kriminalpolizei Plön, 13.1.1950, ebenda, Bl. 91.

330 Vernehmung von Johannes Baumgart*, Kriminalpolizei Rendsburg, 12.9.1950, ebenda, Bl. 201.

In Brunsbüttelkoog war für die Bewachung der Häftlinge nach wie vor die KZ-Wachmannschaft zuständig; die Einheiten von Polizei und Gendarmerie hatten eher Hilfstätigkeiten zu leisten. Mit zunehmendem Zerfall des NS-Staats und seiner Institutionen wuchs die Eigenverantwortung der Polizei, die inmitten der rasanten Dynamik – Absetzbewegungen von politischen Funktionsträgern, dem Durchzug von Militärformationen oder dem Stranden von KZ-Transporten im Ort – für Kontinuität stand, auch wenn zu dem Zeitpunkt von einem Gewaltmonopol nicht die Rede sein konnte. Während Volkssturmleute ihre eigenen Interessen verfolgten oder ortsfremde KZ-Wachmannschaften im Zweifelsfall das Weite suchten, musste sich die Polizei bemühen, die Situation beherrschbar zu halten und zwar möglichst auch über das Kriegsende hinaus.

In Flensburg beispielsweise war die lokale Polizei maßgeblich in das Ende der KZ-Räumungstransporte in Norddeutschland involviert.[331] Ein erster Transport von über 300 Gefangenen war mit dem Kohlefrachter „Olga Siemers" über den Nord-Ostsee-Kanal aus dem „Auffanglager" Sandbostel nach Flensburg gekommen.[332] Nach Angabe der Polizei hatte man selbst zunächst „mit der Angelegenheit nichts zu tun". Erst als sich abzeichnete, dass eine Weiterfahrt des KZ-Schiffes kaum zu erwarten war, soll sich der Kommandeur der Polizei dafür eingesetzt haben, dass die Stadtverwaltung für die Häftlinge Lebensmittel-Bezugsscheine bereitstellte. Zudem soll in der Polizeiküche Essen für sie zubereitet worden sein. Einige Tage später wurden die KZ-Häftlinge von der „Olga Siemers" in einen Zug verladen. Dabei übernahm die Polizei die Absperrung zwischen den KZ-Häftlingen und einem nahe der Verladestelle gelegenen Zwangsarbeitslager. Weil ein Luftangriff auf den Hafen befürchtet wurde, ließ die Polizei die Waggons mit den Häftlingen auf einen Güterbahnhof verschieben. Dort setzte sich die SS-Wachmannschaft ab, woraufhin sich Anwohner bei der Polizei meldeten, die sich von den Häftlingen bedroht fühlten. Daraufhin habe diese die „Betreuung" der Häftlinge wieder übernommen. Allerdings handelte es sich weniger um eine humanitäre Aufgabe als vielmehr um die Bewachung des Transports und die Abwehr

331 Linck, Ordnung, S. 143–147. Zu Schleswig-Holstein und Flensburg als Ziel der Absetzbewegungen diverser SS- und Polizeiämter vgl. Stephan Linck, ‚Festung Nord' und ‚Alpenfestung'. Das Ende des NS-Sicherheitsapparates, in: Paul/Mallmann, Gestapo, S. 569–595.

332 Werner Borgsen/Klaus Volland, Stalag X B Sandbostel. Zur Geschichte eines Kriegsgefangenen- und KZ-Außenlagers in Norddeutschland 1939–1945, Bremen 1991, S. 203 f. Zur Route der „Olga Siemers" vgl. Ulf Luers, KZ-Häftlings-Transporte nach Flensburg im April/Mai 1945, in: Stadtarchiv Flensburg/IZRG Schleswig/BU Flensburg (Hrsg.), Verführt. Verfolgt. Verschleppt. Aspekte nationalsozialistischer Herrschaft in Flensburg 1933–1945, Flensburg 1996, S. 276–323, hier S. 293.

vermuteter, von den Häftlingen ausgehender Gefahren.[333] Nach dem Eintreffen weiterer Transporte mit Tausenden KZ-Häftlingen aus verschiedenen Lagern[334] wurden die Gefangenen auf Schiffe verladen. Auf dem Dampfer „Rheinfels" wurden etwa 1600 Häftlinge unter katastrophalen Bedingungen eingepfercht.[335]

Mittlerweile hatten die Alliierten Flensburg erreicht und ließen am 10. Mai über Tausend befreite KZ-Häftlinge Richtung Schweden verschiffen. Erneut war die Polizei involviert, da 20 Beamte als Begleitmannschaft für die dreitägige Fahrt dienten.[336]

Anhand des Flensburger Polizeiberichts wird deutlich, welch wichtige Funktion der Polizei beim Umgang mit den KZ-Häftlingen vor und nach ihrer Befreiung in der Übergangsphase zwischen NS-Herrschaft und Besatzung durch die Alliierten zukam. Es ist nicht ausgeschlossen, dass es tatsächlich zu den im Bericht angeführten Hilfeleistungen für die Gefangenen kam. Die primäre Aufgabe der Polizei bestand aber nicht in der Versorgung der Häftlinge, sondern in ihrer Beaufsichtigung und Abschirmung gegenüber der Zivilbevölkerung. Die wortreiche Selbstdarstellung einer um das Wohl der Gefangenen besorgten Polizei kann nicht darüber hinwegtäuschen, dass die Aufrechterhaltung der öffentlichen Sicherheit für die einheimische Bevölkerung an erster Stelle stand, ansonsten hätte man die Häftlinge nicht tagelang in Zügen und auf Schiffen einpferchen müssen.

Die hier vorgestellten Beispiele machen deutlich, in welchem Spannungsfeld Polizisten und Gendarmen angesichts der Konfrontation mit Todesmärschen und KZ-Räumungstransporten handelten. Solange diese von Wachmannschaften begleitet wurden, erfüllte die Polizei Hilfstätigkeiten oder fungierte notfalls als Ersatzbewachung. In einer Scharnierfunktion stand sie zwischen den einheimischen Autoritäten, wie den oft als Polizeiherren amtierenden Bürgermeistern, den SS-Leuten, die mit den Transporten in den Ort gekommen waren, und gegebenenfalls anderen Akteuren aus dem lokalen Organisationsnetzwerk wie NSV,

333 Polizeiinspektion Flensburg-Stadt, Betr.: Das Eintreffen und die Behandlung ehemaliger KZ-Häftlinge in Flensburg in den letzten Tagen des zweiten Weltkrieges, 24. 3. 1949, 5.3.2/84612073, ITS Digital Archive, Bad Arolsen.

334 Luers, KZ-Häftlings-Transporte, S. 278–298; Karola Fings, 5. SS-Eisenbahnbaubrigade, in: Wolfgang Benz/Barbara Distel (Hrsg.), Der Ort des Terrors. Geschichte der nationalsozialistischen Konzentrationslager, Bd. 3: Sachsenhausen, Buchenwald, München 2006, S. 152–154.

335 Luers, KZ-Häftlings-Transporte, S. 303.

336 Polizeiinspektion Flensburg-Stadt, Betr.: Das Eintreffen und die Behandlung ehemaliger KZ-Häftlinge in Flensburg in den letzten Tagen des zweiten Weltkrieges, 24. 3. 1949, 5.3.2/84612074, ITS Digital Archive, Bad Arolsen.

NSDAP oder Rotem Kreuz. Mit der zunehmenden Auflösung dieser Strukturen und in Situationen, in denen keine KZ-Wachmannschaften mehr vor Ort waren, erweiterten sich sowohl Verantwortungsbereiche als auch Handlungsspielräume der Polizei. Vor allem in kleinen Dörfern waren einzelne Gendarmen häufig ganz auf sich allein gestellt und mussten eigenverantwortlich entscheiden, wie sie mit geflohenen oder von Einheimischen an sie ausgelieferten Häftlingen umgehen sollten.

Die Polizei stand in der unübersichtlichen Situation des Kriegsendes insbesondere für Kontinuität: Es hatte sie vor dem Nationalsozialismus gegeben, und auch danach würde es nicht ohne sie gehen. Es handelte sich um eine „ganz normale Organisation", die in den zwölf Jahren NS-Herrschaft auf ihre Weise in das verbrecherische staatliche Gewalthandeln eingebunden war. Das traf auch bei Kriegsende zu, und so mag es kaum überraschen, dass die Polizei auf lokaler Ebene in die Auflösung der Konzentrationslager eingebunden wurde. Die Thesen von Stefan Kühl sind insofern auch für die Räumungstransporte und Todesmärsche relevant. In diesem Sinne war die Polizei „durch die Normalität ihrer Programme, ihrer Kommunikationswege und ihres Personals" am Geschehen beteiligt.[337] Das Programm der Polizei war nicht der Sonderfall „KZ-Räumung", sondern allgemeiner: die Gewährleistung von Sicherheit für die deutsche Mehrheitsbevölkerung. Dazu gehörte auch die Bewachung von KZ-Häftlingstransporten.[338] So vermerkte das Diensttagebuch eines Polizisten aus Brunsbüttelkoog für die Nacht, in welcher der KZ-Zug im Bahnhof stand, ganz nüchtern: „Außendienst im Standort [...] Dienstleistung anläßlich eines Gefangenentransportes."[339] Nach dieser Logik war es selbstverständlich, Geflohene notfalls mit Waffengewalt zu stoppen. Für diese Aufgaben konnten die bestehenden Kommunikationswege genutzt werden, vom Bürgermeister die Dienstgrade hinunter bis zum einfachen Gendarmen oder gar Hilfspolizisten. Allerdings mischten sich – und dies stellt eine spezifische Besonderheit dar – mit den Wachmannschaften, die häufig parallel mit vor Ort waren, weitere Akteure in die Befehlsketten der Polizei ein. Das Personal der Polizei wiederum musste nicht eigens für die Aufrechterhaltung von „Sicherheit und Ordnung" geschult werden, denn genau das war sein Beruf.

337 Kühl, Organisationen, S. 301.

338 In Bezug auf den Holocaust spricht Kühl von einer „Einbettung in einen polizeilichen Erwartungshorizont", ebenda, S. 269–286, hier S. 276.

339 Tagebuch des Meisters der Gendarmerie Bartoschewski*, Gruppenposten Brunsbüttelkoog, Gendarmerie-Abteilung Marine, April 1945 (Eintrag vom 6. 4. 1945), LASH, Abt. 352 Itzehoe, Nr. 421, Bl. 187.

2.4. Die Jungen und die Alten: Hitler-Jugend und Volkssturm

Zwei Gruppen von Akteuren aus der lokalen Bevölkerung traten im Geschehen um die Todesmärsche besonders häufig in Erscheinung. Dabei handelte es sich um diejenigen Teile der männlichen Einwohnerschaft, die kurz vor Kriegsende noch vor Ort und nicht zur Wehrmacht eingezogen worden waren: die besonders jungen und alten Dorfbewohner.

Sowohl die jungen als auch die alten Männer wurden gegen Ende des Zweiten Weltkriegs im sogenannten Volkssturm organisiert, der „alle waffenfähigen Volksgenossen im Alter von 16 bis 60 Jahren" umfassen sollte.[340] In dessen „I. Aufgebot" wurden zunächst alle kampffähigen Männer, die zwischen 1884 und 1924 geboren waren und keinem kriegswichtigen Beruf nachgingen, eingeteilt, ins „II. Aufgebot" jene, die vor Ort aufgrund solcher Tätigkeiten unabkömmlich waren. Das „III. Aufgebot" umfasste die Jugendlichen der Jahrgänge 1925 bis 1928 und das „IV. Aufgebot" schließlich diejenigen, die nicht mehr in Kampfhandlungen, wohl aber für Sicherungsaufgaben eingesetzt werden konnten.[341] Damit waren große Teile der Hitler-Jugend Teil des Volkssturms. Dennoch soll im Folgenden zwischen diesem und der HJ unterschieden werden, was zum einen – wie zu zeigen sein wird – auf analytischer Ebene mit den sehr unterschiedlichen erfahrungs- und mentalitätsgeschichtlichen Horizonten der verschiedenen Akteure zusammenhängt. Zum anderen macht die Statistik deutlich, dass der Volkssturm in der NS-Propaganda zwar „als großes *generationelles* Gemeinschaftsprojekt" inszeniert wurde, seine Altersstruktur jedoch eine stark polarisierte Verteilung aufwies. So machten die Älteren – in dem Fall die 50–60-Jährigen – mit etwa 60 Prozent einen Großteil seiner insgesamt sechs Millionen Mitglieder aus, wohingegen der Anteil der 14–20-Jährigen nur bei weniger als vier Prozent lag.[342] Wenn in diesem Kapitel vom „Volkssturm" die Rede ist, sind explizit die älteren Männer gemeint, während der Abschnitt zu den Jugendlichen von jungen Menschen vom Kindesalter bis zum 23. Lebensjahr handelt, die zumeist in der HJ organisiert waren.

Die Themen Kindheit und Jugend im Nationalsozialismus erfahren seit Langem eine breite Aufmerksamkeit, sowohl durch eine kaum zu überblickende Fülle an Selbstzeugnissen als auch aus wissenschaftlicher Perspektive.[343] Die

340 Zitiert nach Keller, Volksgemeinschaft S. 131.

341 Ebenda, S. 133.

342 Benjamin Möckel, „Nutzlose Volksgenossen"? Der Arbeitseinsatz alter Menschen im Nationalsozialismus, Berlin 2010, S. 77 (Hervorhebung i.O.).

343 Eine aktuelle Einführung mit Schwerpunkt auf der Hitler-Jugend findet sich bei Jakob Benecke (Hrsg.), Die Hitler-Jugend 1933 bis 1945. Programmatik, Alltag, Erinnerungen. Eine Dokumentation, Weinheim/Basel 2013, S. 22–92.

jüngeren Studien zeichnen sich durch stärkere Differenzierungen in empirischer wie analytischer Hinsicht aus.[344] Insbesondere Benjamin Möckels aktuelle Studie über die „Kriegsjugendgeneration" bietet hilfreiche Einblicke nicht nur in deren Selbstbeschreibung als vermeintlich kollektivem Erfahrungszusammenhang, sondern auch in die Denk- und Erfahrungswelten Jugendlicher im Nationalsozialismus und vor allem in der Kriegsendphase.[345] Demnach habe zu Beginn des Krieges noch ein „Konglomerat aus persönlicher Begeisterung, Abenteuerlust und dem durch die NS-Erziehung geprägten militärischen Deutungsrahmen" auf die Jugendlichen stark mobilisierend gewirkt.[346] Je näher das Ende des Krieges rückte, desto stärker distanzierten sich viele Jugendliche – wobei sie einerseits die militärische Niederlage realistisch antizipierten, andererseits der „weiterwirkenden emotionalen Kohäsionskraft der NS-Ideologie" verhaftet blieben.[347] Insgesamt seien – entgegen späteren generationalisierenden Selbstdeutungen – gerade ambivalente und trennende zeitgenössische Wahrnehmungen charakteristisch für die Erfahrungen Jugendlicher in der Kriegsendphase.[348] Diese Ergebnisse sind für die folgende Auseinandersetzung mit Jugendlichen während der Todesmärsche grundlegend, sensibilisieren sie doch gegen den Versuch vorschneller Generalisierungen. Allerdings ist einschränkend zu bemerken, dass sich die untersuchten Wirkungen von Gewalterfahrungen Jugendlicher in der Kriegsendphase in Möckels Studie insbesondere auf militärische Kampfhandlungen beziehen. Die Dimension aktiver Verbrechensbeteiligung hingegen bleibt wie in den meisten Darstellungen zum Thema unbeleuchtet, was auch mit entsprechenden „blinden Flecken" in den zugrundeliegenden Tagebüchern und Briefen als Quellen zusammenhängt. Somit ist die Frage nach vergemeinschaftenden Funktionen gemeinsam begangener Gewalttaten für Jugendliche nach wie vor virulent.[349]

Im Gegensatz zum Thema „Jugend" liegen im Bereich der historischen Altersforschung in Bezug auf die NS-Herrschaft bisher nur wenige Beiträge vor.[350] Auch

344 Heidi Rosenbaum, „Und trotzdem war's ne schöne Zeit". Kinderalltag im Nationalsozialismus, Frankfurt a. M./New York 2014.

345 Benjamin Möckel, Erfahrungsbruch und Generationsbehauptung. Die ‚Kriegsjugendgeneration' in den beiden deutschen Nachkriegsgesellschaften, Göttingen 2014, hier insb. S. 47–153.

346 Ebenda, S. 58.

347 Ebenda, S. 125.

348 Ebenda, S. 136–152.

349 Kurze Ausführungen zur Verbrechensbeteiligung von HJ-Angehörigen, unter anderem bei den Todesmärschen, finden sich hingegen bei Benecke, Hitler-Jugend, S. 51–53.

350 Dezidiert dazu bisher: Lil-Christine Schlegel-Voß, Alter in der „Volksgemeinschaft". Zur Lebenslage der älteren Generation im Nationalsozialismus, Berlin 2005; Möckel, „Nutzlose Volksgenossen".

die wissenschaftliche Auseinandersetzung mit dem Volkssturm, dem laut Sven Keller „wichtigste[n] Element des nationalsozialistischen ‚Volkskrieges' zur Verteidigung des Heimatgebietes",[351] steht bislang in keinem Verhältnis zu dessen Bedeutung für die paramilitärische Mobilisierung der männlichen deutschen Bevölkerung in den letzten Kriegsmonaten. Immerhin sollte mit der Aufstellung des Volkssturms der NSDAP ein Zugriff auf über 13,5 Millionen Männer ermöglicht werden.[352] Die vorliegenden Monografien zum Volkssturm in deutscher Sprache wurden entweder von einst persönlich Involvierten verfasst,[353] folgen einseitig dem ideologisch überformten Geschichtsbild der Sozialistischen Einheitspartei Deutschlands (SED)[354] oder sind populärwissenschaftlich gehalten.[355] Die Verbrechensbeteiligung von Volkssturmeinheiten in der Kriegsendphase ist kaum thematisiert worden, vielmehr wurde der „militärische Wert" des Volkssturms eruiert und in diesem Zusammenhang die Sinnlosigkeit seines Einsatzes im „Endkampf" bemängelt. Dies ging nicht selten mit viktimisierenden und exkulpatorischen Tendenzen einher.[356] Klaus-Dietmar Henke hat in seiner Studie über die amerikanische Besetzung Deutschlands den Volkssturm als hilflosen Haufen von Soldaten-Karikaturen dargestellt, der regelmäßig zu den „tragikkomischen Veranstaltungen" militärischer Ausbildung gebeten wurde, aber von einigen Ausnahmen im Osten des Reiches abgesehen bedeutungslos geblieben sei.[357]

Auch in der jüngsten, empirisch gesättigten Monografie hat David K. Yelton nur am Rande auf die hilfspolizeilichen Aufgaben des Volkssturms verwiesen. Die Bewachung von Kriegsgefangenen- und KZ-Transporten ging ihm zufolge gelegentlich mit der Beteiligung an Gräueltaten einher. Dabei habe es sich jedoch um Einzelfälle gehandelt.[358] Diese Einschätzung Yeltons ist im Kontext seiner Diskussion der völkerrechtlichen Legalität des Volkssturms zu betrachten, die durch diese „Vorfälle" nicht infrage gestellt würde. Unabhängig von der militär-

351 Keller, Volksgemeinschaft, S. 131.

352 Nolzen, NSDAP, S. 185.

353 Hans Kissel, Der Deutsche Volkssturm 1944/45. Eine territoriale Miliz im Rahmen der Landesverteidigung, Frankfurt a. M. 1962. Kissel war ab November 1944 Chef des „Führungsstabes Deutscher Volkssturm" gewesen.

354 Klaus Mammach, Der Volkssturm. Das letzte Aufgebot 1944/45, Berlin (Ost) 1981.

355 Franz W. Seidler, „Deutscher Volkssturm". Das letzte Aufgebot 1944/1945, München/Berlin 1989.

356 Ebenda, S. 374: „Ihr [der zum Volkssturm Eingezogenen] Opfer stand in keinem Verhältnis zum militärischen Nutzen."

357 Henke, Besetzung, S. 128–136, 954–958, hier S. 134.

358 Yelton, Hitler's Volkssturm, S. 91 f.

juristischen Dimension ist allerdings festzuhalten, dass Volkssturmeinheiten nicht im Ausnahmefall, sondern flächendeckend und regelmäßig in Verbrechen der Endphase und die Todesmärsche involviert waren.[359] Erst Sven Keller hat jüngst herausgestellt, dass die Angehörigen des Volkssturms „nicht nur Objekte der Mobilisierung oder der Disziplinierung" waren, sondern in den letzten Wochen des Krieges „häufig auch Täter".[360]

Im Folgenden sollen die Ergebnisse der Forschungen zu Verbrechen während der Todesmärsche, an denen Angehörige von Hitler-Jugend und Volkssturm beteiligt waren, überprüft und ergänzt werden. Katrin Greiser sieht „vage Hinweise darauf, dass sich jugendliche Volkssturmangehörige bzw. HJ-Mitglieder besonders eifrig an der Jagd auf geflohene Gefangene beteiligt haben". Im Anschluss an Michael H. Kater führt sie als mögliche Erklärung an, dass die besonders brutalisierte und ideologisch verblendete Jugend im Nationalsozialismus nun doch noch „Gelegenheit bekam, sich im Kampf gegen die Volksfeinde zu bewähren" und sich die durch den Kriegsverlauf bedingten Frustrationen in Aggressionen entluden, die nicht gegen „den Feind", sondern wehrlose „Gegner" gerichtet wurden.[361]

Daniel Blatman betont in seiner Monografie die zentrale Rolle, die der „lokale Aspekt, der Kampf für die Gemeinschaft und die Familie" für die Bildung des Volkssturms spielte: „Im Volkssturm dienten Menschen, die zusammen aufgewachsen waren, an einem Ort lebten und die Schulter an Schulter zur Waffe griffen, um ihre Gemeinschaft zu verteidigen."[362] Im Gegensatz zur Hitler-Jugend, die „ganz und gar an die eigenen Taten glaubte",[363] waren laut Blatman die älteren Volkssturm-Männer „alles andere als begeistert, eine Waffe tragen und kämpfen zu müssen". Für sie sei es demnach eine pragmatische Angelegenheit gewesen, ihr Heim und ihre Angehörigen zu verteidigen.[364]

Sven Keller schließlich macht nach einer breiten empirischen Darstellung von Verbrechen der „Endphase", die von Angehörigen des Volkssturms begangen wurden, eine klassische Top-Down-Perspektive aus, nach der die „regionalen und lokalen NS-Hoheitsträger [...] einzelne Volkssturmmänner zu Gewalttaten und Verbrechen" herangezogen hätten.[365] Die von HJ-Angehörigen begangenen

359 Greiser, Todesmärsche, S. 111–121; Blatman, Todesmärsche, S. 657–666.

360 Keller, Volksgemeinschaft, S. 137.

361 Greiser, Todesmärsche, S. 131 f.

362 Blatman, Todesmärsche, S. 362.

363 Ebenda, S. 669.

364 Ebenda, S. 655.

365 Keller, Volksgemeinschaft, S. 145.

Verbrechen führt er auf jahrelange ideologische Indoktrination zurück, auf den Reiz militärischer Initiationsriten sowie die Anleitung durch „charismatische Führer der HJ auf den unteren und mittleren Hierarchieebenen, die als fanatische Vorbilder dienten und nötigenfalls auch Druck und Zwang ausübten". Als Motive identifiziert er negative Emotionen, die sich in der Ausübung von Gewalt Luft verschafften. Im Angesicht der bevorstehenden Niederlage habe sie als „stabilisierender Faktor gegen das hereinbrechende Chaos" gewirkt.[366]

Diesen Interpretationen wird im Folgenden teils unter Rückgriff auf in der Literatur angeführte Fälle, aber auf Grundlage einer breiteren Quellenbasis neu erschlossener Dokumente nachgegangen.

2.4.1 Junge Veteranen und adoleszente Abenteurer

Im Zuge der Todesmärsche kamen viele Kinder und Jugendliche in direkten Kontakt mit NS-Verbrechen. Die Marschkolonnen, die mitten durch die Dörfer getrieben wurden, waren insbesondere für Kinder eine Erfahrung, von der viele bis ins hohe Alter berichten. Die dabei verübten Verbrechen konnten kaum vor den einheimischen Kindern und Jugendlichen verheimlicht werden, sie übten vielmehr als neugierig beobachtete Ereignisse besondere Faszination auf die jüngsten Ortsbewohner aus. So musste beispielsweise im ostsächsischen Spitzkunnersdorf nach einer Erschießung von Häftlingen ein Rentner „anordnungsgemäß die sich inzwischen angesammelten Kinder vom Tatort fernhalten".[367] Nach dem Durchzug der Häftlingskolonnen waren es häufig neugierige Kinder, die beim Spielen abseits der Straßen und Wege als Erste erschossene Häftlinge in Wäldern oder auf Feldern entdeckten.[368] Auch viele überlebende Häftlinge berichteten später über Begegnungen mit Kindern und Jugendlichen auf den Todesmärschen.[369]

Kinder waren auch selbst an Gewalttaten gegenüber KZ-Häftlingen beteiligt. Ein besonders grausamer Fall ereignete sich im Februar 1945 in Herzogswalde

366 Ebenda, S. 165 f.

367 Gendarmerie-Posten Spitzkunnersdorf an Gendarmerie-Abteilung Zittau, Betr.: Von der SS erschossene Strafgefangenen [sic!], 6. 9. 1945, SHStAD, 11391, Nr. 992, Bl. 140.

368 Vernehmung von Johann Oertel*, Kriminal-Außenstelle Mühldorf, 13. 4. 1955, StAM, Staatsanwaltschaften, 31500/4, Bl. 4; Vernehmung von Woldemar Mußmann*, Gend.-Einzelposten Steinbach i. Erzgeb., 5. 5. 1945, SHStAD, 11391, Nr. 992, Bl. 147; Vernehmung von Paul Johann Leiste*, Kreisgericht Oelsnitz, 15. 12. 1966, BStU, MfS HA IX/11, RHE-West 184, Bl. 250 f.

369 So zum Beispiel im bereits 1945 verfassten Bericht von Mikas Šlaža, Žvėrys žmogaus pavidalu. Bestien in Menschengestalt, Vilnius 1995, S. 419 f.

(Sachsen).[370] Dort quälte eine Gruppe von sechs Kindern und Jugendlichen zwischen acht und 18 Jahren eine vom Todesmarsch zurückgebliebene Jüdin mehrere Stunden lang zu Tode, nachdem ihnen der Bürgermeister gesagt hatte, sie sollten sie „mit einem Handwagen aus der Gemeinde herausfahren und dann mit ihr machen, was sie wollten".[371] Die drei Älteren übernahmen Planung, Logistik und letztlich die Durchführung des Mordes, während die drei Jüngeren die „Hilfsarbeiten" erledigten. Dass die Gewalt gemeinschaftlich und abwechselnd verübt wurde, spricht dafür, dass der kollektiven Misshandlung der Charakter einer vergemeinschaftenden Mutprobe beikam. Nach der Erörterung verschiedener Mordmethoden fassten sie den Plan, die Frau zu erschlagen. Abwechselnd schlugen die Älteren mit Ästen auf ihr Opfer ein; als die Frau nicht mehr atmete, warfen die Jugendlichen sie in einen nahe gelegenen Bach. Solch brutale und eigenmächtige Gewaltausübung von Kindern war sicherlich exzeptionell – was sich auch an der Skandalisierung des Falles in der Nachkriegspresse ablesen lässt.[372] Der Mord in Herzogswalde verweist aber auf eine spezifische Dynamik, die sich auch an anderen Orten zeigte: Die Anwesenheit von KZ-Häftlingen in den Ortschaften wirkte nicht nur faszinierend und abschreckend zugleich, sondern schuf für junge Menschen Gelegenheiten, die Ausübung von Gewalt gegenüber Schwächeren ungestraft auszutesten und sich vor Gleichaltrigen und Erwachsenen zu beweisen. Dabei hatten Kinder die Möglichkeit, gegenüber erwachsenen Frauen und Männern Gewalt anzuwenden – die sozialen Rollen wurden vertauscht und ein neuer Erfahrungsraum der Selbstermächtigung entstand.[373]

Schule der Vergemeinschaftung

Eine große Anzahl von Jugendlichen und jungen Erwachsenen war im bereits erwähnten Glaubitz und dessen Umgebung an der Ergreifung und Ermordung von geflohenen KZ-Häftlingen beteiligt. Diese sächsische Kleinstadt, acht Kilometer von Riesa entfernt, hatte in den 1940er-Jahren etwa 2000 Einwohnerinnen und Einwohner.[374] Im Frühjahr 1945 wurde der Ort zur Zwischenstation

370 Der Fall wird auch geschildert bei Keller, Volksgemeinschaft, S. 161 f.

371 Urteil des Großen Jugendgerichts zu Dresden, 6. 9. 1946, Lfd. Nr. 1825, in: DDRJuNSV, Bd. XIII, S. 369–375.

372 „Brutaler Mord aus Rassenwahn", in: Volkszeitung Dresden, 10. 8. 1945; „Gerechte Strafe den Mördern!", in: Volkszeitung Dresden, 12. 9. 1945.

373 In diesem Sinne, aber ohne weitere Ausführungen Thomas Kühne, Belonging and Genocide. Hitler's Community, 1918–1945, New Haven/London 2010, S. 155: „Something unusual had happened. Children no longer had to respect all adults."

374 Statistisches Reichsamt, Gemeindeverzeichnis, S. 192.

der Todesmärsche aus den Außenlagern des KZ Buchenwald in und um Leipzig. Tausende Häftlinge wurden von ihren Bewachern mehrere Tage lang auf dem Sportplatz der Ortschaft eingesperrt. Im Zuge eines Luftangriffs auf die Ortschaft flüchteten mehrere Hundert Häftlinge; in der Folge wurden Bewohner der umliegenden Ortschaften zur Suche nach den Geflohenen mobilisiert, darunter zahlreiche Angehörige der Hitler-Jugend.[375] Viele HJ-Angehörige waren damals im Gebiet um Glaubitz in sogenannten Kampfgruppen organisiert. Im fünf Kilometer entfernten Dorf Zschaiten war ein „Bannausbildungslager" für etwa 120 dieser Jungen und Mädchen eingerichtet worden.[376] Zahlreiche von ihnen stammten aus der Region, darunter der Lagerführer sowie mehrere Ausbilder.

Die „Bannausbildungs-" oder „Wehrertüchtigungslager" (WEL) dienten ursprünglich der „vormilitärischen Ausbildung der männlichen Jugend".[377] In Schnellkursen von wenigen Wochen sollten die Jugendlichen hier im Umgang mit Waffen geschult und dann zur Wehrmacht überstellt werden.[378] Es handelte sich um „Integrationslager"[379] bzw. „NS-Formationslager",[380] die als Scharnier und Transmissionsriemen zwischen dem beziehungsweise der Einzelnen und der „Volksgemeinschaft" dienen sollten. In den letzten Tagen und Wochen des Krieges sollten die Jugendlichen, in deren „Fanatismus" die NS-Führung angesichts der sich abzeichnenden Niederlage große Hoffnungen setzte, hier auf den „Endkampf" eingeschworen und vorbereitet werden.[381]

Das Bannausbildungslager in Zschaiten wies zahlreiche der Merkmale auf, die diese „Integrationslager" kennzeichneten, aber es werden auch Abweichungen vom Idealtypus deutlich, die vor allem durch die Auflösungserscheinungen der Kriegsendphase bedingt waren. So hatte das Lager in Zschaiten nicht die übliche äußere Form eines Zelt- oder Barackenlagers,[382] sondern war eher

375 Greiser, Todesmärsche, S. 116.

376 Vernehmung von Frieda Elsa Mildner, Kriminalpolizei Riesa, 6. 11. 1945, BStU, MfS, BV Dresden, ASt. 18/47 Strafsache, Bl. 11 f., hier Bl. 11; Vernehmung von Elisabeth Johanna Schwarz*, Kriminalpolizei Großenhain, 10. 11. 1945, ebenda, Bl. 18.

377 Jürgen Schiedeck/Martin Stahlmann, Die Inszenierung „totalen Erlebens". Lagererziehung im Nationalsozialismus, in: Heinz Sünker/Hans-Uwe Otto (Hrsg.), Politische Formierung und soziale Erziehung im Nationalsozialismus, Frankfurt a. M. 1991, S. 167–202, hier S. 178.

378 Keller, Volksgemeinschaft, S. 152.

379 Dietfrid Krause-Vilmar, Das Lager als Lebensform des Nationalsozialismus – Anmerkungen und Fragen, in: Pädagogische Rundschau 38 (1984) 1, S. 29–38, hier S. 36 f.

380 Kiran Klaus Patel, „Auslese" und „Ausmerze". Das Janusgesicht der nationalsozialistischen Lager, in: ZfG 54 (2006) 4, S. 339–365, hier S. 352.

381 Keller, Volksgemeinschaft, S. 152–155.

382 Patel, „Auslese" und „Ausmerze", S. 344–446.

provisorisch in einem Gasthof des Dorfes untergebracht. Die „NS-Formationslager" als „gendered spaces" waren in der Regel nach Geschlechtern getrennt organisiert.[383] In Zschaiten hingegen waren beim Bannausbildungslager neben Jungen und jungen Männern auch etliche Frauen und Mädchen beschäftigt, jedoch in den ihnen zugedachten, abgegrenzten Sphären: als Schreibkräfte[384] oder Küchenhilfen.[385] Hier wurde die Geschlechterordnung nicht durch Separierung von Jungen und Mädchen, sondern durch deren gemeinsame Erfahrungen in geschlechtsspezifisch aufgeteilten Abläufen und Strukturen fortgeschrieben. Diese Praxis ging mit Sozialisation und starker Gruppenkohäsion der jungen Leute einher, die auch Partnerschaften unter den älteren Jugendlichen mit einschloss.[386] Auch während der Absetzbewegungen kurz vor Kriegsende und nach Auflösung des Bannes blieben einige der Jugendlichen und jungen Erwachsenen als Gruppe zusammen.[387]

Das weist darauf hin, dass die NS-Jugendlager tatsächlich – und über das Ende der NS-Herrschaft hinaus – wirkmächtige Institutionen der Vergemeinschaftung waren. Hier wurde die viel beschworene „Kameradschaft" geübt und gelebt; es herrschten interne Hierarchien, Ordnungen und Autoritäten, die von den Werten und Regeln der Elternhäuser deutlich abgegrenzt wurden.[388] Dabei nahmen die HJ-Führer als „primi inter pares" eine Doppelrolle ein: Sie sollten mit Sanktionsmacht ausgestattete Vorgesetzte, aber zugleich „Kameraden" sein und „im Sinne des Nationalsozialismus die Egalität in der Unterordnung herstellen".[389]

In den WEL der Kriegsendphase wurden die HJ-Angehörigen zumeist von Wehrmachtsangehörigen ausgebildet und geführt, die etwas älter waren, über Fronterfahrung verfügten und nach Verwundung entlassen worden waren.[390] Ein

383 Ebenda, S. 341.

384 Vernehmung von Lydia Schleemann*, Kriminalpolizei Großenhain, o. D. (1945), BStU, MfS, BV Dresden, ASt. 18/47 Strafsache, Bl. 42; Vernehmung von Frieda Anneliese Laumsdorf*, Kriminalpolizei Großenhain, o. D. (1945), ebenda, Bl. 20.

385 Vernehmung von Olga Magdalene Ruß*, Kriminalpolizei Großenhain, o. D. (1945), ebenda, Bl. 21; Vernehmung von Annelies Edith Jarting*, Kriminalpolizei Großenhain, 10. 11. 1945, ebenda, Bl. 16 f., hier Bl. 16.

386 Ebenda; Vernehmung von Lydia Schleemann*, Kriminalpolizei Großenhain, o. D. (1945), ebenda, Bl. 42.

387 Vernehmung von Albert Jarting*, Kriminalpolizei Großenhain, o. D. (vermutl. 10. 11. 1945), ebenda, Bl. 14 f., hier Bl. 15.

388 Kühne, Belonging, S. 43–47.

389 Peter Dudek, Nationalsozialistische Jugendpolitik und Arbeitserziehung. Das Arbeitslager als Instrument sozialer Disziplinierung, in: Sünker/Otto, Politische Formierung, S. 141–166, hier S. 153.

390 Keller, Volksgemeinschaft, S. 156.

typisches Beispiel aus diesen „Stalingrad-Jahrgängen"[391] war der 23-jährige Leiter des Bannausbildungslagers in Zschaiten, Georg Andreher*. Er war im benachbarten Röderau gebürtig, hatte ab 1943 an der Ostfront gekämpft und ein Jahr darauf im Gefecht seinen rechten Arm verloren.[392] Er unterstand dem Oberbannführer und Leutnant Herbert Wendt sowie dem Bannführer Ludwig, nach dem seine „Kampfgruppe" benannt worden war.[393]

Für viele der Jugendlichen ergab sich im WEL kurz vor Kriegsende noch die Möglichkeit, sich in einer vermeintlich militärisch relevanten Situation erstmals zu beweisen. Sie gingen zum Beispiel gemeinsam auf Patrouille oder bewachten die Ein- und Ausgänge des Dorfes.[394] Das führte zu einer zunehmenden Militarisierung des dörflichen Raums und einem Ansteigen der Gewaltatmosphäre im Ort. Einwohner berichteten, dass sie nachts Schüsse und Schreie aus den Wäldern gehört hätten. Eine Frau sagte aus: „Bis kurz vor dem Einmarsch [der Roten Armee] sind die Jungens bei uns im Dorfe herumgerannt. Sie haben bis in die Nacht hinein herumgeschossen." Dabei kam es auch innerhalb der Dorfgemeinschaft zu Konflikten. So berichtete die Zeugin von Drohungen der HJ-Angehörigen ihr gegenüber: „Wenn sie die weiße Fahne raushängen, dann werden sie von uns erschossen."[395]

Zur „Schule der Männlichkeit" im Wehrertüchtigungslager gehörte der Umgang mit Waffen ebenso wie die gemeinsame Beobachtung und Ausübung von Gewalt, und auf das Training in der Ausbildung folgte der „Ernstfall": Als mit den Todesmärschen zahlreiche KZ-Häftlinge in die Gegend um Glaubitz kamen, sahen sich die Hitlerjungen plötzlich vermeintlichen „Feinden" gegenüber, vor denen die lokale Bevölkerung angeblich gemeinschaftlich geschützt werden musste.[396] Die HJ-Angehörigen waren informiert worden, „daß die Gegend von ihnen [KZ-Häftlingen] wimmelte. Uns wurde gesagt, es wären Transporte von KZ.-Häftlingen durchgekommen, dabei wären viele entflohen, es gälte der

391 Rolf Schörken, Jugend 1945. Politisches Denken und Lebensgeschichte, Frankfurt a. M. 2005 (zuerst Opladen 1990), S. 13.

392 Vernehmung von Johannes Georg Andreher*, Kriminalpolizei Großenhain, 12. 11. 1945, BStU, MfS, BV Dresden, ASt. 18/47 Strafsache, Bl. 23.

393 Vernehmung von Heinz Joachim Grippach*, o. D., ebenda, Bl. 34–39, hier Bl. 34. Dass der Bannführer Ludwig dem Oberbannführer Wendt offenbar vorgesetzt war, dürfte an der Trennung von Dienstgrad und Dienststellung gelegen haben.

394 Vernehmung von Albert Jarting*, Kriminalpolizei Großenhain, o. D. (vermutl. 10. 11. 1945), ebenda, Bl. 14 f., hier Bl. 15.

395 Vernehmung von Toni Else Mutschke*, Kriminalpolizei Großenhain, 1. 2. 1949, SHStAD, 13471 NS-Archiv des MfS, VgM Nr. 10100/1, unpag.

396 Blatman, Todesmärsche, S. 435, 705.

Entflohenen habhaft zu werden."[397] Nun wurde nicht mehr nur zu Übungszwecken, sondern auf lebende Menschen geschossen. Es gab Befehle zum Mord und eigenmächtige Entscheidungen der Jugendlichen – radikalisierende Gruppenerlebnisse und individuelle Grenzüberschreitungen.

Initiationen

Der HJ-Angehörige Karl-Heinz Mehlmann* war im April 1945 gerade 18 Jahre alt geworden, als er zum Volkssturm Riesa eingezogen, der „Kampfgruppe Ludwig" zugeteilt und dort als Melder eingesetzt wurde.[398] Nur einen Tag später war er bereits mit Oberbannführer Wendt, dem NSDAP-Ortsgruppenleiter Beger sowie einem weiteren HJ-Angehörigen namens Werner Quapp* unterwegs nach Glaubitz. Da sich nach den ersten Morden an KZ-Häftlingen im Umland, deren Leichen einfach liegen gelassen worden waren, Beschwerden der Bürgermeister über diesen Zustand mehrten, sollte auf dem Sportplatz, wo sich das provisorische Lager für die KZ-Häftlinge befand, eine Besprechung über die Bestattung der Toten abgehalten werden.[399] Doch schon auf dem Weg nach Glaubitz kam es zu einem weiteren Mord, in den Mehlmann* direkt involviert war. Als die Gruppe einen geflohenen KZ-Häftling entdeckte, erteilte der Oberbannführer Mehlmann* und Quapp* den Auftrag, diesen zu erschießen. Daraufhin nahmen die beiden HJ-Angehörigen die Verfolgung auf. Nach eigenen Angaben rief Mehlmann* zunächst mehrfach und schoss in die Luft. Der fliehende Häftling sei weiter gerannt, sodass er sich „gezwungen [sah], mit einer Pistole 0,8 etwas tiefer zu halten"[400] und den Flüchtenden in die Beine zu schießen, „um ihn zum Halten zu zwingen. Er gab einen Wehlaut von sich und zog das eine Bein zurück und setzte sich dann nieder. Quapp* überholte mich und ging an den Häftling heran, gab auf ihn 2 Kopfschüsse ab, kam zu mir zurück und sagte: ‚Ich habe ihn erledigt – Dein Schuß hat im Bein gesessen.'"[401]

Folgt man dieser Darstellung, dann entwickelte sich in kürzester Zeit eine bemerkenswerte Gewaltdynamik: Der Befehl von Wendt an die Jüngeren, den Häftling zu ermorden, kam einer Initiation in die Gemeinschaft der Täter gleich

397 Vernehmung von Heinz Joachim Grippach*, Kriminalpolizei Großenhain, o D. (vermutl. 1945), BStU, MfS, BV Dresden, ASt. 18/47 Strafsache, Bl. 34–39, hier Bl. 35.

398 Vernehmung von Karl-Heinz Mehlmann*, Kriminalpolizei Dresden, 22. 8. 1946, ebenda, Bl. 71 f.

399 Vernehmung von Karl-Heinz Mehlmann*, o. D. (vermutl. 1945), ebenda, Bl. 28–31.

400 Ebenda.

401 Vernehmung von Karl-Heinz Mehlmann*, Kriminalpolizei Dresden, 22. 8. 1946, ebenda, Bl. 71 f., hier Bl. 71.

und nahm mit der körperlich anspruchsvollen Aufgabe der „Jagd" nach dem Opfer den Charakter einer Bewährungsprobe an.[402] Mehlmann* hatte angeblich bis zu diesem Moment noch nie mit einer Pistole geschossen.[403] Ob er tatsächlich „nur" versucht hatte, den Fliehenden in die Beine zu treffen, um ihn zu stoppen, oder lediglich ungenau gezielt hatte, sei dahingestellt. Jedenfalls machte er von seiner Waffe Gebrauch und beendete damit die Flucht des Häftlings. Nach den offenbar zögerlichen Schüssen von Mehlmann* ergriff Quapp* die Initiative. Sein äußerst entschlossenes Handeln war in kommunikativer Hinsicht an die anderen Beteiligten gerichtet. Mehlmann* wurde im Sinne des Wortes *überholt*, ihm wurde gezeigt, wie man richtig tötet, und den Vorgesetzten zugleich vermittelt, dass Quapp* bereit und fähig war, ihre Befehle korrekt und ohne Zögern auszuführen. Zu bedenken ist, dass Quapp* in Mehlmanns* Aussagen offensichtlich die Rolle der „negativen Kontrastfigur" einnahm, die das eigene Handeln als weniger schlimm erscheinen lassen sollte.[404] In diesem Sinne ist der Verweis zu verstehen, dass Quapp* „mit seiner Tat auch überall herumgeprahlt" habe.[405]

Mit einem Angehörigen der SS-Wachmannschaft fuhr die Gruppe dann zu verschiedenen Tatorten und begutachtete die umherliegenden Leichen. Dabei wurde beschlossen, dass die Hitler-Jugend für das Begraben der ermordeten Häftlinge herangezogen werden sollte.[406] Dafür wurden am folgenden Tag 40 HJ-Angehörige abkommandiert. Diese Kinder und Jugendlichen wurden mit der Bestattung zu Komplizen gemacht; sie mussten abwechselnd die Gräber ausheben und verwischten anschließend gemeinschaftlich die Spuren des Verbrechens, indem sie aufgefundene Briefe und Papiere der Opfer verbrannten.[407] Mit Sicherheit hatten die Älteren, die bereits über Fronterfahrung verfügten, nicht zum ersten Mal tote Menschen gesehen. Für viele jedoch dürfte die direkte Konfrontation, das gemeinsame Ansehen, Berühren und Vergraben der Leichen eine neue

402 Vernehmung von Karl-Heinz Mehlmann*, Kriminalpolizei Großenhain, o. D. (vermutl. 1945), ebenda, Bl. 28–31, hier Bl. 28.

403 Vernehmung von Karl-Heinz Mehlmann*, Kriminalpolizei Dresden, 22. 8. 1946, ebenda, Bl. 71 f., hier Bl. 71.

404 Welzer, Täter, S. 197.

405 Vernehmung von Karl-Heinz Mehlmann*, Kriminalpolizei Dresden, 22. 8. 1946, ebenda, Bl. 71 f., hier Bl. 71.

406 Vernehmung von Karl-Heinz Mehlmann*, Kriminalpolizei Großenhain, 14. 11. 1945, ebenda, Bl. 26 f., hier Bl. 26.

407 Vernehmung von Heinz Joachim Grippach*, Kriminalpolizei Großenhain, 14. 11. 1945, ebenda, Bl. 32 f., hier Bl. 32.

Erfahrung gewesen sein.[408] Dabei wurde die Abgrenzung zwischen Opfern und (potenziellen) Tätern der Gewalt, zwischen Fremd- und Eigengruppe deutlich markiert und in der Praxis kollektiv vollzogen. Zudem bekamen die HJ-Angehörigen vor Augen geführt, dass es tatsächlich möglich war, KZ-Häftlinge einfach am Wegesrand zu ermorden und an Ort und Stelle zu verscharren. Nach dem Eingraben der Leichen musste den HJ-Angehörigen klar gewesen sein, worauf es hinauslaufen konnte oder sollte, als angekündigt wurde, dass die Gruppe bald „eine Razzia ausführen sollte, da in dem Walde sich KZ.-Häftlinge aufhielten".[409] Diese „Durchkämmung des Waldes" wurde zwar aus Zeitgründen nicht mehr durchgeführt,[410] aber schon das Begräbnis als Gruppenerlebnis sowie das Wissen über die von Angehörigen ihres Lagers begangenen Erschießungen hinterließen einen starken Eindruck und sorgten für Aufregung unter den Jugendlichen. So berichteten mehrere Beteiligte, dies sei im Bannausbildungslager „Tagesgespräch" gewesen,[411] und der ehemalige Lagerleiter sagte aus, es sei in dieser Zeit „durch die Jungens [...] dauernd davon gesprochen worden, daß die KZ.-Häftlinge erschossen worden sind".[412]

Junge Veteranen

Das Wehrertüchtigungslager in Zschaiten war in jenen Apriltagen zu einer Drehscheibe für im Umland aufgegriffene KZ-Häftlinge geworden.[413] Als die HJ-Angehörigen eines Tages beim Mittagessen saßen, wurde abermals ein Häftling ins Lager gebracht. Zuvor hatte dieser im Nachbarort versucht, Hilfe zu bekommen. Eine Bäuerin und ihr 15-jähriges „Pflichtjahrmädchen" wollen ihm zwar

408 Dies steht im Gegensatz zu Erfahrungen von der „Alltäglichkeit des Todes" bei großstädtischen Jugendlichen im Bombenkrieg. Vgl. Alfons Kenkmann, Wilde Jugend. Lebenswelt großstädtischer Jugendlicher zwischen Weltwirtschaftskrise, Nationalsozialismus und Währungsreform, Essen 1996, S. 234–238.

409 Vernehmung von Heinz Siegfried Gänsing*, Kriminalpolizei Dresden, 21. 3. 1947, BStU, MfS, BV Dresden, ASt. 18/47 Strafsache, Bl. 113–116, hier Bl. 114.

410 Ebenda.

411 Vernehmung von Frieda Elsa Meier*, 15. 11. 1945, ebenda, Bl. 13; Vernehmung von Kurt Gerd Jellberg*, Kriminalpolizei Großenhain, 16. 11. 1945, ebenda, Bl. 50; Vernehmung von Clemens Port*, Kriminalpolizei Großenhain, 15. 11. 1945, ebenda, Bl. 51.

412 Vernehmung von Johannes Georg Andreher*, Kriminalpolizei Großenhain, 12. 11. 1945, ebenda, Bl. 23.

413 Vernehmung von Karl-Heinz Richard Mehlmann*, Kriminalpolizei Großenhain, 14. 11. 1945, ebenda, Bl. 26 f., hier Bl. 26; Vernehmung von Hermann Alfred Lippold*, Kriminalpolizei Großenhain, 14. 11. 1945, ebenda, Bl. 57; Vernehmung von Heinz Siegfried Gänsing*, Kriminalpolizei Dresden, 21. 3. 1947, ebenda, Bl. 113–116, hier Bl. 114.

etwas zu Essen gegeben, es allerdings aus Angst vor Repressionen abgelehnt haben, ihn länger zu verstecken, da die HJ ständig die Höfe durchsucht habe.[414] Hier offenbaren sich sowohl die vorhandenen Handlungsspielräume für die lokale Einwohnerschaft als auch deren Grenzen durch das militärische Gebaren der HJ-Angehörigen.

Laut der Verwaltungsleiterin des Lagers war der gefangene KZ-Häftling bald „umringt von den Jungens", darunter Lagerleiter Andreher*,[415] der gerufen haben soll: „Ja, ja wir kennen Euch Lumpen, Euch Brüder schon. Du kommst gleich dran!"[416] Der Oberbannführer erteilte den Befehl, den Häftling an einem Waldrand, wo bereits zuvor KZ-Häftlinge erschossen und von der HJ begraben worden waren, zu exekutieren. Damit wurde der 19-jährige Ausbilder Heinz Siegfried Gänsing* beauftragt. Auch er stammte aus der Region, hatte bis zu seiner Verwundung einige Wochen an der Ostfront gekämpft und war Mitte April 1945 aus dem Lazarett zum HJ-Bann 101 übernommen worden.[417] Neben ihm waren ein weiterer Zugführer und ein jüngerer HJ-Angehöriger sowie der HJ-Führer Heinz Grippach* beteiligt. Grippach* war mit seinen 22 Jahren etwas älter als die meisten anderen HJ-Mitglieder. In der Wehrmacht hatte er als Unteroffizier gedient, aber 1942 seinen rechten Arm eingebüßt, sodass er aus dem Heeresdienst entlassen und in den Mitteldeutschen Stahlwerken in Gröditz als technischer Zeichner angestellt worden war. Daneben war er als Jungstammführer mit der militärischen Ausbildung von Hitlerjungen unter 14 Jahren betraut gewesen.[418] Er sagte später aus, er habe zunächst unter Verweis auf seine Amputation erfolglos versucht, sich der Exekution zu entziehen.[419]

Die Gruppe ging auf Anweisung Wendts zunächst zum NSDAP-Ortsgruppenleiter Beger, um von ihm einen Spaten für das bevorstehende Begräbnis zu leihen. Unterwegs kamen die HJ-Angehörigen mit dem KZ-Häftling ins Gespräch.

414 Vernehmung von Juliane Mutschke*, Kriminalpolizei Großenhain, 2.2.1949, SHStAD, 13471 NS-Archiv des MfS, VgM Nr. 10100/1, unpag.

415 Vernehmung von Lydia Schleemann*, Kriminalpolizei Großenhain, o.D. (1945), BStU, MfS, BV Dresden, ASt. 18/47 Strafsache, Bl. 42; Vernehmung von Johannes Georg Andreher*, Kriminalpolizei Großenhain, 12.11.1945, ebenda, Bl. 23.

416 Vernehmung von Frieda Elsa Meier*, Kriminalpolizei Riesa, 9.11.1945, ebenda, Bl. 11 f., hier Bl. 11.

417 Vernehmung von Heinz Siegfried Gänsing*, Kriminalpolizei Außendienststelle Großenhain, o.D. (1945), ebenda, Bl. 43–45, hier Bl. 43.

418 Vernehmung von Heinz Joachim Grippach*, Kriminalpolizei Großenhain, o.D. (vermutl. 1945), ebenda, Bl. 34–39, hier Bl. 34.

419 Vernehmung von Heinz Joachim Grippach*, Kriminalpolizei Dresden, 3.4.1948, BStU MfS, BV Dresden, ASt. 31/48 Strafsache, Bl. 17–20, hier Bl. 18.

Dabei stellten sie fest, dass es sich um einen jungen Deutschen handelte, der in Dresden studiert hatte. Nicht nur bezüglich Alter und Herkunft fanden sich Gemeinsamkeiten; der Gefangene war in den Mitteldeutschen Stahlwerken in Gröditz zur Zwangsarbeit eingesetzt worden, wo auch Grippach* gearbeitet hatte.[420] Beim Ortsgruppenleiter angekommen, versuchte Gänsing* nach eigenen Angaben, die Exekution zu verhindern, indem er darauf verwies, dass der Häftling doch ein Deutscher sei, den man nicht einfach so erschießen könne. Beger habe sich jedoch unerbittlich gezeigt und gemeint, „das Zeug müsse weg".[421]

Nach dieser erfolglosen Intervention setzte die Gruppe den Weg zur Erschießungsstätte fort. Dort angekommen, befahl Gänsing* dem KZ-Häftling, sein eigenes Grab zu schaufeln bzw. das am Vortag ausgehobene zu öffnen. Die sich nun entwickelnde Dynamik spricht für eine starke Unsicherheit seitens der HJ-Angehörigen. Einerseits ließen sie sich von dem durch Wendt erteilten und vom Ortsgruppenleiter bestätigten Exekutionsbefehl nicht abbringen. Andererseits hatten sie durch die Unterhaltung eine persönliche Beziehung zu ihrem Opfer aufgebaut, die einer kaltblütigen Ermordung nunmehr im Wege stand. Das führte dazu, dass Gänsing* dem Häftling auf dessen Bitte Wasser aus dem Dorf holen ließ[422] und ihn „aus Mitleid" von der Arbeit des Grabens ablöste.[423] Er setzte so einerseits die von ihm selbst angeordnete psychische und physische Folter aus und verzögerte zugleich den Akt des Tötens. Andererseits hielt er die Dynamik der Situation im Gang und beschleunigte sie sogar, indem er selbst zum Spaten griff. Das kann als Ausdruck einer Unentschiedenheit zwischen Hinauszögern und Hinter-sich-bringen des Mordes gelesen werden. Zugleich hielt Gänsing* damit den „ordentlichen" Verlauf der Exekution wie geplant aufrecht: Das Grab wurde vor der Ermordung fertiggestellt, und er räumte dem Todeskandidaten mit dem Wasser eine Art „Henkersmahlzeit" ein. Diese hat allerdings kulturgeschichtlich seit jeher eher für die Täter als für das Opfer eine Funktion von Entlastung und Versicherung: „Wer immer das Henkersmahl annimmt, schließt schweigend ‚Urfehde' mit denen ab, die Schuld an seinem Tod tragen. Er unterwirft sich der Verpflichtung, das ‚Stadtgebiet' der Lebenden zu meiden, und, der erlittenen Unbill nicht mehr eingedenk, das Gleiche nicht

420 Vernehmung von Heinz Joachim Grippach*, Kriminalpolizei Großenhain, o. D. (vermutl. 1945), BStU, MfS, BV Dresden, ASt. 18/47 Strafsache, Bl. 34–39, hier Bl. 35.

421 Ebenda, Bl. 36.

422 Vernehmung von Heinz Siegfried Gänsing*, Kriminalpolizei Dresden, 21. 3. 1947, ebenda, Bl. 113–116, hier Bl. 114.

423 Vernehmung von Heinz Joachim Grippach*, Kriminalpolizei Großenhain, o. D. (vermutl. 1945), ebenda, Bl. 34–39, hier Bl. 36.

mit Gleichem zu vergelten, wie es in alter Zeit wohl allerorten Recht und Übung war."[424]

Angeblich soll der Häftling den HJ-Angehörigen sogar noch ein Stück Brot angeboten haben. Aber auch dies konnte Gänsing* letztlich nicht von seinem Vorhaben abbringen. Sein „Mitleid" reichte nicht soweit, dass er die Exekution verhindert hätte. Als er beim Graben auf die verscharrten Leichen gestoßen war, schickte er den Jüngsten aus der Gruppe weg, ließ den Häftling in das Erdloch steigen, schoss ihm mit seinem Gewehr von hinten in den Kopf und schaufelte anschließend eigenhändig das Grab wieder zu.[425]

Heinz Grippach* betonte später, dass den HJ-Angehörigen „bei dieser Erschießung unheimlich zu Mute war"[426] und sie danach „sehr deprimiert" gewesen seien.[427] Das Erlebnis habe ihn so mitgenommen, dass er an diesem Tag keine Ausbildung mehr habe durchführen können: „Ich war vollkommen fertig."[428] Im Bannausbildungslager machte die spektakuläre Geschichte derweil als „Tagesgespräch" die Runde. Eine ehemalige Küchenhilfe sagte aus, der Hitlerjunge Karl-Heinz Mehlmann*, der gar nicht beteiligt gewesen war, habe mit der Tat geprahlt: „Er sagte wörtlich, daß der KZ.-Häftling sein Loch selber graben mußte und durch Genickschuß erledigt worden sei."[429]

Am folgenden Tag gingen die Morde weiter. Laut Gänsing* soll ein Zschaitener Gendarm gegenüber Oberbannführer Wendt erklärt haben, zwei im Spritzenhaus von Glaubitz eingesperrte Häftlinge müssten erschossen werden. Dieser griff auf das bewährte Exekutionskommando vom Vortag zurück.[430] In Glaubitz angekommen, übergab eine Frau Gänsing* und Grippach* die zwei Häftlinge. Währenddessen kam der Gendarm Feining* hinzu, den Gänsing* aus der Nachbarschaft kannte. Auf die Frage der beiden, „wo man am besten die beiden

424 Hans von Hentig, Vom Ursprung der Henkersmahlzeit, Tübingen 1958, S. 272 f.

425 Vernehmung von Heinz Siegfried Gänsing*, Kriminalpolizei Dresden, 21. 3. 1947, BStU, MfS, BV Dresden, ASt. 18/47 Strafsache, Bl. 113–116, hier Bl. 114; Vernehmung von Heinz Siegfried Gänsing*, o. D. (vermutl. 12. 11. 1945), Kriminalpolizei Großenhain, ebenda, Bl. 43–45, hier Bl. 44.

426 Vernehmung von Heinz Joachim Grippach*, Kriminalpolizei Großenhain, o. D. (vermutl. 1945), ebenda, Bl. 34–39, hier Bl. 36.

427 Vernehmung von Heinz Joachim Grippach*, Kriminalpolizei Dresden, 3. 4. 1948, BStU, MfS, BV Dresden, ASt. 31/48 Strafsache, Bl. 17–20, hier Bl. 18.

428 Vernehmung von Heinz Joachim Grippach*, Kriminalpolizei Dresden, 22. 8. 1946, BStU, MfS, BV Dresden, ASt. 18/47 Strafsache, Bl. 69 f., hier Bl. 70.

429 Vernehmung von Frieda Elsa Meier*, Kriminalpolizei Großenhain, 17. 11. 1945, ebenda, Bl. 19.

430 Vernehmung von Heinz Siegfried Gänsing*, o. D. (vermutl. 12. 11. 1945), Kriminalpolizei Großenhain, ebenda, Bl. 43–45, hier Bl. 44.

KZ-Häftlinge, die sie mit transportierten, erschießen könne", empfahl er, „in der Kiesgrube in der Nähe wäre der geeignetste Platz", da dort schon drei Tote lägen.[431] Zudem sagte er Gänsing*, „es soll einer davon noch am Leben sein, diesen sollte ich durch einen Gnadenschuß noch erschießen".

Das erste Stück des Weges zur Kiesgrube legten die HJ-Angehörigen und die zwei Häftlinge gemeinsam mit dem Gendarmen zurück. Unterwegs trennte sich Feining* von ihnen mit der Begründung „daß er noch in einem anderen Ort einen Häftling erschießen müsse".[432] Unterdessen führten Gänsing* und Grippach* ihre Opfer weiter zum Exekutionsort. Laut Grippach* sei unterwegs im Gegensatz zum Vortag diesmal „so gut wie gar nicht gesprochen" worden.[433] In der Kiesgrube angekommen, befahl Gänsing* den beiden KZ-Häftlingen, sich mit dem Rücken zu ihm und dem Gesicht zur Wand zu drehen und schoss beiden mit seinem Gewehr ins Genick. Einen weiteren Schuss gab er auf den Kopf eines der drei bereits dort liegenden Häftlinge ab. Nach seiner eigenen Darstellung hatte dieser „eine Jacke über dem Kopf, ich kann nicht angeben, ob er noch lebte".[434] Grippach* sicherte die Exekution ab, griff aber nicht aktiv ins Geschehen ein. Er gab zu Protokoll, auf dem Rückweg hätten er und Gänsing* sich gegenseitig versichert, dass sie „solche Schweinereien nicht wieder mitmachen würden, die für einen Soldaten unwürdig seien".[435] Zu einem späteren Zeitpunkt will Gänsing* dem Oberbannführer Vorhaltungen gemacht haben, „daß es doch nicht richtig sei, wenn man Deutsche erschieße".[436] Tatsächlich ist keine weitere Beteiligung der beiden an Erschießungen von Häftlingen überliefert. Ob dies einem Mangel an Bereitschaft oder fehlender Gelegenheit zu verdanken ist, sei dahingestellt. Fest steht, dass beide die „Tötungsarbeit"[437] vielleicht widerwillig, aber dennoch wiederholt und effektiv ausgeführt hatten.

431 Vernehmung von Moritz Robert Feining*, Amtsgericht Großenhain, 15. 12. 1945, ebenda, Bl. 62–65, hier Bl. 64.

432 Vernehmung von Heinz Siegfried Gänsing*, Kriminalpolizei Dresden, 21. 3. 1947, ebenda, Bl. 113–116, hier Bl. 115.

433 Vernehmung von Heinz Joachim Grippach*, Kriminalpolizei Großenhain, o. D. (vermutl. 1945), ebenda, Bl. 34–39, hier Bl. 36.

434 Vernehmung von Heinz Siegfried Gänsing*, Kriminalpolizei Dresden, 21. 3. 1947, ebenda, Bl. 113–116, hier Bl. 115.

435 Vernehmung von Heinz Joachim Grippach*, Kriminalpolizei Dresden, 22. 8. 1946, ebenda, Bl. 69 f., hier Bl. 70.

436 Vernehmung von Heinz Siegfried Gänsing*, o. D. (vermutl. 12. 11. 1945), Kriminalpolizei Großenhain, ebenda, Bl. 43–45, hier Bl. 44 f.

437 Welzer, Täter, S. 260.

Adoleszente Abenteurer

Nordöstlich von Hettstedt im Mansfelder Land liegt die eingangs genannte Gemeinde Quenstedt, in der im Jahr 1945 etwa 1000 Menschen lebten.[438] Im April 1945 waren Todesmärsche durch den Ort geschleust worden und die Einwohner wussten, dass etliche KZ-Häftlinge „von den Transporten zurück[geblieben waren] […] und sich in Quenstedt verborgen" hielten.[439]

Der damals 16-jährige Egon Bause* berichtete, er habe sich in jenen Tagen an die Straße begeben, „um die durchziehenden Truppen zu beobachten". Dort habe er die gleichaltrigen Hermann Jamel*, Erhard Voppenhauer* und weitere Jugendliche getroffen. Laut Bause* setzte an der Straßenkreuzung, an der die Jungen warteten, ein Panzerwagen „2 oder 3 Jugendliche ab […], welche aus einem Wehrertüchtigungslager kamen und im Besitz von 2 Gewehren und 3 Panzerfäusten" waren.[440] Mit diesen Waffen führten die Jungen gemeinsam Schießübungen im freien Gelände durch. Als sie sich gegen Mittag gerade auf den Heimweg machen wollten, sei ihnen ein SA-Sturmführer begegnet, der ihnen den Auftrag gegeben habe, nach einem geflohenen KZ-Häftling zu suchen und ihn zum Bürgermeister zu bringen.[441] Für die Jugendlichen wurde aus dem Kriegsspiel nun der „Ernstfall"; mit Gewehren bewaffnet, begaben sie sich in den nahe gelegenen Wald und stöberten fünf KZ-Häftlinge auf.[442] Auf dem Weg nach Quenstedt begegnete ihnen der Bürgermeister, der sie beauftragte, die Gefangenen im drei Kilometer entfernten Arnstedt abzuliefern. Nach Aussage der Beteiligten sagte er zu ihnen, wenn die Häftlinge „nicht parieren", sollten sie „sie über den Haufen schießen".[443]

Der Arnstedter Bürgermeister wiederum gab den Jugendlichen die Anweisung, die Häftlinge gleich weiter in den Nachbarort Oberwiederstedt zu bringen, wo sich die Marschkolonne inzwischen befand. Die Jugendlichen nahmen sich größtenteils bereitwillig dieser Aufgaben an und legten erhebliche Eigeninitiative an den Tag. Dabei war es leicht möglich, sich dem Auftrag zu entziehen – wie das

438 Statistisches Reichsamt, Gemeindeverzeichnis, S. 102.

439 Vernehmung von Walter Jamel*, Kriminaldienststelle Hettstedt, 5. 11. 1948, BStU, MfS, BV Halle, ASt. 4983 Bd. 1, Bl. 117–121, hier Bl. 120.

440 Vernehmung von Egon Bause*, Kriminaldienststelle Hettstedt, 5. 11. 1948, ebenda, Bl. 107–111, hier Bl. 110.

441 Ebenda.

442 Vernehmung von Hermann Jamel*, Kriminaldienststelle Hettstedt, 5. 11. 1948, ebenda, Bl. 112–116, hier Bl. 115.

443 Vernehmung von Egon Bause*, Kriminaldienststelle Hettstedt, 5. 11. 1948, ebenda, Bl. 107–111, hier Bl. 110.

Verhalten von Erhard Voppenhauer* zeigt: Er hatte es, als die Suche nach den Häftlingen begann, schlicht „vorgezogen, nach Hause zu gehen".[444]

Man konnte auch quasi „nebenbei" in das Gewaltgeschehen geraten, wie der ebenfalls 16-jährige Werner Pätrang* aus dem gleichen Ort. Er war von seiner Mutter zum Einkaufen geschickt worden und wurde am Bürgermeisteramt von Quenstedt auf mehrere KZ-Häftlinge aufmerksam, die gerade vom Bürgermeister und dem örtlichen Lehrer durchsucht wurden.[445] Gemeinsam mit zwei anderen Jugendlichen erhielt er den Auftrag, die Häftlinge zum Transport zurückzubringen, wofür der Bürgermeister ihnen zwei Gewehre samt Munition aushändigte und ihnen zugerufen haben soll: „Wenn sie sich nicht anständig führen, dann legt sie um."[446] Einige der Beteiligten berichteten, dass sie von drei SS-Leuten begleitet worden seien. Diese hätten nach etwa einem Kilometer Fußmarsch dem 15-jährigen Hermann Heischer* den Befehl gegeben, einen der Häftlinge, der aus Erschöpfung nicht mehr laufen konnte, „auf den Acker zu jagen und umzulegen. Heischer* gab daraufhin dem KZ.-Häftling einen Stoß, daß dieser auf den Acker taumelte, 3 Schritte tat und dann vornüber hinfiel. Jetzt legte Heischer* sein Gewehr auf den am Boden liegenden KZ.-Häftling an und [...] traf den KZ.-Häftling infolge eines Rücken- und eines Kopfschusses tödlich."[447]

Nachdem die übrigen Häftlinge im Sammellager abgeliefert worden waren, fuhren die Jugendlichen auf ihren Fahrrädern in Richtung Quenstedt zurück. Inzwischen war es Abend geworden. An einer Scheune befand sich eine aufgebrachte Menschenmenge, zu der immer mehr neugierige Einwohner stießen.[448] Die Ursache der Aufregung war, dass gerade zwei KZ-Häftlinge entdeckt worden waren, die sich auf einem Ackerwagen versteckt hatten.[449] In diesem Moment kamen die Jugendlichen, Werner Pätrang*, Hermann Heischer* und Walter Jamel*, hinzu und beteiligten sich an der Verfolgung der Häftlinge.

Über den genauen Hergang der tumultartigen Szene widersprechen sich die Aussagen. Fest steht, dass die Häftlinge von Dorfbewohnern angegriffen

444 Vernehmung von Hermann Jamel*, Kriminaldienststelle Hettstedt, 5. 11. 1948, ebenda, Bl. 112–116, hier Bl. 115.

445 Vernehmung von Werner Pätrang*, Kriminaldienststelle Hettstedt, 29. 5. 1948, ebenda, Bl. 35–41, hier Bl. 38.

446 Vernehmung von Walter Jamel*, Kriminaldienststelle Hettstedt, 5. 11. 1948, ebenda, Bl. 117–121, hier Bl. 120.

447 Ebenda.

448 Vernehmung von Wilhelm Reuter*, Kriminalaußendienststelle Hettstedt, 27. 4. 1948, BStU, MfS, BV Halle, ASt. 5220, Bd. 1, Bl. 16.

449 Vernehmung von Franz Klang*, Kriminalaußendienststelle Hettstedt, 27. 4. 1948, ebenda, Bl. 7 f.

wurden. Ein Anwohner gestand, einen Häftling geschlagen zu haben: „Unterwegs wurde der Häftling von uns geschlagen, wobei [die Volkssturmmänner] Bötz* und Schneeberg* mit einem Stock zugeschlagen haben und ich mit meinen Leibriemen.“[450] Den anderen Häftling verfolgten unterdessen Hermann Heischer* und Werner Pätrang*. Dabei forderten die Umstehenden sie lautstark auf, ihn zu erschießen.[451] Der fliehende Häftling wurde beim Versuch, über einen Zaun zu klettern, zunächst von Pätrang* in den Rücken geschossen. Danach gab Heischer* einen zweiten, tödlichen Schuss auf ihn ab.[452] Der andere Häftling wurde kurz darauf von den Jugendlichen und anderen Einwohnern „mit Gewehrkolben und Knüppeln unbarmherzig geschlagen, bis er zusammenbrach. Daraufhin richtete Werner Pätrang* sein Gewehr auf den Kopf des Häftlings, welcher an der Erde lag und tötete ihn durch 2 Kopfschüsse.“[453]

Diese Folge von Ereignissen verdeutlicht, wie sich die Situation in Quenstedt und Umgebung innerhalb eines Tages radikalisierte und auf welche Weise die verschiedenen Akteure daran beteiligt waren. Nachdem der Bürgermeister tagsüber versucht hatte, sich der zurückgebliebenen Häftlinge zu entledigen, indem diese den weitergezogenen Marschkolonnen zugeführt werden sollten, war abends – auch in Anbetracht der nahenden Dunkelheit – eine neue Eskalationsstufe erreicht. Jetzt entschieden nicht mehr die lokalen Autoritäten, sondern die aufgebrachten Einwohner darüber, was mit den KZ-Häftlingen geschehen sollte. Vor diesem Hintergrund hatten diese Taten nicht den Charakter geplanter quasimilitärischer Exekutionen wie in Glaubitz, sondern standen am Ende einer sich in kürzester Zeit radikalisierenden Gewaltdynamik: Zuerst hatten ältere Dorfbewohner mit ihren Stöcken auf das Stroh geschlagen, ohne ihre Opfer zu sehen. Kurz darauf prügelten sie schon auf Häftlinge ein, die sich ihrer Gewalt zu entziehen versuchten. Aus der Gruppe, die gemeinschaftlich Häftlinge suchte und misshandelte, wurde ein Lynchmob, als in der aufgeheizten Atmosphäre Rufe nach Selbstjustiz laut wurden. In dieser Situation kamen den aufgebrachten

450 Vernehmung von Hermann Dittmar, Kriminalaußendienststelle Mansfelder Gebirgskreis, 11. 5. 1948, ebenda, Bl. 27–31, hier Bl. 30.

451 Vernehmung von Werner Pätrang*, Kriminaldienststelle Hettstedt, 29. 5. 1948, BStU, MfS, BV Halle, ASt. 4983, Bd. 1, Bl. 35–41, hier Bl. 39; Vernehmung von Wilhelm Reuter*, Kriminalaußendienststelle Hettstedt, 27. 4. 1948, BStU, MfS, BV Halle, ASt. 5220, Bd. 1, Bl. 16.

452 Werner Pätrang*, Mein Geständnis!, 3. 6. 1948, BStU, MfS, BV Halle, ASt. 4983, Bd. 1, Bl. 55; Vernehmung von Walter Jamel*, Kriminalaußendienststelle Mansfelder Gebirgskreis, 31. 5. 1948, ebenda, Bl. 47 f.

453 Vernehmung von Walter Jamel*, Kriminaldienststelle Hettstedt, 5. 11. 1948, ebenda, Bl. 117–121, hier Bl. 121.

Einwohnern die Jugendlichen gelegen. Dass sie Häftlinge umbrachten, war aber kein Zufall: Sie waren vom Bürgermeister sowohl bewaffnet als auch mit einem Freibrief zum Schießen ausgestattet worden; zudem hatten sie bereits die notwendigen Erfahrungen sammeln können. Am Nachmittag hatten sie Gefangene eskortiert und auf Geheiß von SS-Leuten deren Ermordung erprobt. Schon am Abend lag es dann an ihnen, eigenmächtig tödliche Gewalt gegen KZ-Häftlinge auszuüben.

2.4.2. Faktotum: Der Volkssturm

Der Volkssturm war auf lokaler Ebene eine der größten Akteursgruppen während der Räumungstransporte. Dabei übte er verschiedene Funktionen aus: Seine Angehörigen wurden zur Verstärkung der Wachmannschaften herangezogen, griffen geflohene Häftlinge auf oder vergruben die Leichen von Ermordeten.

Es kam vor, dass der Volkssturm zunächst Hilfstätigkeiten bei der Bewachung leistete, bald aber weitgehend auf sich allein gestellt war. Ein Beispiel dafür ist aus der Gegend um Freising in Bayern überliefert. Der Bauer Sebastian Horn* sagte aus, ihm und zehn weiteren Männern sei befohlen worden, einen Häftlingstransport zu bewachen. Er wurde dabei Zeuge, wie die SS etwa 20 entkräftete Häftlinge erschoss. Bei einem erneuten Transport kurz darauf waren keine SS-Männer mehr als Bewacher beteiligt; eine andere Volkssturmeinheit übergab seiner Gruppe die Gefangenen direkt.[454] In diesen Situationen taten sich große Handlungsspielräume auf: Eine Einheit aus der nächsten Ortschaft übernahm die Gefangenen am darauffolgenden Morgen und sollte sie eigentlich abermals an ein Nachbardorf weiterreichen. Nachdem sie vergebens auf dessen Volkssturm gewartet hatten, ließen die Männer laut der Aussage eines Beteiligten die Häftlinge einfach „allein auf der Wiese zurück[...] und gingen dann nach Hause".[455]

Bei diesen Bewachungstätigkeiten wurden die Volkssturmmänner nicht nur Zeugen von Übergriffen und Erschießungen, sie übten teilweise auch selbst Gewalt aus. Ein Beispiel dafür ist das mehrfach erwähnte Ermsleben in Sachsen-Anhalt. Auf einem Sportplatz hatte der Volkssturm Gefangene über Nacht bewacht und dann ins nahe gelegene Oberwiederstedt transportiert. Dabei kam es mehrfach zu Misshandlungen und möglicherweise zu Morden. Ein Beteiligter schilderte später, einheimische Volkssturmmänner hätten einen entkräfteten Häftling, der

454 Vernehmung von Sebastian Horn*, Bayerisches LKA, 29. 7. 1968, StAM, Staatsanwaltschaften, 34724, Bl. 80–82.

455 Vernehmung von Josef Setthuber*, Landpolizeistation Freising, 17. 11. 1968, ebenda, Bl. 107.

nicht in der Lage war, den Anhänger zu besteigen, mit einem Knüppel bewusstlos geschlagen und auf den Wagen geworfen.[456] Von anderen wurde jedoch auch berichtet, dass der stellvertretende Volkssturmkompanieführer versucht habe, den Häftlingen Nahrung zukommen zu lassen.[457] Im Nachbarort waren in jenen Tagen zahlreiche KZ-Häftlinge im Ort zurückgeblieben, die nicht mehr von der SS bewacht wurden.[458] Daraufhin erteilte der Bürgermeister einem Zugführer des örtlichen Volkssturms den Auftrag, die entkräfteten KZ-Häftlinge auf Fuhrwerken in den Nachbarort zu bringen und dort an die „zuständige Stelle" zu übergeben.[459] Dabei wurden auch Einheimische, die nicht zum Volkssturm gehörten, einbezogen, was zu Konflikten führte. Ein Einwohner, der von Volkssturmangehörigen aufgefordert worden war, beim Transport der Häftlinge behilflich zu sein, beschwerte sich angeblich lautstark: „Ach, so, gestern habt Ihr die mißhandelt und heute da soll ich sie wegbringen."[460]

Der Volkssturm war zudem an der Ergreifung und Ermordung geflohener Häftlinge beteiligt. Im sächsischen Wernesgrün etwa begaben sich Angehörige des lokalen Volkssturms auf die Suche nach Häftlingen, die Lebensmittel gestohlen haben sollten.[461] Bei Eisenberg in Thüringen musste eine Gruppe von bis zu 1000 Häftlingen nach einem Luftangriff einen Transportzug aus dem KZ Buchenwald verlassen. Nachdem sich die SS-Wachmannschaften abgesetzt hatten, kamen viele Häftlinge in Kontakt mit lokalen Volkssturmeinheiten. Überlebende berichteten, diese hätten bis zu 50 Häftlinge ermordet.[462] Ein ehemaliger Häftling sagte aus, er sei mit 100 anderen geflohen und in ein Dorf gekommen, „in dem wir vom Volkssturm festgenommen wurden, der uns nicht in dieses Dorf hineinlassen wollte. Unter den Volkssturmleuten waren überaus junge Personen (Jungen und Mädchen) und alte. Wir wurden von ihnen am Rande des Dorfes

456 Vernehmung von Paul Jossen*, Krimininaldienststelle Mansfelder Gebirgskreis, 27. 10. 1948, BStU, MfS, BV Halle, ASt. 6722, Bd. 1, Bl. 124 f.

457 Vernehmung von Otto Warnke*, Kreiskriminalpolizeiabteilung des Mansfelder Gebirgskreises, 29. 10. 1948, ebenda, Bl. 145.

458 Vernehmung von Franz Klang*, Kriminalaußendienststelle Hettstedt, 27. 4. 1948, BStU, MfS, BV Halle, ASt. 5220 Bd. 1, Bl. 7 f., hier Bl. 7.

459 Vernehmung von Walter Kaufmann*, Kriminalaußendienststelle Hettstedt, 27. 4. 1948, ebenda, Bl. 19–22, hier Bl. 22.

460 Vernehmung von Karl Haun*, Kriminalaußendienststelle Hettstedt, 26. 4. 1948, ebenda, Bl. 4 f., hier Bl. 4.

461 Vernehmung von Rudolf Willy Kramer*, Polizei Rodewisch, 16. 8. 1945, SHStAD, 11391, Nr. 992, Bl. 6 f.

462 Vernehmung von Tomasz Kozlowzki, Hauptkommission zur Untersuchung der Hitlerverbrechen in Warschau, 13. 11. 1968, BStU, MfS HA IX/11, RHE-West 661, Bl. 43 f.

umzingelt. Es ging ihnen hauptsächlich darum, daß wir das Dorf nicht betreten. Ich hatte den Eindruck, daß sie sich direkt vor uns fürchteten. Es fielen dort während der Unterhaltungen mit ihnen Schüsse von ihrer Seite aus."[463]

Im nahe gelegenen Großlöbichau ermordete der Volkssturm in einem Steinbruch über 30 KZ-Häftlinge, die von Dorfbewohnern ausgeliefert und festgenommen worden waren.[464] Es sind zahlreiche weitere Fälle aus verschiedenen Regionen dokumentiert, in denen Angehörige des Volkssturms an Gewalttaten und Morden an geflohenen KZ-Häftlingen beteiligt waren.[465]

Ein weiteres damit im Zusammenhang stehendes Aufgabengebiet war das Begraben der Opfer.[466] In Niederbobritzsch (Sachsen) etwa sperrten ältere Volkssturmmänner mehrere aufgegriffene Häftlinge in die Ortszelle ein,[467] eskortierten sie zur Erschießungsstelle und verscharrten nach der Exekution durch die Polizei deren Leichname.[468] Anschließend versuchten sie, die Spuren des Mordes zu verwischen, indem sie einen großen Stein auf das Grab rollten.[469]

463 Vernehmung von Stanisław Kowalczyk, Hauptkommission zur Untersuchung der Hitlerverbrechen in Warschau, 13. 11. 1968, ebenda, Bl. 108–110.

464 Urteil des LG Weimar in Jena, 12. 12. 1947/Urteil des OLG Gera, 20. 2. 1948, Lfd. Nr. 1721, in: DDRJuNSV, Bd. XII, S. 177–185; Greiser, Todesmärsche, S. 117–120; Andreas Weigelt/Klaus-Dieter Müller/Thomas Schaarschmidt/Mike Schmeitzner (Hrsg.), Todesurteile sowjetischer Militärtribunale gegen Deutsche (1944–1947). Eine historisch-biographische Studie, Göttingen 2015, Kurzbiografien, S. 298 f., 587 f., 720 f.; Marc Bartuschka, Das Massaker in Großlöbichau am 12. April 1945, in: Bartuschka, Lager, S. 271–291.

465 So z. B. aus Caaschwitz (Thüringen): Urteil des BG Gera, 12. 10. 1954/Urteil des OG, 27. 10. 1954, Lfd. Nr. 1117, in: DDRJuNSV, Bd. IV, S. 15–25; Magdeburg: Urteil des LG Magdeburg, 27. 8. 1952/Urteil des LG Magdeburg, 22. 2. 1951/Urteil des OLG Halle, 4. 1. 1952, Lfd. Nr. 1157, in: DDRJuNSV, Bd. IV, S. 385–409; Reitzenhain (Sachsen): Urteil des LG Chemnitz, 8. 7. 1949, Lfd. Nr. 1421, in: DDRJuNSV, Bd. VIII, S. 329–339.

466 Bürgermeister von Erharting (Landkreis Mühldorf), Betrifft: Todesmarsch Regensburg-Laufen, 21. 3. 1947, 5.3.1/84597833, ITS Digital Archive, Bad Arolsen; Bürgermeister von Volkratshofen (Oberschwaben), 14. 4. 1947, 5.3.3/84629314, ebenda; Vernehmung von Hilde Rüter*, Kreisgericht Klingenthal, 14. 12. 1966, BStU, MfS HA IX/11, RHE-West 184, Bl. 301 f.; Vernehmung von Martin Schlosser*, Landpolizei Oberbayern, Kriminalaußenstelle Erding, 4. 3. 1955, StAM, Staatsanwaltschaften, 34744/6, Bl. 2v; Vernehmung von Arno Lampenberg*, Kriminalpolizei Döbeln, 22. 9. 1945, StAL, 20232 Kreistag/Kreisrat Döbeln, Nr. 1083, Bl. 40.

467 Vernehmung von Walter Weber*, Kriminalamt Dresden, Dienststelle Freiberg, 25. 3. 1948, BStU, MfS, BV Dresden, ASt. 133/48, Bd. 1, Bl. 32.

468 Vernehmung von Richard Wollek*, Kriminalamt Dresden, Dienststelle Freiberg, 14. 2. 1948, ebenda, Bl. 8.

469 Vernehmung von Walter Richard Bongert*, Kriminalamt Dresden, Dienststelle Freiberg, 14. 2. 1948, ebenda, Bl. 9.

Im Folgenden werde ich der Funktion des Volkssturms als lokal agierende paramilitärische Organisation anhand eines Beispiels genauer nachgehen. Im Mittelpunkt steht die Frage, wie der Volkssturm an der „Heimatfront" in der dörflichen Gemeinschaft verankert war und ob sich Rückschlüsse von der Sozialstruktur der Akteure auf deren Handeln während der Todesmärsche ziehen lassen.

Aufgrund der fragmentarischen Quellenlage liegen bisher nur wenige übergreifende empirische Daten zu den Angehörigen des deutschen Volkssturms vor. Diese beziehen sich vor allem auf Einheiten, die an der Front zum Einsatz kamen.[470] Die dieser Arbeit zugrundeliegenden Quellen ermöglichen es nicht, diese Lücke zu füllen. Allerdings liegen mit den Vernehmungsprotokollen Dokumente vor, die persönliche Daten der Protagonisten mit qualitativen Aussagen über ihre Verhaltensweisen verbinden.

Harkerode: Profil einer ländlichen Volkssturmeinheit

Als Fallstudie wird hier der Volkssturm des Dorfes Harkerode in den Blick genommen. Das Gutsdorf, in dem in den 1940er-Jahren etwa 350 Einwohner lebten,[471] liegt am östlichen Rand des Harzes in Sachsen-Anhalt, unmittelbar neben Quenstedt mit seinen „adoleszenten Abenteurern" von der HJ. Im April 1945 fanden in den Wäldern um Harkerode Suchaktionen nach geflohenen KZ-Häftlingen statt; etliche wurden von Angehörigen des Volkssturms ermordet.[472] Im Gegensatz zu den meisten Ermittlungsverfahren, in denen nur die direkt Beteiligten – und aus den jeweiligen Einheiten nur einzelne Akteure – aktenkundig und zu den Geschehnissen befragt wurden, wurde in Harkerode fast der gesamte Volkssturm des Dorfes vernommen. Somit liegen aus den Ermittlungsakten der Kriminalpolizei Daten zu den 23 Angehörigen des Harkeroder Volkssturms vor, die eine vorsichtige sozialstatistische Annäherung an diese Einheit erlauben.[473] Jeder der beteiligten Akteure musste seine Version der Geschehnisse zu Protokoll geben, sodass sich die Gruppendynamik multiperspektivisch rekonstruieren

470 Vgl. den statistischen Anhang bei Yelton, Hitler's Volkssturm, S. 165–184.

471 Statistisches Reichsamt, Gemeindeverzeichnis, S. 102.

472 Greiser, Todesmärsche, S. 117.

473 Dieses Sample bildet den Volkssturm von Harkerode nahezu vollständig ab. Allerdings fehlen Angaben zum ranghöchsten Zugführer, der zur Tatzeit abwesend gewesen sein soll. Bei einer weiteren in den Akten genannten Person ist unklar, ob sie dem Volkssturm direkt zuzuordnen ist. Da zu zwei Angehörigen der Einheit bis auf ihr Geburtsdatum keine weiteren Angaben vorliegen, beziehen sich die darüber hinausgehenden Ausführungen auf ein engeres Sample von 21 Personen.

lässt. Außerdem wurden weitere Einwohnerinnen und Einwohner des Dorfes vernommen, deren Aussagen eine mehr oder weniger externe Perspektive auf den Harkeroder Volkssturm ermöglichen.

Bei den Mitgliedern des Volkssturms von Harkerode handelte es sich um Männer, die zwischen 1886 und 1921 geboren worden waren, wobei ein damals 23-Jähriger die jüngste Ausnahme darstellte. Bei einem Durchschnittsalter von 45,5 Jahren waren die meisten zwischen 41 und 47 Jahre alt. Damit lagen sie etwas unter dem reichsweiten Durchschnitt, der von David K. Yelton mit 47 Jahren beziffert wurde.[474]

Der Volkssturm von Harkerode war lokal fest verankert und sozial engmaschig strukturiert.[475] Die meisten seiner Angehörigen (zwölf Personen, 57,1 %) waren gebürtige Harkeroder. Acht weitere lebten seit mindestens sechs Jahren im Dorf, manche davon schon weitaus länger. Damit können über 95 % der Männer als Einheimische bezeichnet werden. Nur ein Mann war erst im Februar 1945 in den Ort gekommen, als der „Reichsgau Wartheland" evakuiert wurde.[476] Auch durch die Arbeitsverhältnisse bestanden soziale Bindungen zwischen den Volkssturmmännern. Allein neun von ihnen gaben an, auf dem örtlichen Rittergut beschäftigt gewesen zu sein; vier weitere arbeiteten auf einem anderen Gut.[477] In der Mehrzahl übten sie einfache agrarische Berufe bzw. Handwerke in enger Verbindung zur Landwirtschaft aus. Konfessionell war die Gruppe ebenfalls homogen: Abgesehen von zwei aus anderen Orten stammenden Katholiken gaben die meisten (15 Personen, 71,4 %) eine evangelische Glaubenszugehörigkeit an, was die konfessionelle Tradition in der Region reflektiert.

In politischer Hinsicht deutet sich eine stärkere Differenzierung an: Fünf Männer der Einheit (23,8 %) waren Mitglieder der NSDAP, darunter – kaum überraschend – die beiden Gruppenführer. Alle „Parteigenossen" waren 1937 eingetreten, als die Aufnahmesperre der Partei gelockert worden war.[478] Einzelne von ihnen blickten allerdings auf eine wechselhafte politische Biografie zurück: Einer hatte bis 1933 der Sozialdemokratischen Partei Deutschlands (SPD)

474 Yelton, Hitler's Volkssturm, S. 180.

475 Hier bestätigen sich die Angaben von Klaus-Dietmar Henke über eine Münchener Volkssturmkompanie. Vgl. Henke, Besetzung, S. 131.

476 Vernehmung von Johann Fitsch*, Kriminalamt Halle/Saale, 13. 9. 1948, BStU, MfS, BV Halle, ASt. 5172/48, Bl. 114–117, hier Bl. 114.

477 Da es in den Nennungen keine Überschneidungen der jeweiligen Bezeichnungen („Rittergut" und „Gut Mertens") gab, ist davon auszugehen, dass es sich um getrennte Arbeitsstellen handelte.

478 Juliane Wetzel, Die NSDAP zwischen Öffnung und Mitgliedersperre, in: Benz, Parteigenosse, S. 74–90, hier S. 74–79.

angehört, ein anderer sogar der Kommunistischen Partei Deutschlands (KPD). Vier weitere Männer, die nicht der NSDAP beigetreten waren, waren bis 1933 ebenfalls KPD-Mitglieder gewesen.

Neun der Männer (42,8 %) verfügten im April 1945 über eine militärische Ausbildung und Kriegserfahrungen. Sechs von ihnen waren Soldaten im Ersten Weltkrieg gewesen, wobei die meisten aus dem Jahrgang 1900 stammten und erst im letzten Kriegsjahr eingezogen worden waren. Zwei davon hatten als Angehörige der Wehrmacht im Zweiten Weltkrieg gedient, allerdings wiederum nur für kurze Zeit. Ausschließlich im Zweiten Weltkrieg waren weitere zwei der älteren Volkssturmmänner gewesen, auch sie lediglich bis 1941. Eine Ausnahme stellte wieder der 23-jährige Landarbeiter Walter Grimonek* dar, der bis zu seiner Verwundung 1944 an der Ostfront gekämpft hatte.[479]

Die damit umrissene uneindeutige Sozialstruktur der Einheit war die Grundlage für sehr differenzierte Gruppenprozesse. Man war durch die jahrelange Nachbarschaft gut miteinander bekannt, und die „Abwehr" von Eindringlingen konnte als gemeinsame Aufgabe verstanden werden. Auch die Tatsache, dass alle Beteiligten ältere Dorfbewohner männlichen Geschlechts waren, spricht zunächst für einen geteilten Erfahrungs- und Erwartungshorizont. Zugleich deuten sich politische und soziale Bruchlinien an, die sich in der Extremsituation des Kriegsendes stark abzeichneten und in den Vernehmungen deutlich werden sollten. Der mikroskopische Blick auf diese Gruppe lässt erahnen, wie fragil eine Dorfgemeinschaft sein konnte.

Mobilisierung, Konflikte und Gruppendynamik

Aus den vorliegenden Quellen ist nicht ersichtlich, welche Tätigkeiten der Volkssturm von Harkerode vor dem Durchmarsch von Häftlingskolonnen ausgeübt hatte. Ein Einwohner des Dorfes betonte allerdings in seiner Vernehmung, dass die beiden Gruppenführer Wittler* und Kühlmann* „gestiefelt und gespornt schon lange Zeit vorher den Volkssturm zum Dienst ‚aufforderten' und anhielten".[480] Unmittelbar vor Kriegsende war der örtliche Volkssturm dann eingesetzt worden, um Transporte von Kriegsgefangenen und KZ-Häftlingen zu bewachen und in benachbarte Orte weiterzubefördern.[481]

479 Vernehmung von Walter Grimonek*, Kriminalamt Halle/Saale, o. D. (vermutl. 1948), BStU, MfS, BV Halle, ASt. 5172/48, Bl. 220–223, hier Bl. 220.

480 Vernehmung von Georg Haulig*, Kriminalamt Halle/Saale, 14. 8. 1948, ebenda, Bl. 323 f., hier Bl. 323.

481 Vernehmung von Erich Clement*, Kriminalamt Halle/Saale, 26. 8. 1948, ebenda, Bl. 263 f., hier Bl. 263.

Nachdem zahlreiche Häftlinge die Chance zur Flucht ergriffen hatten, soll es in Harkerode zu nächtlichen Diebstählen gekommen sein, welche die Bevölkerung in Aufregung versetzten. Dem stellvertretenden Zugführer des Volkssturms von Harkerode, dem 44-jährigen Schuhmacher Otto Wittler*, soll dabei Kleidung gestohlen worden sein. So hatte er neben seinem Amt ganz persönliche Motive, dem Bürgermeister vorzuschlagen, die umliegenden Wälder nach KZ-Häftlingen zu durchsuchen.[482] Dieser sagte zu, sich an die entsprechenden Behörden zu wenden, „um diese Angelegenheit zu regeln". Parallel dazu habe ein Wehrmachtsoffizier von der Ortskommandantur dem Bürgermeister gegenüber erklärt, „daß die Sicherheit des Dorfes Harkerode nur durch eine Durchsuchung der Wälder nach ortsfremden Personen gewährleistet werden könne", wozu keine besondere Anordnung vonnöten sei.[483] Damit begannen mehrere Suchaktionen des Harkeroder Volkssturms an zwei aufeinanderfolgenden Tagen in verschiedenen Waldstücken in der Umgebung. Dabei wurden mindestens elf KZ-Häftlinge ermordet. Fünf weitere sollen unter Beteiligung des Volkssturms von Angehörigen der Wehrmacht, SS oder Gestapo erschossen worden sein.[484] Ein Beteiligter beschrieb die Stimmung so: „Nachdem die Waffen verteilt wurden, schwärmten wir aus, als ob wir zur Hasentreibjagd gingen."[485]

Die Mobilisierung des Volkssturms hatte angesichts der kurzen Wege im Dorf einen eher informellen Charakter. So benachrichtigte Wittler* in einigen Fällen seine Leute persönlich.[486] Andere erfuhren durch mündliche Weitergabe vom Aufruf, sich zum Volkssturm einzufinden.[487] Der Treffpunkt soll die Gastwirtschaft des Bürgermeisters beziehungsweise das gegenüberliegende Haus des

482 Vernehmung von Otto Wittler*, Kriminalamt Halle/Saale, 20. 9. 1948, ebenda, Bl. 37 f., hier Bl. 37; Vernehmung von Kurt Unger*, Kriminalamt Halle/Saale, 16. 9. 1948, ebenda, Bl. 160–163, hier Bl. 160.

483 Vernehmung von Kurt Unger*, Kriminalamt Halle/Saale, 16. 9. 1948, ebenda, Bl. 160–163, hier Bl. 160. Dabei handelte es sich um den Bürgermeister, der auch die Quenstedter HJ-Angehörigen bewaffnet und zur Bewachung von Häftlingstransporten eingesetzt hatte.

484 Kriminalamt Halle/Saale: Rekonstruktion, Täter, Beteiligte bzw. Zeugen, Beerdigungskommandos in der 17-fachen Mordsache Harkerode mit Zeitangabe, 22. 9. 1948, ebenda, Bl. 19 f.

485 Vernehmung von Wilhelm Bützek*, Kreispolizeiamt Hettstedt, 4. 12. 1947, ebenda, Bl. 54.

486 Vernehmung von Paul Hermeister*, Kriminalamt Halle/Saale, 7. 9. 1948, ebenda, Bl. 188–191, hier Bl. 188; Vernehmung von Walter Grimonek*, Kriminalamt Halle/Saale, o. D., ebenda, Bl. 220–223, hier Bl. 220.

487 Vernehmung von Paul Andreesen*, Kriminalamt Halle/Saale, 15. 9. 1948, ebenda, Bl. 74–79, hier Bl. 74; Vernehmung von Otto Kupfer*, Kriminalamt Halle/Saale, 26. 8. 1948, ebenda, Bl. 201–203, hier Bl. 201.

örtlichen Landwachtführers gewesen sein.[488] Dort habe sich schnell herumgesprochen, dass in der Nacht geflohene KZ-Häftlinge Einbrüche verübt hätten. Über die Erteilung eines Schießbefehls liegen widersprüchliche Angaben vor. Sie verweisen auf die unklare Befehlslage, aber auch auf nachträgliche Versuche, sich selbst durch den Verweis auf Befehlsnotstand aus der Verantwortung zu ziehen. Laut Wilhelm Bützek* soll der Ortskommandant von Harkerode eine Ansprache gehalten und betont haben, „daß wir als vereidigte Volkssturmangehörige Volkssturmmänner [sic!] die Befehle unserer Vorgesetzten auszuführen hätten, die umliegenden Wälder von ortsfremden Personen zu säubern und alle Personen anzurufen und wenn sie nicht die Hände hochnehmen würden, dieselben sofort zu erschießen".[489]

Einem anderen Beteiligten zufolge soll Volkssturmführer Wittler* den Auftrag des Ortskommandanten für seine Männer dahingehend umrissen haben, „die umliegenden Wälder der Dorfgemeinde Harkerode von diesen Leuten zu säubern und falls sie flüchten sollten, zu erschießen".[490] Johann Fitsch* sagte aus, der Schießbefehl sei während der Suchaktion von Mann zu Mann weitergegeben worden. Dabei kam es offenbar zu einem Stille-Post-Effekt, denn er erinnerte sich nur an die Essenz: „Es wird, wenn KZ-Häftlinge angetroffen werden, geschossen."[491]

Neben der Mund-zu-Mund-Mobilisierung verdeutlichen weitere Aspekte den improvisierten Charakter der Aktion. So trugen die Volkssturm-Angehörigen keine Uniformen.[492] Die benötigten Waffen stammten entweder aus privaten Beständen aus dem Ersten Weltkrieg[493] oder vom örtlichen Kriegerverein.[494] Zudem scheinen die Grenzen zwischen der Volkssturmeinheit und den übrigen Dorfbewohnern durchlässig gewesen zu sein.[495] Mindestens zwei Einwohner

488 Vernehmung von Wilhelm Hettig*, Kriminalamt Halle/Saale, 23. 8. 1948, ebenda, Bl. 171–173, hier Bl. 171.

489 Vernehmung von Wilhelm Bützek*, Kriminalamt Halle/Saale, 10. 9. 1948, ebenda, Bl. 59–62, hier Bl. 60.

490 Vernehmung von Paul Andreesen*, Kriminalamt Halle/Saale, 15. 9. 1948, ebenda, Bl. 74–79, hier Bl. 74.

491 Vernehmung von Johann Fitsch*, Kriminalamt Halle/Saale, 13. 9. 1948, ebenda, Bl. 114–117, hier Bl. 116.

492 Vernehmung von Otto Wittler*, Kriminalamt Halle/Saale, 13. 8. 1948, ebenda, Bl. 33–36, hier Bl. 34.

493 Vernehmung von Franz Kühlmann*, Kriminalamt Halle/Saale, 14. 9. 1948, ebenda, Bl. 127–132, hier Bl. 127.

494 Vernehmung von Kurt Riplage*, Kriminalamt Halle/Saale, 1. 12. 1947, ebenda, Bl. 225–228, hier Bl. 228.

495 Vgl. dazu auch Blatman, Todesmärsche, S. 662.

hatten sich an den Suchaktionen zu beteiligen, obwohl sie nominell gar nicht zum Volkssturm zählten. Der in Harkerode lebende Baron von Knigge bestand darauf, dass sein Jagdaufseher „sämtliche Ecken seines Waldgebietes kennen müßte und aus diesem Grunde an einer solchen Aktion teilnehmen müsse".[496] Außerdem waren der örtliche Landwachtpostenführer sowie ein SS-Mann aus der Einwohnerschaft an den Suchaktionen beteiligt.[497] Schließlich wurden mehrere Jugendliche aus dem Dorf zur Beerdigung von Toten herangezogen.[498] Ein anderer Volkssturmmann wiederum hatte erst am zweiten Tag den Befehl bekommen, sich zu beteiligen. Er war aber schon am Vortag aus Eigeninitiative und „Neugierde [...], weil dort geschossen worden ist", mit einer Pistole bewaffnet in einem der Waldstücke unterwegs gewesen.[499]

Zugleich gab es für Angehörige des Volkssturms Möglichkeiten, sich zumindest zeitweise dem Dienst zu entziehen. Wilhelm Bützek* bat den Volkssturmführer morgens erfolgreich um Freistellung, weil er „sehr viel mit dem Kartoffelstecken [...] zu tun hatte".[500] Dafür musste er sich um die Mittagszeit erneut melden und wurde dann für einen Transport von aufgegriffenen Häftlingen eingeteilt.

Obwohl sich in den Vernehmungen die meisten Beteiligten auf vorhandene Befehlsketten beriefen, um ihr Handeln zu rechtfertigen, scheint die tatsächliche Kommandogewalt relativ unklar gewesen zu sein, was möglicherweise mit der Abwesenheit des eigentlichen Zugführers zusammenhing. Zumindest dem etwas außenstehenden Jagdaufseher schien es, als wenn „eine richtige Führung nicht vorhanden war".[501] Am zweiten Tag sollte neben dem Bürgermeister und dem Volkssturmführer Wittler* ein weiterer lokaler Honoratior, der Baron von Knigge, eine wichtige Rolle spielen. Vor den Augen der Volkssturmmänner kam

496 Vernehmung von Hermann Schloth*, Kriminalamt Halle/Saale, 27. 8. 1948, BStU, MfS, BV Halle, ASt. 5172/48, Bl. 86–89, hier Bl. 86.

497 Vernehmung von Wilhelm Mülting*, Kreispolizeiamt Hettstedt, 19. 12. 1947, ebenda, Bl. 310–315.

498 Vernehmung von Heinz Bützek*, Kreispolizeiamt Hettstedt, 10. 12. 1947, ebenda, Bl. 331–335; Vernehmung von Martin Amting*, Kreispolizeiamt Hettstedt, 10. 12. 1947, ebenda, Bl. 338–342; Vernehmung von Horst Gebartz*, Kriminalamt Halle/Saale, Kriminaldienststelle Mansfelder Gebirgskreis, 19. 8. 1945, ebenda, Bl. 351 f.

499 Vernehmung von Johann Fitsch*, Kriminalamt Halle/Saale, 13. 9. 1948, ebenda, Bl. 114–117, hier Bl. 117.

500 Vernehmung von Wilhelm Bützek*, Kriminalamt Halle/Saale, 10. 9. 1948, ebenda, Bl. 59–62, hier Bl. 59.

501 Vernehmung von Hermann Schloth*, Kriminalamt Halle/Saale, 27. 8. 1948, ebenda, Bl. 86–89, hier Bl. 87.

es zwischen Wittler* und Knigge zu einer heftigen Auseinandersetzung über die Kommandoführung.[502] Hier brach ein Konflikt zwischen der traditionellen Macht im Gutsdorf Harkerode, die der Baron für sich in Anspruch nahm, und der situativ bedingten paramilitärischen Parteiautorität des Volkssturmführers auf. Mehrere Zeugen verwiesen auf die herausgehobene Rolle des Barons und die beengenden Abhängigkeitsverhältnisse im Dorf.[503] Zwar hatte Volkssturmführer Wittler* nominell das Kommando; dennoch (oder gerade deswegen) beschwerte sich der Baron lautstark bei ihm und den anderen Männern über die Art der Durchführung und teilte einzelne Gruppen eigenmächtig ein, um seine Wälder durchsuchen zu lassen.[504]

Wittler* wird in den Quellen als stark emotionalisiert charakterisiert. Kurz nachdem die erste Suchaktion begonnen hatte, traf seine Gruppe auf vier KZ-Häftlinge. Seiner Meinung nach waren diese im Besitz von Kleidung und Schuhen, die ihm gestohlen worden waren.[505] Der Volkssturmangehörige Paul Hermeister* erinnerte sich: „Einen dieser Häftlinge schoß der Volkssturmführer Wittler* mit seiner Pistole durch den Unterkiefer. Als ich dieses sah, machte ich zu Wittler* die Bemerkung: Wie könnt ihr sowas machen, der Feind klopft an die Tür, was ihr hier macht, könnt ihr nicht verantworten. Wittler* brauste mich jedoch sehr erregt an und machte als wenn er nach der Pistole greifen wollte um mich ebenfalls umzulegen, was er jedoch nicht tat."[506]

Nach der Aussage eines anderen Beteiligten soll Wittler* in dieser Situation „so aufgeregt" gewesen sein, dass er umgehend befahl, die anderen drei Häftlinge zu erschießen. Als seine Untergebenen sich weigerten, habe er ihnen mit dem Kriegsgericht gedroht.[507] Er selbst gab später zu, „aus Wut" auch auf diese Häftlinge geschossen, aber keinen getroffen zu haben. Als er derart die Contenance

502 Vernehmung von Walter Grimonek*, Kriminalamt Halle/Saale, o. D. (vermutl. 1948), ebenda, Bl. 220–223, hier Bl. 221 f.

503 Vernehmung von Wilhelm Hettig*, Kriminalamt Halle/Saale, 23. 8. 1948, ebenda, Bl. 171–173; Vernehmung von Erich Niemegk*, Kriminalamt Halle/Saale, 20. 8. 1948, ebenda, Bl. 297–302, hier Bl. 301.

504 Vernehmung von Franz Kühlmann*, Kriminalamt Halle/Saale, 14. 9. 1948, ebenda, Bl. 127–132, hier Bl. 130; Vernehmung von Johann Fitsch*, Kreispolizeiamt Hettstedt, 17. 12. 1947, ebenda, Bl. 99–104, hier Bl. 104.

505 Vernehmung von Otto Wittler*, Kriminalamt Halle/Saale, 13. 8. 1948, ebenda, Bl. 33–36, hier Bl. 34.

506 Vernehmung von Paul Hermeister*, Kreispolizeiamt Hettstedt, 16. 12. 1947, ebenda, Bl. 180–185, hier Bl. 183.

507 Vernehmung von Paul Andreesen*, Kriminalamt Halle/Saale, 15. 9. 1948, ebenda, Bl. 74–79, hier Bl. 76.

verlor, wurden die Grenzen seiner Autorität sichtbar. Er konnte trotz der massiven Drohungen die Exekution nicht durchsetzen und war zugleich nicht bereit, sie eigenhändig durchzuführen. So wurden die KZ-Häftlinge unter Schlägen nach Harkerode geleitet und später weitertransportiert.[508]

Viele Beteiligte beschrieben, dass sie von Wittler* und dem Baron bedrängt worden wären. Diese Verweise erfüllten zum einen die Funktion, die eigene Motivation als möglichst gering darzustellen. So betonte Wilhelm Bützek* direkt nach seinem Geständnis, einen Häftling erschossen zu haben, sie alle hätten „immer unter dem Druck" von Wittler* und Knigge gestanden, „daß wir an dieser Durchsuchungsaktion teilzunehmen haben und was uns da in den Weg läuft zu erschießen".[509] Mehrere Zeugen berichteten, schon bei der Ausrufung des Volkssturms habe Wittler* den Volkssturmangehörigen[510] und sogar Einwohnern, die gar nicht zum Volkssturm gehörten, bei Nichtbeteiligung mit Konsequenzen gedroht.[511] Dass es sich dabei nicht ausschließlich um Schutzbehauptungen gehandelt hat, zeigt der Umstand, dass dieses Verhalten zum Teil von Wittler* selbst eingestanden wurde.[512]

Derartige Einschüchterungen wurden von Volkssturmangehörigen nach unten weitergegeben. Einer der zur Beerdigung von toten Häftlingen herangezogenen Hitlerjungen gab an, dass Paul Andreesen*, den Wittler* vor ein Kriegsgericht hatte stellen wollen, ihnen „unmißverständlich gedroht habe, [...] daß auf Grund der damals bestehenden Kriegsgesetze und Verordnungen Zwangsmaßnahmen gegen uns eingeleitet werden könnten".[513]

Zugleich verweisen diese Einlassungen darauf, dass es verschiedene Formen der Verweigerung seitens des Volkssturms gab. Da diese von den Protagonisten vor den Ermittlern besonders hervorgehoben wurden, müssen sie kritisch betrachtet werden. Dennoch deuten sie auf Differenzen in der Einheit hin, die zum Teil mit der Dynamik der Situation, teilweise aber mit bereits länger schwelenden Konflikten innerhalb der Dorfgemeinschaft zusammenhingen. Ein Tatbeteiligter rechtfertigte sein Mitmachen damit, dass Wittler* ihn nicht leiden konnte,

508 Vernehmung von Wilhelm Hettig*, Kriminalamt Halle/Saale, 23. 8. 1948, ebenda, Bl. 171–173, hier Bl. 172.

509 Vernehmung von Wilhelm Bützek*, Kreispolizeiamt Hettstedt, 4. 12. 1947, ebenda, Bl. 51–55, hier Bl. 55.

510 Vernehmung von Gustav Kühlmann*, Kriminalamt Halle/Saale, 20. 8. 1948, ebenda, Bl. 355.

511 Vernehmung von Bruno Kuhle*, Kriminalamt Halle/Saale, 4. 10. 1948, ebenda, Bl. 293–295, hier Bl. 294.

512 Vernehmung von Otto Wittler*, Kriminalamt Halle/Saale, 20. 9. 1948, ebenda, Bl. 37 f.

513 Vernehmung von Heinz Bützek*, Kriminalamt Halle/Saale, 17. 8. 1948, ebenda, Bl. 336.

weil er sich schon zuvor öfter vor dem Volkssturmdienst gedrückt habe. Wenn er sich entzogen hätte, so seine Argumentation, wäre er deswegen „dumm behandelt" worden.[514] Einzelne sollen über die Ausrufung des Volkssturms geschimpft haben.[515] Ein anderer Mann gab an, während der Suchaktion am zweiten Tag versucht zu haben, gemeinsam mit einem anderen außerhalb des Waldstücks zu bleiben. Wittler* habe jedoch bemerkt, dass sie sich „drückten" und sie aufgefordert, sich aktiver zu beteiligen.[516]

Unter den Beteiligten herrschte eine teilweise feindliche Stimmung. Bruno Kuhle*, der zur Aktion beordert wurde, obwohl er kein Mitglied des Volkssturms gewesen war, sagte aus, er habe gesehen, wie einer der Volkssturmangehörigen mit seinem Gewehr auf einen wenige Meter entfernt stehenden Häftling gezielt habe. Allerdings scheint das Gewehr blockiert zu haben, so Kuhle*, „denn es fiel kein Schuß. Daraufhin habe ich gesagt ‚Pfui Teufel, mit einer Schrotflinte erschießt man keinen Menschen.' Ich habe mich daraufhin abgewandt und ging in Richtung Dorf." Ihm habe sich ein weiterer Mann angeschlossen, der die Situation als so angespannt empfand, dass er davor warnte, dass sie beide von den anderen Volkssturmmännern beschossen werden könnten.[517]

Es gibt auch Hinweise darauf, dass Einzelne unmittelbar nach der Durchsuchung mit der Ermordung von Häftlingen prahlten. Eine Zeugin sagte aus, in diesen Tagen hätte einer der Beteiligten zu einem anderen gesagt: „Was denkst Du, wieviel KZ-Leute wir umgelegt haben."[518] Laut einer anderen Aussage soll sich einer der Täter seiner Gutsherrin gegenüber mit der Erschießung von Häftlingen gebrüstet haben.[519] Ein weiterer Zeuge zitierte diesen mit den Worten: „Ein anderer, der angelegt hat, der hat ja nicht getroffen. Ich habe angelegt [...] und qunascht [sic!], da lag er."[520]

Die Auswertung der Unterlagen ergab, dass sich von der politischen Biografie der Akteure keine direkten Rückschlüsse auf ihr Verhalten während der

514 Vernehmung von Wilhelm Hettig*, Kriminalamt Halle/Saale, 23. 8. 1948, ebenda, Bl. 171–173, hier Bl. 172.

515 Vernehmung von Paul Hongardt*, Kriminalamt Halle/Saale, 27. 8. 1948, ebenda, Bl. 358 f., hier Bl. 358.

516 Vernehmung von Erich Niemegk*, Kriminalamt Halle/Saale, 20. 8. 1948, ebenda, Bl. 297–302, hier Bl. 301.

517 Vernehmung von Bruno Kuhle*, Kriminalamt Halle/Saale, 4. 10. 1948, ebenda, Bl. 293–295, hier Bl. 295.

518 Vernehmung von Ella Johns*, Kriminalamt Halle/Saale, 14. 8. 1948, ebenda, Bl. 321.

519 Vernehmung von Otto Kupfer*, Kriminalamt Halle/Saale, 26. 8. 1948, ebenda, Bl. 201–203, hier Bl. 203.

520 Vernehmung von Emil Damm*, Kriminaldienststelle Mansfelder Gebirgskreis, 27. 8. 1948, ebenda, Bl. 347.

Suchaktionen ziehen lassen. So waren mehrere Volkssturmleute, die vor 1933 KPD-Mitglieder waren, ebenso an den Morden beteiligt wie in dieser Hinsicht „unpolitische“ Protagonisten. Auch haben sich die NSDAP-Mitglieder nicht besonders hervorgetan, abgesehen von der herausgehobenen Stellung, die Volkssturmführer Wittler* innehatte und die ihm zugleich von den Befragten nur zu gerne attestiert wurde. Konflikte innerhalb der Einheit sind eher durch persönliche und emotionale Spannungen als durch politische Einstellungen hervorgetreten.

Ebenso lässt sich keine Korrelation zwischen der Kriegserfahrung der Akteure und ihrer Tatbeteiligung feststellen. Veteranen des Ersten Weltkriegs waren ebenso in einzelne Morde involviert wie Männer, die nie an der Front gewesen waren. Und auch wer im Zweiten Weltkrieg gedient hatte, wurde dadurch nicht mit höherer Wahrscheinlichkeit zum Täter in Harkerode.[521]

Bei den Akteuren aus den Reihen des Harkeroder Volkssturms haben wir es offensichtlich mit Ausprägungen der viel beschworenen „ganz normalen Männer“[522] zu tun, und zwar sowohl bei denen, die aktiv in die Morde an KZ-Häftlingen involviert waren, als auch bei denjenigen, denen keine Tatbeteiligung nachzuweisen war oder die gar versucht hatten, sich der ihnen befohlenen Aufgabe zu entziehen. Mit den Rollen und Funktionen der Akteure im dörflichen Alltag als Hintergrundfolie beeinflussten insbesondere emotionale Dispositionen und situative Faktoren die sich rasch entwickelnde Gewaltdynamik.

Aufgrund der fragmentarischen Quellenlage ist schwer zu entscheiden, ob es sich bei diesem Befund um ein repräsentatives Ergebnis handelt oder ob der Harkeroder Volkssturm eine Ausnahme darstellte. Weitere, detailliertere Studien müssten diese Ergebnisse überprüfen.[523]

2.4.3. Resümee: Hitler-Jugend und Volkssturm im Umfeld der Todesmärsche

Jugendliche waren während der Todesmärsche eine gut zu mobilisierende Akteursgruppe. Sie konnten zu unterschiedlichsten Aufgaben – vom Transport einzelner Gefangener über das Bestatten von Toten bis zur Erschießung von Häftlingen – herangezogen werden. Dabei waren sie aber nicht nur Empfänger

521 Problematisch ist bei diesen Angaben die Tatsache, dass einzelne Taten von den Zeugen genau denjenigen Akteuren zugeschrieben wurden, die zum Zeitpunkt der Ermittlungen nicht greifbar waren.

522 Browning, Männer, S. 208–247.

523 Zur Repräsentativität solcher Fallstudien auf Grundlage von Vernehmungsprotokollen vgl. Browning, Reply, S. 156–159.

und Ausführende der Befehle von Älteren, sondern handelten auch auf Eigeninitiative. Allerdings zeigt die mikrohistorische Perspektive auf den Großenhainer HJ-Bann 101 erhebliche Differenzen zwischen verschiedenen Alters- und Erfahrungskohorten bezüglich der Handlungsmodi und konkreten Involvierung ins Tatgeschehen: Die älteren Bannangehörigen in Führungspositionen, die zuvor an der Front gekämpft hatten, waren – wenn auch möglicherweise widerwillig – bereit, Morde an aufgegriffenen KZ-Häftlingen eigenverantwortlich anzuordnen, zu planen und auszuführen. Die Jüngeren, denen die Gewalterfahrung des Krieges fehlte, waren einerseits mit den plötzlich an sie gestellten Erwartungen überfordert, andererseits tat sich mit dem Aufgreifen, Bewachen oder Begraben von KZ-Häftlingen für sie ein aufregendes Betätigungsfeld auf. Nach den Übungslektionen im Ausbildungslager war mit der Jagd nach geflohenen KZ-Häftlingen die Chance zur Bewährung im vermeintlichen „Ernstfall" gegeben.

Methodisch und empirisch ist es schwer, direkte Nachweise für die in der Literatur angeführten Motivationen der Akteure zu finden, insbesondere wenn diese im Bereich der Emotionen verortet werden.[524] So ist in Verhörprotokollen verständlicherweise kaum etwas von der „Freude und jugendliche[n] Begeisterung" zu spüren, die Daniel Blatman den HJ-Angehörigen zuschreibt. Ebenso wenig lässt sich erkennen, ob sie die Taten in einer „emotionalen politischen Überzeugung" verübten.[525] Wahrscheinlich hat es diese Gefühle und Dispositionen bei etlichen Protagonisten gegeben, aber sie sind nicht aus den vorhandenen Dokumenten abzulesen. Vielmehr muss – ohne den Entlastungsstrategien der Akteure aufzusitzen – das Bild differenziert werden: Die nationalsozialistische Erziehung und propagandistische Indoktrination der Jugendlichen trugen zweifelsohne dazu bei, dass sie zu Gewalttaten gegenüber KZ-Häftlingen bewegt werden konnten. Anhand des Quenstedter Beispiels zeichnen sich jedoch weniger die Charaktere linientreuer Überzeugungstäter als vielmehr Profile adoleszenter Abenteurer ab. Die NS-Ideologie stellte den Referenzrahmen ihres Handelns dar,[526] sie war ursächlich für den mentalen und kulturellen Kontext der begangenen Verbrechen: Dämonisierung aller nicht zur „Volksgemeinschaft" Gehörigen, Entgrenzung der Gewalt und gleichzeitige Auflösung der überkommenen Strukturen. Die nationalsozialistische Weltanschauung diente aber kaum als alleiniges Motiv, sondern eher als Rechtfertigung und Anlass für ein Gewalthandeln, dessen Funktionen eher im Bereich des Sozialen zu suchen sind: Für die Jugendlichen

524 Vgl. auch Greiser, Todesmärsche, S. 130.

525 Blatman, Todesmärsche, S. 669.

526 Vgl. Sönke Neitzel/Harald Welzer, Soldaten. Protokolle vom Kämpfen, Töten und Sterben, Frankfurt a. M. 2011, S. 16–66.

waren die Todesmärsche eine Chance zur Selbstermächtigung.[527] Sie ahmten die erfahrene, beobachtete und antizipierte Gewalt der Erwachsenen nach und übertrafen sie nicht selten. Nun konnten sie noch kurz vor Kriegsende in der Aktion und unter ihresgleichen kollektiv Mut, Männlichkeit und militärische Eignung unter Beweis stellen, ohne sich tatsächlich in Gefahr zu begeben. Sie konnten sich ungestraft in der Ausübung von Macht und Gewalt gegenüber Schwächeren, die zu gefährlichen Feinden erklärt worden waren, ausprobieren und gesellschaftliche Grenzen sowie Rollenbilder ausreizen und überschreiten. Zu diesem Prozess gehörte, neben dem Druck von Gruppenzwang und Befehlsgehorsam, die Taten im Nachhinein psychisch zu verarbeiten und moralisch zu bewerten. Im Falle der Älteren zeigt sich, dass dies zu dem scheinbar paradoxen Verhalten führte, die begangenen Verbrechen möglicherweise am Abend zu verurteilen, am nächsten Morgen aber trotzdem wieder mitzumachen.

Immer wieder wird in der Literatur der geringe „Kampfwert" des Deutschen Volkssturms beim Vorrücken der Alliierten herausgestellt. Der ironische Unterton, der dabei gelegentlich mitschwingt, sollte nicht darüber hinwegtäuschen, dass diese älteren, schlecht bewaffneten Männer vielleicht nicht zur „Vaterlandsverteidigung", aber durchaus zur Beteiligung an schwersten Verbrechen gegenüber Wehrlosen in der Lage waren. Wenn etwa Klaus-Dietmar Henke spöttisch vom Freisinger Volkssturm berichtet, dessen „restliche[s] Häuflein" beim ersten Schuss in den Wald geflüchtet sei,[528] sollte dem die Involvierung der Einheit in die Räumungstransporte aus Dachau gegenübergestellt werden, bei denen die Freisinger Volkssturmmänner kurz zuvor KZ-Häftlinge bewacht hatten und zu Zeugen und Unterstützern zahlreicher Morde geworden waren. Die Bewachung und der Transport von Häftlingen sowie die Suche nach Geflohenen schufen zahlreiche Gelegenheiten, Gewalt auszuüben.

Die in der Literatur angeführten Hintergründe dieser Taten scheinen sich zu bestätigen: Oftmals gingen Misshandlungen und Morden Gerüchte über Gefahren, die angeblich von geflohenen Häftlingen drohten, voraus. Vielen der Beteiligten war vor allem daran gelegen, ihr Heimatdorf zu „verteidigen" – allerdings nicht gegen die alliierten Soldaten, sondern gegen die unbewaffneten, hungernden KZ-Häftlinge.

Auch für den Volkssturm dürften die Lage im Dorf und die jeweilige Gruppendynamik eine stärkere Rolle gespielt haben als ideologische Dispositionen. Dafür spricht, dass die Volkssturmleute sich an Misshandlungen und Morden seltener beteiligten, solange SS-Wachmannschaften die Transporte begleiteten.

527 Vgl. Wildt, Volksgemeinschaft, S. 370–374.
528 Henke, Besetzung, S. 956.

Auch wenn man in Betracht ziehen muss, dass der SS im Nachhinein bequem die Rolle der alleinschuldigen Exzesstäter zugeschrieben werden konnte, scheinen die Volkssturmmänner häufiger Gewalt gegenüber Häftlingen ausgeübt zu haben, wenn sie auf sich alleine gestellt waren.

In den Führungspositionen des dörflichen Volkssturms befanden sich meist die lokalen NS-„Eliten“ wie NSDAP-Ortsgruppenleiter oder SA-Führer,[529] oft erteilten auch die Bürgermeister direkte Befehle. Diese waren radikal, ließen den Beteiligten aber zugleich breite Interpretationsspielräume.

Lässt sich die Mobilisierung von HJ und Volkssturm bei den KZ-Räumungstransporten wie bei der Polizei dadurch erklären, dass es sich um „normale Organisationen“ handelte?[530] Volkssturm und Hitler-Jugend agierten als paramilitärische staatliche Gewaltorganisationen[531] mit festgelegten Rangfolgen und Befehlsketten, deren Aufgabe bei Kriegsende in der Verteidigung der „Heimatfront“ bestand. Allerdings werden anhand der untersuchten Beispiele Unterschiede deutlich: Der HJ lag ein militärisches Programm zugrunde. Der Fall Glaubitz zeigt, dass dieses durch den Drill im Wehrertüchtigungslager an die einzelnen Akteure vermittelt wurde. Sie hielten sich an die militärisch strukturierten Kommunikationswege und töteten aufgegriffene KZ-Häftlinge auch in einem Setting von Exekutionen.

Die „adoleszenten Abenteurer“ in Quenstedt hingegen bewegten sich in einer Grauzone. Sie waren zwar HJ-Angehörige, allerdings fand ihr Einsatz, der direkt vom Bürgermeister angeordnet worden war, außerhalb der engeren Strukturen der Hitler-Jugend statt. Dabei war es leichter, sich diesen Aufgaben zu entziehen, als in den Hierarchien des Glaubitzer Banns, wo es zwei „jungen Veteranen“ nicht gelang, von der „Organisation akzeptierte Begründungen“ zu finden, um sich Exekutionen zu entziehen oder diese zu verhindern.[532]

Beim Volkssturm von Harkerode schließlich handelte es sich um keine „normale Organisation“ im Sinne Stefan Kühls. Die Konflikte um die Befehlsketten und die improvisierte Mobilisierung zeigen, dass selbst nach mehreren Einsätzen keine eingespielten und unhinterfragten Kommunikationswege existierten. Das Personal bestand nicht aus rekrutierten und ausgebildeten Profis, sondern aus den vor Ort verfügbaren Männern, die nur rudimentär für den Einsatz als Paramiliz trainiert worden waren. Wie am cholerischen Volkssturmführer Wittler* gezeigt wurde, konnten auf dieser Grundlage die Zwecke der Organisation

529 Keller, Volksgemeinschaft, S. 145.

530 Kühl, Organisationen, S. 299–307.

531 Ebenda, S. 22–25.

532 Ebenda, S. 138–143, hier S. 138.

(„Verteidigung der Ortschaft") nicht von den persönlichen Motiven der Akteure („Vergeltung für Diebstähle") getrennt werden.[533] Zudem waren die Grenzen der Einheit fließend, und es bestanden zahlreiche Möglichkeiten, sich den Suchaktionen zu entziehen.

Und dennoch: Bei allen Konflikten, Dysfunktionalitäten und Problemen innerhalb der Einheiten, bei allen Unterschieden in Organisationsform oder Eigendynamik waren HJ und Volkssturm wirkungsvoll, und ihr Einsatz führte zu ähnlichen Ergebnissen. Die Wachmannschaften der Todesmärsche wurden unterstützt, die Häftlinge eskortiert und bewacht, misshandelt, getötet und ihre Leichname vor dem Einmarsch der Alliierten verscharrt.

2.5. Seelsorger und Chronisten: Dorfpfarrer

Abschließend soll ein Blick auf dörfliche Akteure geworfen werden, die üblicherweise eine exponierte Stellung im ländlichen Sozialgefüge einnahmen. Im vorangegangenen Kapitel ist bereits anhand des Barons aus dem Gutsdorf Harkerode deutlich geworden, dass in den Dörfern neben der nationalsozialistischen Herrschaftsstruktur auch traditionelle Hierarchien tonangebend waren, die sich auf das Handeln der Einwohner auswirkten.

Als klassische Honoratioren des Dorfes gelten Lehrer und Pfarrer. Wolfram Pyta hat beide Berufsgruppen als „ungekrönte Dorfoberhäupter" bezeichnet, die hohes soziales Ansehen genossen.[534] Es ist aber auch betont worden, dass sie „Fremde, Fremdbestimmte, nicht Dazugehörende" waren, was „durch ihre Stellung außerhalb des dörflichen Produktionszusammenhangs" bedingt war.[535]

Über die Rolle von Dorflehrern lassen sich kaum Aussagen treffen. Gelegentlich benannten Zeugen sie als Beteiligte an Suchaktionen nach geflohenen Häftlingen[536] oder identifizierten sie als geistige Urheber von Taten, die ihre Schüler begangen hatten.[537] Wie andere Einwohner waren Lehrer häufig im Volkssturm

533 Zur Trennung von Zwecken und Motiven vgl. ebenda, S. 239–245.

534 Pyta, Dorfgemeinschaft, S. 90 f.

535 Christel Köhle-Hezinger, Lokale Honoratioren. Zur Rolle von Pfarrer und Lehrer im Dorf, in: Hans-Georg Wehling (Hrsg.), Dorfpolitik. Fachwissenschaftliche Analysen und didaktische Hilfen, Opladen 1978, S. 54–64, hier S. 56 f.

536 Vernehmung von Alfred Paul Mutschke*, Polizeipräsidium Dresden, 25. 6. 1949, SHStAD, 13471, NS-Archiv des MfS, VgM Nr. 10100/1, unpag; Vernehmung von Werner Pätrang*, Kriminaldienststelle Hettstedt, 29. 5. 1948, BStU, MfS, BV Halle, ASt. 4983, Bd. 1, Bl. 35–41, hier Bl. 38.

537 VVN Kreisvorstand Meißen an den Generalstaatsanwalt für das Land Sachsen, Betr.: Ermordung eines unbekannten jüdischen Mädchens im Februar 1945 in Herzogswalde, 1. 11. 1948, SAPMO-BArch, DY 55/V 278/4/58, unpag.

organisiert. Gelegentlich korrespondierten ihre exponierte Stellung in der Dorfgemeinschaft und ihr Bildungsvorsprung mit wichtigen Positionen in der Miliz. So fungierten zwei Oberlehrer aus dem sächsischen Kürbitz als Rechnungsführer und stellvertretende Kompanieführer einer Volkssturmkompanie.[538] Im bayerischen Altendorf war ein Hauptlehrer gar der Führer des örtlichen Volkssturms gewesen.[539] Allerdings zeigen sich in den Quellen darüber hinaus kaum Hinweise auf eine besondere Funktion von Lehrern während der Räumungstransporte.

Deutlich ergiebiger ist hingegen die Quellenlage im Hinblick auf die Pfarrer. Seit einigen Jahren liegt mit den „Kriegs- und Einmarschberichten" aus dem Archiv des Erzbistums München und Freising ein edierter Quellenbestand vor, der Einblicke in die Selbstwahrnehmungen von Pfarrern im ländlichen Bayern während der letzten Kriegs- und unmittelbaren Nachkriegszeit gestattet. Im Juni 1945 hatte das Ordinariat des Erzbistums alle Pfarrämter und Seelsorgestellen der Erzdiözese beauftragt, einen „ausführlichen Bericht über die Auswirkungen des letzten Krieges" und die „Ereignisse gelegentlich des Einmarsches der amerikanischen Truppen" einzusenden. Dabei sollte insbesondere über Kriegsschäden, die Behandlung der Geistlichen durch die Besatzungsmacht und Plünderungen berichtet werden. Zudem wurde angeregt, Vorschläge für Kriegerdenkmäler anzufügen.[540] Im Rücklauf gingen 562 solcher Berichte ein.[541] Zahlreiche von ihnen enthalten Schilderungen von den Todesmärschen in Bayern und der Befreiung der Häftlinge.[542] Somit stehen zahlreiche unmittelbar nach den Ereignissen entstandene Quellen zur Verfügung, die die Sicht des katholischen Klerus auf die Todesmärsche widerspiegeln.[543]

538 Vernehmung von Kurt Zahlke*, Kriminalpolizei Plauen, 1. 10. 1945, SHStAD, 11391, Nr. 993, Bl. 48v; Vernehmung von Adolf Graumel*, Kriminalpolizei Plauen, 4. 10. 1945, ebenda, Bl. 49 f.

539 Vernehmung von Adolf Hesse, Ausländersuchstelle Nabburg, 18. 7. 1947, 5.3.1/84596818, ITS Digital Archive, Bad Arolsen.

540 Peter Pfister, Einführung, in: ders. (Hrsg.), Das Ende des II. Weltkriegs im Erzbistum München und Freising. Die Kriegs- und Einmarschberichte im Archiv des Erzbistums München und Freising, Teil I, Regensburg 2005, S. 17–32, hier S. 21.

541 Ebenda, S. 22.

542 In über 40 Berichten wurden KZ-Häftlinge erwähnt; allerdings ist in einigen Fällen nicht klar ersichtlich, ob es sich um Gefangene bzw. Befreite aus einem in der Nachbarschaft befindlichen KZ-Außenlager handelte oder ob sie im Zuge von Räumungstransporten in die Gemeinden gekommen waren.

543 Bisher ist dieser Quellenbestand nach meinen Kenntnissen nur in einer Studie systematisch ausgewertet worden: Gebhardt, Soldaten, S. 123 f. Verweise auf einzelne Berichte finden sich auch bei Keller, Volksgemeinschaft, S. 23, 120, 292, 395.

Die günstige Quellenlage zu den Dorfpfarrern hängt auch mit ihrer Doppelfunktion als Ortschronisten und Seelsorger zusammen. Vielerorts sind Kirchenbücher und andere Aufzeichnungen der Geistlichen die einzigen Dokumente, die über die Bestattung von KZ-Häftlingen und damit über die Todesmärsche Auskunft geben. So notierte der Pfarrer der Gemeinde Premenreuth in der Oberpfalz am 27. Januar 1945, dass zwei Häftlinge, die an der Bahnstrecke gefunden worden waren, an jenem Tag auf dem örtlichen Friedhof beigesetzt worden waren. Da „gar nichts über sie zu ermitteln war“, habe der Totengräber sie „auf dem Platz für Ungetaufte“ beerdigt. Zugleich fügte Pfarrer Unterholzer offenbar noch im Januar 1945 einige persönliche Bemerkungen hinzu, die unverblümt über seine Einstellung zum Geschehen Auskunft geben: „O Kriegszeit wie bist du so herzlos! Kein Standesamt, keine Behördenstelle rührt sich, um solchen Toten die letzte Ehre zu erweisen und ihren Überlebenden und Hinterbliebenen Kunde von ihrem Tode zu geben. Mögen auch sie in Gottes Frieden ruhen. Ebenso ihre vielen Leidensgenossen und KZ-Kameraden!“[544]

Pfarrer mussten nicht nur entscheiden, inwiefern der Tod von KZ-Häftlingen im Gemeindegebiet aktenkundig werden sollte. Darüber hinaus waren sie sehr häufig direkt in die praktischen Fragen der Bestattungen von Todesopfern involviert.[545] Dabei hatten sie Kontakt mit Behörden wie der Polizei[546] sowie gelegentlich zu Angehörigen der KZ-Wachmannschaften.[547]

Wie in Premenreuth mussten an vielen Orten Pfarrer Entscheidungen darüber treffen, wo die Toten begraben werden sollten. In einigen Fällen verhinderten sie Begräbnisse von Ungetauften auf ihren Gemeindefriedhöfen.[548] Aus Grünthal beispielsweise berichtete der örtliche Pfarrer, bei einem Todesmarsch durch die Gemeinde sollen „14 davon nicht mehr mitgekommen sein; man fand sie tot liegen und wurden dann die Leichen irgendwo vergraben“.[549] Allerdings war er selbst an

544 Aufzeichnungen von Pfarrer Josef Unterholzer, Premenreuth, 27. 1. 1945 (Abschrift), AGFl, A 1003, unpag.

545 Vgl. nur als Beispiele Bürgermeister der Gemeinde Kirchanschöring, Betrifft: Todesmarsch Regensburg-Laufen, 22. 2. 1947, 5.3.1/84599145, ITS Digital Archive, Bad Arolsen; Bürgermeister der Gemeinde Kirchbichl, Betreff: Todesmarsch, 17. 4. 1947, 5.3.1/84599152, ebenda; Landpolizei Oberbayern, Posten Attenkirchen, Bezirk Freising, Betrifft: Todesmarsch, 1. 4. 1947, 5.3.1/84596913, ebenda; Bürgermeister der Gemeinde Jarzt, Betrifft: Todesmarsch, 10. 4. 1947, 5.3.1/84599007, ebenda.

546 Gendarmerieposten Grobau an Pfarrer Roth in Mißlareuth, Betr.: Freigabe von Leichen, 2. 2. 1945 [Abschrift], SHStAD, 11391, Nr. 993, Bl. 30.

547 Pfarrhaus Lauterbach, Bericht, o. D. (1945), SHStAD, 11391, Nr. 992, Bl. 91v–92.

548 Greiser, Todesmärsche, S. 289 f.

549 21-5 Pfarrei Grünthal, 30. 7. 1945, in: Pfister, Ende, Teil I, S. 723 f., hier S. 724.

dieser unwürdigen Praxis nicht ganz unschuldig, wie andere Aussagen zeigen. Der ehemalige Bürgermeister des Dorfes gab zehn Jahre später zu Protokoll, der Pfarrer sei damals ihm gegenüber der Meinung gewesen, „daß eine Beerdigung im Friedhof momentan nicht zweckmäßig wäre".[550] Es gibt vereinzelte Hinweise darauf, dass für ein solches Verhalten gegenüber jüdischen Opfern christlicher Antijudaismus den Hintergrund bildete.[551]

Etliche Pfarrer waren hingegen auf eine würdige Bestattung toter Häftlinge bedacht.[552] Ein Beispiel dafür ist der Expositus der Gemeinde Tüntenhausen bei Freising, Josef Schmid. Er berichtete nach Kriegsende, dass in seiner Expositur insgesamt zehn Tote zu beerdigen waren: acht Soldaten und zwei KZ-Häftlinge. Empört notierte er, der Bürgermeister habe „sich noch zum Schluß einen echt nationalsozialistischen Abgang gesichert, indem er erklärte, die Toten gingen ihn nichts an, er sorge für keinen Sarg, sorge nicht für die Feststellung der Personalien, nicht für ihre Beerdigung. Ich habe als Geistlicher alles selber machen müssen: Ich mußte [um] das Holz für die Särge betteln und um die Nägel dazu, ich mußte die Personalien feststellen, für den Transport der Toten zum Friedhof sorgen usw."[553]

Schmid äußerte sich auch zur Frage nach einem Kriegerdenkmal sehr kritisch. Es sei fraglich, ob überhaupt ein Denkmal für die Toten des Krieges errichtet werden könnte, „nicht bloß aus materiellen, sondern auch aus ideologischen Gründen".[554] Und in Bezug auf die Geschehnisse vor Ort schrieb er: „Ich kann einen verhungerten KZ-Häftling weder als Helden für das Vaterland noch als einen Helden für den Nationalsozialismus gefallen ansehen. Ebensowenig kann ich einen gefallenen SS-Mann, der für die Verbrechen seiner Partei mit Herz und Hand einstand, als Opfer bezeichnen. In dieser Sicht verdient keiner von ihnen ein Denkmal."[555]

Allerdings sollte es nicht mal ein Jahr dauern, bis am Gemeinschaftsgrab der Soldaten und KZ-Häftlinge ein Gedenkstein eingeweiht wurde. Darauf waren neben Bibelzitaten („Wir gingen durch Feuer und Wasser aber du führtest uns

550 Vernehmung von Johann Horn*, Bayerische Kriminalpolizei, Kriminal-Außenstelle Mühldorf, 13. 4. 1955, StAM, Staatsanwaltschaften, 31500/4, Bl. 6.

551 Bericht von Peter Wimmer, 30. 4. 1998, AGFl, A 918, unpag.

552 Vgl. 36-8 Pfarrei Reichersbeuern, 8. 7. 1945, in: Peter Pfister (Hrsg.), Das Ende des II. Weltkriegs im Erzbistum München und Freising, Die Kriegs- und Einmarschberichte im Archiv des Erzbistums München und Freising, Teil II, Regensburg 2005, S. 1194–1196; Vernehmung von Maria Weil*, Bayerische Landpolizei, Kriminal-Außenstelle Bad Tölz, 30. 3. 1955, StAM, Staatsanwaltschaften, 34485, Bl. 7.

553 41-16 Expositur Tüntenhausen (Pfarrei Haindlfing), 15. 7. 1945, in: Pfister, Ende, Teil II, S. 1396–1401, hier S. 1400.

554 Ebenda.

555 Ebenda.

heraus in die Erquickung") die Namen und Lebensdaten der deutschen Soldaten verzeichnet, außerdem die festgestellten Nummern der KZ-Häftlinge.[556] Zudem war Schmid bemüht, die Identität der Häftlinge zu klären. So schrieb er im Oktober 1946 an die Sendeleitung von „Radio München", er habe in dieser Angelegenheit bereits alle für ihn zu erreichenden Überlebenden des Todesmarsches sowie überregional mehrere Betreuungsstellen für ehemalige KZ-Häftlinge konsultiert. Nun wandte er sich an den Rundfunk und bat, die Nummern öffentlich zu verlesen, um so eventuell Angehörige ausfindig zu machen, für die es sicher „ein kleiner Trost [wäre], zu wissen, dass ihre Kz-ler ein ehrenhaftes Begräbnis gefunden haben".[557]

In einigen Fällen schilderten die Pfarrer in den „Einmarschberichten", wie sie während der Räumungstransporte als Akteure involviert waren. So berichtete der Pfarrer von Haimhausen, er sei einem Todesmarsch gefolgt, „um eventuell Sterbenden noch irgendwie zu helfen". Als er im Wald einem toten Häftling die letzte Ölung spenden wollte, sei er von einem SS-Mann mit dem Tode bedroht worden und habe sein Vorhaben abbrechen müssen.[558] Der Pfarrer des benachbarten Dorfes Fürholzen war hingegen erfolgreicher mit der Krankensalbung. Er „ging dem traurigen Zuge nach und gab 3 Gefangenen, von denen 2 noch atmeten, Absolution und hl. Ölung".[559] In manchen Gemeinden beschränkte sich die Hilfe der Pfarrer nicht nur auf die Erteilung der Sakramente. Aus Münsing berichtete der Ortspfarrer, auf Betreiben des Expositus aus dem benachbarten Degerndorf habe man Häftlinge eines dort lagernden Räumungstransports mit Lebensmitteln verpflegen können. Es habe sich um die „KZ-Geistlichen" und um kranke Häftlinge gehandelt.[560] Der Freisinger Stadtpfarrer Ortmair notierte, drei KZ-Häftlinge, die vom Todesmarsch ins Pfarrhaus geflohen seien, habe man dort „gesund gepflegt und gerettet". Auch er betonte, es habe sich ein Priester unter den Geflohenen befunden.[561] Es ist auffällig, dass sich die Hilfeleistung der Gottesmänner vor allem auf Geistliche unter den KZ-Häftlingen konzentrierte. So berichtete der Pfarrer von Gündlkofen, als einige Einwohner des Ortes den Mut aufgebracht

556 Vgl. die Abbildung in: Fink. Das Magazin aus Freising 9 (2015) 4, S. 23.

557 Expositus Josef Schmid an die Sendeleitung von Radio München, 18. 10. 1946, 5.3.2/84606067, ITS Digital Archive, Bad Arolsen.

558 14-8 Pfarrei Haimhausen, 31. 7. 1945, in: Pfister, Ende, Teil I, S. 522–524, hier S. 523.

559 41-3 Pfarrei Fürholzen, o. D. [vor 13. 9. 1945], in: Pfister, Ende, Teil II, S. 1364–1367, hier S. 1364. Dies wird auch von anderer Seite erwähnt. Vgl. Bürgermeister der Gemeinde Günzenhausen, Betrifft: Todesmarsch, 5. 4. 1947, 5.3.1/84598398, ITS Digital Archive, Bad Arolsen.

560 43-12 Pfarrei Münsing, 20. 8. 1945, in: Pfister, Ende, Teil II, S. 1450 f., hier S. 1450.

561 19-4 Pfarrei Freising-St. Peter und Paul, Juli 1945, in: Pfister, Ende, Teil I, S. 660 f., hier S. 661.

hätten, Häftlinge „beiseite zu schaffen und in Scheunen usw. zu verbergen", habe er nach Priestern unter ihnen gesucht, aber keinen ausfindig machen können.[562]

In Bad Wiessee war eine sehr unübersichtliche Situation entstanden, als die SS einen Häftlingstransport im Ort zurückließ. Pfarrer Gansler notierte wenige Wochen nach Kriegsende noch immer sichtlich beeindruckt: „Die 1. Maiandacht 1945 wird meinen Pfarrkindern unvergeßlich bleiben: Während dieser gingen ca. 50 Insassen des Konzentrationslagers Dachau mit ihren Sträflingskleidern und Holzschuhen zu hl. Kommunion, die meisten zum ersten Mal wieder nach langer Zeit." Allerdings wurde schon in der Nacht darauf die Ortschaft abermals von deutschem Militär besetzt, was sich auch auf die befreiten Häftlinge auswirkte: „Unsere KZler waren wieder in Haft der SS." Er habe jedoch einen französischen Theologen in den Pfarrhof bringen und dadurch retten können.[563] Der Degerndorfer Pfarrvikar berichtete gar von einem „Husarenstück des Jesuitenpaters Pies", der sich als Offizier verkleidet in einen lagernden Häftlingstransport eingeschlichen haben soll. Auch hier galt die Hilfe exklusiv den Geistlichen. Unter dem Vorwand, Kranke „zu gesonderter Behandlung" herauszusuchen, soll Pies durch die Reihen der Häftlinge gegangen sein und mit einem Ruf auf Latein („sacerdotes omnes [alle Priester] Aufsteigen!") die Geistlichen ausfindig gemacht und mitgenommen haben.[564]

Für die Masse der KZ-Häftlinge formulierten die Pfarrer in ihren Berichten zunächst vor allem Gefühle des Mitleids. Dies drückte sich etwa in Formulierungen aus, es sei ein „grauenhaftes Bild" gewesen, wie „diese ärmsten der Menschen"[565] in ihrem „erbarmungswürdigen Zustand"[566] behandelt worden seien. Allerdings führte dieses Mitgefühl nur selten zu konkreten Handlungen zugunsten der Gefangenen; zumindest finden sich unter den mehreren Dutzend „Einmarschberichten", in denen sich die Pfarrer zu den Todesmärschen äußerten, nur sehr wenige Verweise auf Hilfeleistung.[567] Aus anderen Quellen sind hingegen Beispiele überliefert, in denen Pfarrer Geflohene unterstützten.[568]

562 26-5 Pfarrei Gündlkofen, 28. 7. 1945, in: Pfister, Ende, Teil II, S. 830–833, hier S. 831.

563 33-1 Pfarrei Bad Wiessee, Juli 1945, in: ebenda, S. 1062–1065, hier S. 1062 f.

564 43-5 Expositur Degerndorf (Pfarrei Münsing), 20. 7. 1945, in: ebenda, S. 1431–1439, hier S. 1434.

565 35-1 Expositur Asten (Pfarrei Tittmoning), 30. 7. 1945, in: ebenda, S. 1134–1137, hier S. 1135.

566 35-2 Expositur Freutsmoos (Pfarrei Palling), 27. 7. 1945, in: ebenda, S. 1137–1139, hier S. 1138.

567 43-5 Expositur Degerndorf (Pfarrei Münsing), 20. 7. 1945, in: ebenda, S. 1431–1439, hier S. 1435.

568 Interview von David P. Boder mit Nelly Bondy, 22. 8. 1946, Voices of the Holocaust, http://voices.iit.edu/interviewee?doc=bondyN [12. 3. 2016].

Mit der Befreiung der Häftlinge schlug die geäußerte Barmherzigkeit jedoch sofort in Feindseligkeit und Abwehr um.[569] So bemerkte der Pfarrer von Flintsbach, dessen Duktus hier stellvertretend für die meisten Berichte steht: „Es war eine verfehlte Maßnahme der Amerikaner, unterschiedlos alle Insassen eines KZ, politische und kriminelle, frei- und auf uns loszulassen. [...] Weil das Wort ‚Müßiggang ist aller Laster Anfang' auf alle Menschen zutrifft, so wurde es auch wahr bei den Fremdarbeitern und den KZ-Entlassenen. Bei Tag und noch mehr bei Nacht begann das Plündern, Stehlen, Rauben, Bedrohen, Erpressen."[570]

Sein Kollege aus Langenbach resümierte lapidar: „Die größte Last unseres Ortes waren die KZ-Leute." Außerdem vermutete er, es wären falsche Anschuldigungen befreiter Häftlinge gewesen, die dazu geführt hätten, dass zwei einheimische Gendarmen von der Besatzungsmacht erschossen wurden.[571]

Während die Gottesmänner den Häftlingen nur selten praktische Hilfe zuteil werden ließen und sie nach der Befreiung überwiegend als infernalische Bedrohung betrachteten, kümmerte sich der Pfarrer von Kirchanschöring umso stärker um Gemeindeangehörige, die als Volkssturmmänner in die Bewachung der Häftlinge involviert gewesen waren. Nach Aussage von Befreiten sollen sie geflohene KZ-Häftlinge aufgegriffen haben und für deren Tod verantwortlich gewesen sein, wofür sie in amerikanische Gefangenschaft kamen. Der Pfarrer konnte zwar über die genauen Vorgänge auch nicht mehr wissen als die Häftlinge, begab sich aber dennoch ins benachbarte Laufen und erwirkte dort bei der US-Armee die Freilassung der drei Männer.[572]

Die „Kriegs- und Einmarschberichte" sowie andere Quellen zeigen die wichtige Funktion, die die Pfarrer im Geschehen einnahmen. Da sie maßgeblich für Bestattungen zuständig waren, waren sie meist unmittelbar über Todesfälle auf dem Gemeindegebiet informiert und gehörten zu den Akteuren, die sich um die Begräbnisse von Todesmarschopfern kümmern mussten. Außerdem deutet sich an, dass ihre – wahrscheinlich durch Kleidung und Auftreten unterstrichene – auch von vielen Angehörigen der Wachmannschaften respektierte Sonderstellung es ihnen ermöglichte, sich nah an die Kolonnen oder ihre Rastplätze zu begeben. Zum Teil resultierten daraus Versuche der Hilfeleistung, die sich vor allem an Angehörige des Klerus richteten. Überraschend ist hingegen, dass die Selbstauskünfte nach Kriegsende wenige Verweise auf praktische Hilfeleistung

569 Vgl. weitere Beispiele auch im Kapitel zur Befreiung in der vorliegenden Arbeit.

570 28-2 Pfarrei Flintsbach, 30. 7. 1945, in: Pfister, Ende, Teil II, S. 911–918, hier S. 916.

571 41-11 Expositur Langenbach (Pfarrei Oberhummel), 1. 8. 1945, in: ebenda, S. 1386 f., hier S. 1386.

572 35-5 Pfarrei Kirchanschöring, 29. 7. 1945, in: ebenda, S. 1142–1145, hier S. 1144.

für andere Gefangene enthalten. Umso frappierender ist der Tonfall, in dem sie über die ausgehungerten und entkräfteten KZ-Häftlinge nach ihrer Befreiung berichteten. Wo vor dem Einmarsch der Alliierten noch Mitleid geherrscht hatte, brachen sich nun Angst und Verachtung Bahn.

Sowohl die Reaktionen der Pfarrer auf die lebenden KZ-Häftlinge als auch ihr Umgang mit den Toten verweisen auf das partikulare religiöse Wertesystem, das ihrem Handeln im Umfeld der Todesmärsche zugrunde lag. Während primär den Glaubensbrüdern unter den KZ-Häftlingen handfeste Hilfe zuteil wurde, verweigerten sie häufig die Bestattung von mutmaßlich nicht-christlichen Todesopfern auf dem Friedhof. Neben den Trennlinien volksgemeinschaftlicher In- und Exklusion sowie traditionellen Unterschieden zwischen Fremden und Einheimischen in Bezug auf das Heimatdorf wird damit eine weitere für Akteure handlungsleitende Kategorisierung anhand konfessioneller Kriterien deutlich.

3. Situationen

3.1. Teilnehmende Beobachtung

„Wo immer Gewalt geschieht, ist der Zuschauer nicht weit", betonte Wolfgang Sofsky in seinem „Traktat über die Gewalt". Und fragte daraufhin: „Was tut der Zuschauer, was treibt ihn zum Tatort?"[573] Es ist kaum möglich, die Motive der Zuschauerinnen und Zuschauer im Geschehen um die Todesmärsche im Nachhinein zu rekonstruieren. Allerdings soll im Folgenden der Frage nach der Funktion ihres Handelns nachgegangen werden. In Bezug auf antisemitische Gewalt vor Kriegsbeginn hat Michael Wildt hervorgehoben, „dass es falsch wäre, den Blick allein auf die aktiv handelnden Akteure zu richten. So wie die Täter keineswegs bloße Befehlsempfänger waren, die Anweisungen ausführten, sondern die Gewalttat selbst bestimmten, so hatten auch die Zuschauer, Passanten, Bystanders eine gleichermaßen konstituive Rolle als Duldende oder Billigende, als Komplizen."[574]

Diese Feststellung lässt sich auf die Todesmärsche übertragen. Unzählige Einwohnerinnen und Einwohner beobachteten den Durchzug der Häftlingskolonnen durch ihre Ortschaften.[575] Barbara Distel hat in diesem Zusammenhang von

573 Wolfgang Sofsky, Traktat über die Gewalt, Frankfurt a. M. 2005, S. 103.
574 Wildt, Volksgemeinschaft, S. 214 f.
575 Greiser, Todesmärsche, S. 257–277.

einem „öffentlichen Sterben" gesprochen.[576] Die Aussage einer Augenzeugin aus dem sächsischen Theuma verdeutlicht, welches Aufsehen die Häftlingstransporte in den Dörfern erregten: „Als sie sich auf dem Dorfplatz gesammelt haben, gab es viele Einwohner, die vor Neugier geguckt haben, was denn hier los ist."[577] Auch aus dem Bericht eines Leichenwärters aus Plattling (Bayern) wird die Neugier deutlich, mit der er beobachtete, wie zwei gefesselte KZ-Häftlinge von SS-Leuten in Richtung des Friedhofs geführt wurden. Er „ging sofort hinterher, um zu beobachten, wohin die beiden Männer gebracht wurden. [...] Ich beeilte mich und kam [...] in die Nähe der Mühlbachbrücke, von dort aus konnte ich alles genau mit meinem Fernglas, welches ich bei mir hatte, beobachten. [...] Ich konnte genau sehen, wie der eine noch mit aufgehobenen Händen gebeten [sic!] hatte."[578]

Auch wenn die Täter teilweise versuchten, sich nicht beobachten zu lassen, waren oft Zuschauer anwesend, wenn Häftlinge misshandelt und ermordet wurden. Im niederbayerischen Altdürnbuch etwa wurde der 25-jährige Sohn eines Bauern Zeuge einer Exekution. Während ein Todesmarsch von 3000 KZ-Häftlingen an seinem Feld vorüberzog, sah er, wie SS-Männer einen entkräfteten Häftling von der Straße stießen und wenige Meter entfernt von ihm ein Grab aushoben. Obwohl einer der SS-Leute ihn mit den Worten „schau nicht her!" ermahnte, beobachtete er die Erschießung aus nächster Nähe.[579]

Katrin Greiser hat das Verhalten der Zuschauer als „Tatenlosigkeit" in der „Nähe des juristischen Straftatbestands der unterlassenen Hilfeleistung" beschrieben[580] und resümierte: „Die Zivilbevölkerung wurde wie ein Komplize behandelt und hielt sich weitgehend an diese Rolle."[581] Daran anknüpfend möchte ich die Perspektive wechseln und fragen, ob und wie dieses Publikum selbst das Gewaltgeschehen beeinflusste.

Die Zuschauerschaft bei NS-Verbrechen ist bisher vor allem im Hinblick auf die Massenerschießungen von Juden in Osteuropa betrachtet worden. So betonte Harald Welzer in diesem Kontext, dass „die *aktive Dimension des Zuschauens*

576 Barbara Distel, Öffentliches Sterben. Vom Umgang der Öffentlichkeit mit den Todesmärschen, in: Dachauer Hefte 20 (2004), S. 39–46.

577 Interview mit Thea Männel, 9. 9. 2003, online unter http://www.ns-zeitzeugen.de/interview_todesmarsch_bearbeitet.pdf [23. 4. 2015].

578 Affidavit of Jup Bergemeier, HQ Third US Army, 6. 7. 1945, NARA, RG 549, „Cases not tried", Box 396, 66-326, unpag.

579 Sworn Statement of Xaver Fürch, HQ Third US Army, 12. 6. 1945, NARA, RG 549, „Cases not tried", Box 411, 66-836, unpag.

580 Greiser, Todesmärsche, S. 260.

581 Ebenda, S. 276.

bei Gewalthandlungen prinzipiell unterschätzt" werde.[582] Michaela Christ hat im Anschluss daran den Einfluss der Bystander auf die Situation akzentuiert: „Obwohl sie ‚nur' zusahen, hatte ihre Anwesenheit doch eine Bedeutung für das Gewaltgeschehen. Denn auch Zuschauen ist eine Handlung und Nicht-Eingreifen eine Aktivität."[583] Was bedeutet in dem Zusammenhang die Feststellung einer breiten Zuschauerschaft für die Frage nach der sozialen Dynamik der KZ-Räumungstransporte? Zunächst gilt auch hier, was für den „Holocaust by Bullets"[584] festgestellt wurde: Die Beobachter wirkten „wie ein lebendiger Zaun", sie verringerten die Fluchthoffnungen und -chancen der Opfer.[585]

Diese Konstellation wird am Beispiel Herzsprungs deutlich, wo vier KZ-Häftlinge unter maßgeblicher Beteiligung des NSDAP-Ortsgruppenleiters getötet worden waren.[586] Ein Jugendlicher sagte später aus, die „sich aus den Dorfbewohnern zusammensetzenden Zuschauer" hätten die Tat aus sicherer Entfernung beobachtet.[587] Auch sein Bruder gab an, „daß viele Personen die Erschießung mit angesehen haben, denn es standen dort viele Menschen herum". Es soll eine so große Menge gewesen sein, dass er Einzelne „wegen der Fülle von Menschen" nicht identifizieren konnte (oder wollte).[588] Eine andere Einwohnerin beschrieb die Szenerie so: „Auf der Straße, die unmittelbar am Tatort entlang [...] durch Herzsprung führt, standen mehrere Wagen mit Umsiedlern. Außerdem standen noch Kinder auf der Straße herum."[589] Sie selbst hatte das Geschehen vom Fenster ihres Hauses aus gemeinsam mit ihrem Bruder, ihrer Mutter und einer weiteren Frau beobachtet. Das Dorf wurde zur Arena der Gewalt und seine Bewohner zum Publikum.

Die Anwesenheit der Zuschauer beeinflusste auch die gewaltausübenden Akteure. Auf einer kommunikativen Ebene fühlten sie sich mitunter genötigt, ihr Tun zu erklären. Ein Beispiel dafür ist die Ermordung eines KZ-Häftlings im

582 Welzer, Täter, S. 148 (Hervorhebung i. O.).

583 Christ, Dynamik, S. 111.

584 Patrick Desbois, The Holocaust by Bullets. A priests journey to uncover the truth behind the murder of 1.5 million Jews, New York 2008 (dt. Ausgabe: Patrick Desbois, Der vergessene Holocaust. Die Ermordung der ukrainischen Juden, Berlin 2009).

585 Christ, Dynamik, S. 111.

586 Vgl. auch Martin Clemens Winter, Die Todesmärsche – letzte NS-Gesellschaftsverbrechen. Ein Beispiel aus Brandenburg, in: informationen. Wissenschaftliche Zeitschrift des Studienkreises Deutscher Widerstand 1933–1945 80 (2014), S. 8–12.

587 Vernehmung von Egon Lippmann*, MfS Potsdam, 11. 7. 1955, BStU, MfS, Pdm AU 41/56, Bl. 338–341, hier Bl. 340.

588 Vernehmung von Martin Lippmann*, MfS Potsdam, 16. 8. 1955, ebenda, Bl. 342–344, hier Bl. 343.

589 Vernehmung von Ursula Schneider*, MfS Potsdam, 11. 7. 1955, ebenda, Bl. 348–350, hier Bl. 349.

bayerischen Arnhofen. Dort sah ein Ehepaar, wie direkt neben ihm ein Gefangener von einem SS-Mann geschlagen und durch einen Kopfschuss getötet wurde. In dem Fall reagierte der Täter unmittelbar auf die Anwesenheit der Zeugen und rechtfertigte sein Handeln mit den Worten: „Braucht kein Mitleid zu haben, die wenn wir loslassen drehen Euch alle den Kragen um."[590]

Die Anwesenheit von Passanten konnte auf einige Täter hemmend wirken, wie etwa in Bad Grund im Harz, wo Wachleute die Erschießung eines KZ-Häftlings verschoben, weil sich neugierige Kinder der Kolonne näherten.[591] Andererseits konnten Zuschauer die Täter auch anspornen: nonverbal durch ihre bloße Anwesenheit oder durch direkte Aufforderungen zum Handeln.[592] Aus der Beobachtung von Gewalttaten und Morden ergaben sich Anschlusshandlungen, die für einen fließenden Übergang von der Rolle des Zuschauers zum direkt Beteiligten stehen: Im sächsischen Niederstriegis sah mindestens ein Einwohner, wie sieben Gefangene ohne Bewachung im Straßengraben zurück blieben.[593] Obwohl sie nach der Aussage des Augenzeugen mehrere Stunden dort liegen blieben, scheint zunächst niemand aktiv geworden zu sein, geschweige denn geholfen zu haben. Am Nachmittag sei dann ein SS-Mann zurückgekehrt, habe die Häftlinge zusammengetrieben und unmittelbar am Haus des Zeugen erschossen. Nachdem der SS-Mann verschwunden war, stellte sich heraus, dass mehrere Opfer die Exekution überlebt hatten. Nun erst schalteten sich die Zuschauer ein: „Daraufhin wurden von einigen Kindern, die den Vorgang beobachtet hatten, einige Soldaten aus dem Lazarett [...] herbeigeholt, die den Häftlingen ihre Qualen erleichterten und sie vollkommen töteten."[594]

Selbst wenn die Umstehenden nicht aktiv in das Geschehen eingriffen, beeinflussten sie die Situation: „Die Zuschauer bestätigen durch ihre Anwesenheit, dass das, was sich in der Arena abspielt, in Ordnung ist."[595] Die Zuschauer der Todesmärsche gaben der Gewalt vor ihrer Haustür den sozialen Rahmen. Ihr sichtbares Nicht-Einschreiten legitimierte das Handeln der Täter und demoralisierte die Opfer. Die Augenzeugen beobachteten allerdings nicht nur die Handelnden und ihre Taten, sondern auch sich gegenseitig. Damit entstand in dem Moment,

590 Sworn Statement of Barbara Geier, HQ Third US Army, 11. 6. 1945, NARA, RG 549, „Cases not tried", Box 411, 66-836, unpag.

591 Urteil des LG Göttingen, 7. 7. 1949, Lfd. Nr. 156, in: JuNSV, Bd. V, S. 125–138, hier S. 131. Vgl. auch Greiser, Todesmärsche, S. 126.

592 Vgl die Beispiele im Abschnitt zu weiblichen Akteurinnen in der vorliegenden Arbeit.

593 Vgl. auch Greiser, Todesmärsche, S. 125.

594 Vernehmung von Walter Seifert*, Kriminalpolizei Döbeln, 18. 9. 1945, StAL, 20232 Kreistag/Kreisrat Döbeln, Nr. 1083, Bl. 39.

595 Welzer, Täter, S. 110.

in dem sie Zeugen der Verbrechen im Dorf wurden, zugleich eine sozial und familiär zum Teil aufs Engste verbundene Gruppe von Mitwissern. Diese barg nach Kriegsende sowohl das Potenzial zum Schweigekartell als auch die ständige Gefahr der gegenseitigen Denunziation.

Es gibt auch Berichte, laut denen Zuschauer gezielt versuchten, bremsend auf das Gewaltgeschehen einzuwirken. Im sächsischen Neundorf wurde dem örtlichen Forstmeister vom Bürgermeister des Ortes eröffnet, „daß ein Zug Gefangener durch den Ort käme, mit der Bemerkung, es sollten welche davon erschossen werden". Kurz darauf beobachtete er aus nächster Nähe, wie sieben KZ-Häftlinge von zwei SS-Angehörigen gezwungen wurden, sich in einem Waldstück nebeneinander auf den Boden zu legen. Forstwart Grams* gab an, interveniert zu haben: „Da ich ja durch den Bürgermeister […] wußte, daß welche erschossen werden sollten, trat ich aus meinem Versteck heraus und bemerkte zu den Beiden, sie seien wohl verrückt die Leute zu erschießen." Allerdings war dieser Versuch nicht von Erfolg gekrönt, denn darauf „antwortete der Oberfeldwebel: ‚Sind sie ruhig, sonst' und zeigte mir deutlich die Pistole. In meiner Abscheu über das, was nun folgen sollte, kehrte ich mich ab und hörte anschließend Pistolenschüsse."[596] Wenngleich diese Exekution nicht verhindert werden konnte, deuten sich hier Handlungsspielräume zur Intervention an.

Solche Möglichkeiten hatten andere, institutionelle Beobachter. Mehrere Delegierte des Internationalen Komitees vom Roten Kreuz versuchten, Häftlinge auf den Räumungstransporten mit Essen zu versorgen und wurden zu Augenzeugen der Verbrechen. Einer von ihnen war ab Ende April 1945 zwischen Dachau und den Alpen unterwegs und veranlasste die Verteilung von mehreren Tausend Lebensmittelpaketen an Gefangene.[597] Nachdem das IKRK mit dem Versuch gescheitert war, die Räumung der KZ Ravensbrück und Sachsenhausen zu verhindern, folgte der Delegierte Willy Pfister den Todesmärschen nördlich von Berlin und organisierte die Verteilung von Essenspaketen, die insbesondere während eines tagelangen Aufenthalts im Belower Wald bei Wittstock zahlreiche KZ-Häftlinge vor dem Verhungern bewahrten.[598] Mit dieser improvisierten Hilfsaktion wurde das IKRK zum eingreifenden Zeugen, denn natürlich konnten den Delegierten sowie den Fahrern der Lastwagen die Gewalttaten und Morde kaum verborgen bleiben.

596 Vernehmung von Paul Grams*, Kriminalpolizei Plauen, 1.10.1945, SHStAD, 11391, Nr. 993, Bl. 56.

597 Sébastien Farré, The ICRC and the detainees in Nazi concentration camps (1942–1945), in: International Review of the Red Cross 94 (2012) 888, S. 1381–1408, hier S. 1397; Fahrtenbuch einer vom IKRK delegierten Begleitperson über ihre Tätigkeit in Deutschland vom 16. April bis zum 12. Mai 1945 (Auszüge), in: IKRK, Tätigkeit, S. 140–146.

598 Ebenda, S. 1395–1397; Farré/Schubert, Sachsenhausen.

Tatsächlich wirkten sich die Anwesenheit und vor allem die Intervention der Mitarbeiter des Roten Kreuzes direkt auf das Handeln der Täter aus. Sie waren später der Meinung, durch ihren Protest ein Ende der Erschießungen erreicht zu haben,[599] allerdings deuten andere Quellen darauf hin, dass das Resultat eher darin bestand, dass die Täter ihre Spuren sorgfältiger verwischten. Der Sachsenhausener Lagerarzt Heinz Baumkötter sagte nach Kriegsende aus, im Belower Wald habe ihn ein Vertreter des IKRK darauf angesprochen, „daß er auf dem Marschwege der Lagerkolonnen Leichen von erschossenen Häftlingen bemerkt hätte, und bat mich, dem Lagerkommandanten den Protest des ‚Roten Kreuzes' zu übermitteln". Daraufhin habe dieser die Kolonnenführer aufgefordert, „um ähnliche Erklärungen zu vermeiden, in Zukunft die Erschießungen sorgfältig zu verheimlichen und [...] nur abseits der Landstraße, im Walde, durchzuführen und die Leichen der Erschossenen sorgfältig zu vergraben". Zugleich habe er betont, dass diejenigen, die nicht mehr mitlaufen konnten, erschossen werden sollten.[600]

Das IKRK beobachtete nicht nur die Täter, sondern auch die deutschen Zivilisten. Über diese notierte ein Mitarbeiter: „Die deutsche Bevölkerung in den kleineren Städten und Dörfern verhielt sich im allgemeinen passiv und schaute zu."[601] An den vorgestellten Beispielen wurde deutlich, welchen Einfluss diese zahlreichen Zuschauer auf das Geschehen hatten.

3.2. Dokumentation

Während sich die meisten Handlungen im Umfeld der Todesmärsche nur aus schriftlichen Dokumenten rekonstruieren lassen, liegen einige fotografische Quellen vor, die das Beobachten sowie den Versuch, das Geschehen zu dokumentieren, bildlich festhalten. Im Folgenden werden drei Konvolute untersucht, die für zwei verschiedene Perspektiven auf das Geschehen stehen.[602] Zum einen handelt es sich

599 Bericht eines IKRK-Delegierten über die Versorgung der Evakuierten von Oranienburg (Sachsenhausen) und Ravensbrück (nach dem deutschsprachigen Originaltext), in: IKRK, Tätigkeit, S. 121–128, hier S. 122.

600 Vernehmung von Heinz Baumkötter, Operativsektor der sowjetischen Militärverwaltung in Berlin, 21. 12. 1946, AS, JSU 1/3, Bl. 111–132, hier Bl. 131.

601 Bericht eines IKRK-Delegierten über die Versorgung der Evakuierten von Oranienburg (Sachsenhausen) und Ravensbrück, in: IKRK, Tätigkeit, S. 121–128, hier S. 125.

602 Eine ausführliche Bildanalyse und Interpretation würden den Rahmen dieses Kapitels sprengen und bedürften auch methodisch einer eigenständigen Arbeit. Hier kann lediglich ein Einstieg in die Thematik im Hinblick auf die hier zugrundeliegenden Fragestellungen und Schwerpunkte erfolgen. Anregungen zu dieser Auseinandersetzung mit Fotografien stammen unter anderem aus Jürgen Raab, Visuelle Wissenssoziologie der

um die Fotografien, die der IKRK-Delegierte Willy Pfister während des Todesmarsches aus dem KZ Sachsenhausen angefertigt hat, zum anderen um private Fotografien von Einwohnerinnen und Einwohnern aus Dörfern in Bayern.[603]

Soweit bisher bekannt ist, fertigte Willy Pfister während seiner Hilfsmission 15 Schwarz-Weiß-Fotografien an. Sébastien Farré zufolge entstanden die meisten davon um den 22. April 1945, nördlich von Lindow (Brandenburg).[604] Sie lassen sich in drei Gruppen unterteilen: Elf Bilder zeigen kurz zuvor von den Wachmannschaften ermordete KZ-Häftlinge, auf zwei Bildern ist eine Landstraßenszene zu sehen, und zwei weitere dokumentieren die Verteilung von Rot-Kreuz-Paketen.

Bei den meisten Fotos von Pfister handelt es sich um improvisierte Tatortfotografien. Die oft ungelenk wirkende Perspektive auf die Toten zeigt nicht nur, dass hier kein professioneller Fotograf am Werk war, sondern reflektiert vor allem die angespannte Situation, in der er heimlich diese Bilder schoss. So sind von einigen Motiven – sprich: Leichen – mehrere Fotos angefertigt worden, und es lassen sich Sequenzen erkennen, nach denen Pfister sich den Opfern näherte und die Morde hastig dokumentierte. Die Reihenfolge lässt sich daraus ableiten, dass meist eines der Bilder schärfer ist oder vom Bildausschnitt her günstiger gewählt wurde als das andere. Dabei dürfte es sich nach einem ersten spontanen Schnappschuss jeweils um einen zweiten, gezielteren Versuch gehandelt haben. Damit folgte Pfister intuitiv einer zentralen „Regel der Fotodokumentation am Tatort", der Erfassung des Motivs von der Peripherie zum Zentrum.[605]

Ein Bildpaar zeigt, dass Pfister seine Rolle als Beobachter und Dokumentar auch überschritt. Um den verbrecherischen Charakter der Taten deutlich festzuhalten, griff er in das Arrangement ein und zog die Decke, die über den Kopf eines Erschossenen gelegt worden war, für ein zweites Foto zurück, um sichtbar zu machen, dass der Mann durch einen Kopfschuss getötet worden war.

Fotografie. Sozialwissenschaftliche Analysearbeit zwischen Einzelbild, Bildkontexten und Sozialmilieu, in: Österreichische Zeitschrift für Soziologie 37 (2012), S. 121–142; Georges Didi-Huberman, Bilder trotz allem, München 2007; Petra Bopp (Hrsg.), Fremde im Visier. Fotoalben aus dem Zweiten Weltkrieg, Bielefeld 2009; Bernd Hüppauf, Der entleerte Blick hinter der Kamera, in: Hannes Heer/Klaus Naumann (Hrsg.), Vernichtungskrieg. Verbrechen der Wehrmacht 1941 bis 1944, Hamburg 1995, S. 504–527.

603 Außer den hier vorgestellten Privatfotografien gibt es noch weitere Bildserien aus Bayern, die Todesmärsche zeigen. So etwa drei Bilder aus Grünwald (Yad Vashem Photo Archive, 3845/1, 3845/2, 3845/3) und Landsberg. Vgl. Martin Paulus/Edith Raim/Gerhard Ziegler (Hrsg.), Ein Ort wie jeder andere. Bilder aus einer deutschen Kleinstadt. Landsberg 1923–1958, Reinbek bei Hamburg 1995, S. 106–108.

604 Farré, Sachsenhausen, S. 291.

605 Susanne Regener, Verbrechen, Schönheit, Tod. Tatortfotografien, in: Fotogeschichte 20 (2000) 78, S. 27–42, hier S. 33 f.

Getöteter Häftling
des KZ Sachsenhausen, 1945
ICRC, V-P-HIST-01549-05

Getöteter Häftling
des KZ Sachsenhausen, 1945
ICRC, V-P-HIST-01548-01

Diese Bilder lassen sich am ehesten mit den Fotos der *War Crimes Investigation Teams* von Todesmarschopfern vergleichen. Allerdings sind sie zeitlich näher zur Tat entstanden, während in unmittelbarer Nähe die Kolonnen noch in Bewegung waren. Deswegen wirken sie weniger professionell, bilden aber umso deutlicher den Schrecken des Fotografen im Angesicht der Verbrechen ab. Auf zwei Fotos hat Pfister die Situation auf der Marschstrecke festgehalten. Eines davon zeigt eine Gruppe von Häftlingen, die in Richtung des Betrachters marschiert.[606]

Das zweite wurde aus der gleichen Position aufgenommen, diesmal wird jedoch die Situation deutlich, die Pfister Gelegenheit zum Fotografieren gab. Darauf ist zu erkennen, dass mindestens ein Lastwagen des Roten Kreuzes am Straßenrand gehalten hat, im Vordergrund ist ein Pkw zu erahnen. Neben einem Wachmann (offenbar aus dem „Lagervolkssturm") sind zwei Männer von hinten zu erkennen, bei denen es sich um Funktionshäftlinge gehandelt haben dürfte. Dahinter sieht man Häftlinge, die sich in die entgegengesetzte Richtung entfernen. Dieses Bild wirkt auf den ersten Blick wohlkomponiert. Der rechte Straßenrand, die Fahrzeugkanten am linken Bildrand und die Baumwipfel bilden Fluchtlinien, die sich in einem Fluchtpunkt etwa in der Bildmitte treffen. Allerdings ist genau an dieser Stelle kaum etwas zu erkennen. Teile des Lkw verdecken den Blick auf die Köpfe der dort befindlichen Personen, andere haben den Rücken zum Betrachter oder der Betrachterin gewendet. So wandert der Blick nach rechts, wo er auf den Wachmann trifft, der mit einem hinter ihm stehenden Baum eine weitere Fluchtlinie bildet. Er wird zum eigentlichen Mittelpunkt des Bildes. Der Zivilist am linken Bildrand, möglicherweise einer der Fahrer, spiegelt als beobachteter Beobachter der Szene sowohl die Rolle von Pfister als Fotografen als auch diejenige des Betrachters oder der Betrachterin des Fotos wider. Dieser Eindruck wird durch die Anonymität des gesichtslosen Mannes in starrer Haltung verstärkt. Er wirkt austauschbar; an seiner Stelle könnte jeder und jede stehen.

Halb versteckt wurde das Einzige von Pfisters Bildern im Querformat aufgenommen. Die über dem Zaun hängenden Kleider gaben dem Fotografen Sichtschutz, verstellen aber die Sicht auf das eigentliche Motiv im Hintergrund: eine große Anzahl von auf einer Wiese lagernden Häftlingen. Die meisten von ihnen sitzen in Kleingruppen am Boden, es wird gegessen; Rauch steigt auf. Dazwischen und an den äußeren Rändern stehend, sind dunkel gekleidete Funktionshäftlinge auszumachen. Im Vordergrund ist eine Person erkennbar, die unmittelbar im

606 ICRC, V-P-HIST-01549-01; vgl. einen Ausschnitt des Fotos in Farré, Sachsenhausen, S. 293.

Szene während der Räumung des KZ Sachsenhausen, 1945
ICRC, V-P-HIST-01549-02

Szene während der Räumung des KZ Sachsenhausen, 1945
ICRC, V-P-HIST-01548-08

Verteilung von Hilfspaketen während der Räumung des KZ Sachsenhausen , 1945
ICRC, V-P-HIST-01548-07

Moment des Fotografierens in die Aufnahme läuft. Durch die verschwommen eingefrorene Bewegung in nächster Nähe entsteht der Eindruck von Dynamik, die im Kontrast zu der in der Horizontale ruhenden Szene im Hintergrund steht. Die prominente Platzierung des Rot-Kreuz-Paketes lässt das Foto wie einen gestellten Schnappschuss wirken. Pfister hielt darauf – möglicherweise zufällig – nicht nur die ausruhenden Häftlinge fest, sondern dokumentierte zugleich die Arbeit seiner Organisation.

Das trifft auch auf ein Bild zu, auf dem zu sehen ist, wie Kisten des Roten Kreuzes geöffnet werden. Hier fallen starke diagonale Akzente ins Auge, gesetzt durch die Dächer von Schuppen und Haus, die hell kontrastierenden Kistendeckel sowie die Fluchtlinie vom Fuß der Person im Vordergrund bis in den Hintergrund. Dort trifft der Blick auf einen verdeckten hellen Lastwagen des IKRK.

Am interessantesten ist an dem Foto die Zusammensetzung der darauf abgebildeten zwölf Personen. Den Rangabzeichen zufolge handelt es sich bei einigen von ihnen um SS-Angehörige.[607] Ganz rechts ist in dunkler Kleidung ein Funktionshäftling frontal zu sehen, gut zu erkennen durch den Winkel auf der Kleidung und die weiße Armbinde. Mit dem Rücken zum Betrachter steht ein Zivilist im Arbeitsanzug, möglicherweise ein Mitarbeiter des IKRK. Vorbei an dem Soldaten im Vordergrund und entlang der absteigenden Reihe derjenigen, die offenbar darauf warten, Inhalte aus den Kisten entgegenzunehmen, fällt der Blick in der Mitte des Bildes auf drei Kinder beziehungsweise Jugendliche. Pfister hat hier festgehalten, dass die Lebensmittel des IKRK nicht nur an die KZ-Häftlinge verteilt wurden, sondern dass auch die Wachleute sowie sonstige Anwesende davon profitierten.[608] Damit zeigt das Foto, wie nah sich Zivilbevölkerung und Akteure der Todesmärsche kamen.

Diese Nähe zwischen den Akteuren wird auch auf den wenigen überlieferten Privatfotografien von den Todesmärschen aus Bayern deutlich. Die Quellenlage – mehrere vorliegende Videointerviews mit der Fotografin und dem Fotografen – ermöglicht hier eine Verknüpfung von Oral- und Visual History der Todesmärsche.

Eines dieser Konvolute wurde von Maria Seidenberger aus Hebertshausen, nur wenige Kilometer von Dachau entfernt, angefertigt. Seidenberger, 1927 in einer sozialdemokratisch-katholischen Familie geboren, hatte in den 1940er-Jahren eine Lehre als Fotolaborantin gemacht. Sie war unter anderem als illegale Kurierin für Häftlinge eines Dachauer Außenkommandos tätig gewesen und hatte in München trotz Verbot die Zerstörungen durch den Luftkrieg fotografiert. Im Interview sagte sie, es sei angesichts ihres Berufs für sie „selbstverständlich" gewesen, auch die Todesmärsche von KZ-Häftlingen aus Buchenwald nach Dachau „als Dokumentation" im Bild festzuhalten, und so schoss sie fünf Fotos von den durchziehenden Kolonnen.[609]

Benno Gantner, der zweite Fotograf, stammte aus Percha am Starnberger See und war im Frühjahr 1945 24 Jahre alt. Er war Hobbyfotograf und verfügte deshalb bei Kriegsende über einen Fotoapparat sowie einen der raren Filme. Von seinen Vater, der bei der Starnberger Polizei arbeitete, hatte er am 27. April 1945 erfahren, dass bei Gauting KZ-Häftlinge in den Wäldern lagern würden und

607 Für Hinweise zu den auf dem Foto erkennbaren Uniformen danke ich Stefan Hördler und Carmen Lange.

608 Farré, ICRC, S. 1396 f.; Georg Wieber, Nederlandsche Rode Kruis, Das Revier in Grabow (Mecklenburg), 19. 12. 1946, AS, P 3, Wieber/Georg/1, unpag. Zur Perspektive eines Bewachers, der einen Dreieckshandel mit den Inhalten der Pakete zwischen ihm, KZ-Häftlingen und Zivilistinnen organisierte, vgl. Mirbach, Bericht, S. 195–203.

609 Interview mit Maria Seidenberger, 29. 7. 2010, USHMM, RG-50.486*0067, Part 7.

Todesmarsch aus dem KZ Buchenwald in Hebertshausen, 1945
USHMM, Photo Archives, #99249

Richtung Süden durch Percha marschieren sollten. Daraufhin fasste Gantner den Entschluss, dieses Geschehen zu fotografieren. Er gab später an, dies als Gelegenheit zum Festhalten eines einmaligen Ereignisses aufgefasst zu haben, und verstand es als Teil einer Fotodokumentation über seinen Heimatort im Krieg. Als die Kolonnen Tausender Häftlinge am Abend durch das Dorf zogen, verteilte er mit seiner Familie Wasser an die Gefangenen. Im Interview betonte Gantner seine damalige Enttäuschung darüber, aufgrund der Dunkelheit nicht fotografieren zu können. Allerdings kamen am darauffolgenden Tag weitere Gruppen Gefangener durch den Ort, von denen Gantner fünf Fotografien anfertigen konnte.[610]

Der genaue Blick auf Maria Seidenbergers Bilder zeigt anhand der Schlagschatten, dass sie zu verschiedenen Tageszeiten entstanden sein müssen. Da sie in Richtung Süden aufgenommen wurden, lässt sich aus dem Sonnenstand eine Reihenfolge ableiten. Die ersten Bilder dürften wie die hier nicht abgedruckten[611]

610 Interview mit Benno Gantner, 23. 6. 2010, USHMM, RG-50.030*0573, Tape 1.

611 Hier nicht reproduziert sind eines ihrer Fotos aus der Sammlung des USHMM (#99216) sowie ein weiteres, das nicht in diesem Bestand enthalten ist. Vgl. Stadt Dachau (Hrsg.), Dachau-Preis für Zivilcourage 2005, Dachau 2006, S. 16.

Todesmarsch aus dem KZ Buchenwald in Hebertshausen, 1945
USHMM, Photo Archives, #99215

am Vormittag, eines am Nachmittag entstanden sein. Das verdeutlicht, wie lange diese Märsche sich vor den Haustüren der Einwohner abspielten.

Die Fotos vom Vormittag zeigen eine schier endlose Masse sich fortbewegender Häftlinge ohne erkennbare Struktur. Hingegen scheinen die Reihen auf dem später aufgenommenen Bild deutlich gelichtet. Zwei Gruppen von 20 bis 30 Gefangenen führen Wagen mit sich und sind von mehreren Wachmännern umgeben. Möglicherweise handelt es sich um eine Art Nachhut, die am Ende der Kolonne das Gepäck der Bewacher transportierte. Zwei Fotos nehmen das Gartentor in den Blick – hier hielt Seidenberger unter anderem fest, wie ihre Mutter Lebensmittel an Häftlinge verteilte.[612]

Bei Gantners Bildern ist die Reihenfolge genauer zu rekonstruieren. Zunächst knipste er offenbar unentdeckt ein Bild von einer Gruppe Gefangener.[613] Auf dem darauffolgenden Foto einer anderen Häftlingsgruppe ist bereits zu erkennen, dass zwei der Männer zum Standort des Fotografen hinaufschauen. Dieselbe Gruppe fotografierte er vor seinem Haus ein zweites Mal. Kurz darauf, so Gantner im

612 Ebenda.

613 Dieses Bild ist abgedruckt in: Werner, Todesmärsche, S. 31.

Todesmarsch aus dem KZ Dachau in Percha, 1945
akg-images / Benno Gantner, AKG423945

Interview, habe einer der Häftlinge zu ihm hinaufgerufen: „Die [Fotos] hol' ich mir!" Daraufhin habe er Angst bekommen und sich zurückgezogen.[614] Etwas später fotografierte er Gruppen weiblicher Gefangener, diesmal jedoch hinter dem Fenster versteckt und von hinten.[615] Dies erklärt auch das in Anbetracht des Motivs ungünstig gewählte Hochformat. Um möglichst viel von der Szene abzulichten, wäre es bei freiem Blick sinnvoller gewesen, im Querformat zu fotografieren. Das Fenster bildete aber einen Rahmen, der es verhinderte, aus diesem Winkel das Querformat zu wählen.

In den meisten Bildern ist am Bildrand angeschnitten ein Vordach, eine Balkonbrüstung oder ein Fensterrahmen zu erkennen. Dies verweist auf die klandestine Situation, in der die Fotos entstanden, und auf den Versuch, beim Fotografieren nicht entdeckt zu werden.

614 Interview mit Benno Gantner, 23. 6. 2010, USHMM, RG-50.030*0573, Tape 1.
615 Ein fünftes, hier nicht reproduziertes Bild zeigt ein ähnliches Motiv, aber mit einer anderen Gruppe weiblicher Häftlinge (akg-images/Benno Gantner, AKG423939).

Todesmarsch aus dem KZ Dachau in Percha, 1945
akg-images / Benno Gantner, AKG423942

Auf den Privatfotografien sind – abgesehen vom erzwungenen Marsch selbst – keine Gewalttaten von Bewachern den Häftlingen gegenüber oder deren Folgen abgebildet. Dies unterscheidet sie von den Bildern des IKRK. Hier deutet sich ein Zusammenhang zwischen Raum und Gewalt an: Pfisters Bilder entstanden außerhalb von Ortschaften, die privaten Knipserfotos innerorts.

Zugleich liegen unterschiedliche Situationen und Intentionen zugrunde. Die privaten Bilder wurden von den Wohnhäusern der Fotografierenden aus in Richtung der Straßen, über die die Häftlingskolonnen geführt wurden, aufgenommen. Im Gegensatz zu Pfisters Bildern wurde hier die Marschsituation festgehalten; erkennbar distanziert wird durch die Entfernung und den erhöhten Standort der Kamera sofort die Zuschauerperspektive deutlich.

Willy Pfister wollte hingegen gezielt die Verbrechen dokumentieren. Ihm ging es weniger um die Märsche an sich, als vielmehr um einzelne Morde an Häftlingen. Pfister war mobil, bewegte sich mehr oder weniger frei inmitten der Kolonnen und suchte seine Motive gezielt aus. Bei den Bildern aus Bayern ging es darum, die Marschkolonnen im eigenen Dorf in einem günstigen Moment aufzunehmen. Ihnen liegt von den Häusern der Einwohner aus eine statische Perspektive zugrunde. Sie suggerieren einerseits Passivität, da die Position des oder der Fotografierenden nur unwesentlich variiert. Dennoch erzeugen die Bilder beim

Betrachten eine große Spannung: Durch die im Vordergrund angeschnittenen Rahmungen entsteht eine starke Identifizierung mit dem oder der Fotografierenden; wer die Fotos ansieht, tut scheinbar selbst etwas Heimliches, Verbotenes, Gefährliches. Dabei existiert eine Barriere zwischen dem Betrachter oder der Betrachterin im Schutz der Häuser und dem Geschehen auf der Straße. Pfisters Bilder hingegen sind weitaus distanzloser.

Zugleich zeigen sich bei allen drei Konvoluten Momente der Interaktion zwischen den Fotografierenden und dem Geschehen. Bei Gantner reagierten die Häftlinge auf den Umstand, abgelichtet zu werden, mit dem Blick in die Kamera und dem Ruf in Richtung des Knipsers. Maria Seidenberger hielt Kontakte zwischen der Hausgemeinschaft und Häftlingen am Gartentor fest. Und Willy Pfister veränderte bewusst mindestens eines seiner Motive, um das begangene Verbrechen zu dokumentieren. Damit verweisen die Fotografien der Todesmärsche auf den aktiven Charakter des Zuschauens, die Unschärfe zwischen Beobachten und Eingreifen und auf die Funktion der Zeugen als Akteure im Geschehen. Die Fotos stehen in engem Zusammenhang mit der sozialen Dimension von Gewalt. In Anknüpfung an Jan Philipp Reemtsma betonten Cornelia Brink und Jonas Wegerer: „Allein die Tatsache, dass es Bilder eines Gewaltaktes gibt – und damit potenzielle Betrachter –, weist diesen als soziale Handlung aus.“[616]

3.3. Hilfeleistung

Es deutete sich bereits an, dass nicht alle Zuschauer der Todesmärsche passiv blieben oder die Täter unterstützten. Kaum eine Schilderung von Augenzeugen kommt ohne den Hinweis aus, dass die Zivilbevölkerung (vor allem die weibliche) versucht habe, den Gefangenen Wasser und Nahrung zukommen zu lassen.[617] Diese Versuche der Hilfeleistung haben zweifellos in zahlreichen Ortschaften stattgefunden und werden auch von überlebenden Häftlingen bestätigt.[618]

616 Cornelia Brink/Jonas Wegerer, Wie kommt die Gewalt ins Bild? Über den Zusammenhang von Gewaltakt, fotografischer Aufnahme und Bildwirkungen, in: Fotogeschichte 32 (2012) 125, S. 5–14, hier S. 6.

617 Vgl. die edierten Augenzeugenberichte in Müller/Lepschies, Tage, oder in Guido Scharrer (Hrsg.), Todesmärsche aus dem KZ Flossenbürg durch die Stadt Straubing und den Landkreis. Historischer Überblick – Dokumente – Augenzeugenberichte, Straubing 1995. Viele solcher Berichte über die Todesmärsche aus dem KZ Sachsenhausen sind u. a. in der Sammlung der Gedenkstätte Todesmarsch im Belower Wald einzusehen. Vgl. zur Hilfe durch Einheimische auch Greiser, Todesmärsche, S. 269–275; Blatman, Todesmärsche, S. 569–572.

618 Vgl. etwa die Aussage von Piroska Winkler, Deutsches Generalkonsulat San Francisco, 19. 7. 1971, BArch, B 162/9497, Bl. 301–305, hier Bl. 303.

Problematisch ist allerdings, dass Berichte von Anwohnern über die eigene Hilfsbereitschaft starke Züge von Entlastungsnarrativen tragen und in den Quellen offensichtlich quantitativ überrepräsentiert sind.[619] Zum Teil sind solche Aussagen in der Literatur sehr unkritisch übernommen worden.[620]

Gelegentlich wird in diesen Erinnerungsberichten angegeben, dass diejenigen, die versucht hätten, den Häftlingen zu Essen oder zu Trinken zu geben, von der SS bedroht worden seien.[621] Auch wenn solche Einschüchterungsversuche von den Zivilisten ernst genommen und als außerordentlich beängstigend wahrgenommen wurden, finden sich nur wenige Beispiele für Übergriffe auf helfende Einwohnerinnen und Einwohner. So berichtete eine Frau aus Gauting, ein SS-Mann habe ihr das Wasser, was sie einem Gefangenen geben wollte, ins Gesicht geschüttet.[622] Und in Klardorf in der Oberpfalz soll ein Wachmann eine Frau, die Wasser verteilte, mehrfach mit dem Gewehrkolben auf die Schulter geschlagen haben.[623] Im Rahmen dieser Untersuchung ist jedoch kein Fall bekannt geworden, wo die oft kolportierte Drohung, helfende oder sich empörende Zivilisten würden kurzerhand in die Kolonnen eingereiht,[624] in die Tat umgesetzt worden wäre.[625] Wenngleich nicht ausgeschlossen ist, dass sich die Bewacher entsprechend äußerten, hätte ein solches Handeln den Ablauf der Transporte außerordentlich verkompliziert; das Einreihen von Zivilisten hatte im „System Todesmarsch" keinen Platz. Solche Darstellungen reflektieren größtenteils eher die starke Verunsicherung und Verängstigung der Bevölkerung sowie den Versuch einer Gleichsetzung des vermeintlich eigenen potenziellen Schicksals mit dem tatsächlichen der KZ-Häftlinge als eine real existierende Gefahrenlage für deutsche Zivilisten während der Todesmärsche.

619 Zum einen aufseiten der Opfer, da vor allem diejenigen Häftlinge überleben und Zeugnis ablegen konnten, denen solche Hilfe zuteil wurde, während diejenigen, die feindselig behandelt wurden, an den Folgen starben. Zum anderen aufseiten der deutschen Mehrheitsbevölkerung, die über vermeintliche oder tatsächliche Hilfeleistungen ausgiebig berichtete, aber über abweisendes und gewalttätiges Verhalten schwieg.

620 Vgl. Henke, Besetzung, S. 910 f.

621 Vernehmung von Martha Rost*, Bürgermeisteramt Theuma, 26. 9. 1945, SHStAD, 11391, Nr. 993, Bl. 38; Martha König* an die Landesverwaltung Sachsen, 8. 9. 1945, ebenda, Bl. 132.

622 Aussage von Centa Lingl, 9. 11. 1945, DaA, A 3140, 778/I.

623 Statement of Cornelia Gilis, HQ Third US Army, 2. 6. 1945, NARA, RG 549, „Cases not tried", Box 408, 66-728, unpag.

624 So etwa Thea Männel, Beobachtung eines Todesmarsches im Frühjahr 1945, 9. 9. 2003, online unter: http://www.ns-zeitzeugen.de/interview_todesmarsch_bearbeitet.pdf [23. 4. 2015]; Aussage von Lisel Oppermann (Gauting), 9. 11. 1945, DaA, A 3140, 737/II.

625 Bei Greiser, Todesmärsche, S. 162 f., findet sich jedoch der Hinweis, dass Bewacher auf helfende tschechische Zivilisten geschossen haben sollen.

In quantitativer Hinsicht ist das Ausmaß der Unterstützung für die Gefangenen angesichts dieser Überlieferung nicht zu ermessen. Fest steht lediglich, dass organisierte größere Hilfs- und Rettungaktionen für Häftlinge wie sie etwa aus der Gegend um Prag bekannt sind, wo die tschechische Bevölkerung mehreren Hundert KZ-Häftlingen zur Flucht aus einem Zug verhalf, aus dem Reichsinneren nicht überliefert sind.[626] Das Ziel der folgenden Ausführungen ist keine Rechnung, an deren Ende ein Mehr oder Weniger auf einem der beiden Pole „Feindseligkeit" oder „Hilfe" abzulesen ist. Vielmehr will ich versuchen, mit einem gut dokumentierten Kern von Hilfsversuchen die Dynamik dieser Situationen handlungstheoretisch zu interpretieren. Dafür ist es notwendig, auch auf andere Quellen als die Augenzeugenberichte deutscher Zivilisten zurückzugreifen.

Einen ersten Zugang bietet die Dokumentation der „Gerechten unter den Völkern" der israelischen Gedenkstätte Yad Vashem. In seiner Einleitung hebt Daniel Fraenkel drei spezifische Merkmale von Rettungshandlungen durch Deutsche für KZ-Häftlinge in der letzten Kriegsphase hervor: Die Opfer waren erstens den Rettern unbekannt und ihre Hilfeleistung dauerte zweitens nur „kurze Zeit, nie länger als einige Wochen". Drittens handelte es sich um spontane Handlungen.[627] In der Dokumentation werden acht solcher Fälle mit insgesamt 18 Retterinnen und Rettern angeführt.

Relativ bekannt geworden ist die Geschichte von Arno Bach und seiner Familie, die zwei KZ-Häftlinge über mehrere Wochen versteckten. Die zwei Brüder Michael und Jurek Rozenek waren nach einem Luftangriff bei Reitzenhain in Sachsen aus einem KZ-Zug geflohen. Bei Niederschmiedeberg trafen sie im Wald auf Arno Bach, einen Angestellten einer Papierfabrik. Spontan gab er ihnen sein Essen und bot ihnen an, sie mit Nahrung und Decken zu versorgen. Als Michael Rozenek ihn bat, sie bei sich unterzubringen, entspann sich ein Gespräch über die Risiken einer solchen Rettungsaktion. Die Aufzeichnungen von Michael Rozenek zeigen deutlich, in welche inneren Konflikte die Helferinnen und Helfer geraten konnten: Bach betonte zunächst, dass er durch das von ihm erbetene Handeln das Leben seiner ganzen Familie aufs Spiel setzen würde. Auf abermaliges Flehen von Rozenek hin sagte er zu, sich mit seinen Angehörigen zu beraten und sie gegebenenfalls zu sich zu holen. Falls er sie nicht einquartieren könne, wollte er ihnen

626 Miroslava Langhamerová, Leitmeritz (Litoměřice), in: Wolfgang Benz/Barbara Distel (Hrsg.), Der Ort des Terrors. Geschichte der nationalsozialistischen Konzentrationslager, Bd. 4: Flossenbürg, Mauthausen, Ravensbrück, München 2006, S. 175–185, hier S. 182. Vgl. auch Greiser, Todesmärsche, S. 162 f.

627 Daniel Fraenkel, Die deutschen Gerechten unter den Völkern, in: Gutman/Bender, Lexikon, S. 20–32, hier S. 31.

täglich Verpflegung in den Wald bringen. Noch in der gleichen Nacht brachte er die beiden Brüder in ein Versteck, das in einem Holzschuppen auf seinem Hof eingerichtet worden war. Mit dem Einmarsch der Roten Armee am 8. Mai 1945 wurden die Brüder Rozenek letztlich befreit.[628]

In Erweiterung der von Fraenkel vorgeschlagenen Typisierung ist festzuhalten, dass die erfolgreichen Rettungsaktionen zumeist aus Situationen entstanden, in denen die Retter alleine oder in Begleitung von Familienangehörigen oder engen Vertrauten waren. Damit musste man die Entscheidung zur Hilfeleistung nicht vor einer größeren Gruppe aushandeln oder rechtfertigen. Hingegen stützte eine kleine Peergroup das Rettungshandeln, nachdem dessen Dynamik in Gang gesetzt worden war. Zudem gab es zwar meist eine grundsätzliche Bereitschaft zum Helfen, allerdings fand nicht selten Überzeugungsarbeit der Häftlinge oder Dritter statt.[629] Mitunter waren es ausländische Zwangsarbeiter, die Deutsche baten, KZ-Häftlingen zu helfen,[630] so etwa im sächsischen Zschopau, wo eine Frau daraufhin in den letzten drei Wochen vor Kriegsende in ihrer Wohnung eine Gefangene verbarg, die von einem Zug mit KZ-Häftlingen abgesprungen war.[631]

Die Dynamik von weiteren (versuchten) Hilfsaktionen lässt sich in Einzelfällen auch aus Ermittlungs- und Strafprozessakten rekonstruieren. Kurz vor Kriegsende war in Ittelsburg im Unterallgäu eine Einheit des RAD untergebracht. Die etwa 180 Männer waren in verschiedenen Scheunen und Höfen einquartiert, so auch im Gasthof Durs*.[632] Kurz nach dem Durchzug eines Todesmarsches wurden zwei KZ-Häftlinge festgenommen. Der 13-jährige Sohn der Wirtsleute, Florian Durs*, sah, wie sie von einem RAD-Feldmeister namens Schröder vernommen und anschließend in den Eiskeller der Gastwirtschaft gesperrt wurden. Florian hörte, wie die beiden „jammerten und baten, ich solle sie doch herauslassen, sie würden sonst erfrieren; außerdem hätten sie Hunger, sie hätten schon seit 14 Tagen nichts Warmes zu essen bekommen".[633] Als er seiner Mutter von seinen Beobachtungen erzählt habe, habe sie ihn beauftragt, die Gefangenen frei-

628 Gedenkstätte Buchenwald (Hrsg.), „Wie wird es einmal enden?" Bericht des ehemaligen jüdischen Häftlings Michael Rozenek über seine Rettung, Weimar 1993; Akte 3726, in: Gutman/Bender, Lexikon, S. 62; Yad Vashem Archives, RG M.31, File 3726.

629 Vgl. auch Akte 9325, in: Gutman/Bender, Lexikon, S. 112.

630 Vgl. auch Vernehmung von Barbara Poll*, Bayerische Landpolizei, Kriminalaußenstelle Bad Tölz, 25. 2. 1955, StAM, Staatsanwaltschaften, 34480, Bl. 4.

631 Akte 2082, in: Gutman/Bender, Lexikon, S. 117 f. Vgl. auch Akte 8096, in: ebenda, S. 156 f.

632 Vernehmung von Werner Hohlbach*, Kriminalpolizei Karlsruhe/Durlach, 24. 5 1955, StAA, Staatsanwaltschaft Memmingen, KS 2/1956, Bl. 19.

633 Vernehmung von Florian Durs*, Landgericht Memmingen, 25. 2. 1956, ebenda, Bl. 93v–94v, hier Bl. 94.

zulassen. Allerdings stellten sie fest, dass der Schlüssel zum Eiskeller nicht an seinem Platz hing, weil Feldmeister Schröder ihn kurz zuvor ausgeborgt hatte.[634] Als Therese Durs* den Schlüssel von ihm erbat, soll es zu einer lautstarken Auseinandersetzung gekommen sein.[635] Sie habe Schröder vorgehalten, „der Eiskeller sei doch kein Gefängnis für Menschen und die zwei müßten sofort herausgelassen werden, sie gingen doch darin zu Grunde". Trotz ihres Schimpfens habe Schröder ihr den Schlüssel nicht ausgehändigt.[636] Florian sagte weiterhin aus, er habe gehört, wie ein hinzugekommener RAD-Mann gesagt habe: „Das ist gerade recht, da kann ich meine neue Pistole ausprobieren." Trotz seiner Angst, selbst erschossen zu werden, habe Florian während dieser Unterhaltung versucht, das Schloss zum Eiskeller zu öffnen.[637] Nun spitzte sich die Situation dramatisch zu: Als Florians Cousine hinzukam, habe sie bemerkt, dass das Vorhängeschloss gar nicht richtig abgeschlossen und leicht zu öffnen war. Doch just in dem Moment sei das aus mehreren RAD-Männern bestehende Exekutionskommando erschienen, habe die beiden Gefangenen abgeführt und kurz darauf im nahe gelegenen Wald erschossen.[638]

Die detaillierten und weitgehend übereinstimmenden Aussagen der Beteiligten sprechen dafür, dass die versuchte Befreiungsaktion tatsächlich in dieser oder ähnlicher Weise stattfand. Diese Situation ist bemerkenswert, weil hier Angehörige der Zivilbevölkerung nicht „nur" geflohenen Häftlingen halfen, sondern sogar auf Eigeninitiative den Versuch unternahmen, sie nach ihrer Ergreifung wieder zu befreien. Offenbar setzte das Flehen der Häftlinge gegenüber Florian Durs* diese Dynamik in Gang. Förderlich war zudem die Einstellung der Hausherrin. Therese Durs* gab als Motivation für ihr Handeln an, sie habe es mit ihrer „christlichen Gesinnung nicht vereinbaren [können], daß man wehrlose, ausgehungerte Menschen auf solche Art und Weise behandelte".[639]

634 Aussage von Therese Durs*, Niederschrift geführt in der öffentlichen Tagung des Schwurgerichts beim Landgericht Augsburg, 22./25. 4. 1966, StAA, Staatsanwaltschaft Memmingen, KS 4/1965, Bl. 158–197, hier Bl. 176–179.

635 Vernehmung von Florian Durs*, Landgericht Memmingen, 25. 2. 1956, StAA, Staatsanwaltschaft Memmingen, KS 2/1956, Bl. 93v–94v.

636 Vernehmung von Therese Durs*, Landgericht Memmingen, 18. 2. 1956, ebenda, Bl. 83 f., hier Bl. 83v.

637 Vernehmung von Florian Durs*, Landgericht Memmingen, 25. 2. 1956, ebenda, Bl. 93v–94v.

638 Vernehmung von Maria Hornung*, Landgericht Memmingen, 25. 2. 1956, ebenda, Bl. 94v–95v.

639 Vernehmung von Therese Durs*, Landpolizeiposten Wolfertschwenden, 27. 4. 1947, ebenda, Bl. 6.

Wie lassen sich die hier vorgestellten Beispiele handlungstheoretisch zusammenfassen? Beate Kosmala hat eine Typologie der Hilfe für Juden durch Deutsche im nationalsozialistischen Deutschland vorgeschlagen, die hier als Vergleichsmaßstab gelten kann: Als kennzeichnend für einen ersten Retter-Typus benannte sie konstantes solidarisches Verhalten. Diese Helfer und Retterinnen hätten von Anfang an den Charakter des NS-Regimes als verbrecherisch identifiziert und dementsprechend frühzeitig begonnen, Verfolgte zu unterstützen. Andere hätten zwar lange keine Initiative ergriffen, auf ihnen habe aber schon geraume Zeit ein erheblicher moralischer Handlungsdruck gelastet. Und die dritte, wohl größte Gruppe von Rettern hätte Hilfe geleistet, als die Opfer die Initiative ergriffen und sie direkt um Unterstützung baten.[640] Wie die dargelegten Fälle gezeigt haben, lässt sich die überwiegende Zahl der Hilfsversuche während der Todesmärsche diesem letzten Typ zuordnen.

Im Anschluss an Kosmalas Überlegungen hat Anja-Isabelle Klützke diese Zivilcourage als Handlungstypus gekennzeichnet, der durch drei Aspekte gekennzeichnet gewesen sei, die ihn vom politisch motivierten, organisierten Widerstand unterschieden: Diese Helfer hätten prosozial, reaktiv und defensiv gehandelt. Demnach habe ihr Handeln nicht primär in einem politischen Sinne auf die Beseitigung des NS-Regimes gezielt, sondern es habe ein „konkreter, menschlicher Bezug im Vordergrund [gestanden], ein bestimmtes Schicksal als Anlass zum Helfen".[641] Zudem sei ihr Handeln eine Reaktion auf konkretes miterlebtes Unrecht gewesen, weshalb es auf bestimmte Situationen und Orte beschränkt geblieben sei. Zuletzt sei eine defensive Ausrichtung dadurch gekennzeichnet, dass das Leid der Opfer „innerhalb des Systems" gelindert werden sollte, „ohne dass weitere offensive Maßnahmen zur Systemveränderung damit verbunden sein mussten".[642] Alle diese Merkmale treffen auf die hier angeführten Hilfs- und Rettungsversuche deutscher Zivilistinnen und Zivilisten für KZ-Häftlinge zu. Als Reaktion auf ein konkretes Hilfsgesuch erkannten die Helferinnen und Helfer die vorhandenen Handlungsspielräume, bewerteten die zugrundeliegende Situation und schätzten die Erfolgsaussichten und Risiken ab. Den Erwartungshorizont bildeten stets das nahende Kriegsende, der absehbare

640 Ich folge hier der Zusammenfassung von Anja-Isabelle Klützke, Kollektiv-solidarische Zivilcourage: Judenretter im Nationalsozialismus. Erprobung eines Konzepts der Widerstandsforschung, Marburg 2012, S. 56 f. Klützke bezieht sich auf einen Text von Beate Kosmala, Zivilcourage in extremer Situation. Retterinnen und Retter von Juden im „Dritten Reich" (1941–1945), in: Gerd Meyer/Ulrich Dovermann/Siegfried Frech/Günther Gugel (Hrsg.), Zivilcourage lernen. Analysen – Modelle – Arbeitshilfen, Bonn 2004, S. 106–115.

641 Klützke, Zivilcourage, S. 71.

642 Ebenda, S. 72.

Einmarsch der Alliierten und die damit einhergehende bevorstehende Befreiung der Häftlinge.

Allerdings gab es auch Arten der Unterstützung, die weniger eindeutig zu bewerten sind und eher auf eine Unentschlossenheit seitens der deutschen Zivilisten hindeuten. Die ungarische Jüdin Gertrud Deak berichtete, wie sie auf einem Todesmarsch in Sachsen zusammenbrach und – von den Wachposten für tot gehalten – zurückgelassen wurde: „Stundenlang lag ich am Straßenrand, eingehüllt in den Staub, und dann begann ich zu kriechen. Einige deutsche Frauen kamen an mir vorbei und sagten mir sehr freundlich, ich sollte mich in das nächste Dorf, das etwa eine viertel Meile entfernt war, schleppen und in ihren Stall gehen."

Hier deutet sich eine paradoxe Situation an. Zwar werden die Passantinnen als „sehr freundlich" charakterisiert; zugleich waren sie nicht bereit, direkt einzugreifen. Sie hielten die Situation insofern offen, als sie es Gertrud Deak selbst überließen, sich aus eigener verbliebener Kraft zum nächsten Ort zu „schleppen". So bewegten sie sich in einer Grauzone; sie gaben zwar nützliche Tipps, machten sich aber im Fall des Falles nicht „schuldig", einem KZ-Häftling geholfen zu haben. Gertrud Deak war nicht die Einzige, der dort Zuflucht angeboten worden war, denn sie traf im Stall auf zwei weitere ungarische Häftlinge. Die deutschen Zivilistinnen versorgten sie mit Essen, „aber sie sagten uns, daß wir, wenn wir fertig wären, weitergehen müßten, denn hier seien die Armeepferde, und die Soldaten könnten jede Minute kommen. So krochen wir wieder hinaus, und nach ein paar Minuten gelang es uns, einen Schuppen zu finden, in dem wir uns versteckten."[643] Die Einwohnerinnen hielten sich also an ihr Versprechen, die Häftlinge mit Essen zu versorgen. Allerdings waren sie nicht bereit, sich darüber hinaus um die Versorgung und den Schutz der Geflohenen zu kümmern.

Außerdem zeigt sich, dass manchmal in ein und derselben Ortschaft sowohl helfende als auch ablehnende Reaktionen auf die KZ-Häftlinge zu verzeichnen waren. So berichtete der Pole Felix Szymczyk, dass er nach seiner Flucht vom Todesmarsch in Endorf (Sachsen-Anhalt) zunächst im Haus eines Einwohners übrig gebliebene Kartoffeln zu Essen bekam. Kurz danach sei er jedoch von einem anderen Zivilisten dort entdeckt und an Soldaten ausgeliefert worden.[644] Ein anderes Beispiel ist das bereits mehrfach angeführte Dorf Herzsprung in

643 Der Todesmarsch von Leipzig nach Riesa. Aus den Aufzeichnungen von Gertrud Deak, in: Rat des Bezirkes Leipzig, Abteilung Kultur (Hrsg.), Juden in Leipzig. Eine Dokumentation, Leipzig 1988, S. 202 f., hier S. 203. Vgl. auch Greiser, Todesmärsche, S. 161.

644 Statement of Felix Scymczyk, HQ Det. VII Corps, 4. 5. 1945, NARA, RG 549, „Cases not tried", Box 492, 000-12-480, unpag.

Brandenburg. Ein Einwohner, der als Kind Zeuge des Todesmarsches aus dem KZ Sachsenhausen geworden war, berichtete, dass seine Großmutter die Gefangenen mit Wasser versorgte und drei geflohene Häftlinge auf ihr Bitten hin in der Scheune seiner Großeltern bleiben durften.[645] Bei einer anderen Einwohnerin Herzsprungs soll ein weiterer KZ-Häftling gepflegt worden sein, der bald darauf starb.[646] Zugleich wurden in Herzsprung vier KZ-Häftlinge, die versucht hatten, sich dem Todesmarsch zu entziehen, entdeckt und unter Beteiligung der Zivilbevölkerung ermordet. Die Häftlinge, die verzweifelt den Kontakt zur deutschen Zivilbevölkerung suchten, um zu überleben, waren stets der Gefahr ausgesetzt, von dieser bei den Wachmannschaften oder staatlichen bzw. Parteibehörden gemeldet zu werden. Um diese Anzeigen soll es im folgenden Abschnitt gehen.

3.4. Denunziation

Eine Einwohnerin Herzsprungs berichtete im Verhör, wie sie eines Morgens im April 1945 mehrere KZ-Häftlinge in ihrem Schuppen entdeckt habe: „Ich erschrak darüber und schickte aus Angst, daß man mich zur Verantwortung ziehen könnte, wenn ich den KZ-Häftlingen Schutz gewähre, einen von meinen Söhnen [...] zu [Ortsgruppenleiter] Leppin, damit sie ihm sagen [sic!], daß die KZ-Häftlinge bei mir im Schuppen sind."[647] Es gibt Hinweise darauf, dass es sich keineswegs um einen Einzelfall in dieser Region handelte. Einer der Wachmänner sagte aus, ein Erschießungskommando habe auf diesem Todesmarsch mehrfach Häftlinge getötet, „welche sich in den Ortschaften versteckt hielten und dann durch die Bevölkerung entdeckt und ausgeliefert wurden".[648]

Dieses Beispiel verdeutlicht sowohl die quantitativen wie auch die qualitativen Aspekte solcher Auslieferungen: Erstens war die Meldung geflohener KZ-Häftlinge im Umfeld der Todesmärsche durch Zivilisten ein Massenphänomen.

645 Interview mit Lothar K., 6. 3. 2007, Sammlung Gedenkstätte Todesmarsch im Belower Wald, ohne Signatur. Diese Geschichte ist auch seitens der Häftlinge überliefert, von denen einer nach Kriegsende übergangsweise Bürgermeister von Herzsprung war. Rat der Gemeinde Herzsprung an die NMG Sachsenhausen, zu Händen des Genossen Erich Schmidt, 24. 2. 1964, AS, R 22/20, Bl. 18.

646 Landrat des Kreises Ostprignitz an die Provinzialverwaltung Brandenburg, 17. 8. 1945, SAPMO-BArch, DY 55/V 278/2/147, unpag.

647 Vernehmung von Maria Lippmann*, MfS Potsdam, 11. 7. 1955, BStU, MfS, Pdm AU 41/56, Bl. 324–327, hier Bl. 324.

648 Vernehmung von Wilhelm Wehren, MfS Potsdam, 13. 7. 1955, ebenda, Bl. 111–115, hier Bl. 112.

Zweitens konnten sie entweder an die Wachmannschaften der Transporte beziehungsweise zufällig anwesende Militäreinheiten oder an lokale Instanzen wie Parteiorgane oder die Polizei verraten werden. Bei diesen Auslieferungen oder Meldungen geflohener KZ-Häftlinge handelte es sich um bislang wenig untersuchte Sonderfälle von Denunziationen im Nationalsozialismus.[649] Christoph Thonfeld hat vorgeschlagen, „Denunziation als die Meldung eines Fehlverhaltens an eine staatliche oder andere Autorität, mit dem Ziel der Bestrafung des Täters bzw. der Täterin", zu begreifen. Als signifikanten Unterschied zur Anzeige betonte er, dass die „Strafbarkeit dieses Verhaltens [...] von der Rechtsauffassung der zeitgenössischen oder einer nachfolgenden Gesellschaftsordnung nicht oder nicht vollständig geteilt" werde.[650] Hingegen hat Ela Hornung Denunziation als „aggressive Anschuldigung bei einer Behörde" definiert, „die in dem Wissen geschah, dass die Folgen für den Angezeigten gravierend negativ sein konnten".[651]

Beide Definitionen treffen auf die hier interessierenden Fälle nur zum Teil zu. So hatten sich die Denunzierten häufig nichts weiter zuschulden kommen lassen, als sich von den Todesmärschen abzusetzen, um ihr Leben zu retten. Damit hatten sie sich in den Augen der Wachleute schuldig gemacht. Für die Zivilisten hingegen waren es vor allem die antizipierten Gefahren und Taten der Häftlinge,[652] die dazu führten, sie vorsorglich bei den Behörden zu melden. Dies zeigt ein Beispiel, welches zugleich verdeutlicht, dass Denunziationen komplexe kommunikative Prozesse waren, bei denen auch Konflikte entstanden. Oft musste nämlich zunächst ausgehandelt werden, ob man wegsehen, helfen oder die Häftlinge ausliefern sollte.

Durch das niederbayerische Stallwang wurde am 23. April 1945 ein Todesmarsch aus dem KZ Flossenbürg getrieben. Wie Bürgermeister und Polizei später berichteten, waren quasi alle Einheimischen zu Zeugen des Geschehens geworden.[653] Ein Häftling, der sich von der Kolonne absetzen konnte, soll von einer

649 Zu Denunziationen in der Kriegsendphase, allerdings ohne Verweis auf Todesmärsche, zuletzt Claudia Bade, Mittun und Eigennutz. Denunziation am Kriegsende und in der Nachkriegszeit, in: Einsicht. Bulletin des Fritz-Bauer-Instituts 13 (2015), S. 24–31.

650 Christoph Thonfeld, Frauen und Denunziation. Anmerkungen aus geschlechterhistorischer Perspektive, in: Marita Krauss (Hrsg.), Sie waren dabei. Mitläuferinnen, Nutznießerinnen, Täterinnen im Nationalsozialismus, Göttingen 2008, S. 127–147, hier S. 128.

651 Ela Hornung, Denunziation als soziale Praxis. Fälle aus der NS-Militärjustiz, Wien/Köln/Weimar 2010, S. 27.

652 Blatman, Todesmärsche, S. 701 f.

653 Landpolizei Niederbayern-Oberpfalz, Posten Stallwang, Betrifft: Todesmarsch aus den KZ-Lagern, 28. 4. 1947, 5.3.1/84601383, ITS Digital Archive, Bad Arolsen.

Dorfbewohnerin aufgenommen worden sein und so überlebt haben.[654] Andere Geflohene hingegen hatten weniger Glück. Ein Einwohner berichtete, er habe beobachtet, wie sich zwei KZ-Häftlinge in einem Wasserkanal versteckten. Daraufhin habe ihn der in unmittelbarer Nähe wohnende Schmied namens Scherrer gefragt, „ob ich nicht gesehen habe, daß zwei KZ-Häftlinge in den Kanal geflüchtet sind. Ich sagte zu ihm, daß ich nichts gesehen habe. Scherrer behauptete mit Bestimmtheit, ich hätte dies gesehen, worüber wir in einen Wortwechsel gerieten." Der mit einer Pistole bewaffnete Schmied habe geschimpft, „ich hätte die Wachmannschaft von der Flucht der KZ-Häftlinge verständigen müssen, da die Häftlinge sonst in der Nacht die Häuser anzünden könnten".[655] Daraufhin soll der Schmied einen Wachmann gerufen haben, der mehrfach in den Kanal schoss und die beiden Häftlinge tötete; laut den Aussagen mehrerer Zeugen schoss Scherrer auch selbst.[656] Ein Anwesender will gehört haben, dass er „noch sagte, daß diese Hunde noch alle erschossen werden müssen".[657] Scherrer stritt dies freilich ab, gab aber zu, zu den umstehenden Einheimischen gesagt zu haben, dass „sie die Gefangenen nicht in den Kanal lassen sollten".[658] Wie in diesem Fall waren an Denunziationen von Geflohenen oft mehrere Akteure beteiligt. Während in Stallwang Einheimische darüber in Konflikt gerieten, ob die Wachleute zu informieren seien, taten sich andernorts mehrere Einwohner zugleich durch die Meldung geflüchteter Häftlinge hervor.

In Sadisdorf im Osterzgebirge herrschten in den letzten Kriegstagen chaotische Verhältnisse:[659] Anfang Mai war eine Kolonne von über 1000 KZ-Häftlingen mehrere Tage im Ort untergebracht gewesen. Kurz nachdem der Transport weitergezogen war, beschossen russische Panzer die Ortschaft; die Einheimischen

654 Der Bürgermeister der Gemeinde Stallwang, Betrifft: Todesmarsch, 10. 4. 1947, 5.3.1/84601384, ebenda.

655 Vernehmung von Otto Steinbeißer, Landpolizei Niederbayern-Oberpfalz/Polit. Abtlg., 25. 10. 1945, NARA, RG 549, „Cases not tried", Box 403, 66-569, unpag.

656 Vernehmung von Karl Schulze, Landpolizei Niederbayern-Oberpfalz/Polit. Abtlg., 25. 10. 1945, ebenda; Vernehmung von August Kerscher, Landpolizei Niederbayern-Oberpfalz/Polit. Abtlg., 25. 10. 1945, ebenda.

657 Vernehmung von Theodor Loghin, Landpolizei Niederbayern-Oberpfalz/Polit. Abtlg., 25. 10. 1945, ebenda.

658 Vernehmung von Johann Scherrer, Landpolizei Niederbayern-Oberpfalz/Polit. Abtlg., 25. 10. 1945, ebenda.

659 Vgl. zu diesem Fall: Urteil des LG Dresden vom 7. 2. 1949/Urteil des LG Dresden vom 25. 9. 1946/Urteil des OLG Dresden vom 19. 12. 1947/Urteil des OLG Dresden vom 9. 7. 1948/Urteil des OLG Dresden vom 21. 9. 1949/Urteil des LG Dresden vom 14. 12. 1949, Lfd. Nr. 1499, in: DDRJuNSV, Bd. IX, S. 389–417. Vgl. auch Keller, Volksgemeinschaft, S. 303.

flüchteten zu großen Teilen in die umliegenden Wälder.[660] Zwischen den zurückgelassenen Höfen waren nun geflohene KZ-Häftlinge ohne Bewachung unterwegs, um sich mit Nahrung zu versorgen. Im Gut der Familie Merkner* war neben einigen KZ-Häftlingen die gesamte Wachmannschaft untergebracht gewesen. Als die Familie vor dem Artilleriefeuer floh, blieb auf dem Hof nur eine „Ostarbeiterin" zurück.[661] Sie bemerkte, dass drei KZ-Häftlinge auf dem Anwesen unterwegs waren, und informierte den örtlichen Volkssturmführer und Blockleiter der NSDAP, den Waldarbeiter Wilhelm Kusch*. Dieser soll zunächst verbal versucht haben, die Häftlinge vom Hof zu vertreiben. Bei seiner Rückkehr nach Hause erwartete ihn bereits der Gemeindediener, der ihn zum Bürgermeister bestellte. Die beiden berieten über die vermeintlich eskalierende Situation: In verschiedenen Höfen seien unbewachte KZ-Häftlinge, einer sei schon erschossen worden. Der Bürgermeister soll Kusch* den Auftrag erteilt haben, den Toten zu begraben und die „aufgefundenen Häftlinge außerhalb des Dorfes zu bringen, ein Grab zu schaufeln und durch den Volkssturm erschießen zu lassen".[662] Kusch* sagte aus, er habe dies abgelehnt, weil der Volkssturm unbewaffnet und aufgelöst sei. Er hingegen habe vorgeschlagen, der Ortskommandantur die Entscheidung über das Schicksal der Häftlinge zu überlassen. Auf dem Rückweg sei Kusch* prompt auf zwei SS-Männer getroffen, die sich als Angehörige der Ortskommandantur ausgaben. Daraufhin berichtete Kusch* ihnen vom Auftrag des Bürgermeisters und zeigte ihnen die Höfe, in denen die KZ-Häftlinge vermutet wurden. Unterwegs seien weitere Einwohner, ein Nachbar sowie ein minderjähriger Junge, hinzugekommen. Beide hätten von stehlenden Häftlingen berichtet. Nachdem die SS-Männer drei der Geflohenen festgenommen hatten, hätten sie von den Dorfbewohnern einen Spaten verlangt. Nach Kuschs* Angaben hätten sie auf seine Nachfrage, ob sie die Häftlinge nicht bei der Ortskommandantur abliefern wollten, erklärt: „Ach wo, [...] das machen wir gleich selber." Kusch* und der Junge hätten einen Spaten besorgt, und die Häftlinge seien von den SS-Männern hinter einer Scheune erschossen worden.[663]

In diesem Fall lief die Auslieferung der KZ-Häftlinge über eine mehrteilige Kommunikationskette: von der „Ostarbeiterin" über den Volkssturmleiter bis

660 Mitglieder Spar- und Darlehenskasse an Generalstaatsanwalt, 22. 2. 1948, BStU, MfS, BV Dresden, ASt. 8/46, Bl. 132 f.

661 Vernehmung von Karl Merkner*, Kreispolizeistation Hennersdorf, 24. 2. 1946, ebenda, Bl. 16.

662 Vernehmung von Wilhelm Kusch*, Kreispolizeiamt Dippoldiswalde, 3. 1. 1946, ebenda, Bl. 6 f., hier Bl. 6.

663 Urteil des LG Dresden vom 25. 9. 1946, ebenda, Bl. 62–67, hier Bl. 65. Das Urteil findet sich ediert in DDRJuNSV, Bd. IX, S. 398–402.

zum Bürgermeister, von diesem zurück zu Volkssturmführer Kusch* und dann – angeblich eher zufällig – zu den vorbeikommenden SS-Leuten. Und während diese Dynamik im Gange war, schalteten sich weitere Einwohner ein, um ihrerseits geflohene Häftlinge zu melden. Hier tritt ein komplexer Kommunikationsprozess hervor, an dem nicht nur eine Anzeige erstattende Person, ein Opfer und eine Behörde beteiligt waren, sondern häufig mehrere Akteure.[664] Denunzierung (ein Terminus, der den prozessualen Charakter dieses Handelns hervorhebt) war ein „Gruppenprozeß: Bevor es zur Anzeige kommt, setzt sich eine Kommunikationsspirale in Gang, an deren Ende meist die Denunziation steht."[665] In diesem Fall basierte die Gruppe auf nachbarschaftlichen Netzwerken – was auch im Gerichtsverfahren betont wurde. Der Verteidiger von Kusch* begründete eine Revision unter anderem damit, dass sein Mandant „sich zu einem gewissen Einschreiten [...] unter dem Gesichtspunkt der Nachbarschaftshilfe gehalten gefühlt haben mag, was dort als ungeschriebenes Gesetz gelten soll".[666] Das Geschehen in Sadisdorf zeigt zugleich, dass es zum Teil von Zufällen oder plötzlichen Gelegenheiten abhängen konnte, ob KZ-Häftlinge letztlich denunziert wurden oder nicht.

Zum Teil musste die „Anzeige" geflohener KZ-Häftlinge gar nicht bei Wachmannschaften, NS-Behörden oder der Polizei erfolgen. Manchmal genügte schon die Weitergabe der Information im Kreis von Hofgemeinschaft oder Familie, um eine Dynamik loszutreten, an deren Ende die Ermordung der Geflohenen in Selbstjustiz stand: so etwa beim angeführten Beispiel in Breitenstein, wo ein Mädchen den örtlichen Förster auf KZ-Häftlinge in seinem Schuppen aufmerksam machte,[667] oder – unweit davon – in Walkenried im Harz. Dort war es der Sohn des Försters, der drei Häftlinge in einer Scheune entdeckt hatte. Er rief daraufhin seinen Vater, der mindestens einen von ihnen erschoss.[668]

664 Josephine Ulbricht, Die justizielle Ahndung von NS-Denunziationsverbrechen in der Sowjetischen Besatzungszone von 1945–1949 in geschlechtsspezifischer Perspektive. Das Beispiel Leipzig, unveröffentlichte Magistraarbeit, Universität Leipzig 2010, S. 27. Vgl. auch Christoph Thonfeld, Sozialkontrolle und Eigensinn. Denunziation am Beispiel Thüringens 1933 bis 1949, Köln/Weimar/Wien 2003, S. 136.

665 Günter Jerouschek/Inge Marßolek/Hedwig Röckelein, Denunziation – ein interdisziplinäres Forschungsfeld, in: Günter Jerouschek/Inge Marßolek/Hedwig Röckelein (Hrsg.), Denunziation. Historische, juristische und psychologische Aspekte, Tübingen 1997, S. 9–25, hier S. 18.

666 Rechtsanwalt Oesterreich an das Landgericht Dresden, 27.4.1949, BStU, MfS, BV Dresden, ASt. 8/46 Strafsache, Bl. 269–273, hier Bl. 269 f.

667 Vgl. die Darstellung des Falls im Abschnitt zu Frauen als Akteurinnen in der vorliegenden Arbeit.

668 Vernehmung von Cukynov Efim Filimanovich, HQ 453d AAA Auto Wpns Batallion, US Army, 26.5.1945, NARA, RG 549, „Cases not tried", Box 497, 000-12-538, unpag.

Diese Beispiele verweisen auf die Schwierigkeit, trennscharf zwischen der Information von Verwandten und Bekannten über die Anwesenheit geflohener KZ-Häftlinge einerseits und der gezielten Denunziation bei NS-Behörden andererseits zu unterscheiden. Solche Meldungen wurden nicht als formalisierte „Anzeigen" im juristischen Sinne aufgegeben und aufgenommen, sondern als mündliche Mitteilungen. Außerdem war durch die engmaschige soziale Struktur des Dorfes gar nicht immer klar, ob sich eine solche Information an die entsprechende Person in ihrer Rolle als helfenden Nachbarn oder gegebenenfalls als NS-Funktionsträger richtete. Dies zeigt unter anderem das einleitende Beispiel aus Herzsprung. Dort soll der NSDAP-Ortsgruppenleiter von dem Kind, das ihm vom Versteck der KZ-Häftlinge berichtete, als „Onkel Leppin" angesprochen worden sein, was die soziale Nähe innerhalb der Dorfgemeinschaft verdeutlicht.[669]

Die Meldung von geflohenen KZ-Häftlingen an Wachmannschaften, Behörden, Amtsträger oder bewaffnete Vigilanten war ein zentraler Schnittpunkt zwischen den Todesmärschen und der deutschen Zivilbevölkerung. Dieses Spannungsfeld umriss eine Grauzone zwischen Zuschauerschaft und Involvierung. Dabei dürfte eine große Anzahl der Fälle kaum dokumentiert sein – was übrigens nicht nur die Situationen betrifft, in denen Häftlinge ihren Peinigern oder Mördern wissentlich ausgeliefert wurden. Auch Dynamiken, in denen Zivilisten Geflohene wissentlich *nicht* meldeten, um sie vor dem Tod zu bewahren (wie es in Stallwang versucht wurde), sind theoretisch denkbar, aber in den Quellen kaum auszumachen.

3.5. Gestrandete Züge

Viele Gemeinden waren nur verhältnismäßig kurz mit den KZ-Räumungstransporten konfrontiert, wenn sie von Marschkolonnen oder KZ-Zügen durchquert wurden. Immer wieder kam es jedoch zu Situationen, in denen Züge mit Häftlingen die Fahrt nicht fortsetzen konnten und auf Bahnhöfen „strandeten".[670] Dieses Geschehen ist hier bereits aus der Perspektive der Ortspolizei für Brunsbüttelkoog beschrieben worden.[671] Allerdings waren in diesen Fällen keineswegs nur die lokalen Ordnungshüter betroffen. So hatte sich im benachbarten Sankt

669 Vernehmung von Wilhelm Wehren, MfS Potsdam, 13. 7. 1955, BStU, MfS, Pdm AU 41/56, Bl. 111–115, hier Bl. 113.

670 Vgl. in Bezug auf das Massaker von Gardelegen Blatman, Todesmärsche, S. 493–499.

671 Vgl. auch die Fallstudie von Ulrich Fritz, Schwarzenfeld: Tatort ohne Täter, Tatort ohne Opfer, Tatort ohne Tat, in: Rebecca Boehling/Susanne Urban/René Bienert (Hrsg.), Überlebende – Erinnerungen – Transformationen, Göttingen 2013, S. 99–111.

Michaelisdonn, wo der Zug ebenfalls Station machte, schon bald unter der Einwohnerschaft herumgesprochen, dass „ein Judenzug da" sei.[672] Eine Frau erinnerte sich, der Zug habe „ganz nah an unserem Hause [gestanden], wir wohnen an der Bahn". Was man gesehen habe, sei „ganz schrecklich" gewesen: Die Häftlinge hätten nach Wasser geschrien und versucht, Gefäße aus den Waggons zu lassen. Dabei seien sie von den Wachmannschaften geschlagen worden.[673]

Besonders eng kamen die Beschäftigten der Reichsbahn mit den Transporten in Kontakt. So bestätigte die Tochter der Zeugin, die als Aufsichtsbeamtin bei der Bahn gearbeitet hatte, die Aussage ihrer Mutter. Sie berichtete, dass sie nicht nur schwere Misshandlungen, sondern auch zahlreiche Leichen in den Waggons gesehen habe. Gemeinsam mit ihrer Kollegin habe sie sich beeilt, den Zug abzufertigen. Während eines Luftalarms sei der Zug „aus Sicherheitsgründen von uns in Bewegung gesetzt worden".[674] Der Bahnhofsvorsteher soll zu einem Rangiermeister gesagt haben: „Bloß weg mit dem Zug, die Tiefflieger sind wieder im Gange", und man habe ihn so schnell wie möglich in die nächste Ortschaft „ab[ge]schoben".[675] Damit setzten sich die örtlichen Bahnangestellten auch gegen die Wachmannschaft durch. Diese wollte nämlich den Bahnhof noch nicht verlassen, weil sie auf den Transportführer wartete, der zu diesem Zeitpunkt nicht vor Ort war.[676]

Ähnliches fand auch in anderen Orten statt, etwa im bayerischen Plattling, wo ein Schrankenwärter die Exekution von KZ-Häftlingen aus einem feststeckenden Räumungstransport direkt an den Gleisen beobachtete.[677] Ein Plattlinger Bereichsleiter der Eisenbahn war in den Weitertransport der Häftlinge dieses Transports per Lkw involviert. In Vertretung des Bahnhofsvorstehers gab er die Anweisung an den Transportführer des Zuges, die Gefangenen so schnell wie möglich auszuladen.[678] Seitens der Bahn bestand ein starkes Interesse, die

672 Vernehmung von Johannes Westin*, Kriminalpolizei Rendsburg, 14. 9. 1950, LASH, Abt. 352 Itzehoe, Nr. 421, Bl. 208.

673 Vernehmung von Helene Nestler*, Kriminalpolizei Rendsburg, 14. 9. 1950, ebenda, Bl. 209.

674 Vernehmung von Annemarie Streckel*, Kriminalpolizei Köln, 17. 9. 1950, ebenda, Bl. 217–220, hier Bl. 219.

675 Vernehmung von Ferdinand Pech*, Kriminalpolizei Rendsburg, 14. 9. 1950, ebenda, Bl. 207v–208, hier Bl. 207v.

676 Ebenda; Vernehmung von Annemarie Streckel*, Kriminalpolizei Köln, 17. 9. 1950, ebenda, Bl. 217–220.

677 Perpetuation of Testimony of Georg Jagenlauf, War Crimes Investigation Team 6833, 7. 7. 1945, NARA, RG 549, „Cases not tried", Box 492, 000-12-475, unpag. Zur Route dieses Räumungstransports aus dem KZ Buchenwald und knapp zu den Vorgängen in Pankofen/Plattling vgl. Greiser, Todesmärsche, S. 122, 292, 503–506.

678 Perpetuation of Testimony of Wilhelm Fischer, War Crimes Investigation Team 6833, 7. 7. 1945, NARA, RG 549, „Cases not tried", Box 492, 000-12-475, unpag.

Gefangenen so schnell wie möglich aus dem eigenen Verantwortungsbereich zu schaffen.[679]

In Brunsbüttelkoog, Plattling und Sankt Michaelisdonn war die Situation trotz aller für die Anwohner bestehenden Unsicherheiten relativ klar: Die Häftlinge waren unter stetiger Aufsicht der Wachmannschaften, die zum Teil durch einheimische Polizeikräfte und Volkssturmeinheiten verstärkt wurden. Es hatten zwar Gerüchte über ausgebrochene Häftlinge die Runde gemacht, die sich allerdings letztlich nicht bestätigten. Nun versuchte man einerseits, die Gefangenen in den Waggons unter Kontrolle zu halten und Ausbrüche zu vermeiden. Andererseits ging es darum, die Züge so schnell wie möglich aus dem eigenen Verantwortungsbereich zu schaffen.

Es entstanden aber auch viel unübersichtlichere Situationen, wie etwa im oberbayerischen Poing. Im Bahnhof der kleinen Gemeinde, 20 Kilometer östlich von München gelegen, hielt Ende April 1945 ein Güterzug mit mehreren Dutzend Waggons, in denen sich über 3000 KZ-Häftlinge befanden. Sie stammten aus dem Dachauer Außenlagerkomplex Mühldorf, dessen Räumung kurz zuvor begonnen hatte. Da die weitere Strecke nicht passierbar war, blieb der KZ-Zug in Poing stehen.[680] Zunächst herrschte aus Sicht der deutschen Zivilbevölkerung trügerische Ruhe. Ein Passant erinnerte sich später an eine aus heutiger Sicht nahezu absurd erscheinende Idylle: „Es war damals ein schöner sonniger Tag und die SS saß am Bahndamm und bewachte die Häftlinge."[681] Zur gleichen Zeit begann jedoch in München die heiße Phase des Aufstands der „Freiheitsaktion Bayern", mit dem die NS-Herrschaft in der Reichsprovinz abgesetzt werden sollte.[682] Aufgrund der teils widersprüchlichen Zeitangaben der Zeugen und Beteiligten lässt sich nicht eindeutig rekonstruieren, ob das Geschehen in Poing direkt mit dem Aufstandsversuch in ursächlichem Zusammenhang stand,[683] allerdings ist angesichts der zeitlichen Überschneidung eine Verbindung zwischen den Vorgängen wahrscheinlich. Denkbar ist, dass sich im unmittelbaren Vorfeld des Aufstands Gerüchte über einen Machtwechsel verselbstständigt hatten. Jedenfalls sprach

679 Vgl. auch Vernehmung von Herbert Neißner*, Kriminalpolizei Pirna, 12. 9. 1945, SHStAD, 11391, Nr. 993, Bl. 69–71.

680 Vgl. zu den Vorgängen in Poing auch Wagner, Todesmarsch, S. 78–80; Henke, Besetzung, S. 901 f. Aus Berichten überlebender Häftlinge rekonstruiert das Geschehen Blatman, Todesmärsche, S. 331–333.

681 Vernehmung von Ferdinand Harsch*, Bayerisches Landeskriminalamt München, 30. 6. 1960, StAM, Staatsanwaltschaften, 34580, Bl. 26.

682 Hierzu umfassend zuletzt Veronika Diem, Die Freiheitsaktion Bayern. Ein Aufstand in der Endphase des NS-Regimes, München 2013.

683 Ebenda, S. 312.

sich gegen Nachmittag des 27. oder 28. April[684] unter den KZ-Wachmannschaften des Transports in Poing herum, dass der Krieg beendet sei. Daraufhin setzten sich etliche Wachmänner ab, die Türen der Waggons wurden geöffnet und die überraschten Häftlinge wähnten sich in Freiheit. Der Überlebende Ernst Bornstein schrieb später: „Auf einmal merkten wir, daß die SS, die unseren Waggon bewachte, verschwunden war. […] Nach einigen Minuten kamen die SS-Wachen zurück, machten die Waggontüren weit auf und sagten uns, wir seien frei."[685] Ein ehemaliger Mitgefangener gab an, über das vermeintliche Kriegsende vom Bahnpersonal informiert worden zu sein: „Wir wunderten uns, daß man uns aus den Waggons ließ, und wir uns sogar vom Zug entfernen konnten. Der Bahnhofsvorsteher erzählte uns, daß der Krieg zu Ende sei."[686] Um sich mit Nahrung zu versorgen, begaben sich die Häftlinge auch in die Ortschaft.[687]

Aus Sicht der Bevölkerung war unklar, was vor sich ging. Der damalige Fahrdienstleiter des Bahnhofs sagte aus, die Häftlinge seien am Nachmittag „plötzlich frei" gewesen, wusste aber nicht, wer dies veranlasst hatte.[688] Ernst Bornstein schilderte, welch paradoxe Situation entstand: „In diesen wirren Augenblicken des Umbruchs verwischten sich die Grenzen zwischen den ehemaligen Peinigern und ihren Opfern, man tauschte Kleider aus mit den SS-Leuten, saß gemeinsam mit ihnen am Waldrand und nahm eine Mahlzeit ein."[689] Ein Anwohner, der mit dem Fahrrad am Zug vorbeigekommen war, erinnerte sich: „Es war ganz ruhig, als ich aber einige hundert Meter gefahren war, sah ich, daß hinter mir die KZler in

684 Falls das Geschehen in Poing tatsächlich bereits am 27. April 1945 begann, wäre es der öffentlichen Proklamation der Freiheitsaktion Bayern am Morgen des 28. April um einige Stunden vorausgegangen. Eine minutengenaue Datierung auf den 27. April findet sich in der Aussage des Poinger Bahnhofsvorstehers. Vgl. Vernehmung von Johann Schottl*, Landpolizei Oberbayern, Kriminalaußenstelle Erding, 4. 3. 1955, StAM, Staatsanwaltschaften, 34744/6, Bl. 2. Zahlreiche andere Akteure gaben jedoch eine spätere Datierung an, darunter der ehemalige 2. Lagerälteste des sogenannten Waldlagers. Vgl. die Vernehmung von Alfons Baer, Bayerisches Landeskriminalamt München, 3. 5. 1960, StAM, Staatsanwaltschaften, 34580, Bl. 6. Vgl. auch die Vernehmung von Paul Harsch*, Bayerisches Landeskriminalamt München, 7. 7. 1960, ebenda, Bl. 28 f.; Vernehmung von Georg Klonge*, Bayerisches Landeskriminalamt München, 1. 10. 1960, ebenda, Bl. 30b–34.

685 Ernst Israel Bornstein, Die lange Nacht. Ein Bericht aus sieben Lagern, Frankfurt a. M. 1967, S. 236.

686 Vernehmung von Eugen Grosz, Berlin, 6. 3. 1974, BArch, B 162/28413, Bl. 220–223, hier Bl. 222.

687 Bericht von Georg Mendel, o. D., DaA, A 4019, Bl. 178.

688 Vernehmung von Georg Klonge*, Bayerisches Landeskriminalamt München, 1. 10. 1960, StAM, Staatsanwaltschaften, 34580, Bl. 30b–34, hier Bl. 32.

689 Bornstein, Die lange Nacht, S. 237.

jeder Richtung davon liefen, ein Wachmann, der mir nachkam, hatte das Gewehr umgehängt und ging mit den Strafgefangenen in Richtung Grub, der sagte mir, der Krieg ist aus, das wurde gerade durchgegeben." Bald jedoch kippte die Situation, was sich in diesem Bericht auch an einer veränderten Semantik ablesen lässt. Die Häftlinge wurden von den Zeitgenossen nicht mehr als *befreit*, sondern als *geflohen* angesehen: „Als ich daheim war, hörte man schon Schüsse, es wurde gesprochen, daß die KZler ausgebrochen sind, an diesem Tag und am nächsten wurde dann Jagd auf sie gemacht."[690] Die Häftlinge versuchten auch, sich in den umliegenden Ortschaften zu versorgen.[691] Im benachbarten Grub, so ein Anwohner, sei „ein Schwarm KZler [...] soweit als möglich verpflegt [worden]. Nach einiger Zeit wurde die Entlassung der KZ.ler widerrufen und eine Suchaktion nach diesen eingesetzt."[692] Im fünf Kilometer entfernten Anzing versorgte ein Bauer 19 Häftlinge, nachdem diese ihm berichtet hatten, der Krieg sei vorbei und sie seien entlassen worden. Allerdings erschien zur gleichen Zeit eine RAD-Einheit auf dem Hof. Sie alarmierte Soldaten, welche die Häftlinge kurz darauf erschossen.[693] Auch die örtliche Polizeireserve wurde von der Gendarmerieinspektion mobilisiert, weil „KZ.ler unterwegs seien". Aufgegriffene Häftlinge wurden mit Lastwagen zurück nach Poing gefahren.[694] Am dortigen Bahnhof war die Situation eskaliert, als sich die Nachricht vom vermeintlichen Kriegsende nach etwa einer Stunde als Falschmeldung herausgestellt hatte. Nun trieben SS-Wachmannschaften und Wehrmachtseinheiten die kurz zuvor für frei erklärten KZ-Häftlinge unter Waffengewalt zurück zu den Waggons; viele von ihnen wurden erschossen.

Bahnangestellte berichteten über die emotionale Anspannung und ausbrechende Hektik: Ein Leutnant der Luftwaffe habe „getobt wie ein Verrückter", mit

690 Handschriftlicher Augenzeugenbericht von Anton Mayr aus Anzing, 2.12. 1997, AGFl, A 915, unpag. Auch ein ehemaliger Junghelfer des Fahrdienstleiters erinnerte sich im Verhör an den „Tag, als die Häftlinge ausbrachen". Vernehmung von Anton Scherbing*, Bayerisches Landeskriminalamt München, 27. 6. 1960, StAM, Staatsanwaltschaften, 34580, Bl. 18.

691 Gemeinde Finsing an Landratsamt Erding, Betreff: Nachforschungen über Evakuierungsmärsche aus Konzentrationslagern, 11. 4. 1947, 5.3.1/84597918, ITS Digital Archive, Bad Arolsen.

692 Vernehmung von Leonhard Schaller*, Landpolizei Oberbayern, Kriminalaußenstelle Erding, 4. 3. 1955, StAM, Staatsanwaltschaften, 34744/6, Bl. 3.

693 Vernehmung von Franz Frostner*, Landpolizei Oberbayern, Kriminalaußenstelle Erding, 4. 3. 1955, ebenda, Bl. 3.

694 Vernehmung von Josef Straumeier*, Landpolizei Oberbayern, Kriminalaußenstelle Erding, 4. 3. 1955, ebenda, Bl. 2. Auch ein Überlebender berichtete, erst im Nachbardorf versorgt worden zu sein, dann aber von der Feldgendarmerie zurück zum Zug gebracht worden zu sein. Vernehmung von Eugen Grosz, Berlin, 6. 3. 1974, BArch, B 162/28413, Bl. 220–223, hier Bl. 222.

einer Maschinenpistole geschossen[695] und verlangt, sie „sollten einen Knüppel nehmen und mit Ordnung schaffen".[696] Einem anderen habe der Leutnant ein Gewehr gegeben und ihn aufgefordert, auf Häftlinge zu schießen.[697] Der Fahrdienstleiter, gegen den 1960 eine Untersuchung wegen des Verdachts der Beteiligung an den Erschießungen eingeleitet wurde, sagte aus, er habe auf Geheiß des Offiziers mehrere Gewehre aus der Ortschaft besorgt und einen bewaffneten Eisenbahner am Bahnhofseingang postiert.[698] Wie viele KZ-Häftlinge insgesamt dieser Menschenjagd zum Opfer fielen, ist ungeklärt. Ein Überlebender berichtete von etwa 200 Toten und Verwundeten.[699] In umliegenden Ortschaften und Waldstücken wurden in den folgenden Tagen und Wochen zahlreiche tote KZ-Häftlinge aufgefunden, die im Zuge der Suchaktionen von Soldaten und Einheimischen ermordet worden waren.[700] Mehrere Überlebende des Massakers sagten im Juni 1945 gegenüber der US-Armee aus, dass auch der Bürgermeister von Poing sich an den Morden beteiligt habe.[701] Wachmänner des Transports, die sich vorschnell ihrer Waffen entledigt und sich abgesetzt hatten, sollen ebenfalls aufgegriffen und in einem eigenen Waggon eingesperrt worden sein.[702] Einigen Häftlingen war es hingegen – zum Teil durch die Unterstützung Einheimischer – erfolgreich gelungen zu fliehen.[703] Noch während die letzten Häftlinge in den Zug

695 Vernehmung von Johann Schottl*, Bayerisches Landeskriminalamt München, 27. 6. 1960, StAM, Staatsanwaltschaften, 34580, Bl. 15 f., hier Bl. 15.

696 Vernehmung von Peter Bolzgartner*, Bayerisches Landeskriminalamt München, 27. 6. 1960, ebenda, Bl. 22.

697 Vernehmung von Paul Harsch*, Bayerisches Landeskriminalamt München, 7. 7. 1960, ebenda, Bl. 28 f.

698 Vernehmung von Georg Klonge*, Bayerisches Landeskriminalamt München, 1. 10. 1960, ebenda, Bl. 30b–34.

699 Vernehmung von Alfons Baer, Bayerisches Landeskriminalamt München, 3. 5. 1960, ebenda, Bl. 6.

700 Military Government Detachment I-361, Landkreis Ebersberg, War Diary, 1. 9. 1945, BayHStAM, OMGUS CO, 475/4; Bürgermeister der Gemeinde Poing an Landrat des Kreises Ebersberg, Betreff: Gräber von KZ-Häftlingen, 23. 4. 1946, DaA, A 1983; Gemeinde Poing, Kategorie II, Form. 4, 17. 8. 1946, 5.3.1/84600700, ITS Digital Archive, Bad Arolsen; Vernehmung von Karl Haubiegler*, Landpolizei Oberbayern, Kriminalaußenstelle Erding, 4. 3. 1955, StAM, Staatsanwaltschaften, 34744/6, Bl. 4; Vernehmung von Martin Schart*, Landpolizei Oberbayern, Kriminalaußenstelle Erding, 4. 3. 1955, ebenda, Bl. 2v.

701 Erklärung von neun ehemaligen Häftlingen, Displaced Persons Camp Feldafing, 16. 6. 1945, NARA, RG 549, „Cases not tried", Box 398, 66-395, unpag.

702 Vernehmung von Johann Schottl*, Bayerisches Landeskriminalamt München, 27. 6. 1960, StAM, Staatsanwaltschaften, 34580, Bl. 15 f.

703 Aron Faymann, Ermittlungsblatt betr. des Befreiungsortes: Transport von Mühldorf, 16. 5. 1950, USHMM, ITS Digital Collection, 1.1.0.7, Ordner 56 (Evakuierungstransporte), 87766919.

getrieben wurden, griffen alliierte Tiefflieger den Bahnhof an, wobei auch der KZ-Zug beschossen wurde und weitere Häftlinge ums Leben kamen.[704] In der darauffolgenden Nacht wurde die Fahrt in Richtung München fortgesetzt.[705]

Mit den gestrandeten Zügen war das KZ mitten in die Gemeinden gerollt. Die lokale Bevölkerung war hier unmittelbar mit den Begleiterscheinungen der Räumungstransporte konfrontiert: dem deutlich wahrnehmbaren Leiden der eingepferchten KZ-Häftlinge, ihren Schreien nach Wasser und Nahrung sowie der Allgegenwart von Gewalt und Tod in und um die Waggons. Insbesondere die Angestellten der Bahn waren unmittelbar beteiligt und versuchten, die Situation auf dem Bahngelände kontrollierbar zu halten.

Diese Situationen stehen für ein Zusammenspiel von Statik und Dynamik. Einerseits ging es für die Transporte zeitweise weder vor noch zurück, und es war für alle Beteiligten unklar, wann, wie und wohin der Weg fortgesetzt werden konnte. Zugleich waren Bahnhöfe als Verkehrsknotenpunkte besonders der Gefahr von Luftangriffen ausgesetzt, was das Gefühl einer permanenten Gefahrensituation verstärkte. Nicht nur, dass Güterzüge für die Alliierten als militärische Ziele gelten konnten, zugleich wurde ihre tatsächliche Ladung – Tausende von ausgehungerten KZ-Häftlingen – als Bedrohung für die Bevölkerung wahrgenommen, die in unübersichtlicher Lage, etwa nach einem Luftangriff, ungebremst über die Einheimischen hereinbrechen würde. Deswegen wurde fieberhaft nach einem Ausweg gesucht, um die Züge oder zumindest ihre Insassen so schnell wie möglich aus den Gemeinden zu befördern.

Diese Momente des Stillstands waren zugleich kontingente Situationen, aus denen sich in kürzester Zeit eine außerordentliche Dynamik entwickeln konnte, wie das Beispiel Poing zeigt. Für den Zeitraum von einer Stunde war der Krieg dort auf Grundlage eines Gerüchts vorübergehend beendet – und das Geschehen wurde zum Musterbeispiel für das sogenannte Thomas-Theorem: „Wenn Menschen Situationen als real definieren, sind sie in ihren Konsequenzen real."[706] Plötzlich entstand ein vermeintliches Moment der Befreiung mit den entsprechenden Folgen: Die Häftlinge verließen die Waggons, den Bahnhof und schließlich die Ortschaft, um sich mit dem Notwendigsten zu versorgen. Dabei bekamen sie von einigen

704 Bornstein, Die lange Nacht, S. 240; Samuel Hutterer, Atrocities at Auschwitz; Clearing of the Ruins of the Warsaw Ghetto, DaA, A 268, S. 10.

705 Vernehmung von Johann Schottl*, Landpolizei Oberbayern, Kriminalaußenstelle Erding, 4. 3. 1955, StAM, Staatsanwaltschaften, 34744/6, Bl. 2.

706 William Isaac Thomas/Dorothy Swaine Thomas, The Child in America: Behaviour Problems and Programs, New York 1928, S. 572; Robert K. Merton, Soziologische Theorie und soziale Struktur, Berlin 1995, S. 399–401.

Einwohnern, die auch von einem Ende des Krieges ausgingen, Unterstützung. Die Wachmannschaften sahen den Zeitpunkt gekommen, sich entweder schleunigst vom Häftlingstransport zu entfernen oder mit getauschten Kleidern in der Masse der Häftlinge unterzutauchen. Dieses Geschehen verdeutlicht, wie stark die Entwicklung von den lokalen Akteuren abhing. Nach der klassischen soziologischen Theorie des symbolischen Interaktionismus ist deren Handeln geprägt von den Bedeutungen, die sie Situationen zuschreiben. Sie wiederum entstehen erst durch soziale Interaktion und sind Ergebnis eines kollektiven Interpretationsprozesses.[707]

In Poing unterlagen diese Bedeutungen einem mehrfachen Wandel. Auch wenn unklar ist, woher der Impuls – die Nachricht vom vermeintlichen Kriegsende – kam, beendeten die Akteure das mörderische Geschehen der Räumungstransporte vor Ort eigenhändig. Dabei vergewisserten sie sich durch das Beobachten der jeweils anderen der Richtigkeit ihres Tuns und manifestierten so die Bedeutung „Kriegsende": Unter den Wachmännern beeilte man sich, das Geschehen zu beenden und schoss nicht mehr auf Gefangene. Dieses Verhalten zeigte den Zivilisten wiederum, dass sich tatsächlich etwas Grundlegendes verändert haben musste, und so verhielten auch sie sich danach. Die KZ-Häftlinge begannen dementsprechend ebenfalls, soweit sie dazu imstande waren, sich als befreite Menschen zu bewegen. Als hingegen klar wurde, dass der Krieg tatsächlich keineswegs beendet war, versuchten Teile der Wachmannschaften und andere anwesende Akteure, die „Befreiung" rückgängig zu machen, was in einem Gewaltausbruch gegenüber den Häftlingen mit zahlreichen Verletzten und Toten auf deren Seite endete. Für die lokale Bevölkerung wurde der unübersichtlichen Situation eine neue Bedeutung zugeschrieben: Die Häftlinge galten plötzlich nicht mehr als entlassen, sondern als „ausgebrochen", was in vielen Fällen dazu führte, dass sie nicht mehr unterstützt, sondern gejagt und gegebenenfalls den Wachmannschaften ausgeliefert wurden. So schilderte Ernst Bornstein, der bei einem Bauern etwas zu Essen bekommen hatte, auch diesen Moment: „Wir baten den Bauern, uns im Keller zu verstecken oder uns eine Scheune zu überlassen. Aber sein Gesichtsausdruck wurde mit einem Mal abweisend, und von seiner vorherigen Freundlichkeit war nichts mehr zu spüren. Er könnte uns nicht verstecken, sagte er mit unbeweglichem Gesicht, wir sollten sofort sein Haus verlassen."[708]

Poing steht damit für ein tragisches Geschehen, dem etliche Häftlinge zum Opfer fielen, die sich gerade in der lange ersehnten Freiheit wähnten. Zugleich eröffnet die extreme Verdichtung von Raum, Zeit und Handlungsvarianten der

707 Herbert Blumer, Symbolic Interactionism. Perspective and Method, New Jersey 1986 (zuerst 1969), S. 2.

708 Bornstein, Die lange Nacht, S. 238.

Akteure den Blick durch ein Möglichkeitsfenster, durch das auch andere Situationen während der KZ-Räumungstransporte betrachtet werden können: Es war sehr vieles machbar – der Ausgang hing vor allem von den Protagonisten vor Ort ab sowie den Bedeutungen, die sie dem Geschehen zuschrieben. Deutlich wird aber auch, dass eine wirkliche Befreiung der Häftlinge nur mit dem Eintreffen der alliierten Armeen einhergehen konnte.

Diejenigen Häftlinge, die das Massaker in Poing und den anschließenden Transport überlebten, wurden einige Tage später tatsächlich von Einheiten der US-Armee befreit. Abschließend soll im Folgenden betrachtet werden, wie diese „wirklichen" Befreiungssituationen von KZ-Räumungstransporten abliefen und wie sich in diesem Kontext der Übergang von Krieg zu Nachkrieg, von NS-Herrschaft zu Besatzung gestaltete.

3.6. Befreiung

Die Befreiung der KZ-Häftlinge auf Todesmärschen fand in Situationen statt, auf die keiner der beteiligten Akteure vorbereitet war. Weder die alliierten Befreier, die KZ-Häftlinge, ihre Bewacher noch die deutschen Zivilistinnen und Zivilisten hatten eine konkrete Vorstellung, wie sich das Ende des Krieges für sie gestalten würde.[709] Die Gefangenen sehnten die Befreiung herbei und hegten zugleich die Befürchtung, nach langem Überlebenskampf in letzter Sekunde von ihren Peinigern ermordet zu werden. Die Wachleute und die deutsche Bevölkerung hingegen waren in angstvoller Sorge, welches Schicksal ihnen drohte, wenn die gequälten und hungrigen KZ-Häftlinge frei wären und die Alliierten direkt in ihrer Nähe mit den NS-Verbrechen konfrontiert werden würden. Tatsächlich kamen spontane Racheakte befreiter Häftlinge an SS-Leuten und Funktionshäftlingen, wie sie für das KZ Dachau überliefert sind,[710] auch am Ende von Todesmärschen vor. Ein ehemaliger Häftling berichtete, wie seine Kolonne in der Nähe von Kirchberg (Bayern) auf die US-Army stieß: „Dann kamen querfeldein zunächst amerikanische Panzer, dann Mannschaftsfahrzeuge mit Soldaten. Unsere Bewachung war in diesem Augenblick schon nicht mehr vorhanden. Soweit diese Leute nicht auf

709 Greiser, Todesmärsche, S. 277. Sie verweist auf die knappen Ausführungen von Wilhelm Jacobmeyer, Vom Zwangsarbeiter zum heimatlosen Ausländer. Die Displaced Persons in Westdeutschland 1945–1951, Göttingen 1985, S. 26–29.

710 Jürgen Zarusky, „That is not the American Way of Fighting". Die Erschießungen gefangener SS-Leute bei der Befreiung des KZ Dachau, in: Dachauer Hefte 13 (1997), S. 27–55, hier S. 51 f. Vgl. als frühe Darstellung auch Robert H. Abzug, Inside the Vicious Heart. Americans and the Liberation of Nazi Concentration Camps, New York 1985, S. 89–95.

die SS-Fahrzeuge aufsteigen oder flüchten konnten, waren sie in der Gewalt der Masse der Häftlinge. [...] Diese wandten sich dann sofort gegen die bisherigen Bewacher, um sich an sie zu rächen. [sic!] Darüber hinaus war aber jeder verdächtigt [sic!] und gefährdet, wenn er deutsch sprach. Jeder Deutsche [Häftling] wurde als Bewacher oder Vorarbeiter angesehen. Sie wurden sämtlichst verprügelt und nackend ausgezogen und schließlich totgeschlagen."[711]

Die meisten Häftlinge waren zum Zeitpunkt ihrer Befreiung allerdings viel zu erschöpft für solche Vergeltungsaktionen und hatten eher die Sicherung des eigenen Überlebens statt Rache im Sinn. Vielmehr waren sie selbst in Gefahr, nach der Befreiung noch Opfer von Gewalttaten zu werden, so wie in Neunburg vorm Wald, wo nach der Aussage einer Überlebenden ein polnischer Häftling „von deutschen Zivilisten erstochen" wurde.[712]

Oftmals konnte nur bei den Einheimischen die Versorgung der befreiten Häftlinge mit dem (Über-)Lebensnotwendigen erfolgen. Damit wurde die von den Gefangenen herbeigesehnte Befreiung für die deutsche Zivilbevölkerung zur erneuten Krisensituation innerhalb des ohnehin herrschenden Durcheinanders bei Kriegsende.

Das konfliktreiche Verhältnis zwischen der eingesessenen deutschen Bevölkerung und den befreiten KZ-Häftlingen wird sehr stark und fast regelmäßig in den Berichten der bayerischen Pfarrer über das Kriegsende in ihren Gemeinden betont.[713] Aus Aufkirchen am Würmsee etwa berichtete Pfarrer Karbacher: „Die Plünderungen durch die freigewordenen KZler waren noch schlimmer [als die durch die US-amerikanischen Soldaten]."[714]

Die Befreiung eines Todesmarschs im nahe gelegenen Beuerberg lief nach der Darstellung des Ortspfarrers, der sich offenbar von der SS im Stich gelassen fühlte, wie folgt ab: „Als aber die Wachmannschaften das nahe Schießen der Amerikaner in Beuerberg hörten, liefen sie davon und Beuerberg hatte an 5000 KZler da. Sie waren anfangs ganz harmlos, bettelten und wurden reichlich verpflegt. Anders wurde die Sache, als am Abend die Amerikaner, ihre Verbündeten, kamen. [...] Durch die Ankunft der Amerikaner bekamen die KZler Schwung und trieben ihr Unwesen einen ganzen Monat lang." Dies habe sich erst gelegt,

711 Vernehmung von Paul Walter Vargemann*, Kriminalinspektion II A Hamburg, 1. 12. 1955, StAM, Staatsanwaltschaften, 34481, Bl. 87 f.

712 Helene Rösenska an ITS Bad Arolsen, 27. 4. 1950, USHMM, ITS Digital Collection, 1.1.0.7, Ordner 56 (Evakuierungstransporte), 87766933.

713 Vgl. auch das Kapitel zu den Pfarrern in der vorliegenden Arbeit.

714 43-3 Pfarrei Aufkirchen a. Würmsee, 27. 8. 1945, in: Pfister, Ende, Teil II, S. 1426–1428, hier S. 1428.

als nach vehementem Insistieren Einheimischer beim US-Militär „eine Reihe Lastautos erschienen und bei strömendem Regen alle KZler mitnahmen". Dann, so der Pfarrer, „ging man endlich etwas energischer vor und seitdem ist Ruhe". Auch für die Zerstörungen beim Einmarsch der US-Army im Dorf wurden vor allem KZ-Häftlinge verantwortlich gemacht. Nachdem aus einem Bauernhof ein „Schreckschuss" auf sie abgegeben worden sei, hätten Häftlinge den US-Soldaten fälschlicherweise gesagt, dass sich SS-Leute in dem Haus aufhielten. Daraufhin hätten die Amerikaner es beschossen.[715]

Laut dem Expositus der Gemeinde Degerndorf war es einerseits ihm selbst zu verdanken, dass es nur in kleinem Ausmaß zu Plünderungen gekommen war, da er die Einwohner in der Kirche ermahnt habe, „Brot zu backen, soviel sie nur konnten". Andererseits war er dankbar, dass die Häftlinge von ihren Bewachern rechtzeitig weitergetrieben worden waren: „Wäre die große Masse der KZ-Häftlinge nicht in der Nacht vom 1./2. Mai von Bolzwang in Richtung Königsdorf/Tölz weitermarschiert, so wäre es Degerndorf wohl schlimm ergangen!"[716]

In ähnlicher Dramatik schilderte sein Kollege aus dem benachbarten Holzhausen das Kriegsende in Ambach: Während man in Holzhausen auf den Einmarsch der Amerikaner gewartet habe, seien im Nachbarort die ersten zwei Panzer eingetroffen, „von Zivil gegen KZ-Häftlinge und verkappte SS gerufen. Die Sache schlug aber fast ins Gegenteil um." Die Männer der Ortschaft seien aus den Häusern gerufen und ihrer Wertsachen beraubt worden, anschließend mussten sie „KZ-Kleidung anlegen und wurden so nach Hause geschickt".[717] Auch für den eigenen Ort galt nach Ansicht des Pfarrvikars: „Die Gefahr war sehr groß: Tausende von KZ-Häftlingen waren in der Kiesgrube bei Bolzwang frei geworden, Hunderte kamen vom Bahnhof Seeshaupt, wo ihr Transportzug stehengeblieben war."[718] Im wenige Kilometer entfernten Münsing erwartete man nach Angaben des Ortspfarrers die vermeintlich anrollende Bedrohung ebenfalls „voll Angst und Sorge. Die Rache-Schnaubenden, von den Amerikanern freigelassenen KZler standen vor den Toren Münsings, nachdem sie in Seeshaupt und in St. Heinrich furchtbare Dinge vollbracht hatten."[719]

Diese Schilderungen verweisen einerseits darauf, dass das Ende des Nationalsozialismus und die Befreiung der KZ-Häftlinge mit massiven Konflikten zwischen den Befreiten und der deutschen Landbevölkerung einhergingen. Andererseits beteiligten sich – dies wird in einigen Berichten der Pfarrer erwähnt – an den

715 43-4 Pfarrei Beuerberg, 5. 7. 1945, in: ebenda, S. 1429 f.

716 43-5 Expositur Degerndorf, 20. 7. 1945, in: ebenda, S. 1431–1439, hier S. 1437.

717 43-11 Expositur Holzhausen, 31. 7. 1945, in: ebenda, S. 1444–1449, hier S. 1447.

718 Ebenda, S. 1448 f.

719 43-12 Expositur Münsing, 20. 8. 1945, in: ebenda, S. 1450 f., hier S. 1451.

allgegenwärtigen Plünderungen auch deutsche Flüchtlinge, Soldaten und Einheimische. Frappierend ist jedoch, mit welch stark abwertenden Ausdrücken die Gottesmänner die KZ-Häftlinge und ihre Handlungen schilderten. Hier wurde eine klare Linie zwischen der eigenen Bevölkerung und den vermeintlichen Horden infernalischer Fremder gezogen, von denen man schon vor dem ersten tatsächlichen Kontakt nur das Schlimmste erwarten konnte.[720] Katrin Greiser hat gemutmaßt, dass die meisten Deutschen den befreiten KZ-Häftlingen vor allem Gleichgültigkeit entgegenbrachten.[721] Die „Kriegs- und Einmarschberichte" der Pfarrer verweisen aber weitaus stärker auf Ängste und offene Feindseligkeiten seitens der deutschen Bevölkerung. Wenn schon, so muss man fragen, die Kirchenmänner, die ja mitunter dem Nationalsozialismus kritisch gegenübergestanden hatten, jegliches Verständnis und mitfühlende Barmherzigkeit vermissen ließen, wie ablehnend und feindschaftlich waren dann erst die Einstellungen der „einfachen Leute" gegenüber den Befreiten?

Die vorliegenden Quellen zeigen, dass hier die gleichen Abneigungen dominierten und die Erinnerungsmuster prägten.[722] So berichtete der Leiter der Landpolizeistation Bad Wiessee, dass im April 1945 ein Transport von etwa 300 KZ-Häftlingen in Scheunen außerhalb der Ortschaft untergebracht worden sei. Als die amerikanische Armee eintraf, hätten „sich die KZ.-Insassen selbständig" gemacht und angefangen, sich in der Ortschaft mit dem Notwendigsten zu versorgen. Die Besatzungsmacht habe ihn dazu aufgefordert, Plünderungen zu unterbinden, und so habe er einen Teil der Häftlinge „mit Hilfe der ausl[ändischen] Kz.-Lageraufseher" in geschlossenen Räumen unterbringen können. Allerdings hätten sich einige widersetzt, laut dem Polizisten „unter dem Vorwand, daß sie sich von mir nicht abermals einsperren lassen".[723] Ein Einwohner aus Neunburg vorm Wald nannte es „leicht begreiflich", dass die befreiten Häftlinge „in den ersten Tagen ihrer Freiheit auf alles Deutsche einen ganz großen Haß, verbunden mit einem riesigen Vergeltungsbedürfnis" gehabt hätten. Sie seien deswegen „in einer nicht gerade humanen Weise vorgegangen […], obgleich die Einwohner an den ganzen Vorkommnissen schuldlos" gewesen seien. Es habe durch die Befreiung der Gefangenen Seuchengefahr für die gesamte Gemeinde bestanden,

720 Vgl. auch Michael Berkowitz/Suzanne Brown-Fleming, Perceptions of Jewish Displaced Persons as Criminals in Early Postwar Germany. Lingering Stereotypes and Self-fulfiling Prophecies, in: Avinoam J. Patt/Michael Berkowitz (Hrsg.), „We are here". New Approaches to Jewish Displaced Persons in Postwar Germany, Detroit 2010, S. 167–193.

721 Greiser, Todesmärsche, S. 282.

722 Vgl. dazu auch ebenda, S. 278–281.

723 Bayerische Landpolizei, LP.-Station Lendorf an die Landpolizeistation Bad Wiessee, 1. 2. 1955, StAM, Staatsanwaltschaften, 34483, Bl. 6 f., hier Bl. 6v.

die Bewohner hätten dennoch die Überlebenden „ohne Rücksicht auf die eigene Ansteckungsgefahr“ gepflegt und trotz der „unrechtmäßigen Vorkommnisse“ einen „großen Opfersinn“ gezeigt.[724] Hier wird deutlich, dass die nationalsozialistischen Stereotype der kriminellen und seuchenübertragenden „Untermenschen“ während der Befreiung seitens der Einheimischen als real aufgefasst und zur selbst erfüllenden Prophezeiung wurden.[725]

In Einzelfällen waren komplette Ortschaften von der Befreiung von Räumungstransporten betroffen. Ein Beispiel dafür ist das Dorf Tröbitz im Süden von Brandenburg. In dessen Nähe war im April 1945 der „verlorene Zug“, einer von drei Räumungstransporten aus dem „Austauschlager“ des KZ Bergen-Belsen, nach zwei Wochen quälender Irrfahrt von den Bewachern zurückgelassen worden. In den Waggons befanden sich über 2000 jüdische Männer, Frauen und Kinder.[726] Ein Überlebender, Werner Weinberg, schilderte, dass die Gefangenen nach einem ersten Kontakt mit Rotarmisten, der im Wesentlichen aus der Requirierung von verbliebenen Wertgegenständen der Häftlinge bestand, für einige Zeit auf sich gestellt blieben. Nach ersten vorsichtigen Erkundungen wurde berichtet, dass sich in der Nähe Ortschaften befinden würden. Eine davon, Tröbitz, sei verlassen, und „some Russians had said that we could have it“.[727] Daraufhin begaben sich diejenigen, die körperlich dazu in der Lage waren, in die Ortschaft, um für sich und ihre Angehörigen Nahrung zu besorgen. Wenige Tage nach seiner Befreiung schrieb einer der Überlebenden in sein Tagebuch: „Sie [die Rotarmisten] kümmern sich nicht um uns, sie haben uns lediglich die Bevölkerung zur Plünderung überlassen. Und diese Plünderung erfolgte gründlich und erbarmungslos. Wir haben nichts. Wir sind krank. Wir wurden bei den Bauern einquartiert.“[728]

Tatsächlich waren einige Einwohnerinnen und Einwohner von Tröbitz geflohen, allerdings waren durchaus noch deutsche Zivilisten im Ort. Die Überlebende Renata Laqueur berichtete über diese Stunden: „Ich spürte plötzlich wieder quälenden Hunger und in dem Augenblick begriff ich, was es für uns bedeutete, ‚frei‘

724 Emil Treuner, Die Pfalzgrafenstadt im Zeichen des Kriegsendes und der Nachkriegsverhältnisse, 7. 4. 1959, AGFl, A 984/14, unpag.

725 Vgl. in ähnlicher Diktion als zeitgenössische Quelle auch: Bürgermeister der Stadt Neunburg vorm Wald, Tatsachenbericht über die Vorkommnisse seit der amerikanischen Besatzung am 23. April 1945 in Neunburg vorm Wald, 20. 5. 1945, AGFl, A 984/13, unpag.

726 Thomas Kubetzky, Fahrten ins Ungewisse. Räumungstransporte aus dem Konzentrationslager Bergen-Belsen im April 1945, in: Habbo Knoch/Thomas Rahe (Hrsg.), Bergen-Belsen. Neue Forschungen, Göttingen 2014, S. 150–176.

727 Werner Weinberg, The lost Transport, in: Yad Vashem Studies 15 (1983), S. 283–326, Zitat S. 303.

728 Abel J. Herzberg, Zweistromland. Tagebuch aus Bergen-Belsen, Wittingen 1997, S. 246.

zu sein. Jetzt konnte ich zu den Deutschen gehen und sie auffordern, mir und den Kranken im Zug Lebensmittel zu übergeben.“[729] In den folgenden Tagen kam es in Tröbitz zu chaotischen Szenen, wie Laqueur schilderte: „Weiter unten in der Straße fand ich eine Bäckerei und ein Kolonialwarengeschäft. Die Scheiben hatte man eingeschlagen, und beide Läden waren voller plündernder Menschen aus unserem Zug.“[730] Nach und nach verließen alle Überlebenden den Zug und bezogen Häuser und Wohnungen im Dorf.[731] Die Rote Armee wies die deutsche Zivilbevölkerung an, die befreiten Häftlinge bei sich aufzunehmen und erklärte bald darauf das gesamte Dorf zum Notlazarett: „Alle deutschen Einwohner, die sich im Dorfe Tröbitz befinden, sind verpflichtet, mit aller Kraft daran mitzuarbeiten, daß die Kranken gesund werden. Sie müssen bei der Beschaffung von Lebensmitteln und Wohnung behilflich sein, damit die ausländischen Bewohner so schnell als möglich in ihre Heimat zurückkehren können. Ich verbiete den deutschen Einwohnern kategorisch, sich mit jedwelchen Beschwerden oder Ansprüchen in Bezug auf Wohnung, Lebensmittel, Bedienung, usw. an die Befreiten zu richten.“[732]

Nach einigen Tagen hatte eine Selbstverwaltung der Überlebenden ihre Arbeit aufgenommen, die bald für die Ernährung der gesamten Ortschaft – der befreiten Häftlinge und der „Bürgerbevölkerung der Gemeinde Tröbitz“ – zuständig war.[733] Ein ehemaliges Zwangsarbeiterinnenlager wurde zur Station für besonders kranke und ansteckende Überlebende gemacht. Um die Ausbreitung von Typhus und anderen Krankheiten zu verhindern, verhängte die Rote Armee letztlich eine zweimonatige Quarantäne über den Ort. Dies betraf sowohl die befreiten KZ-Häftlinge als auch die verbliebenen Einheimischen. In den kommenden Wochen und Tagen erlagen fast 300 ehemalige Gefangene den Folgen der Haft, des kräftezehrenden Transports und Krankheiten. Über 20 Tröbitzer Einwohnerinnen und Einwohner starben 1945, nachdem sie sich mit Typhus angesteckt hatten.[734]

729 Renata Laqueur, Bergen-Belsen-Tagebuch 1944/1945, 2. Aufl., Hannover 1989, S. 130.

730 Ebenda, S. 131.

731 Vgl. hierzu die (leider ohne Quellenangaben) zusammengetragenen Erinnerungen in Erika Arlt, Niemals vergessen, Selbstverlag, o. D. (vermutl. 1996), S. 32–39.

732 Befehl des russischen Kommandanten von Tröbitz, 31. 5. 1945, zitiert nach Kubetzky, Fahrten, S. 165. Ein Faksimile des russischen Textes findet sich in Schlomo Samson, Zwischen Finsternis und Licht. 50 Jahre nach Bergen-Belsen. Erinnerungen eines Leipziger Juden, Jerusalem 1995, S. 425.

733 Bescheinigung für das „Komitee zur Abwicklung des Ausländertransportes aus dem Konzentrationslager Bergen-Belsen“, o. D. (vermutl. Mai 1945), Ghetto Fighter's House Archives, Collection: Werner Ahlfeld, 11309R"M-Hol, unpag.

734 Kubetzky, Fahrten, S. 164–166; Arlt, Niemals vergessen, S. 38 f. Zu den Opferzahlen und -identitäten vgl. Informatiebureau van het Nederlands Rode Kruis: List van overledenen

Allerdings entstanden bei der Befreiung der KZ-Häftlinge auf Evakuierungstransporten nicht nur unüberwindliche Konflikte. Zum Teil blieben befreite Gefangene tage-, monate-, oder jahrelang in den Gemeinden, in denen die Todesmärsche geendet hatten. Im oberbayerischen Loibersdorf zum Beispiel löste sich ein Räumungstransport auf dem Hof eines Bauern auf. Dieser berichtete, dass sich der Großteil der SS-Männer vor dem Eintreffen der US-Amerikaner abgesetzt hatte und nur drei Posten mit den Häftlingen zurückgeblieben waren.[735] Mit dem Kriegsende wechselten die Rollen der Akteure, wie einer der Bewacher schilderte: „Am 8. bzw. 9. 5. 45 wurden die Vorgenannten und ich als Wachleute abgesetzt und durch die Amerikaner einige der Häftlinge als Wachleute eingesetzt und bewaffnet."[736] An der Befreiungssituation in Loibersdorf ist bemerkenswert, dass Strukturen und persönliche Bindungen geschaffen wurden, die zum einen weit über das Kriegsende hinaus wirksam waren und denen zum anderen die Rollen der Akteure während der Lagerräumungen kaum im Wege standen. So war nicht nur einer der SS-Männer, die den Marsch bewacht hatten, nach seiner Kriegsgefangenschaft über mehrere Jahre auf dem Hof, auf dem der Transport befreit worden war, als Arbeiter tätig.[737] Auch ein ehemaliger polnischer KZ-Häftling arbeitete dort nach Aussage seines früheren Bewachers „noch lange als Pferdeknecht".[738]

Eine Bewohnerin der benachbarten Einöde Holzwimm sagte aus, dass sich kurz vor Kriegsende vier Gefangene aus einem Räumungstransport in ihrer Scheune versteckt hätten: „Wir haben sie behalten und ihnen alte Zivilkleider gegeben. Deren KZ-Anzüge haben wir verbrannt. Die KZ-ler sind dann, bis die Amerikaner kamen, geblieben. [...] Einer davon blieb einige Wochen bei uns." Auch dieser befreite Häftling verließ die Gegend nicht und eröffnete später im nahe gelegenen Wasserburg ein Geschäft.[739]

Unmittelbar mit der Befreiung und damit zum Teil noch vor dem Ende des Zweiten Weltkriegs begann die Nachgeschichte der Todesmärsche. Die Überlebenden versuchten, sich und ihr Weiterleben inmitten eines ihnen weitgehend feindlich gesonnenen Umfelds zu organisieren. Atina Grossmann hat darauf ver-

die in Troebitz en omgeving ter aarde zijn besteld, o. D., 5.3.1/84601771–84601782, ITS Digital Archive, Bad Arolsen.

735 Vernehmung von Johann Rehleitner*, Bayerische Landpolizei, Kriminalaußenstelle Mühldorf, 13. 4. 1955, StAM, Staatsanwaltschaften, 31500/4, Bl. 8.

736 Vernehmung von Willibald Brückner*, Kriminalpolizei Essen, 24. 6. 1955, ebenda, Bl. 13.

737 Vernehmung von Johann Rehleitner*, Bayerische Landpolizei, Kriminalaußenstelle Mühldorf, 13. 4. 1955, ebenda, Bl. 8.

738 Vernehmung von Willibald Brückner*, Kriminalpolizei Essen, 24. 6. 1955, ebenda, Bl. 13.

739 Vernehmung von Rosa Melk*, Bayerische Landpolizei, Kriminalaußenstelle Mühldorf, 13. 4. 1955, ebenda, Bl. 6v.

wiesen, dass viele der ehemaligen Häftlinge, „die sich in der Nachkriegszeit als Führungsspitze der DPs in der amerikanischen Besatzungszone erweisen sollten", auf KZ-Räumungstransporten in Bayern befreit worden und im DP-Camp Feldafing untergebracht worden waren.[740] Mit dem Einmarsch der Alliierten wurde offensichtlich, dass sich die nationalsozialistischen Massenverbrechen keineswegs vornehmlich in eng umrissenen Räumen und hinter Stacheldraht abgespielt hatten. Die Todesmärsche hatten Deutschland mit einer unübersehbaren Blutspur überzogen, die mitten durch die Gesellschaft führte und bis in die kleinsten Dörfer reichte. Auf dem Weg ins Reichsinnere stießen die alliierten Soldaten auf Tausende oberflächlich oder überhaupt nicht bestattete Leichen und „vergessene" Güterzüge voll toter und sterbender Menschen sowie Gruppen überlebender KZ-Häftlinge in erbarmungswürdigem Zustand, die erst unmittelbar zuvor von ihren Bewachern verlassen worden waren. Es zeichnete sich zunehmend ab, dass die Alliierten es hier mit Verbrechen ungeahnten Ausmaßes zu tun hatten.

Fazit: Das letzte NS-Gesellschaftsverbrechen

Der überlieferte Evakuierungsbefehl des KZ Sachsenhausen zeigt, dass für die Durchführung der Räumungstransporte eine Beteiligung einheimischer Institutionen und Personen an der Logistik von vornherein eingeplant war. Darin hieß es unter anderem: „An einen geregelten Verpflegungsnachschub während des Marsches kann nicht gedacht werden. Nach Verbrauch des Verpflegungsvorrates muß der Marschsäulenführer für die weitere Verpflegung selbst sorgen (Landrat, Wehrmacht, NSV. usw.)."[741]

In der Praxis ging die Involvierung lokaler Akteure weit über die Verpflegung der Transporte hinaus. Für das KZ Neuengamme hat Marc Buggeln einerseits herausgearbeitet, dass der Vorschlag, das Lager zu evakuieren und sich damit der Häftlinge vor dem Eintreffen der Briten zu entledigen, auf Vertreter der Wirtschaft und den Hamburger Gauleiter Karl Kaufmann zurückging. Andererseits betonte Buggeln die Handlungsspielräume, die etwa für einzelne Firmen oder deren Angestellte bestanden.[742] Der erste Teil meiner Arbeit hat über solche administrativen Entscheidungsprozesse hinaus gezeigt, dass sich diese engen Verbindungen

740 Grossmann, Juden, Deutsche, Alliierte, S. 223; Yehuda Bauer, The Initial Organization of the Holocaust Survivors in Bavaria, in: Yad Vashem Studies 8 (1970), S. 127–157.

741 Waffen-SS-Kommandantur Konzentrationslager Sachsenhausen, Betrifft: Stichwort „Sonnenburg", 2. 2. 1945, AS, B 38/39, unpag.

742 Buggeln, Arbeit, S. 628–634.

zwischen KZ-System und NS-Gesellschaft sowie deren maßgeblicher Einfluss auf den Ablauf der Räumungstransporte bis auf die unterste Ebene fortsetzten.

Obwohl kaum Verbindungen zwischen den Tatorten oder einheitliche Befehle festzustellen sind, traten die hier vorgestellten Handlungsmuster dezentral und flächendeckend auf. Abgesehen von einem Beispiel aus Lüneburg, wo in der Tagespresse dazu aufgerufen wurde, geflohene KZ-Häftlinge „zu stellen und festznehmen" sowie gegebenenfalls „unschädlich zu machen", sind keine öffentlichen Initiationen zur Gewalt gegenüber KZ-Häftlingen bekannt.[743] Die konkrete Bewältigung der Räumungstransporte, die Involvierung örtlicher Organisationen, Autoritäten sowie Einwohnerinnen und Einwohner wurde auf lokaler Ebene weniger implementiert als vielmehr improvisiert. Das Fehlen einer „Steuerungsebene"[744] unterscheidet die Todesmarschverbrechen grundlegend von vergleichbaren Formen dezentraler nationalsozialistischer Massengewalt wie der „Vergeltung" an abgeschossenen alliierten Flugzeugbesatzungen, zu denen seitens des NS-Regimes seit dem Frühjahr 1944 propagandistisch aufgerufen worden war und die als „Volksjustiz" legitimiert wurde.[745]

Anhand von Räumen, Akteuren und Situationen ist deutlich geworden, dass die Evakuierung der Konzentrationslager zum letzten nationalsozialistischen Gesellschaftsverbrechen geworden war.[746] Das bedeutet keinesfalls, dass sich jeder und jede Einzelne daran beteiligt hatten. Aber die Akteure kamen aus allen Organisationen, Schichten, Alterskohorten, sozialen Gruppen und Geschlechtern der nationalsozialistischen Gesellschaft der Kriegsendphase.[747] Sie agierten als Einzelpersonen und in Gruppen, als Unterstützerinnen und Unterstützer, als

743 „Achtet auf entwichene KZ-Häftlinge!", in: Lüneburger Zeitung, 11. 4. 1945, Faksimile in: Hertz-Eichenrode, KZ, S. 221.

744 Hoffmann, Fliegerlynchjustiz, S. 315.

745 Ebenda, S. 155–176.

746 Bisher ist der Begriff des „Gesellschaftsverbrechens" im Kontext von NS-Zwangsarbeit benutzt worden, allerdings ohne genauere Definitionen vorzunehmen. Vgl. Volkhard Knigge/Rikola-Gunnar Lüttgenau/Jens-Christian Wagner, Einleitung, in: dies., Zwangsarbeit, S. 6–11, hier S. 9.

747 Volkhard Knigge stellte in Bezug auf Gesellschaftsverbrechen die Frage, „inwieweit die Verantwortung für diese Verbrechen gleichsam isoliert, das heißt auf Einzelne oder Gruppen – auch im Sinne von Staatsverbrechen – eingeschränkt werden kann, oder inwieweit sie dagegen – wenn auch in Abstufungen – in die Gesellschaft hineindiffundiert". Volkhard Knigge, Gesellschaftsverbrechen erinnern. Zur Entstehung und Entwicklung des Konzepts seit 1945, in: Volkhard Knigge/Ulrich Mählert (Hrsg.), Der Kommunismus im Museum. Formen der Auseinandersetzung in Deutschland und Ostmitteleuropa, Köln/Weimar/Wien, 2005, S. 19–30, hier S. 26.

Vigilanten[748] und Gelegenheitstäter, erfahrene Tötungsprofis oder widerwillige Vollstrecker. Neben „normale Organisationen" wie die Polizei traten neue, hybride Organisationsformen mit durchlässigen Grenzen, uneindeutig definierten Zielen, umkämpften Befehlswegen und inhomogenem Personal wie der Volkssturm.

Das Handeln dieser Akteure prägte die Situationen, die um die Todesmärsche entstanden: Empörung und vereinzelte Versuche der Hilfeleistung, zugleich aber auch Bestätigung und Unterstützung der Täter. Dabei werden die bestehenden Handlungsspielräume und ihre Bandbreite bei gleichzeitiger räumlicher und zeitlicher Verdichtung deutlich. Es gab Faktoren, die die Chancen von geflohenen Häftlingen auf Hilfeleistung durch die Einwohnerschaft erhöhten – dazu gehörte, sich verständlich machen und um Hilfe flehen zu können. Vom Zufall hing es jedoch ab, auf wen sie trafen. Dass das Gewaltgeschehen der Todesmärsche und Räumungstransporte keineswegs determiniert war, zeigt die Dynamik in Poing. Dieses Beispiel kann Hinweise auf Antworten zur oft vergeblich gestellten kontrafaktischen Frage „was wäre wenn …?" geben. An Poing wird deutlich, wie stark das konkrete Geschehen von der jeweiligen Definition durch die Akteure abhing. Kaum zu überprüfende Informationen konnten vor Ort soziale Dynamiken in Gang setzen, die dazu führten, dass sich alle darauf einigten, die Gewalt zunächst zu beenden. Umgekehrt entfesselten sie sie nach einer abermaligen Neudefinition der Situation bald darauf umso heftiger.

Und es wird deutlich, dass die Konfrontation mit den Räumungstransporten von den Einheimischen vor allem als Zumutung wahrgenommen wurde, als Problem, dessen sie sich umgehend entledigen wollten. In der Ortschaft versuchten sie zumeist, andere Einwohner bei der Bewältigung im Sinne von „Nachbarschaftshilfe" zu unterstützen. Zugleich bestand die Methode der Abwicklung vor allem darin, das Problem schnellstmöglich an die nächstgelegene Gemeinde zu delegieren. Wenn möglich, wurden die Züge und Transporte weitergeleitet; wenn nötig, wurden die Zwischenstationen bereitet, Gefangene mit eigenen Fahrzeugen transportiert und erschöpfte Wachleute entlastet oder ersetzt. Zurückgebliebene und Geflohene wurden ausgeliefert, und nach dem Durchzug bemühte man sich, die Leichen der Opfer vor dem Eintreffen der Alliierten verschwinden zu lassen.

Dieses Mitmachen aller Instanzen auf der lokalen Ebene aggregierte zu einem Sicherungssystem, das die Durchführung der Todesmärsche und die Aufrechterhaltung ihrer Gewaltdynamik erst gewährleistete. Dabei lagerten sich die Gewalt sowie die Initiative zur Aktion aus dem Repressionsapparat des NS-Staats und des KZ-Systems zu erheblichen Teilen auf die gesellschaftliche Ebene aus.

748 Thomas Schmidt-Lux, Vigilantismus als politische Gewalt. Eine Typologie, in: Behemoth. A Journal on Civilisation 6 (2013) 1, S. 98–117.

II. Ahndung

1. US-amerikanische Ermittlungen und Prozesse

Die US-Armee begann parallel zur Besetzung Deutschlands mit der Untersuchung von NS- und damit auch Todesmarschverbrechen. Unter Tausenden „Cases not tried“, den Fällen, die nicht zum Prozess führten, müssen die entsprechenden Akten wie Puzzlestücke gesucht werden.[1] Findmittel sind nahezu keine vorhanden.[2] Die Unterlagen sind voller Überraschungen: Aussagen von befreiten alliierten Kriegsgefangenen, von KZ-Häftlingen, die wenige Tage zuvor dem Tod entrannen, und deutschen Zivilisten, die versuchen, einen günstigen Eindruck bei der gerade einmarschierten Besatzungsmacht zu erwecken. Dazwischen liegen Fotos und Briefe von Soldaten, ein persönliches Schreiben von Richard Glücks, dem Leiter der Amtsgruppe D im SS-Wirtschaftsverwaltungshauptamt oder ein von einem KZ-Häftling handgeschriebenes italienisches Rezeptbuch. Viele Dokumente sind uneindeutig oder unvollständig, andere fehlen offensichtlich.

Die Überlieferung zu diesen Ermittlungen lässt darauf schließen, wie fragmentarisch das Wissen zu den Räumungstransporten war. Den Ermittlern war oft weder bekannt, aus welchen Lagern die Transporte kamen, noch wohin sie führen sollten. Und nur allmählich zeichnete sich ab, was vor Ort geschehen war. Klar wurde hingegen bald, dass sie unzählige Blutspuren durch Deutschland gezogen hatten und dass ihnen offensichtlich Tausende KZ-Häftlinge zum Opfer gefallen waren. Im folgenden Kapitel sollen diese ersten Ermittlungen in den Blick genommen und im Rahmen der US-amerikanischen Ahndung von NS-Verbrechen verortet werden.

1 Bisher sind diese Unterlagen kaum systematisch ausgewertet worden. Für den wertvollen Austausch in der Vor- und Nachbereitung meiner Recherchen in diesem Bestand danke ich Stefan Hördler und Andrea Rudorff, insbesondere jedoch Katrin Greiser, die mir im Vorfeld großzügigerweise Exzerpte der Aufzeichnungen ihrer eigenen Recherchen zu den Todesmärschen von Buchenwald überlassen hat.

2 Vgl. als Verzeichnis lediglich das zeitgenössische „War Crimes Files Decoding Book“, das jedoch laut Auskunft im Jahr 2013 in den National Archives nicht auffindbar war. Eine Kopie befindet sich im United States Holocaust Memorial Museum, Washington D.C.: USHMM, RG-67.031M.

1.1. Das US-amerikanische War Crimes Program

Im Vergleich mit dem gut erforschten internationalen Nürnberger Hauptkriegsverbrecherprozess (*International Military Tribunal*/IMT) haben die US-amerikanischen Militärprozesse sowohl in der Wissenschaft als auch im öffentlichen Bewusstsein lange ein Schattendasein gefristet. Nach dem IMT und infolge der sich zuspitzenden Konflikte zwischen den Siegermächten, die einer weiteren gemeinsamen Strafverfolgung von NS-Tätern im Wege standen, strengten die USA zwei Verfahrenskomplexe an, um nationalsozialistische Gewaltverbrechen zu sühnen: die zwölf Nürnberger Nachfolgeprozesse (*Nuremberg Military Tribunals*/NMT), in denen weitere ranghohe Vertreter wichtiger (NS-)Organisationen vor Gericht standen,[3] sowie die sogenannten Dachauer Kriegsverbrecherprozesse, in denen die größte Anzahl von NS-Tätern von US-Militärgerichten verurteilt wurde.[4] Im Mittelpunkt standen in Dachau neben Verbrechen an abgeschossenen alliierten Flugzeugbesatzungen und weiteren Tatkomplexen die nationalsozialistischen Massenverbrechen in den Konzentrationslagern Dachau, Buchenwald, Flossenbürg, Mauthausen und Mittelbau-Dora sowie den jeweiligen Außenlagern.[5] Einen ersten Überblick über diese „Dachauer Prozesse" lieferte der Historiker Robert Sigel.[6] Zwei aktuelle Dissertationen zur US-amerikanischen Militärjustiz und den Dachauer Prozessen sind bislang nicht als Bücher erschienen.[7] Jedoch liegen

3 Kim C. Priemel/Alexa Stiller (Hrsg.), Reassessing the Nuremberg Military Tribunals. Transitional Justice, Trial Narratives, and Historiography, New York 2012. Deutsche Übersetzung: Kim C. Priemel/Alexa Stiller (Hrsg.), NMT. Die Nürnberger Militärtribunale zwischen Geschichte, Gerechtigkeit und Rechtschöpfung, Hamburg 2013.

4 Für einen konzisen Überblick und eine Einordnung der Dachauer Prozesse vgl. Frank M. Buscher, Bestrafen und Erziehen. „Nürnberg" und das Kriegsverbrecherprogramm der USA, in: Norbert Frei (Hrsg.), Transnationale Vergangenheitspolitik. Der Umgang mit deutschen Kriegsverbrechern in Europa nach dem Zweiten Weltkrieg, Göttingen 2006, S. 94–139, hier insb. S. 113–130.

5 Seit Kurzem sind die Dachauer Prozesse auch online gut dokumentiert. Vgl. die Sammlung der Urteile bei „Justiz und NS-Verbrechen" unter http://www1.jur.uva.nl/junsv/JuNSVEng/DTRR/Dachau%20Trials%20start.htm [11. 8. 2015] sowie die Dokumente in der Jewish Virtual Library: http://www.jewishvirtuallibrary.org/jsource/Holocaust/Dachautrialtoc.html [11. 8. 2015].

6 Robert Sigel, Im Interesse der Gerechtigkeit. Die Dachauer Kriegsverbrecherprozesse 1945–1948, Frankfurt a. M./New York 1992.

7 Wesley Vincent Hilton, The Blackest Canvas: U.S. Army Courts and the Trials of War Criminals in Post-World War II Europe, Texas Tech University, Lubbock, USA, 2003; Elisabeth M. Yavnai, Military Justice: The U.S. Army War Crimes Trials in Germany, 1944–1947, University of London, 2007.

Studien vor, die das justizielle Programm der US-Amerikaner zur Ahndung von Kriegsverbrechen anhand von Beispielen in den Blick nehmen.[8] Maßgeblich für die vorliegende Arbeit ist insbesondere der Abschnitt, den Katrin Greiser in ihrer Studie den US-amerikanischen Ahndungsbemühungen in Bezug auf die Räumung des KZ Buchenwald gewidmet hat.[9] Zuletzt hat Tomaz Jardim exemplarisch den Dachauer Mauthausen-Prozess untersucht.[10]

Grundlage der alliierten Ahndung deutscher Kriegsverbrechen war die Moskauer Deklaration, die die Vereinigten Staaten, Großbritannien und die Sowjetunion im November 1943 unterzeichneten. Darin wurden zwei Wege der Strafverfolgung festgelegt: Einer konzentrierte sich auf die ranghöchsten Nationalsozialisten als Hauptverantwortliche, deren Taten sich keinem konkreten Tatort zuordnen ließen. Dies führte letztlich zu den IMT und NMT nach Nürnberg. Der zweite Pfad sollte in Dachau enden – hierbei ging es um die untergeordneten Kriegsverbrecher, deren Taten sich spezifischer lokalisieren ließen und eigentlich von den Nationen, auf deren Territorium sie begangen worden waren, nach ihrer Rechtsprechung gesühnt werden sollten.[11]

Im Jahr 1944 wurde die Durchführung des *US War Crimes Program* durch die Überantwortung seiner Koordination an die oberste Militärstaatsanwaltschaft (*Judge Advocate General*/JAG) konkretisiert. Verantwortlich für das Sammeln von Beweisen und die Vorbereitung von Prozessen war hingegen mit dem *Theater Judge Advocate* auf dem europäischen Kriegsschauplatz die Army vor Ort.[12] Im Zusammenhang mit massiven Personalproblemen führte dies zu teilweise chaotischen Zuständen. Zwar wurde das gesamte militärische Personal angewiesen, Kriegsverbrechen anzuzeigen, allerdings war es dafür kaum geschult worden, und es gab für die korrekte Form nur unkonkrete Vorgaben.[13] Außerdem waren

8 Holger Lessing, Der erste Dachauer Prozeß (1945/46), Baden-Baden 1993; Martin Gruner, Verurteilt in Dachau. Der Prozess gegen den KZ-Kommandanten Alex Piorkowski vor einem US-Militärgericht, Augsburg 2008; Rudolf Schlaffer, GeRechte Sühne? Das Konzentrationslager Flossenbürg. Möglichkeiten und Grenzen der nationalen und internationalen Strafverfolgung von NS-Verbrechen, Hamburg 2001. Vgl. auch die Beiträge in: Ludwig Eiber/Robert Sigel (Hrsg.), Dachauer Prozesse. NS-Verbrechen vor amerikanischen Militärgerichten in Dachau 1945–1948, Göttingen 2007.

9 Greiser, Todesmärsche, S. 370–450.

10 Tomaz Jardim, The Mauthausen Trial. American Military Justice in Germany, Cambridge/London 2012.

11 Ebenda, S. 14 f.; Lisa Yavnai, U.S. War Crimes Trials in Germany, 1945–1947, in: Patricia Heberer/Jürgen Matthäus (Hrsg.), Atrocities on Trial. Historical Perspectives on the Politics of Prosecuting War Crimes, Lincoln/London 2008, S. 49–71, hier S. 50.

12 Jardim, Mauthausen, S. 17.

13 Ebenda, S. 17 f.

grundlegende juristische Fragen keineswegs geklärt – wie diejenige nach der genauen Definition von Kriegsverbrechen – und grundsätzlich hatten die andauernden Kampfhandlungen eindeutige Priorität.[14] Erst angesichts des Ausmaßes der zu ahndenden NS-Verbrechen, insbesondere der Gewalttaten und Lynchmorde an alliierten Flugzeugbesatzungen sowie des Massakers von Malmédy, sollte das US-Kriegsverbrecherprogramm konsequent zu einem funktionierenden Apparat umgebaut werden. So wurde im Frühjahr 1945 ein koordinierendes *War Crimes Office* eingerichtet, um Indizien zu sammeln und Prozesse vorzubereiteten. Außerdem wurde ein *War Crimes Branch* im Hauptquartier des *European Theater Judge Advocate* installiert. Dieser wiederum stellte für die Beweissicherung im Feld speziell ausgebildete und ausgerüstete *War Crimes Investigation Teams* (WCIT) auf, die den Armeen zugeordnet wurden und Kriegsverbrechen so stichhaltig dokumentieren sollten, dass ihre Sammlungen belastbare Prozessgrundlagen darstellen konnten.[15] Bis zum Ende der Kampfhandlungen waren allerdings nur sieben der geplanten 19 Teams aufgestellt.[16]

Zunächst hatten Verbrechen gegenüber US-amerikanischen Staatsbürgern im Fokus der Ermittlungen gestanden. Als jedoch mit dem Vorrücken der Alliierten in den letzten Kriegswochen und der damit einhergehenden Befreiung der Konzentrationslager die Dimensionen der nationalsozialistischen Massenverbrechen deutlich wurden, rückten diese Tatkomplexe mehr und mehr in den Mittelpunkt. Nun wurde klar, dass eine erweiterte Definition von Kriegsverbrechen notwendig war. Wenngleich der Schwerpunkt noch immer auf Verbrechen an US-Amerikanern lag, sollte es nun auch um Taten gehen, die auf dem Gebiet der amerikanischen Besatzungszone begangen wurden, „irrespective of the nationality of the victims".[17]

Die Geschichte der Ermittlungen zu NS-Kriegsverbrechen stellt sich zunächst wie eine Abfolge von Problemen und Unzulänglichkeiten dar. Vor allem die Sammlung brauchbarer Beweise gestaltete sich kompliziert: Die Zeugen aus alliiertem Militär und *Displaced Persons* (DP) waren bald nach dem Ende der Kampfhandlungen infolge von Truppenverschiebungen und den einsetzenden Repatriierungen kaum noch aufzufinden. Seitens der US-Armee reagierte man auf die Erwartung, dass viele der Zeugen in späteren Prozessen nicht mehr zur Verfügung stehen würden, mit einer Formalisierung der Vernehmungen. Um ihre Aussagen vor Gericht nutzen zu können, sollten Zeugen vereidigt und ihre

14 Greiser, Todesmärsche, S. 371–374.

15 Jardim, Mauthausen, S. 19; Yavnai, U.S. War Crimes Trials, S. 52.

16 Yavnai, Military Justice, S. 93 f.

17 Zitiert nach ebenda, S. 101.

Angaben in Frage-Antwort-Form protokolliert werden.[18] Weiterhin negativ wirkte sich ab Herbst 1945 der immense Personalrückgang innerhalb der Army aus.[19] Zu diesem Zeitpunkt hatte man allerdings den größten Teil der Ermittlungen für die „mass atrocity cases" fertiggestellt und wandte sich wieder stärker den Verbrechen an US-amerikanischen Fliegern zu.

Bei diesen Ermittlungen zur „Fliegerlynchjustiz"[20] zeigen sich strukturelle Parallelen zu den Untersuchungen von Todesmarschverbrechen: Die Taten waren inmitten der Bevölkerung und mit deren Beteiligung begangen worden; Monate danach waren die deutschen Zeugen und Tatverdächtigen noch immer vor Ort greifbar. Dennoch gestalteten sich die Ermittlungen schwierig, da die Deutschen wenig Kooperationsbereitschaft an den Tag legten.[21]

Insgesamt sammelten die US-Ermittler Beweise in mindestens 3887 Fällen von Kriegsverbrechen. Allerdings endeten nur 858 mit einem Gerichtsverfahren. Der größte Teil von fast 78 % (3029 Fälle) wurde vor dem Prozess geschlossen.[22] Von diesen *Cases not tried* beschäftigte sich nur ein sehr kleiner Teil explizit mit Verbrechen im Zusammenhang mit den Todesmärschen und Räumungstransporten aus Konzentrationslagern.

Die empirische Basis der folgenden Ausführungen sind die 44 Akten in den „Cases not tried", die sich eindeutig auf Verbrechen während der Räumungstransporte aus Konzentrationslagern beziehen. Im Rahmen dieser Arbeit, in der die ersten Untersuchungen inmitten der Ortschaften im Mittelpunkt stehen, konnten die Akten, die zu einzelnen Konzentrations- bzw. Außenlagern angelegt wurden,[23] sowie die Unterlagen zu den Hunderten in Dachau verhandelten

18 US Army Theater Judge Advocate's Office, War Crimes Branch, European Theater of Operations, Suggestions to Investigators of War Crimes, 18. 4. 1945, Faksimile als Appendix XV in: Report of the Deputy Judge Advocate for War Crimes, European Command, June 1944 to July 1948, o. O., o. D., S.141–149.

19 Report of the Deputy Judge Advocate for War Crimes, European Command, June 1944 to July 1948, o. O., o. D., S. 36 f.

20 Hoffmann, Fliegerlynchjustiz, S. 366–370.

21 Yavnai, Military Justice, S. 104.

22 Yavnai, U.S. War Crimes Trials, S. 52–55.

23 Diese erhielten eine eigene Nummerierung (000-50-[Fallnummer] oder 000-[Name des Lagers]-[Fallnummer]). Die hier untersuchten Akten wurden mit einer Nummerierung aus dem Bereich 12-[Fallnummer] bzw. 000-12-[Fallnummer] versehen. Dabei verweist die Nummer 12 auf Deutschland als Tatort. Die wenigen 12-er Nummern darunter sind Fälle, in denen alliierte Soldaten unter den Opfern vermutet wurden, die 000-12-er Serie bezieht sich auf „mass atrocity cases", also vor allem Verbrechen an Zivilisten der Vereinten Nationen, insbesondere KZ-Häftlingen sowie ausländischen Zwangsarbeiterinnen und Zwangsarbeitern. Zudem wurde zumeist eine Fallbezeichnung vergeben, die sich ent-

„Cases tried" nicht einbezogen werden – wenngleich die Todesmärsche auch dabei eine Rolle spielten.[24]

Die Tatorte, zu denen ermittelt wurde – was nicht bedeuten musste, dass auch *in* diesen Orten Untersuchungen stattfanden – verteilten sich insbesondere über den Süden und Osten Deutschlands, einzelne Fälle bezogen sich auch auf in Tschechien und Polen begangene Verbrechen.[25] Häufig wurden Ermittlungen in Regionen begonnen, die von der US-Army besetzt worden waren, jedoch später zur Sowjetischen Besatzungszone gehörten, wie Teile von Sachsen und Sachsen-Anhalt. Der größte Teil der Untersuchungen zu Todesmärschen durch US-amerikanische Einheiten wurde in Bayern aufgenommen. Dort hatte sich einerseits mit den Todesmärschen von Buchenwald, Flossenbürg und Dachau eine Schwerpunktregion der Räumungstransporte befunden. Andererseits war durch die andauernde Besatzungsherrschaft der Amerikaner dort eine größere Kontinuität als in anderen Regionen gegeben, die es US-Einheiten ermöglichte, auch nach dem 1. Juli 1945 zu ermitteln.

1.2. Die Ermittler und ihr Vorgehen

Bisher gibt es kaum Forschungen zu den *War Crimes Investigation Teams* oder anderen Einheiten, die als Erste mit der Aufklärung von NS-Verbrechen betraut waren. Auch über ihre konkrete Arbeitsweise ist wenig bekannt.[26] In dieser Hinsicht können die hier zugrundeliegenden Unterlagen erste Einblicke liefern, jedoch keine systematische und übergreifende Untersuchung ersetzen.

weder aus dem Namen des Tatorts (angezeigt durch ein eingeklammertes P für Place), eines Beschuldigten (A für Accused) oder eines Opfers (V für Victim) ableitete. Etliche Akten erhielten eine Nummerierung nach dem Schema 66-[Fallnummer]. Bisher konnte ich nicht eindeutig klären, welche Fälle auf diese Weise verzeichnet wurden. Laut einer überlieferten Liste handelte es sich um Fälle, in denen die Opfer verschiedenen Nationen angehört hatten, was jedoch ebenso auf anders nummerierte Vorgänge zutrifft. Deputy Theater Judge Advocate's Office, War Crimes Branch, USFET an Commanding General, USFET, o. D., NARA, RG 549, „Cases not tried", Box 492, 000-12-480, unpag. Vgl. zur Nummerierung der Fälle das War Crimes Decoding Book, USHMM, RG-67.031M, sowie „Correlation and Recording System" als Appendix XII in: Report of the Deputy Judge Advocate for War Crimes, European Command, June 1944 to July 1948, o. D., S. 126–134.

24 Zu den Todesmärschen in den Dachauer Prozessen siehe unten.

25 In den 44 Fällen konnten folgende Tatorte lokalisiert werden: 17 in Bayern, elf in Sachsen-Anhalt, vier in Sachsen, jeweils zwei in Niedersachsen und Baden-Württemberg, einer in Thüringen, drei in Tschechien und einer in Polen. In den restlichen Fällen konnten die Tatorte nicht genau ermittelt werden.

26 Zu den War Crimes Investigators in Mauthausen vgl. Jardim, Mauthausen, S. 62–86.

In Bezug auf die Personen der Ermittler enthalten die Akten kaum Informationen. Allerdings lässt sich anhand der standardisierten Erklärungen der Dolmetscher und Übersetzer feststellen, dass die meisten von ihnen Emigranten aus Deutschland oder Österreich waren, die nun mit der US-Armee nach Europa zurückkehrten.[27] Ein Beispiel ist Walter Fried, der 1913 in Wien zur Welt gekommen und 1938 in die USA emigriert war, wo er 1943 nach der Einberufung zur Army die US-amerikanische Staatsbürgerschaft bekam.[28] In der Nähe von Regensburg entdeckte seine Einheit Gräber von Todesmarschopfern und veranlasste ein ordentliches Begräbnis. Walter Fried fotografierte die Zeremonie und nahm jüdische Gebetsriemen, die er bei einem der Opfer gefunden hatte, an sich.[29] Nachdem er für das *Counterintelligence Corps* (CIC) als Übersetzer gearbeitet hatte, kam er im Juni 1945 zum *War Crimes Investigation Team* Nr. 6824 in Regensburg, wo er erneut mit der Aufklärung von Verbrechen auf den Todesmärschen zu tun hatte.[30]

Wie bei Walter Frieds erstem Kontakt mit Opfern der Todesmärsche nahmen oftmals nicht die speziell ausgebildeten *War Crimes Investigation Teams* die ersten Ermittlungen zu den Todesmarschverbrechen auf, sondern andere Militäreinheiten.[31] So war es in Mitteldeutschland meist reguläres Personal des VII. US-Corps[32] und in Bayern aus der 3rd US-Army, die als erste untersuchende Ein-

27 Erklärung von Herman Gruen, 28. 8. 1945, NARA, RG 549, „Cases not tried", Box 471, 000-12-189, unpag.; Erklärung von Edward J. Frosh, 18. 8. 1945, NARA, RG 549, „Cases not tried", Box 498, 000-12-561, unpag.; Testimony of S/Sgt. Harry Weiss, 25. 7. 1945, NARA, RG 549, „Cases not tried", Box 493, 000-12-487, unpag.; Testimony of T/Sgt Frank Gartner, 4. 10. 1945, NARA, RG 549, „Cases not tried", Box 398, 66-382, unpag.; Testimony of Sgt Otto L. Stein, 3. 10. 1945, NARA, RG 549, „Cases not tried", Box 396, 66-326, unpag. Vgl. hierzu auch Yavnai, Military Justice, S. 107.

28 Testimony of Tec 5 Walter Fried, 21. 9. 1945, NARA, RG 549, „Cases not tried", Box 396, 66-326, unpag.

29 Vgl. die Beschreibung zu den Objekten im USHMM, 1988.118.1 g-l, online unter http://collections.ushmm.org/search/catalog/irn205 [3. 5. 2016].

30 NARA, RG 549, „Cases not tried", Box 399, 66-425.

31 Dahingehend sind die Ergebnisse von Katrin Greiser zu den frühen US-Ermittlungen zu differenzieren. Sie schrieb alle Untersuchungen den WCITs zu. Vgl. Greiser, Todesmärsche, S. 376–384, 450.

32 So auch in Clausthal-Zellerfeld (NARA, RG 549, „Cases not tried", Box 132, 12-1054), Strenznaundorf (NARA, RG 549, Cases not tried", Box 461, 000-12-38), Ermsleben (NARA, RG 549, „Cases not tried", Box 471, 000-12-191), Hoym (NARA, RG 549, „Cases not tried", Box 488, 000-12-424), Endorf (NARA, RG 549, „Cases not tried", Box 492, 000-12-480) und Walkenried (NARA, RG 549, „Cases not tried", Box 497, 000-12-538). Vgl. auch Greiser, Todesmärsche, S. 384. Angaben zu den Einheiten des VII. US-Corps finden sich in: Mission accomplished. The Story of the Campaigns if the VII Corps United States Army in the War against Germany 1944–1945, Leipzig 1945, S. 76–80.

heiten angegeben wurden.[33] Nur in 13 Fällen waren vier der eigens aufgestellten *War Crimes Investigation Teams* überhaupt beteiligt. Dabei trat Walter Frieds WCIT Nr. 6824 besonders häufig in Erscheinung (sechs Fälle), gefolgt vom WCIT Nr. 6833 (vier Fälle). Die übrigen beiden Teams waren jeweils in einer bzw. zwei Untersuchungen eingesetzt.[34]

Ab Sommer 1945 war Frieds WCIT zu Tatorten in Niederbayern und der Oberpfalz aktiv. Zu Schmidmühlen nahm das Team im August 1945 die Ermittlungen auf, nachdem befreite Häftlinge Ende Juli einen ehemaligen Funktionshäftling bei der Militärpolizei angezeigt hatten.[35] Im September und Oktober fanden dann Untersuchungen zu Todesmarschverbrechen in Dörfern bei Kelheim,[36] in Plattling, Stallwang[37] und Aicha vorm Wald[38] statt. Die Dokumente belegen, dass das WCIT dabei nicht vor Ort ermittelte, sondern auf Unterlagen und Vernehmungen deutscher Behörden zurückgriff, die vom eigenen Personal übersetzt wurden. Einheimische waren wichtige Zeugen, die über Täter und Zuschauer aus der eigenen Nachbarschaft berichteten. So beschuldigte der Plattlinger Totengräber schriftlich mehrere Nachbarn, über ermordete Häftlinge gelacht zu haben.[39]

Interessanterweise ermittelte zu diesem Tatort auch WCIT 6833. Nur einen Tag nach der Niederschrift des Totengräbers wurde er von diesem Team vernommen, wobei er zwar über Exhumierungen toter Häftlinge aussagte, jedoch keinerlei Angaben zu dem zuvor von ihm notierten Sachverhalt machte.[40] Offenbar ermittelten die Teams hier parallel, obwohl es sinnvoller gewesen wäre, beide Akten zusammenzufassen und den Fall von einer Einheit untersuchen zu lassen.

33 So in Helmbrechts (NARA, RG 549, „Cases not tried", Box 470, 000-12-170), Nammering (NARA, RG 549, „Cases not tried", Box 479, 000-12-273), Poing (NARA, RG 549, „Cases not tried", Box 398, 66-395), Klardorf (NARA, RG 549, „Cases not tried", Box 408, 66-728) sowie im Kreis Kelheim (NARA, RG 549, „Cases not tried", Box 411, 66-836).

34 In einem Fall war zumindest ein Übersetzer des WCIT 6827 beteiligt: NARA, RG 549, „Cases not tried", Box 498, 000-12-561. Zwei Fälle mit Bezug zu den Todesmärschen untersuchte WCIT 6828: NARA, RG 549, „Cases not tried", Box 172, 12-1920; NARA, RG 549, „Cases not tried", Box 388, 66-130.

35 Statement [fünf ehemaliger KZ-Häftlinge], 524th Military Police Battalion, US Army, 29. 7. 1945, NARA, RG 549, „Cases not tried", Box 388, 66-133.

36 NARA, RG 549, „Cases not tried", Box 411, 66-836.

37 NARA, RG 549, „Cases not tried", Box 403, 66-569.

38 NARA, RG 549, „Cases not tried", Box 399, 66-425.

39 Schreiben von Jup Bergmeier, 5. 7. 1945, NARA, RG 549, „Cases not tried", Box 396, 66-326, unpag.

40 Perpetuation of testimony of Jakob Bergmeier, WCIT 6833, 6. 7. 1945, NARA, RG 549, „Cases not tried", Box 492, 000-12-475, unpag.

Im Gegensatz zu Frieds Einheit führte WCIT 6833 eigene Untersuchungen und Vernehmungen am Tatort durch, was sich auch für weitere Fälle in Ober- und Niederbayern zeigt. Allerdings gab es Unterschiede in der Aktenführung. So wurden die ersten Ermittlungen in Plattling und Seyboldsdorf[41] geradezu vorbildlich durchgeführt und dokumentiert. Man benutzte standardisierte Formulare für die beeideten Aussagen der Einheimischen, die in Frage und Antwort protokolliert wurden. Die konkreten, gezielten und systematischen Fragen der Ermittler lassen eine gründliche Vorbereitung der Verhöre vermuten. Die Untersuchungsergebnisse wurden durch Fotos und Skizzen von Exhumierungen und Tatorten untermauert. Zusätzlich zu den Ermittlungen am Tatort fanden Zeugenvernehmungen im US-amerikanischen Internierungslager Nr. 6 in Moosburg statt.

Spätere Untersuchungen führte dieses WCIT weniger akribisch durch. Nun wurden die Vernehmungen nicht mehr als dialogische Frage-Antwort-Protokolle aufgenommen, sondern von den Zeugen handschriftlich notiert und im Nachhinein übersetzt. Außerdem wurden keine Fotos mehr gemacht, Skizzen angefertigt oder zusätzliche Dokumente gesammelt. Auch die abschließenden Kommentare waren vage gehalten und beschränkten sich auf die Empfehlung, weitere Zeugen zu vernehmen.[42] Die große Heterogenität der Unterlagen, selbst innerhalb der Aktenführung einzelner Einheiten, verweist auf den explorativen und improvisierten Charakter der ersten Untersuchungen zu den Todesmärschen.

Nur aus einigen Akten lässt sich rekonstruieren, wie es überhaupt zu den Ermittlungen kam. Das früheste Dokument datiert auf den 15. April 1945, als im gerade von der US-Armee besetzten thüringischen Nordhausen der SS-Mann Johannes Volk vernommen wurde. Einen Tag zuvor und direkt nach einem Massaker an KZ-Häftlingen war der Wachmann aus dem Buchenwalder Außenlager Plömnitz in der Nähe von Dessau festgenommen worden.[43] US-Soldaten waren auf die Häftlingskolonne gestoßen und hatten daraufhin Untersuchungen zu den begangenen Verbrechen aufgenommen.

41 NARA, RG 549, „Cases not tried", Box 493, 000-12-487.

42 War Crimes Investigation Team #6833, Third U.S. Army (J.A. Sec.) an Commanding General, Third U.S. Army, Report of Investigation of Alleged War Crime, 4. 8. 1945, NARA, RG 549, „Cases not tried", Box 494, 000-12-500; War Crimes Investigation Team #6833, Third U.S. Army (J.A. Sec.) an Commanding General, Third U.S. Army, Report of Investigation of Alleged War Crime, 25. 8. 1945, NARA, RG 549, „Cases not tried", Box 500, 000-12-583.

43 Affidavit of Johannes Volk, HQ VII Corps, 15. 4. 1945, NARA, RG 549, „Cases not tried", Box 478, 000-12-269, unpag.

In anderen Fällen hatten sie Leichen von KZ-Häftlingen gefunden.[44] Zum Teil wurden Opfer der Todesmärsche auch von Einheiten entdeckt, die eigentlich andere Taten untersuchten,[45] aber anstatt auf die vermuteten Leichen alliierter Soldaten auf ermordete KZ-Häftlinge stießen.[46] Gelegentlich machten befreite ausländische Zwangsarbeiter die US-Soldaten auf tote Häftlinge in den Ortschaften aufmerksam.[47]

Die Unterlagen enthalten hingegen keinen Fall, aus dem eindeutig hervorgeht, dass Angehörige der deutschen lokalen Bevölkerung aus eigener Initiative die US-Armee vor Ort über tote Häftlinge oder Todesmarschverbrechen informiert hätten. Zwar wurden in Einzelfällen Akten aufgrund der Hinweise von Deutschen angelegt, allerdings gingen diese später und von außerhalb ein.

In einem dieser Fälle hatte im August 1945 ein ehemaliger Polizist den früheren Ortsgruppenleiter im sächsischen Rehefeld bei der US-Armee in Amberg (Bayern) angezeigt. Die Orte von Tat und Anzeige waren allerdings mittlerweile durch die Zonengrenze voneinander getrennt, was die Möglichkeiten der Ahndung stark einschränkte.[48]

Hinweise aus der deutschen Bevölkerung erreichten die US-Ermittler auch über Dritte. In einem Fall hatte das Central Tracing Bureau der UNRRA 1946 einen Brief an die US-Ermittler weitergeleitet. Darin hatte eine Frau aus Leipzig geschildert, wie sie in Langendembach (Thüringen) zur Zeugin eines Mordes durch einen Bauern geworden war.[49]

Gelegentlich sagten nicht nur befreite alliierte Kriegsgefangene,[50] sondern auch deutsche Soldaten in amerikanischer Kriegsgefangenschaft über Todesmarschverbrechen aus.[51] So gab der ehemalige Bürgermeister des bayerischen

44 Statement of Clifford E. Simmons, Third US Army, 18. 5. 1945, NARA, RG 549, „Cases not tried“, Box 479, 000-12-273, unpag. Vgl. dazu auch Greiser, Todesmärsche, S. 293.

45 Headquarters 3rd US Army an Deputy Theater Judge Advocate, War Crimes Branch, Report of War Crime, 7. 1. 1946, NARA, RG 549, „Cases not tried“, Box 411, 66-836, unpag.

46 Sworn Statement of Pvt. John Gayer, HQ VII Corps, 30. 4. 1945, NARA, RG 549, „Cases not tried“, Box 461, 000-12-38, unpag. Vgl. dazu auch Greiser, Todesmärsche, S. 381.

47 Statement of Captain J. Kenneth Fanning, HQ 7th Army, o. D. [1945], NARA, RG 549, „Cases not tried“, Box 487, 000-12-418, unpag.

48 Vernehmung von Willy Rein, WCIT 6828, 30. 8. 1945, NARA, RG 549, „Cases not tried“, Box 172, 12-1920, unpag., und Box 388, 66-130, unpag.

49 Clara Lüttig an Zentrale der Vermisstensuchstelle der UNRRA, 7. 7. 1946, NARA, RG 549, „Cases not tried“, Box 433, 66-1662, unpag.

50 NARA, RG 549, „Cases not tried“, Box 206, 12-2451; NARA, RG 549, „Cases not tried“, Box 465, 000-12-102; NARA, RG 549, „Cases not tried“, Box 486, 000-12-398.

51 [Vorname unleserlich] Hielscher, Prisoner of War Interrogation Report, 1st US Army, 27. 4. 1945, NARA, RG 549, „Cases not tried“, Box 489, 000-12-436, unpag.

Oberschefflenz als Kriegsgefangener an, dass auf seinem Hof KZ-Häftlinge einquartiert worden waren: „Im Nachbargehöft ist einer gestorben, ohne daß der Transportführer sich darum gekümmert hat. Ich kann es mit meinem Gewissen nicht verantworten, daß diese Tatsache verschwiegen bleibt und bitte darum hierwegen um baldige Vernehmung."[52]

Auf lokaler Ebene fand ein Informationsaustausch zwischen deutschen Behörden und den US-amerikanischen Ermittlern statt, der auch zur Aufnahme von Untersuchungen durch die Besatzungsmacht führte.[53] So gab der Gendarmerieposten Fürstenstein (Bayern) im Juli 1945 bei der amerikanischen Militärbehörde die ihm „vertraulich" mitgeteilte Information weiter, dass im nahe gelegenen Weferting ein KZ-Häftling von Einheimischen ermordet worden war, und fügte Vernehmungsprotokolle an.[54] Daraufhin nahm ein WCIT die Ermittlungen auf und befragte weitere Einheimische, wobei sich herausstellte, dass eine größere Zahl von Ortseinwohnern in die Tat involviert gewesen war.[55]

1.3. Zeugen und Täter

Wichtige Zeugen waren überlebende KZ-Häftlinge, die sich in den Ortschaften aufhielten, in denen sie befreit worden waren. Zum Teil kämpften sie während der Ermittlungen noch um das eigene Leben, wie aus der Aussage von Aleks Kolka ersichtlich wird, der einen Todesmarsch aus dem Buchenwalder Außenlagerkomplex Ohrdruf (Crawinkel) nach Helmbrechts in Bayern überlebt hatte. Kolka war nach eigenen Angaben „zu krank vor Hunger […], um zu schreiben", und musste deswegen seine Aussage den US-Soldaten diktieren. Er gab an, dass Einheimische ihn in die Ortschaft gebracht hatten, nachdem er auf dem Marsch zusammengebrochen und zurückgelassen worden war.[56]

52 Emil Frey, Gesuch um baldige Vernehmung, Internment Camp 75, 29. 9. 1945, NARA, RG 549, „Cases not tried", Box 407, 66-709, unpag.

53 Landpolizei des Regierungsbezirkes Niederbayern-Oberpfalz, Politische Abteilung, Regensburg an Military Government, Public Safety Officer, Regensburg, Concerning: Planed murder or attempted murder, carried out by the blacksmith Scherrer, Johann of Stallwang/Military Government Bogen/Ndb., 7. 11. 1945, NARA, RG 549, „Cases not tried", Box 403, 66-569, unpag.

54 Gendarmerieposten Fürstenstein an die amerikanische Militärbehörde in Passau, Betrifft: Erschießung eines KZ-Gefangenen, 8. 7. 1945 (Abschrift), NARA, RG 549, „Cases not tried", Box 399, 66-425, unpag.

55 Vernehmung von Franz Sattler, WCIT 6824, 11. 7. 1945, ebenda.

56 Sworn statement of Aleks Kolka, 3rd US Army, 23. 4. 1945, NARA, RG 549, „Cases not tried", Box 470, 000-12-170, unpag.

Nicht alle Überlebenden machten positive Aussagen über die lokale Bevölkerung. Mehrere Überlebende des Massakers von Poing beschuldigten den Bürgermeister, die SS unterstützt zu haben, und forderten die US-Armee auf, ihn ins DP-Camp Feldafing zu bringen, um ihn dort zu bestrafen.[57] In anderen Fällen wurden die Überlebenden selbst tätig, um Täter zur Rechenschaft zu ziehen:[58] Ein ehemaliger Gefangener traf einen Tag nach seiner Befreiung vom Todesmarsch einen früheren Funktionshäftling auf der Straße und ließ ihn sofort durch die Militärpolizei festnehmen.[59] Mehrere Überlebende der Evakuierung des Außenlagers Sonneberg wurden mit einem Dokument ausgestattet, das bestätigte, dass sie „mit der Verfolgung und der Festnahme von Kriegsverbrechern seitens der US Armee beauftragt worden" sind.[60] Tatsächlich gelang es einem von ihnen, mehrere Angehörige des Wachpersonals, darunter den Kommandoführer Hans Neubing, festzunehmen.[61]

Eine weitere wichtige Informationsquelle für die Beweissicherung war die einheimische Bevölkerung. In der Hälfte der hier untersuchten Fälle wurden Angehörige der lokalen Einwohnerschaft befragt bzw. schriftliche Aussagen von ihnen gesammelt. Unter diesen insgesamt mehr als 80 einheimischen Zeugen wurden insbesondere die jeweiligen Bürgermeister über die Geschehnisse in ihrem Ort vernommen. Zum Teil handelte es sich um neu eingesetzte Amtsträger, wie in Klardorf in der Oberpfalz. Der 49-jährige Arbeiter und Bürgermeister Max Schuirer sagte aus, er habe mit seinem Sohn vor Kriegsende im benachbarten Schwandorf mehrere sterbende Häftlinge gesehen, jedoch entschieden: „Diesen armen Menschen ist nicht mehr zu helfen. Wir begaben uns nach Hause, denn würde die im Walde liegende SS eine Hilfeleistung gegenüber den K.Z. Häftlingen bemerkt haben, es wäre uns genauso ergangen wie den K.Z. Häftlingen."[62]

Zu derartigen Rechtfertigungen fühlten sich diejenigen Bürgermeister, die vor Kriegsende im Amt gewesen waren, besonders genötigt. Sie waren zum Teil

57 Erklärung von neun ehemaligen Häftlingen, Displaced Persons Camp Feldafing, 16. 6. 1945, NARA, RG 549, „Cases not tried", Box 398, 66-395, unpag.

58 So z. B. in Straubing. Detachment H3D3, Company B, Third ECA Regiment, War Diary, 16. 7. 1945, BayHStAM, OMGUS, CO 454/4.

59 Sworn Statement of Srulek Sznirmacher, WCIT 6824, 24. 8. 1945, NARA, RG 549, „Cases not tried", Box 388, 66-133, unpag.

60 Military Government I1 H3, Oelsnitz i/V, 26. 6. 1945, BArch, B 162/3759, Bl. 6.

61 Schreiben von Ben Steinlauf, New York, 22. 12. [Jahr unles.], ebenda, Bl. 3 f. Für den Hinweis auf diese Unterlagen danke ich Andrea Rudorff.

62 Vernehmung von Max Schuirer, HQ 3rd US Army, 31. 5. 1945, NARA, RG 549, „Cases not tried", Box 408, 66-728, unpag.

direkt in das Geschehen eingebunden gewesen, etwa durch die Mobilisierung des lokalen Volkssturms vor Eintreffen der Kolonnen[63] oder die Beteiligung an der Bestattung von Opfern.[64] Umso vehementer betonten sie den positiven Einfluss, den sie tatsächlich oder vermeintlich ausgeübt hatten. So hob der Bürgermeister von Lauter hervor, dass er einem Überlebenden des Massakers in einem nahe gelegenen Wald Erste Hilfe geleistet und ihn in ein Krankenhaus bringen lassen habe.[65] Der Bürgermeister von Nammering, wo mehrere Hundert Todesopfer eines KZ-Zugtransports aus Buchenwald verscharrt und verbrannt worden waren,[66] verwies auf seine eigenen Hilfsversuche sowie die seiner Nachbarn: „Hätte das Volk nicht eingegriffen, so wären alle verhungert."[67] Zugleich musste gegebenenfalls erläutert werden, wieso man selbst nicht aktiv die Aufklärung der im Ort begangenen Verbrechen unterstützt hatte. Der abgesetzte Bürgermeister von Hoym in Sachsen-Anhalt etwa erklärte, er habe es „aus Unwissenheit unterlassen, der durchmarschierenden amerikanischen Truppe sofort Mitteilung von den Mordtaten zu machen".[68] Aber nicht nur für die Ermittler, auch für andere Einheimische hatten die Bürgermeister wichtige Funktionen während der Untersuchungen. Sie konnten beispielsweise vertrauenswürdige Leumundszeugnisse für Gemeindeangehörige, die ins Visier der US-Ermittler geraten waren, ausstellen.[69]

Die Zeuginnen und Zeugen aus der Einwohnerschaft waren ebenfalls bemüht, ihre eigene Distanz zu den Verbrechen zum Ausdruck zu bringen. Sie verwiesen etwa darauf, dass „in der Bevölkerung mit Entrüstung darüber gesprochen [wurde], dass solche [Misshandlungen] vorgekommen sein sollen".[70] Ein

63 Sworn Statement of Mayor Hermann Lorenz, HQ VII Corps, 26. 4. 1945, NARA, RG 549, „Cases not tried", Box 461, 000-12-38, unpag.

64 Sworn Statement of Josef Reidl, HQ 3rd US Army, 11. 6. 1945, NARA, RG 549, „Cases not tried", Box 411, 66-836, unpag.

65 Sworn Statement of Joseph Schmid, HQ 7th US Army, 10. 6. 1945, NARA, RG 549, „Cases not tried", Box 475, 000-12-244, unpag. Dies wurde auch von dem Überlebenden bestätigt. Vgl. Sworn Statement of Leo Neuman, HQ 7th US Army, 8. 6. 1945, NARA, RG 549, „Cases not tried", Box 475, 000-12-244, unpag.

66 Vgl. Greiser, Todesmärsche, S. 502 f.

67 Aussage von Alois Bauer, 3rd US Army, 21. 5. 1945, NARA, RG 549, „Cases not tried", Box 479, 000-12-273, unpag.

68 Eidesstattliche Vernehmung von Paul Reuss, Bürgermeister der Stadt Hoym, 27. 4. 1945, NARA, RG 549, „Cases not tried", Box 488, 000-12-424, unpag.

69 Der Bürgermeister der Gemeinde Aicha v. W., Gemeindeamtliche Bestätigung, 28. 1. 1946, NARA, RG 549, „Cases not tried", Box 399, 66-425, unpag.

70 Erklärung von Frieda Schröder, 3rd US Army, 22. 5. 1945, NARA, RG 549, „Cases not tried", Box 479, 000-12-273, unpag.

anderer Augenzeuge beteuerte: „Die Leute von Helmbrechts waren ganz empört über die Gräueltaten. Frau[en] und Männer weinten über die Untaten."[71] Diese ostentative Ablehnung erschien gerade deswegen notwendig, weil die Aussagen deutlich machten, wie nah die Einheimischen den Verbrechen gekommen waren. Sie waren bei der Beseitigung der Toten geholfen,[72] hatten Misshandlungen und Morde gesehen[73] und sich teilweise daran beteiligt.

In zehn Untersuchungen wurde gegen Angehörige der lokalen Bevölkerung als Tatverdächtige ermittelt. Dies konnten einfache Einwohner sein, denen vorgeworfen wurde, Häftlinge umgebracht zu haben,[74] wie im bayerischen Aicha vorm Wald, wo mehrere Männer an der Ermordung eines Häftlings, der in das Haus eines Einwohners eingedrungen sein sollte, beteiligt gewesen waren. Drei von ihnen wurden daraufhin verhaftet.[75] Ermittelt wurde jedoch auch gegen ehemalige lokale Funktionsträger wie Polizisten,[76] Bürgermeister[77] oder NSDAP-Ortsgruppenleiter.[78]

In vier Untersuchungen wurden ortsfremde Angehörige der Wehrmacht bzw. Luftwaffe als Tatverdächtige aufgeführt,[79] und in einer ermittelte man gegen Justizangestellte, die einen Transport aus dem Außenlager Blechhammer des KZ Auschwitz bewacht und Häftlinge ermordet hatten.[80] In einem Fall war der

71 Statement of Andreas Will, 3rd US Army, 23. 4. 1945, NARA, RG 549, „Cases not tried", Box 470, 000-12-170, unpag.

72 So z. B. Statement of Josef Dichtl, 3rd US Army, 22. 3. 1945, NARA, RG 549, „Cases not tried", Box 479, 000-12-273, unpag.; Perpetuation of testimony of Franz Xaver Eingartner, WCIT 6833, 19. 7. 1945, NARA, RG 549, „Cases not tried", Box 493, 000-12-487, unpag.

73 So z. B. Statement of Heinrich Klössinger, 3rd US Army, 25. 5. 1945, NARA, RG 549, „Cases not tried", Box 479, 000-12-273, unpag.; Statement of Helena Pfahler, 3rd US Army, 13. 6. 1945, NARA, RG 549, „Cases not tried", Box 411, 66-836, unpag.

74 NARA, RG 549, „Cases not tried", Box 403, 66-569; NARA, RG 549, „Cases not tried", Box 461, 000-12-38; NARA, RG 549, „Cases not tried", Box 487, 000-12-418; NARA, RG 549, „Cases not tried", Box 497, 000-12-538.

75 NARA, RG 549, „Cases not tried", Box 399, 66-425.

76 NARA, RG 549, „Cases not tried", Box 471, 000-12-189.

77 NARA, RG 549, „Cases not tried", Box 398, 66-395.

78 NARA, RG 549, „Cases not tried", Box 388, 66-130.

79 NARA, RG 549, „Cases not tried", Box 398, 66-384; NARA, RG 549, „Cases not tried", Box 485, 000-12-373; NARA, RG 549, „Cases not tried", Box 492, 000-12-480; NARA, RG 549, „Cases not tried", Box 500, 000-12-583.

80 NARA, RG 549, „Cases not tried", Box 495, 000-12-512. In diesem Fall ist nicht eindeutig klar, ob es sich um Transporte aus dem KZ-System oder um Justizgefangene gehandelt hatte. Ich danke Andrea Rudorff dahingehend für ihre kritischen Anmerkungen. Da sowohl Täter als auch Opfer vom „Konzentrationslager Blechhammer" sprachen, habe ich mich entschieden, den Fall in das Sample aufzunehmen.

Beschuldigte ein ehemaliger Funktionshäftling. Nach Aussage ehemaliger Mitgefangener hatte der Mann auf dem Todesmarsch aus dem Flossenbürger Außenlager Hersbruck nicht nur Misshandlungen begangen, sondern auch die ihm möglichen Kontakte zur Zivilbevölkerung missbraucht. So habe er Nahrungsmittel, die er in Schmidmühlen in der Oberpfalz vom Bürgermeister für die Gefangenen bekommen habe, an Zivilisten verkauft sowie Geld, das bei der Einwohnerschaft für die Häftlinge gesammelt worden war, unterschlagen.[81]

In den meisten Fällen richteten sich die Ahndungsbemühungen allerdings gegen Angehörige der SS.[82] Dabei war die Zuordnung der gesuchten Einheiten mitunter schwierig, insbesondere wenn es sich bei den mutmaßlichen Tätern nicht um Wachmänner des jeweiligen Lagers handelte, aus dem der Transport gekommen war, sondern um Angehörige anderer Einheiten. Ausschlaggebend waren nicht nur vorhandene Indizien, sondern auch Prädispositionen über infrage kommende Tätergruppen. Obwohl beispielsweise in Hoym keiner der Einheimischen die SS als mögliche Täter angesprochen hatte und Dokumente sichergestellt worden waren, die deutlich auf die Wehrmacht verwiesen, suchte die US-Army die Beschuldigten als „SS-Paratroopers".[83]

Ging es um Bewacher der Marschkolonnen aus den Lagern, gestaltete sich die Identifikation etwas einfacher. Etliche der gesuchten SS-Männer waren bereits identifiziert – meist durch die Aussagen überlebender Häftlinge, denen die Namen ihrer Peiniger aus der Zeit in den Lagern vertraut waren.[84] In Einzelfällen konnten deutsche Zivilisten die Namen von beteiligten SS-Leuten nennen. So waren Bürgermeistern die Namen von Transportführern oder Wachmännern, die mit ihnen Absprachen getroffen hatten, bekannt,[85] aber auch andere Einwohnerinnen und Einwohner hatten näheren Kontakt mit Angehörigen der Wachmannschaft gehabt. Eine Frau berichtete, dass Hans Merbach,

81 Statement [fünf ehemaliger KZ-Häftlinge], 524th Military Police Battalion, US Army, 29. 7. 1945, NARA, RG 549, „Cases not tried", Box 388, 66-133.

82 Dies war in 13 der 44 untersuchten Akten der Fall.

83 War Crimes Branch, Summary Worksheet, 6. 8. 1945, NARA, RG 549, „Cases not tried", Box 488, 000-12-424, unpag.

84 Vgl. z. B. Statement No. 10, Josef Szczesnik, Polish Army, o. D. [1945], NARA, RG 549, „Cases not tried", Box 472, 000-12-199, unpag.; Aussage von Otto Unfricht, WCIT 6833, 31. 7. 1945, NARA, RG 549, „Cases not tried", Box 494, 000-12-500, unpag.

85 Affidavit of Hans Wieland, JAG Section, War Crimes Branch, VI Corps Detachment, US Army, 20. 4. 1945, NARA, RG 549, „Cases not tried", Box 468, 000-12-141, unpag.; 7th Army, War Crimes Branch, JAG Section an Chief, War Crimes Branch, 7th Army, Report of Information of Alleged War Crime, 25. 10. 1945, NARA, RG 549, „Cases not tried", Box 407, 66-709, unpag.

der Transportführer eines zu trauriger Berühmtheit gelangten Zugtransports aus Buchenwald,[86] während des Aufenthalts in Nammering oft in ihr Gasthaus gekommen sei, „um Kaffee zu trinken und sich zu rasieren". Dabei hatte sie auch einiges aus dessen Privatleben in Erfahrung bringen können. Die Zeugin berichtete zudem über mehrere Gespräche mit Merbach, in denen er ihr erzählt habe, dass viele Häftlinge unterwegs gestorben seien.[87] Im tschechischen Stod wiederum wurde Merbach namentlich von einer Frau identifiziert, die am Fahrkartenschalter des Bahnhofs gearbeitet und ihn dort telefonieren gehört hatte.[88] Gelegentlich waren es auch inhaftierte SS-Leute, die den Ermittlern Namen ehemaliger Kameraden verrieten.[89]

Acht Untersuchungen wurden gegen SS-Männer bzw. -Einheiten geführt, zu denen keinerlei konkrete Namen vorlagen. In sechs Fällen war gänzlich unbekannt, welche Personen oder Organisationen als Täter infrage kamen.

1.4. Die Todesmärsche in den Dachauer Prozessen

In über 70 % (32) der hier untersuchten Fälle waren die Akten mit dem Vermerk „IF-1" geschlossen worden.[90] Das bedeutete, dass keine weitere Untersuchung beabsichtigt war, weil es sich ausschließlich um Opfer anderer Nationen gehandelt hatte. Deren Behörden wurden informiert und die Ermittlungen seitens der US-Amerikaner beendet.[91] Viermal wurden die Akten wegen unzureichender Beweise (IF-4) geschlossen, einmal weil der Fall „unbegründet" („unfounded") sei (IF-3). In Einzelfällen flossen Informationen aus den Unterlagen in andere

86 Zu diesem Transport vgl. Greiser, Todesmärsche, S. 502 f. Zum Prozess gegen Hans Merbach und den Aussagen Einheimischer vor Gericht vgl. ausführlich ebenda, S. 412–422.

87 Translation of Sworn Statement of Maria Simperl, HQ 3rd US Army, 26. 5. 1945, NARA, RG 549, „Cases not tried", Box 479, 000-12-273, unpag. [alle Zitate Rückübersetzungen aus dem Englischen].

88 Military Government Detachment TA-9, 3rd Military Government Regiment, US Army, Investigation of Atrocity Report, 27. 8. 1945, NARA, RG 549, „Cases not tried", Box 411, 66-856, unpag.

89 Testimony of Franz Ludwig, HQ War Crimes Branch, USFET, 13. 8. 1945, NARA, RG 549, „Cases not tried", Box 498, 000-12-561, unpag. Die Unterlagen enthalten auch die von Ludwig handgeschriebenen Listen mit den Bezeichnungen „Transport von Blechhammer/ Groß-Rosen" und „Transport von Pirna bis Eger".

90 „Index and file case in which no further investigation of the atrocity, involving only other nationals, is contemplated – a copy having been furnished the interested governments." War Crimes Decoding Book, USHMM, RG-67.031M.

91 Vgl. in Bezug auf Buchenwald hierzu auch Greiser, Todesmärsche, S. 387.

Ermittlungen ein;[92] aus einem mit „IF-1" als *not tried* klassifizierten Fall wurde trotzdem ein Nachfolgeprozess des Dachauer Buchenwald-Verfahrens.[93]

Obwohl die „Cases not tried" zeigen, dass auch einheimische Amtsträger und Zivilisten wegen der Beteiligung an Verbrechen während der Todesmärsche ins Visier der US-Ermittler geraten und zum Teil auch in Haft genommen waren, wurden während der Dachauer Prozesse ausschließlich Angehörige der SS-Wachmannschaften wegen dieser Taten verurteilt.[94] Von den insgesamt 489 Dachauer Militärprozessen bezogen sich 230 auf Verbrechen in den Konzentrations- und Außenlagern.[95] In mindestens 99 (und damit in ca. 43 %) waren die Todesmärsche und Räumungstransporte Teil der Anklage.[96]

Angehörige der deutschen Zivilbevölkerung wurden zwar als Zeugen gehört,[97] deren eigene Rolle während der Räumungen der Lager spielte aber in strafrechtlicher Hinsicht keine Rolle. Prinzipiell wäre es möglich gewesen, auch Zivilisten, die während der Räumungstransporte Verbrechen verübt hatten, zu verurteilen. So zählten in Dachau nicht nur die Direkttäter als „War Criminals", sondern auch diejenigen, die Kriegsverbrechen unterstützt, begünstigt oder andere dazu

92 So wurde eine Akte zum Massaker von Gardelegen (NARA, RG 549, „Cases not tried", Box 475, 000-12-242) „closed into 000-50-97 (Nordhausen)". War Crimes Decoding Book, USHMM, RG-67.031M, S. 210.

93 NARA, RG 549, „Cases not tried", Box 478, 000-12-269, unpag. Aus dieser Untersuchung wurde der Fall 000-Buchenwald-11, US vs. Ignatz Seitz et al. Vgl. Greiser, Todesmärsche, S. 439–442.

94 Vgl. für eine Übersicht der Verfahren Yavnai, Military Justice, S. 265–446. Für einen Fall, in dem Ermittlungen der 3rd Army vor Ort in einem Nachfolgeprozess des Flossenbürg-Verfahrens relevant wurden, vgl. Fritz, Schwarzenfeld, S. 103–106.

95 Diese Zahlen folgen Yavnai, Military Justice, S. 196 f. (Anm. 62).

96 In den Verfahren standen oftmals mehrere Angeklagte wegen unterschiedlicher Tatvorwürfe vor Gericht. Es hätte den Rahmen und thematischen Fokus der vorliegenden Arbeit gesprengt, eine übergreifende und ausführliche Auswertung der Dachauer Prozessakten vorzunehmen. Diese Darstellung orientiert sich an den Kurzbeschreibungen der Anklagepunkte unter http://www1.jur.uva.nl/junsv/JuNSVEng/DTRR/DTCasesfr.htm [3. 12. 2015]. Eine detaillierte Darstellung eines Dachauer Militärprozesses im Hinblick auf die Todesmärsche liegt bisher nur für das KZ Buchenwald vor. Vgl. Greiser, Todesmärsche, S. 408–444. Für eine Zusammenfassung der Hauptprozesse vgl. Hilton, Canvas, S. 266–376.

97 So beispielsweise im Dachau-Hauptprozess. Vernehmung von Franz Geiger, 26. 11. 1945, BayHStAM, OMGUS Dachauer Kriegsverbrecherprozesse, Roll 2, Target 5, Bl. 794–798; Vernehmung von Moritz Sappl, 26. 11. 1945, ebenda, Bl. 798 f.; Vernehmung von Therese Weigl, 26. 11. 1945, ebenda, Bl. 800–806; Vernehmung von Gertrude Ehmann, 26. 11. 1945, ebenda, Bl. 812–816.

ermutigt hatten.[98] Die zahlreichen Prozesse wegen sogenannter Flieger-Morde sowie wegen Verbrechen in der Tötungsanstalt Hadamar hatten zudem gezeigt, dass die US-Militärtribunale bereit waren, Zivilisten zu verurteilen.[99] Schließlich wäre denkbar gewesen, das *Common design*, das auf die Tätigkeit in den Konzentrationslagern Anwendung fand, auch konsequenter auf deren Räumung und die Todesmärsche anzuwenden. Mit diesem Rechtskonzept musste Angeklagten für eine Verurteilung nachgewiesen werden, wissentlich an einem kollektiven kriminellen Unterfangen, das zum Tod von KZ-Häftlingen geführt hatte, teilgenommen zu haben.[100] Das Strafmaß richtete sich jedoch nach den konkret nachgewiesenen Straftaten.[101] In Bezug auf die Evakuierungen der Lager hätte das bedeutet, dass auch diejenigen aus der lokalen Bevölkerung, die Häftlinge denunziert, eskortiert oder zu den Kolonnen zurückgebracht hatten, als Helfer hätten verurteilt werden können, wenn auch sicherlich mit milderen Strafen. Da das Ausmaß der Gräueltaten unmittelbar vor den Haustüren der Deutschen so offensichtlich war, wäre es schwer gewesen, das eigene Wissen über den verbrecherischen Charakter des Geschehens zu leugnen.

Offenbar gab es jedoch schon in Bezug auf die Täter aus den KZ-Wachmannschaften Schwierigkeiten bei der Anwendung des *Common design*. Katrin Greiser hat herausgearbeitet, dass im Buchenwald-Prozess „die eingestandene Tatsache, Wachmann während der Evakuierung gewesen zu sein, nie für eine Verurteilung“ reichte.[102] So führten widersprüchliche Aussagen von Überlebenden zu Problemen bei der Verurteilung.[103] Viele Urteile hielten zudem den späteren Überprüfungen nicht stand.[104] All diese Probleme wären bei Prozessen gegen deutsche Zivilisten noch stärker ins Gewicht gefallen. Die US-Militärjustiz arbeitete schon bei den Prozessen gegen das KZ-Personal effektiv, aber an der Grenze der Belastbarkeit.[105] Die Komplikationen, die bei der Ahndung von NS-Verbrechen generell bestanden, verstärkten sich, wenn es um die Todesmärsche ging: Die Opfer waren tot, die Überlebenden konnten zwangsläufig nur ungenaue Angaben über die Tatorte, Täter und Verbrechensabläufe machen und die Zeuginnen oder Zeugen aus der Bevölkerung waren gegenüber der Besatzungsmacht wenig

98 Jardim, Mauthausen, S. 31.
99 Ebenda, S. 41.
100 Ebenda, S. 47.
101 Greiser, Todesmärsche, S. 401; Sigel, Interesse, S. 43.
102 Greiser, Todesmärsche, S. 401.
103 Ebenda, S. 426–430.
104 Ebenda, S. 403.
105 Jardim, Mauthausen, S. 201 f.

auskunftsfreudig.[106] Außerdem fehlte Ermittlern und Gerichten ein umfassender Überblick über das Gesamtgeschehen, in das man einzelne Taten hätte einordnen müssen.[107] Der Umgang mit den Ermittlungen zu den Todesmärschen spiegelt diese Gemengelage wider.

Angesichts der Mammutaufgabe, die Haupttäter der außerordentlichen Verbrechen zeitnah zu verurteilen, wurden diese Fälle, in denen die Beweislage auf den ersten Blick dünn war und die man nur schwer den einzelnen in den Dachauer Militärtribunalen relevanten KZ-Komplexen zuordnen konnte, schnellstmöglich abgegeben und geschlossen. Ein anderes Vorgehen hätte dazu führen können, die breite gesellschaftliche Beteiligung an den Todesmärschen auch in den US-Militärprozessen zu repräsentieren. Allerdings wäre wohl zugleich die Arbeitsfähigkeit der amerikanischen Militärgerichtsbarkeit zum Erliegen gekommen.

Katrin Greiser hat mit Blick auf die Dachauer Buchenwald-Prozesse das Bemühen um Rechtsstaatlichkeit auch angesichts präzedenzloser Gräueltaten gewürdigt, zugleich jedoch konstatiert, die Amerikaner seien „an dem Vorhaben gescheitert, die deutschen Verbrechen auf den Todesmärschen während des Zweiten Weltkriegs umfassend aufzuklären und zu sühnen".[108]

Es ist jedoch meines Erachtens äußerst fraglich, ob sie diesen Anspruch tatsächlich jemals hatten. Vielmehr deuten die Ermittlungen und Prozesse darauf hin, dass die Räumungstransporte als Teil der Verbrechen in den einzelnen Konzentrationslagern angesehen und geahndet wurden. In diesem Zusammenhang wurden konkrete Gewalttaten auf den Todesmärschen zu Anklagepunkten gegen einzelne SS-Leute.[109] Die Evakuierungen standen jedoch nie als eigenständiger Verbrechenskomplex im Mittelpunkt – weswegen auch die in den „Cases not tried" repräsentierten verstreuten und unsystematisierten Fälle, und damit auch die Tatverdächtigen außerhalb der Lager-SS, keine Rolle spielten.

Hätte man sich in Dachau stärker für das Gesamtgeschehen der Lagerräumungen interessiert, hätten die Ermittler engeren Kontakt zur UNRRA aufnehmen müssen, die zeitgleich begann, die Todesmärsche systematisch zu untersuchen. Allerdings gingen die überlieferten Kooperationen eher vonseiten des UNRRA-Suchdienstes aus, auf dessen Initiative hin es im Mai 1946 zu einem

106 So entdeckte die Bevölkerung aus Nammering nach dem Buchenwald-Hauptprozess vielmehr ihr Herz für die Täter und unterstützte Hans Merbachs Gnadengesuch mit entlastenden Aussagen. Greiser, Todesmärsche, S. 419–421.

107 Vgl. hierzu auch Winter/Greiser, Untersuchungen, S. 77.

108 Greiser, Todesmärsche, S. 447.

109 Fritz, Schwarzenfeld, S. 106; Hilton, Canvas, S. 336–340.

mehrtägigen Austausch mit einem Ankläger im Dachauer Flossenbürg-Prozess kam.[110] Ob der starke Fokus auf die Räumungstransporte in den Verfahren gegen das Flossenbürger SS-Personal damit im Zusammenhang steht, müssen zukünftige Forschungen zeigen.

Die Unterlagen in den „Cases not tried“ hatten keine Bedeutung für juristische Urteile. Für die historische Bewertung sind sie jedoch wertvolle Quellen. Sie dokumentieren die frühesten Kontakte zwischen der Bevölkerung, die kurz zuvor zu Zeugen und Beteiligten der Räumungstransporte geworden war, und den US-Soldaten, die die Verbrechen entdeckten und versuchten, die Täter dingfest zu machen. Dabei zeigen sie sowohl die Breite des Spektrums der Akteure als auch das Ausmaß der gesellschaftlichen Beteiligung. Letztlich wurde die deutsche Bevölkerung von den Amerikanern nicht strafrechtlich, sondern nur moralisch in die Verantwortung genommen, wie an den zahlreichen „Sühnebegräbnissen“ von Opfern der Räumungstransporte deutlich wird.[111]

1.5. Exkurs: Ermittlungen und Prozesse der sowjetischen Militärjustiz

Parallel zu den Untersuchungen der US-Army begannen auch in der Sowjetischen Besatzungszone (SBZ) Ermittlungen zu nationalsozialistischen Gewaltverbrechen. Nach aktuellen Forschungsergebnissen wurden dort in den Nachkriegsjahren von insgesamt circa 380 000 in sowjetische Haft genommenen Personen etwa 35 000 wegen „NS-Verbrechen (Kriegsverbrechen, Verbrechen gegen die Menschlichkeit oder Verbrechen gegen die Besatzungsmacht und die DDR)“ von Sowjetischen Militärtribunalen (SMT) verurteilt.[112] Die meisten Verhaftungen und Prozesse fanden zwischen 1946 und 1948 statt.[113] Zwischen 1945 und 1947 wurden die meisten der insgesamt 4438 Todesurteile verhängt; sie wurden in 3498 Fällen vollstreckt.[114] Bei den zum Tode verurteilten Angeklagten ergingen die meisten Urteile wegen „Kriegsverbrechen“, was auch Verbrechen an „ausländischen Zivilisten im Deutschen Reich“ mit einschloss.[115]

110 Ulbricht, Untersuchungen, S. 155 f.

111 Greiser, Todesmärsche, S. 297–333. Vgl. dazu das Kapitel „Konfrontationen I“ in der vorliegenden Arbeit.

112 Klaus-Dieter Müller, Verbrechensahndung und Besatzungspolitik. Zur Rolle und Bedeutung der Todesurteile durch Sowjetische Militärtribunale, in: Weigelt/Müller/Schaarschmidt/Schmeitzner, Todesurteile, S. 15–62, hier S. 21.

113 Ebenda, S. 44.

114 Ebenda, S. 47 f.

115 Ebenda, S. 42, 47, 53.

In diesem Rahmen sind auch die sowjetischen Ermittlungen und Prozesse zu Todesmarschverbrechen zu betrachten. Aufgrund der fragmentarischen Quellenlage kann an dieser Stelle allerdings nur eine erste Skizze erfolgen.

Durch Aktenkopien, die beim Ministerium für Staatssicherheit gesammelt wurden, ist belegt, dass die Sowjetische Militäradministration (SMA) beispielsweise Ende 1945 in Leipzig mehrere ehemalige SS-Angehörige, die die Leipziger KZ-Außenlager bewacht hatten, in Haft verhörte. Primär ging es um das Massaker von Abtnaundorf, bei dem Häftlinge, die nicht auf die Räumungstransporte aus dem Außenlager Leipzig-Thekla getrieben worden waren, in eine Baracke gesperrt worden und durch Feuer und Schüsse ums Leben gekommen waren.[116] In diesen Vernehmungen kamen jedoch auch die Evakuierungsmärsche aus den Leipziger Lagern zur Sprache. So gab SS-Oberscharführer Albert Schröter an, am 13. April 1945 sei vom sächsischen Gauleiter Mutschmann und dem SD ein Befehl zur Räumung der Leipziger Lager in Richtung Böhmen ergangen, der beinhaltet habe, alle Zurückbleibenden und Fliehenden zu erschießen. Schröter, der Teil des Erschießungskommandos gewesen war, berichtete unter anderem über das Massaker bei Glaubitz und die Kooperation mit dem Bürgermeister eines Dorfes in der Umgebung.[117]

Neben Schröter wurde SS-Unterscharführer Max Kipping vernommen, der jedoch keine Angaben über eine Beteiligung der lokalen Bevölkerung machte.[118] Aus den vorliegenden Unterlagen lässt sich nicht rekonstruieren, wie nach diesen Vernehmungen mit Schröter und Kipping verfahren wurde. Andere ehemalige SS-Leute, die ebenfalls von der SMA Leipzig vernommen worden waren, sollen von einem Sowjetischen Militärtribunal zum Tode verurteilt und erschossen worden sein.[119]

Sowjetische Ermittlungen auf lokaler Ebene fanden im September 1946 im Vorfeld des Berliner Sachsenhausen-Prozesses statt.[120] So sollte eine

116 Hans-Dieter Schmid, Gestapo Leipzig. Politische Abteilung des Polizeipräsidiums und Staatspolizeistelle Leipzig 1933–1945, Beucha 1997, S. 61–64; Wolfgang Knospe, Leipzig-Thekla, in: Benz/Distel, Ort des Terrors, Bd. 3, S. 502–506, hier S. 504 f.

117 Vernehmung von Albert Schröter [Übersetzung aus dem Russischen], SMA Leipzig, 24. 12. 1945, BStU, MfS HA IX/11, RHE-West 615, Bd. 1, S. 38–54, Zitat S. 52. Zu den Vorgängen in Glaubitz vgl. das Kapitel zur Hitler-Jugend in der vorliegenden Arbeit.

118 Vernehmung von Max Kipping [Übersetzung aus dem Russischen], SMA Leipzig, 25. 12. 1945, BStU, MfS HA IX/11, RHE-West 615, Bd. 1, S. 83–87.

119 Information zu den Anfragen Nr. 766/71 und 780/71, 23. 11. 1971, ebenda, Bl. 196.

120 Vgl. die Unterlagen in AS, JSU 1/11/2. Bei diesem Bestand handelt es sich um Kopien aus dem USHMM, RG-06.025*26. Diese wiederum stammen aus dem FSB-Archiv Moskau, N-19092. Zum Berliner Sachsenhausen-Prozess im Herbst 1947 vgl. Winfried Meyer,

Sachverständigenkommission „volle Klarheit aller Umstände, die mit dem Tode der Häftlinge in der Zeit ihrer Evakuierung aus dem Konzentrationslager ‚Sachsenhausen' im April 1945 zusammenhängen", schaffen. Mit Exhumierungen wollten die Sowjets klären, ob es sich bei den zahlreichen Toten zwischen Oranienburg und Schwerin um Häftlinge aus Sachsenhausen handelte und wie sie ums Leben gekommen waren.[121] Daraufhin wurden am 13. und 14. September 1946 Massengräber in Grabow[122] und Teschendorf[123] geöffnet.

Parallel dazu fanden Vernehmungen von Anwohnern statt. Einwohner Grabows berichteten, wie im April 1945 tagelang Häftlingstransporte durch ihr Dorf gezogen seien. Kurz vor dem Eintreffen der Roten Armee hätten die SS-Wachmannschaften die letzte, etwa 1000 Menschen umfassende Kolonne verlassen.[124] Nach dem Einmarsch der sowjetischen Truppen sei das gesamte Dorf zum Notlazarett erklärt worden. Ein Mann berichtete, allein in seinem Haus seien 40 kranke Häftlinge untergebracht gewesen.[125] In Teschendorf wurden Einwohner befragt, die zurückgelassene Leichen von Häftlingen bestattet hatten.[126]

Britischer oder sowjetischer Sachsenhausen-Prozeß? Zur Vorgeschichte des „Berliner Prozesses" vom Oktober 1947, in: Zeitschrift für Geschichtswissemschaft 45 (1997), S. 965–991; ders., Stalinistischer Schauprozeß gegen KZ-Verbrecher? Der Berliner Sachsenhausen-Prozeß vom Oktober 1947, in: Dachauer Hefte 13 (1997), S. 153–180; Natalja Jeske/Ute Schmidt, Zur Verfolgung von Kriegs- und NS-Verbrechen durch sowjetische Militärtribunale in der SBZ, in: Andreas Hilger/Mike Schmeitzner/Ute Schmidt (Hrsg.), Sowjetische Militärtribunale. Bd. 2: Die Verurteilung deutscher Zivilisten 1945–1955, Köln/Weimar/Wien 2003, S. 155–192, hier S. 186–191. Vgl. auch die von der SMAD herausgegebene Broschüre von Fritz Sigl, Todeslager Sachsenhausen. Ein Dokumentarbericht vom Sachsenhausen-Prozeß, Berlin 1948.

121 Operativsektor Berlin der SMA, Verfügung (über Bestimmung einer gerichtsmedizinischen Sachverständigenkommission), 12. 9. 1946, AS, JSU, 1/11/2, Bl. 204.

122 Gerichtsmedizinisches Labor der Sowjetischen Besatzungstruppen in Deutschland, Gerichtsmedizinische Untersuchung der Leichen aus dem Massengrab in Grabow, Mecklenburg, 13. 9. 1946, ebenda, Bl. 207–209.

123 Gerichtsmedizinisches Labor der Sowjetischen Besatzungstruppen in Deutschland, Gerichtsmedizinische Untersuchung der Leichen aus dem Massengrab in Teschendorf, Brandenburg, 14. 9. 1946, ebenda, Bl. 210 f.

124 Vernehmung von Otto Schulz, Operativsektor Berlin der Sowjetischen Militärverwaltung, 12. 9. 1946, AS, JSU 1/10/1, Bl. 61–63. Bei diesem Bestand handelt es sich um Kopien aus dem FSB-Archiv Moskau, N-19092/10.

125 Vernehmung von Wilhelm Kersten, Operativsektor Berlin der Sowjetischen Militärverwaltung, 13. 9. 1946, ebenda, Bl. 68–71.

126 Vernehmung von Emil Knut, Operativsektor Berlin der Sowjetischen Militärverwaltung, 14. 9. 1946, AS, ebenda, Bl. 72–74; Vernehmung von Otto Lemke, Operativsektor Berlin der Sowjetischen Militärverwaltung, 14. 9. 1946, ebenda, Bl. 75–77.

Allerdings spielte bei diesen Vernehmungen die Beteiligung der Einheimischen kaum eine Rolle. Den sowjetischen Ermittlern ging es vor allem darum zu erfragen, ob weitere Gräber bekannt waren, ob die Zeugen über die Identität der SS-Leute Auskunft geben konnten und ob sich unter den Opfern russische Häftlinge befanden.

Obwohl es in den Vernehmungen der Täter um deren eigene Verbrechensbeteiligung ging, wurde am Rande auch das Verhältnis zur Zivilbevölkerung zur Sprache gebracht. Ludwig Rehn, ehemaliger Arbeitseinsatzführer im KZ Sachsenhausen, sagte aus, dass während des Todesmarschs bei einer Beratung im Belower Wald Lagerkommandant Kaindl kritisiert habe, „daß Häftlinge vor den Augen der Bevölkerung erschossen würden und daß man die Leichen auf der Straße liegenlasse. Er befahl, in Zukunft bei jeder Erschießung die Häftlinge von der Straße abseits zu führen und die Leichen nach der Erschießung in die Erde zu vergraben."[127] Allerdings deuten andere Aussagen darauf hin, dass es weniger Beschwerden aus der lokalen Bevölkerung gewesen sein dürften, die zu der Anordnung geführt hatten, sondern vielmehr der Protest des Komitees des Internationalen Roten Kreuzes, das die Todesmärsche begleitet und versucht hatte, humanitäre Hilfe zu leisten.[128]

Im Berliner Sachsenhausen-Prozess wurde die Evakuierung des Lagers thematisiert, wobei der offiziöse Prozessbericht neben Anklage- und Urteilsschriften auch die gerichtsmedizinischen Gutachten zitierte und auf Grabow und Teschendorf als Stationen des Todesmarschs einging.[129] Die örtliche Bevölkerung kam im Prozess nicht vor, was unter anderem damit zusammenhing, dass die Verurteilung im Stile stalinistischer Schauprozesse auf den Geständnissen der Angeklagten und nicht auf einer Beweisführung auf Grundlage von Dokumenten und Zeugenvernehmungen beruhte.[130] Somit war es beispielsweise nicht notwendig, zum Nachweis von Verbrechen während der Evakuierung des Lagers Zeugen aus der einheimischen Bevölkerung zu laden, wie es zum Teil bei den US-amerikanischen Militärprozessen der Fall war.

Parallel zu den Vorbereitungen zum Sachsenhausen-Prozess fanden weitere sowjetische Verfahren gegen Personal des KZ Sachsenhausen und seiner Außen-

127 Vernehmung von Ludwig Rehn, Operativsektor der sowjetischen Militärverwaltung in Berlin, 16. 12. 1946, AS, JSU 1/3, Bl. 2–14, hier Bl. 13 f. Bei diesem Bestand handelt es sich um Kopien aus dem USHMM, RG-06.025*26/3. Diese wiederum stammen aus dem FSB-Archiv Moskau, N-19092.

128 Vernehmung von Heinz Baumkötter, Operativsektor der sowjetischen Militärverwaltung in Berlin, 21. 12. 1946, ebenda, Bl. 111–132, hier Bl. 131.

129 Sigl, Todeslager, S. 56.

130 Meyer, Schauprozeß, S. 161 f., 179.

lager statt, bei denen die Evakuierung des Lagers eine Rolle spielte.[131] Mit einem Todesurteil endete beispielsweise der Prozess gegen Siegfried Schubert, einen ehemaligen SS-Rottenführer und Wachmann, dem unter anderem Misshandlungen während des Todesmarschs vorgeworfen wurden.[132]

Auf Grundlage der jüngsten Forschungsergebnisse zu Todesurteilen Sowjetischer Militärtribunale lässt sich feststellen, dass in den Jahren 1946 und 1947 neben Schubert mindestens sieben weitere Personen wegen Verbrechen im Zusammenhang mit den Evakuierungen der Konzentrationslager hingerichtet wurden. Zwar ist dies angesichts einer Gesamtzahl von 2469 dokumentierten SMT-Urteilen ein verschwindend geringer Anteil, allerdings ist die Zusammensetzung der Verurteilten im Hinblick auf die Frage nach der gesellschaftlichen Dimension aufschlussreich. Außer Schubert wurde nur ein anderer ehemaliger KZ-Wachmann zum Tode verurteilt.[133] Die restlichen sechs Männer stammten aus den Orten, in denen die Verbrechen begangen worden waren: Vier von ihnen, darunter der Bürgermeister des Dorfes Großlöbichau[134] und drei Volkssturmmänner,[135] waren an der Ergreifung und Ermordung von Häftlingen, die bei Jena von einem Räumungstransport aus dem KZ Buchenwald geflohen waren, beteiligt gewesen.[136] Einem Angehörigen des Volkssturms aus dem sächsischen Niederschlema wurde vorgeworfen, an der Ermordung von etwa 80 Gefangenen aus dem Flossenbürger Außenlager Mülsen St. Micheln beteiligt gewesen zu sein. Er soll einen SS-Mann auf die Orte hingewiesen haben, an

131 Strafsache Max Schumacher, AS, JSU 8 (Kopie aus dem FSB-Archiv, Moskau, K-501376); Strafsache Oskar Klünder, AS, JSU 13 (Kopie aus dem FSB-Archiv, Moskau, K-508078); Strafsache Hubert Lauer, AS, JSU 14 (Kopie aus dem FSB-Archiv, Moskau, K-508090); Strafsache Oskar Burghardt, AS, JSU 15 (Kopie aus dem FSB-Archiv, Moskau, K-509973); Strafsache Paul Rose, AS, JSU 16 (Kopie aus dem FSB-Archiv, Moskau, K-509974); Strafsache Emil Sauter, AS, JSU 17 (Kopie aus dem FSB-Archiv, Moskau, K-509975). Zu den nichtöffentlichen SMT-Prozessen gegen Personal des KZ Sachsenhausen vgl. Jeske/Schmidt, Verfolgung, S. 190.

132 Strafsache Siegfried Schubert, AS, JSU 2 (Kopie aus dem FSB-Archiv, Moskau, K-500571). Vgl. auch dessen Kurzbiografie in: Weigelt/Müller/Schaarschmidt/Schmeitzner, Todesurteile (CD-ROM), S. 634.

133 Wilhelm Schulz, in: ebenda, S. 640 f.

134 Paul Türke, in: ebenda, S. 720 f.

135 Erich Herold, in: ebenda, S. 254; Johannes Johne, in: ebenda, S. 298 f.; Werner Schau, in: ebenda, S. 587 f. Ein weiterer in diesem Fall Angeklagter wurde als Jugendlicher begnadigt. Vgl. auch Andreas Weigelt, Fallgruppenübersicht und Erschließungsregister – Leitfaden für die biographische Dokumentation, in: ders./Müller/Schaarschmidt/Schmeitzner, Todesurteile, S. 159–416, hier S. 194 f.

136 Vgl. zu dieser Tat auch Greiser, Todesmärsche, S. 120; Bartuschka, Massaker.

denen schwer verletzte Häftlinge lagen, die daraufhin getötet wurden.[137] Schließlich soll ein Polizist aus der Gegend von Oschatz (Sachsen) in die Bewachung der Todesmärsche aus den Leipziger KZ-Außenlagern involviert gewesen sein. Dabei soll er einen weiblichen Häftling durch einen Kopfschuss getötet haben.[138] Anhand dieser SMT-Urteile deutet sich bereits an, dass in den unmittelbaren Nachkriegsjahren in der SBZ breit zusammengesetzte Gruppen von Tätern ins Visier der Strafverfolgung gerieten. Dies traf nicht nur auf die sowjetischen, sondern auch auf die deutschen Ermittlungen und die daran anschließenden Prozesse zu.

2. Suche nach den Opfern: „Death March Programming" in der US-Zone

Während die Ermittler der *War Crimes Investigation Teams* versuchten, den Tätern der Verbrechen auf die Spur zu kommen, konzentrierten sich die alliierten Suchdienste in den späten 1940er-Jahren darauf, möglichst viele der unzähligen Opfer zu identifizieren. Auch dafür war es notwendig, in den Dörfern zu recherchieren. Und abermals war man auf die Kooperation deutscher Behörden, Bürgermeister, Polizisten sowie anderer Einwohnerinnen und Einwohner angewiesen. Im Folgenden soll anhand einer ausgewählten Region – dem Regierungsbezirk Oberbayern – dargelegt werden, welche Resonanz diese Ermittlungen auf lokaler Ebene erfuhren und wie seitens der Deutschen auf diese Bemühungen reagiert wurde: Wer gab überhaupt Auskünfte zu Todesmärschen „vor der eigenen Haustür"? Welche Begriffe wurden benutzt, welche narrativen Muster bildeten sich möglicherweise heraus? Und inwiefern entsprachen die von den Deutschen gemachten Angaben überhaupt der Wahrheit?

Einen Einblick in diese Fragen ermöglicht ein umfangreicher Quellenbestand, der erst seit wenigen Jahren für die Forschung zugänglich ist. Der ITS Bad Arolsen verwahrt die Dokumenten- und Arbeitsmittelsammlung des „Death March Programming" der UNRRA und des darauf aufbauenden Programms „Attempted Identification of Unknown Dead" der *International Refugee Organization* (IRO). Im Folgenden werden daraus die zahlreichen Antworten deutscher Gemeinden auf einen von den Suchdiensten flächendeckend versandten Fragebogen zu Evakuierungstransporten im Mittelpunkt stehen. Methodisch

137 Ernst Trotz, in: Weigelt/Müller/Schaarschmidt/Schmeitzner, Todesurteile (CD-ROM), S. 717.

138 Alfred Thieme, in: ebenda, S. 705.

wird hier erstmals der Versuch einer exemplarischen statistischen Auswertung dieser Dokumente mit anschließender qualitativer Interpretation der Ergebnisse unternommen. Dieses explorative Vorhaben wird die Potenziale dieser Quellen – die insbesondere in der quantitativen Analyse liegen – verdeutlichen, zugleich aber auch die Grenzen ihrer Auswertung aufzeigen. So erfahren wir aus den Fragebögen einiges über den verwaltungstechnischen Umgang mit den Todesmärschen nach 1945 sowie über sich zu diesem frühen Zeitpunkt herausbildende Sprachregelungen im Umgang mit der lokalen NS-Verbrechensgeschichte. Zugleich bleibt aber fraglich, inwiefern die knappen Antworten tatsächlich Auskunft über das Geschehen geben können und wer im Konkreten mit welchen Einstellungen und Motivationen die Fragebögen ausgefüllt hat. Dennoch können hier erstmals valide und übergreifende Aussagen zu frühen Reaktionen deutscher Verwaltungen auf die Konfrontation mit den Todesmärschen getroffen und zur Diskussion gestellt werden.

Nach einer Darstellung der Tätigkeit der Suchbüros werden die hier zugrundeliegenden Quellen und die Methoden der Auswertung eingeführt. Anschließend erfolgt eine Interpretation der Ergebnisse anhand ausgewählter Beispiele. Vor einem vorläufigen Resümee wird abschließend ein vergleichender Blick auf ähnliche Suchprogramme in der Sowjetischen Besatzungszone geworfen.

2.1. Organisation der Suchbüros

Schon 1945 begannen die ersten systematischen Ermittlungen zu den Todesmärschen durch alliierte Suchdienste. Nach der ersten großen Repatriierungswelle von *Displaced Persons* im Sommer 1945 wurde zunehmend deutlich, dass die Aufgabe der Zusammenführung von Überlebenden des NS-Terrors mehr und mehr von der Suche nach den Ermordeten abgelöst wurde. Zum einen galt es, den Angehörigen Gewissheit über das Schicksal der Opfer zu geben. Zum anderen waren damit auch handfeste materielle Interessen verbunden, denn nur durch die Beurkundung eines Todesfalls konnten Familienangehörige im Heimatland Erbfragen klären oder Pensionsansprüche geltend machen. Insbesondere das dezentrale Massenverbrechen der Todesmärsche mit Tausenden Todesopfern machte eine systematische Suche nach den Leichnamen sowie Ermittlungen zur Identität der Opfer notwendig, was in der Gründung des *Central Tracing Bureaus* (CTB) der UNRRA im Herbst 1945 mündete.[139]

139 Sebastian Schönemann, „Accounting for the Dead". Humanitäre und rechtliche Motive der alliierten Ermittlungsarbeit zu den Todesmärschen, in: Blondel/Urban/Schönemann, Spuren, S. 122–135, hier S. 128.

Das CTB fungierte als Schnittstelle zwischen den eigenständig agierenden Suchbüros der einzelnen Zonen im besetzten Deutschland sowie den Suchdiensten anderer Länder und koordinierte diese dezentrale Suchstrategie.[140] Ein erstes Ergebnis stellte die 1946 herausgegebene dreibändige Schrift „Death Marches (Marches de la Mort): Routes and Distances“ dar. Darin wurden die Wegstrecken von 73 Räumungstransporten aufgelistet und kartografiert.[141] Es handelte sich jedoch nicht um ein abschließendes Werk, vielmehr sollte dieses vorläufige Kompendium den Suchbüros als Orientierungshilfe im Feldeinsatz dienen.[142]

Das im Folgenden im Mittelpunkt stehende *U.S. Zone Bureau of Documents and Tracing*, in dem Personal der UNRRA arbeitete, war im Januar 1946 gegründet worden. Die Strukturen des Suchbüros orientierten sich an der administrativen und politischen Gliederung Deutschlands,[143] was auch der Organisation des *Office of Military Government for the US Zone* (OMGUS) entsprach. Das Büro war in drei *Field Operations* unterteilt: Württemberg und Nord-Baden, Groß-Hessen und Bayern. Obwohl Bayern zentralistisch verwaltet wurde, wurden dort zwei Abteilungen geschaffen, um die Verwaltung zu erleichtern. Der *North Bavarian Branch* deckte die drei nördlichen Regierungsbezirke Mainfranken, Ober- und Mittelfranken sowie Niederbayern und Oberpfalz ab. Zum *South Bavarian Branch* gehörten die Regierungsbezirke Schwaben und Oberbayern. Jedem Regierungsbezirk wurde ein *UNRRA Documents and Tracing Officer* zugeteilt, außerdem war jeweils ein *Allied Military Liaison Officer* für alle suchdienstlichen und dokumentarischen Tätigkeiten der Landkreise verantwortlich. Ihre Aufgabe war eine systematische Suche „for concentration camp, prisoner of war camp, and labor camp documents, for records of death marches and for all documents which were moved from their original sites by either the German or the United States Military Officials“.[144] Die deutschen Behörden hatten ihnen alle vorhandenen Akten und Urkunden über Angehörige der alliierten Nationen und Verfolgte des Naziregimes zur Verfügung zu stellen.[145]

140 Schönemann, Untersuchungstätigkeit, S. 29.

141 UNRRA Central Tracing Bureau, Documents Intelligence Section, Death Marches (Marches de la Mort). Routes and Distances, 19. 5. 1946 (Vol. I), 28. 5. 1946 (Vol. II), 15. 7. 1946 (Vol. III), 5.3.3, ITS Digital Archive, Bad Arolsen.

142 Schönemann, Accounting, S. 130.

143 Ulbricht, Untersuchungen, S. 153.

144 UNRRA U.S. Zone Headquarters Pasing-Munich, Administrative Order No. 56, Subject: Establishment of U.S. Zone Bureau of Documents and Tracing, Germany, 30. 4. 1946, 6.1.1/82499262, ITS Digital Archive, Bad Arolsen.

145 Ebenda.

Nachdem der *North Bavarian Branch* als Pilotprojekt den Todesmarsch vom KZ Flossenbürg nach Cham detailliert untersucht hatte, sollten die dabei gewonnenen Erfahrungen ab 1947 in das *Death March Programming* einfließen.[146] In einem internen Schreiben definierte das US-Zonensuchbüro seine Aufgabe dahingehend, alliierte Regierungen bei der Identifizierung derjenigen Toten zu unterstützen, „who met their death by reason of a ‚forced‘ march of evacuation from a concentration camp to another institution of detention in the wake of advancing Allied Armies“.[147] Das Ziel bestand zum einen darin, alle relevanten Daten zu sammeln und daraus für jeden der bekannten Todesmärsche eine Akte zusammenzustellen. Zum anderen sollte die Marschroute vor Ort untersucht und durch Quellen belegt werden. Anwohnerinnen und Anwohner entlang der Strecke waren zu befragen und zu vernehmen. Es sollten Gräber gesucht und der Versuch unternommen werden, die Angehörigen der Vereinten Nationen zu identifizieren, die auf dem Marsch gestorben waren. Das Suchbüro ging aufgrund der Zusammenstellung „Routes and Distances“ von 21 Todesmärschen aus, die teilweise oder ausschließlich in der nunmehrigen US-Zone stattgefunden hatten und somit Gegenstand der Untersuchung waren.[148] Abschließend wurde aus dem Bericht zum Todesmarsch Flossenbürg-Cham zitiert, der Empfehlungen für künftige Untersuchungen zu anderen Märschen enthielt. Darin wurden vor allem die Probleme bei der Ermittlung deutlich, die durch den Faktor Zeit bedingt waren: das Verblassen der Erinnerung der Überlebenden sowie das Verwischen der Spuren von Gräbern.[149] Aber auch die zu erwartende mangelhafte Kooperationsbereitschaft der Deutschen wurde angesprochen: „An ever increasing fear of the consequences and a desire to forget the horror of these atrocities have combined in the minds of many who witnessed this Death March. Therefore, much valuable information is witheld [sic!].“[150]

Im Sommer 1947 ging die Leitung der alliierten Suchbüros auf die IRO über und das CTB wurde in *International Tracing Service* (ITS) umbenannt. Die einzelnen Zonensuchbüros wurden zu Abteilungen des ITS und zogen sukzessive zum Hauptquartier ins hessische Bad Arolsen. Im Jahr 1949 begann der ITS mit den Vorbereitungen für das Programm „Attempted Identification of Unknown

146 Ulbricht, Untersuchungen, S. 167.

147 UNRRA US Zone, Bureau of Documents and Tracing, Staff Letter No. 4, Subject: Death March Programming, 11. 1. 1947, 6.1.1/82501739, ITS Digital Archive, Bad Arolsen.

148 Ebenda.

149 Ulbricht, Untersuchungen, S. 164.

150 UNRRA US Zone, Bureau of Documents and Tracing, Staff Letter No. 4, Subject: Death March Programming, 11. 1. 1947, 6.1.1/82501739, ITS Digital Archive, Bad Arolsen.

Dead". Dessen Ziel war es, möglichst viele der unbekannten Todesmarschopfer zu identifizieren. Dazu sollten diejenigen Meldungen, die Hinweise auf die Identität der Toten (wie etwa Häftlingsnummern) enthielten, mit der Dokumentation des Suchdienstes zu einzelnen Verfolgungsschicksalen und -wegen abgeglichen werden. In einem zweiten Schritt wurden die ermittelten Daten mit den Suchdiensten des jeweiligen Herkunftslands der Toten ausgetauscht. Die wichtigste empirische Basis für dieses ambitionierte Vorhaben waren die Unterlagen des US-Zonensuchbüros zum *Death March Programming.* Nur ein Jahr nach Beginn des Programms zur Identifizierung der Toten wurde es im Sommer 1951 abgebrochen. Bis zum Februar dieses Jahres hatte man über 1000 Haftnummern dechiffrieren können. Die speziellen Umstände der Todesmärsche machten dennoch die angestrebte und rechtlich notwendige eindeutige Identifizierung der Toten beinahe unmöglich. Gefangene hatten Kleidung – und damit auch die Nummern – von Mithäftlingen getragen, zudem waren die Haftnummern mitunter falsch notiert worden. Die Übernahme der suchdienstlichen Tätigkeiten von der IRO durch die Alliierte Hohe Kommission (HICOG) im Jahr 1951 war mit finanziellen Kürzungen verbunden, in deren Zuge letztlich auch das Programm *Attempted Identification* eingestellt wurde.[151]

2.2. Fragebögen und ihre Auswertung

Um das ambitionierte Projekt der Aufklärung der Todesmärsche und gleichzeitiger Identifizierung der Opfer durchzuführen, griff das US-Zonensuchbüro im Frühjahr 1947 auf eine Methode zurück, die in der Untersuchung zum Todesmarsch Flossenbürg-Cham erprobt worden war und nun flächendeckende Anwendung finden sollte: Über die Landratsämter der entsprechenden Kreise wurden standardisierte Fragebögen an die lokalen Behörden auf Gemeindeebene versandt, in denen Auskünfte über Todesmärsche, die die Ortschaften passiert hatten, abgefragt wurden. Im Kreis Miesbach wurde der Fragebogen zusammen mit der Aufforderung an die Gemeinden zur Beantwortung im Amtsblatt abgedruckt.[152] Eine zentrale Veränderung im Gegensatz zu den ersten Fragebögen bestand ab 1947 darin, dass nunmehr explizit nach Augenzeugen gefragt wurde.[153] Offenbar reagierte das Suchbüro damit auf die angesprochenen Schwierigkeiten, Aussagen von Anwohnern zu erhalten.

151 Schönemann, Accounting, S. 132 f.

152 Mitteilungen des Landratsamtes, Nr. 721, Todesmärsche aus KZ-Lagern, in: Amtsblatt des Landratsamtes für den Landkreis Miesbach, 3. 4. 1947.

153 Ulbricht, Untersuchungen, S. 163.

Quasi jede deutsche Gemeinde in der US-amerikanischen Besatzungszone erhielt somit im Frühjahr 1947 einen auszufüllenden Vordruck, in dem sie über wichtige Fragen zu den Todesmärschen Auskunft geben musste. Beantwortet wurden sie zumeist von den Bürgermeistern oder Gemeinderäten, in einigen Fällen auch von der örtlichen Polizei.

Die ersten Fragen des Formulars betrafen Basisinformationen: ob und wie viele Transporte zu welchem Zeitpunkt die Gemeinde passiert hatten und aus welcher Richtung sie gekommen waren. Im zweiten Teil ging es um die Opfer der Märsche: aus wie vielen Gefangenen der Transport bestanden hatte und ob und – wenn ja – wie viele Häftlinge in der Gemeinde bzw. deren Nachbarschaft gestorben waren. In den anschließenden Fragen waren die Gräber der Toten Thema: wo und von wem die Häftlinge beerdigt worden waren und wer die Grabstätten derzeit pflegte. Von größter Wichtigkeit für die Identifizierung war es, ob möglicherweise Personalien der Opfer festgestellt werden konnten. Nach Informationen zur weiteren Marschrichtung des Transports und ob der Abtransport zu Fuß oder per Bahn erfolgt war, wurden abschließend mögliche Augenzeugen aus der Gemeinde erfragt, die mit Namen und Adressen angegeben werden sollten.[154]

Bereits im Design des Fragebogens war angelegt, dass kaum Akteure vorkamen. In den geschlossenen und allgemeinen Fragen („Sind Gefangene beim Durchgang Ihrer Gemeinde gestorben? / Falls bejahend, wieviele? / Sind Gefangene in der Nachbarschaft Ihrer Gemeinde gestorben?") führte die Aktivkonstruktion in Bezug auf die Opfer zum Verschwinden der Täter aus den Antworten – es „wurde" *gestorben*, nicht *gemordet*. Da es qua Mandat nicht Aufgabe des Suchbüros war, Tatbeteiligte zu ermitteln, sondern die Identität der Opfer festzustellen, interessierten als Akteure vor allem diejenigen Gemeindeangehörigen, welche die Toten bestattet hatten und ihre Gräber pflegten.[155] Kritisch war in dem Zusammenhang schließlich die Frage nach den Augenzeugen. Es war kein Zweck einer namentlichen Nennung angegeben, sodass ein ungewisses Risiko für die Genannten bestand, auf irgendeine Weise auch zukünftig auf das Geschehene angesprochen und dafür vielleicht sogar zur Rechenschaft gezogen zu werden.

Katrin Greiser hat angemerkt, eine Schwierigkeit bei der Auswertung der Fragebögen sei deren „schwer fassbare Dynamik, die u. a. darin besteht, dass im Laufe des Zeitraums, den die Unterlagen abdecken, einerseits Tote aus den Orten weggebracht, andererseits neue Leichenfunde dokumentiert werden. […] So kommt es zu Überschneidungen, einzelne Opfer werden mehrfach gezählt

154 Winter, Frühe Ermittlungen, S. 141.
155 Ebenda, S. 144.

oder gar nicht erfasst.“[156] Trotz dieser quellenkritischen Probleme bieten die Unterlagen der Suchbüros erhebliche Potenziale für eine wissenschaftliche Auswertung. Einzelne Dokumente daraus sind gelegentlich für Darstellungen auf der Mikroebene herangezogen worden.[157] Eine übergreifende Auswertung der mehreren Tausend Dokumente steht indes aus.

Da eine solche Gesamterhebung aus forschungsökonomischen Gründen im Rahmen der vorliegenden Arbeit nicht zu leisten ist, wird hier der Versuch einer exemplarischen statistischen Erfassung und inhaltlichen Analyse der Fragebögen für ein geografisch umgrenztes Gebiet unternommen. Die Wahl fiel hierbei auf den Regierungsbezirk Oberbayern.[158] Dieser bestand zwischen 1939 und 1950 aus 26 Stadt- beziehungsweise Landkreisen[159] mit 1166 eigenständigen Gemeinden, von denen jede potenzielle Adressatin eines Fragebogens zu den Todesmärschen war.

Der Regierungsbezirk Oberbayern wurde aus mehreren Gründen ausgewählt: Zum einen liegt für diese ländlich geprägte Region, durch die Todesmärsche aus den Konzentrationslagern Flossenbürg und Dachau bzw. deren Außenlagern gingen,[160] fast flächendeckendes Material beim ITS vor. Zum anderen lassen sich die Ergebnisse anderen Quellen gegenüberstellen. So können die Antworten der oberbayerischen Gemeinden mit Ermittlungen der US-Armee aus dem Jahr 1945 oder den Ergebnissen einer flächendeckenden Untersuchung der Bayerischen Landpolizei zu „Tötungsfällen ohne Gerichtsverfahren im Jahre 1945“ von 1955 abgeglichen werden.[161]

Die Bestände des ITS zu Todesmärschen enthalten die Sammlung des Suchdienstes zum Programm *Attempted Identification of Unknown Dead*, wie sie zum Zeitpunkt der vorzeitigen Einstellung 1951 vorlag. Darin sind diejenigen Unterlagen, die im Rahmen des *Death March Programming* des US-Zonensuchbüros

156 Katrin Greiser, Grabstätten und Sterbeorte in Bayern. Eine Suche nach den Opfern der Todesmärsche, in: Blondel/Urban/Schönemann: Spuren, S. 300–313, hier S. 303 f.

157 So etwa bei Kershaw, Das Ende, S. 460.

158 Die verwaltungsgeschichtliche Darstellung in diesem Kapitel orientiert sich an den Angaben auf der Website von Dr. Michael Rademacher, „Deutsche Verwaltungsgeschichte von der Reichseinigung 1871 bis zur Wiedervereinigung 1990“, http://www.verwaltungsgeschichte.de [20. 2. 2014].

159 Dies waren Aibling, Aichach, Altötting, Berchtesgaden, Dachau, Ebersberg, Erding, Freising, Fürstenfeldbruck, Garmisch-Partenkirchen, Ingolstadt, Landsberg am Lech, Laufen, Miesbach, Mühldorf, München, Pfaffenhofen an der Ilm, Rosenheim, Schongau, Schrobenhausen, Starnberg, Tölz, Traunstein, Wasserburg am Inn, Weilheim und Wolfratshausen.

160 Werner, Todesmärsche.

161 Vgl. hierzu das Kapitel zur Strafverfolgung in Bayern in der vorliegenden Arbeit.

zu einzelnen Gemeinden gesammelt wurden, mit anderen jeweils relevanten Dokumenten vermischt und gemeinsam abgelegt worden. Um die betreffenden Fragebögen für diese Arbeit erneut auszuwerten, mussten sie aus den Beständen des ITS mithilfe des Ortsnamensindex im Spezialinventar[162] zunächst neu sortiert werden, da sie innerhalb des Bestands „Alliierte Erhebungen“ nicht nach Provenienz, sondern alphabetisch nach Ortsnamen abgelegt wurden. Diejenigen Fragebögen, die als „Fehlanzeigen“ aus den Gemeinden zurückgemeldet wurden, sind nicht indexikalisch erschlossen und mussten aus zehn Ordnern[163] manuell herausgefiltert und sortiert werden. Verkompliziert wurde dies durch die häufig schwer lesbaren oder fehlenden Angaben auf den Fragebögen sowie gelegentliche Doppelungen der Ortsnamen. Mitunter konnte die Zuordnung eines Fragebogens zu einem Landkreis nur anhand subjektiver Merkmale (gleiches „Design“, gleiches Papier) erfolgen. Zudem sind vereinzelt Fragebögen in Zusammenstellungen oder Dossiers des Suchbüros abgelegt worden und kaum durch systematische Suche zu finden.[164]

Für einige Landkreise konnten keine Unterlagen des *Death March Programming* gefunden werden. So antwortete der Landrat von Berchtesgaden pauschal für alle Gemeinden, dass in seinem Landkreis keine Todesmärsche vorgekommen seien.[165] Für die Kreise Dachau, Ebersberg, Garmisch-Partenkirchen, Ingolstadt, Landsberg am Lech und München sind gar keine Fragebögen überliefert. Allerdings liegen vereinzelte andere Dokumente zu Gemeinden dieser Kreise vor, die vom ITS zur Auswertung genutzt wurden. Vor allem handelt es sich um Meldungen über Gräber ausländischer Toter aus dem Jahr 1946 („Kategorie II/Form. 4“), Dokumente des *International Information Office* (IIO) Dachau[166] und Schriftgut kirchlicher Einrichtungen.[167]

162 Spezialinventar Unterlagen des ITS zu Todesmärschen, Bad Arolsen 2010, http://findmittel.its-arolsen.org/SpInv_Todesmaersche/index.htm [21.2.2014].

163 Die Fehlanzeigen befinden sich in den Ordnern Tote 68-77 mit insgesamt ca. 3500 Blatt.

164 Somit ist nicht ausgeschlossen, dass einzelne Fragebögen nicht aufgefunden wurden und folglich nicht in die Statistik eingegangen sind. Allerdings dürfte es sich – wenn überhaupt – um minimale Anteile handeln, die die Ergebnisse der Auswertung nicht infrage stellen. Mittlerweile hat der ITS einen Großteil des Bestands unter https://digitalcollections.its-arolsen.org/0503 online gestellt.

165 Landrat von Berchtesgaden an Federico DiNapoli, Death Marches Branch, Italian Liaison Section, 1.4.1947, 5.3.3/84626329, ITS Digital Archive, Bad Arolsen.

166 Vgl. zum IIO zuletzt Sebastian Schönemann, Das Namensregister als Zeugnis. Zur kommemorativen Funktion früher Überlebenden-Suchdienste, in: Boehling/Urban/Bienert, Überlebende, S. 198–212, hier S. 200–205.

167 Im Februar 1946 hatte die Erzdiözese München und Freising in ihrem Amtsblatt die Seelsorgstellen ihres Bistums angewiesen, dem IIO Gräber von KZ-Häftlingen zu melden.

Als Antworten der Gemeinden wurden für die vorliegende Untersuchung nur die Fragebögen und Fehlanzeigen zum *Death March Programming* aus dem Frühjahr 1947 ausgewertet. Eine zeitliche Ausnahme bildet der Landkreis Fürstenfeldbruck. Die Fragebögen hierfür stammen bereits aus dem Jahr 1946, da das Zonensuchbüro dort schon eher für die Untersuchung zu den Todesmärschen von Kochendorf nach Dachau sowie von Hessental nach Allach tätig geworden war.[168]

2.3. Antworten zu Opfern und Augenzeugen

Insgesamt liegen mit 581 Dokumenten nur für knapp die Hälfte (49,83 %) aller Gemeinden im Regierungsbezirk Oberbayern Antworten zum *Death March Programming* vor (siehe Diagramm auf der folgenden Seite). Selbst wenn man nur diejenigen Landkreise einberechnet, in denen definitiv vom US-Zonensuchbüro nach Todesmärschen ermittelt wurde,[169] war die Rücklaufquote mit 65,22 % relativ niedrig. Allerdings verdeckt dieser aggregierte Wert, dass die Rückmeldungen der einzelnen Landkreise sehr polarisiert verteilt waren. So gibt es etliche Kreise mit einem Rücklauf von 90 bis sogar 100 %, mittlere Werte nur bei wenigen Kreisen, dafür einige mit Werten unter 20 %. Bei Letzteren fällt auf, dass dort fast keine Fehlanzeigen überliefert sind. Daher ist anzunehmen, dass auch in diesen Fällen zwar flächendeckend um Auskunft gebeten wurde, aber nur die positiven Rückmeldungen von den Gemeinden eingeschickt, von den Landratsämtern weitergeleitet oder vom ITS dokumentiert wurden. So reichte beispielsweise der Landrat von Fürstenfeldbruck die Fragebögen seines Landkreises mit der Bemerkung ein: „Von den übrigen Gemeinden wurden Fehlanzeigen erstattet."[170]

Materialien aus dem Rücklauf befinden sich in den Unterlagen des Programms „Attempted Identification of unknown Dead" beim ITS. Vgl. Amtsblatt der Erzdiözese München und Freising, Nr. 2, 27. 2. 1946, S. 25 f.

168 UNRRA US Zone, Bureau of Documents and Tracing, Staff Letter No. 4, Subject: Death March Programming, 11. 1. 1947, 6.1.1/82501739, ITS Digital Archive, Bad Arolsen. Die entsprechenden Fragebögen waren jedoch nach altem Schema gestaltet, sodass sie keine Fragen zu Augenzeugen enthielten.

169 Also unter Auslassung der genannten Landkreise, für die kein einziger Fragebogen vorliegt. Im Landkreis Berchtesgaden wurde aufgrund der Antwort des Landrats hier für jede Gemeinde ein Fragebogen als Fehlanzeige gezählt.

170 Landrat von Fürstenfeldbruck an Capt. Federico Di Napoli, Italian Liaison Officer, Betreff: Ausländersuchverfahren; Todesmärsche Kochendorf-Dachau und Hessental-Allach, 19. 12. 1946, 5.3.3/84626930, ITS Digital Archive, Bad Arolsen.

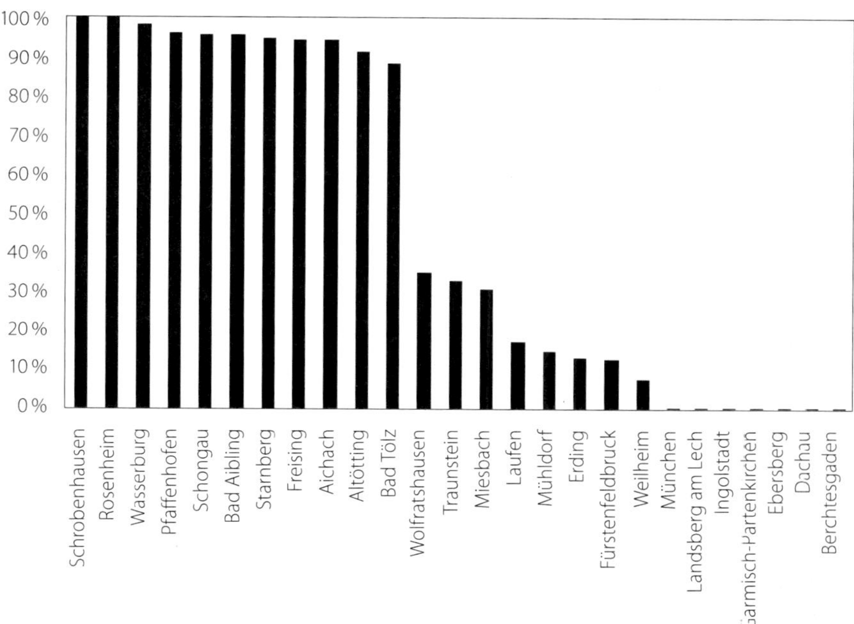

Von den Gemeinden Oberbayerns waren 166 nach eigenen Angaben von KZ-Räumungstransporten betroffen, was 27,57 % der *antwortenden* Ortschaften bzw. 14,24 % *sämtlicher* Gemeinden des Regierungsbezirks (inklusive derjenigen, für die keine Dokumente vorliegen) entspricht. Von diesen Ortschaften meldeten 88, also mehr als die Hälfte (53,01 %), dass innerhalb der Grenzen ihrer Gemeinde KZ-Häftlinge gestorben seien. Auf den gesamten Regierungsbezirk Oberbayern hochgerechnet gaben nur 8,15 % von selbst an, dass bei ihnen Häftlinge ums Leben gekommen seien.

Ein Abgleich mit anderen Quellen zeigt, dass die Angaben der Gemeinden nur wenig verlässlich waren. Aus etlichen Ortschaften wurden – aus Versehen oder willentlich – weder Todesmärsche noch tote KZ-Häftlinge, die bekanntermaßen in der eigenen Gemarkung ums Leben gekommen waren, an den Suchdienst gemeldet. So hatte etwa der Markt Wolfratshausen geantwortet, dass mit dem Todesmarsch aus dem KZ Dachau mehrere Tausend KZ-Häftlinge an zwei Tagen die Stadt durchquert hätten, wobei keiner ums Leben gekommen sei. Allerdings seien zur gleichen Zeit aus KZ-Zügen sieben Tote ausgeladen worden.[171] Nur ein Jahr zuvor jedoch hatte der Bürgermeister angegeben, dass zehn tote KZ-Häftlinge, die mit einem Transport durch die Stadt gekommen und dort gestorben seien, auf dem Friedhof begraben liegen würden.[172] Gänzlich unerwähnt blieben im Fragebogen zudem 55 KZ-Häftlinge, die nach ihrer Befreiung im Wolfratshausener Krankenhaus gestorben und auf dem örtlichen Friedhof begraben waren.[173]

Dass die Überlieferung durch die Unterlagen des Programms *Attempted Identification of unknown dead* in Bezug auf einzelne Ortschaften lückenhaft ist, zeigt sich am Beispiel des Dorfes Oberneukirchen im Landkreis Mühldorf. Im Zuge polizeilicher Ermittlungen im Jahr 1955 wurde festgestellt, dass auch diese Gemeinde von den Todesmärschen berührt worden war.[174] Im Mai 1945 hatte der örtliche Gendarmerie-Posten dem Landrat in Mühldorf die Exhumierung der Leiche eines KZ-Häftlings, die in einem nahe gelegenen Wald entdeckt worden war, mitsamt der aufgefundenen Häftlingsnummer gemeldet.[175] An das US-Zonensuchbüro wurden diese Informationen jedoch nicht weitergegeben. Für Oberneukirchen findet sich in den Unterlagen des International Tracing Service in Bad Arolsen weder ein Fragebogen noch ein Eintrag in der Auswertung der Landkreise, in welcher die Ergebnisse der Opfersuche zusammengefasst worden waren.[176] Ähnlich verhält es sich mit fünf erschossenen KZ-Häftlingen, die im August 1945 im Wald bei Ebersberg gefunden worden waren.[177] Diese waren ein Jahr nach der Tat gemeldet worden,[178] allerdings nicht im Rahmen des *Death March Programmings*.

171 Der Bürgermeister des Marktes Wolfratshausen: Bericht über den Durchmarsch des K.Z.-Lagers Dachau u. andere, 14. 4. 1947, 5.3.2/84606665–84606666, ebenda.

172 Gemeinde Wolfratshausen, Kategorie II, Formblatt 4, 8. 8. 1946, 5.3.2/84606668, ebenda.

173 Headquarters IRO ITS Area VII an U.S. Zone Tracing Officer, I.T.S., Area 2, Esslingen: Mass Grave, Community Kirchbichl, Death March Wolfratshausen – Bad Tölz, 21. 8. 1950, 5.3.3/84625501–84625503, ebenda.

174 Vernehmung von Johann Hauser*, Bayerische Landpolizei, Kriminal-Außenstelle Mühldorf, 11. 5. 1955, StAM, Staatsanwaltschaften 31500/5, Bl. 4.

175 Gendarmerie-Posten Oberneukirchen an den Landrat in Mühldorf, Betreff: Überführung eines unbekannten, toten KZ-Häftlings vom Eiglwald zum Friedhof in Oberneukirchen, 19. 5. 1945 (Abschrift vom 16. 5. 1955), ebenda, Bl. 3.

176 Landkreis Mueldorf [sic!], o. D. (vermutl. 1949), 5.3.2/84612227, ITS Digital Archive, Bad Arolsen.

177 Military Government Detachment I-361 Landkreis Ebersberg, War Diary, 1. 9. 1945, BayHStAM, OMGUS CO 475/4.

178 Gemeinde Ebersberg, Kategorie II, Formblatt 4, 20. 8. 1946, 5.3.1/84597662, ITS Digital Archive, Bad Arolsen.

Wie wenig verlässlich die in allen Dokumenten festgehaltenen Zahlenangaben sind, zeigt sich exemplarisch an den Unterlagen zu einem Massaker an KZ-Häftlingen, das KZ-Wachmannschaften im Mai 1945 in der Nähe des Dorfes Lauter im Landkreis Traunstein verübt hatten.[179] Die Zahlen aus den ersten Berichten stammen vom einzigen Überlebenden dieses Massenmords, dem zur Tatzeit 25-jährigen Polen Leo Neuman. Er hatte die Erschießung nur überlebt, weil er, verwundet zwischen zahlreichen Leichen liegend, von den Wachleuten für tot gehalten worden war. Neuman gab wenige Wochen später zu Protokoll, dass die Wachmannschaften eine kleinere Gruppe von fünf Gefangenen sowie eine größere von 80 Häftlingen kurz vor dem Eintreffen der US-Armee erschossen hätten.[180] Im ersten Bericht des *War Crimes Investigation Teams* zu dem Massaker bei Lauter wurde in der Folge eine Zahlenangabe von 84 Opfern festgehalten.[181] In der Bilddokumentation wiederum war mit Verweis auf die Angaben des Bürgermeisters die Rede von fünf Massengräbern mit insgesamt 58 Toten.[182] Auch dieser hatte bei seiner Aussage sehr vage Angaben gemacht, was die Bestattung der „approximately 63 bodies“ betraf.[183] So konnte auch die „Beratungs- und Betreuungsstelle für reichsdeutsche K.Z. Häftlinge“ in Vorbereitung einer Exhumierung und Beisetzung der Toten im Herbst 1945 nur „von ungefähr 65 ermordeten K.Z. Häftlingen in Lauter“ ausgehen.[184] Bei der Exhumierung wurde erstmals eine genaue Zahl von 66 Leichen festgestellt.[185] In der Gemeindeverwaltung von Surberg waren diese Informationen jedoch anscheinend nicht angekommen. Als zwei Jahre später der Suchdienst im Rahmen des *Death March Programming* per Fragebogen nach Opfern der Todesmärsche suchte, antwortete die Gemeinde ungenau und

179 Vgl. hierzu auch Greiser, Todesmärsche, S. 177.

180 Sworn Statement of Leo Neuman, Headquarters 7th Army, Judge Advocate Section, War Crimes Branch, XV Corps Detachment, 8. 6. 1945, NARA, RG 549, „Cases not tried“, Box 475, 000-12-244, unpag.

181 Headquarters 7th Army, Judge Advocate Section, War Crimes Branch, XV Corps Detachment an Commanding General, 7th US Army, Judge Advocate Section, War Crimes Branch, Subject: Report of Alleged War Crime, 13. 6. 1945, ebenda.

182 Vgl. die Bilder samt Erläuterungen vom 10. 6. 1945, ebenda.

183 Sworn Statement of Joseph Schmid, Headquarters 7th Army, Judge Advocate Section, War Crimes Branch, XV Corps Detachment, 10. 6. 1945, ebenda: „I saw in and around Geiernest over sixty dead bodies [...]. I saw at least another fifty dead bodies.“

184 Beratungs- und Betreuungsstelle für reichsdeutsche K.Z. Häftlinge Traunstein an Dr. Husaareg, Leiter der Identifizierungsabteilung im Lager Dachau, Betr.: Exhumierung von ungefähr 65 ermordeten K.Z. Häftlingen in Lauter, 27. 10. 1945, 5.3.1/84599445, ITS Digital Archive, Bad Arolsen.

185 Beratungs- und Betreuungsstelle für reichsdeutsche K.Z. Häftlinge Traunstein, 15. 11. 1945, 5.3.1/84601576, ebenda.

mit einer zu niedrigen Schätzung, es seien die „etwa 60 Tote" in einem Ehrenhain beigesetzt worden.[186] Somit ging aufseiten des Suchdienstes diese Zahl und nicht die korrekt ermittelte von 66 Opfern in die Zusammenfassung der Ergebnisse ein. Außerdem führten die verschiedenen Ortsbezeichnungen (Surberg/Lauter) zu Konfusionen, sodass das Massaker in der Zusammenstellung erneut aufgeführt wurde, allerdings mit einer unbekannten Zahl von Opfern.[187]

Insgesamt hatten die Gemeinden Oberbayerns im Frühjahr 1947 dem US-Zonensuchbüro 601 Todesopfer der Evakuierungstransporte gemeldet. Allerdings war diese Zahl viel zu niedrig gegriffen. Zählt man alleine die Dokumente, die der Suchdienst für die versuchte Identifizierung in den 1950er-Jahren sammelte, hinzu, ergibt sich bereits eine Zahl von 889 Toten. Und auch dabei handelt es sich um einen Minimalwert, bei dem weitere Quellen, die dem ITS nicht zur Verfügung standen, nicht berücksichtigt sind. Eine genaue Zahl der Todesmarschopfer in Oberbayern wird sich vermutlich nie feststellen lassen, liegt aber – wie noch zu zeigen sein wird – weit darüber.

Da insbesondere der Frage nach den Reaktionen seitens der deutschen Verwaltungen nachgegangen werden soll, wurde in der vorliegenden Auswertung das Antwortverhalten der Gemeinden zur Frage nach Zeugen der Todesmärsche erhoben. Um die verschiedenen Angaben quantifizieren zu können, wurde ein Kategoriensystem entwickelt. Dieses differenziert die Antworten danach, ob erstens entweder explizit angegeben wurde, es seien *keine* Zeugen der Geschehnisse vorhanden, es seien zweitens *alle* Einwohner der Gemeinde Augenzeugen der Todesmärsche geworden oder ob drittens *einzelne* Personen namentlich genannt worden sind.[188]

Statistisch zeigt sich, dass die große Mehrheit (57,23 %) der Gemeinden, die sich zur Frage der Augenzeugen äußerten, tatsächlich Namen an den Suchdienst meldete. Oftmals wurden Einwohnerinnen und Einwohner genannt, die das Geschehen beobachtet hatten oder von denen bekannt war, dass Kolonnen von Häftlingen auf ihrem Grundstück übernachtet hatten.[189] In vielen Fällen beschränkten sich

186 Gemeindeverwaltung Surberg an das Landratsamt (Ausländerbetreuung) Traunstein, Betrifft: Todesmarsch, 9. 4. 1947, 5.3.1/84601573, ebenda.

187 Landkreis Traunstein, o. D. (vermutl. 1949), 5.3.2/84612365, ebenda.

188 In Einzelfällen wurden die Kategorien doppelt vercodet, wenn mehrere sich widersprechende Fragebögen zu einer Gemeinde oder widersprüchliche Angaben in einem Dokument vorlagen. Die Beispiele zu den verschiedenen Kategorien stellen eine Auswahl dar.

189 Landpolizei Oberbayern, Posten Kirchweidach, Bezirk Altötting, Betrifft: Todesmarsch Regensburg-Laufen, 23. 2. 1947, 5.3.1/84599196, ITS Digital Archive, Bad Arolsen; Bürgermeister der Gemeinde Niederbergkirchen an den Landrat Mühldorf a. Inn, Betreff: Todesmarsch Regensburg-Laufen, 18. 3. 1947, 5.3.1/84600316, ebenda.

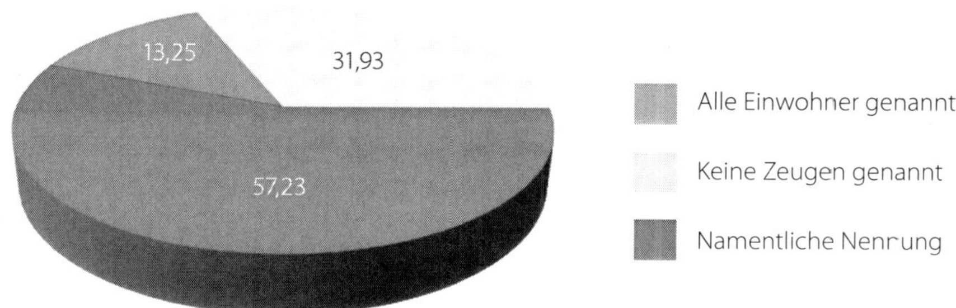

die Angaben jedoch auf ehemalige Amtsträger wie Bürgermeister,[190] Polizisten,[191] Gemeindeschreiber[192] oder – wenn die Evakuierungstransporte per Zug den Ort durchquert hatten – Bahnpersonal.[193] Einerseits hatten diese Personen tatsächlich durch die unmittelbare Involvierung in das Geschehen mehr Informationen erlangt als viele andere Einwohnerinnen und Einwohner. So hatten die häufig genannten Pfarrer[194] oder Totengräber[195] bei Bestattungen direkten Kontakt mit zurückgelassenen Leichen gehabt. Die Nennung von Amtsträgern lag für die Antwortenden auf der Hand, weil diese durch ihre (früheren) Funktionen ohnehin

190 Bürgermeister der Gemeinde Egglkofen, Betreff: Todesmarsch Regensburg-Laufen, 17. 3. 1947, 5.3.1/84597705, ebenda; Pöttmes, Betrifft: Todesmarsch, o. D. (vermutl. 1947), 5.3.1/84600744, ebenda.

191 Bürgermeister von Reichersbeuern an den Landrat des Kreises Tölz, Betreff: Todesmarsch von KZler durch den Ort Reichersbeuern, 14. 4. 1947, 5.3.1/84600853, ebenda.

192 Landpolizei Oberbayern, Posten Reischach, Bezirk Altötting, Betrifft: Todesmarsch Regensburg-Laufen, 22. 2. 1947, 5.3.1/84600888, ebenda.

193 Gemeindeverwaltung Icking, Betrifft: Todesmarsch, 9. 4. 1947, 5.3.1/84598935, ebenda; Landpolizeiposten Marktl a. Inn, Betrifft: Todesmarsch Regensburg-Laufen, 24. 2. 1947, 5.3.1/84599811, ebenda; Gemeindeverwaltung Bad Heilbrunn, Betreff: Todesmarsch, hier Eisenbahntransporte Richtung Wolfratshausen, Bad Heilbrunn, Bichl, Tutzing, Tirol, o. D. (vermutl. 1947), 5.3.1/84596975, ebenda.

194 Bürgermeister von Bernau am Chiemsee an das Landratsamt Rosenheim, Betrifft: Todesmarsch, 19. 4. 1947, 5.3.1/84597148–84597149, ebenda; Bürgermeister von Gosseltshausen, Betrifft: Todesmarsch, Durchmarsch von Gefangenentransporten, o. D. (vermutl. April 1947), 5.3.1/84598253, ebenda.

195 Bürgermeister von Lohkirchen an das Landratsamt Mühldorf, Betreff: Todesmarsch Regensburg-Laufen, 26. 3. 1947, 5.3.1/84599598, ebenda; Bürgermeister von Gauting an das Landratsamt Starnberg, Betrifft: Todesmarsch, 29. 4. 1947, 5.3.1/84598092, ebenda.

ortsbekannt waren. Andererseits konnte eine direkte Benennung dieser Personen auch eine Distanzierung der lokalen Bevölkerung von den Verbrechen bewirken, weil man sich somit ersparte, weitere Teile der Einwohnerschaft mit den Todesmärschen in Verbindung zu bringen. Schließlich waren die Folgen einer namentlichen Nennung von Gemeindeangehörigen unabsehbar, und es bestand die Möglichkeit, dass diese als nunmehr bekannte „Experten“ auch zukünftig Auskunft über die Verbrechen vor ihrer Haustür geben mussten. Dabei konnte man es nicht nur mit den Suchdiensten, sondern unter Umständen auch mit Polizei und Staatsanwaltschaft zu tun bekommen.[196] So wurden einzelne Bewohner von Degerndorf im Landkreis Wolfratshausen beziehungsweise deren Familienangehörige zunächst 1945 im Dachau-Prozess vorgeladen,[197] 1947 im Antwortschreiben der Gemeinde zum *Death March Programming* des US-Zonensuchbüros angeführt[198] und schließlich 1955 von der deutschen Kriminalpolizei abermals zur Ermordung von KZ-Häftlingen in ihrem Ort vernommen.[199]

In zahlreichen Fällen wurden Augenzeugen namentlich benannt, bei denen es sich nicht um Angehörige der eingesessenen Dorfbevölkerung handelte, sondern um ehemalige KZ-Häftlinge, die die Todesmärsche überlebt hatten.[200] So

196 So etwa in Sünzhausen, wo ein Einwohner im Fragebogen genannt und daraufhin 1968 von der Kriminalpolizei vernommen wurde. Staatsanwaltschaft LG München II an Bayerisches LKA, 9. 7. 1968, StAM, Staatsanwaltschaften, 34724, Bl. 58.

197 Vernehmung von Moritz Sappl, US vs. Martin Gottfried Weiss et al. (000-50-2), 26. 11. 1945, Trial Transcripts Vol. 3, BayHStAM, OMGUS Dachauer Kriegsverbrecherprozesse 1/2, Roll 2, Target 5; Vernehmung von Gertrude Ehmann, US vs. Martin Gottfried Weiss et al. (000-50-2), 26. 11. 1945, ebenda. Auch in Loibersdorf/Herbstham tauchte der Name eines Bauern in den Ermittlungen eines US-amerikanischen War Crimes Investigation Teams, dem Fragebogen des Suchdienstes und der Kriminalpolizei auf. German handwritten statement of Gefreiter Hans Elias, WCIT 6833, 1. 8. 1945, NARA, RG 549, „Cases not tried“, Box 494, 000-12-500, unpag.; Gemeinde Titlmoos, Betrifft: Todesmarsch, 5. 4. 1947, 5.3.1/84599606, ITS Digital Archive, Bad Arolsen; Vernehmung von Johann Rehleitner*, Bayerische Landpolizei, Kriminalaußenstelle Mühldorf, 13. 4. 1955, StAM, Staatsanwaltschaften, 31500/4, Bl. 8.

198 Bürgermeister der Gemeinde Degerndorf, Betrifft: Todesmarsch durch die Gemeinde Degerndorf, 2. 4. 1947, 5.3.2/84602524, ITS Digital Archive, Bad Arolsen.

199 Vernehmung von Josef Darchinger, Bayerische Landpolizei, Kriminal-Außenstelle Bad Tölz, 4. 3. 1955, StAM, Staatsanwaltschaften 34489, unpag.; Vernehmung von Moritz Sappl, Bayerische Landpolizei, Kriminal-Außenstelle Bad Tölz, 4. 3. 1955, ebenda.

200 Landpolizei Oberbayern, Posten Bergen an das Landratsamt Traunstein, Betrifft: Todesmarsch, 9. 4. 1947, 5.3.1/84597114, ITS Digital Archive, Bad Arolsen; Gemeinderat Kreuth, Betr.: Todesmärsche aus K-Z-Lagern, 15. 4. 1947, 5.3.1/84600900, ebenda; Bürgermeister der Gemeinde Bad Wiessee an das Landratsamt Miesbach, Betr.: Todesmärsche aus KZ-Lagern, 23. 4. 1947, 5.3.3/84626288, ebenda.

nannte der Bürgermeister von Tacherting (Landkreis Traunstein) neben dem Namen einer Einwohnerin diejenigen von zwei polnischen Juden, die sich „in Tacherting bis zum Einmarsch der Amerikaner versteckten und bis August 1945 hier aufhielten“.[201] Garching an der Alz und Burghausen im Landkreis Altötting benannten nicht nur Überlebende, die in den Orten wohnten, sondern verwiesen zudem auf Zeugen im DP-Camp „Bayerischer Hof“ in Altötting.[202] Dort sollten „ebenfalls 5 ehem. Häftlinge wohnen, die den Marsch mitgemacht haben. Die Namen dieser Leute konnten jedoch nicht ermittelt werden.“[203] Mitunter war auf den Fragebögen gar nicht vermerkt worden, dass es sich bei den Genannten um Überlebende der Märsche handelte.[204] Die Nennung ehemaliger Häftlinge war einerseits sinnvoll, da diese über viele Aspekte der Todesmärsche, die den Suchdienst interessierten, tatsächlich besser Auskunft geben konnten als die Einheimischen, etwa was die Route oder die Identität von Mitgefangenen beziehungsweise Todesopfern betraf. Auf der anderen Seite war auch diese Antwortpraxis aus Sicht der Gemeinde eine bequeme Lösung, weil man mit der Verortung des Expertenwissens aufseiten der Opfer abermals die lokale Bevölkerung aus der Schusslinie nahm und das Bild bestärkte, von den Einheimischen habe kaum jemand etwas mit den Transporten zu tun gehabt.

Diese Darstellung wurde manifest, wenn angegeben wurde, es könne niemand genannt werden, der oder die zum Tatgeschehen Auskunft geben könne. 31,93 % der Gemeinden gaben diese Antwort. In vielen Fällen geschah dies mit einem knappen „Nein“[205] beziehungsweise „Unbekannt“,[206] einem Schrägstrich[207]

201 Bürgermeister der Gemeinde Tacherting an das Landratsamt Traunstein, Betreff Todesmarsch, 14. 4. 1947, 5.3.1/84601620, ebenda.

202 Landpolizeiposten Garching an der Alz, Betrifft: Todesmarsch Regensburg-Laufen, 23. 2. 1947, 5.3.1/84598076, ebenda.

203 Bürgermeister von Burghausen, Betrifft: Todesmarsch Regensburg-Laufen, 26. 2. 1947, 5.3.1/84597431, ebenda.

204 Gemeinde Kling, Betrifft: Todesmarsch K.Z. aus Nordhausen, 31. 3. 1947, 5.3.1/84599227, ebenda. Dass es sich bei den beiden als Zeugen Angeführten um ehemalige Häftlinge handelte, konnte hier nur durch einen Abgleich mit anderen Quellen festgestellt werden, was für den Suchdienst sicher nicht ersichtlich war. WCIT 6833, Third U.S. Army (J.A. Sec.) an Commanding General, Third U.S. Army, Report of Investigation of Alleged War Crime, 4. 8. 1945, NARA, RG 549, „Cases not tried“, Box 494, 000-12-500, unpag.

205 Bürgermeister von Palzing, Betrifft: Todesmarsch, 1. 4. 1947, 5.3.1/84600599, ITS Digital Archive, Bad Arolsen.

206 Bürgermeister von Krailling, Betrifft: Todesmarsch – Gefangene aus dem Lager Dachau, 1. 4. 1947, 5.3.1/84599293, ebenda.

207 Gemeinde Winden, Betrifft: Todesmarsch, o. D. (vermutl. April 1947), 5.3.1/84602291, ebenda.

oder schlicht durch Auslassung.[208] Häufig sah man sich genötigt, wortreich zu erklären, wieso man zwar Auskunft zu den anderen Fragen geben, aber keine Quellen für diese Informationen nennen könne. In Oberaudorf (Landkreis Rosenheim) antwortete der Gemeinderat auf die Fragen nach Augenzeugen eines Zugtransports von KZ-Häftlingen: „15. Angehörige dieses Zuges sind in der hiesigen Gemeinde nicht vorhanden. 16. [die Frage nach Namen und Adressen] entfällt daher."[209] Hier zeigt sich abermals die Deutung, nach der nur die Opfer über das Geschehen hätten Auskunft geben können, nicht aber die lokale Bevölkerung, die damit im Fragebogen unsichtbar gemacht wurde.

Ähnlich antwortete der Chef des Landpolizeipostens Obing im Landkreis Traunstein. Er wusste zwar genau über die Marschrichtung und Personenzahl eines Todesmarschs durch Obing zu berichten, betonte aber zugleich: „Augenzeugen, die über derartige Transporte und Marschgruppen Auskunft geben könnten, sind nicht vorhanden."[210] Und hinsichtlich eines von ihm gemeldeten Häftlingstransports durch die benachbarte Gemeinde Albertaich vermerkte er zu möglichen Zeugen lediglich: „Aussage eines ehemal. KZ.lers, dessen Name und Anschrift unbekannt ist."[211] In der Gemeinde Dorfen (Landkreis Altötting) rechtfertigte sich der Gemeinderat, es seien deshalb keine Augenzeugen vorhanden, weil der Transport in der Nacht und auf einer Straße außerhalb der Gemeinde erfolgt sei. Dafür verwies man auf einen namentlich nicht genannten Einwohner einer anderen Gemeinde, bei dem der Transport Rast gemacht habe. Der Bauer, so wusste man zu berichten, sei in Konflikt mit der Wachmannschaft geraten, weil diese kein Wasser an die Häftlinge verteilten wollte.[212] Auch in Hohenbercha nannte man zwar keine Zeugen, versuchte aber gleichzeitig, die Hilfsbereitschaft der Bevölkerung zu betonen. Es könne niemand über den Todesmarsch aussagen, „jedoch über die Häftlinge, da viele in unserer Gemeinde tagelang verpflegt und beherbergt worden sind".[213] Ein anderer Bürgermeister erklärte, der Transport

208 Gemeinde Oberlauterbach, Betrifft: Todesmarsch, o. D. (vermutl. April 1947), 5.3.1/84600454, ebenda.

209 Gemeinderat Oberaudorf an das Landratsamt Rosenheim, 19. 4. 1947, 5.3.1/84600404, ebenda.

210 Landpolizei Oberbayern, Posten Obing, Bezirk Traunstein an das Landratsamt Traunstein, Betreff: Todesmarsch, 12. 4. 1947, 5.3.1/84600539, ebenda.

211 Landpolizei Oberbayern, Posten Obing, Bezirk Traunstein an das Landratsamt Traunstein, Betreff: Todesmarsch, 12. 4. 1947, 5.3.1/84600541, ebenda.

212 Gemeinde Dorfen an das Landratsamt Altötting, Betreff: Todesmarsch Regensburg-Laufen, 23. 2. 1947, 5.3.1/84597592, ebenda.

213 Bürgermeister von Hohenbercha, Betrifft: Todesmarsch, o. D. (vermutl. April 1947), 5.3.1/84598794, ebenda.

von ca. 150 KZ-Häftlingen sei in seiner kleinen Gemeinde in den Wirren des Kriegsendes unbeachtet geblieben. Es seien bis auf einen Bauern, dessen Pferdewagen während des Transports mitgenommen worden sei, keine Zeugen „aufzutreiben, da in derselben Zeit alle Bauern so viele Einquartierungen hatte[n], daß sie sich um durchziehende Transporte nicht kümmern konnten“.[214] Der Bürgermeister von Moorenweis hingegen betonte, die SS-Wachmannschaft habe keine Zeugen geduldet, sodass man erst einen Tag nach dem Transport mitbekommen habe, dass „wahrscheinlich 1 bis 2 Gefangene“ außerhalb des Ortes von Mithäftlingen begraben worden seien.[215] In diesem Fall erklärte man sogar vorauseilend, dass es keine Augenzeugen gäbe, obwohl in den Fragebögen des Landkreises Fürstenfeldbruck nach solchen überhaupt nicht gefragt worden war.

In 13,25 % der Antworten wurde ausgesagt, sämtliche Einwohnerinnen und Einwohner der jeweiligen Gemeinde seien Augenzeuge der Todesmärsche geworden. So notierte beispielsweise der Chef der Landpolizei in Attenkirchen (Landkreis Freising): „Die bezeichneten Transporte wurden von der gesamten Einwohnerschaft gesehen.“[216] Und aus Feichten im Kreis Altötting vermeldete man: „Den Transport hat jedermann gesehen.“[217] Angaben dieser Art verdeutlichen eindrucksvoll, vor welch breiter Zuschauerschaft die Evakuierungstransporte stattfanden und dass es insbesondere in kleinen Gemeinden fast unmöglich war, von dem Geschehen nichts mitzubekommen. Damit stehen sie diametral den Aussagen gegenüber, dass niemand aus der Gemeinde als Augenzeuge benannt werden könne. So ist fraglich, warum etwa im Landkreis Freising in der Gemeinde Thonstetten die gesamte Bevölkerung,[218] im nicht einmal fünf Kilometer entfernten Niederambach hingegen angeblich niemand die Todesmärsche gesehen haben soll.[219] Eine ähnliche Konstellation zeigt sich zwischen dem Dorf Jarzt, wo „die Bevölkerung von der Gemeinde“ kollektiv als Augenzeuge angegeben wurde[220] und dem knapp vier Kilometer entfernten

214 Bürgermeister der Gemeinde Wang, Betrifft: Todesmarsch, 5. 4. 1947, 5.3.1/84602058, ebenda.
215 Gemeinde Moorenweis an den Landrat Fürstenfeldbruck, Betr.: Ausländersuchverfahren, 29. 11. 1946, 5.3.1/84600016, ebenda.
216 Landpolizei Oberbayern, Posten Attenkirchen, Bezirk Freising, Betrifft: Todesmarsch, 1. 4. 1947, 5.3.1/84596913, ebenda.
217 Gemeinde Feichten, Betrifft: Todesmarsch Regensburg-Laufen, 22. 2. 1947, 5.3.1/84597890, ebenda.
218 Bürgermeister von Thonstetten, Betrifft: Todesmarsch am 26. und 28. April 1945, 30. 3. 1947, 5.3.1/84601690, ebenda.
219 Gemeinde Niederambach, Betrifft: Todesmarsch, 8. 4. 1947, 5.3.1/84600314, ebenda.
220 Bürgermeister von Jarzt, Betrifft: Todesmarsch, 10. 4. 1947, 5.3.1/84599007, ebenda.

und genauso großen Hohenbercha, wo wie oben angeführt keine Zeugen zum Todesmarsch genannt wurden. Allerdings liegt Hohenbercha auch nicht direkt an der Landstraße, was diese Aussage etwas glaubwürdiger erscheinen lässt und zeigt, dass auch die topografischen Gegebenheiten in die Beurteilung der Fragebögen einbezogen werden müssen. In diesem Sinne differenzierten andere Gemeinden die kollektiv-anonymen Angaben, indem sie behaupteten, Zeugen des Geschehens seien nur die Bewohner der Straße, auf der sich der Marsch bewegt habe,[221] oder diejenigen, die zum Zeitpunkt seines Durchzugs vor Ort gewesen seien.[222]

Die kollektive Nennung vieler oder aller Einwohnerinnen und Einwohner erfüllte allerdings auch die Funktion, keine Einzelpersonen als potenzielle Ansprechpartner mehr namentlich benennen zu müssen. So vermerkte der Stadtrat von Neuötting lapidar zu den Fragen nach Augenzeugen: „Ein großer Teil der Bevölkerung. Einzelne Namen nicht bekannt."[223] Im Fragebogen aus Bad Tölz wird das Bestreben, keine weiteren Auskünfte geben zu müssen, besonders deutlich. Hier hieß es pauschal: „Personen, die Augenzeugen waren, sind genügend bekannt, jedoch könnten dieselben kaum weitere Angaben machen."[224]

2.4. Auswertung durch die Suchdienste

Im Zuge der Ermittlungen wurde schnell klar, dass das ursprüngliche *Death March Programming* in der US-Zone, in dem 21 Märsche ganz oder teilweise zu untersuchen waren, noch viel zu knapp bemessen war. Schon Ende 1947 konnte man 22 weitere Todesmärsche benennen, die im betreffenden Gebiet stattgefunden hatten.[225] Einer davon, der vollständig durch den Regierungsbezirk Oberbayern geführt hatte, war der Todesmarsch von Dachau nach Bad Tölz. Im Oktober 1947 war ein erster Report dazu erstellt worden, aus dem sich exemplarisch die Arbeitsweise des Suchbüros nach Erhalt der Fragebögen

221 Bürgermeister von Sünzhausen, Betreff: Todesmarsch, o. D. (vermutl. April 1947), 5.3.1/84601571, ebenda.

222 Gemeinde Oberhummel, Betrifft: Todesmarsch, 21. 4. 1947, 5.3.1/84600439, ebenda.

223 Stadtrat Neuötting, Betrifft: Todesmarsch Regensburg-Laufen, 21. 2. 1947, 5.3.1/84600297, ebenda.

224 Bürgermeister von Bad Tölz an das Landratsamt Tölz, Betreff: Todesmarsch, 16. 4. 1947, 5.3.1/84597011, ebenda. Ähnlich auch Bürgermeister von Greiling, Betreff: Todesmarsch von Kz. Angehörigen, o. D. (vermutl. April 1947), 5.3.1/84598297, ebenda: „Namentliche Zeugen können nicht angeführt werden, trotzdem war aber der Großteil der Bevölkerung aus der Gemeinde Zeuge von diesem Marsch."

225 Death Marches in the US Zone, 1. 12. 1947, 5.3.3/84629910, ebenda.

rekonstruieren lässt. Für diesen Bericht hatte sich das Suchbüro an den Aussagen von Überlebenden der Märsche orientiert, die dann mit den Angaben der Gemeinden zusammengeführt wurden. Grundlage war eine vom IIO Dachau herausgegebene Broschüre, in der ehemalige Häftlinge mit Aussagen über den Todesmarsch in Richtung der Alpen zitiert wurden.[226] Anhand ihrer Angaben wurde die Marschroute rekonstruiert, verkartet und in einer Tabelle mit den Antworten aus den Fragebögen verknüpft. Zur jeweiligen Ortschaft wurden die Stärke des Transports, das Datum des Durchzugs, die Anzahl der Todesopfer, Marschrichtung, Augenzeugen und sonstige Hinweise notiert.[227] In einer weiteren Aufstellung wurden die Todesopfer, die von den Überlebenden und den Gemeinden gemeldet worden waren, aufgelistet, wenn möglich mit Angaben zur Identität, also mit Namen, Haftnummern oder jeweiliger Nationalität.[228] Insgesamt wurden so 287 Tote auf dem Todesmarsch zwischen Dachau und Bad Tölz gezählt, von denen man 47 Namen, 45 Haftnummern und in 22 Fällen zumindest die Nationalität feststellen konnte.[229]

Bis Dezember 1947 hatte der Suchdienst in der US-amerikanischen Besatzungszone insgesamt 4682 Opfer von elf Todesmärschen ermittelt. Von diesen waren 3207 nicht identifiziert.[230] Wenige Jahre später listete der ITS im Rahmen des Programms *Attempted Identification of unknown Dead* allein für den Regierungsbezirk Oberbayern eine erschütternde Gesamtzahl von 9802 aufgefundenen Todesopfern aus Konzentrationslagern auf. Bei 8084 von ihnen war weder Name noch Haftnummer bekannt.[231] Damit war im Regierungsbezirk Oberbayern mehr als die Hälfte der insgesamt vom ITS gezählten 16941 KZ-Opfer in Bayern gefunden worden.[232]

226 International Information Office for the former Conc. Camp Dachau: The march of Death Dachau-Tyrol, Mai 1946, 5.3.3/84629740–84629754, ebenda.

227 Death March Dachau-Bad Tölz, 29. 10. 1947, 5.3.3/84629710–84629713, ebenda.

228 Convoy Dachau-Bad Tölz, 29. 10. 1947, 5.3.3/84629715–84629718, ebenda.

229 Graves of CC inmates deceased in the Death March Dachau-Bad Tölz, 29. 10. 1947, 5.3.3/84629714, ebenda. Der Suchdienst ging hier von insgesamt 987 Todesopfern aus, da er der Darstellung eines Überlebenden folgte, der angab, bei Beuerberg seien 700 KZ-Häftlinge von der SS verbrannt worden. Allerdings finden sich dafür keine weiteren Belege.

230 Graves of CC inmates deceased in Death Marches in US Zone, 1. 12. 1947, 5.3.3/84629907, ebenda.

231 Errechnet aus der Aufstellung US-Zone/Oberbayern, o. D. (vermutl. 1950/1951), 5.3.2/84611666–84611679, ebenda. Dabei handelt es sich zu großen Teilen, aber nicht ausschließlich um Opfer der Todesmärsche, da auch Friedhöfe in der Nähe ehemaliger Konzentrations- bzw. Außenlager mit einbezogen worden waren.

232 Errechnet aus der Aufstellung US-Zone, o. D. (vermutl. 1950/1951), 5.3.2/84611666–84611714, ebenda.

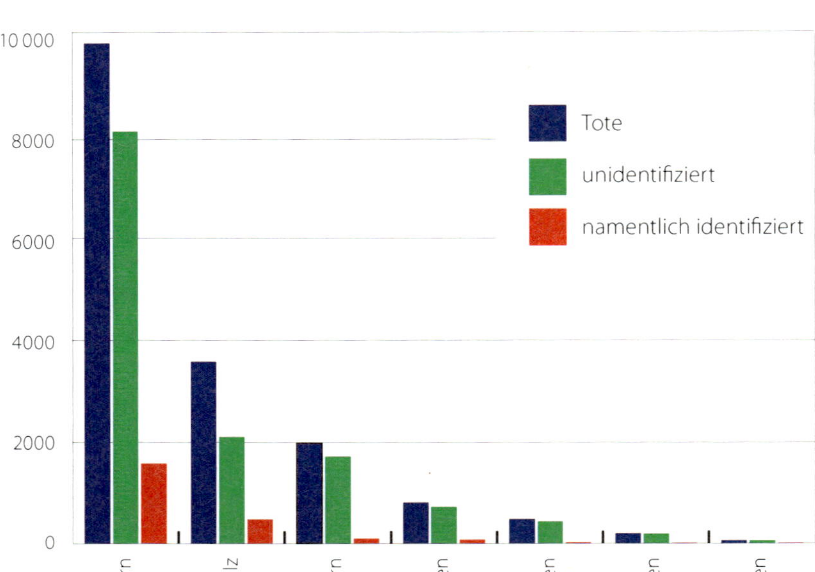

Wie eingangs erwähnt, wurde das Programm *Attempted Identification* Mitte 1951 abgebrochen. Zu diesem Zeitpunkt hatte der Suchdienst 1435 von 2682 festgestellten Haftnummern dechiffriert. Problematisch war jedoch die auch bei eindeutiger Zuordnung von Nummer und Name ausgesprochen uneindeutige Beweislage. Denn selbst in den Fällen, in denen die Haftnummer eines oder einer Toten erstens vor der Bestattung seitens der Gemeinden notiert, zweitens an den ITS weitergegeben wurde und drittens von diesem oder den Suchdiensten anderer Länder eine Übereinstimmung mit den vorhandenen Unterlagen zu KZ-Häftlingen festgestellt werden konnte, waren die Aussagen zur Identität vage und mussten gegebenenfalls nachträglich korrigiert werden.

So hatte man beispielsweise in Waakirchen, einer der letzten Stationen des Todesmarschs von Dachau nach Bad Tölz, mehrere Nummern notiert, zu denen das *International Information Office Dachau* bereits 1945 konstatierte, nur mit sehr geringer Wahrscheinlichkeit seien „die Leute mit diesen Nummern als tot zu erklären“.[233] Dennoch findet sich der Versuch der Identifizierung mit den

233 IIO Dachau an die Gemeindeverwaltung Waakirchen, Betr.: Todesanzeigen von Häftlingen ehem. KZ-Lager, Identifizierung, 8. 3. 1946, 5.3.2/84606226, ebenda.

vom IIO genannten Namen in den Unterlagen des Programms „Attempted Identification“.[234] Allerdings wurde auch hier im Nachhinein festgestellt, dass eine der Übereinstimmungen korrigiert werden musste, weil man herausgefunden hatte, dass einer der vermeintlich Identifizierten 1948 noch am Leben war.[235]

In den 1950er-Jahren zog man seitens des ITS das ernüchternde Resümee, man habe den Versuch der Identifizierung der Todesmarschopfer beendet, „weil die Risiken einer Identifizierung nur nach aufgefundenen Nummern ohne jeden weiteren Anhaltspunkt zu groß sind und besonders im Hinblick darauf, daß niemals genau festgestellt werden kann, von welchem der vielen Konzentrationslager die gefundenen Häftlingsnummern ausgegeben wurden“.[236]

Aus diesen Beweggründen wurde ein Vorhaben beendet, das sowohl in seinen Methoden, in der schieren Menge an erhobenen Daten sowie – bei allen Einschränkungen und Problemen – auch in seinen Ergebnissen als einmalig bezeichnet werden kann. Um dies zu akzentuieren und das Bild zu vervollständigen, soll abschließend ein Blick in die Sowjetische Besatzungszone und die dortigen Versuche der Identifizierung von Todesmarschopfern geworfen werden. Ausgangspunkt ist abermals die Überlieferung des International Tracing Service.

2.5. Exkurs: Opfersuche in der Sowjetischen Besatzungszone

Nicht nur in den westlichen Besatzungszonen, auch in der SBZ wurde nach Opfern der Todesmärsche gesucht. Da die Sowjetunion im Zuge des beginnenden Kalten Kriegs aus der gemeinsamen Suchdienstarbeit ausgeschieden und nicht mehr Teil der 1947 gegründeten IRO war,[237] fand jedoch seitens des ITS in der Sowjetischen Besatzungszone keine mit den Erhebungen in den Westzonen vergleichbare Suche nach Opfern und Grabstätten statt. Die beim ITS überlieferten Unterlagen zu Todesmärschen auf dem Gebiet der SBZ sind daher quantitativ und qualitativ weitaus schmaler, ausgesprochen fragmentarisch und teilweise fehlerhaft. Einige fanden nur auf Umwegen, durch den interzonalen Austausch zwischen Überlebendenorganisationen im ersten und zwischen

234 ITS Records Branch, Attempted Identification of Unknown Dead, Cemetery Waakirchen, o. D. [1950], 5.3.2/84617775–84617788, ebenda.

235 Gerichtsgefängnis Miesbach an ITS HQ, 2. 9. 1950, 5.3.2/84617788, ebenda.

236 ITS an Bayerisches Landeskriminalamt, Betrifft: Erschießung von KZ-Häftlingen im Raum Landshut-Langenbach, o. D. (vermutl. 1955/1956), USHMM, ITS Digital Collection, 1.1.0.7, Ordner 56 (Evakuierungstransporte), 87766846.

237 Schönemann, Untersuchungstätigkeit, S. 30.

westdeutschen VVN-Gruppen mit dem ITS im zweiten Schritt, den Weg in diese Bestände.[238]

In Einzelfällen wurden ausführliche Dokumentationen zu Todesmärschen auf dem Territorium der SBZ in die Unterlagen des Suchdienstes aufgenommen. So standen der Dessauer „Beauftragte für die Gräberfürsorge von Bürgern der Vereinten Nationen", Henri Bornhauser, sowie dessen Frau Hertha zwischen 1948 und 1950 im regen Austausch mit dem ITS. Die Bornhausers fuhren die Strecken zweier Todesmärsche (von Staßfurt nach Annaberg sowie von Halberstadt nach Borstendorf) ab und berichteten aus jeder durchquerten Gemeinde in Sachsen-Anhalt und Sachsen über dort vorliegende Erkenntnisse zu den Todesmärschen, deren Opfer und ihren Grabstätten sowie Augenzeuginnen und -zeugen.[239] Diese Dokumentation ist im Ergebnis durchaus mit dem vorgestellten *Death March Programming* vergleichbar, wenngleich die persönliche Befragung in Ortschaften entlang der Routen eine ganz andere Methode darstellte als die Erhebung auf Kreisebene durch standardisierte Fragebögen. Offenbar erhielten die Bornhausers in den meisten Ortschaften die gesuchten Auskünfte, die dann – allerdings recht unkritisch – in eigenen Worten an den ITS weitergegeben wurden. Nur in Einzelfällen vermerkten sie, dass sich etwa im sächsischen Lommatzsch zur Frage nach der Identität von zwei toten Häftlingen „alle in Frage kommenden Personen jeder Auskunft verschließen".[240]

Im Gegensatz zu den alliierten Suchdiensten waren Henri und Hertha Bornhauser als „Einzelkämpfer" vor allem mit anderen Schwierigkeiten konfrontiert: Einerseits verfügten sie über sehr beschränkte Mittel, was sich in der wiederholten Bitte an den Suchdienst, ihnen Papier und Büromaterial zur Verfügung zu stellen, äußerte.[241] Zum anderen ergaben sich Komplikationen aus der Tatsache, dass seit seiner Gründung der „Suchdienst für vermisste Deutsche in der Sowjetischen

238 VVN Hamburg, Betr.: Such- und Fahndungsaktion nach verschollenen Häftlingen aus den Konzentrationslagern Sachsenhausen und Ravensbrück (Abschrift), o. D., 5.3.2/84606811–84606813, ITS Digital Archive, Bad Arolsen. Wie wenig Kenntnis über die Gegebenheiten in der SBZ vorlag, zeigt sich daran, dass diese Aufstellung, die sich eindeutig auf den damaligen Landkreis Ruppin in Brandenburg bezieht, beim ITS unter „Thüringen" einsortiert worden war.

239 Der Bericht zum Todesmarsch von Staßfurt nach Annaberg findet sich in 5.3.3/84630399–84630446, ebenda, derjenige zum Todesmarsch von Halberstadt nach Borstendorf in 5.3.3/84630023–84630054, ebenda.

240 Henri Bornhauser, Betr.: Todesmarsch Staßfurt-Annaberg, 9. Tag 19. 4. 1945, 20. 9. 1948, 5.3.3/84630421, ebenda.

241 V. Samsonoff, Chief ITS Berlin Office an ITS HQ Arolsen, 5. 11. 1948, 5.3.3/84630408, ebenda.

Besatzungszone Deutschlands“, dessen Zuständigkeit im Oktober 1947 auf vermisste Angehörige der Vereinten Nationen ausgeweitet worden war, allein mit entsprechenden Nachforschungen betraut war.[242] In der Folge berichtete Henri Bornhauser über Probleme mit Behörden, die angewiesen worden waren, ausschließlich mit diesem Suchdienst zusammenzuarbeiten. Er empfahl daraufhin dem ITS kurzerhand, bis zu weiteren Anfragen einige Zeit verstreichen zu lassen, „damit die gegebenen Verfügungen in Vergessenheit geraten“, und dann im günstigsten Fall mit neuen Sachbearbeitern zu verhandeln.[243] Im Gegensatz zu den Ermittlungen in den westlichen Zonen, bei denen Auskünfte aus den Gemeinden per Dekret eingeholt wurden, ermittelten die Bornhausers am Rande der Illegalität, zumindest was die Weitergabe der Informationen an den ITS betraf. Dort flossen sie in die nach Zonen und Ländern geordnete Gesamtaufstellung ein, die für die ganze „Russian Zone“ 14 574 Opfer aus Konzentrationslagern auflistete, darunter mehr als 13 000, von denen weder Name noch Nummer überliefert war.[244]

Ungeachtet der Ermittlungshoheit des Suchdienstes für vermisste Deutsche waren in der SBZ ab der zweiten Hälfte der 1940er-Jahre verschiedene Akteure mit der Suche nach Todesmarschopfern und deren Gräbern betraut. Dabei handelte es sich insbesondere um die Ermittlungsabteilung der VVN,[245] lokale VVN-Stellen sowie die mit diesen in Austausch stehenden Lagerarbeitsgemeinschaften ehemaliger KZ-Häftlinge, welche die Märsche einzelner Lager verfolgten. Erste systematische Nachforschungen fanden in Thüringen ab 1945/46 statt.[246] Im Jahr 1948 gründete das Buchenwald-Komitee in Vorbereitung des Jahrestags der Befreiung des Lagers verschiedene Kommissionen, von denen eine sich explizit mit dem Thema „Todesmärsche und Gräberfürsorge“ auseinandersetzen sollte. Dies sah man von allen Themen als „das komplizierteste“ an, weil man weder

242 Vgl. die Bestandsbeschreibung des Bundesarchivs: Suchdienst für vermisste Deutsche in der sowjetischen Besatzungszone Deutschlands/im Gebiet der Deutschen Demokratischen Republik, bearb. v. Elisabeth Thalhofer/Walter Naasner, 2008, 2009, http://www.argus.bstu.bundesarchiv.de/DO105-37128/index.htm [26. 6. 2018].

243 Henri Bornhauser, Betr.: Todesmarsch Staßfurt-Annaberg, 6. und 7. Tag 16./17. 4. 1945, 15. 10. 1948, 5.3.3/84630445, ITS Digital Archive, Bad Arolsen.

244 Vgl. den Ordner „Aufstellung von Dokumentenmaterial nach Zonen und Ländern“, 5.3.2, Tote 59, ebenda. Auch hier handelte es sich nicht ausschließlich, aber vor allem um Opfer der Todesmärsche.

245 Elke Reuter/Detlef Hansel, Das kurze Leben der VVN von 1947 bis 1953. Die Geschichte der Vereinigung der Verfolgten des Naziregimes in der sowjetischen Besatzungszone und in der DDR, Berlin 1997, S. 386–388.

246 Vgl. Greiser, Todesmärsche, S. 14.

über Anzahl und Namen der betroffenen Häftlinge, Marschrichtungen und -routen noch über die durchquerten Ortschaften Bescheid wisse. Erforderlich sei deshalb „eine breite Kampagne in allen Landgemeinden".[247] Allerdings ist nichts über Ergebnisse dieses ambitionierten Projekts bekannt.[248]

Ähnliche Ermittlungen nach Opfern fanden zeitgleich in anderen Ländern der SBZ bzw. DDR statt. In Sachsen-Anhalt sammelte die Forschungsabteilung im Landessekretariat der VVN auf Kreisebene über die Dienststellen der OdF (Opfer des Faschismus) Informationen zu toten KZ-Häftlingen.[249] In Sachsen fanden zwischen 1945 und 1950 mehrere Recherchen nach Grabstätten von KZ-Häftlingen, darunter auch vielen Opfern der Todesmärsche, statt;[250] der mecklenburgische Landesausschuss der OdF leitete 1947 Informationen über Massengräber an die VVN weiter.[251] Im Rahmen einer „Such- und Fahndungsaktion nach verschollenen Häftlingen aus den Konzentrationslagern Sachsenhausen und Ravensbrück" erstatteten Landräte in Brandenburg bereits 1945 Bericht über die in ihren Landkreisen im Zuge der Todesmärsche gestorbenen und bestatteten Häftlinge.[252]

Am letzten Beispiel deutet sich an, dass der Kalte Krieg und die damit einhergehende Funkstille zwischen der SBZ und dem ITS wohl in vielen Fällen eine mögliche Identifizierung von Todesmarschopfern verhinderte. Die Unterlagen des Landkreises Ruppin gelangten spätestens 1948 auf Umwegen zum ITS. Zwei

247 VVN/Das Buchenwaldkomitee an die Arbeitsgemeinschaft der Buchenwalder, Betr.: Arbeitsprogramm für die Kommissionen am Buchenwaldtag, 16. 2. 1948, SAPMO-BArch, DY 55/V 278/2/24, unpag.

248 Greiser, Todesmärsche, S. 16.

249 Hamersky (Abteilung Forschung) an Ministerium für Arbeit und Sozialpolitik Halle, Abteilung OdF, Betr.: Statistik unserer Toten in der Forschungsstelle, 26. 10. 1949, SAPMO-BArch, DY 55/V 278/4/94, unpag.

250 Greiser, Todesmärsche, S. 17; Landesregierung Sachsen, Ministerium für Arbeit und Sozialfürsorge/Referat Opfer des Faschismus, Aufstellung über bisherige Ermittlungen von Massengräber sowie Einzelgräber [sic!] ermordeter politischer Häftlinge in den Stadt- und Landkreisen des Landes Sachsen, 25. 1. 1947, SAPMO-BArch, DY 55/V 278/4/58, unpag.

251 Der Präsident des Landes Mecklenburg-Vorpommern, Abteilg. Arbeit und Sozialfürsorge, Landesausschuss „Opfer des Faschismus" an VVN Berlin, Betrifft: Massengräber in Mecklenburg-Vorpommern, 24. 1. 1947, SAPMO-BArch, DY 55/V 278/4/24, unpag.

252 [Kreis Ruppin,] Betrifft: Such- und Fahndungsaktion nach verschollenen Häftlingen aus den Konzentrationslagern Sachsenhausen und Ravensbrück, o. D. (vermutl. 1945), SAPMO-BArch, DY 55/V 278/2/147, unpag.; Landrat des Kreises Ostprignitz an die Provinzialverwaltung der Mark Brandenburg, Betrifft: Ihre Verfügung Sozialabteilung VII/3 vom 24. 7. 1945 und Ihr Schreiben vom 13. 8. 1945, 20. 8. 1945, ebenda.

Jahre später gelang es dem Niederländischen Suchdienst, drei Häftlingsnummern holländischen Häftlingen des KZ Sachsenhausen zuzuordnen.[253] Bei einer offiziellen interzonalen Zusammenarbeit wäre eine solche positive Identifizierung sicherlich in weiteren Fällen möglich gewesen. Da aber die an verschiedenen Stellen vorliegenden Informationen nicht zusammengeführt wurden, blieben auch diejenigen Opfer, von denen zumindest spärliche Daten vorlagen, zumeist anonym.

Insgesamt zeichnet sich die Suche nach Gräbern von Todesmarschopfern in der SBZ durch eine stärkere Fixierung auf zukünftige kommemorative Funktionen aus. Auch wenn es ernsthafte Ambitionen gab, die Identität der unbekannten Toten aufzuklären, stand zumeist die Absicht, an diesen Orten Gedenkzeichen für tatsächliche oder vermeintliche „antifaschistische Widerstandskämpfer“ zu errichten, deutlich im Vordergrund. Eine positive Identifizierung der Toten war einerseits aufgrund der im Vergleich zu den westlichen Suchdiensten sehr eingeschränkten Möglichkeiten ungleich schwieriger, andererseits in dieser Perspektive auch nicht unbedingt notwendig, obwohl vor allem den Überlebenden daran gelegen war, Namen und Nationalität ihrer auf den Todesmärschen ermordeten Kameradinnen und Kameraden zu ermitteln.

2.6. Resümee

Die Fragebögen des *Death March Programming* stellen für die Frage nach dem Verhältnis von Zivilbevölkerung und Todesmärschen ergiebige Quellen dar. Die Antworten auf die Fragen nach den Augenzeugen zeigen, in welchem Ausmaß die Einwohnerinnen und Einwohner der durchquerten Ortschaften zum Publikum und damit zu Mitwissern der Verbrechen geworden waren. Diese Dokumente stellen so auch den Begriff des „öffentlichen Sterbens“ auf eine neue empirische Grundlage.[254] Insgesamt geben die Fragebögen jedoch weniger glaubhaft Auskunft über das Geschehen im Frühjahr 1945 als vielmehr über den späteren Umgang mit den Verbrechen. Diese Einblicke ermöglichen ein Vergleich der Dokumente untereinander und ein Abgleich mit anderen Quellen. So können zunächst die Leerstellen aufgezeigt werden. Die in den Fragebögen enthaltenen Fehler, Unwahrheiten und beschönigenden Aussagen zeugen vom schnellen Vergessen und dem kaum davon zu trennenden bewussten Verschleiern der Taten vor der eigenen Haustür. Zudem lassen sich in der quantifizierenden Auswertung aus

253 Netherlands Tracing Mission an ITS HQ, Subject: Prisoners buried in Teschendorf, 18. 7. 1950, 5.3.1/84601649, ITS Digital Archive, Bad Arolsen.

254 Distel, Öffentliches Sterben.

diesen einzelnen Momentaufnahmen, den spärlichen und häufig unkonkreten Selbstauskünften, diskursive Muster verdichten. Diese verweisen auf das eigensinnige und strategische Antwortverhalten seitens der Gemeindevertreter, die sich mal wortkarg, mal ausführlich äußerten. Es dominierte die Tendenz, möglichst wenig Informationen über die Verbrechen in der eigenen Gemeinde zu übermitteln und sich auf die bequeme Position einer weitgehenden Ahnungslosigkeit zurückzuziehen, außer wenn es um tatsächliche oder vermeintliche Hilfe für KZ-Häftlinge ging. Dabei musste es aus Sicht des Zonensuchbüros ja gerade Aufgabe der Gemeindeautoritäten sein, an dieser Stelle engagierter im Nahbereich nachzuforschen, statt es bei der lapidaren Feststellung, dass man schlicht nicht mehr wisse, zu belassen. In einem Zwischenbericht vom *North Bavarian Branch* des US-Zonensuchbüros wurden die Defizite der Auskünfte aus den Gemeinden angesprochen: „The rechecking along the road of the transport […] showed that reports on death marches submitted by German officials, Bürgermeisters were not correct, did not present any essential informations, and rather made careless. […] Following the German reports I found them […] confused, untrue or sometimes no informations [sic!] at all […].“[255]

Das für die Suchbüros so essenzielle Beantworten der Fragebögen war aus Sicht der Gemeindevertreter lediglich ein Verwaltungsakt, der neben vielen anderen erledigt werden musste. Ob sie ausführliche Angaben zu den Todesmärschen machten, bewusst Zusammenhänge verschleierten oder die Angelegenheit so schnell wie möglich vom Tisch haben wollten – für die meisten gab es wohl in den Wirren der Nachkriegszeit vermeintlich dringlichere Aufgaben, als sich um unbekannte tote KZ-Häftlinge zu kümmern.

Aufseiten der Ermittler dokumentieren die Unterlagen des ITS hingegen die akribischen Bemühungen, die Todesmärsche und vor allem die Identitäten ihrer Opfer aufzuklären. Dass dieser Versuch letztlich als gescheitert bezeichnet werden muss, ist am wenigsten dem Suchdienst anzulasten. Die Aufgabe, die unzähligen Opfer der Todesmärsche der Anonymität zu entreißen, war angesichts der komplizierten Gemengelage kaum zu lösen. Es war dem ITS nicht möglich, die in den Lagern vorgenommene Degradierung des Menschen zur Nummer und die auf den Räumungstransporten zunehmende Auflösung der wenigen bestehenden Bindungen und Strukturen (wie die Zugehörigkeit eines Gefangenen zu einer Gruppe, einem Block oder auch nur einem bestimmten Lager) posthum rückgängig zu machen.

255 P.C.-I.R.O. Area Team 1044, Bayreuth an Lt. C. Beaurang, Field Representative, North Bavarian Branch, Ansbach, Subject: Report on rechecking graves, cemeteries along „deathmarches“ and others, 5.3.3/84629679–84629680, ITS Digital Archive, Bad Arolsen.

Das Programm *Attempted Identification* verdient dennoch historische Würdigung, zuallererst als humanitäres Projekt, unter einem zweiten Aspekt für die Sammlung und Generierung unzähliger wichtiger Quellen zu den Todesmärschen und ihrer Opfer. Drittens – und dies ist im Rahmen dieser Arbeit besonders relevant – gehörten die Suchbüros zu den ersten Institutionen, die die Deutschen mit den vor ihrer Haustür begangenen Verbrechen konfrontierten und die Todesmärsche als solche benannten. Erst durch die Versendung der Fragebögen wurden die Evakuierungstransporte in vielen Gemeinden relevant und schrieben sich ein erstes Mal als aktenkundig in die lokale Geschichte ein.

Um auch nur minimale Erfolge zu erzielen, war der ITS auf die Kooperation der deutschen Behörden und Auskünfte aus den Ortschaften angewiesen. Dass das Programm *Attempted Identification of unknown dead* nur wenig befriedigende Resultate zeitigte, lag zu großen Teilen an der schwierigen Ausgangslage, aber auch an der oft mangelnden Unterstützung vor Ort. Ob durch umfangreichere Recherchen seitens der Verwaltungen oder detailliertere Auskünfte der Gemeinden tatsächlich mehr Klarheit über die Identität mancher verstorbenen Häftlinge hätte erreicht werden können, lässt sich kaum sagen. Deutlich wird aber, dass der sichtbar geringe Enthusiasmus, mit dem deutsche Behörden an der Aufklärung mitarbeiteten, nach Kriegsende das fortsetzte, was während der Todesmärsche mit der Ablehnung den Häftlingen gegenüber und dem hastigen, unwürdigen Verscharren der Toten nach dem Weiterzug der Kolonnen begonnen hatte: die Wahrnehmung der Gefangenen als anonyme, bedrohliche Masse – als Problem, das schnell und unauffällig gelöst werden musste, und zwar möglichst ohne Spuren zu hinterlassen.

3. Ermittlungen und Prozesse deutscher Behörden

3.1. Rechtliche Rahmenbedingungen und Quellenlage

Deutsche Behörden nahmen in allen Zonen ab dem Sommer 1945 Ermittlungen zu nationalsozialistischen Gewaltverbrechen auf.[256] Das Kontrollratsgesetz (KRG) Nr. 4 vom Oktober 1945 bestimmte zwar grundsätzlich, dass die Verfahren wegen Straftaten, die sich gegen Angehörige alliierter Nationen gerichtet hatten, der deutschen Justiz entzogen waren, zugleich wurde jedoch die Möglichkeit

256 In Bezug auf die Westzonen vgl. Raim, Justiz, S. 647. Vgl. auch Annette Weinke, „Alliierter Angriff auf die nationale Souveränität"? Die Strafverfolgung von Kriegs- und NS-Verbrechern in der Bundesrepublik, der DDR und Österreich, in: Frei, Transnationale Vergangenheitspolitik, S. 37–93, hier S. 45.

der Übertragung an deutsche Instanzen offengelassen.[257] Das KRG Nr. 10 vom 20. Dezember 1945 legte fest, dass die Besatzungsbehörden deutsche Gerichte für Verbrechen, die an deutschen oder staatenlosen Opfern begangen worden waren, zuständig erklären konnten.[258]

In der Folge ahndeten deutsche Gerichte NS-Verbrechen auf Grundlage des KRG Nr. 10 („Verbrechen gegen die Menschlichkeit") sowie des deutschen Strafgesetzbuchs von 1871. In der SBZ kam ab Herbst 1947 der SMAD-Befehl Nr. 201 hinzu. Dieser setzte die Kontrollratsdirektive (KD) Nr. 38, die Regelungen zur Entnazifizierung enthielt und in den westlichen Zonen von Spruchkammern umgesetzt wurde, unmittelbar in geltendes Recht um.[259] Damit wurden in Ostdeutschland die Gerichte zu der Instanz, die „Fehlverhalten im Dritten Reich primär politisch" bewerten und sühnen sollten.[260]

Gesicherte statistische Werte zu den Ermittlungs- und Strafprozessen wegen nationalsozialistischer Gewaltverbrechen (NSG) liegen vor, beschränken sich jedoch bislang auf die westlichen Besatzungszonen: Dort wurden noch im Jahr 1945 382 Verfahren eröffnet, die mit 25 Verurteilungen endeten. In der zweiten Hälfte der 1940er-Jahre stiegen diese Zahlen rapide an, bis im Jahr 1948 der Spitzenwert von 4160 Verfahren mit 2011 Verurteilungen erreicht war.[261] Danach sanken die Zahlen kontinuierlich bis zur Mitte der 1950er-Jahre. Ab 1955 war wieder ein stetiger Zuwachs zu erkennen, der am Ende der 1950er-Jahre unter dem Einfluss der Gründung der Zentralen Stelle der Landesjustizverwaltungen in Ludwigsburg und der drohenden Verjährung von Totschlag kurzzeitig wieder auf Werte von über 1000 eingeleiteten Verfahren pro Jahr anstieg. Für die darauffolgenden Jahrzehnte lassen sich Wellenbewegungen ablesen, bei denen der stetige Rückgang kurzfristig durch Einflussfaktoren wie die sich ankündigende Verjährung von Mord (1964/65) oder die Öffnung alliierter Akten zu Kriegsverbrechern (Ende der 1980er-Jahre) unterbrochen wurde.[262] Für das Gebiet der SBZ/DDR sind bisher keine so detaillierten Forschungen unternommen worden. Eine offizielle Statistik von 1965 weist für die Strafverfolgung von NS-Verbrechen ähnliche Verläufe wie im Westen aus: Nach sechs Verfahren im Jahr 1945 stieg

257 Weinke, „Alliierter Angriff", S. 45. Vgl. hierzu auch Raim, Justiz, S. 506–518.

258 Hermann Wentker, Justiz in der SBZ/DDR 1945–1953. Transformation und Rolle ihrer zentralen Institutionen, München 2001, S. 399 f.

259 Weinke, „Alliierter Angriff", S. 46. Vgl. auch Keller, Volksgemeinschaft, S. 30.

260 Hermann Wentker, Die juristische Ahndung von NS-Verbrechen in der Sowjetischen Besatzungszone und in der DDR, in: Kritische Justiz 35 (2002) 1, S. 60–78, hier S. 66.

261 Andreas Eichmüller, Die Strafverfolgung von NS-Verbrechen durch westdeutsche Justizbehörden seit 1945. Eine Zahlenbilanz, in: VfZ 56 (2008) 4, S. 621–640, hier S. 626.

262 Ebenda, S. 627.

die Zahl der Prozesse bis zum Spitzenwert von 4549 im Jahr 1948 an, um ab dem Beginn der 1950er-Jahre (und dem Ende der Waldheimer Prozesse) stetig und bis auf einstellige Werte in den 1950er- und 1960er-Jahren zu sinken.[263]

Die Quellenlage zu deutschen Ermittlungsverfahren und Strafprozessen wegen Verbrechen während der Todesmärsche ist breit, aber ausgesprochen unübersichtlich. Einen ersten Zugriff ermöglichen die in den Sammlungen „Justiz und NS-Verbrechen" bzw. „DDR-Justiz und NS-Verbrechen" edierten Urteile wegen nationalsozialistischer Tötungsverbrechen.[264] Klaus Bästlein hat zuletzt Prozesse wegen Todesmarschverbrechen in beiden Teilen Deutschlands verglichen. Er vertritt die These, im Westen seien KZ-Häftlinge im Gegensatz zur SBZ/DDR nicht als „unsere Leute" begriffen worden, und man habe Verbrechen während der Lagerräumungen deswegen seltener geahndet. Das von ihm angeführte Beispiel – die ausbleibende Ahndung der Ermordung von Überlebenden der „Cap Arcona-Katastrophe" in Schleswig-Holstein – eignet sich jedoch kaum, um sein Argument zu untermauern.[265]

Vielmehr hatte gerade der Untergang der KZ-Schiffe in der Lübecker Bucht Auswirkungen in beiden später durch die Zonengrenze separierten Teilen Deutschlands, und auch in der SBZ/DDR fand kein Verfahren gegen Täter im Umfeld dieser Tragödie statt. Hingegen gab es im Westen wiederholte – wenn auch erfolglose – Ermittlungsverfahren.[266] Bästlein hat offenbar nur die Urteilszusammenfassungen, nicht aber die Urteils- oder Verfahrenstexte konsultiert, wodurch in seiner Statistik einige relevante Verfahren nicht berücksichtigt beziehungsweise umgekehrt weitere einberechnet wurden, obwohl es sich um andere Opfergruppen oder Verbrechenskomplexe handelte. Auf dieser Grundlage stellt

263 Der Generalstaatsanwalt der DDR/Ministerium der Justiz der DDR (Hrsg.), Die Haltung der beiden deutschen Staaten zu den Nazi- und Kriegsverbrechen. Eine Dokumentation, Berlin 1965, S. 32. Anmerkungen zur Unvollständigkeit dieser Statistik hat Günther Wieland, ehemaliger Staatsanwalt bei der Generalstaatsanwaltschaft der DDR, gemacht. Vgl. Günther Wieland, Die Ahndung von NS-Verbrechen in Ostdeutschland 1945–1990, in: DDRJuNSV, Register und Dokumente, S. 11–94, hier S. 41 (Anm. 142).

264 Sie umfassen „die Urteile wegen Mordes, Totschlags, sowie wegen Körperverletzung, Freiheitsberaubung, Rechtsbeugung, Kriegsverbrechen und Verbrechen gegen die Menschlichkeit, jeweils mit Todesfolge". JuNSV, Register zu den Bänden I-XXII, Amsterdam/München 1998, S. 4.

265 Klaus Bästlein, Zeitgeist und Justiz. Die Strafverfolgung von NS-Verbrechen im deutsch-deutschen Vergleich, in: ZfG 64 (2016) 1, S. 5–28, hier S. 13.

266 Joachim Böttcher, Der Untergang der Cap Arcona – Grenzen einer staatsanwaltschaftlichen Aufarbeitung, in: Heribert Ostendorf (Hrsg.), Strafverfolgung und Strafverzicht. Festschrift zum 125jährigen Bestehen der Staatsanwaltschaft Schleswig-Holstein, Köln/Berlin/Bonn/München 1992, S. 261–275, hier S. 268–270.

er fest, es seien in der SBZ/DDR insgesamt 68, in Westdeutschland hingegen nur zwei Personen wegen Verbrechen während der Räumung der KZ verurteilt worden.[267] Die sich abzeichnende Tendenz ist nicht falsch, bedarf jedoch der weiteren Differenzierung.

Für die vorliegende Arbeit konnten für die Bundesrepublik[268] und die SBZ/DDR[269] jeweils 37 Gerichtsurteile mit direktem Bezug zu den Todesmärschen ausgemacht werden.[270] Diese bieten einen ersten Einblick in den Bruchteil von Untersuchungen, der zu Gerichtsverfahren führte. Zwar ist zu berücksichtigen, dass in diesen Editionen nicht alle Verfahren wegen NS-Prozessen erfasst worden sind, allerdings geben sie ein ausreichendes Abbild der allgemeinen Trends.

Andreas Eichmüller hat auf Grundlage der Datenbank des Instituts für Zeitgeschichte zu NSG-Verfahren festgestellt, dass die Gesamtzahl der westdeutschen Prozesse im Vergleich zur Amsterdamer Urteilsedition um fast ein Viertel nach oben korrigiert werden muss.[271] Vermutlich ist in der Folge auch die Anzahl der Verfahren wegen Todesmarschverbrechen etwas höher zu veranschlagen.[272] Hinweise auf sieben nicht bei Rüter verzeichnete und zum Teil vor Eröffnung eingestellte bzw. abgegebene Verfahren in den 1940er-Jahren finden sich in der jüngsten Monografie von Edith Raim.[273] Eine entsprechende Akte konnte ich bei eigenen Recherchen ausmachen.[274]

267 Die gleiche Darstellung legte er in einem älteren Beitrag vor. Vgl. Christiaan Frederik Rüter/Klaus Bästlein, Die Ahndung von NS-Gewaltverbrechen im deutsch-deutschen Vergleich – Das „Unsere Leute-Prinzip“, in: Zeitschrift für Rechtspolitik 43 (2010) 3, S. 92–96, hier S. 93 f.

268 Dies sind in JuNSV die laufenden Nummern 48, 120, 111, 156, 182, 201, 251, 274, 281, 319, 320, 321, 374, 375, 379, 405, 439, 468, 483, 534, 545, 549, 576, 598, 629, 659, 713, 744, 817, 818, 837, 862, 863, 873, 882, 912.

269 Dies sind in DDRJuNSV die laufenden Nummern 1064, 1067, 1098, 1107, 1111, 1117, 1118, 1145, 1147, 1157, 1210, 1215, 1261, 1286, 1315, 1344, 1404, 1421, 1428, 1433, 1467, 1499, 1500, 1504, 1521, 1527, 1542, 1566, 1567, 1582, 1607, 1630, 1707, 1721, 1768, 1802, 1825.

270 Z. T. ist eine eindeutige Abgrenzung zwischen verschiedenen Verbrechenskomplexen schwierig, vor allem wenn mehreren Angeklagten wegen diverser Tatvorwürfe ein gemeinsamer Prozess gemacht wurde. Hier wurden nur die Verfahren mitgezählt, in denen die Todesmärsche einen wesentlichen Bestandteil der Anklage bildeten und die Mehrzahl der Angeklagten (auch) wegen solcher Verbrechen vor Gericht stand. Gezählt wurde jeweils das erste Urteil in einem Verfahren. Revisionen wurden nicht als eigene Verfahren mitgezählt.

271 Eichmüller, Strafverfolgung, S. 634 f.

272 Da mir leider während meiner Recherchen im Frühjahr 2013 keine Benutzung der IfZ-Datenbank gewährt wurde, kann ich an dieser Stelle nur mutmaßen.

273 Raim, Justiz, S. 1031–1034.

274 Große Strafkammer des LG Ellwangen, Urteil gegen Karl-Heinz E., 27. 4. 1949, IfZ, Ge 02.09/2.

Zahlreiche Unterlagen zu weiteren Ermittlungsverfahren, die nicht zu Prozessen führten, sind über verschiedene Landes- und Staatsarchive verteilt.[275] Für diese Arbeit wurden exemplarisch die NSG-Verfahren der Staatsanwaltschaft München II analysiert. Auch die Bestände der *Zentralen Stelle der Landesjustizverwaltungen zur Aufklärung nationalsozialistischer Verbrechen* in Ludwigsburg enthalten zahlreiche Vorgänge, in denen wegen der Räumungstransporte Untersuchungen stattfanden. Diese waren ein Bestandteil der Ermittlungen zu einzelnen Konzentrations- bzw. Außenlagerkomplexen. Exemplarisch wurden für die Arbeit einige dieser mehr als 100 Ermittlungsvorgänge ausgewertet.

Für die SBZ/DDR liegen keine Daten vor, mit denen die Amsterdamer Urteilssammlung abgeglichen werden könnte.[276] Die im Rahmen dieser Arbeit ausgelösten Recherchen beim BStU brachten keine Verfahren zutage, die nicht in der Edition „DDR-Justiz und NS-Verbrechen“ enthalten sind. Die Mehrzahl der Ermittlungsakten des MfS in Zusammenhang mit den Todesmärschen geht auf Rechtshilfeersuchen von Behörden aus der Bundesrepublik bzw. anderer Staaten zurück.

Vergleicht man die Verfahren, die hier die empirische Grundlage bilden, so lassen sich zunächst starke zeitliche Unterschiede zwischen beiden deutschen Staaten feststellen: In der SBZ fand mit 23 von insgesamt 37 Verfahren der größte Teil der Prozesse bis zur Staatsgründung der DDR im Oktober 1949 statt. Zu diesem Zeitpunkt stand in Westdeutschland das Gros der Urteile noch aus. Als im Mai 1949 die Bundesrepublik gegründet wurde, hatten dort erst drei von ebenfalls 37 Prozessen wegen Verbrechen während der Todesmärsche stattgefunden. Damit fügen sich die Prozesse zu Todesmärschen in der SBZ/DDR genau in die Entwicklung der Ahndung von NS-Verbrechen insgesamt ein, während sich für Westdeutschland für diesen Verbrechenskomplex ein zeitlich etwas nach hinten versetzter Trend feststellen lässt.[277]

Auch im Hinblick auf die Frequenz werden Unterschiede zwischen beiden deutschen Staaten deutlich. Während sich die Verfahren in Ostdeutschland insbesondere um die Jahre 1948/49 häuften, bis Mitte der 1950er-Jahre rapide abnahmen und mit lediglich zwei Prozessen 1963/64 endeten, zeigt sich für den Westen ein regelmäßigerer, ausdauernder Takt. Bis Mitte der 1980er-Jahre fand in der Bundesrepublik nahezu im Zwei-Jahres-Rhythmus ein Verfahren wegen Todesmarschverbrechen statt. Nach zehnjähriger Pause erging hier das letzte Urteil im 1993.

275 Eichmüller, Generalamnestie, S. 128.

276 Für eine Kritik, v. a. an der fehlenden Kontextualisierung und Kommentierung der ostdeutschen Urteile, vgl. Falco Werkentin, DDR-Justiz und NS-Verbrechen. Notwendige Hinweise zu einer neuen Dokumentation, in: Deutschland Archiv 38 (2005) 3, S. 506–515.

277 Vgl. auch die Darstellung der zeitlichen Verteilung von Verfahren wegen NS-Endphaseverbrechen in Ost- und Westdeutschland bei Keller, Volksgemeinschaft, S. 26 f.

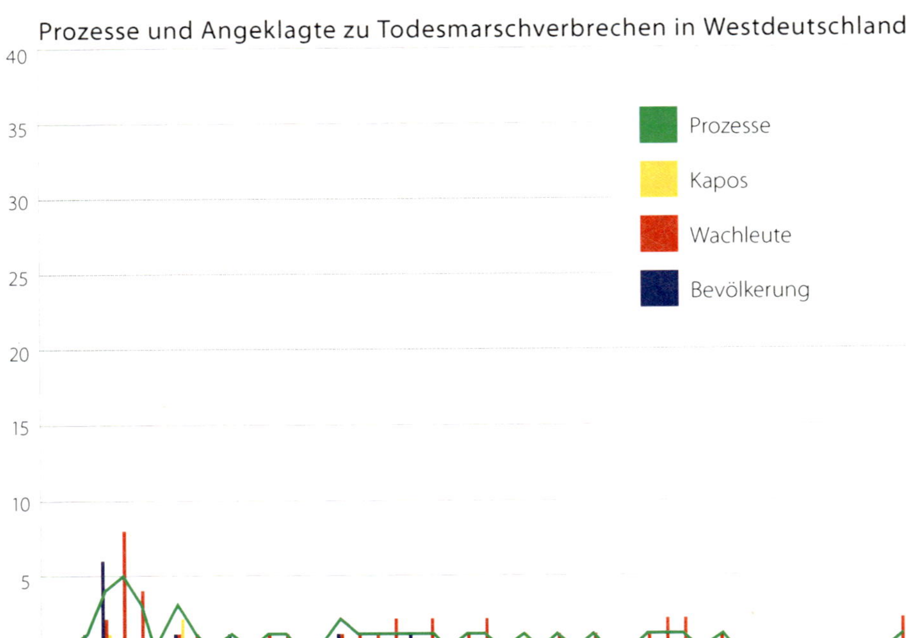
Prozesse und Angeklagte zu Todesmarschverbrechen in Westdeutschland
Prozesse
Kapos
Wachleute
Bevölkerung
40
35
30
25
20
15
10
5
1946
1950
1955
1960
1965
1970
1975
1980
1985
1990
1992

Prozesse und Angeklagte zu Todesmarschverbrechen in Ostdeutschland

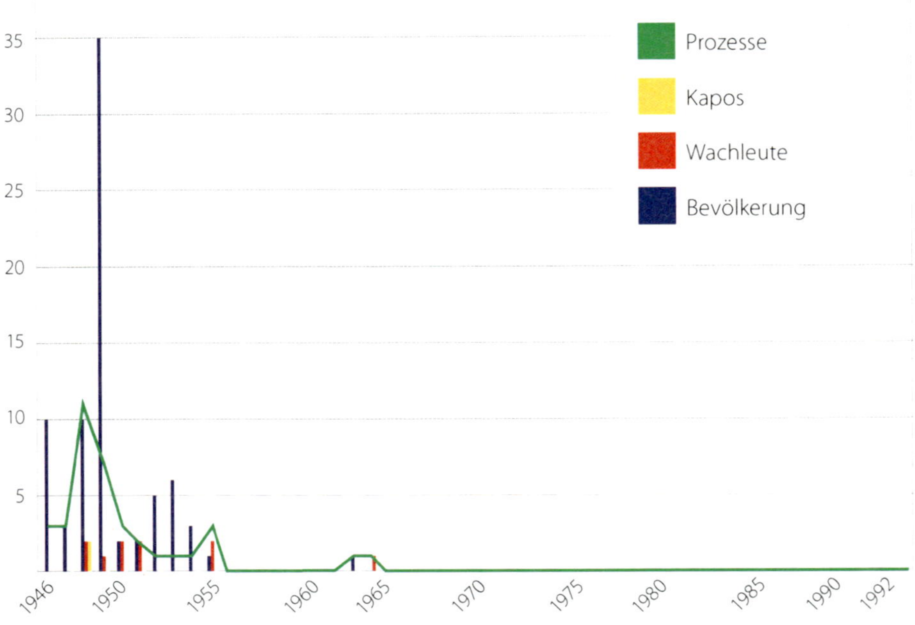
Prozesse
Kapos
Wachleute
Bevölkerung
40
35
30
25
20
15
10
5
1946
1950
1955
1960
1965
1970
1975
1980
1985
1990
1992

Da in dieser Arbeit die Frage nach der lokalen Dimension im Vordergrund steht, wurden die zugrunde liegenden Gerichtsurteile danach ausgewertet, ob die Angeklagten aus der einheimischen Bevölkerung stammten oder ob es sich um Personal aus der Wachmannschaft gehandelt hatte. Auch in dieser Hinsicht zeigen sich signifikante Unterschiede.

Insgesamt standen in der Bundesrepublik 53 Angeklagte vor Gericht, von denen nur elf aus der lokalen Bevölkerung kamen (20,6 %), darunter Angehörige von Hitler-Jugend und Volkssturm sowie Zivilisten. Außerdem wurden – da es hier auf den Unterschied zu den Wachmännern der Todesmärsche ankommt – auch zwei Angehörige einer RAD-Einheit dazu gezählt, die zur Tatzeit in einer Ortschaft stationiert gewesen war. Neben 38 Wachleuten standen in der Bundesrepublik auch vier ehemalige Kapos vor Gericht. In der SBZ/DDR hingegen kam mit 77 von 87 insgesamt Angeklagten (88,5 %) eine deutliche Mehrheit aus den Ortschaften, in denen die Verbrechen begangen worden waren. Auch hier betraf dies mehrere Zivilistinnen und Zivilisten, Volkssturm- und HJ-Angehörige sowie Polizisten. Angeklagt waren zudem zwei ehemalige Kapos und acht KZ-Aufseher.

Hinsichtlich des Strafmaßes sind ebenfalls deutliche Unterschiede zwischen den Urteilen in beiden deutschen Staaten festzustellen: In der SBZ/DDR wurden tendenziell höhere Strafen verhängt, darunter vier Todesurteile – ein Strafmaß, das im Westen nicht ausgesprochen wurde. Lebenslängliche Freiheitsstrafen wurden in der DDR (zehn) etwas öfter verhängt als in der Bundesrepublik (vier), die deutlichsten Unterschiede zeigen sich jedoch bei Haftstrafen von über zehn Jahren. Diese waren im Osten (17,97 %) etwa dreimal häufiger als im Westen. Freiheitsstrafen von unter einem Jahr wurden in der Bundesrepublik überhaupt nicht, in der SBZ/DDR hingegen sechsmal verhängt. Deutlich höher als in der SBZ/DDR war die Rate der Freisprüche in der Bundesrepublik mit fast 40 %, wohingegen in Ostdeutschland nur knapp 14 % der Angeklagten freigesprochen wurden. Verfahrenseinstellungen gab es in beiden deutschen Staaten etwa gleich viele.

Im Folgenden wird, ausgehend von den polizeilichen Ermittlungen, die Ahndung von Todesmarschverbrechen durch deutsche Behörden und Gerichte dargestellt. Dabei kann nicht jedes einzelne Verfahren beleuchtet werden; vielmehr werden schlaglichtartig exemplarische Verfahrenskomplexe in beiden Teilen Deutschlands in den Blick genommen. Zunächst wird entsprechend der dargelegten Entwicklung chronologisch vorgegangen, die Ahndung in der SBZ/DDR wird derjenigen in der Bundesrepublik vorangestellt. Die konfliktbeladene Zusammenarbeit im Rahmen deutsch-deutscher Rechtshilfe ab den 1960er-Jahren wird diese Darstellung beschließen und überleiten zu einer integrierten Auseinandersetzung mit den spezifischen lokalen Aspekten, mit dominanten Narrativen und Täterbildern.

Strafmaße in Todesmarschprozessen

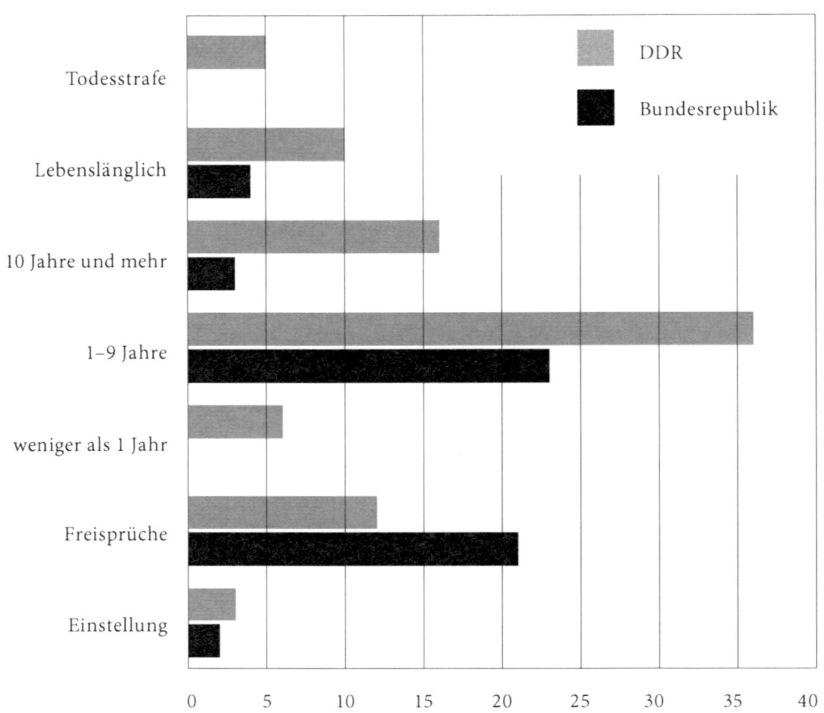

3.2. Ermittlungen und Prozesse in der SBZ/DDR

3.2.1. Ermittlungen in der SBZ: Beispiel Sachsen

Im August 1945 ging ein Rundschreiben des Landeskriminalamtes (LKA) Sachsen an alle Fahndungsstellen der Sächsischen Kriminalpolizei, in dem eine Aufforderung an die Bevölkerung angekündigt wurde, bei Bürgermeistereien und Landratsämtern Gräber von KZ-Häftlingen zu melden. Die polizeilichen Fahndungsstellen sollten umgehend Ermittlungen aufnehmen: „Vernommen sollen werden: Augenzeugen der Erschießungen, diejenigen aus der Bevölkerung, die die Beerdigung durchgeführt haben und evtl. diejenigen, auf deren Anordnung die Beerdigung erfolgt ist. Wenn irgend möglich, sollen die direkt Verantwortlichen an den Erschießungen durch die Fahndung ermittelt werden, auch wenn ihre Festnahme im Moment nicht möglich ist."[278] Zudem wurden Skizzen der Tat- bzw. Leichenfundorte angefordert. Der Rücklauf wurde zentral im Dresdener Landesnachrichtenamt unter dem Kennwort „Opfer des Faschismus" gesammelt. Damit begann in Sachsen schon wenige Monate nach Kriegsende eine flächendeckende Untersuchung. Hintergrund dessen war, dass am 29. September 1945, dem „sächsischen Gedenktag für die Opfer des Faschismus", eine groß angelegte Umbettungsaktion von ermordeten KZ-Häftlingen stattfinden sollte. Die Initiative war von ehemaligen politischen Häftlingen ausgegangen.[279] Bereits einen Tag nach der Bestätigung der Landesverwaltung Sachsen durch die SMAD[280] schlugen sie der Abteilung Inneres und Volksbildung vor, „die Nachforschung nach solchen Massengräbern auf ganz Sachsen auszudehnen".[281] Allerdings wurde nicht nur nach den Opfern gesucht, sondern auch nach den Tätern gefahndet, womit sich die Frage stellt, wer damit überhaupt gemeint war. Die Formulierung des Rundschreibens deutet darauf hin, dass das LKA von einer Involvierung der lokalen Bevölkerung in das Verbrechensgeschehen ausging. Allerdings setzte man eine klare Rollenverteilung der Akteure voraus, denn es hieß apodiktisch: „Viele Häftlinge, die nicht mehr weiterkonnten, wurden von der SS erschossen und auf Anweisung der nationalsozialistischen Behörden an Ort und Stelle von der Bevölkerung verscharrt."[282]

Eine ähnliche Deutung zeigt sich auch in einem Rundschreiben auf der Verwaltungsebene. Es forderte zeitgleich alle Bürgermeister und Landräte auf, mit der Polizei bei der Suche nach Gräbern zusammenzuarbeiten, diese zu markieren und provisorisch zu umfrieden. Hier verwies man ebenfalls sowohl auf die Sichtbarkeit der Verbrechen als auch auf die Täter, die in den Reihen der SS verortet wurden: „Die Bevölkerung erinnert sich noch sehr gut an diesen Elendsanblick und hat an vielen Orten nach dem Durchzug der Kolonnen die Leichen zahlreicher von der SS durch Genickschuß Ermordeter längs der Straßen liegen sehen."[283]

278 Entwurf eines Rundschreibens an alle Fahndungsstellen der Sächsischen Kriminalpolizei, 10. 8. 1945, SHStAD, 11391, Nr. 993, Bl. 16.

279 Abt. Inneres und Volksbildung, Erster Vorschlag, 5. 7. 1945, SHStAD, 11391, Nr. 995, Bl. 89 f., hier Bl. 90.

280 Martin Broszat/Hermann Weber (Hrsg.), SBZ-Handbuch. Staatliche Verwaltungen, Parteien, gesellschaftliche Organisationen und ihre Führungskräfte in der Sowjetischen Besatzungszone Deutschlands 1945–1949, München 1990, S. 142.

281 Abt. Inneres und Volksbildung, Erster Vorschlag, 5. 7. 1945, SHStAD, 11391, Nr. 995, Bl. 89 f., hier Bl. 90.

282 Entwurf eines Rundschreibens an alle Fahndungsstellen der Sächsischen Kriminalpolizei, 10. 8. 1945, SHStAD, 11391, Nr. 993, Bl. 16.

283 Landesverwaltung Sachsen, Inneres und Volksbildung, Abt. Landesnachrichtenamt, Rundschreiben an alle Bürgermeister und Landräte Sachsens (Abschrift), 11. 8. 1945, StAL, 20232 Kreistag/Kreisrat Döbeln, Nr. 1083, Bl. 32.

Auch auf dieser Ebene waren Überlebende an den ersten Untersuchungen beteiligt. Werner Manneberg, damals Sekretär des Döbelner Landrats,[284] betonte in seinem Anschreiben an verschiedene Bürgermeister die Erfahrungen, die er auf dem Todesmarsch von Colditz in Richtung tschechischer Grenze gemacht hatte. Er erinnerte die Bürgermeister an den Auftrag, „die Gräber derjenigen festzustellen, die auf Anordnung der Faschisten irgendwo von der Zivilbevölkerung verscharrt worden sind".[285]

Der Rücklauf zu diesen Nachforschungen machte jedoch deutlich, dass die eindeutige Trennung zwischen mordender SS, verbrecherischer NS-Administration und deren Befehlen unterworfener einheimischer Bevölkerung nicht in dieser Konstellation stattgefunden hatte. So hatte sich etwa im Landkreis Döbeln der lokale Volkssturm an der Bewachung von Häftlingen beteiligt und eigenhändig das Vergraben von Leichen organisiert.[286] Auch die Befragung der Beteiligten gestaltete sich manchmal schwierig. Ein Bauer, der in Marbach mehrere Häftlinge begraben haben soll, „verweigerte [...] sämtliche Aussagen" und wurde der Kriminalpolizei „gegenüber sehr ausfällig".[287]

Seitens der Behörden wurden die Untersuchungen an den meisten Orten anweisungsgemäß durchgeführt. Zahlreiche Zeuginnen und Zeugen wurden gehört, Tatortskizzen angefertigt und Fotos aufgenommen, um Gräber, Leichen sowie die Ermittlungen selbst zu dokumentieren. Gelegentlich kam es sofort zu Festnahmen, wie in Wernesgrün, wo Mitte August sieben Einheimische „wegen Verdachts, die Morde an den K.Z.-Häftlingen ausgeführt zu haben", verhaftet wurden.[288] Nur im Ausnahmefall zeigte man sich seitens der Landesverwaltung unzufrieden mit den zurückgemeldeten Ergebnissen. So hieß es in einer Antwort an den Landrat von Rochlitz, man sei sehr „erstaunt, daß durch Penig [...] keiner der zahlreichen Häftlingszüge gekommen sein soll [...]. Die Bescheinigung, die aussagt, daß auf dem Friedhof in Penig keine KZ-Häftlinge beerdigt worden

284 Vgl. Mario Niemann/Andreas Herbst (Hrsg.), SED-Kader. Die mittlere Ebene. Biographisches Lexikon der Sekretäre der Landes- und Bezirksleitungen, der Ministerpräsidenten und der Vorsitzenden der Räte der Bezirke 1946 bis 1989, Paderborn/München/Wien/Zürich 2010, S. 327.

285 Der Landrat zu Döbeln an den Herrn Bürgermeister in [Naundorf b. R., Reichenbach, Massanei, Waldheim, Hartha, Gersdorf b. L., Schönerstädt, Etzdorf, Marbach, Nossen], 14. 8. 1945, StAL, 20232 Kreistag/Kreisrat Döbeln, Nr. 1083, Bl. 30.

286 Kriminalpolizei Döbeln, Betrifft: Opfer der Faschismus, 13. 9. 1945, StAL, 20232 Kreistag/Kreisrat Döbeln, Nr. 1083, Bl. 37–37v; Vernehmung von Arno Lampenberg*, Kriminalpolizei Döbeln, 22. 9. 1945, ebenda, Bl. 40.

287 Kriminalpolizei Döbeln: Betrifft: Opfer des Faschismus, 22. 9. 1945, ebenda, Bl. 40–40v.

288 Kriminalpolizei Auerbach, Vermerk, 11. 9. 1945, SHStAD, 11391, Nr. 992, Bl. 1.

sind, genügt uns ebenfalls nicht. [...] Unterzeichnete wurde selbst als Häftling mit einer solchen Kolonne zu Fuß durch Sachsen transportiert und weiß daher sehr genau, was sich abgespielt hat."[289]

Bei diesen Untersuchungen arbeiteten sowjetische und deutsche Behörden teilweise zusammen. So forderte die SMA die deutschen Behörden zur Untersuchung von Verbrechen im Umfeld der Todesmärsche auf[290] und übergab nach Inkrafttreten des KRG Nr. 10 Verfahren, in denen Deutsche unter den Opfern waren, an die deutsche Justiz.[291] Umgekehrt ersuchte die Kriminalpolizei auch die SMA um Unterstützung. Als problematisch erwies sich nämlich, dass gelegentlich Tatbeteiligte von den Sowjets aufgrund ihrer Funktion im NS-Herrschaftsapparat nach Kriegsende interniert worden waren und von deutschen Behörden nicht für ihre Verbrechen während der Todesmärsche zur Rechenschaft gezogen werden konnten.[292]

Einen Monat nach Beginn der Fahndungsaktion hatte das Landesnachrichtenamt in Sachsen 43 Todesmärsche mit bis zu 60 000 KZ-Häftlingen ermittelt.[293] In einer Auflistung „Häftlingszüge durch Sachsen" wurden die Ergebnisse zusammengefasst, Ausgangslager, Routen sowie Zielrichtungen der Transporte notiert, die Stärke und Zusammensetzung der Kolonnen sowie Fundstellen von Todesopfern vermerkt.[294] Hier zeigen sich große, dem frühen Zeitpunkt und der Komplexität des Gegenstands geschuldete Ungenauigkeiten, aber auch Ähnlichkeiten zu den ersten Versuchen der UNRRA, die Todesmärsche systematisch zu dokumentieren.[295]

Die Verbindung dieser flächendeckenden Fahndungsaktion zum sächsischen „Gedenktag für die Opfer des Faschismus" am 29. September 1945 wird

289 Landesverwaltung Sachsen, Landesnachrichtenamt an den Landrat zu Rochlitz, Betr.: Opfer des Faschismus, 24. 8. 1945, SHStAD, 11391, Nr. 993, Bl. 10.

290 Chef der operativen Gruppe der SMA an die Kreispolizei Dippoldiswalde, 7. 12. 1945, BStU, MfS, BV Dresden, ASt 8/46 Strafsache, Bl. 5.

291 Kriminalpolizei Dresden, Sonderstelle S, an Staatsanwaltschaft vom 26. 9. 1946, BStU, MfS, BV Dresden, ASt 18/47 Strafsache, Bl. 84. Vgl. auch Christian Meyer-Seitz, Die Verfolgung von NS-Straftaten in der Sowjetischen Besatzungszone, Berlin 1998, S. 43–49.

292 Kreiskriminalpolizeiabteilung Großenhain an SMAD Großenhain, 7. 6. 1949, SHStAD, 13471 NS-Archiv des MfS, VgM Nr. 10100/1, unpag. Zur sowjetischen Internierungspraxis vgl. auch Meyer-Seitz, Verfolgung, S. 34–39; Bartuschka, Versuch, S. 302.

293 Häftlinge durch Sachsen, undat. (September 1945), SHStAD, 11391, Nr. 992, Bl. 48–51, hier Bl. 48.

294 Häftlingszüge durch Sachsen, undat. (September 1945), ebenda, Bl. 40–43.

295 UNRRA Central Tracing Bureau, Documents Intelligence: Death Marches (Marches de la Mort). Routes and Distances, 19. 5. 1946, (Vol. I), 28. 5. 1946 (Vol. II), 15. 7. 1946 (Vol. III), 5.3.3, Ordner 10, ITS Digital Archive, Bad Arolsen.

im dritten Teil dieser Arbeit näher erläutert. Wie eng Ahndung und Erinnerung in der unmittelbaren Nachkriegszeit miteinander verbunden waren und welche Täterbilder kolportiert wurden, zeigte bereits eine Veranstaltung, die eine Woche vor dem Gedenktag im Kino „Capitol" im Zentrum Leipzigs stattfand: In einem „Tribunal des Volkes" wurden Auszüge aus Vernehmungsniederschriften der SMA verlesen. In diesen Verhören waren Angehörige der Wachmannschaften eines Leipziger Außenlagers vernommen worden, die an den Todesmärschen beteiligt gewesen waren. Im „Capitol" charakterisierte man diese als „SS-Bestien" bzw. „SS-Banditen", die „bestialische Freude" empfunden und „besonders eifrig" und „kaltblütig" gemordet hätten.[296] Allerdings handelte es sich bei den Festgenommenen keineswegs um langjährige SS-Männer; vielmehr waren sie, wie viele andere Bewacher der Todesmärsche, erst im September 1944 von Heer und Luftwaffe zum KZ-Dienst überstellt worden.[297] Der Kriminalpolizei, die als Mitveranstalter fungierte, war auch die Beteiligung von Einheimischen an der Ermordung von KZ-Häftlingen auf den Todesmärschen aus Leipzig bekannt gewesen.[298] Dennoch fand sich die Bevölkerung in diesem inszenierten „Tribunal" aufseiten von Ankläger und Richter, nicht etwa auf der Anklagebank wieder.

Durch die dargelegten Prämissen der frühen Ermittlungen zu Todesmarschverbrechen und deren propagandistische „Zweitverwertung" wurden die Rollen der Akteure frühzeitig verteilt. Die SS galt als alleinschuldige Tätergruppe; die Bevölkerung hingegen erschien als in Schrecken erstarrte Zuschauerschaft. Das verhinderte nicht, dass sie in Einzelfällen ebenfalls moralisch in die Verantwortung genommen wurde. So hieß es in einer ersten Zusammenfassung der Fahndungsaktion: „Die Bewohner Sachsens haben diese Elendszüge durch ihre Städte und Dörfer ziehen sehen, die Erschießungen durch die SS nicht verhindert."[299] Die martialische Sprache des „Tribunals" und seine Choreografie deuteten jedoch die Tendenz an, auch die Todesmärsche in dem sich konturierenden abstrakten und auf den „antifaschistischen Widerstandskampf" fokussierten Geschichtsbild zu verorten, das zu einem ideologischen Schwerpunkt der kommunistischen Herrschaftsstabilisierung werden sollte.[300] Die „klare Grenzziehung zwischen einer

296 Tribunal des Volkes, 26. 9. 1945, SAPMO-BArch, DY 55/V 278/4/55, unpag.

297 Vgl. die Vernehmungen der SMA Leipzig im Dezember 1945, BStU, MfS HA IX/11, RHE-West 615/1, Bl. 38–136.

298 Kriminalpolizei Leipzig an Landesverwaltung Sachsen, Kennwort „Opfer des Faschismus", 4. 9. 1945, SHStAD, 11391, Nr. 993, Bl. 125–127.

299 Häftlinge durch Sachsen, undat. (September 1945), SHStAD, 11391, Nr. 992, Bl. 48–51, hier Bl. 50.

300 Vgl. Jürgen Danyel, Die Opfer- und Verfolgtenperspektive als Gründungskonsens? Zum Umgang mit der Widerstandstradition und der Schuldfrage in der DDR, in: ders. (Hrsg.),

Clique nationalsozialistischer Verbrecher einerseits und der deutschen Bevölkerungsmehrheit andererseits" ermöglichte es, die Perspektive der politisch Verfolgten der Gesellschaft als Ganzen überzustülpen.[301] Die Täter wurden als „Bestien" aus der menschlichen Gesellschaft hinausinterpretiert und der deutschen Bevölkerungsmehrheit diametral gegenübergestellt. Dass dafür die Simulation eines Strafprozesses gewählt wurde, ist kein Zufall. Es ging bei dieser propagandistischen Inszenierung von „Transitional Justice"[302] zwar nicht darum, die Täter im strafrechtlichen Sinne zur Rechenschaft zu ziehen, aber um die öffentliche und eindeutige Definition von Schuldigen und Opfern, mit der eine neue Gesellschaftsordnung ins Recht gesetzt wurde – und dies auch am Beispiel der Todesmärsche.

3.2.2. Ermittlungen der politischen Polizei K 5

In der SBZ begann ab Mai 1945 der Neuaufbau der Polizei durch die sowjetische Besatzungsmacht. Zum neuen Führungspersonal gehörten neben aus Moskau zurückgekehrten Emigranten zahlreiche Überlebende der Konzentrationslager.[303] Schon früh fahndeten Kriminal-Sonderstellen für politische Angelegenheiten, die häufig aus den „Antifa"-Ausschüssen hervorgegangen waren, nach NS-Verbrechern. Aus diesen Sonderstellen entwickelten sich die sogenannten Abteilungen, Kommissariate oder Dezernate K 5 als politische Polizei innerhalb der Deutschen Verwaltung des Innern.[304] Sie wurden im Mai 1947 auf Anweisung

Die geteilte Vergangenheit. Zum Umgang mit Nationalsozialismus und Widerstand in beiden deutschen Staaten, Berlin 1995, S. 31–46; Harald Schmid, „Wir Antifaschisten". Zum Spannungsfeld generationeller Erfahrungen und politischer Ideologie in der DDR, in: ders./Justyna Krzymianowska (Hrsg.), Politische Erinnerung. Geschichte und kollektive Identität, Würzburg 2007, S. 150–167, hier S. 160–163.

301 Christoph Classen, Vom Anfang im Ende: „Befreiung" im Rundfunk, in: Martin Sabrow (Hrsg.), Geschichte als Herrschaftsdiskurs. Der Umgang mit der Vergangenheit in der DDR, Köln 2000, S. 87–118, hier S. 98.

302 Im heterogenen Feld der Forschungen zu „Transitional Justice" geht es meist um den Übergang von diktatorischen zu demokratischen Herrschaftsformen; dennoch kann der Fokus entsprechend ausgeweitet werden. Vgl. Andreas Weigelt/Klaus-Dieter Müller/Thomas Schaarschmidt/Mike Schmeitzner, Vorwort der Herausgeber, in: dies., Todesurteile, S. 7–10, hier S. 8.

303 Monika Tanzscher, Die Vorläufer des Staatssicherheitsdienstes in der Polizei der Sowjetischen Besatzungszone – Ursprung und Entwicklung der K 5, in: Jahrbuch für Historische Kommunismusforschung (1998), S. 125–156, hier S. 128–130.

304 Ebenda, S. 135. Die Ziffer richtete sich nach der damaligen Klassifizierung von Straftaten. Unter Ziffer V erfasste man politische Delikte und Verstöße gegen die Befehle der Besatzungsbehörden.

der SMAD zu Ermittlungen wegen Verstößen gegen KRG Nr. 10 beauftragt und arbeiteten eng mit den sowjetischen Behörden zusammen.[305]

Im Rahmen der Entnazifizierung bildeten die K 5 „Untersuchungsorgane 201", die gemäß der Ausführungsbestimmungen des entsprechenden SMAD-Befehls die polizeilichen Ermittlungen anstellten, Anklageschriften abfassten und Tatverdächtige eigenmächtig in Polizeihaft nehmen konnten.[306] Diese weitreichenden Befugnisse stärkten die Position der als SED-treu geltenden politischen Polizei gegenüber der nur schwer auf Parteilinie zu bringenden Justiz und stellten den Versuch eines „direkt[en] Zugriff[s] auf die Rechtsprechung nach Befehl 201" dar.[307]

Die Kommissariate K 5, die als Kern des späteren Ministeriums für Staatssicherheit gelten,[308] nahmen auch Ermittlungen wegen Verbrechen im Umfeld der Todesmärsche auf. Auslöser dafür waren zum Teil anonyme Hinweise aus der Bevölkerung. So notierte zum Beispiel ein K 5-Sachbearbeiter im sächsischen Freiberg: „Vertraulich wurde heute der Dienststelle mitgeteilt, daß der damalige Polizist in Niederbobritzsch der Brackner*, Paul wohnhaft in Niederbobritzsch, Mitte April 1945 in seiner Eigenschaft als Polizist 3 K.Z.-Häftlinge, die sich von einem Transport entfernt hatten, verhaftet und am selben Abend mit Hilfe von noch 2 Polizisten, die z. Zt. flüchtig sind, erschossen hat."[309]

Die K 5 arbeitete auch mit anderen Organisationen, wie etwa der VVN, zusammen. In Abtsdorf bei Lutherstadt Wittenberg vermerkte der örtliche VVN-Kreisvorstand über eine gemeinsame Exhumierung: „Teilweise Mitwisserschaft der Einwohner von Abt[s]dorf. Ermittlungen durch K 5 sind noch im Gange."[310]

Hermann Wentker hat darauf verwiesen, dass das Personal der K 5 häufig aufgrund politischer Zuverlässigkeit eingestellt worden, juristisch jedoch unzureichend ausgebildet gewesen sei. So seien die Beamten oftmals unfähig gewesen, „die Ermittlungen korrekt durchzuführen und Anklageschriften zu verfassen, die allen inhaltlichen und formalen Erfordernissen entsprachen und somit vor Gericht Bestand hatten".[311] Trotz der Durchführung entsprechender Lehrgänge

305 Ebenda, S. 142.

306 Henry Leide, NS-Verbrecher und Staatssicherheit. Die geheime Vergangenheitspolitik der DDR, Göttingen 2005, S. 36; Meyer-Seitz, Verfolgung, S. 169.

307 Meyer-Seitz, Verfolgung, S. 346.

308 Leide, NS-Verbrecher, S. 38.

309 Aktennotiz des Kriminalamts Dresden, Dienststelle Freiberg/K5, 11. 2. 1948, BStU, MfS, BV Dresden, ASt. 133/48 Bd. 1, Bl. 4.

310 VVN-Kreisvorstand Wittenberg, Aktenvermerk lt. Anruf aus Wittenberg, 1949, SAPMO-BArch, DY 55/V 278/4/95, unpag.

311 Wentker, Justiz, S. 415.

und Schulungen habe man die Defizite in Vernehmungstaktik, Beweisführung und der Abfassung von Anklageschriften kaum beheben können.[312] Besonders bei den komplexen und schwer zu rekonstruierenden Todesmarschverbrechen fielen diese Schwächen ins Gewicht: Die Opfer waren meist unbekannt, die Täter und ihre Helfer zahlreich, aber schwer zu finden, und die Tatorte lagen versteckt an Feldwegen und in Wäldern. Die Zeugen schließlich waren oftmals kaum willig, ihre an den Taten beteiligten Nachbarn zu belasten. Außerdem waren mittlerweile Jahre vergangen und wichtige Spuren inzwischen verwischt.

Das Personal der K 5 hatte die notwendigen Befugnisse für weitreichende Ermittlungen, aufgrund der unzureichenden Ausbildung waren die Beamten jedoch alles andere als dafür prädestiniert, Licht in die verworrenen Zusammenhänge zu bringen. Ein Beispiel dafür ist die „Mordsache Harkerode", anhand derer in dieser Arbeit die soziale Dynamik innerhalb des örtlichen Volkssturms dargelegt wurde, dessen Angehörige an zwei Tagen mindestens 17 KZ-Häftlinge ermordet hatten.[313] Nachdem die Abteilung K 5 des Kriminalamts in Halle/Saale aufgrund von Ermittlungen der K 5 der Kripo-Außendienststelle Mansfelder Gebirgskreis eine erste Anklageschrift angefertigt hatte,[314] sandte der Staatsanwalt die Akten mit einem empörten Schreiben zurück: Diese Anklage gleiche „nur einer schlechten Tagebuchnotiz", und es sei ihm „mit bester Mühe nicht möglich, nur einigermaßen Ordnung in die Akten zu bringen". Die zuständigen Beamten hätten gegen 14 Personen Haftbefehl erlassen, aber nur gegen zehn sei Anklage erhoben worden. Die Verfahren gegen die Übrigen seien nicht ordnungsgemäß eingestellt worden und bei den Ermittlungen gegen die acht Beschuldigten, denen eine persönliche Beteiligung nicht nachgewiesen werden konnte, sei „sehr großzügig vorgegangen worden". Da sich in der Anklageschrift „der Mangel an Rechtskenntnissen bei den Sachbearbeitern bemerkbar" mache, bat der Staatsanwalt darum, einen „besonders fähigen und erfahrenen Beamten mit der weiteren Bearbeitung der Sache zu beauftragen. Es handelt sich um einen wirklich schwierigen und auch schwerwiegenden Fall, der auch politisch von großer Bedeutung ist."[315] Dass die Staatsanwälte wie in diesem Fall Anklageschriften an die Untersuchungsorgane zurückgaben, war nicht unüblich.[316] In Bezug auf die „Mordsache Harkerode" sah

312 Ebenda, S. 416. Vgl. auch Meyer-Seitz, Verfolgung, S. 236–245.

313 Vgl. hierzu das Kapitel zum Volkssturm in der vorliegenden Arbeit.

314 Kriminalamt Halle/Saale, Kripo-Außendienststelle Mansfelder Gebirgskreis, Abt. K V an Kriminalamt Halle/Saale, Abt. K V: Betr.: Akte Harkerode, 16. 2. 1948, BStU, MfS, BV Halle, ASt. 7424/48, Bl. 46.

315 Der aufsichtsführende Staatsanwalt an die Kriminalpolizei in Halle/Saale, 22. 6. 1948, BStU, MfS, BV Halle, ASt. 5172/48, Bl. 8 f.

316 Wentker, Justiz, S. 417.

sich der Staatsanwalt jedoch noch Monate später genötigt, dem zuständigen Kriminalsekretär umfangreiche juristische Hinweise zu einzelnen Tatvorwürfen und den entsprechenden rechtlichen Rahmenbedingungen zu erteilen.[317]

Mit dem SMAD-Befehl Nr. 201 war es möglich, Angeklagte allein aufgrund ihrer Zugehörigkeit zu einer NS-Organisation zu verurteilen.[318] Da sich im Umfeld der Todesmärsche jedoch „ganz normale“ Dorfbewohner, die weder zu den SS-Wachmannschaften gehört hatten, noch zwingend NS-Funktionäre oder auch nur einfache NSDAP-Mitglieder gewesen waren, arbeitsteilig an NS-Verbrechen beteiligt hatten, stellte sich die Frage nach deren persönlicher Schuld auf besondere Weise. So betonte der Staatsanwalt in Bezug auf die Morde in Harkerode: „Ob schuldig oder nichtschuldig kann nicht nur nach der Aktivität des Einzelnen beurteilt werden, sondern es kommt auf die Willensrichtung des Einzelnen an. Wer mit dem Vorsatz teilgenommen hat, Häftlinge ihren Peinigern wieder auszuliefern, ist schuldig. Wenn er persönlich, vielleicht zu seinem größten Bedauern, keinen Häftling ergriffen hat, so spricht das ihm [sic!] nicht von einer Schuld frei.“[319]

Es ging also nicht nur um die einzelnen Direkttäter, die Häftlinge getötet oder ausgeliefert hatten, sondern ebenso um das breitere soziale Umfeld und die Zuschauer. In diesem Sinne mahnte ein Staatsanwalt in einem anderen Fall an, auch „die Frauen und Mädchen, Männer und Personen, welche doch zumindest zum Teil an der Verfolgung und an der Ermordung durch Zustimmung teilgenommen haben“, zu ermitteln.[320] Und im Hinblick auf die drohenden Strafen fügte er hinzu: „Die Anklageschrift ist annehmbar, nur ist es notwendig, in diesen Fällen die Anklage nach dem Kontrollrats-Gesetz Nr. 10 aber zumindest in Verbindung damit zu erheben, da nach der Kontrollrats-Direktive 38 nur solche Personen evtl. mit Todesstrafe belegt werden können, welche ein besonderes Kriegsverbrechen begangen haben. Dagegen ist nach dem Kontrollrats-Gesetz Nr. 10 auch für Verbrechen an der Menschlichkeit Todesstrafe vorgesehen.“[321]

Dieser breite und nachdrückliche Ansatz hatte zur Folge, dass in der SBZ zahlreiche Einwohnerinnen und Einwohner ins Visier der Ermittler gerieten und sich vor Gericht zu verantworten hatten.

317 Der aufsichtsführende Staatsanwalt an Krim.-Sekretär Wirkner, Stellungnahme zu dem dortigen Bericht vom 22. 9. 1948, 23. 9. 1948, BStU, MfS, BV Halle, ASt. 5172/48, Bl. 22–24.

318 Wentker, Justiz, S. 419–421.

319 Der aufsichtsführende Staatsanwalt an Krim.-Sekretär Wirkner, Stellungnahme zu dem dortigen Bericht vom 22. 9. 1948, 23. 9. 1948, BStU, Halle ASt. 5172/48, Bl. 22–24, hier Bl. 24.

320 Der aufsichtsführende Staatsanwalt an die Kriminalpolizei – Untersuchungsorgan in Halle a. Saale, 18. 7. 1948, BStU, BV Halle, ASt. 4983, Bd. 1, Bl. 67 f.

321 Ebenda.

3.2.3. Transitional Justice: Prozesse in der SBZ 1946–1948

Der erste Prozess vor einem deutschen Gericht wegen Verbrechen im Umfeld der Todesmärsche fand im September 1946 in Dresden statt. In diesem Fall ging die Presseberichterstattung dem Verfahren sogar voraus. Schon im August 1945 hatte die Dresdener Volkszeitung berichtet, dass mit „Hilfe der antifaschistischen Bevölkerung" die HJ-Angehörigen, die im sächsischen Herzogswalde einen weiblichen Häftling auf brutale Weise ermordet hatten,[322] „gestellt werden" konnten, und erklärt: „So wurden Jugendliche unter Hitler vom Rassenwahn vergiftet."[323] Einen Monat später wurde unter der Schlagzeile „Gerechte Strafe den Mördern" angekündigt, dass sie sich demnächst vor Gericht zu verantworten hätten.[324] Das ein Jahr später ergehende Urteil des großen Jugendgerichts fußte auf dem Geständnis der drei Angeklagten, denen ein Verbrechen gegen die Menschlichkeit nach KRG Nr. 10 vorgeworfen wurde. Das StGB wurde in diesem Fall nicht angewandt, da der Fall „so sehr auf nationalsozialistischer Grundlage" beruhte. Allerdings urteilte das Gericht gegen die zur Tatzeit minderjährigen Jungen nach dem Reichsjugendgerichtsgesetz. Die Urteilsbegründung wurde angesichts „der kaum glaublichen Grausamkeit, mit der die Angeklagten ein junges Menschenleben vernichteten", kurzgehalten – es bedürfe „keiner weiteren Erörterung, daß eine Unmenschlichkeit [...] in hohem Grade vorliegt".[325]

Als glaubhaft erachtete das Gericht die Verteidigungsstrategie der Angeklagten, die sich als Verführte der nationalsozialistischen Propaganda darstellten. So wurde zu ihren Gunsten festgestellt, dass sie „selbst bis zu einem gewissen Grade dem vergangenen Regime zum Opfer gefallen" seien. Zugleich betonte das Urteil jedoch, dass die drei Jungen sich der Unrechtmäßigkeit ihres Handelns durchaus bewusst gewesen seien und die besondere „Roheit und Gefühllosigkeit" ihres Handelns „schwere Ahndung" verlangten. Das Gericht verurteilte den ältesten der drei Täter als „Rädelsführer" zu neun Jahren Haft und blieb damit unter der Höchststrafe von zehn Jahren. Die beiden jüngeren Angeklagten, die unter dem „unheilvollen Einfluß" des Anführers gestanden hätten, erhielten jeweils fünf Jahre.[326] Weitere Beteiligte aus der Ortschaft wurden nicht belangt. Sie waren für

322 Vgl. hierzu das Kapitel zur Hitler-Jugend in der vorliegenden Arbeit.

323 „Brutaler Mord aus Rassenwahn", in: Volkszeitung Dresden, 10. 9. 1945.

324 „Gerechte Strafe den Mördern!", in: Volkszeitung Dresden, 12. 9. 1945.

325 Urteil des Großen Jugendgerichts zu Dresden, 6. 9. 1946, Lfd. Nr. 1825, in: DDRJuNSV, Bd. XIII, S. 369–375, hier S. 374.

326 Ebenda, S. 375.

die deutsche Justiz auch nicht greifbar, da sie 1945 von der SMA inhaftiert worden waren.[327]

Dieser erste Prozess war außergewöhnlich, was Täter, Tat und Opfer betraf: Minderjährige Jungen hatten auf grausame und zielgerichtete Art gemordet, ihr Opfer war zudem eine junge Frau gewesen. Diese Tat widersprach komplett den sozialen Normen und wurde dementsprechend beispielhaft hart gesühnt. Die folgenden Prozesse wegen Todesmarschverbrechen, bei denen die Angeklagten eher indirekt beteiligt gewesen waren, waren durch vergleichsweise niedrige Strafen gekennzeichnet: Sieben Männer, die ihre Beteiligung an der Ergreifung von KZ-Häftlingen in Solpke bei Gardelegen gestanden hatten, wurden Ende 1946 und Mitte 1947 freigesprochen.[328] Ein ehemaliger Volkssturmmann aus Wolfen (Sachsen-Anhalt), der sich nach eigenen Angaben freiwillig einem Exekutionskommando angeschlossen und diesem seine Waffe für mutmaßliche „Gnadenschüsse" zur Verfügung gestellt hatte, kam mit eineinhalb Jahren davon.[329]

Diese eher milde Linie[330] sollte sich mit Inkrafttreten des SMAD-Befehls Nr. 201 im August 1947 ändern. Schon der erste darauf folgende Prozess endete mit einer lebenslangen Zuchthausstrafe gegen einen Volkssturmmann, der an einer Massenerschießung von KZ-Häftlingen bei Jena beteiligt war.[331] Am deutlichsten wird der Wandel in der Urteilspraxis jedoch am Verfahren gegen Wilhelm Kusch*, der – wie an anderer Stelle dargestellt – im sächsischen Sadisdorf am Ende einer Denunziationskette geflohene Häftlinge an SS-Männer verraten hatte.[332] Bereits im September 1945 hatte der Bürgermeister von Sadisdorf im Rahmen der flächendeckenden Ermittlungen angegeben, dass über 1000 KZ-Häftlinge und ihre Bewacher in verschiedenen Gehöften seines Ortes untergebracht worden waren. Er hatte von mehreren Erschießungen und Leichen von 25 KZ-Häftlingen berichtet, die in seinem Dorf begraben worden seien.[333] Ende 1945 wurde ein mutmaß-

327 VVN Kreisvorstand Meißen an den Generalstaatsanwalt für das Land Sachsen, Betr.: Ermordung eines unbekannten jüdischen Mädchens im Februar 1945 in Herzogswalde, 1. 11. 1948, SAPMO-BArch, DY 55/V 278/4/58, unpag.

328 Urteil des LG Magdeburg, 5. 12. 1946, Lfd. Nr. 1802, in: DDRJuNSV, Bd. XIII, S. 177–187; Urteil des LG Magdeburg vom 31. 5. 1947, Lfd. Nr. 1768, in: DDRJuNSV, Bd. XII, S. 577–582.

329 Urteil des LG Merseburg, 4. 7. 1947, Lfd. Nr. 1118b, in: DDRJuNSV, Bd. IV, S. 32–35.

330 Christian Meyer-Seitz stellte insgesamt keine „übergroße Milde der ostdeutschen Gerichte bei der Strafzumessung nach dem KRG 10" fest. Meyer-Seitz, Verfolgung, S. 111.

331 Urteil des LG Weimar in Jena, 12. 12. 1947, Lfd. Nr. 1721a, in: DDRJuNSV, Bd. XII, S. 179–183; Bartuschka, Versuch, S. 302–306.

332 Vgl. hierzu das Kapitel zu Denunziationen in der vorliegenden Arbeit.

333 Bürgermeister von Sadisdorf an Landesverwaltung Sachsen, Landesnachrichtenamt, Betreff: „Opfer des Faschismus", 18. 9. 1945, SHStAD, 11391, Nr. 994, Bl. 147.

licher einheimischer Täter von der Polizei festgenommen und an die SMA überstellt. Diese empfahl, ihn „dem Gericht nach örtlichem Gesetz zu übergeben“.[334] Der verhaftete Wilhelm Kusch* wurde als Beihelfer eines Verbrechens gegen die Menschlichkeit angeklagt und im September 1946 zu drei Jahren Haft verurteilt. Das Gericht erkannte bei ihm bedingten Vorsatz; „einen unmenschlich verbrecherischen Willen oder auch nur Züge von Unmenschlichkeit“ hingegen konnte es nicht feststellen.[335] Damit war jedoch nicht das letzte Wort gesprochen. Nur wenige Tage nach diesem Urteil war die Kontrollratsdirektive Nr. 38 in Kraft getreten. Die damit einhergehende Politisierung der Justiz sollte sich rückwirkend auch auf das Verfahren gegen Kusch* auswirken: Knapp ein Jahr nach dem Urteil legte die Staatsanwaltschaft Nichtigkeitsbeschwerde ein. Gegen das Strafmaß würden „die schwersten Bedenken bestehen. [...] Hier mußte Zuchthausstrafe verhängt werden.“[336] Man stützte sich auf das neu eingeführte Kassationsgesetz,[337] das es erlaubte, Urteile aufgrund von Fehlern bei der Strafbemessung aufzuheben.[338] In der Ergänzung zur Anklageschrift wurde nun Kuschs* NSDAP- und SA-Mitgliedschaft hervorgehoben und betont, dass er durch seine Taten versucht habe, „den Hitlerfaschismus mit allen Mitteln am Leben zu halten“.[339] Im Prozess folgte das Gericht dieser Argumentation. Es sah nunmehr als erwiesen an, dass Kusch* „infolge seiner nazistischen Einstellung gar nicht gewillt und geneigt [gewesen sei], irgend eine menschliche Regung zu verspüren“ und „der Allgemeinheit durch dieses krasse, fürchterliche Beispiel die menschliche Verrohung und den Tiefstand von Moral und Sitte innerhalb der nat[ional] soz[ialistischen] Gewaltherrschaft dokumentiert“ habe. Demnach habe er sich als Beihelfer an einem Verbrechen gegen die Menschlichkeit im Sinne des KRG Nr. 10 beteiligt und nach KD 38 aus politischen Gründen Verbrechen an Opfern des Nationalsozialismus begangen. Das Gericht verurteilte ihn als Hauptverbrecher zu lebenslänglichem Zuchthaus

334 Chef der operativen Gruppe der SMA an Kreispolizei Dippoldiswalde, 7. 12. 1945, BStU, MfS, BV Dresden, ASt 8/46, Strafsache, Bl. 5.

335 Urteil des LG Dresden, 25. 9. 1946, Lfd. Nr. 1499b, in: DDRJuNSV, Bd. IX, S. 398–402, hier S. 402.

336 Der kommissarische Generalstaatsanwalt im Lande Sachsen, Nichtigkeitsbeschwerde, 23. 9. 1947, BStU, MfS, BV Dresden, ASt. 8/46, Strafsache, Bl. 88 f., hier Bl. 89.

337 Der kommissarische Generalstaatsanwalt im Lande Sachsen, Ergänzung, 10. 11. 1947, ebenda, Bl. 88 f., hier Bl. 89.

338 Hermann Wentker, Die Neuordnung des Justizwesens in der SBZ/DDR 1945–1952/53, in: Roger Engelmann/Clemens Vollnhals (Hrsg.), Justiz im Dienste der Parteiherrschaft. Rechtspraxis und Staatssicherheit in der DDR, Berlin 1999, S. 93–114, hier S. 98.

339 Staatsanwaltschaft beim LG Dresden, Ergänzung zur Anklageschrift, 17. 2. 1948, BStU, MfS, BV Dresden, ASt. 8/46, Strafsache, Bl. 105.

bei Verlust der bürgerlichen Ehrenrechte auf Lebensdauer.[340] Die Presse lobte es als „gerechte Sühne“, dass das „unglaublich milde Urteil“ gegen den „1931er Pg und SA-Mann“ aufgehoben wurde.[341]

Dass Wilhelm Kusch* nachträglich ein so hartes Urteil traf, hing weniger mit der Schwere seiner Tatbeteiligung zusammen als vielmehr mit dem Zeitpunkt der Prozesse. Seine Verfahren fielen genau in eine Phase verstärkter Politisierung der Justiz, die unter Rückgriff auf SMAD-Befehl Nr. 201 an Angeklagten wie Kusch* exemplarisch die strafrechtliche Entnazifizierung der Bevölkerung vollzog. Der komplexe Hergang der Tat, an der mehrere Einheimische beteiligt gewesen waren, wurde im Verfahren vollständig auf den Tatanteil von Wilhelm Kusch* reduziert.

Dass das Handeln gegenüber KZ-Häftlingen mitunter weniger strafbestimmend war als andere Faktoren, illustriert der Vergleich zweier Verfahren zu ein und demselben Tatort im Abstand weniger Monate. In beiden Fällen hatten Einwohner des Dorfes Caaschwitz (Thüringen) KZ-Häftlinge an deutsche Soldaten ausgeliefert, die die Gefangenen daraufhin erschossen. Einer der beiden Angeklagten wurde zunächst nur auf Grundlage des KRG Nr. 10 angeklagt und freigesprochen.[342] Ähnlich wie Kusch* wurde er nach Kassation des Urteils zusätzlich nach KD 38 angeklagt; allerdings kam der Angeklagte in diesem Fall mit dreieinhalb Jahren Gefängnis vergleichsweise glimpflich davon.[343] Eine empfindlichere Strafe hatte kurz zuvor einen seiner Nachbarn getroffen. Der Tenor dieses Urteils war weitaus aufgeladener, was offenbar mit der wirtschaftlichen und politischen Situation des Angeklagten zusammenhing. Er wurde als Großbauer charakterisiert, der zwar kein NSDAP-Mitglied gewesen war, „sich aber doch wie ein 200 %iger Faschist benommen“ habe.[344] Er wurde „überführt, bei dem Mord zweier Häftlinge dadurch mitgewirkt zu haben, daß er diese der Wehrmacht zuführte“, nach KRG Nr. 10 als Verbrecher bestraft und als „überzeugter Anhänger der nationalsozialistischen Gewaltherrschaft“ eingestuft, dessen Handeln „die schlimmsten Folgen“ gehabt habe.[345] Demnach wurde er zu zehn

340 Urteil des LG Dresden, 6. 4. 1948, Lfd. Nr. 1499, in: DDRJuNSV, Bd. IX, S. 406–409, hier S. 408. Nach Revision und Hinzuziehung eines psychiatrischen Gutachtens wurde die Strafe auf 15 Jahre Zuchthaus abgemildert. Im Januar 1956 wurde Kusch* im Rahmen einer breit angelegten Amnestie aus der Haft entlassen. Urteil des LG Dresden, 7. 2. 1949, Lfd. Nr. 1499, in: ebenda, S. 393–397; Strafvollzugsanstalt Brandenburg an Bezirksstaatsanwaltschaft Dresden, 21. 1. 1956, BStU, MfS, BV Dresden, ASt. 8/46, Strafsache, Bl. 360.

341 „Gerechte Sühne“, in: Sächsische Zeitung, 8. 4. 1948. Zu öffentlicher Kritik an der Strafzumessung in NS-Verfahren vgl. auch Meyer-Seitz, Verfolgung, S. 110 f.

342 Urteil des LG Gera, 8. 4. 1948, Lfd. Nr. 1404b, in: DDRJuNSV, Bd. VIII, S. 141–143.

343 Urteil des LG Weimar, 3. 8. 1949, Lfd. Nr. 1404a, in: ebenda, S. 137–140.

344 Urteil des LG Gera, 21. 6. 1949, Lfd. Nr. 1428a, in: ebenda, S. 397–402, hier S. 398.

345 Ebenda, S. 401.

Jahren Zuchthaus und weiteren zwei Jahren Gefängnis verurteilt. Zudem wurde mit dieser Art Klassenjustiz sein nicht unerhebliches Vermögen, darunter Ländereien, eingezogen und damit strafrechtlich kollektiviert.[346]

Es gerieten nicht nur Einzeltäter, sondern auch ganze Gruppen von Einwohnerinnen und Einwohnern ins Visier der Justiz. Anfang 1949 fanden vor dem Landgericht Halle/Saale zwei Verfahren statt, in denen es um Morde an geflohenen KZ-Häftlingen in den direkt benachbarten Ortschaften Harkerode und Quenstedt in Sachsen-Anhalt ging. In den Prozessen standen insgesamt 17 Dorfbewohnerinnen und -bewohner vor Gericht, deren Handeln trotz ähnlich gelagerter Tatbeteiligung sehr unterschiedlich be- und verurteilt wurde. Das erste Verfahren richtete sich gegen die in dieser Arbeit vorgestellten „adoleszenten Abenteurer" und deren Umfeld.[347] Alle Angeklagten – bis auf eine Frau – wurden wegen Verbrechen gegen die Menschlichkeit nach KRG Nr. 10 verurteilt. Die Jugendlichen, die zum Teil selbst geschossen hatten, erhielten Jugendgefängnisstrafen zwischen sechs Monaten und acht Jahren,[348] wobei die letztgenannte Strafe nach erfolgreicher Revision auf drei Jahre gemindert werden konnte.[349] Interessant ist an diesem Urteil, wie das unterschiedliche Strafmaß für zwei der älteren Beteiligten begründet wurde. Einer von ihnen erhielt zwei, der andere drei Jahre Freiheitsstrafe. Im Urteil hieß es: „Wenn sich die Handlungen der beiden Angeklagten auch nicht voneinander unterscheiden, so mußte im Strafmaß doch eine fühlbare Differenz bestimmt werden." Diese wurde nach politischen Erwägungen bemessen, wobei jedoch nicht derjenige der beiden, der seit 1939 NSDAP-Mitglied gewesen war, die höhere Strafe erhielt. Vielmehr war das Gericht der Auffassung: „Von ihm war nichts anderes zu erwarten, als wie er gehandelt hatte [sic!]." Im Gegensatz dazu wurde die Strafe des anderen Angeklagten höher bemessen, weil er Kommunist gewesen war und man von ihm „eine andere Einstellung den KZ-Häftlingen gegenüber" erwartet hatte.[350] Damit bestätigen die Verfahren zu Todesmarschverbrechen die Forschungsergebnisse zur Ahndung von NS-Denunziationsprozessen in der SBZ, die eine besondere Strenge gegen die „eigenen Leute" konstatieren.[351]

346 Zur Vermögenseinziehung nach SMAD-Befehl 201 vgl. Meyer-Seitz, Verfolgung, S. 328–330.

347 Vgl. hierzu das Kapitel zur Hitler-Jugend in der vorliegenden Arbeit.

348 Urteil des LG Halle/Saale, 25. 1. 1949, Lfd. Nr. 1504a, in: DDRJuNSV, Bd. IX, S. 453–460.

349 Urteil des LG Halle/Saale, 23. 5. 1950, Lfd. Nr. 1504c, in: ebenda, S. 466–468.

350 Urteil des LG Halle/Saale, 25. 1. 1949, Lfd. Nr. 1504a, in: ebenda, Bd. IX, S. 453–460, hier S. 460.

351 Ulbricht, Ahndung, S. 139 f. Vgl. Christoph Thonfeld, Vergangenheitspolitische Rechtsprechung als Indikator politischen und gesellschaftlichen Wandels in der SBZ/DDR 1945 bis 1951, in: Jahrbuch für Historische Kommunismusforschung (2004), S. 156–166, hier S. 160.

Im zweiten Verfahren standen wenige Wochen später die Angehörigen des Harkeroder Volkssturms vor Gericht.[352] Bei ihnen fielen die Strafen weit höher aus: Das Gericht verhängte für die Ermordung mehrerer KZ-Häftlinge je einmal lebenslänglich, 15 und zehn Jahre Zuchthaus sowie zwei Jahre Gefängnis, dazu in drei Fällen eine zwölfjährige Zuchthausstrafe. Nur weil das Gericht den Angeklagten glaubte, in einem „Angstzustand" und damit gänzlich anders als „unter normalen Bedingungen" gehandelt zu haben, wurden keine Todesstrafen ausgesprochen. Ein Angeklagter wurde freigesprochen, die Verfahren gegen zwei Beteiligte stellte das Gericht ein.[353]

Die sehr unterschiedliche Ausgangslage und verschiedenartige Tatbeteiligung der Angeklagten erschwert einen systematischen Vergleich der Verfahren erheblich. Viele Strafen orientierten sich an der generellen Strafzumessung in NS-Sachen, bei denen Freiheitsstrafen zwischen einem und drei Jahren am häufigsten vorkamen.[354] Allerdings haben die angeführten Beispiele auch deutliche Abweichungen nach oben gezeigt, die mit politischen Erwägungen ebenso zusammenhingen wie mit anderen Faktoren, wie den Unterschieden zwischen Jugend- und Erwachsenenstrafrecht. Eindeutig höhere Strafen erhielten die Täter, die nicht aus der „einfachen Bevölkerung" kamen: lokale Amtsträger, Angehörige der Wachmannschaften und ehemalige Funktionshäftlinge.

Der ehemalige NSDAP-Kreisleiter von Görlitz, Erwin Fritz Malitz, beispielsweise wurde 1948 zum Tode verurteilt, weil ihm unter anderem die Verantwortung für die Räumung des KZ Biesnitzer Grund vorgeworfen wurde.[355] Im November 1948 stand in Halle/Saale der ehemalige Kapo Roman Sroka vor Gericht. Er gestand, während der Evakuierung des Außenlagers Plattling einen Mithäftling, der ihm Brot gestohlen hatte, so sehr geschlagen zu haben, dass dieser am darauffolgenden Tag den Marsch nicht mehr antreten konnte und von der SS erschossen wurde. Er wurde zum Tode verurteilt, ein Jahr darauf jedoch zu lebenslänglicher Zuchthausstrafe begnadigt.[356] Einem anderen ehemaligen Funktionshäftling wurde vorgeworfen, während der Räumung des KZ Auschwitz-

352 Vgl. hierzu das Kapitel zum Volkssturm in der vorliegenden Arbeit.

353 Urteil des LG Halle/Saale, 5. 2. 1949, Lfd. Nr. 1500, in: DDRJuNSV, Bd. IX, S. 419–426, hier S. 425.

354 Meyer-Seitz, Verfolgung, S. 319.

355 Urteil des LG Bautzen, 22. 4. 1948, Lfd. Nr. 1630a, in: DDRJuNSV, Bd. XI, S. 177–197. Zu diesem Prozess vgl. auch Meyer-Seitz, Verfolgung, S. 269–272. Vgl. dazu auch – wenngleich teils methodisch, analytisch und sprachlich problematisch – Rolf Hensel, Stufen zum Schafott. Der Berliner Stadtschulrat und Oberbürgermeister von Görlitz: Hans Meinshausen, Berlin 2012, S. 214–343.

356 Urteil des LG Halle, 26. 11. 1948, Lfd. Nr. 1521, in: DDRJuNSV, Bd. IX, S. 687–693.

Monowitz Mitgefangene geschlagen und deren Nahrungsmittel für sich behalten zu haben. Er wurde zu lebenslanger Zuchthausstrafe verurteilt.[357] Ein früherer Oberwachtmeister aus dem Zuchthaus Halle erhielt die gleiche Strafe, weil er während der Evakuierung des Zuchthauses, bei der Justizgefangene gemeinsam mit KZ-Häftlingen abtransportiert worden waren, auf Gefangene geschossen und mindestens einen getötet hatte.[358]

Die Rechtsprechung in der SBZ bewegte sich beim Komplex der Todesmärsche in einem besonderen Spannungsfeld. Ähnlich wie im Fall der NS-Denunziationsverbrechen war bei diesen Taten die Involvierung der „ganz normalen Bevölkerung" ein Massenphänomen gewesen. Die Beispiele machen deutlich, dass die Zusammensetzung der Angeklagten einen Querschnitt der Bevölkerung darstellte. Aber die Justiz musste aus zumeist gemeinschaftlich begangenen Taten die strafrechtlich zu ahndende Tatbeteiligung Einzelner destillieren, was oftmals mit einer Fokussierung auf wenige Täter und der weitgehenden Ausblendung der kollektiven Dimension einherging. Ideologisch korrespondierte dies mit dem Wunschbild einer antifaschistischen Mehrheitsbevölkerung, der die isoliert handelnden NS-Täter diametral gegenübergestellt wurden. Die Justiz wirkte somit als „Vehikel gesellschaftlicher Transformation".[359] Auch bei der Ahndung von Todesmarschverbrechen diente insbesondere der SMAD-Befehl 201, der für „den Beginn der Sowjetisierung der Verhältnisse in der politischen Strafjustiz"[360] steht, als Katalysator von Transitional Justice im stalinistischen Sinne: den Übergang zu einer neuen Gesellschaftsordnung mithilfe engster Verflechtung von strafrechtlicher Ahndung, politischer Säuberung und historisch-ideologischer Propaganda.[361]

3.2.4. Ermittlungen des MfS: Beispiel Herzsprung

Während zahlreiche Dokumente auf die Ermittlungsarbeit der K 5 zu Straftaten im Umfeld der KZ-Räumungstransporte verweisen, lassen sich für die erste Zeit nach Gründung des MfS 1950 kaum Ermittlungen der Stasi zu einzelnen Todes-

357 Urteil des LG Bautzen, 15. 11. 1948, Lfd. Nr. 1527, in: DDRJuNSV, Bd. X, S. 35–40.

358 Urteil des LG Halle/Saale, 14. 10. 1948, Lfd. Nr. 1210b, in: DDRJuNSV, Bd. V, S. 147–151.

359 Thonfeld, Vergangenheitspolitische Rechtsprechung, S. 157.

360 Wentker, Justiz, S. 431.

361 Dies ist zu verstehen als Adaption der Hauptinstrumente von Transitional Justice nach Wolfgang Form, Dealing with the Part. Transitional Justice-Maßnahmenkataloge für den Umgang mit der Vergangenheit, in: Claudia Kuretsidis-Haider/Winfried R. Garscha (Hrsg.), Gerechtigkeit nach Diktatur und Krieg. Transitional Justice 1945 bis heute: Strafverfahren und ihre Quellen, Graz 2010, S. 15–30, hier S. 16.

marschverbrechen finden. Das hängt damit zusammen, dass die 201er-Verfahren zu diesem Zeitpunkt eigentlich abgeschlossen werden sollten.[362] Die Bemühungen, die „kleinen Nazis“ eher in die Gesellschaft der neu gegründeten DDR zu integrieren, als sie zu bestrafen, betrafen auch Täter von Todesmarschverbrechen, die oftmals keiner NS-Organisation angehört hatten. Zudem war nicht primär die Staatssicherheit, sondern zunächst die Kriminalpolizei für die Verfolgung von NS-Verbrechen zuständig; die Anklageschrift hingegen war nunmehr von der Staatsanwaltschaft selbst anzufertigen.[363] Bis Mitte der 1950er-Jahre hatte das MfS nur in 49 der insgesamt 614 Verfahren, in denen NS-Straftaten insgesamt geahndet wurden, ermittelt.[364] Allerdings war ab diesem Zeitpunkt der prozentuale Anteil von Verfahren, die durch MfS-Ermittlungen zustande kamen, bei insgesamt stark abnehmender Verfahrenszahl tendenziell steigend.[365]

Eines dieser Verfahren war ein Untersuchungsvorgang wegen Verbrechen während der Todesmärsche aus dem KZ Sachsenhausen. Im Jahr 1955 wurde gegen Wilhelm Antonius Wehren ermittelt, der seit 1944 KZ-Häftling gewesen war. Er war wegen „Wehrkraftzersetzung“ verurteilt worden und über verschiedene Wehrmachtsgefängnisse schließlich nach Sachsenhausen gekommen.[366] Kurz vor der Räumung des Lagers wurde er als „SAW“-Häftling („Sonderaktion Wehrmacht“)[367] uniformiert, bewaffnet, dem sogenannten Lagervolkssturm zugeteilt und zur Bewachung des Todesmarsches Richtung Norden eingesetzt.[368] Zehn Jahre später wurde ihm zur Last gelegt, sich – nachdem es ihm gelungen war, sich von den Kolonnen abzusetzen – an der hier mehrfach erwähnten Ermordung von KZ-Häftlingen im brandenburgischen Herzsprung beteiligt zu haben.

Dass überhaupt gegen Wehren sowie den ehemaligen NSDAP-Ortsgruppenleiter ermittelt und diese Untersuchung vom MfS vorgenommen wurde, ist keineswegs einer zielgerichteten Aufarbeitung der NS-Verbrechen in Herzsprung zu verdanken, sondern einer besonderen lokalen und politischen Konstellation.

362 Weinke, Verfolgung, S. 68.

363 Wentker, Justiz, S. 423; Weinke, Verfolgung, S. 68.

364 Leide, NS-Verbrecher, S. 54.

365 Zwischen 1956 und 1960 beruhten 14 von 18 Urteilen auf Ermittlungen des MfS, zwischen 1961 und 1965 dann sogar 29 von insgesamt 30. Vgl. Wieland, Ahndung, S. 74.

366 Staatssekretariat für Staatssicherheit, Bezirksverwaltung Potsdam: Schlußbericht, 26. 9. 1955, BStU, MfS, Pdm AU 41/56, Bl. 660–675.

367 Zu dieser bisher kaum erforschten Gruppe vgl. Hans-Peter Klausch, Von der Wehrmacht ins KZ: Die Häftlingskategorie der SAW- und Zwischenhaft-Gefangenen, in: Beiträge zur nationalsozialistischen Verfolgung in Norddeutschland 13 (2012), S. 67–105.

368 Vernehmung von Wilhelm Wehren, MfS Potsdam, 7. 7. 1955, BStU, MfS, Pdm AU 41/56, Bl. 37–45, hier Bl. 40.

Wehren war nach Kriegsende mehrfach in den Ort zurückgekehrt, was zur Folge hatte, dass die Ermordung der KZ-Häftlinge wieder zum Dorfgespräch wurde.[369] Davon fühlte sich insbesondere der ehemalige Ortsgruppenleiter Leppin bedroht, der befürchtete, dass Wehren die Absicht hatte, ihn „wegen des Mordes irgendwie hineinzuziehen". In dem Fall wollte er „auch gegen ihn Maßnahmen ergreifen und ihn zur Anzeige des Mordes bringen".[370] Letztlich löste Leppin diese Pattsituation auf, indem er dem Bürgermeister von der Erschießung der Häftlinge berichtete. Leppins Tochter zeigte Wehren schließlich beim MfS an, nachdem sie ihn im Nachbardorf gesehen hatte.[371]

Allerdings hatte der Fall auch eine darüber hinausgehende politische Dimension. Wilhelm Wehren hatte eine beachtliche kleinkriminelle Karriere hinter sich, durch die er zum Grenzgänger geworden war. Nach Kriegsende soll er mehrfach Straftaten unter falscher Identität begangen und sich unter anderem als „Opfer des Faschismus" und Angehöriger der SMAD ausgegeben haben. Aus einem Militärgefängnis in Westberlin war Wehren 1946 nach Dessau geflohen; 1948 entkam er aus der Untersuchungshaft in Potsdam nach Westdeutschland, wo er abermals zu einer Zuchthausstrafe verurteilt wurde. Nach bedingter Strafaussetzung war er als Bundesbürger erst im Juni 1955 aus der Bundesrepublik in die DDR eingereist und nach Herzsprung gekommen – unmittelbar bevor die Ermittlungen des MfS gegen ihn begannen.[372]

An der Ermordung der Häftlinge waren mehrere Einwohnerinnen und Einwohner beteiligt gewesen, Dutzende Nachbarn waren zu Zeuginnen und Zeugen geworden. Die Ermittler des MfS waren jedoch weniger bemüht, den breiteren sozialen Kontext des Verbrechens zu beleuchten und mögliche weitere Tatbeteiligte zu überführen. Relevanter erschien ihnen die Frage, ob den befragten Dorfbewohnern Personen bekannt seien, die eine „verbrecherische"[373] bzw. „feindliche Tätigkeit gegen die Deutsche Demokratische Republik durchführen".[374]

369 Vernehmung von Friederike* Leppin, MfS Potsdam, 2. 8. 1955, BStU, MfS, Pdm AU 41/56, Bl. 370–373, hier Bl. 371; Interview mit Lothar K., 6. 3. 2007, Sammlung der Gedenkstätte Todesmarsch im Belower Wald, ohne Signatur.

370 Vernehmung von Maria Lippmann*, MfS Potsdam, 2. 8. 1955, BStU, MfS, Pdm AU 41/56, Bl. 324–327, hier Bl. 326.

371 Vernehmung von Wilhelm Leppin, MfS Potsdam, 15. 7. 1955, ebenda, Bl. 252–256, hier Bl. 253.

372 Urteil des BG Potsdam, 10. 12. 1955, Lfd. Nr. 1098a, in: DDRJuNSV, Bd. III, S. 593–599, hier S. 594–596.

373 Vernehmung von Hildegard Hartenfels*, 11. 7. 1955, BStU, MfS, Pdm AU 41/56, Bl. 299–301, hier Bl. 301.

374 Vernehmung von Wilhelm Leppin, 11. 8. 1955, ebenda, Bl. 274 f., hier Bl. 275.

Während der Vernehmungen dürfte Wilhelm Wehren unter erheblichen Druck gesetzt worden sein. Dies ist in den Unterlagen kaum direkt dokumentiert, lässt sich aber beispielsweise daran ablesen, dass eine Vernehmung, deren Protokoll nur drei maschinenschriftliche Seiten umfasst, acht Stunden in Anspruch nahm.[375] Wehren beklagte sich nach seiner Verurteilung über massive Drohungen und folterähnliche Verhörmethoden. Er habe „einen Vernehmer gehabt, welcher mich vollständig in seiner Hand hatte. Fast alle Vernehmungen habe ich kaum gelesen. Wenn ich Beanstandungen hatte und sagte, das wären meine Worte nicht, dann drohte er mit Dunkel-Arrest und Keller. [...] Von morgens bis abends ohne Mittagessen redete er auf mich ein, bis mir dann alles gleichgültig war."[376]

Die Ermittlungen gegen Wilhelm Wehren dokumentieren eine für die Ahndung von Todesmarschverbrechen typische Engführung. Um eine Anklage oder Verurteilung zu gewährleisten, wurde hier – wie in anderen Fällen – die soziale Dimension der Tat ausgeblendet, während man die wenigen Direkttäter zu Alleinschuldigen erklärte. Um den kategorialen Unterschied zwischen den wenigen Nationalsozialisten und den zahlreichen „antifaschistischen" DDR-Bürgerinnen und -Bürgern zu akzentuieren, wurden diejenigen, die man als Einzeltäter ausmachte, sowohl dämonisiert als auch aus der Gesellschaft herausdefiniert. Im Fall Herzsprung waren dies der ehemalige Ortsgruppenleiter als ranghöchster ehemaliger Nationalsozialist am Ort und der kleinkriminelle Grenzgänger Wilhelm Wehren. Bei beiden handelte es sich in den Augen des MfS um „Verbrecher höchsten Grades, für die in unserem Arbeiter- und Bauernstaat kein Platz mehr ist".[377] Letztlich sollte jedoch nur Wilhelm Wehren angeklagt werden. Vor der Gerichtsverhandlung wurde das Verfahren gegen den ehemaligen Ortsgruppenleiter wegen geringer Schuld eingestellt.[378]

Der Prozess gegen Wehren fand Ende 1955 statt, einige Monate nachdem die Sowjetunion die DDR für souverän erklärt hatte. Da die Rechtsakte des Alliierten Kontrollrats ihre Gültigkeit verloren hatten,[379] wurde Wehren nicht auf Grundlage der „klassischen" alliierten rechtlichen Instrumentarien zur Ahndung von NS-Verbrechen in der SBZ/DDR, dem KRG Nr. 10 oder der KD 38 in Verbindung mit SMAD-Befehl 201 verurteilt, sondern anhand des Strafgesetzbuchs. Straftat-

375 Vernehmung von Wilhelm Wehren, 22. 7. 1955, ebenda, Bl. 126–128, hier Bl. 126.

376 Wilhelm Wehren an Generalstaatsanwalt der DDR, Wiederaufnahmeantrag, 20. 12. 1955, ebenda, Bl. 638–650, hier Bl. 642 f.

377 Staatssekretariat für Staatssicherheit, Bezirksverwaltung Potsdam, Schlußbericht, 26. 9. 1955, ebenda, Bl. 660–675, hier Bl. 674.

378 Staatsanwalt des Bezirks Potsdam an Staatssekretariat für Staatssicherheit, BV Potsdam, 14. 11. 1955, ebenda, Bl. 630.

379 Wentker, Ahndung, S. 70.

bestand war also nicht Verbrechen gegen die Menschlichkeit oder politisches Fehlverhalten, sondern Mord nach §211 StGB. Das Bezirksgericht Potsdam verurteilte Wehren wegen vierfachen Mordes zum Tode. Die rechtliche Begründung lautete, Wehren habe aus „Haß gegen die polnische Nation", „also aus niedrigen Beweggründen" gehandelt und bei der „kaltblütig[en]" Erschießung heimtückische Methoden angewandt.[380] Das Gericht betonte jedoch auch, dass er „in einer faschistischen Herrenideologie befangen" gewesen sei und durch seine Taten „den faschistischen Krieg bis zum letzten Augenblick unterstützen wollte".[381] Ein halbes Jahr nach dem Prozess wurde er zu lebenslänglicher Freiheitsstrafe begnadigt.[382]

Einwohner von Herzsprung wurden im Verfahren zwar als Zeugen gehört; ob einige von ihnen – vor allem die Frau, die die Häftlinge denunziert hatte – durch ihr Verhalten möglicherweise eine Mitschuld am Tod der Häftlinge trugen, wurde jedoch nicht erwogen. Vielmehr habe eine der Zeuginnen laut Urteilsschrift „von ihren Kindern mit Gewalt daran gehindert werden [müssen], aus dem Fenster zu springen, weil sie die Brutalitäten des Angeklagten nicht mehr mit ansehen konnte".[383]

Zwei Jahre nach dem Prozess erschien ein Zeitungsartikel, der auch öffentlich die Ermordung der KZ-Häftlinge in Herzsprung mit dem deutsch-deutschen Systemkonflikt in Zusammenhang brachte. Hauptanliegen war es darzustellen, dass „diese Banditen von damals heute alles versuchen, um die DDR von neuem zu zersetzen". Aus Wehrens Geschichte machte die „Volkskorrespondentin" einen Spionagethriller des Kalten Kriegs: „Im Auftrage einer Agentenzentrale sollte er sich hier ‚bewähren'. Die Herzsprunger waren wachsam. Sie erkannten diesen Schuft, nachdem er friedliche Bürger mit Drohungen zu erpressen versuchte. Unsere Sicherheitsorgane nahmen ihn fest und er bekam seine gerechte Strafe."[384]

380 Urteil des BG Potsdam, 10. 12. 1955, Lfd. Nr. 1098a, in: DDRJuNSV, Bd. III, S. 593–599, hier S. 598.

381 Ebenda, S. 599.

382 Im August 1975 wurde Wehren durch Gnadenentscheid in die Bundesrepublik entlassen. Nach dem Ende der DDR strebte er eine Rehabilitierung an. Im Jahr 1993 entschied das Bezirksgericht Potsdam, es habe sich weder um eine politisch motivierte Verurteilung noch um einen Verstoß gegen rechtsstaatliche Verfahrensgarantien oder einen Geheimprozess gehandelt. Wehrens Antrag wurde somit als unbegründet abgelehnt. Urteil des BG Potsdam, 12. 6. 1993, Lfd. Nr. 1098c, in: DDRJuNSV, Bd. III, S. 604–609.

383 Ebenda, S. 597.

384 Elfriede Lagansky, Agent sollte sich in Herzsprung „bewähren", in: Märkische Volksstimme, 12. 4. 1957.

Von einer Beteiligung der Einwohner an den Verbrechen im Ort oder auch nur deren Mitwisserschaft war überhaupt keine Rede. Vielmehr hätten die Dorfbewohner den Täter nach dieser Deutung quasi Hand in Hand mit der Stasi zur Strecke gebracht. Das vom MfS geführte Verfahren zeigt damit deutlich, wie in der DDR politische Prämissen die Ermittlungen, Prozesse und auch die öffentliche Vermittlung dominierten.

3.3. Ermittlungen und Prozesse in der Bundesrepublik

3.3.1. SS-Männer vor Gericht: Beispiel Brunsbüttelkoog

In den wenigen frühen Prozessen zu Todesmärschen in der Bundesrepublik stand nur eine Handvoll Angehörige aus der lokalen Bevölkerung vor Gericht. Gegen sie wurden im Gegensatz zur SBZ/DDR eher milde Strafen verhängt: Drei an der Jagd auf geflohene KZ-Häftlinge in Soltau beteiligte Männer wurden zwar in einem ersten Verfahren zu lebenslänglich, drei Jahren Zuchthaus sowie sechs Jahren Jugendgefängnis verurteilt,[385] nach der Revision sprach das Landgericht Lüneburg jedoch zwei von ihnen mangels Beweises frei. Aus der lebenslänglichen Zuchthausstrafe wurden fünf Jahre Gefängnis, weil statt auf Mord nun auf Totschlag erkannt worden war.[386] Vor dem Landgericht Landshut fand Ende 1949 ein Prozess statt, in dem drei Einwohner des bayerischen Vilsbiburg – der ehemalige Bürgermeister des Ortes, der Leiter der Gendarmerie sowie ein Arzt – angeklagt waren, an der versuchten Ermordung mehrerer vom Todesmarsch zurückgebliebener KZ-Häftlinge beteiligt gewesen zu sein. Allerdings wurde lediglich der Arzt zu einem Jahr Gefängnis verurteilt, die anderen beiden blieben straffrei.[387] Davon abgesehen standen vereinzelt SS-Leute,[388] aber auch ein ehemaliger Kapo wegen Morden während der Todesmärsche vor Gericht.[389]

Ab den 1950er-Jahren fanden regelmäßig Verfahren wegen Todesmarschverbrechen statt, jedoch richteten sich die Ermittlungen in den allermeisten Fällen gegen Angehörige der Wachmannschaften, die die Evakuierungstransporte begleitet hatten. Somit sind diese Verfahren auf den ersten Blick kaum mit den

385 Urteil des LG Lüneburg, 10. 3. 1948, Lfd. Nr. 48, in: JuNSV, Bd. II, S. 373–382.

386 Urteil des LG Lüneburg, 11./12. 2. 1949, Lfd. Nr. 120a, in: JuNSV, Bd. IV, S. 109–119, hier S. 116.

387 Urteil des LG Landshut, 19. 11. 1949, Lfd. Nr. 182, in: JuNSV, Bd. V, S. 613–619. Der Zusammenhang mit den Todesmärschen erschließt sich jedoch nicht aus dem Urteil, hierzu vgl. Raim, Justiz, S. 1033 f.

388 Urteil des LG Ellwangen, 20. 1. 1949, Lfd. Nr. 111a, in: JuNSV, Bd. III, S. 727–733.

389 Urteil des LG Göttingen, 7. 7. 1949, Lfd. Nr. 156, in: JuNSV, Bd. V, S. 125–138.

ostdeutschen Prozessen vergleichbar und bieten weniger Ansätze für die Auseinandersetzung mit der Frage nach der Rolle der einheimischen Bevölkerung. Allerdings fanden die Ermittlungen an den jeweiligen Tatorten statt, wobei die Einwohnerschaft der Orte als Akteur in Erscheinung trat. Im Folgenden soll dies anhand eines Ermittlungs- und Strafverfahrens gegen den ehemaligen Lagerführer eines Außenlagers, der mutmaßlich auch für den Evakuierungstransport verantwortlich gewesen war, dargestellt und näher untersucht werden. Dabei ging es um den KZ-Zug, der eine Nacht lang auf dem Bahnhof im schleswig-holsteinischen Brunsbüttelkoog gestanden hatte und an dessen Beispiel hier die Involvierung der Polizei in Bewachungsaufgaben während der Räumungstransporte gezeigt wurde.

In diesem Fall bestand die Verbindung zur lokalen Ebene nicht nur durch den Tatort, sondern zusätzlich durch den Umstand, dass der Beschuldigte aus der unmittelbaren Nachbarschaft stammte. Hermann Kleemann wurde 1915 im etwa zehn Kilometer entfernten Sankt Michaelisdonn geboren und absolvierte nach der Schule zunächst eine Fleischerlehre. Im Jahr 1935 trat er in die SS-Verfügungstruppe ein und wurde Angehöriger der SS-Standarte „Germania“ in Arolsen.[390] Er heiratete im Jahr 1939. Nach dem deutschen Überfall auf Polen konnte er infolge eines Motorradunfalls nicht mehr an der Front eingesetzt werden und kam 1941 zur Wachmannschaft nach Auschwitz. Im Mai 1941 wurde er vom SS-Rottenführer zum Unterscharführer befördert[391] und war ab 1943 Rapport- bzw. Lagerführer der Außenlager Eintrachthütte, Janinagrube und Bismarckhütte.[392] Als der Lagerkomplex Auschwitz im Januar 1945 geräumt wurde, brachte Kleemann – seit 1944 SS-Oberscharführer[393] – einen Transport über Gleiwitz nach Mittelbau-Dora.[394] Dort wurde er Lagerführer des Außenlagers Woffleben („B 12“).[395] Im April 1945 führte Kleemann einen Evakuierungstransport mit Tausenden KZ-Häftlingen auf seiner Irrfahrt durch Norddeutschland in seine

390 RuS-Fragebogen von Hermann Kleemann, 12.10.1939, DMD, P 4, Bd. 102 (Kopie aus BArch, BDC-Unterlagen), unpag.

391 Kommandanturbefehl Nr. 8/41, 13.5.1941, in: Norbert Frei/Thomas Grotum/Jan Parcer/Sybille Steinbacher/Bernd C. Wagner (Hrsg.), Standort- und Kommandanturbefehle des Konzentrationslagers Auschwitz 1940–1945, München 2000, S. 38 f.

392 Kleemann, Hermann, in: Ernst Klee, Auschwitz. Täter, Gehilfen, Opfer und was aus ihnen wurde. Ein Personenlexikon, Frankfurt a. M. 2013, S. 216 f. Vgl. auch Andrea Rudorff, Bismarckhütte, in: Benz/Distel, Ort des Terrors, Bd. 5, S. 183–186; dies., Eintrachthütte, in: ebenda, S. 211–217; dies., Janinagrube, in: ebenda, Bd. 5, S. 256–260.

393 Gebührnis-Karte Hermann Kleemann, 1945, DMD, P 4, Bd. 102 (Kopie aus BArch, BDC-Unterlagen), unpag.

394 Rudorff, Bismarckhütte, S. 185.

395 Wagner, Woffleben.

alte Heimat. Unterwegs kontaktierte Kleemann seine Ehefrau und deren Familie und verbrachte die Nacht, in welcher der KZ-Zug im Bahnhof Brunsbüttelkoog stand, in deren Haus. Am kommenden Morgen wurde die Fahrt zunächst ohne Kleemann fortgesetzt, der den Zug erst einige Stunden später einholte. Nach weiteren Aufenthalten in Hamburg und der Lüneburger Heide erreichte der Transport am 11. April 1945 das KZ Bergen-Belsen. Wenige Tage später wurden die Überlebenden von britischen Soldaten befreit.[396]

Während der Ermittlungen gegen Kleemann vermutete die Kriminalpolizei, er habe den Zug bewusst nach Brunsbüttelkoog gelenkt, was dadurch erhärtet wurde, dass es Kleemann gelungen war, vor Kriegsende zwei weitere Male dorthin zurückzukehren: Nach Übergabe der Häftlinge in Bergen-Belsen wurde er in Neuengamme in eine improvisierte SS-Einheit namens „Kampfgruppe Dusenschön“ eingegliedert, mit der er abermals nach Brunsbüttelkoog kam.[397] Er meldete sich nach einer kurzen Beurlaubung nicht bei seiner Einheit zurück und wurde als fahnenflüchtig vom Haus seiner Schwiegereltern abgeholt. Nachdem die Kampfgruppe vor Kriegsende aufgelöst worden war, kehrte er erneut zu seiner Familie zurück, bevor ihn die britische Armee wegen Zugehörigkeit zur SS für mehr als zwei Jahre internierte.[398] Nach eigenen Angaben wurde er im Oktober 1947 von der Spruchkammer Bielefeld als Mitläufer, 1948 vom Entnazifizierungs-Hauptausschuss in Meldorf sogar als Entlasteter eingruppiert.[399]

Dass deutsche Strafverfolgungsbehörden gegen Kleemann ermittelten, ging auf die Aussage eines ehemaligen Häftlings zurück, der ihn als Lager- und Transportführer bezeichnet und konkret des Mordes an einem Häftling auf dem Räumungstransport beschuldigt hatte. Auf dieser Grundlage zeigte die VVN Hamburg Hermann Kleemann im Sommer 1948 wegen Verbrechen gegen die Menschlichkeit an.[400] Ein Jahr später kam eine Anzeige der VVN Süder-

396 Kriminalpolizei Rendsburg, Ermittlungsbericht als Schlußbericht, 29. 9. 1950, LASH, Abt. 352 Itzehoe, Nr. 421, Bl. 246–260, hier Bl. 249 f. Zum 11. April 1945 als Ankunftsdatum vgl. Wagner, Woffleben, S. 341.

397 Zu den improvisierten SS-Formationen vgl. Reimer Möller/Sebastian Schönemann, Der Bestand der Effekten ehemaliger Häftlinge des KZ Neuengamme in Verwahrung des Internationalen Suchdienstes, in: Blondel/Urban/Schönemann, Spuren, S. 251–262, hier S. 257–259.

398 Kriminalpolizei Rendsburg, Ermittlungsbericht als Schlußbericht, 29. 9. 1950, LASH, Abt. 352 Itzehoe, Nr. 421, Bl. 246–260, hier Bl. 246 f.

399 Vernehmung von Hermann Kleemann, Polizeiabteilung Brunsbüttelkoog, 6. 3. 1949, ebenda, Bl. 39–41, hier Bl. 40.

400 Komitee ehemaliger politischer Gefangener/VVN Hamburg an den Oberstaatsanwalt beim LG Hamburg, Betr.: Strafanzeige gegen Kleemann, 30. 7. 1948, ebenda, Bl. 28.

dithmarschen hinzu, in der die Geschehnisse in Brunsbüttelkoog im Mittelpunkt standen und Zeugen aus der lokalen Bevölkerung benannt wurden.[401] Daraufhin begannen umfangreiche Ermittlungen der Kriminalpolizei, bei denen insgesamt 75 Personen als Zeuginnen und Zeugen befragt wurden, darunter 15 ehemalige KZ-Häftlinge, 15 Eisenbahnbeamte, 13 Polizisten, frühere Bürgermeister und Funktionsträger, zahlreiche weitere Einwohnerinnen und Einwohner der betreffenden Ortschaften sowie Angehörige von Kleemanns Familie.[402]

Die Unterlagen lassen zunächst das Engagement der ermittelnden Beamten erkennen. Sie unternahmen eine aufwendige Dienstreise, bei der sie zwei ehemalige Häftlinge aus dem über 500 Kilometer entfernten Aachen bzw. Düsseldorf abholten und mit ihnen das Gelände des früheren KZ Bergen-Belsen sowie mehrere Orte auf der Route des Evakuierungstransports aufsuchten. Dabei kam es auch zum Wiedersehen zwischen den Überlebenden der Lager und Einheimischen, die gemeinsam in die Bestattung von Todesopfern involviert gewesen waren.[403] Bei einer Gegenüberstellung in Itzehoe erkannten beide ehemaligen Häftlinge Kleemann zweifelsfrei wieder. Im Bericht der Polizei wurden sie als „ganz objektiv denkende Menschen" charakterisiert, „die nichts ausgesagt haben, was sie nicht verantworten können". Zudem wurde nicht ohne Empathie auf die emotionale Anspannung der Opfer verwiesen. Resümierend wurde „als Tatsache" festgehalten, „daß Kleemann Lagerführer im Lager Woffleben und Transportführer des Transportzuges" gewesen sei.[404]

Diese Frage sollte im Verfahren entscheidend sein. Der Beschuldigte spielte seine Funktion im KZ-System von Beginn an herunter. So vermied er es in den ersten Verhören wohlweislich, Auschwitz explizit zu benennen,[405] und gestand erst in der letzten von insgesamt zehn Vernehmungen, Lagerführer in Woffleben gewesen zu sein.[406] Kleemann bestritt hartnäckig, Transportführer des Zuges

401 VVN Süder-Dithmarschen an den Staatsanwalt bei dem LG Itzehoe/Holst., 21.7.1949, ebenda, Bl. 1.

402 Kriminalpolizei Rendsburg, Ermittlungsbericht als Schlußbericht, 29.9.1950, ebenda, Bl. 246–260, hier Bl. 248v. In diesem Bericht werden 76 Zeugen angegeben, was jedoch offenbar auf einem Fehler in der Zählung beruht.

403 Vernehmung von Emma Kahls*, Kriminalpolizei Rendsburg, 25.9.1950, ebenda, Bl. 225.

404 Kriminalpolizei Rendsburg, Ermittlungsbericht über das Aufsuchen der Tatorte und der einzelnen Bahnhöfe auf dem Transportwege, 25.9.1950, ebenda, Bl. 233 f., hier Bl. 234.

405 Vernehmung von Hermann Kleemann, Polizeiabteilung Brunsbüttelkoog, 6.3.1949, ebenda, Bl. 39–41; Vernehmung von Herrmann Kleemann, Kriminalpolizei Brunsbüttelkoog, 9.8.1949, ebenda, Bl. 15–19.

406 Vernehmung von Hermann Kleemann, Kriminalpolizei Rendsburg, 27.9.1950, ebenda, Bl. 237–242, hier Bl. 238. Vgl. auch Kriminalpolizei Rendsburg, Ermittlungsbericht als Schlußbericht, 29.9.1950, ebenda, Bl. 246–260, hier Bl. 250.

gewesen zu sein. Allerdings arbeiteten die Ermittler zahlreiche Indizien heraus, die dafür sprachen, dass er der für den Transport verantwortliche Unteroffizier gewesen sein musste.[407]

Zunächst wurde die Familie des Beschuldigten eingehend vernommen. Sowohl Kleemanns Mutter als auch seine Schwiegermutter machten weitgehend von ihrem Recht Gebrauch, die Aussage zu verweigern,[408] sein Schwiegervater gab an, sich um die Belange seiner Kinder nicht gekümmert zu haben.[409] Kleemanns Frau leugnete zuerst, von seiner Tätigkeit in Auschwitz gewusst zu haben,[410] gab jedoch schließlich zu, ab 1941 mit ihm in seiner dortigen Dienstwohnung gelebt zu haben. Sie vermied es, ihren Mann als Transportführer zu bezeichnen.[411] Da sie jedoch zugleich versuchte, seine Bemühungen um die Verpflegung der Häftlinge zu betonen, wurde deutlich, dass er eine zentrale Funktion gehabt haben musste.[412] Ihre Schwester gab an, seit langer Zeit kein gutes Verhältnis zu ihrer Schwester zu haben, und versuchte so, sich vom Beschuldigten zu distanzieren.[413] Sie und ihr Bruder[414] verschwiegen allerdings, dass sie sich immerhin gut genug mit den Kleemanns verstanden hatten, um sie im Juni 1943 für zwei Wochen in Auschwitz zu besuchen.[415]

Belastende Momente ergaben sich vor allem durch die Befragung von Einheimischen, denen Kleemann aus früheren Zeiten bekannt war und die ihn deshalb sofort identifizierten.[416] So erkannte ihn eine Bahnangestellte, die mit ihm zur

407 Ebenda, Bl. 250–253.

408 Vernehmung von Barbara* Kleemann, Kriminalpolizei Rendsburg, 15. 9. 1950, ebenda, Bl. 211; Vernehmung von Katharina Wingmann*, Kriminalpolizei Rendsburg, 15. 9. 1950, ebenda, Bl. 213.

409 Vernehmung von Rudolf Wingmann*, Kriminalpolizei Rendsburg, 15. 9. 1950, ebenda, Bl. 212 f.

410 Vernehmung von Elisabeth* Kleemann, Staatsanwaltschaft Itzehoe, 13. 12. 1949, ebenda, Bl. 82 f., hier Bl. 82v.

411 Vernehmung von Elisabeth* Kleemann, Kriminalpolizei Rendsburg, 15. 9. 1950, ebenda, Bl. 214v–216, hier Bl. 216v.

412 Ebenda, Bl. 215.

413 Vernehmung von Lieselotte Steingrob*, Staatsanwaltschaft Itzehoe, 13. 12. 1949, ebenda, Bl. 83v–84.

414 Vernehmung von Werner Wingmann*, Kriminalpolizei Rendsburg, 15. 9. 1950, ebenda, Bl. 214.

415 Kommandanturbefehl 25/34, 11. 6. 1943, in: Frei/Grotum/Parcer/Steinbacher/Wagner, Standort- und Kommandanturbefehle, S. 292–294, hier S. 294. Vgl. auch Klee, Auschwitz, S. 216 f.

416 Vernehmung von Richard Westin*, Kriminalpolizei Rendsburg, 14. 9. 1950, LASH, Abt. 352 Itzehoe, Nr. 421, Bl. 204.

Schule gegangen war, „sofort wieder" und erinnerte sich auch, dass er von den SS-Angehörigen als Transportführer bezeichnet worden sei.[417] Eine ganze Reihe weiterer Zeugen erinnerte sich an den außergewöhnlichen Umstand, dass der Transportführer des KZ-Zugs aus der Umgebung gekommen sein soll.[418] Während andere Verfahren zu den Räumungstransporten schon daran scheiterten, dass Identität und Aufenthaltsort der Wachleute nicht bekannt waren, bestand in diesem Fall tatsächlich die Chance, den offenbar Hauptverantwortlichen, der Einheimischer und ranghöchster SS-Täter zugleich gewesen war, vor Gericht zur Rechenschaft zu ziehen.

Die Ermittler waren in ihrer Einschätzung der Rolle von Kleemann eindeutig: „Unendlich groß ist seine Schuld für die Vorkommnisse, die sich während des Aufenthaltes an Bahnstationen ereigneten, besonders in Brunsbüttelkoog und Handeloh."[419] Zugleich geriet mit der starken Fokussierung auf den ehemaligen SS-Oberscharführer allerdings das Umfeld, in dem die Verbrechen begangen wurden, aus dem Blick. Die Selbstdeutungen der Beteiligten flossen dabei unkritisch in den Abschlussbericht ein: „Wie schrecklich es gewesen ist in Brunsbüttelkoog, beweisen die unendlichen [sic!] Zeugen, die in dieser Hinsicht vernommen worden sind. Eine helle Empörung tat sich auf innerhalb der Bevölkerung von Brunsbüttelkoog. [...] Selbst dem aktivsten Nationalsozialisten war dieses zu viel und sie haben teilweise gegen den Befehl ihrer Führer ihre Posten verlassen."[420] Zwar betonten die Ermittler, dass „auch andere Personen an den Straftaten beteiligt [gewesen] sind", allerdings machten sie jene ausschließlich in den Reihen der SS-Wachmannschaften aus, von denen niemand namentlich bekannt war.[421]

Damit war klar, dass nur Kleemann für die Gräueltaten während des Transports der Prozess gemacht werden konnte. Der zuständige Oberstaatsanwalt stellte die Ermittlungen gegen Kleemanns Frau ein und verfügte, dass das Verfahren nicht auf „Personen, die in Brunsbüttelkoog als Angehörige des Volkssturms, der Luftschutzpolizei und der Gendarmerie zur Bewachung des Transportzuges [...] hinzugezogen waren", ausgedehnt werden solle. Er sah keinen Hinweis für eine „aktive Beteiligung [...] dieser einheimischen Wachmannschaften" an

417 Vernehmung von Annemarie Streckel*, Kriminalpolizei Köln, 17. 9. 1950, ebenda, Bl. 217–220, hier Bl. 217.

418 Kriminalpolizei Rendsburg, Ermittlungsbericht als Schlußbericht, 29. 9. 1950, ebenda, Bl. 246–260, hier Bl. 251–253.

419 Ebenda, Bl. 256.

420 Ebenda, Bl. 256–256v.

421 Ebenda, Bl. 259v.

Misshandlungen und Erschießungen. Deren Funktion als *Bystanders* wurde zwar in Erwägung gezogen, ergab aber in juristischer Hinsicht keinen Anhaltspunkt für eine Anklage: „Es läßt sich aber auch nicht feststellen, daß einer dieser Beteiligten die Taten der SS-Wachmannschaften gebilligt hat und durch seine Zustimmung an der Tat fördernd teilgenommen hat. Die einfache Zuschauerrolle dieser Beteiligten ist nicht kausal für die von den SS-Leuten begangenen strafbaren Handlungen."[422]

Die Anklageschrift warf Kleemann Verbrechen gegen die Menschlichkeit, vorsätzliche Körperverletzung mit Todesfolge sowie fünffache Tötung aus niederen Beweggründen vor. Sie stellte fest, dass der Angeklagte beim „Eintreffen des Zuges in Brunsbüttelkoog allgemein als Transportführer galt und sich bei Verhandlungen mit Bahnpersonal, Polizeibeamten und anderen Dienststellen selbst als Transportführer bezeichnete";[423] er sei von etlichen Zeugen als solcher wahrgenommen worden, zudem sei kein ranghöherer SS-Mann anwesend gewesen.[424] Es seien Polizei- und Volkssturmeinheiten zur Bewachung des Zuges und zu Streifengängen eingesetzt worden, um Ausbrüche von Gefangenen zu verhindern; diese „einheimischen Wachmannschaften" seien jedoch nicht „in unmittelbare Berührung" mit den Häftlingen gekommen, da dies „durch die SS-Leute verhindert wurde".[425] Damit widersprach die Anklageschrift den zahlreichen Zeugenaussagen, aus denen eindeutig hervorging, dass Einheimische direkte Kontakte zu Gefangenen gehabt und vereinzelte Hilfsversuche unternommen hatten. Allerdings wurde darauf verwiesen, dass Polizisten auch Zeugen von Misshandlungen und Morden gewesen waren.[426] Durch Kleemanns „völlige Interesselosigkeit" sei es zu den grauenhaften hygienischen Zuständen im Zug gekommen, um deren Beseitigung er sich hätte kümmern müssen.[427] Die Aussagen der ehemaligen Häftlinge wurden als absolut glaubwürdig, die vierfache Täterschaft Kleemanns insgesamt als erwiesen angesehen.[428]

So ergab sich für Kleemann eine ungünstige Ausgangsposition: Er hatte gestanden, Führer des Lagers gewesen zu sein, von dem der Transport gestartet war. Etliche Zeuginnen und Zeugen, die ihn seit Jahren kannten, identifizierten

422 Oberstaatsanwalt am LG Itzehoe, Verfügung, 21. 11. 1950, ebenda, Bl. 294 f., hier Bl. 294.

423 Der Oberstaatsanwalt bei dem LG Itzehoe an das Schwurgericht in Itzehoe, Schwurgerichtsanklage, 21. 11. 1950, LASH, Abt. 352 Itzehoe, Nr. 422, Bl. 296–309, hier Bl. 300.

424 Ebenda, Bl. 306–307v.

425 Ebenda, Bl. 300v.

426 Der Oberstaatsanwalt bei dem LG Itzehoe an das Schwurgericht in Itzehoe, Schwurgerichtsanklage, 21. 11. 1950, ebenda, Bl. 296–309, hier Bl. 302.

427 Ebenda, Bl. 308.

428 Ebenda, Bl. 309–309v.

ihn als dessen Führer. Und mehrere von Polizei und Staatsanwaltschaft als zuverlässig eingeschätzte Opferzeugen beschuldigten ihn unabhängig voneinander mehrerer Morde in den Lagern und auf dem Transport. Warum verließ Hermann Kleemann trotz dieser drückenden Indizienlage am 28. April 1951 den Gerichtssaal im Itzehoer Westerhof als freier Mann?

Das Schwurgericht hatte nach und nach alle vorgebrachten Anklagepunkte zugunsten des Angeklagten entkräftet. Zunächst präsentierte es seine Lesart eines ärztlichen Gutachtens, das auf Initiative der Verteidigung in Auftrag gegeben worden war. Darin hatte es ausdrücklich geheißen, „daß die jetzige in charakterologischer Hinsicht vorwiegend positive Haltung des K. nicht identisch zu sein braucht mit der Annahme, daß die ihm vorgeworfenen Verbrechen persönlichkeitsfremd wären".[429] Diese Darstellung wurde entweder während der Verhandlung völlig revidiert oder vom Gericht sehr eigenwillig interpretiert. Anstatt des Assistenzarztes, der das Gutachten verfasst hatte, war der Institutsdirektor zur Aussage geladen. Im Urteil hieß es, dessen Einschätzung stimme „mit der eigenen Beurteilung des Gerichts [...] durchaus überein": „Gewisse Taten seien ihm [Kleemann] in solchem Grade persönlichkeitsfremd, daß derartige Beschuldigungen unglaubwürdig seien." Nach Ansicht des Sachverständigen sei es „glaubhaft", dass Kleemann als Lagerführer von Schlägen gegen KZ-Häftlinge nichts gewusst habe, und „unwahrscheinlich, daß er es in seiner Gegenwart geduldet haben würde".[430] Das Gericht betonte, diese Einschätzung stamme von einem „erfahrene[n] Gutachter", dem aus „zahlreichen ähnlichen Untersuchungen die allgemeinen Zustände in den Konzentrationslagern gut bekannt seien".[431] Für die heutige Interpretation ist allerdings nicht unerheblich, dass die benannte Erfahrung von Prof. Dr. med. Wilhelm Hallermann auf seine fast hundert Gutachten für das Sondergericht Kiel zurückging.[432] Hallermann war SA- und NSDAP-Mitglied gewesen, hatte gemeinsam mit dem späteren medizinischen Leiter der T4-Aktion, Werner Heyde, studiert und deckte offenbar in den 1960er-Jahren den nationalsozialistischen Krankenmord in der Kinderfachabteilung Schleswig

429 Institut für gerichtliche und soziale Medizin an der Universität Kiel, Gutachten, 27. 3. 1951, ebenda, Bl. 355–366, hier Bl. 365.

430 Urteil des LG Itzehoe, 28. 4. 1951, Lfd. Nr. 274, in: JuNSV, Bd. VIII, S. 333–350, hier S. 338.

431 Ebenda, S. 337 f.

432 Für eine Auswertung von Hallermanns Gutachten für das Sondergericht Kiel vgl. Uli Poppe, „Wie der Sachverständige treffend sagt ..." Überlegungen zur Bedeutung gerichtsmedizinischer Gutachten für den Verfahrensablauf vor dem Sondergericht 1941–45, in: Robert Bohn/Uwe Danker (Hrsg.), „Standgericht der inneren Front". Das Sondergericht Altona/Kiel 1932–1945, Hamburg 1998, S. 276–324, hier insb. S. 293–316.

nachträglich durch ein gerichtsmedizinisches Gutachten.[433] Sein Gutachten über Kleemann war anscheinend Ausdruck der damals verbreiteten „Exkulpationssolidarität" unter NS-Belasteten.[434]

Den retrospektiven Annahmen Hallermanns über Kleemanns Persönlichkeit räumte das Gericht eine stärkere Beweiskraft ein als den Einlassungen überlebender KZ-Häftlinge, die auf Grundlage eben dieser Vermutungen als unglaubwürdig diskreditiert wurden. Der Urteilstext offenbart, wie deren Aussagen gegeneinander ausgespielt wurden: Hauptbelastungszeuge war der Belgier Ernest Abraham*, der als politischer Häftling Schreiber des KZ-Außenlagers Woffleben gewesen war. In dieser Position hatte er einen genauen Überblick über die Verhältnisse im Lager gewinnen können und engen Kontakt zu Lagerführer Kleemann gehabt. Er beschuldigte ihn, in Woffleben mehrere Gefangene getötet und ihn selbst geschlagen zu haben, konnte in Bezug auf den Räumungstransport jedoch nur vom Hörensagen berichten, dass Kleemann Häftlinge erschossen haben soll.[435] Problematisch war, dass Abraham* nicht persönlich beim Prozess erschien, weshalb nur seine beeidete Vernehmung aus dem Ermittlungsverfahren einbezogen werden konnte. Dieser wurden die Aussagen dreier weiterer Überlebender gegenübergestellt. Raimund Schoppe* war im Auschwitzer Außenlager Bismarckhütte „einige Zeit bei Kleemann Bursche" gewesen und konnte ihm „persönlich nur das beste Zeugnis ausstellen". Während der Evakuierung nach Mittelbau-Dora hatte Kleemann sich ihm zufolge für die Häftlinge eingesetzt.[436] Das stand zwar Abrahams* Schilderung von Kleemanns späterem Verhalten in Woffleben und auf dem Transport nach Norden nicht direkt entgegen, wurde aber im Urteil persönlichkeitspsychologisch verallgemeinert und als schmälernder Widerspruch dazu gewertet.[437]

433 Hallermann, Wilhelm. Gerichtsmediziner, in: Ernst Klee, Das Personenlexikon zum Dritten Reich. Wer war was vor und nach 1945, Frankfurt a. M. 2005, S. 220 f.; Klaus-Detlev Godau-Schüttke, Die Heyde/Sawade-Affäre. Wie Juristen und Mediziner den NS-Euthanasieprofessor Heyde nach 1945 deckten und straflos blieben, 3. Aufl., Baden-Baden 2010, S. 103–108, 185–187.

434 Edgar Wolfrum, Die beiden Deutschland, in: Volkhard Knigge/Norbert Frei (Hrsg.), Verbrechen erinnern. Die Auseinandersetzung mit Holocaust und Völkermord, München 2002, S. 133–149, hier S. 134.

435 Vernehmung von Ernest O. Abraham*, Kriminalpolizei Aachen, 15. 6. 1950, LASH, Abt. 352 Itzehoe, Nr. 421, Bl. 123–125; Vernehmung von Ernest O. Abraham*, Kriminalpolizei Rendsburg, 26. 9. 1950, ebenda, Bl. 226–228.

436 Vernehmung von Raimund Schoppe*, Kriminalpolizei Bamberg, 29. 9. 1950, LASH, Abt. 352 Itzehoe, Nr. 422, Bl. 282.

437 Urteil des LG Itzehoe, 28. 4. 1951, Lfd. Nr. 274, in: JuNSV, Bd. VIII, S. 333–350, hier S. 338.

Ebenso verfuhr das Gericht mit den Aussagen von Friedrich Nauske* und Josef Werner*, beide ehemalige Kapos aus Woffleben. Sie stellten „in Abrede, daß überhaupt Leute mit Stockschlägen angetrieben worden seien". Obwohl im Urteil darauf verwiesen wurde, dass sich die Zeugen unter Umständen damit selbst entlasten wollten, erachtete man diese Angaben als geeignet, um „Bedenken gegen die Richtigkeit" von Abrahams* Aussage zu erwecken.[438] Dessen Angaben wurden lediglich von Heinz Stroll* bestätigt, der ebenfalls Häftling in Woffleben gewesen war und angab, dass Kleemann auf dem Transport Gefangene erschossen habe.[439] Allerdings war die Glaubwürdigkeit Strolls* erheblich in Mitleidenschaft gezogen, weil er mehrfach falsche Angaben zu seiner Identität gemacht hatte. Nach Ansicht des Gerichts war Stroll* ein „Phantast und geschickter Schwindler", der die Darstellung von Abraham* nicht zu stützen vermochte.[440] Durch die Verknüpfung der Aussagen von beiden wurde auch Abraham* als Zeuge diskreditiert.

Schließlich hob das Gericht noch die vermeintlichen Widersprüche in Abrahams* Aussagen hervor. Er hatte zunächst von zwei bis drei in Woffleben von Kleemann zu Tode getretenen Häftlingen gesprochen, aber angemerkt, dass er eine genaue Zahl nicht mehr angeben könne.[441] Einen Fall, an den er sich gut erinnern konnte, schilderte er in der folgenden Aussage sehr detailliert.[442] In der richterlichen Vernehmung bestätigte er schließlich – anscheinend auf die Diskrepanz zwischen den Aussagen hingewiesen – diese Darstellung ausdrücklich und unter Eid.[443] Das Gericht erachtete allerdings einen anfänglichen „Irrtum des Zeugen über die Zahl der Getöteten als ausgeschlossen". Vielmehr habe Abraham* „in unverantwortlicher Weise übertrieben. Das erweckt den Eindruck, daß er nicht unbeeinflußt von seinen eigenen Erlebnissen ausgesagt hat und entwertet die Aussage."[444] So sollten Abrahams* Bemühungen, zunehmend präzisere Angaben vorzubringen, letztlich zum Fallstrick für die Anklage werden.[445]

438 Ebenda, S. 337.

439 Vernehmung von Heinz Stroll*, Kriminalpolizei Rendsburg, 26. 9. 1950, LASH, Abt. 352 Itzehoe, Nr. 421, Bl. 228v–230.

440 Urteil des LG Itzehoe, 28. 4. 1951, Lfd. Nr. 274, in: JuNSV, Bd. VIII, S. 333–350, hier S. 337.

441 Vernehmung von Ernest O. Abraham*, Kriminalpolizei Aachen, 15. 6. 1950, LASH, Abt. 352 Itzehoe, Nr. 421, Bl. 123–125, hier Bl. 124.

442 Vernehmung von Ernest O. Abraham*, Kriminalpolizei Rendsburg, 26. 9. 1950, ebenda, Bl. 226–228, hier Bl. 226v.

443 Vernehmung von Ernest O. Abraham*, LG Itzehoe, 27. 9. 1950, ebenda, Bl. 236.

444 Urteil des LG Itzehoe, 28. 4. 1951, Lfd. Nr. 274, in: JuNSV, Bd. VIII, S. 333–350, hier S. 339.

445 Die Strategien eines anderen deutschen Gerichts, Opferzeugen systematisch als unglaubwürdig darzustellen, hat Christopher Browning eindrucksvoll offengelegt. Vgl. Christopher R. Browning, Remembering Survival. Inside a Nazi Slave-Labor Camp, New York/London 2010, S. 279–287.

In Bezug auf den Evakuierungstransport belasteten die ehemaligen Kapos Nauske* und Werner* Kleemann schwer. Nach ihren Aussagen hatte er während des Aufenthalts in Handeloh mehrere Häftlinge erschossen. Das Gericht vollzog nun eine vollständige argumentative Wende. Zwar hatte es die entlastenden Darstellungen der beiden Männer als glaubwürdig genug angesehen, um damit die beeidete Aussage von Abraham* entscheidend in Zweifel zu ziehen. Im Hinblick auf ihre Vorwürfe gegen Kleemann war jedoch plötzlich von „nicht unbefangenen Zeugen" die Rede, die aufgrund ihrer eigenen Betroffenheit „dazu neigen, dem Angeklagten als dem einzigen bekannt gewordenen ihrer früheren Vorgesetzten [sic!] Taten zur Last zu legen, die andere begangen haben".[446] Sehr deutlich verwies das Gericht darauf, dass beide als Kriminelle im Konzentrationslager inhaftiert gewesen seien und einer von ihnen wegen „Rückfalldiebstahls" in Haft sei, womit der Eindruck mangelhafter Vertrauenswürdigkeit verstärkt wurde.[447] Zum Teil wurde diese Stigmatisierung auch in der Berichterstattung aufgenommen, wo unter der Überschrift „Zeugenaufmarsch der KZ-Häftlinge" in NS-Diktion zu lesen war: „Ehemalige Berufsverbrecher sagen aus."[448]

Die Aussagen von Werner* zu Exekutionen durch Kleemann wurden als so widersprüchlich angesehen, dass er als „unzuverlässig" galt.[449] Des Weiteren widersprach das forensische Gutachten zu dem Massengrab in Handeloh in Details seiner Darstellung. Das Gericht zog außerdem eine vage, aber „nicht als unwahr" definierte Zahl von Mordopfern, die *nicht* Kleemann zur Last gelegt wurden, von der vermeintlichen Gesamtzahl von insgesamt sechs Erschossenen ab. Nach dieser Logik konnten dann vom Angeklagten gar nicht mehr so viele Häftlinge erschossen worden sein, wie von den Überlebenden behauptet. So wurden aus bestimmten Vernehmungen „Möglichkeit[en]" zu festen Größen destilliert, um auf dieser Grundlage andere, belastende Aussagen auszuhebeln.[450] Derart diskreditiert, konnten sie dann nicht mehr Kleemanns Behauptung widerlegen, nie in Handeloh gewesen zu sein, der das Gericht umgehend folgte.[451]

446 Urteil des LG Itzehoe, 28. 4. 1951, Lfd. Nr. 274, in: JuNSV, Bd. VIII, S. 333–350, hier S. 346.
447 Ebenda. Vgl. zu den Vorbehalten gegen Häftlinge mit dem „grünen Winkel" auch Eichmüller, Generalamnestie, S. 384.
448 „Zeugenaufmarsch der KZ-Häftlinge", in: Norddeutsche Rundschau, 25. 4. 1951.
449 Urteil des LG Itzehoe, 28. 4. 1951, Lfd. Nr. 274, in: JuNSV, Bd. VIII, S. 333–350, hier S. 350.
450 Ebenda, S. 348.
451 Ebenda, S. 347. Zur unterschiedlichen Bewertung von Aussagen von Angeklagten und Entlastungszeugen auf der einen sowie Opferzeugen auf der anderen Seite vgl. Regina Maier, NS-Kriminalität vor Gericht. Strafverfahren vor den Landgerichten Marburg und Kassel 1945–1955, Darmstadt/Marburg 2009, S. 157–172.

Allerdings hatten nicht nur die ehemaligen KZ-Häftlinge gegen Kleemann ausgesagt, sondern auch viele einheimische Zeugen bekundet, er sei ihnen gegenüber als Transportführer in Erscheinung getreten oder bekannt gewesen. Es war also zum Zeitpunkt der Verhandlung noch möglich, ihn wenn schon nicht wegen Mordes, so doch wegen der Verantwortung für die grauenhaften Zustände in den Güterwaggons auf Grundlage des KRG Nr. 10 wegen Verbrechen gegen die Menschlichkeit zu verurteilen.[452]

Das Gericht kam jedoch im Gegensatz zur Anklage zu der überraschenden Entscheidung, dass Kleemann „tatsächlich nicht als solcher [Transportführer] eingesetzt war, und dass ein solcher überhaupt nicht vorhanden war".[453] Offenbar hatten einige Zeugen aus Brunsbüttelkoog und Umgebung ihre Aussagen im Gerichtssaal entsprechend geändert – was ihrer Glaubwürdigkeit allerdings nicht wie bei den Opferzeugen negativ angerechnet wurde. Dennoch waren sie noch immer der Meinung gewesen, Kleemann habe eine „führende Rolle" gespielt.[454] Dies brachte das Gericht aber nicht zu der Ansicht, Kleemann habe als ranghöchster SS-Mann zumindest *de facto* das Kommando übernommen. Die Richter waren der Meinung, sich in dieser Frage nur auf Kleemann als einzigen Insider verlassen zu können, schließlich habe keiner der Zeugen dazu etwas „Bestimmtes bekunden können, weil sie entweder als Häftlinge oder als Außenstehende keinen genauen Blick hatten".[455] Folgerichtig deduzierte das Gericht, wo immer eine Person als Transportführer in Erscheinung getreten sei, habe man entweder mit Sicherheit festgestellt, dass es sich nicht um Kleemann gehandelt habe, „oder es ist wenigstens das Gegenteil nicht erwiesen". Nach langer Argumentation erklärte es schließlich gar, dass der Zug „von außen" gesteuert worden sei und „der Angeklagte weder in Woffleben noch auf dem Transport mit der Bewachung etwas zu tun hatte".[456]

Das (Nicht-)Handeln der Einheimischen wurde in der Urteilsbegründung angeführt, um Kleemann weiter zu entlasten. So hieß es, es sei „bezeichnend, daß keiner der Zeugen sich über Maßnahmen ausgelassen hat, die er von den Begleitmannschaften selbst noch in der Nacht erwartet hätte".[457]

Aus dem Rechtsgrundsatz „in dubio pro reo" wurde in der Logik dieses Urteils: im Zirkel für den Angeklagten. Es fällt schwer, tatsächlich eine Ergebnisoffenheit aus der Argumentation des Gerichts abzulesen. Die Belastungszeugen

452 Raim, Justiz, S. 604–607.

453 Urteil des LG Itzehoe, 28. 4. 1951, Lfd. Nr. 274, in: JuNSV, Bd. VIII, S. 333–350, hier S. 340.

454 Ebenda, S. 341.

455 Ebenda, S. 340.

456 Ebenda, S. 341, 345.

457 Ebenda, S. 344.

wurden gegeneinander ausmanövriert, entlastende Momente leitete man nach Belieben aus den Kleemann zugeschriebenen Persönlichkeitsmerkmalen ab, und den Beweis, dass er Transportführer gewesen war, hätte letztlich nur er selbst erbringen können. Aber weder sein Eingeständnis, sich verantwortlich gefühlt zu haben, noch die von ihm ausgeübte Funktion brachte das Gericht dazu, ihn als faktisch Hauptverantwortlichen für den Evakuierungstransport zu bezeichnen. Auf dieser Grundlage wurde Kleemann aus Mangel an Beweisen in sämtlichen Anklagepunkten freigesprochen.

Dass die begangenen Massenverbrechen ohne Strafe blieben, rechtfertigte Landgerichtsdirektor Schatzmann auf seine Weise. Die Presse zitierte ihn mit den Worten: „Eine gewisse Sühne für die grausamen Zustände, für die Kleemann jedoch nicht verantwortlich gemacht werden könne, sei schon durch die Hinrichtung des für alle Lager verantwortlichen SS-Obersturmführers erreicht worden."[458] Damit war offenbar Franz Hoessler gemeint, der ehemalige Schutzhaftlagerführer des KZ Mittelbau-Dora, der 1945 im ersten Bergen-Belsen-Prozess zum Tod verurteilt worden war.[459]

Hermann Kleemann hingegen blieb bis zu seinem Lebensende ohne Strafe, obwohl er noch mehrmals mit der justiziellen Aufarbeitung von NS-Verbrechen zu tun hatte. In den 1960er-Jahren wurde er als Zeuge im Frankfurter Auschwitz-Prozess zu Exekutionen befragt.[460] In den 1970er-Jahren geriet er wegen seiner Tätigkeit in Auschwitzer Außenlagern ins Visier der Behörden. Allerdings wurden die Ermittlungen gegen ihn fallen gelassen, da der Tathergang nicht eindeutig geklärt[461] oder der Tatverdacht nicht erhärtet werden konnte.[462] Das letzte Verfahren gegen Kleemann wurde 1977 eingestellt, weil er als nicht mehr verhandlungsfähig galt.[463]

Der Evakuierungstransport in Brunsbüttelkoog und Handeloh vor Gericht ist Sonderfall und Paradigma für die frühe Strafverfolgung von NS- und Todes-

458 „Mangels ausreichender Beweise. Kleemann wurde freigesprochen", in: Norddeutsche Rundschau, 30. 4. 1951.

459 John Cramer, Belsen Trial 1945. Der Lüneburger Prozess gegen Wachpersonal der Konzentrationslager Auschwitz und Bergen-Belsen, Göttingen 2011, S. 249.

460 Schwurgerichtsanklage der Staatsanwaltschaft bei dem LG Frankfurt am Main in der Strafsache gegen Mulka und andere vom 16. April 1963, in: Raphael Gross/Werner Renz (Hrsg.), Der Frankfurter Auschwitz-Prozess (1963–1965). Kommentierte Quellenedition, Bd. 1, Frankfurt a. M./New York 2013, S. 105–520, hier S. 297.

461 Rudorff, Bismarckhütte, S. 185.

462 Rudorff, Eintrachthütte, S. 216.

463 Rudorff, Janinagrube, S. 259. Ich danke Andrea Rudorff für die Möglichkeit zur Einsicht in ihre Exzerpte zu den Fällen.

marschverbrechen in der Bundesrepublik zugleich: Einerseits lagen hier durch die biografische Verbindung von Tatort und mutmaßlichem Täter besondere Gegebenheiten vor. Allerdings wog diese – für eine juristische Ahndung tendenziell günstige – Ausgangssituation nicht die strukturellen Schwierigkeiten auf, die eine breite und erfolgreiche Strafverfolgung von NS-Tätern behindern sollten.[464] Aus dem Urteil spricht eine Unwilligkeit zur Bestrafung des Angeklagten, die das Engagement der Ermittler konterkarierte; das Beispiel des rechtsmedizinischen Gutachters steht für das Fortwirken wichtiger Akteure im nationalsozialistischen Justizsystem über das Kriegsende hinaus.

3.3.2. Strafverfolgung auf dem Land: Beispiel Bayern

Für die Mitte der 1950er-Jahre sind auch in der Bundesrepublik systematische Ermittlungen festzustellen. Sie waren allerdings regional auf Bayern begrenzt und stellten in einer Zeit, in der bundesweit kaum übergreifende Untersuchungen zu NS-Verbrechen vorgenommen wurden, eine Ausnahme dar.[465] Am 17. Januar 1955 wies das Präsidium der Bayerischen Landpolizei die Landpolizeidirektionen der Regierungsbezirke an, „in ihren Zuständigkeitsbereichen alle kriminalpolizeilich noch nicht behandelten Tötungsfälle von deutschen und ausländischen Staatsangehörigen, die ohne Gerichtsverfahren im Jahre 1945 durchgeführt wurden, unter Einschaltung der Kriminalaußenstellen zu bearbeiten. In jedem Falle ist Anzeige an die zuständige Staatsanwaltschaft zu erstatten."[466]

Dies ist im Kontext der Bemühungen des Münchner Justizministeriums zu sehen, „den anhängigen Strafsachen wegen NS-Verbrechen ein besonderes Augenmerk zu widmen und diese beschleunigt und bevorzugt zu bearbeiten".[467] Seitens des bayerischen Innenministeriums scheint man auf deutsche Soldaten und einheimische Opfer dieser heute als „Verbrechen der Endphase" bezeichneten Fälle fokussiert gewesen zu sein. Zur Identitätsfeststellung empfahl man nämlich lediglich, gegebenenfalls gefundene Erkennungsmarken bei der „Wehrmachtsauskunftsstelle" (WAST) in Berlin entschlüsseln zu lassen. Die Angehörigen seien

464 Zur Milde der Urteile in den 1950er-Jahren vgl. Eichmüller, Generalamnestie, S. 238. Vgl. auch Norbert Frei, Vergangenheitspolitik. Die Anfänge der Bundesrepublik und die NS-Vergangenheit, München 1996, S. 101.

465 Eichmüller, Generalamnestie, S. 227 f.

466 Präsidium der Bayerischen Landpolizei, Betreff: Erfassung von Tötungsfällen ohne Gerichtsverfahren im Jahre 1945, BayHStAM, Präsidium der Bayerischen Landpolizei, Nr. 100, unpag. Vgl. dazu auch Eichmüller, Generalamnestie, S. 128.

467 Eichmüller, Generalamnestie, S. 128.

dann durch die Ortspolizei zu informieren.[468] Es gab jedoch keinerlei Hinweise zur Identitätsfeststellung etwaiger ausländischer Opfer.

In diesem Rahmen wurde allerdings eine große Anzahl von Verfahren zu Verbrechen an KZ-Häftlingen während der KZ-Räumungstransporte anhängig. Laut Andreas Eichmüller hatten die auf Grundlage der Verfügung vom Januar 1955 eingeleiteten Ermittlungen sogar „überwiegend Erschießungen von KZ-Häftlingen auf Evakuierungsmärschen“ zum Gegenstand. Er verweist auf 17 Verfahren, die in dem Zusammenhang allein bei der Staatsanwaltschaft Landshut eingeleitet wurden.[469] Im Rahmen dieser Arbeit wurden die entsprechenden neun Akten der Staatsanwaltschaften Traunstein und München II ausgewertet.[470] Diese Ermittlungen begannen unmittelbar im Februar 1955 und wurden innerhalb kurzer Zeit abgeschlossen. Als im Mai 1955 die Vernehmungen im zuletzt eröffneten Fall durchgeführt wurden, war mehr als die Hälfte der Untersuchungen bereits eingestellt worden. Die letzte dieser Akten wurde im Juni 1956 geschlossen.

Im Zuge dieser Ermittlungen befragte die bayerische Polizei mehr als 40 Zeuginnen und Zeugen aus der lokalen Bevölkerung, in Einzelfällen auch ehemalige KZ-Häftlinge und Bewacher. Sie berichteten über das Vergraben der zahlreichen Toten[471] und gelegentlich über Morde an KZ-Häftlingen in ihrer Umgebung,[472] aber auch über Kontakte mit den Wachmännern.[473] Zum Teil

468 Präsidium der Bayerischen Landpolizei, Betreff: Erfassung von Tötungsfällen ohne Gerichtsverfahren im Jahre 1945, BayHStAM, Präsidium der Bayerischen Landpolizei, Nr. 100, unpag.

469 Eichmüller, Generalamnestie, S. 129.

470 Von neun Akten wurden zwei bei der Staatsanwaltschaft Traunstein angelegt, der Rest bei der Staatsanwaltschaft München II. Vgl. die Akten im StAM, Staatsanwaltschaften, Nr. 31500/4, 31500/5, 34480, 34481, 34483, 34485, 34488, 34489, 34744/6.

471 Vgl. u. a.: Vernehmung von Leonhard Steigner*, Kriminal-Außenstelle Mühldorf, 11. 5. 1955, StAM, Staatsanwaltschaften, 31500/5, Bl. 5; Maria Weil*, Kriminal-Außenstelle Bad Tölz, 30. 3. 1955, StAM, Staatsanwaltschaften, 34485, Bl. 7; Vernehmung von Georg Grauleubner*, Kriminal-Außenstelle Bad Tölz, 4. 3. 1955, StAM, Staatsanwaltschaften, 34489, unpag.

472 Vernehmung von Franz Frostner*, Kriminalaußenstelle Erding, 4. 3. 1955, StAM, Staatsanwaltschaften, 34744/6, Bl. 3; Vernehmung von Johann Rehleitner, Kriminal-Außenstelle Mühldorf, 13. 4. 1955, StAM, Staatsanwaltschaften, 31500/4, Bl. 8; Vernehmung von Josef Daubel*, Kriminal-Außenstelle Bad Tölz, 15. 3. 1955, StAM, Staatsanwaltschaften, 34488, Bl. 6.

473 Vgl. u. a.: Vernehmung von Sebastian Strom*, Landpolizeistation Bad Tölz, 27. 2. 1955, ebenda, Bl. 4; Vernehmung von Moritz Saum*, Kriminal-Außenstelle Bad Tölz, 4. 3. 1955, StAM, Staatsanwaltschaften, 34489, unpag.; Vernehmung von Josef Bräuer*, Kriminal-Außenstelle Mühldorf, 13. 4. 1955, StAM, Staatsanwaltschaften, 31500/4, Bl. 3.

konnten sie ungefähre Beschreibungen der SS-Leute abgeben;[474] ohne konkrete Namen waren jedoch Angaben zu Dialekt oder geschätztem Alter kaum geeignet, um Täter dingfest machen zu können. Oft waren nicht einmal solch vage Hinweise zu erlangen, wie diese Aussage einer Zeugin verdeutlicht: „Irgendeine Beschreibung oder irgendeinen Anhaltspunkt, die geeignet wären, die Begleitmannschaften festzustellen, kann ich nicht geben. Diese sah man nie so genau, weil sie immer mit den Häftlingen beschäftigt waren."[475] Hier zeigen sich deutliche Unterschiede zu den Ermittlungen der US-Amerikaner zehn Jahre zuvor, als unmittelbar nach den Verbrechen noch viel konkretere Angaben zu den Tätern gemacht wurden.

Bemerkenswert ist, dass die Zeuginnen und Zeugen häufig die Wachleute in Schutz nahmen. So seien einige von ihnen „anständig" gewesen.[476] Insbesondere in den Vernehmungen zu Morden an Häftlingen bei Degerndorf fallen solche exkulpierenden Aussagen der Zeugen ins Auge. So hatte der ehemalige Bürgermeister, der beim Abholen von Leichen Schüsse hörte, „nicht den Eindruck, daß die Wachmänner auf KZ-ler geschossen haben. Es ist anzunehmen, daß sie auf Bäume geschossen haben oder die Schüsse abgegeben haben, um die KZ-ler einzuschüchtern".[477] Wie er zu dieser Annahme kam, erklärte er hingegen nicht. Ein anderer Einwohner stellte fest, dass die Wachleute, mit denen er gesprochen hatte, „zur SS gezwungen worden sind. [...] Von den Wachmannschaften selbst glaube ich nicht, daß sie gewalttätig geworden sind. Wenn solche vorgekommen sind [sic!], waren es die Führer der Wachmänner."[478]

Dabei kam ein eigenwilliges Gewaltverständnis zum Ausdruck. So sagte der von der Polizei als „sehr zuverlässiger und neutraler Zeuge"[479] bezeichnete ehemalige Gemeindesekretär aus, man habe bei der Untersuchung der Leichen „nicht feststellen [können], daß diese KZ-ler gewaltsam um ihr Leben kamen". Vielmehr habe er den Eindruck, „daß die KZ-ler an Erschöpfung gestorben

474 Vernehmung von Franz Feger*, Kriminalaußenstelle Erding, 7. 3. 1955, StAM, Staatsanwaltschaften, 34481, Bl. 58; Vernehmung von Ambros Müller*, Kriminal-Außenstelle Bad Tölz, 30. 3. 1955, StAM, Staatsanwaltschaften, 34485, Bl. 6.

475 Vernehmung von Anna Spiegel*, Kriminalaußenstelle Erding, 7. 3. 1955, StAM, Staatsanwaltschaften, 34481, Bl. 60.

476 Ebenda.

477 Vernehmung von Georg Bolzmacher, Kriminal-Außenstelle Bad Tölz, 4. 3. 1955, StAM, Staatsanwaltschaften, 34489, unpag.

478 Vernehmung von Moritz Saum*, Kriminal-Außenstelle Bad Tölz, 4. 3. 1955, ebenda.

479 Bayerische Landpolizei, Kriminal-Außenstelle Bad Tölz an die Staatsanwaltschaft München II, Betreff: Tod von 68 KZ-Häftlingen bei Achmühle, 16. 3. 1955, ebenda.

sind".[480] In diesen Aussagen klingt an, dass es nicht nur um die exakte Feststellung unterschiedlicher Todesursachen ging, sondern es generell nicht als Gewalthandeln verstanden wurde, völlig entkräftete Menschen ohne ausreichende Bekleidung und Nahrung unter permanenter Todesdrohung und Misshandlungen auf tagelange Märsche zu treiben. Die Behörden machten sich diese Argumentation ebenfalls zu eigen. So hieß es im Abschlussbericht der Polizei lapidar, es lägen keine Beweise für Mordtaten vor. Vielmehr sei „anzunehmen, daß die KZ-ler an Erschöpfung starben und zum Teil auch erfroren sind. Die Gefangenen waren zum Teil auf die Strapazen zurückführend krank und konnten den von ihnen geforderten Anforderungen nicht mehr widerstehen. Sie sind dann eben an Erschöpfung gestorben; diese Ansicht wird von der Bevölkerung allgemein geteilt."[481]

Zugleich stellte die Kriminalpolizei die Vermutung an, dass zumindest ein Teil der Verantwortlichen bereits verurteilt worden sei, womit sich weitere Ermittlungen „erübrigen" dürften, da die Anweisung des Polizeipräsidiums sich ja auf Fälle bezogen habe, zu denen noch keine Verfahren stattgefunden hätten. Allerdings stützte sich diese Annahme lediglich auf den Umstand, dass einige der befragten Zeugen vor dem US-Militärgericht im Dachauer Prozess ausgesagt hatten. Konkretes Wissen über die dort angeklagten Täter, die verhandelten Delikte oder gefällten Urteile hatte man keineswegs.[482] Die Einschätzung reichte aber aus, um den Fall zu den Akten zu legen. Auch hier wurde eine Sicht der Todesmärsche deutlich, die die Gewalthaltigkeit der gesamten Situation völlig verkannte: Ein „strafrechtlich erhebliches Verschulden" sei „schon deshalb nicht nachweisbar, weil die Transportleitung Lebensmittel für die Häftlinge beschaffen ließ."[483] In allen anderen Fällen wurde die Einstellung des Verfahrens damit begründet, dass die Täter unbekannt beziehungsweise nicht zu ermitteln waren.

Bei einigen Verfahren wurde in den 1960er-Jahren eine Wiederaufnahme geprüft und zumeist mit Verweis auf die mangelhafte Beweislage[484] oder

480 Vernehmung von Franz Gieter*, Kriminal-Außenstelle Bad Tölz, 4. 3. 1955, ebenda.

481 Bayerische Landpolizei, Kriminal-Außenstelle Bad Tölz an die Staatsanwaltschaft München II, Betreff: Tod von 68 KZ-Häftlingen bei Achmühle, 16. 3. 1955, ebenda.

482 Die Zeugen hatten im Dachauer Hauptprozess gegen den SS-Sturmbannführer Fritz Degelow ausgesagt, der für seine führende Rolle bei einem Todesmarsch und die daraus resultierende Beteiligung am „Common Design" zum Tode verurteilt wurde. Das Urteil wurde später in zehn Jahre Haft gemildert. Yavnai, Military Justice, S. 272.

483 Vermerk, o. D., StAM, Staatsanwaltschaften, 34489, unpag.

484 Vermerk, 10. 3. 1967, StAM, Staatsanwaltschaften, 34480, Bl. 6.

inzwischen eingetretene Verjährungsfristen[485] abgelehnt. Allerdings war eine erneute Prüfung möglich, wenn neue Indizien vorgelegt wurden.[486]

Ein Verfahren beispielsweise wurde im Mai 1967 wieder aufgenommen. Zur Begründung verwies der Staatsanwalt auf die neu zur Verfügung stehenden Ermittlungsmöglichkeiten: Häftlingskarteien (womit insbesondere der ITS gemeint war), Material der Zentralen Stelle Ludwigsburg und Vernehmungen aus anderen NSG-Verfahren.[487] Daraufhin wurden in Hohenbachern bei Freising erneut zahlreiche Einwohner befragt. Namen möglicher Zeugen entnahm das LKA Dokumenten des ITS, mit dem es sich schon 1955 gelegentlich ausgetauscht hatte.[488] Dabei hatte es sich um Antworten der Gemeinden aus dem *Death March Programming* gehandelt, aus denen hervorging, dass einer der dort Genannten als Volkssturmmann den Todesmarsch begleitet hatte.[489] Der Zeuge machte detaillierte Angaben über den Todesmarsch und Morde durch SS-Männer. Er verwies darauf, dass weder er noch andere Volkssturmangehörige Häftlinge misshandelt oder erschossen hätten.[490] Neben ihm wurden weitere ehemalige Volkssturmmänner vernommen, die im April 1945 Häftlingskolonnen bewacht hatten.[491] Es ging allerdings gar nicht darum, sie für ihre Beteiligung zur Rechenschaft zu ziehen – eine Verurteilung wegen anderer Delikte als Mord wäre aufgrund

485 Staatsanwaltschaft bei dem LG München II, Vermerk, 18. 3. 1968, StAM, Staatsanwaltschaften, 34483, unpag.

486 Bayerische Landpolizei, Kriminalaußenstelle Miesbach an die Staatsanwaltschaft bei dem LG München II, Betr.: Erschießung von 12 bezw. 14 KZ-Insassen bei Kriegsende, 5. 5. 1972, StAM, Staatsanwaltschaften, 34488, Bl. 14–16.

487 Staatsanwaltschaft bei dem LG München II, Vermerk, 3. 5. 1967, StAM, Staatsanwaltschaften, 34724, Bl. 16 f.

488 Bayerisches LKA an ITS Bad Arolsen, Betreff: Erschießung von KZ-Häftlingen im Raum Landshut/Langenbach, 23. 11. 1955, USHMM, ITS Digital Collection, 1.1.0.7, Ordner 56 (Evakuierungstransporte), 87766845. In diesem Bestand finden sich noch weitere Schriftwechsel zwischen dem LKA und dem Suchdienst.

489 Gemeinderat Giggenhausen, Beantwortung der umseitigen Fragen, 29. 3. 1947, StAM, Staatsanwaltschaften, 34724, Bl. 70 (Kopie aus: 5.3.1/84598182, ITS Digital Archive, Bad Arolsen); Landpolizei Oberbayern, Hauptposten Freising, Betrifft: Todesmarsch durch die Gde. Sünzhausen, Kreis Freising, 6. 4. 1947, ebenda, Bl. 71 (Kopie aus: 5.3.1/84601565, ITS Digital Archive, Bad Arolsen).

490 Vernehmung von Sebastian Horn*, Bayerisches LKA, 29. 7. 1968, StAM, Staatsanwaltschaften, 34724, Bl. 80–82.

491 Vernehmung von Ludwig Redmeier*, Landpolizeistation Freising, 17. 11. 1968, ebenda, Bl. 106; Vernehmung von Josef Setthuber*, Landpolizeistation Freising, 17. 11. 1968, ebenda, Bl. 107; Josef Haumeier*, Polizeiamt Freising/Kriminalpolizei, 25. 11. 1968, ebenda, Bl. 108.

der Verjährung seit den 1950er-Jahren gar nicht mehr möglich gewesen.[492] Sie konnten jedoch auch zu den gesuchten SS-Männern keinerlei Angaben machen, und die Versuche, diesen durch öffentlichen Aufruf in der Zeitschrift des Internationalen Komitees Buchenwald-Dora, „Die Glocke vom Ettersberg“, auf die Spur zu kommen, blieben ebenfalls erfolglos.[493] So wurde auch dieses Verfahren 1970 „nach Erschöpfung aller Ermittlungsmöglichkeiten eingestellt“.[494]

In den Ermittlungsakten zeichnet sich ein widersprüchliches Bild ab: Einerseits wurde – was insbesondere der zuletzt vorgestellte Fall zeigt – recht akribisch ermittelt. Die Polizei vernahm zahlreiche Zeugen und holte auch Aussagen von Ortsfremden ein, von denen man sich Erkenntnisse zu den Tätern versprach. Zugleich wurden exkulpierende Darstellungen kaum hinterfragt und flossen direkt in die abschließenden Berichte der Polizisten ein, die für die schnelle Beendigung der meisten Verfahren grundlegend waren.

Wie bei den alliierten Verfahren eine Dekade zuvor war in den 1950er-Jahren der gesellschaftliche und justizielle Kontext, die massive Überbelastung der Behörden bei personellen und materiellen Engpässen, kaum förderlich, die Ermittlungen angesichts ihrer schlechten Ausgangslage intensiver zu verfolgen.[495] Wenn schon bei dokumentarisch besser zu ahndenden Verbrechenskomplexen mit breiter Beteiligung wie Judendeportationen oder „Arisierungen“ der Kreis der beschuldigten Täterinnen und Täter zunehmend enger gezogen wurde,[496] lag für die Räumungstransporte die weitgehende Beschränkung auf die Mörder aus den Reihen der SS auf der Hand. Zugleich waren diese viel weniger greifbar als Beteiligte aus der lokalen Bevölkerung. Hinzu kam, dass zum Zeitpunkt der Ermittlungen die meisten Straftaten, wegen derer man Einheimische gegebenenfalls hätte belangen können – Freiheitsberaubung, Körperverletzung mit Todesfolge oder fahrlässige Tötung – bereits verjährt waren oder bald verjährt sein sollten.[497]

492 Eichmüller, Generalamnestie, S. 250. Zu den bundesdeutschen Verjährungsdebatten vgl. auch Marc von Miquel, Ahnden oder amnestieren? Westdeutsche Justiz und Vergangenheitspolitik in den sechziger Jahren, Göttingen 2004, S. 186–248.

493 „Die Mörder sind unter uns!“, in: Die Glocke vom Ettersberg, Nr. 31 (1968). Kopie des Artikels in StAM, Staatsanwaltschaften, 34724, Bl. 6–62; „Wer war dabei?“, in: Die Glocke vom Ettersberg, Nr. 35 (1969). Kopie des Artikels in StAM, Staatsanwaltschaften, 34724, Bl. 117–119.

494 Staatsanwaltschaft beim LG München II, Verfügung, 29. 1. 1970, StAM, Staatsanwaltschaften, 34724, Bl. 213–218, hier Bl. 218.

495 Eichmüller, Generalamnestie, S. 341–353.

496 Ebenda, S. 259.

497 Ebenda, S. 250.

Für einen Tatort lässt sich jedoch der Weg durch zwei Jahrzehnte vom *Death March Programming* über die Fahndungsaktion in Bayern bis hin zu zwei Prozessen in den 1950er- und 1960er-Jahren nachvollziehen. Als 1947 im Zuge der Ermittlungen der UNRRA die Gemeinden des Landkreises Memmingen aufgefordert wurden, den Fragebogen zu beantworten,[498] erklärte die Landpolizei Grönenbach, dass Ende April 1945 zwei Transporte mit bis zu 330 Gefangenen die Ortschaft passiert hätten. Danach seien in einem Waldstück zwei niederländische KZ-Häftlinge tot aufgefunden worden.[499] Als Zeugen wurde unter anderem die Familie der Gastwirtschaft Durs* aus Ittelsburg benannt.[500] Zugleich zeigte die Polizei bei der Militärregierung die Ermordung der beiden Häftlinge durch einen Angehörigen des Reichsarbeitsdienstes an und schickte Vernehmungsniederschriften der Eheleute Durs* mit.[501] Offenbar ruhten die Ermittlungen zu diesem Fall jedoch weitere sieben Jahre bis zur flächendeckenden Untersuchung in Bayern.[502]

Um die Vorgänge aufzuklären, vernahm die Kriminalpolizei nun zwei Gruppen von Zeugen: einerseits die Einwohner von Ittelsburg – Mitglieder der Familie Durs*, die zum Teil versucht hatten, die KZ-Häftlinge vor dem Tod zu bewahren, sowie andere Nachbarn.[503] Andererseits versuchten die Polizisten, Angehörige der betreffenden RAD-Einheit ausfindig zu machen und zu vernehmen. So ermittelten die Beamten zur Aufklärung dieses Todesmarschverbrechens nicht nur in lokalen nachbarschaftlichen, sondern auch in überregionalen kameradschaftlichen Netzwerken von Veteranen.[504] Dafür richteten sie unter anderem Anfragen

498 Landratsamt Memmingen an die Gemeinde Grönenbach, Nr. VIII/918, Betreff: Todesmarsch, 27. 3. 1947, 5.3.1/84603939, ITS Digital Archive, Bad Arolsen.

499 Vgl. hierzu auch Keller, Volksgemeinschaft, S. 162 f.

500 Landpolizei Schwaben, Bezirksinspektion Memmingen, Posten Grönenbach an das Landratsamt Memmingen, Betrifft: Todesmarsch, 25. 4. 1947, 5.3.1/84603937, ITS Digital Archive, Bad Arolsen.

501 Landpolizei Schwaben, Bezirksinspektion Memmingen, LP-Posten Wolfertschwenden an die Militärregierung in Memmingen, 27. 4. 1947, StAA, Staatsanwaltschaft Memmingen, KS 2/1956, Bl. 6 f.

502 Bayerische Landpolizei, Kriminalaußenstelle Memmingen an die Staatsanwaltschaft für den Landgerichtsbezirk in Memmingen, Betreff: Ermordung von zwei unbekannten KZ-Häftlingen, 19. 9. 1955, ebenda, Hauptakt, Bl. 1–4.

503 Vgl. hierzu das Kapitel zu Hilfeleistung in der vorliegenden Arbeit.

504 Zur Veteranenkultur in der Bundesrepublik vgl. Thomas Kühne, Zwischen Vernichtungskrieg und Freizeitgesellschaft. Die Veteranenkultur der Bundesrepublik (1945–1995), in: Klaus Naumann (Hrsg.), Nachkrieg in Deutschland, Hamburg 2001, S. 90–113; Birgit Schwelling, Krieger in Nachkriegszeiten – Veteranenverbände als geschichtspolitische Akteure der frühen Bundesrepublik, in: Claudia Fröhlich/Horst-Alfred Heinrich (Hrsg.), Geschichtspolitik. Wer sind ihre Akteure, wer ihre Rezipienten?, Stuttgart 2004, S. 69–80.

an die Zentralnachweisstelle des Bundesarchivs[505] und an Geschäftsstellen des „Bundes der Notgemeinschaften ehemaliger berufsmäßiger Arbeitsdienstangehöriger und ihrer Hinterbliebenen“ (BNA).[506] Als entscheidend sollten sich jedoch die informellen Verbindungen zwischen den alten Kameraden herausstellen. So gaben ehemalige Angehörige der RAD-Einheit den Ermittlern mehrfach Hinweise auf die aktuellen Wohnorte von Beteiligten und Tatverdächtigen.[507] In den Fokus der Ahndung rückten fünf ehemalige RAD-Männer, von denen drei als Vorgesetzte die restlichen zwei vorsätzlich zum Mord verleitet haben sollen. Zwei Beschuldigte waren allerdings zum Jahresende 1955 noch nicht ausfindig gemacht worden.[508] Sie wurden im Bayerischen Landeskriminalblatt zur Fahndung ausgeschrieben,[509] und auch anderweitig versuchte man, weitere Angehörige der Einheit aufzuspüren.[510]

Zunächst wurde nur Anklage gegen den ehemaligen RAD-Mann Rudolf Pinhammer wegen zweier gemeinschaftlich begangener Morde erhoben.[511] Zwei weitere Beschuldigte wurden außer Verfolgung gesetzt. Damit die Hauptverhandlung beginnen konnte, wurde das Verfahren gegen die restlichen zwei, deren Aufenthaltsort ungeklärt war, eingestellt.[512] Letztlich verurteilte das Gericht Pinhammer zu sechs Jahren Zuchthaus.[513] Im Urteil wurde festgehalten, dass Pinhammer auf Befehl eines Vorgesetzten namens Schröder gehandelt habe und Leiter eines Exekutionskommandos gewesen sei, das die beiden KZ-Häftlinge unter dem Vorwand, sie zur Polizei zu bringen, außerhalb der Ortschaft erschossen habe. Zwei seiner Kameraden sollen die ersten Schüsse auf die Häftlinge

505 Bundesarchiv, Abt. Zentralnachweisstelle an Bayerische Landpolizei, Kriminalaußenstelle Memmingen, Betr.: Personalienfeststellung ehem. RAD-Angehöriger, 7. 10. 1955, StAA, Staatsanwaltschaft Memmingen, KS 2/1956, Hauptakt, Bl. 30.

506 Kriminalaußenstelle Bad Godesberg an Ortspolizeibehörde in Polch/Krs. Mayen, 17. 8. 1955, ebenda, Bl. 31.

507 Vernehmung von Friedrich Hamwinkel*, Landespolizeiposten Hilsbach, 23. 6. 1955, ebenda, Bl. 23; Vernehmung von Herbert Weitfass*, Kreispolizeibehörde Herford, 8. 10. 1955, ebenda, Bl. 28.

508 Der Oberstaatsanwalt an den Untersuchungsrichter beim LG Memmingen, 20. 12. 1955, ebenda, Bl. 46.

509 Untersuchungsrichter am LG Memmingen an LKA Bayern, 3. 1. 1956, ebenda, Bl. 49.

510 Untersuchungsrichter am LG Memmingen an Landespolizeiposten Eggenstein, 17. 1. 1956, ebenda, Bl. 56.

511 Staatsanwaltschaft beim LG Memmingen, Anklageschrift, 30. 5. 1956, ebenda, Bl. 142.

512 Strafkammer des LG Memmingen, Beschluss, 6. 6. 1956, ebenda, Bl. 145.

513 Protokoll geführt in der öffentlichen Sitzung des Schwurgerichts des LG Memmingen, 23.–26. 10. 1956, ebenda, Bl. 173–177.

abgegeben haben, Pinhammer einen tödlichen „Gnadenschuss".[514] Pinhammer, der diesen Tathergang in einer frühen Vernehmung im Wesentlichen gestanden hatte,[515] hatte Glück, dass das Gericht weder Mordlust noch Heimtücke feststellen konnte und somit nicht auf Mord, sondern auf Totschlag erkannte.[516]

Das Urteil wurde – letztlich erfolglos – von zwei Seiten angefochten: Pinhammers Verteidiger rügte neben der Verletzung formellen Rechts, dass ein in der „hektische[n] Stimmung der letzten Kriegswochen" vorliegender Befehlsnotstand nicht gewürdigt worden und der Tatbeitrag seines Mandanten insgesamt eher gering gewesen sei.[517] Der Generalstaatsanwalt hingegen wollte den Angeklagten wegen Mordes verurteilt wissen.[518] In Erwartung einer Zurückweisung von Pinhammers Revision setzte sich jedoch der Pragmatismus durch. Zwar sah man seitens der Staatsanwaltschaft durchaus Erfolgsaussichten, stellte jedoch zugleich fest, dass in „anderweitigen ähnlichen Strafverfahren" auch keine höheren Strafen als die ausgesprochene verhängt worden seien. Zudem werde das Urteil „bei gebührender Berücksichtigung der turbulenten Verhältnisse bei Kriegsende der Schuld des Angeklagten wenigstens im wesentlichen gerecht".[519] Im Juli 1960 war Rudolf Pinhammer nach Aussetzung seiner Reststrafe auf Bewährung wieder auf freiem Fuß.[520]

Die Ahndung der Erschießungen bei Ittelsburg war damit jedoch nicht beendet. Immerhin waren zwei der Angeschuldigten noch nicht ausfindig gemacht, und innerhalb der RAD-Kameradschaftsszene rumorte es.[521] Der ehemalige RAD-Feldmeister Josef Schröder, der die Exekution der KZ-Häftlinge befohlen haben soll, entdeckte seinen Namen im Fahndungsbuch und nahm darauf-

514 Urteil des LG Memmingen, 27. 10. 1956, Lfd. Nr. 439, in: JuNSV, Bd. XIV, S. 31–42, hier S. 34–36.

515 Vernehmung von Rudolf Pinhammer, Amtsgericht Wissen-Sieg, 9. 12. 1955, StAA, Staatsanwaltschaft Memmingen, KS 2/1956, Hauptakt, Bl. 41–43.

516 Urteil des LG Memmingen, 27. 10. 1956, Lfd. Nr. 439, in: JuNSV, Bd. XIV, S. 31–42, hier S. 40 f.

517 Rechtsanwalt Dr. Edmund Stoeckle an das LG Memmingen, 14. 12. 1956, StAA, Staatsanwaltschaft Memmingen, KS 2/1956, Hauptakt, Bl. 206–225, hier Bl. 216.

518 Der Generalstaatsanwalt beim OLG München an das Bayerische Staatsministerium der Justiz, 5. 12. 1956, StAM, Staatsanwaltschaft München, Generalstaatsanwaltschaft beim OLG München, 4823, unpag.

519 Der Generalstaatsanwalt beim OLG München an das Bayerische Staatsministerium der Justiz, 26. 3. 1957, ebenda.

520 Oberstaatsanwalt beim LG Memmingen an Generalstaatsanwalt beim OLG München, 13. 7. 1960, ebenda.

521 Vernehmung von Robert Hanger*, Kriminalpolizei Karlsruhe, 17. 5. 1965, StAA, Staatsanwaltschaft Memmingen, KS 4/1965, Bd. 1, Bl. 87 f.

hin Kontakt zu ehemaligen Kameraden auf. Er bewegte sich trotz der laufenden Fahndung offen auf Kameradschaftstreffen[522] und wurde erst Ende März 1965 verhaftet. Nach anfänglichem Leugnen legte er, von Ittelsburger Einwohnerinnen eindeutig identifiziert,[523] ein umfassendes Geständnis ab. Darin gab er zu, den Exekutionsbefehl gegeben zu haben, da er die beiden KZ-Häftlinge „als eine Gefahr für die Bevölkerung und für die Abteilung" angesehen habe.[524] Dass zehn Jahre zuvor Pinhammer nicht wegen Mordes angeklagt worden war, hatte nun zur Folge, dass auch Schröder nur wegen Totschlags vor Gericht stand.[525]

Zunächst wurde er wegen Beihilfe zum Totschlag zu fünf Jahren Zuchthaus verurteilt.[526] Obwohl es ihn entschieden entlastet hätte, hatte er von Beginn an abgestritten, auf Befehl Dritter gehandelt zu haben.[527] Das Gericht ging trotzdem zu seinen Gunsten davon aus, dass er den Befehl nur weitergegeben habe.[528] Aus solch – nach Mutmaßung des Gerichts – „falsch verstandener Kameradschaft"[529] wurde allerdings der Aufhänger für die erfolgreiche Revision seitens der Verteidigung.[530] Der Bundesgerichtshof folgte deren Argument, dass im Urteil gar nicht klar geworden sei, wer denn nun den Befehl erteilt habe, und verwies den Fall an das Landgericht Augsburg.[531]

Parallel dazu hatte ein Ermittlungsverfahren gegen Schröders ehemaligen Vorgesetzten, Oberstfeldmeister Erich Mainert*, begonnen.[532] Das Hauptverfahren wurde allerdings bis zur neuerlichen Verhandlung gegen Schröder

522 Niederschrift, geführt in der öffentlichen Tagung des Schwurgerichts beim LG Augsburg, 22./25. 4. 1966, StAA, Staatsanwaltschaft Memmingen, KS 4/1965, Bd. 2, Bl. 158–197, hier Bl. 161 f.

523 Niederschrift, aufgenommen in nichtöffentlicher Sitzung der Strafkammer des LG Memmingen zum Haftprüfungstermin, 2. 4. 1965, StAA, Staatsanwaltschaft Memmingen, KS 4/1965, Bd. 1, Bl. 53 f., hier Bl. 54.

524 Josef Schröder an die Staatsanwaltschaft beim LG Memmingen, Geständnis!, 3. 4. 1965, ebenda, Bl. 57.

525 Oberstaatsanwalt des LG Memmingen an den Generalstaatsanwalt beim OLG München, 22. 4. 1965, StAM, Staatsanwaltschaft München, Generalstaatsanwaltschaft beim OLG München, 4823, Bl. 4.

526 Urteil des LG Memmingen, 26. 5. 1965, StAA, Staatsanwaltschaft Memmingen, KS 4/1965, Bd. 1, Bl. 102–115.

527 Staatsanwaltschaft beim LG Memmingen, 14. 4. 1965, ebenda, Bl. 64.

528 Urteil des LG Memmingen, 26. 5. 1965, ebenda, Bl. 102–115, hier Bl. 111.

529 Ebenda, S. 112.

530 Rechtsanwalt R.G. Maier an das LG Memmingen, 21. 7. 1965, ebenda, Bl. 117–122.

531 Urteil des BGH, 19. 10. 1965, Lfd. Nr. 629b, in: JuNSV, Bd. XXIII, S. 502 f.

532 Oberstaatsanwalt des LG Memmingen an den Generalstaatsanwalt beim OLG München, 26. 5. 1965, StAM, Staatsanwaltschaft München, Generalstaatsanwaltschaft beim OLG München, 4823, Bl. 6.

verschoben, da man sich aus diesem Prozess eine weitere Klärung in Bezug auf Mainerts* Tatanteil erhoffte.[533]

In der Urteilsschrift des Augsburger Verfahrens vom 25. April 1966 wurde festgehalten, dass sowohl Schröder als auch Mainert* sich darüber im Klaren gewesen seien, dass die Erschießung der KZ-Häftlinge „ohne Rechtsgrund erfolgte".[534] Letztlich legte sich das Gericht abermals nicht endgültig fest. Zwar erachtete es als erwiesen, dass Schröder den Exekutionsbefehl erteilt hatte. Zugleich sei jedoch „nicht auszuschließen", dass er einen Befehl seines Vorgesetzten Mainert* weitergegeben habe.[535] Schröder wurde wegen zweifacher Beihilfe zum Totschlag zu vier Jahren Zuchthaus verurteilt.[536]

In Bezug auf Mainert* stellte das Landgericht Memmingen zwar fest, er sei der fahrlässigen Tötung „dringend verdächtig". Da dieser Tatbestand jedoch mittlerweile verjährt war und im Hinblick auf weitere Delikte keine neuen Erkenntnisse vorlagen, wurde kein Hauptverfahren eröffnet.[537] Damit blieb der ranghöchste an der Exekution beteiligte RAD-Mann, der von Anfang an als Zeuge zugänglich war, gänzlich unbehelligt. Auch Schröders verzweifelte Versuche, die Justizbehörden von einer Verwechslung zu überzeugen,[538] blieben erfolglos.[539] Allerdings musste auch er seine Strafe nicht in Gänze verbüßen, da ihm das letzte Drittel im November 1969 erlassen wurde.[540]

Diese Ermittlungsverfahren und Prozesse zeigen, dass eine Ahndung von Todesmarschverbrechen auch Jahrzehnte nach den Taten prinzipiell möglich war. Als förderlich erwies sich in diesem Fall einerseits, dass das Netzwerk der ehemals Beteiligten nicht nur zur Entlastung von einzelnen Akteuren, sondern auch zu deren Aufdeckung beitrug. Nur über die persönlichen Bindungen zwischen den ehemaligen RAD-Kameraden waren die Ermittler überhaupt an die Tatbeteiligten herangekommen. Zum anderen konnte man in diesem Fall auf lokaler Ebene auf Zeuginnen und Zeugen zurückgreifen, die nicht nur vertrauenswürdig

533 Beschluss der 1. Strafkammer des LG Memmingen, 15. 3. 1966, StAM, Staatsanwaltschaft München, Generalstaatsanwaltschaft beim OLG München, 6274, Bl. 14.

534 Urteil des LG Augsburg, 25. 4. 1966, Lfd. Nr. 629a, in: JuNSV, Bd. XXIII, S. 489–501, hier S. 492.

535 Ebenda, S. 499.

536 Ebenda, S. 499–501.

537 Beschluss der 1. Strafkammer des LG Memmingen, 17. 5. 1967, StAA, Staatsanwaltschaft Memmingen, KS 4/1965, Bd. 3, Bl. 332–346, hier Bl. 345.

538 Josef Schröder an das LG Augsburg, 9. 2. 1968, ebenda, Bl. 389–402.

539 Beschluss des Strafsenats des OLG München, 12. 2. 1968, StAM, Staatsanwaltschaft München, Generalstaatsanwaltschaft beim OLG München, 4823, unpag.

540 Beschluss der 2. Strafkammer des LG Memmingen, 20. 11. 1969, ebenda, Bl. 471.

waren, sondern zugleich aufgrund ihrer eigenen helfenden Rolle im Tatgeschehen keinen Anlass hatten, die mutmaßlichen Täter zu entlasten.

3.4. Deutsch-deutsche Ermittlungen: Zentrale Stellen und das MfS

Während Mitte der 1950er-Jahre in bayerischen Dörfern mehr oder weniger akribisch nach den Mördern von KZ-Häftlingen auf Todesmärschen ermittelt wurde, nahm eine maßgebliche Wende in der bundesdeutschen Ahndung von NS-Verbrechen ihren Anfang. Die Anzeige des früheren Polizeidirektors Bernhard Fischer-Schweder durch den Stuttgarter Rabbiner Felix Bloch im September 1955 führte zum „Ulmer Einsatzgruppenprozess" im Jahr 1958, der eine „entscheidende Bedeutung für den weiteren Verlauf der NS-Strafverfolgung" erlangen sollte.[541] Eine Folge des Verfahrens war die Einrichtung der *Zentralen Stelle der Landesjustizverwaltungen zur Aufklärung nationalsozialistischer Verbrechen* in Ludwigsburg. Deren Gründung resultierte nicht allein aus der Erkenntnis breiter Kreise der bundesrepublikanischen Politik und Öffentlichkeit, dass in Ulm eher Zufälle als zielgerichtete Ermittlungen ein anscheinend paradigmatisches Massenmordgeschehen vor Gericht gebracht hatten. Parallel dazu hatte die propagandistische „Kampagnenpolitik" der DDR zunehmend Druck aufgebaut, für den ein Ventil gefunden werden musste. In der Vorstellung, damit den Schlussstrich unter die NSG-Verfahren vorbereiten zu können, entschloss sich die Justizministerkonferenz im Oktober 1958 zur Gründung einer zentralen Vorermittlungsstelle, die bald darauf ihre Tätigkeit aufnahm.[542] Diese sollte selbst keine Anklage erheben, aber die Vernehmung von Beschuldigten veranlassen können und gegenüber der Polizei weisungsberechtigt sein. Zunächst ging es ausschließlich um Straftaten, die außerhalb des Bundesgebiets begangen worden waren.[543] Eine weitere Beschränkung ergab sich daraus, dass nur gegen die „Hauptverantwortlichen" ermittelt werden sollte, die Kenntnisse über „Sinn und Hintergrund der Vernichtungsmaßnahmen" gehabt hatten.[544]

Damit war die Zentrale Stelle zunächst für Untersuchungen zu Verbrechen auf den Todesmärschen im Reichsinneren, insbesondere wenn sie von rangniederen Tätern oder gar Einheimischen begangen worden waren, nicht zuständig.

541 Annette Weinke, Eine Gesellschaft ermittelt gegen sich selbst. Die Geschichte der Zentralen Stelle Ludwigsburg 1958–2008, Darmstadt 2008, S. 12.

542 Vgl. zur Gründung der Zentralen Stelle ebenda, S. 20–34; von Miquel, Ahnden, S. 146–185.

543 Weinke, Gesellschaft, S. 25–28.

544 Zitiert nach ebenda, S. 36, 73.

Dennoch gelangten gelegentlich Unterlagen über solche Fälle in die Materialsammlung nach Ludwigsburg.[545] Allerdings wurden diese nur als Überprüfungsverfahren eingeordnet, ohne dass daraus eigene Ermittlungen hervorgingen.[546] Erst im November 1964 wurde die Zuständigkeit der Zentralen Stelle auf Inlandsstraftaten ausgeweitet, was auch die Konzentrations- und Außenlager auf deutschem Boden betraf. Die DDR, auf deren Gebiet sich zahlreiche der betreffenden Lager befunden hatten, brach jedoch zeitgleich jegliche Kooperation mit Ludwigsburg ab.[547]

Die Kompetenzausweitung der Zentralen Stelle schlug sich – im Verbund mit den Effekten der verlängerten Mordverjährung – in einem immensen Anstieg der eingeleiteten Vorermittlungsverfahren in der zweiten Hälfte der 1960er-Jahre nieder.[548] Von den zahlreichen Vorermittlungs- und Überprüfungsverfahren zu Konzentrations- und Außenlagern bezogen sich über 130 unter anderem auf Verbrechen während der Evakuierung.[549] Dagegen gab es nur wenige Untersuchungen, in denen unabhängig von Nachforschungen zu bestimmten Lagern wegen einzelner Verbrechen auf Räumungstransporten ermittelt wurde.[550]

Bei den Nachforschungen zu den Räumungen der Lager waren immer wieder ähnliche Fragestellungen aufgetreten, sodass im November 1970 eine Materialsammlung „Evakuierung der KL" angelegt wurde. Dabei waren zwei Fragestellungen leitend: Einerseits ging es darum zu klären, „welche SS-Dienststellen die Evakuierung angeordnet haben", andererseits sollte festgestellt werden, „welche Befehle hinsichtlich der nicht mehr marschfähigen Häftlinge erteilt worden sind (Tötungsbefehle?)".[551] In dieser Verfügung wird der Fokus der Ludwigsburger Ermittler deutlich, der auf die Täter aus den Reihen der SS beschränkt war und sich insbesondere auf die Entscheidungsträger und Befehlsgeber richtete. Lokale Beteiligungen auf den Marschrouten, wie die regelmäßige Kooperation

545 Staatsanwaltschaft bei dem Landgericht Ulm, Einstellungsverfügung, 19. 3. 1962, BArch, B 162/26756, unpag.

546 Vgl. Kurt Schrimm/Joachim Riedel, 50 Jahre Zentrale Stelle in Ludwigsburg. Ein Erfahrungsbericht über die letzten zweieinhalb Jahrzehnte, in: VfZ 56 (2008) 4, S. 525–555, hier S. 527.

547 Weinke, Gesellschaft, S. 82 f.

548 Vgl. die Grafik in Schrimm/Riedel, 50 Jahre Zentrale Stelle, S. 528.

549 Das ergab eine Findmittelrecherche in der Ludwigsburger Außenstelle des Bundesarchivs. Diese umfangreichen Unterlagen wurden im Rahmen dieser Untersuchung exemplarisch ausgewertet.

550 So etwa ein Verfahren zur Ermordung eines vom Todesmarsch geflohenen KZ-Häftlings in Trpísty (CSSR), BArch, B 162/9766.

551 Erster Staatsanwalt, Verfügung, 9. 11. 1970, BArch, B 162/1420, Bl. 1.

von Verwaltung und Exekutive mit den SS-Wachmannschaften, waren hingegen nicht von Interesse für die Zentrale Stelle. Vielmehr war zu klären, ob das SS-Wirtschaftsverwaltungshauptamt (WVHA) die Räumungen angeordnet und organisiert hatte oder ob – wofür man in Ermittlungen Indizien gefunden hatte – der „Reichsführer-SS" Heinrich Himmler „die Höheren SS- und Polizeiführer (HSSPF) bei der Evakuierung der Konzentrationslager eingeschaltet hat".[552]

Zwei Jahre später lagen erste Ergebnisse vor, allerdings wurden noch Jahre danach Unterlagen ergänzt.[553] Erst 1977 wurde die Materialsammlung geschlossen, da „die Untersuchungen der Zentralen Stelle über die einzelnen Konzentrationslager im wesentlichen abgeschlossen" waren.[554] Im Abschlussdossier der Materialsammlung wurde festgehalten, dass Himmler die Konzentrationslager für den Fall des Anrückens der Alliierten den HSSPF unterstellt habe, von denen mehrere die Räumung der Lager angeordnet hätten. In einer zweiten Phase habe Himmler dann selbst Befehle über die Räumung der Lager erteilt.[555]

Mit dieser Erkenntnis waren die Ludwigsburger Staatsanwälte dem Forschungsstand der Historikerinnen und Historiker über die Details in den Befehlswegen voraus.[556] Außerdem betonte der Verfasser des Textes, dass „die Frage, wer die Tötung marschunfähiger Häftlinge durch die Begleitmannschaften" angeordnet habe, von „besonderer Bedeutung [...] in zahlreichen heute geführten Ermittlungs- und Strafverfahren" sei.[557] Allerdings konnte zusammenfassend „eine befriedigende Klärung der Vorgänge und Befehlsverhältnisse in der Endphase bisher weder durch die zeitgeschichtliche Forschung noch durch strafrechtliche Ermittlungen erreicht werden".[558] Betont wurde jedoch, dass diese Erkenntnisse „keineswegs Vorermittlungen etwa in Richtung auf eine strafrechtliche Verantwortlichkeit der HSSPF" rechtfertigen würden. In diesen Ausarbeitungen für die

552 Ebenda, Bl. 2.

553 Darauf verweist unter anderem der Artikel „Freiwillige Geiseln der SS. Rotkreuzdelegierte zwischen Herz und Verstand", in: Weltwoche, 12 2. 1975. Der Artikel war Auftakt zu einer mehrere Ausgaben übergreifenden Fortsetzung und wurde von Drago Arsenijevic verfasst, der ein gleichnamiges Buch (Otages volontaires des SS, Paris 1974) verfasst hatte.

554 Verfügung, 12. 1. 1977, BArch, B 162/1422, Bl. 610.

555 Vermerk, 23. 8. 1972, ebenda, Bl. 562–569, hier Bl. 567.

556 So sah Eberhard Kolb, auf den man sich in der Ausarbeitung der Zentralen Stelle explizit bezog, in den 1960er-Jahren das WVHA als maßgeblich entscheidende Stelle an. Eberhard Kolb, Bergen-Belsen. Geschichte des „Aufenthaltslagers" 1943–1945, Hannover 1962, S. 299–307. Yehuda Bauer ging Anfang der 1980er-Jahre davon aus, dass Himmler den Befehl zur Räumung der Lager im Januar 1945 erteilt habe. Bauer, Death-Marches, S. 4.

557 Vermerk, 23. 8. 1972, BArch, B 162/1422, Bl. 562–569, hier Bl. 567.

558 Ebenda, Bl. 568.

Ermittler wird eine Fixierung auf die oberen Befehlsebenen deutlich, aus denen aber keine konkreten und systematischen Ermittlungen gegen deren Akteure resultierten. Begründet wurde dies nicht, man vermutete lediglich, dass von den HSSPF „die meisten wahrscheinlich verstorben sind".[559]

Diese Beschränkung auf die Frage nach den Befehlsgebern bei den Todesmärschen ist ein Beispiel für die zuletzt von Annette Weinke festgestellte, bis in die 1980er-Jahre dauernde stark personalisierende Wahrnehmung der NS-Massenverbrechen, die dadurch geprägt war, „dass sich Historie und Strafjustiz in ihrer verengenden Sicht auf das Mordgeschehen wechselseitig verstärkten".[560]

Dass die breite Beteiligung an den Verbrechen während der Lagerräumungen damals und noch lange danach kaum in den Blick der Forscher geriet, hing eben nicht nur mit der ohnehin problematischen Quellenlage zusammen, sondern auch damit, dass sich die Ermittler von vornherein kaum für die vor Ort beteiligten Akteure interessierten. Und dies betraf nicht nur die lokale Bevölkerung, deren Tatbeteiligung – insbesondere nach den Verjährungen – ohnehin schwer strafrechtlich zu fassen gewesen wäre, sondern auch die einzelnen Wachmänner als Direkttäter, deren persönliche Verantwortung in dem Ludwigsburger Dossier ebenfalls hinter der Frage nach den Befehlswegen verschwand. Der Blick richtete sich bei der Suche nach den Verantwortlichen so einseitig nach oben, dass man es in Ludwigsburg gar als „wahrscheinlich", ansah, dass selbst Himmler „nicht aus eigenem Antrieb, sondern unter dem Druck eines direkten Führerbefehls" die Räumung der Lager angeordnet habe.[561] Gegenüber Hitler als „Meta-Täter" der Todesmärsche musste freilich der Tatbeitrag der lokalen Akteure erheblich verblassen.

Neben der Zentralen Stelle in Ludwigsburg wurden drei weitere solcher Schwerpunktinstitutionen in Nordrhein-Westfalen eingerichtet: Zwischen 1957 und 1964 gab es eine Zentralstelle im Lande Nordrhein-Westfalen für die Bearbeitung der in Griechenland von deutschen Staatsangehörigen begangenen Kriegsverbrechen bei der Staatsanwaltschaft Bochum. 1961 wurde sowohl die Zentralstelle im Lande Nordrhein-Westfalen zur Bearbeitung von Strafverfahren wegen nationalsozialistischer Massenverbrechen bei der Staatsanwaltschaft Dortmund als auch die Zentralstelle im Lande Nordrhein-Westfalen zur Bearbeitung von Strafverfahren wegen Massenverbrechen in nationalsozialistischen

559 Ebenda, Bl. 569.

560 Annette Weinke, Gewalt, Geschichte, Gerechtigkeit. Transnationale Debatten über deutsche Staatsverbrechen im 20. Jahrhundert, Göttingen 2016, S. 235.

561 Vermerk, 23. 8. 1972, BArch, B 162/1422, Bl. 562–569, hier Bl. 567.

Konzentrationslagern bei der Staatsanwaltschaft Köln eingerichtet.[562] Für Letztere spielten auch die Todesmärsche eine Rolle, da diese bei der Untersuchung der in Konzentrationslagern begangenen Verbrechen regelmäßig zur Sprache kamen.

Die Gründung der Zentralstellen reflektierte und bedingte zugleich die in den 1960er-Jahren einsetzende qualitative und quantitative Intensivierung der Strafverfolgung von NS-Verbrechen. Ein Effekt davon war, dass es zu einer erheblichen Ausweitung des deutsch-deutschen Rechtshilfeverkehrs kommen sollte. Zunehmend wandten sich die Zentralstellen und westdeutsche Staatsanwaltschaften an DDR-Behörden, insbesondere den Generalstaatsanwalt der DDR (GStA/DDR), um Auskünfte zu NS-Verbrechenskomplexen zu erlangen oder nach Zeugen und Tatverdächtigen ermitteln zu lassen.[563] Dabei bewegten sich Politiker, Juristen und Behörden beider Seiten auf einem Schlingerkurs zwischen Pragmatismus und politischer Strategie, der dazu führte, „daß die Justizbehörden beider deutscher Teilstaaten bei der Verfolgung von NS-Tätern ohne vertragliche Basis miteinander kooperierten, während die SED gleichzeitig ihren Propagandakrieg gegen die ‚renazifizierte' westdeutsche Justiz mit unverminderter Härte fortsetzte und die Bundesrepublik deswegen um so stärker an ihrem Nichtanerkennungsgrundsatz festhielt".[564]

Eine wesentliche Rolle in Fragen der Rechtshilfe spielte die Staatssicherheit der DDR, in deren Kompetenzbereich ab Mitte der 1960er-Jahre die Untersuchung von NS-Verbrechen fiel.[565] Um der Bundesrepublik als Nebeneffekt der Rechtshilfe keinen Ansatz für eine propagandistische oder politische Tätigkeit gegenüber der DDR zu liefern, wurde im Geheimen ermittelt, und das MfS hatte den deutsch-deutschen Rechtshilfeverkehr „politisch-operativ" abzusichern.[566] Dafür wurde 1964/1965 im Untersuchungsorgan des MfS, der Hauptabteilung (HA) IX, eine neue Abteilung mit der Nummer 10 eingerichtet, die vor allem die Ermittlungen zu NS-Sachen in den Bezirksverwaltungen verbessern, aber auch die Rechtshilfeersuchen aus dem westlichen Ausland absichern sollte. Ab 1968 sollte eine HA IX/11 parallel dazu alle greifbaren Materialien zur nationalsozialistischen Vergangenheit sammeln und auswerten.[567] Zum Procedere in

562 Jürgen Kapischke, Die Zentralstellen zur Verfolgung nationalsozialistischer Gewaltverbrechen in Nordrhein-Westfalen – Entstehung und Aufgabenfeld, in: Juristische Zeitgeschichte 9 (2001), S. 1–11.

563 Zur Aufnahme deutsch-deutscher Rechtshilfebeziehungen vgl. Weinke, Verfolgung, insb. S. 93–100, 110–114.

564 Ebenda, S. 110 f.

565 Ebenda, S. 315.

566 Ebenda, S. 318.

567 Leide, NS-Verbrecher, S. 100 f.

Rechtshilfesachen gehörte insbesondere die Überprüfung aller von der Bundesrepublik genannten Personen durch die Staatssicherheit. Das betraf nicht nur Beschuldigte, sondern genauso Zeuginnen und Zeugen und oftmals auch deren familiäres und soziales Umfeld. Nur wenn die Staatssicherheit einen angefragten Zeugen als politisch zuverlässig einschätzte, wurde eine Vernehmung durch die Staatsanwaltschaft angeordnet oder gar eine Ausreise zur Vernehmung in der Bundesrepublik genehmigt.[568]

Auch bei Ermittlungsverfahren zu den Todesmärschen zeigte sich diese Vorgehensweise mit den entsprechenden Folgen. Allerdings kam aufgrund der schwierigen Beweislage noch mehr als bei anderen Tatkomplexen hier jeder einzelnen Zeugenaussage gewichtige Bedeutung bei, um den Hergang der Verbrechen aufzuklären, Täter zu identifizieren und vorliegende Angaben abzusichern oder zu falsifizieren. Umso nachteiliger war gerade für die Ahndung von Todesmarschverbrechen, wenn Zeugen aus politischen oder sonstigen Gründen nicht vernommen werden durften.

Dass bestimmte Aussagen von Augenzeugen der Todesmärsche nicht in den Westen gelangen sollten, wurde zum Teil mit dem Inhalt ihrer Angaben begründet. So wurde im Fall eines Zeugen der Evakuierung des Außenlagers Sonneberg betont, dass man dessen Vernehmungsprotokoll nicht in die Bundesrepublik schicken könne, „da dieser Zeuge widersprüchliche Aussagen vorträgt. Er erklärt, daß sowohl die Leichen von KZ-Häftlingen als auch die von Wehrmachtsangehörigen bei Syrau umgebettet wurden. Dieses völlig glaubhafte Vorbringen kann evtl. der Verteidigung in einem möglichen westdeutschen Prozess Ansatzpunkte bieten."[569]

Das Paradoxon, eine „völlig glaubhafte" Aussage als „widersprüchlich" einzuschätzen, verweist auf ein eigentümliches Verständnis marxistischer Dialektik. Der Widerspruch lag nicht im juristischen Sinne in den Angaben selbst, die möglicherweise die komplexe Erfahrung des Kriegsendes mit gegebenenfalls parallel stattfindenden Endphaseverbrechen reflektierten. Problematisch war vielmehr, dass solche miteinander verwobenen Gewalthandlungen nicht in das eindeutige Bild passten, das man gerne vermittelt und vor Gericht verhandelt sehen wollte. Da als Tätergruppe anscheinend nur die SS genannt werden sollte, wurde auch die Aussage einer weiteren Zeugin, die ebenfalls die Wehrmacht ins Spiel gebracht hatte, nicht in den Westen übersandt.[570] Der ermittelnden Staatsanwaltschaft in Marburg wurde lediglich mitgeteilt, die Frau habe keine „weiteren sachdienlichen

568 Weinke, Verfolgung, S. 319.
569 Wieland an Abt. I A, Betr.: Voruntersuchungssache, 4. 1. 1967, BArch, DP 3/1836, Bl. 82.
570 Vernehmung von Elisabeth Frosch*, Kreisgericht Klingenthal, 2. 3. 1967, ebenda, Bl. 94.

Bekundungen" beizutragen gehabt.[571] Die sechs Vernehmungsprotokolle von einheimischen Augenzeugen, die nach Marburg geschickt wurden, zeichneten sich hingegen durch eine ausschließliche Fixierung auf die SS als Tätergruppe aus.[572]

Zum Teil lag die ausbleibende Kooperation bei der Rechtshilfe weniger an den fraglichen Sachverhalten, sondern am entsprechenden Empfänger in der Bundesrepublik. Im Frühjahr 1967 richtete die Zentrale Stelle in Ludwigsburg ein Rechtshilfeersuchen an den GStA/DDR und bat um die Vernehmung mehrerer Zeugen, die im böhmischen Choustníkovo Hradiště (damals: Gradlitz) Todesmärsche aus Außenlagern des KZ Groß-Rosen beobachtet haben sollen.[573] Seitens der DDR-Staatsanwaltschaft legte Staatsanwalt Fassunge fest: „Entsprechend den Vereinbarungen wird Ludwigsburg nicht geantwortet."[574] Und der für die Rechtshilfe zuständige Mitarbeiter des Generalstaatsanwalts der DDR, Günther Wieland, betonte ein Jahr später, dass alle „nach Westdeutschland übermittelbaren Erkenntnisse nur an die Zentralstelle Köln gegeben werden", da diese ohnehin die Ermittlungen führe, wohingegen „eine Auskunftserteilung an die Ludwigsburger Zentralstelle aus prinzipiellen Gründen ausscheidet".[575] Die Zentrale Stelle war aus Sicht der DDR nämlich keineswegs Kooperationspartner bei der Aufklärung von NS-Verbrechen, sondern vielmehr Zielscheibe propagandistischer Kampagnen. Die Kontakte zur Zentralstelle Köln hingegen wurden genutzt, um gegen Ludwigsburg Stimmung zu machen.[576]

Trotz dieser Blockadehaltung gegenüber der Zentralen Stelle wurde der Anfrage intern mit umfangreichen Ermittlungen zu den im Rechtshilfeersuchen

571 Verfügung, 20. 3. 1967, ebenda, Bl. 97.

572 Vgl. die Vernehmungsprotokolle in BStU, MfS HA IX/11, RHE-West 184; Urteil des LG Marburg, 14. 12. 1970, Lfd. Nr. 744, in: JuNSV, Bd. XXXIV, S. 689–704.

573 Zentrale Stelle der Landesjustizverwaltungen an die Zentralstelle für die Bearbeitung von nationalsozialistischen Verbrechen bei dem Generalstaatsanwalt Berlin, Betr.: Nebenlager Waldenburg des KZ Groß-Rosen, 17. 1. 1967, BStU, MfS HA IX/11, RHE-West 384/1, Bl. 37 f.; Zentrale Stelle der Landesjustizverwaltungen an die Zentralstelle für die Bearbeitung von nationalsozialistischen Verbrechen bei dem Generalstaatsanwalt Berlin, Betr.: Nebenlager Waldenburg des KZ Groß-Rosen, 28. 3. 1967, ebenda, Bl. 39 f.

574 Staatsanwalt Fassunge an Abteilung I A, Genossen Friedrich, Ersuchen der Zentralen Stelle Ludwigsburg, 23. 5. 1967, ebenda, Bl. 36.

575 Wieland an Abt. I A, Gen. Friedrich, Betr.: Sammelvorgang KZ Groß-Rosen, 27. 5. 1968, BStU, MfS HA IX/11, RHE-West 384/1, Bl. 97 f., hier Bl. 98. In Anbetracht dieser Quellen muss auch Wielands unausgesprochene Selbsthistorisierung kritisch betrachtet werden. Vgl. Günther Wieland, Zwischen Konfrontation und Kooperation – Der Rechtshilfeverkehr beider deutscher Staaten bei der Ahndung von NS-Verbrechen, in: Zeitgeschichte 20 (1993) 11/12, S. 403–418, hier insb. S. 415.

576 Weinke, Verfolgung, S. 207 f.

genannten ehemaligen Einwohnern von Choustníkovo Hradiště nachgegangen. Im September stellte man fest, dass einer der Genannten „in politischer Hinsicht [...] als unzuverlässig" gelte, bei einem anderen hingegen „im Prinzip nichts dagegen einzuwenden ist, daß er als Zeuge vor einem westdeutschen Gericht auftritt".[577] Auch bei einem weiteren ehemaligen Gradlitzer, der 1945 ermordete KZ-Häftlinge bestattet hatte, sollte überprüft werden, ob dieser gegebenenfalls für eine Aussage in die Bundesrepublik reisen dürfe, oder „ob es Bedenken hinsichtlich seiner persönlichen Sicherheit, der Diskriminierung seiner Person bzw. der DDR oder anderer Art gibt".[578] Dem ehemaligen Gemeindediener, der Zeuge einer Massenerschießung von KZ-Häftlingen auf dem Todesmarsch gewesen war, wurde „eine positive Einstellung zu unseren Verhältnissen in der DDR" attestiert; es sei „kein belastendes Material vorhanden", sodass gegen „einen Einsatz als Zeugen in WD [Westdeutschland] [...] keine Bedenken" bestünden.[579] Im Jahr 1968 kam es zu einem Austausch von Materialien, die Wieland sogar persönlich in Köln überreichte.[580]

Bald darauf wandten sich auch die tschechischen Behörden an die DDR, um zu den Todesmärschen in Böhmen zu ermitteln.[581] Dass diese im Gegensatz zu den DDR-Behörden mit der Zentralen Stelle im Austausch standen, dürfte auch dem MfS bekannt gewesen sein.[582] Somit musste es auch im Informationsaustausch mit den „sozialistischen Bruderstaaten" Vorsicht an den Tag legen. Als Nebeneffekt nahm man in Kauf, dass möglicherweise wichtige Aussagen von Zeugen der Todesmärsche in der Bundesrepublik verhindert wurden. So bat das MfS die Sicherheitsorgane der ČSSR vorsorglich, die Personalien von zwei

577 Hartung an Gen. Staatsanwalt Friedrich, Nebenlager Waldenburg des KZ Groß-Rosen, 7. 9. 1967, BStU, MfS HA IX/11, RHE-West 384/1, Bl. 95 f.

578 Leiter der Hauptabteilung IX/11 an Hauptabteilung XX/2: Ermittlungen über einen Bürger der DDR, 15. 6. 1970, BStU, MfS, HA IX/11, RHE-West 384/2, Bl. 142.

579 Bezirksverwaltung für Staatssicherheit Schwerin, Kreisdienststelle Ludwigslust an die Bezirksverwaltung für Staatssicherheit Schwerin, 31. 10. 1969, ebenda, Bl. 129 f., hier Bl. 140.

580 Vgl. die Unterlagen in StAM, Staatsanwaltschaften, 31513/2.

581 Tschechoslowakische Regierungskommission für die Verfolgung nazistischer Kriegsverbrechen an den Generalstaatsanwalt der DDR, Mord politischer Häftlinge bei der Evakuierung auf dem Wege zwischen Choustnikovym Hradistem und Kocberi, 3. 6. 1969, BStU, MfS, HA IX/11, RHE-West 384/1, Bl. 113–115.

582 So fragten die tschechischen Ermittler auf dem Umweg über die Zentrale Stelle beim ITS Bad Arolsen nach Namen überlebender Häftlinge als potenzielle Zeuginnen und Zeugen zu den Morden in Gradlitz. Vgl. StAM, Staatsanwaltschaften, 31513/2. Beim ITS im Ordner „Erschießungen während des Evakuierungsmarsches zwischen Gradlitz und Rettendorf", 5.3.3, ITS Digital Archive, Bad Arolsen.

Zeugen, die im böhmischen Kocbeře (damals: Rettendorf) Todesmärsche aus dem KZ Groß-Rosen beobachtet hatten, „nicht an BRD-Justizorgane zu nennen, da beide Mitarbeiter des MdI der DDR sind".[583]

In den Blick der Staatssicherheit rückten im Zuge der Rechtshilfebeziehungen nicht nur die Zeugen aus der Bevölkerung, sondern auch ehemalige KZ-Häftlinge.[584] Dies betraf selbstverständlich auch Überlebende der Todesmärsche.[585] Und schließlich betrieb das MfS manchmal aktiven Täterschutz, sogar wenn es um Rechtshilfe für die „Bruderländer" ging:[586] Nachdem die polnische *Hauptkommission zur Untersuchung von Hitlerverbrechen in Polen* zu Tätern aus dem KZ Groß-Rosen, die in der SBZ/DDR verurteilt worden waren, angefragt hatte, ermittelte das MfS einen ehemaligen SS-Angehörigen, der im Frühjahr 1945 einen Evakuierungstransport weiblicher Häftlinge aus Groß-Rosen nach Bergen-Belsen begleitet hatte. Günther Wieland entschied mit dem lapidaren Hinweis, der Mann habe zur Wachmannschaft des KZ Auschwitz (und nicht Groß-Rosen) gehört, die polnischen Behörden nicht zu informieren. Entscheidend war jedoch eher Wielands Einschätzung, dass „die Begründung des Urteils eine Weitergabe nicht als opportun erscheinen läßt".[587] Der Verurteilte hatte nämlich seine neunmonatige Gefängnisstrafe nie antreten müssen, weil er unter die März-Amnestie der SMAD im Jahr 1948 gefallen war.

Täter, Opfer, aber auch die zahlreichen einheimischen Zeugen der Todesmärsche wurden im Zuge der Rechtshilfeersuchen zu Objekten geheimdienstlicher Ermittlungen. Durch das Primat der Politik wurden ihre Aussagen zu ideologischem Gefahrengut im Kalten Krieg. So trugen Generalstaatsanwaltschaft und Staatssicherheit aus der DDR dazu bei, die ohnehin schleppende Strafverfolgung von NS-Tätern in der Bundesrepublik, auch und gerade beim Komplex der Todesmärsche, nolens volens zusätzlich zu sabotieren.

583 MfS, Hauptabteilung IX, Stellvertreter des Leiters an den Leiter der Abteilung X, Aktion „Mosaik", 25. 1. 1977, BStU, MfS, HA IX/11, RHE 91/76, Bl. 6 f., hier Bl. 7. Vgl. zu den Ausschlusskriterien auch Weinke, Verfolgung, S. 320.

584 Annette Leo, „Der Befragung des Zeugen stehen ständige Hinderungsgründe entgegen." Deutsch-deutsche Rechtshilfe in NS-Verfahren, in: dies./Peter Reif-Spirek (Hrsg.), Vielstimmiges Schweigen. Neue Studien zum DDR-Antifaschismus, Berlin 2001, S. 153–171; Leide, NS-Verbrecher, S. 392–412.

585 Hauptmann Stolle an Gen. Staatsanwalt Erben: Betr: Ermittlungen zum RhW 6/64, BStU, MfS HA IX/11, RHE-West 98, Bl. 27; BV für Staatssicherheit Leipzig, Kreisdienststelle Leipzig-Land an Ministerium für Staatssicherheit, HA IX/11, 28. 11. 1973, BStU, MfS HA IX/11, RHE-West 687, Bl. 163.

586 Vgl. hierzu auch Leide, NS-Verbrecher, S. 354–391.

587 Wieland an Abt. I A, Gen. Friedrich: Betr.: Sammelvorgang KZ Groß-Rosen, 4. 7. 1969, BStU, MfS HA IX/11, RHE-West 384/1, Bl. 109 f., hier Bl. 110.

3.5. Aushandlungen: Todesmärsche vor Gericht

Auch in Bezug auf die Todesmärsche wirkte der Gerichtssaal „als konkreter Ort der Produktion und Konstruktion von Wissen und Vorstellungen, von Begriffen und Erzählungen, mithin schließlich von kollektivem Gedächtnis und Historie".[588] Dort wurden juristische, moralische, politische und historische Deutungen der Vergangenheit ver- und ausgehandelt. Als Abschluss des zweiten Teils der Arbeit sollen wiederkehrende Muster dargelegt werden, die sich einerseits in den Strafprozessen in Ost- und Westdeutschland feststellen lassen und sich zum anderen auf die drei thematischen Schwerpunkte des ersten Teils rückbeziehen. Zuerst wird erörtert, in welchem Verhältnis die Ermittlungen und Strafverfahren zum geografischen und sozialen Raum des Dorfes standen. Danach rücken diejenigen Akteure in den Blick, deren Beteiligung an den Verbrechen in den Verfahren als besonders diskussionswürdig erschien. Abschließend wird untersucht, welchen Einfluss die spezifische Situation der Kriegsendphase als Kontext der Todesmarschverbrechen auf die Prozesse und insbesondere die Urteile und Strafzumessungen hatte.

3.5.1. Raum: Strafverfahren im Dorf

Nach Kriegsende wurde der Raum des Dorfes, der während der Todesmärsche zum Tatort geworden war, zur Arena der Ahndung. In ihm traten die an den Verbrechen beteiligten Akteure erneut miteinander in Beziehung – als Anzeigeerstatter, Be- und Entlastungszeugen oder Gruppen von Beschuldigten. In der Phase der Ermittlungen kamen Polizisten in die Ortschaften, befragten innerhalb weniger Stunden oder Tage etliche Zeuginnen und Zeugen und nahmen nach Möglichkeit Tat- und Graborte in Augenschein. Dabei wurden oft Tatortskizzen angefertigt, die bestimmte Teile des dörflichen Raums nach kriminalistischen Kriterien verkarteten.[589] Diese Skizzen wurden jedoch nur für die Ermittlungen

588 Georg Wamhof, Gerichtskultur und NS-Vergangenheit. Performativität – Narrativität – Medialität, in: ders. (Hrsg.), Das Gericht als Tribunal oder: Wie der NS-Vergangenheit der Prozess gemacht wurde, Göttingen 2009, S. 9–37, hier S. 18.

589 Neben den in dieser Arbeit vorgestellten Skizzen der alliierten Ermittler sind auch zahlreiche Skizzen deutscher Behörden in den Akten überliefert. Vgl. neben vielen anderen z. B. die Skizze zum Massengrab in Handeloh, undat., LASH, Abt. 352 Itzehoe, Nr. 421, Bl. 133; Landpolizeiinspektion Memmingen, Tat- und Grabortskizze, 22. 6. 1955, StAA, Staatsanwaltschaft Memmingen, KS 2/1956, Bl. 45; Skizze von der Land- u. Gastwirtschaft Johann Durs*, Ittelsburg Gde. Grönenbach, 24. 4. 1956, ebenda; Vernehmung von Siegfried Karl Hohlmann*, Kriminalamt Dresden, Dienststelle Freiberg/K 5, 10. 2. 1948, BStU, MfS BV

und zur Veranschaulichung im Verfahren angefertigt und verschwanden danach in den Akten. Vor Ort konnten sie damit kaum direkte Wirkmächtigkeit entfalten.

Anders sah es mit den Ortsterminen aus, zu denen einheimische Zeugen geladen wurden. Dabei wurde für die lokale Öffentlichkeit deutlich, dass vor ihrer Haustür Verbrechen geahndet werden sollten, an denen Einheimische beteiligt gewesen waren. Und dörfliche Räume, die schon während der Todesmärsche eine Rolle gespielt hatten, wurden nun genutzt, um die Verbrechen aufzuklären. So fand beispielsweise in Harkerode eine polizeiliche Gegenüberstellung mit nicht weniger als 16 Beteiligten statt, zahlreiche weitere sollten sich für eine Hinzuziehung bereithalten. Die Gegenüberstellung sowie die Vernehmung der Zeugen wurde in dem Gasthaus durchgeführt, das im April 1945 als Sammelpunkt für den örtlichen Volkssturm gedient hatte, gegen dessen Angehörige nunmehr wegen der Ermordung von KZ-Häftlingen ermittelt wurde.[590]

Auch Prozesse wurden teilweise[591] oder komplett in den Dörfern abgehalten. In Ermsleben etwa fand die Verhandlung gegen drei Einwohner in einem Lokal statt.[592] Ebenso standen der Förster und seine Frau, die wegen der Ermordung eines Häftlings in Breitenstein angeklagt waren, nach zwei Verhandlungstagen in Halle/Saale letztlich in ihrem Heimatort vor Gericht. Dort diente ebenfalls eine Gaststätte als Gerichtssaal. Die Staatsanwaltschaft wies die örtliche Polizei an, das Lokal dafür „in einen verhandlungsfähigen Zustand zu bringen". Dies beinhaltete, eine „Bühne für das Gericht" aufzubauen, mehrere Polizisten als „Ordnungsdienst" abzustellen und den Saal zu heizen. Aber es wurde auch an die interessierte Öffentlichkeit gedacht, weshalb eine „Sitzgelegenheit für Zuhörer" bereitgestellt werden sollte.[593] Das verweist darauf, dass die Ermittlungen und Prozesse eben nicht nur im geografischen, sondern auch im sozialen Raum des Dorfes stattfanden. Dabei entstanden Wechselwirkungen zwischen Justiz und Dorfgemeinschaft, die sich an diesem Beispiel gut nachvollziehen lassen. In Breitenstein, einer Ortschaft im Harz mit etwa 700 Einwohnerinnen

Dresden ASt. 133/48, Bd. 1, Bl. 6; Tatortskizze zu Herzsprung, MfS Potsdam, undat. (vermutl. 1955), BStU, PdM AU 41/56, Bl. 323.

590 Kriminalamt Halle/Saale an Landpolizeiposten Harkerode, Betr.: Vernehmungen und Gegenüberstellungen, 26. 8. 1948, BStU, MfS BV Halle ASt., 5172/48, Bl. 371 f.

591 Protokoll geführt in der öffentlichen Sitzung des Schwurgerichts des LG Memmingen, 23.–26. 10. 1956, StAA, Staatsanwaltschaft Memmingen, KS 2/1956, Hauptakt, Bl. 173–177.

592 Der aufsichtsführende Staatsanwalt an die Kreiskriminalpolizeiabteilung Halle/S., 8. 12. 1949, BStU, MfS BV Halle ASt. 6722, Bd. 2, Bl. 65.

593 Staatsanwaltschaft Halle/Saale an VPKA Sangerhausen, 3. 1. 1951, BStU, MfS BV Halle ASt. 4988/50, Bl. 48.

und Einwohnern,[594] war die Erschießung des KZ-Häftlings lange ein offenes Geheimnis gewesen. Die Anklageschrift hielt fest, dass „jahrelang die Gerüchte um[gingen], daß der Angeschuldigte der Täter ist".[595] Schon zuvor hatte die örtliche SED in einer Mitgliederversammlung konstatiert, dass eine Mehrheit in der Ortsgruppe „heute noch für den Mörder Latzel*, wenn auch nicht mehr offen, die Partei ergreift, weil dieser sehr beliebt war. Offenbar haben von den Verbrechen Latzels* eine Reihe von Breitensteiner Einwohnern und darunter auch Mitglieder der SED gewusst und haben geschwiegen, weil dieser eben beliebt war und zum anderen weil man Angst hatte, eine Meldung in dieser Frage zu machen. Allgemein wurde behauptet, dass niemand etwas davon gewusst habe."[596]

Allerdings gab es auch Einheimische, die die Tat Latzels* bekannt machen wollten. Eine Frau hatte erfolglos versucht, ihn bei einer „Funktionärsversammlung" zur Rede zu stellen.[597] Nach der oben zitierten Sitzung beschuldigte sie den ehemaligen Bürgermeister, „für Latzel* voll und ganz einzustehen. Die Gründe sind: [Bürgermeister] Ender[s] bekam vom Forst durch L. Acker, er bekam den Posten als Waldpolizist, sein Bruder [...], welcher mit der erste Nazi im Ort war, hat mit Latzel* sehr viel Holz verschoben, haben Feste gefeiert, welche bis zum frühen Morgen ausgedehnt wurden." An diesen Feiern sollen auch andere Mitwisser beteiligt gewesen sein.[598] Hier wird deutlich, wie sich nachbarschaftliche Verhältnisse – im Guten wie im Schlechten – auf die Nachgeschichte der Todesmarschverbrechen auswirkten.

Und doch gelangten die Gerüchte nach einigen Jahren auch zur Polizei, die Ermittlungen aufnahm, Zeugen verhörte und so Latzel* als Tatverdächtigen ausmachte.[599] Währenddessen gingen zahlreiche Leumundszeugnisse von ehemaligen Kollegen aus anderen Ortschaften,[600] aber auch aus Breitenstein ein.[601] Sie schrieben Latzel* nur die besten Eigenschaften zu und betonten insbesondere

594 Statistisches Reichsamt, Gemeindeverzeichnis, S. 104.

595 VPP Halle Abt. K an die Große Strafkammer beim LG Halle/Saale, 29. 9. 1950, BStU, MfS BV Halle ASt. 4988/50, Bl. 2–4, hier Bl. 4.

596 SED-Ortsgruppe Breitenstein, Bericht über die Mitgliederversammlung in Breitenstein, 10. 7. 1950, DMD PS DDR, Bd. 16, unpag.

597 Ebenda.

598 Klaubert* an Wiebach, 14. 7. 1950, SAPMO-BArch, DY 55/V 278/4/87, unpag.

599 Volkspolizei Sangerhausen, Schlußbericht, 15. 6. 1950, BStU, MfS BV Halle ASt. 4988/50, Bl. 28–34.

600 Revierförster von Dietersdorf, 11. 6. 1950, ebenda, Bl. 88; 15 Waldarbeiter aus Questenberg, 7. 8. 1950, ebenda, Bl. 82.

601 Revierförster Otto Böhler*, 11. 6. 1950, ebenda, Bl. 87; Belegschaft des Forstreviers Breitenstein, 12. 6. 1950, ebenda, Bl. 91.

sein „sehr gutes" Verhältnis zu ausländischen Zwangsarbeitern.[602] Latzels* Verteidiger war bemüht, derartige Aussagen auch in die Verhandlung einfließen zu lassen, und beantragte die Ladung mehrerer dieser Zeugen.[603] Dies sollte sich als wirkungsvoll herausstellen. So ging ihre Bekundung, für die „ihm unterstellten Fremdarbeiter und Häftlinge" habe der Angeklagte „nur Gutes getan", in die Urteilsbegründung mit ein. Zudem hielt das Gericht fest: „Der Angeklagte ist auch heute noch bei der gesamten Bevölkerung von Breitenstein äußerst beliebt." Allerdings wurde dies auch kritisch bewertet: „In diesem Zusammenhang ist es auch bemerkenswert, daß eine ganze Reihe von Mitwissern [über] diese Tat 5 Jahre lang geschwiegen haben. Eine richtige Würdigung der ganzen Aussagen ist nur möglich, wenn man Dinge mit in Betracht zieht, welche am Rande des Verfahrens liegen."[604]

Ein Prozessbeobachter der VVN stellte in diesem Sinne fest: „Die Vernommenen sagten aus, daß die Angeklagten die besten Menschen seien. [...] Es verblieb der Eindruck, daß sie mehr wußten, als sie sagten." Als kritikwürdig stellte er auch das Auftreten von drei ehemaligen Bürgermeistern dar, die sich alle für Latzel* ausgesprochen hatten. Erst durch das „Dazwischentreten" eines höheren Polizeibeamten sei „die Verhandlung wieder auf das richtige Gleis gebracht" worden.[605]

Letztlich wurden sowohl Förster Latzel* als auch seine Frau nach KRG Nr. 10 wegen Verbrechens gegen die Menschlichkeit verurteilt, er zu acht Jahren Zuchthaus, sie zu eineinhalb Jahren Gefängnis. Trotz der Skepsis des Gerichts führte die positive Charakterisierung Latzels* durch die Zeugen dazu, dass beide nicht zusätzlich nach KD 38 verurteilt wurden. Obwohl Latzel* Mitglied der NSDAP gewesen war, sah es das Gericht als erwiesen an, „daß er sich politisch sehr passiv verhalten hat und auch allgemein seine ihm unterstellten Häftlinge gut behandelte".[606] Damit hatte sich die Grundstimmung im Dorf auf das vor Ort tagende Gericht übertragen und Einfluss auf die Urteilsfindung genommen.

Trotzdem scheint es seitens der Zuschauerinnen und Zuschauer im improvisierten Gerichtssaal zu Unmutsbekundungen gekommen zu sein, wie der VVN-

602 Ehemalige Vorarbeiter aus Stiege, 12. 7. 1950, ebenda, Bl. 84; Zwei Einwohnerinnen aus Stiege, 8. 8. 1950, ebenda, Bl. 85; Fuhrunternehmer Möhler*, 13. 7. 1950, ebenda, Bl. 86; Eidesstattliche Erklärung Hermann Quandt*, 8. 8. 1950, ebenda, Bl. 90.

603 Rechtsanwalt Eisenberg an das LG Halle/Saale, 31. 10. 1950, ebenda, Bl. 42.

604 Urteil des LG Halle/Saale, 6. 1. 1951, Lfd. Nr. 1261, in: DDRJuNSV, Bd. V, S. 727–737, hier S. 735.

605 VVN Sangerhausen, Bericht über die am 6. Januar in Breitenstein stattgefundene Verhandlung, 8. 1. 1951, SAPMO-BArch, DY 55/V 278/4/87, unpag.

606 Urteil des LG Halle/Saale, 6. 1. 1951, Lfd. Nr. 1261, in: DDRJuNSV, Bd. V, S. 727–737, hier S. 736.

Berichterstatter bemerkte: „Die anwesenden Dorfbewohner waren offensichtlich mit diesem Urteil nicht einverstanden.“[607] Und in einem anderen Bericht übte er scharfe Kritik an den Einheimischen: „Sie wollten es nicht verstehen, daß dieser feige Mord [...] in einem fortschrittlichen Staat auch gesühnt werden muß. Warum war es überhaupt möglich, daß erst 5 Jahre nach der Tat das Gericht Nachricht von diesem Verbrechen bekam? Wenn die Gemeinde Breitenstein seit dem Zusammenbruch Bürgermeister hatte und heute noch hat, die der Verbrecherfamilie Latzel* jetzt noch das beste Leumundszeugnis ausstellen, was kann man da von den Einwohnern verlangen? [...] Hier in Breitenstein sah man, was die Westpropaganda anrichtet und was die Ätherwellen herüber bringen!“[608]

Die innerdörfliche Solidarität in Breitenstein mit zwei Einheimischen, die wegen der Erschießung eines KZ-Häftlings vor Gericht standen, konnte sich der Berichterstatter nur durch propagandistische Verblendung aus der Bundesrepublik erklären. Allerdings dürfte die Erklärung angesichts der Quellenlage eher in den jahrelangen nachbarschaftlichen sozialen Bindungen im Dorf als in ideologischen Beeinflussungen von außen zu suchen sein.

Das Zusammenspiel von sozialem Status, Nachbarschaft und Exkulpation verdeutlicht das Beispiel des NSDAP-Ortsgruppenleiters aus dem brandenburgischen Herzsprung, Wilhelm Leppin.[609] Er war während der Haft im Speziallager enteignet worden und versuchte nach der Entlassung, seine Gastwirtschaft zurückzuerhalten. Nun wurden die Verbrechen während der Todesmärsche und seine Beteiligung wieder Thema im Ort. Leppin berichtete, es sei damals „das Gerücht im Dorf um[gegangen], daß mein Gesuch abgelehnt werden wird, da ich mich an der Erschießung der Häftlinge beteiligt habe, was nicht der Wahrheit entspricht. Um einen Beweis für meine Unschuld zu erbringen, entschloß ich mich, von den Personen, welche Augenzeugen der Erschießung waren, eine eidesstattliche Erklärung zu fordern, was ich auch durchführte.“[610] Seine Frau ergänzte: „Außerdem verfaßte mein Mann ein Schreiben, aus dem ersichtlich ist, daß er sich als damaliger Ortsgruppenleiter der NSDAP nichts zu schulden kommen ließ. Mit diesem Schreiben ging ich in Herzsprung von Haus zu Haus zu den

607 VVN Sangerhausen, Bericht über die am 6. Januar in Breitenstein stattgefundene Verhandlung, 8. 1. 1951, SAPMO-BArch, DY 55/V 278/4/87, unpag.

608 Hermann Götz/VVN, Verbrechen gegen die Menschlichkeit findet seine Sühne, undat. (vermutl. 1951), SAPMO-BArch, DY 55/V 278/4/87, unpag.

609 Vgl. zu ihm auch das Kapitel zu den NSDAP-Ortsgruppenleitern in der vorliegenden Arbeit.

610 Vernehmung von Wilhelm Leppin, MfS Potsdam, 11. 8. 1955, BStU, PdM AU 41/56, Bl. 274 f., hier Bl. 274.

Einwohnern vor 1945, die meinen Mann von dieser Zeit her beurteilen können und ließ es unterschreiben."[611]

Während der Vernehmungen der Dorfbewohnerinnen und -bewohner durch das MfS stellte sich jedoch heraus, dass die Unterschriften wider besseres Wissen oder unter falschen Annahmen geleistet worden waren. Eine Frau berichtete, sie hätte damals nur „unter dem Einfluß der Stimmung und Meinung im ganzen Dorf" unterschrieben, denn vor ihr „hatte bereits der größte Teil der alteingesessenen Einwohner Herzsprung's [sic!] unterschrieben".[612] Einer anderen hätte Leppin gesagt, „daß schon die meisten Dorfbewohner schriftlich befürwortet hätten, daß er seine Wirtschaft wieder erhält. [...] Ohne richtig durchzulesen, was darauf stand, habe ich unterschrieben."[613] Und eine dritte betonte, sie habe die Unterschrift „leichtsinnig und ohne Überlegung" getätigt, entsinne sich nun aber „ganz genau", dass Leppin „die KZ-Häftlinge zum Tatort brachte".[614]

Diese Episode verweist nicht nur auf das wenig ausgeprägte Unrechtsbewusstsein Leppins, sondern vor allem auf seine Rolle in der Dorfgemeinschaft. Auch unter gänzlich veränderten politischen Vorzeichen vermochte es der ehemalige Ortsgruppenleiter und Gastwirt, die Stimmung im Ort auf seine Seite zu ziehen, die Bevölkerung für seine Interessen zu mobilisieren und sozialen Druck auf diejenigen zu erzeugen, die nicht gewillt waren, ihn zu unterstützen.

In den Quellen finden sich zahlreiche Hinweise auf gegenseitige Entlastungsversuche. Bürgermeister schützten ihre Nachbarn[615] oder Beteiligte deckten sich gegenseitig. So gestand ein Einwohner von Ermsleben (Sachsen-Anhalt) erst während seiner dritten Vernehmung, dass er Misshandlungen von KZ-Häftlingen zuvor verschwiegen hatte, weil der Täter „mein Nachbar ist, ich mit Beiler* gut befreundet war und mit ihm zusammen aufgewachsen bin".[616]

In einem anderen Verfahren musste das Gericht feststellen, dass Widersprüche zwischen den vorgebrachten Zeugenaussagen daher rührten, dass „neben

611 Vernehmung von Franziska* Leppin, MfS Potsdam, 2. 8. 1955, ebenda, Bl. 370–373, hier Bl. 373.

612 Vernehmung von Ursula Schneider*, MfS Potsdam, 2. 8. 1955, ebenda, Bl. 354–356, hier Bl. 355.

613 Vernehmung von Martha Kreisler*, MfS Potsdam, 9. 8. 1955, ebenda, Bl. 360–362, hier Bl. 362.

614 Vernehmung von Maria Lippmann*, MfS Potsdam, 2. 8. 1955, ebenda, Bl. 328 f., hier Bl. 329.

615 Kreispolizeiposten Klitten an den Leiter der Kreispolizei, Betr.: KZ-Häftlings-Massengrab in Klein-Radisch, 18. 3. 1946, SHStAD, 11341, Nr. 993, Bl. 179.

616 Vernehmung von Walter Braun*, Kreiskriminalpolizeiabteilung des Mansfelder Gebirgskreises, 11. 3. 1949, BStU, MfS BV Halle ASt. 6722, Bd. 1, Bl. 131.

den Angeklagten weitere Personen“ aus dem Dorf sich „ähnlich oder in gleichem Maße im Hinblick auf die dort anwesenden Häftlinge schuldig gemacht haben“.[617]

Allerdings war „das schweigende Dorf“ nur eine Seite der Medaille.[618] Neben nachbarschaftlichen Netzwerken von Verschwiegenheit und gegenseitiger Entlastung gab es stets auch Tratsch und Gerüchte sowie vereinzelte Anzeigen von Nachbarn.[619] Die im sozialen Nahbereich begangenen Verbrechen führten zu Unfrieden; aus Mitwisserschaft resultierten Abhängigkeitsverhältnisse.

Als die VVN versuchte, etwas über das Schicksal eines KZ-Zugs zu erfahren, der bei Artern (Sachsen-Anhalt) in einen Luftangriff geraten war, versicherte ein Ehepaar, unter hohem persönlichen Einsatz sofort Hilfe geleistet zu haben.[620] Dies bezeichnete ein anderer Einwohner als „Geschwätz“. Damit den „Personen, welche heute [...] versuchen für sich einen kapitalen Vorteil herauszuholen, vorgegriffen wird“, berichtete er, gerade dieses Ehepaar habe „während der Nazizeit eine so finstere Rolle gespielt“ und sei überhaupt nicht am Ort des Geschehens aufgetaucht.[621]

In Bayern war ein Ermittlungsverfahren wegen der Ermordung mehrerer KZ-Häftlinge in Ellbach bei Bad Tölz 1955 eingestellt und zunächst nicht wieder aufgenommen worden, weil „eine Identifizierung der Täter, die den Zeugen alle unbekannt waren, [...] über 20 Jahre nach der Tat als aussichtslos“ eingeschätzt wurde.[622] Vor Ort hingegen kamen die Geschehnisse immer wieder zur Sprache. So meldete sich 1972 ein Einwohner bei der Polizei und gab an, dass einer seiner Nachbarn „immer wieder erzählt, er kenne die Leute, die die Erschießungen seinerzeit vorgenommen haben“. Daraufhin befragte die Polizei Zeugen und fand heraus, dass der Mann bei Nachbarschaftsstreitigkeiten „immer wieder die Angelegenheit mit der Erschießung der KZ-Häftlinge ins Gespräch bringe, indem er immer wieder erzähle, er kenne den oder die Täter“. Bei der Befragung stellte die

617 Urteil des BG Magdeburg, 13. 4. 1953, Lfd. Nr. 1145, in: DDRJuNSV; Bd. IV, S. 257–262, hier S. 261.

618 Im Jahr 1949 veröffentlichte der bedeutende „sozialistisch-realistische“ Schriftsteller Willi Bredel unter diesem Titel eine Novelle, in der das kollektive Schweigen der Bewohner eines fiktiven Dorfes über ein unter ihrer Beteiligung verübtes Todesmarschverbrechen und dessen Aufdeckung im Mittelpunkt steht. Willi Bredel, Das schweigende Dorf, in: ders., Das schweigende Dorf und andere Erzählungen, Rostock 1949, S. 5–53.

619 Manja Abstreicher* an das Komitee ehemal. pol. Häftlinge Hamburg, 10. 7. 1947, BArch, BY 5/V 279/133, Bd. 16, unpag.

620 Bericht von Arnold Rübler*, 14. 3. 1948, BArch, DY 55/V 278/4/94, unpag.; Bericht von Charlotte Rübler*, 15. 3. 1948, ebenda.

621 Bericht von Karl Brauer*, 23. 5. 1948, LASA, Abt. Merseburg, P 521, Nr. 215, Bl. 150.

622 Vermerk, 10. 3. 1967, StAM, Staatsanwaltschaften, 34488, Bl. 13.

Polizei jedoch fest, dass der Mann sich „innerhalb des Ortes und der Gemeinde sowie von verschiedensten Behörden benachteiligt in allen möglichen Angelegenheiten [fühlt], wobei er diese Dinge jeweils auf die NS-Zeit bezieht und auf die damals im öffentlichen Leben der Gemeinde und des Landkreises agierenden Personen. Es war jedoch nicht möglich, von ihm eine plausible Erklärung zu bekommen, welche Zusammenhänge zwischen diesen Dingen und der Erschießung dieser KZ-Häftlinge bestehen."[623]

Er gestand bei seiner Vernehmung ein, keinen Beteiligten namentlich nennen zu können, angeblich weil er selbst zur Tatzeit KZ-Häftlingen geholfen habe.[624] Daraufhin wurde das Verfahren eingestellt, da „offensichtlich Grenzstreitigkeiten Anlaß für die vom Zeugen verbreiteten Gerüchte waren".[625] Für die Ahndung von NS-Verbrechen in der Bundesrepublik mag diese Geschichte eine Randnotiz darstellen; allerdings verweist der strategische Einsatz von vermeintlichem oder tatsächlichem Wissen über einheimische Täter als Drohung in innerdörflichen Konflikten auf die starken Nachwirkungen der Gewalterfahrungen in den betroffenen Ortschaften.

Diejenigen Dorfbewohner, die die Aufklärung der Verbrechen gegenüber den ermittelnden Behörden vorantrieben, wurden von ihrem Umfeld mitunter erheblich unter Druck gesetzt. So berichtete eine Einwohnerin von Harkerode von Anfeindungen, denen sie sich aufgrund ihrer Aussagen ausgesetzt sah. Schon im ersten Verhör gab sie zu Protokoll, der Sohn eines Tatverdächtigen habe zu ihr gesagt, wenn sein Vater „verhaftet wird, schlage ich dich tot".[626] Danach nahmen die Bedrohungen stetig zu. Sogar ihr eigener Mann habe „einmal zu mir gesagt, wenn Du nicht die Fresse hältst, mache ich Dich kalt, da kann mir keiner was tun. Mein Mann steht neuerdings unter dem Einfluß der Frauen der Männer, die wegen der Mordaffäre Harkerode inhaftiert worden sind. Das führt sogar so weit, daß mich die Frauen dieser Männer in aller Öffentlichkeit beschimpfen und bedrohen. Mein Mann sagt sogar einmal, wenn es einmal anders kommt, dann hängen sie Dich [...] an den ersten Baum." Ihr Eindruck war, dass „das ganze Dorf alles tut, um die Aufklärung des Verbrechens zu behindern und ich ihn[en] dabei aufgrund meiner Aussage ein Dorn im Auge gewesen bin".[627]

623 Bayerische Landpolizei, Kriminalaußenstelle Miesbach an die Staatsanwaltschaft bei dem LG München II, Betr.: Erschießung von 12 bezw. 14 KZ-Insassen bei Kriegsende, 5. 5. 1972, ebenda, Bl. 14–16.

624 Vernehmung von Thomas Scheuermann*, Amtsgericht Bad Tölz, 26. 7. 1972, ebenda, Bl. 22.

625 Staatsanwaltschaft bei dem LG München II, Vermerk, 1. 8. 1972, ebenda, unpag.

626 Vernehmung von Agnes Kupfer*, Schutzpolizeiposten Welbsleben, 14. 11. 1947, BStU, MfS BV Halle ASt. 5172/48, Bl. 329.

627 Vernehmung von Agnes Kupfer*, Kriminalamt Halle/Saale, 21. 8. 1948, ebenda, Bl. 327.

Mit der ihr zugeschriebenen Rolle der Denunziantin korrespondierte der Umstand, dass die Frau ohnehin als Fremde wahrgenommen wurde. Sie war – ursprünglich aus Oberschlesien stammend – erst 1939 nach Harkerode gezogen und aufgrund ihrer Herkunft auch im Vorfeld schon von Dorfbewohnern diskriminiert worden.

3.5.2. Akteure: Täterbilder, Alter und Geschlecht

Zeugen und Beschuldigte im Verhör, Angeklagte vor Gericht und ihre Verteidiger, aber auch die Richter – sie alle mussten Konzepte und Argumentationsmuster finden, um die vor aller Augen begangenen Verbrechen während der Todesmärsche und Evakuierungstransporte zu erklären.[628] Aus der Interdependenz von Verteidigungsstrategie, gerichtlicher Sinnzuschreibung und öffentlicher Wahrnehmung ergaben sich in Gerichtssälen Ost- wie Westdeutschlands Deutungsmuster und Täterbilder als „Verdichtungen von Informationen, die uns über die jeweilige Person zugänglich sind".[629]

Wie dargestellt, standen in der SBZ/DDR vor allem Angeklagte aus der lokalen Bevölkerung vor Gericht, während sich die Strafverfolgung in Westdeutschland in erster Linie gegen ehemalige Angehörige der SS-Wachmannschaften richtete. Dementsprechend lagen verschiedene Voraussetzungen für den Entwurf der jeweiligen Täterbilder vor. Stets war die Frage des Verhältnisses der Täter zur Mehrheitsbevölkerung von grundlegender Bedeutung, allerdings unter unterschiedlichen Vorzeichen: Während in Westdeutschland durch die Fixierung auf die SS als Tätergruppe insbesondere die Distanz zwischen dieser und der einheimischen Bevölkerung auszuloten war, hatte man es in der SBZ/DDR offenkundig mit Angeklagten zu tun, die aus der Mitte der Einwohnerschaft kamen. Nicht nur deren Handeln war um einiges erklärungsbedürftiger; auch ihr früherer, gegenwärtiger und zukünftiger Platz in der Gesellschaft musste juristisch, politisch und diskursiv bestimmt werden.

Mit Blick auf die Bundesrepublik fügten sich die Prozesse wegen Verbrechen während der Todesmärsche in die vorherrschenden Täterbilder ein, nach denen fast ausschließlich die SS für die nationalsozialistischen Massenverbrechen verantwortlich gemacht wurde. Auf der Systemebene habe die SS isoliert von der

628 Cord Arendes, Zwischen Justiz und Tagespresse. „Durchschnittstäter" in regionalen NS-Verfahren, Paderborn/München/Wien/Zürich 2012, S. 43 f.

629 Ebenda, S. 27. „Täter" bezieht sich in diesem Fall nicht auf den engeren juristischen, sondern den allgemeineren Alltagsgebrauch, weil es in den Verfahren nicht nur um „Täter", sondern auch um Beihelfer, Anstifter etc. ging.

deutschen Gesellschaft existiert; auf der Akteursebene galten ihre Angehörigen als abnormale, primitive Psychopathen.[630] Und diese Gruppe wurde stetig verkleinert, wie Jan Erik Schulte im Hinblick auf die vermeintlich „unpolitische" Waffen-SS herausgearbeitet hat.[631] Im Kontext der Auseinandersetzung mit den Todesmärschen schrumpfte die als verantwortlich angesehene Tätergruppe durch den Umstand, dass die Wachleute zur Zeit der Lagerräumungen größtenteils keine altgedienten SS-Männer aus den Totenkopfsturmbannen gewesen waren. Vielmehr hatte es sich um eine heterogene Truppe aus erst Monate zuvor zum KZ-Dienst überstellten „fremdvölkischen Hilfswilligen", Wehrmachtsangehörigen und Aufseherinnen aus dem Gefolge der SS gehandelt.[632] Vor allem den älteren Soldaten aus Heer, Luftwaffe und Marine traute man per se kaum Gewalttätigkeiten zu. So hieß es im Prozess gegen Hermann Kleemann, dieser sei in Brunsbüttelkoog „einer der wenigen wirklichen SS-Angehörigen gewesen", wohingegen „die Masse der Bewachungsmannschaften aus Leuten bestand, die der SS nicht angehörten und derartigen Untaten schon deshalb fernstanden".[633]

Solche Täterbilder zeigen auch die Ermittlungen in Bayern. Dort verwiesen Augenzeugen auf die „empörten Äußerungen" der Wachmänner über die Grausamkeiten während der Evakuierungstransporte. Diese erklärten sie sich damit, dass diese Aufseher „erst neu hinzugekommen waren u[nd] sich die Stammwachmannschaft bereits gedrückt hatte".[634] Mit der Gegenüberstellung von zum KZ-Dienst gezwungenen, harmlosen Wachleuten und einer brutalen, aber feigen „Stammwachmannschaft" wurde die Nähe der Einheimischen zu den Wachleuten als normal und harmlos dargestellt.

Umso eindeutiger waren die Charakterisierungen derjenigen „richtigen" SS-Männer, die vor Gericht standen. Über einen ehemaligen SS-Sturmschar-

630 Jan Erik Schulte, The SS as the „Alibi of a Nation"? Narrative Continuities from the Nuremberg Trials to the 1960s, in: Priemel/Stiller, Reassessing, S. 134–159, hier S. 152 f.; Paul, Psychopathen, S. 6–20.

631 Schulte, SS, S. 144.

632 Vgl. hierzu Hördler, Ordnung, S. 178–230; ders., Die KZ-Wachmannschaften in der zweiten Kriegshälfte. Genese und Praxis, in: Angelika Benz/Marija Vulesica (Hrsg.), Bewachung und Ausführung. Alltag der Täter in nationalsozialistischen Lagern, Berlin 2011, S. 127–145; ders., Wehrmacht und KZ-System. Zum Einsatz von Wehrmachtssoldaten in den KZ-Wachmannschaften 1944/45, in: Beiträge zur Geschichte der nationalsozialistischen Verfolgung in Norddeutschland 13 (2012), S. 12–23.

633 Urteil des LG Itzehoe, 28. 4. 1951, Lfd. Nr. 274, in: JuNSV, Bd. VIII, S. 333–350, hier S. 343, 345.

634 Vernehmung von Josef Drumbinger*, Kriminal-Außenstelle Bad Tölz, 4. 3. 1955, StAM, Staatsanwaltschaften, 34489, unpag.

führer des Buchenwalder Außenlagers Sonneberg hielt das Landgericht Hannover fest, „daß bei ihm irgendwelche seelischen Hemmungen nicht vorhanden sind. Er ist der Typ eines blindlings gehorchenden, kaltblütigen und kaltherzigen Werkzeuges."[635] In einem späteren Prozess zur Evakuierung des gleichen Lagers führte die Charakterisierung eines ehemaligen Aufsehers als „primitiven, nahezu schwachsinnigen Angeklagten" dazu, dass das Gericht aufgrund daraus resultierender mangelnder „Einsichtsfähigkeit in das Tatbestandsmerkmal ‚niedrige Beweggründe'" nicht auf Mord, sondern Totschlag erkannte. Da dieser jedoch verjährt war, wurde das Verfahren eingestellt, und der Mann blieb für die von ihm eingestandene Erschießung eines KZ-Häftlings straffrei.[636]

In den seltenen Fällen, in denen in Westdeutschland einheimische Täter auf der Anklagebank saßen, konnten die üblicherweise der SS zugeschriebenen Attribute auf diese übertragen werden. So folgte das Landgericht Bonn der Auffassung des psychiatrischen Sachverständigen bezüglich eines ehemaligen Volkssturmmanns, dem die Erschießung eines KZ-Häftlings im österreichischen Reichraming zur Last gelegt wurde, dahingehend, dass „der Angeklagte ein landläufig dummer, beschränkter, primitiver, psychisch schlicht strukturierter Mensch, der Typ eines Befehlsempfängers sei".[637]

Offensichtlich korrespondierte das Klischee des einfältigen Primitivlings[638] hervorragend mit dem exkulpierenden Zerrbild des willenlosen Befehlsempfängers. Besonders die Verteidiger insistierten darauf, dieser hätte sich in Lebensgefahr begeben, wenn er den mörderischen Anweisungen (meist unbekannter oder nicht mehr greifbarer) Dritter nicht Folge geleistet hätte.[639] Dem obligatorischen Verweis auf „Befehlsnotstand" folgten die Richter – wie später gezeigt wird – keineswegs in allen Fällen. Allerdings führte die Fokussierung auf Befehlsketten

635 Urteil des LG Hannover, 29. 5. 1951, Lfd. Nr. 281a, in: JuNSV, Bd. VIII, S. 439–445, hier S. 442.

636 Urteil des LG Marburg, 14. 12. 1970, Lfd. Nr. 744, in: JuNSV, Bd. XXXIV, S. 689–704, hier S. 702.

637 Urteil des LG Bonn, 11. 4. 1962, Lfd. Nr. 534, in: JuNSV, Bd. XVIII, S. 405–425, hier S. 409.

638 Vgl. auch die Charakterisierung des ehemaligen Rapportführers des KZ Auschwitz-Monowitz Bernhard Rakers im Urteil des LG Osnabrück, 9. 10. 1959, Lfd. Nr. 483a, JuNSV, Bd. XVI, S. 63–74, hier S. 74.

639 Vgl. Kurt Hinrichsen, „Befehlsnotstand", in: Adalbert Rückerl (Hrsg.), NS-Prozesse. Nach 25 Jahren Strafverfolgung: Möglichkeiten – Grenzen – Ergebnisse, Karlsruhe 1971, S. 131–161. Vgl. auch nach wie vor Herbert Jäger, Verbrechen unter totalitärer Herrschaft. Studien zur nationalsozialistischen Gewaltkriminalität, Olten/Freiburg i.Br. 1967, insb. die pointierte Zusammenfassung des Abschnitts „Die Bedeutung des Befehlsnotstandes" auf S. 158–160.

mitunter dazu, dass für Tötungen während der Transporte weder die schießenden Direkttäter noch ihre vermeintlichen oder tatsächlichen Befehlsgeber zur Verantwortung gezogen wurden.

Das Landgericht Hannover rekonstruierte im Urteil gegen zwei SS-Männer des Neuengammer Außenlagers Hannover-Stöcken ausführlich die Befehlslage in Bezug auf die Räumung des Lagers. Der ehemalige SS-Sanitätsdienstgrad Wilhelm Genth hatte zugegeben, eigenhändig drei Gefangene auf dem Todesmarsch erschossen zu haben. Als eigentlichen Täter sah das Gericht dennoch den Kommandanten des Hauptlagers, Max Pauly, an, da dieser den Befehl gegeben habe, auf dem Marsch zurückbleibende Häftlinge zu erschießen. Er habe aus niederen Motiven den Mordbefehl erteilt und „hatte den Täterwillen".[640] Allerdings war er bereits 1946 im britischen Neuengamme-Hauptprozess zum Tod verurteilt worden.[641] Der in Hannover angeklagte Genth hingegen hatte nach Ansicht des Gerichts „weder aus niedrigen Beweggründen, noch grausam, noch heimtückisch getötet. Könnte man dem Angeklagten Genth nachweisen, daß er, wie Pauly, aus einer menschenverachtenden Gesinnung heraus getötet hat, so würde man Mord bejahen müssen. [...] Mit Sicherheit ließ sich das jedoch nicht feststellen. Es ist nicht ausgeschlossen, daß er bei seiner etwas stumpfen Persönlichkeit lediglich in Erfüllung des Befehls ohne feindselige oder verächtliche Gesinnung seinen Opfern gegenüber gehandelt hat."[642] Zwar erachtete das Gericht Genths Handeln – die Erschießung der Gefangenen – als „erhebliche[n] Tatbeitrag", vertrat jedoch die Meinung, er „wollte die Tat nicht als eigene, sondern er wollte lediglich den Befehl befolgen".[643] Als Beweis reichte die Aussage des Angeklagten, die ihm freilich kaum zu widerlegen war. So wurde er nicht als Mittäter, sondern als Beihelfer zum Mord zu dreieinhalb Jahren Zuchthaus verurteilt.

Das gleiche Urteil traf den Mitangeklagten Paul Maas, der als Führer der Marschkolonne den Befehl Paulys weitergegeben hatte. Auch bei ihm mochte man keinerlei Eigeninitiative feststellen: „Wo, wann, wer und wie getötet werden

640 Urteil des LG Hannover, 9./10. 4. 1963, Lfd. Nr. 549a, in: JuNSV, Bd. XIX, S. 75–89, hier S. 82.

641 Zu den britischen Neuengamme-Verfahren vgl. Hermann Kaienburg, Die britischen Militärgerichtsprozesse zu den Verbrechen im Konzentrationslager Neuengamme, in: Beiträge zur Geschichte der nationalsozialistischen Verfolgung in Norddeutschland 3 (1997), S. 56–64; Alyn Bessmann/Marc Buggeln, Befehlsgeber und Direkttäter vor dem Militärgericht. Die britische Strafverfolgung der Verbrechen im KZ Neuengamme und seinen Außenlagern, in: ZfG 53 (2005) 6, S. 522–542.

642 Urteil des LG Hannover, 9./10. 4. 1963, Lfd. Nr. 549a, in: JuNSV, Bd. XIX, S. 75–89, hier S. 83.

643 Ebenda, S. 84.

sollte, gab der Befehl [Paulys] an. Es blieb nur noch übrig, ihn auszuführen."[644] Diese pauschale und die Direkttäter exkulpierende Auffassung wurde in der Revisionsverhandlung vom Bundesgerichtshof ausdrücklich bestätigt.[645]

Auch in anderen Verfahren führte der Verweis, auf „Anordnung" gehandelt zu haben, zu milderen Strafen.[646] Fast zwei Jahrzehnte später hingegen urteilte das Landgericht Hannover in einem vergleichbaren Fall, der sich ebenfalls auf die Räumung eines Außenlagers von Neuengamme bezog, der Angeklagte sei – obwohl er bei der Erschießung von Häftlingen auf Befehl seines Vorgesetzten gehandelt habe – als Mörder anzusehen.[647]

Während der kurzen Phase intensiver Ahndung in der SBZ/DDR herrschte eine breitere Perspektive auf die infrage kommenden Täter vor. Auch hier waren externalisierende und diabolisierende Täterbilder weit verbreitet, allerdings konnte man in Anbetracht der Angeklagten, deren Zusammensetzung wie ein Querschnitt der ländlichen Bevölkerung erschien, kaum von einer alleinschuldigen SS oder Gestapo ausgehen. Vielmehr mussten die Prozesse der späten 1940er-Jahre als Korrektiv zur Vorannahme wirken, allein die SS sei für Verbrechen während der Todesmärsche verantwortlich gewesen. In diesem Sinne beklagte das Landgericht Magdeburg anlässlich eines Verfahrens gegen drei Männer, denen zur Last gelegt wurde, während der Rast eines Todesmarschs in einem Sportstadion auf KZ-Häftlinge geschossen zu haben: „Das bedauerliche [sic!] bei diesen Angelegenheiten ist immer wieder, daß ausgerechnet Volkssturmleute, die an und für sich mit der Wehrmacht nichts zu tun hatten, sich für solche Missetaten zur Verfügung gestellt haben, und zwar kurz vor dem Zusammenbruch des Hitlerfaschismus."[648]

Insbesondere die Beteiligung von Jugendlichen und weiblichen Akteuren war erklärungsbedürftig, weil sie deutlich machte, wie heterogen die Tätergruppen gewesen waren: Was hatte diese Menschen dazu gebracht, sich an der Jagd auf geflohene Häftlinge zu beteiligen? Waren die Angehörigen der „Aufbaugeneration" für die Nachkriegsgesellschaft verloren oder hatten sie eine zweite Chance verdient? Und wie sollte man mit weiblicher Täterschaft im Umfeld der Todesmärsche umgehen? Diese Fragen stellten sich vor allem in der SBZ/DDR, nur in

644 Ebenda, S. 86.

645 Urteil des BGH, 10. 12. 1963, Lfd. Nr. 549b, in: JuNSV, Bd. XIX, S. 90–94.

646 Urteil des LG Oldenburg, 23. 5. 1952, Lfd. Nr. 319a, in: JuNSV, Bd. IX, S. 685–689, hier S. 688 f.

647 Urteil des LG Hannover, 31. 7. 1981, Lfd. Nr. 873, in: JuNSV, Bd. XLV, S. 1–133, hier S. 124 f.

648 Urteil des LG Magdeburg, 21./22. 2. 1951, Lfd. Nr. 1157b, in: DDRJuNSV, Bd. IV, S. 398–408, hier S. 407.

Einzelfällen auch in Westdeutschland, so etwa vor dem Landgericht Lüneburg, wo Ende der 1940er-Jahre ehemalige HJ-Angehörige wegen der Beteiligung an der Ermordung eines Häftlings angeklagt waren.[649]

Vor dem Landgericht Dresden hatten sich fast zeitgleich zwei junge Männer zu verantworten, die zur Tatzeit 18 und 19 Jahre alt gewesen waren: Karl-Heinz Mehlmann* und Heinz Siegfried Gänsing*, denen zur Last gelegt wurde, auf Befehl eines Vorgesetzten KZ-Häftlinge gejagt und exekutiert zu haben.[650] Sie versuchten, sich über den Verweis auf ihr jugendliches Alter und ihre nationalsozialistische Erziehung zu entlasten. Das Gericht argumentierte dagegen einerseits mit politischer Aufladung, andererseits mit stark moralisierenden und psychologisierenden Zügen. Es verwies darauf, dass sich andere Jugendliche durchaus den Nationalsozialisten widersetzt hätten, und stellte dagegen fest, dass Gänsing* „ein Nazijüngling ohne Hemmungen" gewesen sei, dem „eine gewisse Roheit im Denken und Fühlen ursprünglich anhaftet und ihn damit für die Zwecke des Nazismus besonders geeignet machte". Auch Mehlmann* sei in einem „dumpfen Gehorchen" verharrt. Strafmildernd wurde angeführt, dass die „männliche Jugend, die sich jetzt im Alter der Angeklagten befindet, zu einem Teile auch Opfer des Nationalsozialismus ist". Sie sei „zwangsläufig in den Nazismus hinein[gewachsen]" und „fortwährend dem Trommelfeuer einer demagogischen Propaganda ausgesetzt" gewesen.[651] Gänsing* und Mehlmann* wurden wegen Verbrechen gegen die Menschlichkeit nach KD 38 und KRG Nr. 10 als Hauptverbrecher verurteilt – Gänsing* als Täter in drei Fällen zu zehn Jahren Zuchthaus, Mehlmann* in einem Fall als Mittäter. Ihm wurde sein jugendliches Alter strafmildernd angerechnet, weshalb er mit drei Jahren Gefängnis davonkam. Die Presse berichtete wenige Tage später über den „wahrhaft erschütternden Eindruck", den die Verhandlung hinterlassen habe.[652] Eine Zeitung bezeichnete die Angeklagten in der Überschrift zum Prozessbericht sogar als „Kinder".[653]

Auch im Strafverfahren gegen die „adoleszenten Abenteurer" aus Quenstedt spielte das Alter eine entscheidende Rolle. So wurde nach erfolgreicher Revision das Strafmaß für den zur Tatzeit 16-jährigen Werner Pätrang* von acht auf drei Jahre gemindert, weil das jugendliche Alter des Angeklagten nach Ansicht des

649 Urteil des LG Lüneburg, 10. 3. 1948, Lfd. Nr. 48, in: JuNSV, Bd. II, S. 373–382. Zum Strafmaß vgl. Urteil des LG Lüneburg, 11./12. 2. 1949, Lfd. Nr. 120a, in: JuNSV, Bd. IV, S. 109–119, hier S. 109.

650 Vgl. hierzu das Kapitel zur Hitler-Jugend in der vorliegenden Arbeit.

651 Urteil des LG Dresden, 16. 1. 1948, Lfd. Nr. 1707a in: DDRJuNSV, Bd. XII, S. 89–95, hier S. 94.

652 „Jugendliche ermordeten KZ-Häftlinge", in: Sächsische Zeitung, 19. 1. 1948.

653 „Kinder wurden zu Mördern", in: Sächsisches Tageblatt, 20. 1. 1948.

Oberlandesgerichts Halle/Saale im ersten Urteil nicht ausreichend gewürdigt worden war.[654] Ein anderes Verfahren zeigte, dass auch ein Alter von 22 Jahren noch als strafmildernd gewertet werden konnte.[655]

Insbesondere in der SBZ/DDR warf der Umstand, dass Jugendliche oder gar Kinder in die Verbrechen involviert gewesen waren, Fragen nach dem Einfluss nationalsozialistischer Erziehung und Indoktrination auf. Zwar sah man Jugendliche als mündige Akteure an, die bis zu einem gewissen Grad die Folgen des eigenen Handelns abschätzen konnten. Die aktive Beteiligung junger Menschen an NS-Verbrechen wurde jedoch insbesondere im „antifaschistischen" Osten Deutschlands auf eine omnipräsente NS-Propaganda zurückgeführt.[656] Diese habe bei einigen Jugendlichen mit bestimmten negativen Persönlichkeitsmerkmalen besonders angeschlagen. Die Täter galten demnach als Verführte oder gar Opfer des NS-Systems, die zwar bestraft werden mussten, aber trotzdem eine Chance zur sozialen und politischen Rehabilitation bekommen sollten. Nicht zuletzt handelte es sich ja bei diesen Jugendlichen um Angehörige der Aufbaugeneration des neuen Staates, die zwangsläufig integriert und nicht ausgegrenzt werden sollte.[657] In diesem Sinne hatte an der Verhandlung gegen Mehlmann* und Gänsing* ein Angehöriger einer pädagogischen Kommission des Ministeriums für Volksbildung teilgenommen, da man der Meinung war, aus dem Fall „für die Erziehung wertvolle Hinweise gewinnen zu können".[658]

Ein weiteres Indiz dafür, dass die Verbrechen während der Todesmärsche auf einer breiten gesellschaftlichen Basis fußten, war die Beteiligung von Frauen. Im Hinblick auf die NS-Verbrechen insgesamt ist in der Forschung herausgearbeitet worden, dass weibliche Delinquenz „in besonderem Maße erklärungsbedürftig" erschien, da nicht nur die Rechts-, sondern auch die Geschlechterordnung überschritten worden war.[659] Bisher liegen vor allem Untersuchungen zu weiblichem

654 Urteil des OLG Halle/Saale, 31. 10. 1949, Lfd. Nr. 1504b, in: DDRJuNSV, Bd. IX, S. 461–465.

655 Urteil des LG Merseburg, 4. 7. 1947, Lfd. Nr. 1118b, in: DDRJuNSV, Bd. IV, S. 32–35, hier S. 35. Ebenso das BG Halle/Saale, 3. 9. 1954, Lfd. Nr. 1118a, in: DDRJuNSV, Bd. IV, S. 29–31, hier S. 31.

656 „Brutaler Mord aus Rassenwahn", in: Volkszeitung Dresden, 10. 8. 1945.

657 Vgl. Alan McDougall, A Duty to Forget? The ‚Hitler Youth Generation' and the Transition from Nazism to Communism in Postwar East Germany, c. 1945–49, in: German History 26 (2008) 1, S. 24–46; Dorothee Wierling, Von der HJ zur FDJ?, in: BIOS. Zeitschrift für Biographieforschung und Oral History 6 (1993) 1, S. 107–118.

658 Landesregierung Sachsen, Ministerium für Volksbildung an Landgerichtspräsident Dresden, 10. 1. 1948, BStU, MfS BV Dresden ASt. 18/47 Strafsache, Bl. 209.

659 Ulrike Weckel/Edgar Wolfrum, NS-Prozesse und ihre öffentliche Resonanz aus geschlechtergeschichtlicher Perspektive, in: dies. (Hrsg.), „Bestien" und „Befehlsempfänger". Frauen und Männer in NS-Prozessen nach 1945, Göttingen 2003, S. 9–21, hier S. 11.

KZ-Personal[660] sowie Denunziantinnen[661] vor. In Anknüpfung daran ist hier zu fragen, welche Rolle Frauen in Prozessen zu Todesmarschverbrechen spielten.

In quantitativer Hinsicht ist auf den ersten Blick festzustellen, dass die allermeisten Angeklagten männlich waren. Wenn überhaupt, traten Frauen eher als Zeuginnen auf.

Während nach bisherigem Kenntnisstand in der SBZ/DDR keine KZ-Aufseherin explizit für Verbrechen während der Todesmärsche vor Gericht stand, fand in der Bundesrepublik mindestens ein Verfahren statt, in dem eine ehemalige Aufseherin deswegen verurteilt wurde. Lotte Mauler* war angeklagt, während der Evakuierung des Außenlagers Porta Westfalica des KZ Neuengamme in einem Güterwaggon weibliche Häftlinge misshandelt zu haben. Einige davon sollen in Folge ihrer Verletzungen gestorben sein. 1952 wurde Mauler* wegen Körperverletzung im Amt in Tateinheit mit gefährlicher Körperverletzung zu acht Monaten Gefängnis verurteilt. Da die Untersuchungshaft angerechnet wurde, musste sie diese Strafe nicht antreten. Das Gericht würdigte strafmildernd, dass Mauler* „in eine Situation voll explosiver Spannungen hineingeraten war, die kaum von einem gereiften, lang geschulten Mann hätte gemeistert werden können".[662] Als Erklärung wurde also einerseits der chaotische Ablauf der Räumung als Rahmenbedingung angeführt. Andererseits wirkte auch das Geschlechterstereotyp einer unbedarften und überforderten Frau, betont durch das Anführen eines fiktiven maskulinen Gegenparts, exkulpierend. Flankiert wurde diese Argumentation durch den Verweis auf das Alter. Dass die Angeklagte zur Tatzeit „erst 21 Jahre alt war", wurde ebenfalls zu ihren Gunsten gewertet.[663]

Für die Fragestellungen dieser Arbeit sind jedoch die Prozesse, in denen Frauen aus der einheimischen Bevölkerung auftraten, von größerem Interesse.

660 Vgl. insb. Kretzer, NS-Täterschaft. Vgl. auch die Beiträge in Simone Erpel (Hrsg.), Im Gefolge der SS. Aufseherinnen des Frauen-KZ Ravensbrück. Begleitband zur Ausstellung, Berlin 2007.

661 Ulbricht, Ahndung; dies., Frauenbilder als Deutungs- und Interpretationsmuster. Die justizielle Ahndung von NS-Denunziationsverbrechen in der SBZ, in: Ariadne. Forum für Frauen- und Geschlechtergeschichte 59 (2011), S. 45–51; Thonfeld, Frauen; Claudia Kuretsidis-Haider, Täterinnen vor Gericht. Zur Kategorie Geschlecht bei der Ahndung von nationalsozialistischen Tötungsdelikten in Deutschland und Österreich, in: Krauss, Sie waren dabei, S. 187–210.

662 Urteil des LG Hamburg, 5. 6. 1952, Lfd. Nr. 321a, in: JuNSV, Bd. IX, S. 745–754, hier S. 753 f.

663 Ebenda, S. 753. Vgl. auch Insa Eschebach, Gespaltene Frauenbilder. Geschlechterdramaturgien im juristischen Diskurs ostdeutscher Gerichte, in: Weckel/Wolfrum, „Bestien", S. 95–116, hier S. 100.

Eine wichtige Funktion als Belastungszeugin hatte beispielsweise Therese Durs* in den Verfahren wegen der Erschießungen durch den RAD in Ittelsburg. Urteil und Verfahrensakten enthalten kaum Hinweise auf geschlechtsspezifische Deutungsmuster ihres Handelns, was einerseits überrascht, da ihr engagiertes Eintreten den männlichen Beteiligten gegenüber als Verlassen der traditionell passiv konnotierten weiblichen Rolle verstanden werden konnte. Andererseits wurde dies möglicherweise durch den Umstand aufgehoben, dass sie als Helferin der Häftlinge Rollenerwartungen an eine mildtätige und einfühlsame Frau erfüllte. In der Beweiswürdigung wurde ihr Auftreten als „sicher, ruhig und sachlich" gelobt.[664]

Es kam auch vor, dass Frauen, deren Handeln gegen die Opfer gerichtet war, nicht als Angeklagte, sondern lediglich als Zeuginnen im Gerichtssaal erschienen. Dies war beim Prozess wegen der Ermordung von KZ-Häftlingen in Herzsprung der Fall, wo eine etwaige Mitschuld der Frau, die offenkundig die Häftlinge beim NSDAP-Ortsgruppenleiter gemeldet hatte, überhaupt nicht erwogen wurde.[665] Warum ihr nicht wegen Denunziation der Prozess gemacht wurde, ließ sich nicht aufklären. Auf jeden Fall hätte ihre Einbeziehung als Angeklagte es unmöglich gemacht, die Schuld so eindeutig Wilhelm Wehren als ortsfremdem, ideologisch motiviertem Einzeltäter zuzuschreiben.

In einigen Verfahren in der SBZ/DDR waren einheimische Frauen unter den Angeklagten. Eine der Dorfbewohnerinnen, die in Quenstedt mutmaßlich die HJ-Angehörigen zur Ermordung geflohener KZ-Häftlinge aufgefordert hatten, wurde im Prozess gegen die Täter freigesprochen, da das Gericht es als möglich erachtete, dass „eine andere Frauensperson gerufen hat ‚Schießt doch'."[666] In einem ähnlichen Fall verurteilte das Bezirksgericht Magdeburg eine Frau, die ihren Mann mit „Geschrei", es handele sich bei zwei geflohenen KZ-Häftlingen um „Verbrecher, die man totschlagen müsse", zur Misshandlung und Auslieferung der Häftlinge angestiftet haben soll, nach KRG Nr. 10 und KD 38 zu zwei Jahren Zuchthaus.[667] Dieses knappe Urteil enthält keine geschlechtsspezifischen Deutungsmuster ihrer Tatbeteiligung. Solche finden sich im Urteil gegen die Frau des Breitensteiner Försters, die sich gemeinsam mit ihrem Mann vor Gericht

664 Urteil des LG Augsburg, 25. 4. 1966, Lfd. Nr. 629a, in: JuNSV, Bd. XXIII, S. 489–501, hier S. 495.

665 Urteil des BG Potsdam, 29. 11. 1955, 9./10. 12. 1955, Lfd. Nr. 1098a, in: DDRJuNSV, Bd. III, S. 593–599.

666 Urteil des LG Halle/Saale, 25. 1. 1949, Lfd. Nr. 1504a, in: DDRJuNSV, Bd. IX, S. 453–460, hier S. 459.

667 Urteil des BG Magdeburg, 13. 4. 1953, Lfd. Nr. 1145, in: DDRJuNSV, Bd. IV, S. 257–262, hier S. 260.

verantwortten musste.[668] Das Gericht wies ihre Einlassung, sie habe ihrem Mann die Waffe zur Selbstverteidigung gebracht, als „Schutzbehauptung“ zurück. Wäre es ihr um den Schutz ihres Mannes gegangen, hätte sie ihn dazu bringen müssen, die Häftlinge erst gar nicht zu verfolgen. In diesem Fall argumentierte die Urteilsschrift geschlechtsspezifisch, um die Mitschuld der Angeklagten zu unterstreichen: „Wenn man dazu noch das Seelenleben einer Frau berücksichtigt, was in solchen Dingen sehr empfindlich ist, dann hätte sie mindestens ihren Mann vom Schießen abhalten müssen. Statt dessen läßt sie es, neben ihm stehend, ruhig geschehen, daß ihr Mann 3mal auf die Fliehenden schießt.“[669] Daraus spricht die Erwartungshaltung, dass sich gerade eine Frau gegen die Gewalttaten hätte aussprechen müssen.

Diese wenigen Beispiele können die Frage nach dem Zusammenhang von Geschlecht und Täterschaft in Strafverfahren zu Todesmärschen nur ansatzweise beantworten. Allerdings wird an ihnen das Spektrum möglicher Deutungsmuster erkennbar, das sich innerhalb der „normstabilisierenden Geschlechterdramaturgie von weiblicher Unschuld einerseits und Verworfenheit der Frau andererseits“[670] aufspannte. Damit lassen sich die Verfahren wegen Todesmarschverbrechen in die juristische Aufarbeitung von NS-Verbrechen insgesamt einordnen. Zugleich deutet sich an, dass die in dieser Arbeit festgestellte Beteiligung von Frauen am Tatgeschehen kaum ein Echo in der strafrechtlichen Ahndung fand.

3.5.3. Situation: Befehlsnotstand und Massenpsychose

Ein populäres Deutungsmuster der Verbrechen in den letzten Kriegsmonaten war das „Chaos der Endphase“.[671] Norbert Frei[672] und zuletzt Andreas Eichmüller[673] haben dargelegt, wie die Auffassung, dass der Kontext der Kriegsendphase einen strafmildernden äußeren Umstand darstellte, „vom bundesdeutschen Gesetzgeber schließlich in Gesetzesform gegossen“ wurde.[674] Das Straffreiheitsgesetz von 1954 legte fest, dass „Straftaten, die unter dem Einfluß der außergewöhnlichen Verhältnisse des Zusammenbruchs in der Zeit zwischen dem 1. Oktober 1944

668 Vgl. hierzu das Kapitel zu einheimischen Akteurinnen in der vorliegenden Arbeit.

669 Urteil des LG Halle/Saale, 6. 1. 1951, Lfd. Nr. 1261, in: DDRJuNSV, Bd. V, S. 727–737, hier S. 734.

670 Eschebach, Frauenbilder, S. 104.

671 Keller, Volksgemeinschaft, S. 4 f.

672 Frei, Vergangenheitspolitik, S. 100–131.

673 Eichmüller, Generalamnestie, S. 106–129.

674 Keller, Volksgemeinschaft, S. 4.

und dem 31. Juli 1945 in der Annahme einer Amts-, Dienst- oder Rechtspflicht, insbesondere auf Grund eines Befehls begangen worden sind" und mit drei Jahren Freiheitsstrafe oder weniger belegt waren, zu amnestieren seien, „wenn nicht dem Täter nach seiner Stellung oder Einsichtsfähigkeit zuzumuten war, die Straftat zu unterlassen".[675] Frei interpretierte dies als „Aufforderung an die Täter", sich auf einen vorliegenden Befehlsnotstand zu berufen.[676] Wie weitreichend die Folgen dieses Gesetzes waren, ist in der Forschung umstritten.[677] Zweifellos war jedoch die Rede von der unübersichtlichen Zeit des „Zusammenbruchs" in den Todesmarschverfahren bis in die 1960er-Jahre omnipräsent – in beiden Teilen Deutschlands und mit unterschiedlichen Konsequenzen.[678]

So konnte das vermeintlich oder tatsächlich vorherrschende Chaos der letzten Kriegstage als „Massenpsychose" interpretiert werden, in der „jedermann glaubte, nur mit brutaler Härte den bevorstehenden Zusammenbruch aufhalten zu können".[679] Und vor diesem Hintergrund konnte man den Angeklagten ihr überstürztes und irrationales Handeln sowie eine eigenwillige Auslegung von Befehlskette und -lage strafmildernd nachsehen.[680]

Im Prozess gegen die oben angeführte ehemalige KZ-Aufseherin Lotte Mauler* wurde aus dem Zeitpunkt, zu dem sie eine weibliche Gefangene erwürgt haben soll, abgeleitet, dass es sich nicht um einen vorsätzlichen Tötungsversuch gehandelt habe: „Alle Häftlinge und natürlich auch die Angeklagte wußten, daß der Krieg seinem baldigen Ende entgegenging und mit der völligen Niederlage Deutschlands enden würde. [...] Alle wußten daher, daß der Tag für die Befreiung der Häftlinge unmittelbar bevorstand und daß dieser zugleich eine Umkehrung der Verhältnisse der Häftlinge zu der Angeklagten bedeuten würde." Da sie somit „gewußt haben muß, daß sie durch eine solche Handlung sich selbst gefährdete",

675 Gesetz über den Erlaß von Strafen und Geldbußen und die Niederschlagung von Strafverfahren und Bußgeldverfahren (Straffreiheitsgesetz 1954), 17. 7. 1954, in: Bundesgesetzblatt, Teil I, Nr. 21, 17. 7. 1954, S. 203–209, hier S. 204.

676 Frei, Vergangenheitspolitik, S. 129.

677 Während Frei erhebliche negative Auswirkungen konstatiert (ebenda, S. 128–130), erkennt Eichmüller zwar negative Einflüsse auf die „Ahndungsmoral bezüglich NS-Verbrechen", jedoch nicht „derart gravierende Folgen", wie von Frei behauptet. Eichmüller, Generalamnestie, S. 127–129, hier S. 127.

678 Für Österreich vgl. die knappen Ausführungen zum Zusammenhang von behauptetem Befehlsnotstand und Chaos der Endphase in Uslu-Pauer, „Vernichtungswut", S. 282 f

679 Urteil des LG Lüneburg, 10. 3. 1948, Lfd. Nr. 48, in: JuNSV, Bd. II, S. 373–382, hier S. 381.

680 Ebenda; Urteil des LG Göttingen, 7. 7. 1949, Lfd. Nr. 156, in: JuNSV, Bd. V, S. 125–138, hier S. 138; Urteil des LG Coburg, 30. 11. 1962, Lfd. Nr. 545a, in: JuNSV, Bd. XVIII, S. 756–775, hier S. 773.

erschien dem Gericht die Vorstellung, die Frau habe vorsätzlich gehandelt, als „völlig abwegig".[681]

Auch Befehlsgebern wurde der Kontext der Endphase entlastend angerechnet, wie im Falle des ehemaligen SS-Obersturmführers Küster, dem vorgeworfen wurde, mindestens zwei KZ-Häftlinge mit den Worten „Sind umzulegen" einem Erschießungskommando übergeben zu haben. Das Gericht hielt fest, Küster könne sich nicht auf einen Befehl von höherer Stelle berufen, erkannte allerdings nicht auf Mord, sondern auf Totschlag, da er den Befehl nicht aus Mordlust gegeben habe.[682] In der Strafzumessung wurde bei der Verurteilung zu zehn Jahren und drei Monaten Haft auf eine Aberkennung der Ehrenrechte verzichtet, weil man die Taten Küsters „im wesentlichen auf die damalige Untergangsstimmung" und eine kriegsbedingte „Verrohung" zurückführte. Allerdings war der Verweis auf den Kontext der Endphase nicht per se ein Entlastungsargument. So betonte das Landgericht Ellwangen zugleich: „Gerade dieser Zusammenbruch auf der ganzen Linie musste jeden noch halbwegs vernünftig und anständig denkenden Menschen davon abhalten, das allgemeine Unglück noch durch weitere ebenso zwecklose wie unmenschliche und verbrecherische Taten zu steigern."[683] Vor diesem Hintergrund sah sich das Gericht ausdrücklich nicht in der Lage, mildernde Umstände geltend zu machen.[684]

So konnte das Chaos der Endphase argumentativ den nur zu gerne behaupteten Befehlsnotstand aushebeln. Wie sehr diese Deutungen im konflikthaften Zusammenhang standen, verdeutlicht die Ambivalenz, mit der sie in ein und demselben Text in Beziehung zueinander gesetzt werden konnten. Dies zeigt sich am eben genannten Beispiel, aber auch in anderen Urteilen, etwa gegen einen Mann, der im oberbayerischen Marktl am Inn an der Ermordung von KZ-Häftlingen beteiligt gewesen war. Hier galt der Kontext des Kriegsendes als be- und entlastend zugleich. Das Landgericht Traunstein hatte bei der Strafzumessung „erschwerend berücksichtigt", dass der Angeklagte „selbst am Ende des an Menschenopfern furchtbaren Krieges so wenig Einsicht und Scheu vor weiterem Blutvergießen" an den Tag gelegt habe. Zugleich blieb den Richtern die Tat jedoch „unverständlich" und erschien „in dieser Schwere nur aus den damaligen Zeitverhältnissen heraus zu erklären. Sie mussten als strafmildernd berücksichtigt werden."[685]

681 Urteil des LG Hamburg, 5. 6. 1952, Lfd. Nr. 321a, in: JuNSV, Bd. IX, S. 745–754, hier S. 753.
682 Urteil des LG Ellwangen/Jagst, 20. 1. 1949, Lfd. Nr. 111a, in: JuNSV, Bd. III, S. 727–733, hier S. 728 f.
683 Ebenda, S. 733.
684 Vgl. zu ähnlicher Argumentation auch das Urteil des LG Bonn, 11. 4. 1962, Lfd. Nr. 534, in: JuNSV, Bd. XVIII, S. 405–425, hier S. 424.
685 Urteil des LG Traunstein, 30. 9. 1953, Lfd. Nr. 374, in: JuNSV, Bd. XI, S. 407–415, hier S. 415.

Die Argumentation, dass gerade die unübersichtliche Situation der Endphase es erlaubt habe, sich gegebenenfalls vorliegenden verbrecherischen Befehlen zu entziehen, fand sich besonders stark in den ostdeutschen Prozessen. Auch hier vertrat man die Ansicht, anstatt staatlicher Strukturen habe nur noch ein „von faschistischer Ideologie beherrschtes Chaos" regiert.[686] Jedoch erkannte man darin erhebliche Handlungsspielräume und brachte zuungunsten der Angeklagten den Vorwurf ein, diese nicht ausreichend genutzt zu haben.

Zwar versuchten die Verteidiger vor dem Hintergrund eines chaotischen Kriegsendes für ihre Mandanten Befehlsnotstand geltend zu machen, so wie im Falle des HJ-Ausbilders Siegfried Gänsing*: „Das Landgericht hätte berücksichtigen müssen, was jeder der die damaligen Zeiten miterlebt hat weiß, daß gerade damals die Terrorfälle des Nationalsozialismus parallel zu den Niederlagen im Krieg eine Härte erreichten, wie niemals zuvor."[687] Das Gericht hatte im Gegensatz dazu festgestellt, dass in den letzten Kriegstagen „die allgemeinen Disziplinverhältnisse [...] bereits weitgehend gelockert" waren, was es den Angeklagten ermöglicht hätte, sich den verbrecherischen Befehlen zu entziehen.[688]

Ebenso argumentierte das Bezirksgericht Cottbus, der Volkssturmführer des thüringischen Frankenhain habe „in Anbetracht der damaligen Situation, die u. a. durch allgemeine Auflösungserscheinungen [...] gekennzeichnet war", Möglichkeiten gehabt, fünf festgenommene KZ-Häftlinge freizulassen, anstatt sie zu erschießen.[689]

Wie relevant diese ambivalenten Deutungen sein konnten, zeigt das Verfahren gegen sechs Angehörige der „Landwacht" von Knippelsdorf (Brandenburg), die wegen der Ergreifung und Erschießung von KZ-Häftlingen vor Gericht standen. Im ersten Prozess hatte das Gericht „die im Frühjahr 1945 herrschende Situation" als strafmildernd angeführt.[690] Die verhängten mehrjährigen Freiheitsstrafen wurden jedoch von der Staatsanwaltschaft als zu gering angesehen. Das Oberste Gericht der DDR gab deren Revision dahingehend Recht, dass die Situation des Frühjahrs 1945 „für die richtige Wertung des Verbrechens nicht zu

686 Urteil des OG der DDR, 13. 5. 1955, Lfd. Nr. 1007b, in: DDRJuNSV, Bd. III, S. 686–690, hier S. 688.

687 Rechtsanwalt Köst an das LG Dresden, 16. 3. 1948, BStU, MfS BV Dresden ASt, 18/47 Strafsache, Bl. 257–260, hier Bl. 258.

688 Urteil gegen des LG Dresden, 16. 1. 1948, Lfd. Nr. 1707a, in: DDRJuNSV, Bd. XII, S. 89–95, hier S. 92.

689 Urteil des BG Cottbus, 17. 8. 1963, Lfd. Nr. 1067, in: DDRJuNSV, Bd. III, S. 63–69, hier S. 68.

690 Urteil des BG Cottbus, 4. 12. 1952, Lfd. Nr. 1147b, in: DDRJuNSV, Bd. IV, S. 283–288, hier S. 288.

Gunsten der Angeklagten herangezogen werden" könne.[691] Ganz im Gegenteil – so übernahm das Bezirksgericht Cottbus die Argumentation wörtlich von der Vorinstanz – kennzeichne gerade der Umstand, dass „die faschistische Gewaltherrschaft kurz vor der Vernichtung stand [...], die verbrecherische Gesinnung der Angeklagten und deren gesellschaftliche Gefährlichkeit in ihrer ganzen Schwere". Daraufhin wurden weit höhere und zum Teil lebenslange Freiheitsstrafen verhängt.[692]

In vergleichbarer Argumentation bezeichnete das Bezirksgericht Gera den Zeitpunkt, zu dem ein Volkssturmmann im thüringischen Caaschwitz unmittelbar vor dem Einmarsch der Alliierten zwei KZ-Häftlinge erschoss, als „5 Minuten nach 12 Uhr".[693] Mit dieser Metapher verlegten die Richter die Tat im übertragenen Sinne sogar in die Zeit nach dem Kriegsende. Der Versuch des Angeklagten, gegen die lebenslange Zuchthausstrafe in Revision zu gehen, wurde dementsprechend mit Verweis auf den Tatzeitpunkt zurückgewiesen, als „der gesamte nazistische Machtapparat bereits in völlig undisziplinierter Auflösung begriffen war" und es demnach „zur Ausübung des Verbrechens des Angeklagten in erster Linie auf seine eigene Initiative und auf seiner [sic!] Einstellung zum Faschismus ankam". So erkenne man die „sich daraus ergebende verbrecherische Gesinnung des Angeklagten und seine gesellschaftliche Gefährlichkeit in ihrer ganzen Schwere".[694]

Auch öffentlich kam es zu Auseinandersetzungen über die unterschiedlichen Interpretationen der Situation und die daraus resultierenden Effekte. Nach dem Urteil gegen die Volkssturmangehörigen aus Harkerode, denen das Chaos der Endphase strafmildernd zugutegehalten worden war, reagierte die SED-Presse empört: „Im Gegensatz zu einer solchen Beschönigung abgrundtiefer Verbrechen sind wir der Meinung, daß die Tatsache, daß die unschuldigen Opfer des Naziregimes in einem Augenblick hingemordet wurden, als der verbrecherische Hitlerstaat unmittelbar vor seinem Untergang stand, den Abscheu vor den Mördern von Harkerode noch verstärkt. Deshalb ist dieses Urteil ein Fehlurteil!"[695]

Die vorgestellten Aushandlungsmuster machen deutlich, welche Nachwirkungen mit der Ahndung von Gewalttaten einhergingen. Das Beispiel der Todesmärsche ist deswegen prägnant, weil es zumeist um Taten ging, die im sozialen

691 Urteil des OG der DDR, 6. 1. 1953, Lfd. Nr. 1147c, in: ebenda, S. 289–292, hier S. 291.
692 Urteil des BG Cottbus, 6. 2. 1953, Lfd. Nr. 1147a, in: ebenda, S. 277–282, hier S. 282.
693 Urteil des BG Gera, 12. 10. 1954, Lfd. Nr. 1117a, in: ebenda, S. 17–23, hier S. 21.
694 Urteil des OG der DDR, 27. 10. 1954, Lfd. Nr. 1117b, in: ebenda, S. 24 f., hier S. 25.
695 „Ungerechtfertigte Milde für die blutigen Verbrechen von Harkerode", in: Mitteldeutsche Tageszeitung Freiheit, 7. 2. 1949.

Nahbereich und unter Beteiligung oder zumindest Mitwisserschaft zahlreicher „normaler Leute“ begangen worden waren:[696] Die Massenverbrechen an den Erschießungsgruben und in den Konzentrations- und Vernichtungslagern mochte man territorial externalisieren; selbst Anwohner der Lager hatten lange leichtes Spiel mit der Versicherung, nichts gesehen oder gehört zu haben. Ebenso betrafen Prozesse gegen ranghohe Nationalsozialisten und Hauptkriegsverbrecher die Masse der Bevölkerung eher vermittelt und waren oft genug Anlass, sich selbst unter Verweis auf die vermeintlich wenigen kriminellen Einzeltäter zu entlasten. Auf einer übergeordneten vergangenheitspolitischen Ebene ist der Blick auf jene Verfahren zweifellos unerlässlich.[697] Um mehr darüber zu erfahren, welche Folgen NS-Gewaltverbrechen ganz konkret für die Mitmacher, Zuschauer und Helfershelfer hatten, lohnt allerdings der Fokus auf die lokalen Rückbindungen. Genau hier wurden die Zeitgenossen unausweichlich mit den Gräueltaten konfrontiert, die vor ihrer Haustür begangen worden waren. Dabei mussten die Interpretationen von Täterschaft oder militärischem, politischem und sozialem Kontext am plastischen Beispiel aus dem engeren Umfeld vollzogen und überprüft werden. So wirkten sich Ermittlungen und Strafverfahren auf spätere Darstellungen der Räumungstransporte und Todesmärsche aus.

Fazit: Die Ahndung von Todesmarschverbrechen nach 1945

Resümierend scheint es angebracht, die Ahndung der Verbrechen während der Todesmärsche als Geschichte des Scheiterns zu schreiben. Zehntausende KZ-Häftlinge waren kurz vor der Befreiung ermordet oder durch die Strapazen der Transporte zugrunde gerichtet worden. Die Spur dieser Massenverbrechen zog sich vor aller Augen mitten durch Deutschland. Die Zahl der dafür zur Verantwortung gezogenen Täter, Beihelfer und Unterstützer hingegen war ausgesprochen überschaubar und stand in keinem Verhältnis zu den Dimensionen der begangenen Gräueltaten.

696 Auf die Ahndung von solchen Verbrechen im Nahbereich insbesondere in den späten 1940er-Jahren verweist auch Edith Raim, NS-Prozesse und Öffentlichkeit. Die Strafverfolgung von NS-Verbrechen durch die deutsche Justiz in den westlichen Besatzungszonen 1945–1949, in: Jörg Osterloh/Clemens Vollnhals (Hrsg.), NS-Prozesse und deutsche Öffentlichkeit. Besatzungszeit, Bundesrepublik und DDR, Göttingen 2001, S. 33–51, hier S. 50 f.

697 Vgl. als Überblick: Jörg Osterloh/Clemens Vollnhals, Einleitung, in: dies., NS-Prozesse, S. 11–31.

Zum einen war dies dem dezentralen Charakter des Tatkomplexes geschuldet. Im Kontrast zu dem erschreckenden Ausmaß, das sich heute abzeichnet, konnten die Ermittler vor allem in den ersten Nachkriegsjahren den übergeordneten Verbrechenszusammenhang nur bedingt erkennen. Zudem verblasste die Bedeutung einzelner Morde auf den Routen der Todesmärsche angesichts des in den befreiten Lagern vorgefundenen und massenmedial verbreiteten Grauens.

Ein weiteres, strukturelles Problem bei der Ahndung war die Ressourcenknappheit der unmittelbaren Nachkriegszeit. Sowohl die Fahndung nach den Tätern als auch die teilweise parallel laufende Suche nach den Opfern waren in Anbetracht der zu bearbeitenden Mammutaufgabe personell unterbesetzt und materiell kaum ausreichend ausgestattet. Dies war angesichts noch laufender Kampfhandlungen und dem bald darauf beginnenden Aufbau der Besatzungsherrschaft zunächst dem Primat des Militärischen geschuldet, bald darauf abgelöst von den Vorboten des Kalten Krieges. Dieser trieb schon nach den ersten Verfahren einen Keil in die Ahndung und erschwerte sowohl die zonenübergreifende Fahndung nach den Schuldigen als auch die Identifikation der Tausenden Toten.

In den alliierten Prozessen stand vor allem SS-Personal der Lager vor Gericht – in den wenigsten Fällen *ausschließlich*, häufiger *unter anderem* wegen Verbrechen während der Räumungstransporte. Nach den Dachauer Verfahren ging das Engagement der US-Amerikaner, NS-Verbrecher weiterhin zur Rechenschaft zu ziehen, deutlich zurück. Die sowjetische Militärjustiz hatte einige Täter verurteilt und neben SS-Männern auch einheimische Akteure mit dem Tode bestraft. Wie bei den Sowjetischen Militärtribunalen insgesamt konnte dabei jedoch „weder eine wirkliche Aufklärung noch die angemessene Ahndung von Verbrechen gelingen; beide Aspekte hätten der Wahrung fundamentaler rechtsstaatlicher Prinzipien bedurft“.[698]

Die vorherrschende Engführung auf die SS im Westen Deutschlands wurde von deutschen Gerichten fortgesetzt. Dagegen weitete man in der SBZ/DDR in der kurzen Phase intensiver Ahndung den Blickwinkel auf die infrage kommenden Tatverdächtigen deutlich aus. Das führte dazu, dass die größte Wahrscheinlichkeit, als einheimischer Beteiligter an Verbrechen während der Todesmärsche verurteilt zu werden, im am wenigsten rechtsstaatlichen Justizsystem der Nachkriegszeit bestand. Dies war ein Nebeneffekt der sowjetischen Entnazifizierung, die mit politischen Säuberungen und der Etablierung einer kommunistischen Parteiherrschaft einherging.

698 Andreas Hilger, „Die Gerechtigkeit nehme ihren Lauf“? Die Bestrafung deutscher Kriegs- und Gewaltverbrecher in der Sowjetunion und der SBZ/DDR, in: Frei, Transnationale Vergangenheitspolitik, S. 180–246, hier S. 245.

Nachdem einige abschreckende Beispiele vollzogen worden waren, die sowohl der Warnung als auch der exkulpierenden Distanzierung dienten, wich das Interesse der DDR-Behörden jedoch utilitaristischen Erwägungen. In beiden deutschen Staaten genossen andere Aufgaben gegenüber der strafrechtlichen Aufarbeitung der NS-Zeit Priorität: Wiederaufbau, Integration und politische Konsolidierung. Der deutsch-deutsche Rechtshilfeverkehr zeigt schließlich, wie das Wissen um die Täter sowie die Aussagen der Opfer und Zeugen zur geheimdienstlichen Verhandlungsmasse im Kalten Krieg wurden.

Zugleich wird deutlich, dass es in allen Phasen der Ahndung engagierte polizeiliche Ermittler und Staatsanwälte gab, die versuchten, die Aufklärung der Verbrechen voranzutreiben und die Täter zu bestrafen. Gerade bei den Todesmärschen konnten sie auf der lokalen Ebene an den Tatorten an die bestehenden Potenziale anknüpfen. Im Gegensatz zu den Lagern gab es hier Zeugen, die noch immer greifbar waren und die Täter teilweise kannten. Dies führte zu Anzeigen, belastenden Aussagen in Prozessen und etlichen Verurteilungen. Zugleich prallten die Ahndungsbemühungen vor Ort auf die Schutzmechanismen eines engmaschigen sozialen Umfelds, das häufig mit Schweigen und Abwehr reagierte. Die Todesmarschprozesse zeigen, dass mit den in der Bundesrepublik wirksamen NS-Kontinuitäten im Justizsystem und der in der DDR propagierten Autosuggestion der SED, mit der Staatsgründung den Faschismus besiegt zu haben, auf der lokalen Ebene in beiden Teilen Deutschlands soziale und nachbarschaftliche Netzwerke korrespondierten, welche die Ahndungsversuche blockierten.

Allerdings – darauf hat unter anderem Annette Weinke verwiesen – sollte eine Analyse der Bemühungen um juristische Ahndung von NS-Verbrechen nicht dabei verharren, „sie auf einen einheitlichen Nenner von ‚Erfolg‘ oder ‚Fehlschlag‘ zu reduzieren“.[699] So kann man bemängeln, dass Akteure aus der einheimischen Bevölkerung in den Verfahren deutlich unterrepräsentiert waren. Überraschen mag der Befund jedoch kaum, zieht man in Betracht, dass es aus Sicht der Justiz nicht um die Rekonstruktion der sozialen Dimension eines Massenverbrechens als vielmehr um die Bestrafung individueller Täter für konkrete Delikte gehen konnte.[700]

Daher möchte ich die bekannte Klage über die Unzulänglichkeiten der Prozesse zu NS-Verbrechen mit der Frage kontrastieren, welche darüber hinausgehende Funktionen und Effekte die Bemühungen um Recht und Gerechtigkeit mit sich brachten. Erstens ist bemerkenswert, dass zu den Todesmärschen überhaupt jahrzehntelang ermittelt und teilweise auch prozessiert wurde. Die Quellen

699 Weinke, „Alliierter Angriff“, S. 40.
700 Vgl. Wildt, Differierende Wahrheiten, S. 51 f.

zeigen, dass trotz der skizzierten Schwierigkeiten bestimmte Tatorte immer wieder in den Blick gerieten und in Einzelfällen Täter noch spät zur Verantwortung gezogen wurden.

Zweitens ist die Bandbreite der beteiligten Akteure hervorzuheben. Teils kooperierend, teils konkurrierend ermittelten zu den Todesmärschen verschiedene alliierte Militäreinheiten und Behörden, deutsche Polizisten, Geheimdienste und Staatsanwaltschaften in Bundesrepublik und DDR. In ihren Blick geriet ein ebenso breites Spektrum von Tätern und Beteiligten: von den Lagerführern über SS-Männer und Aufseher bis hin zu örtlichen Volkssturmeinheiten und einheimischen Zivilistinnen und Zivilisten. Im Zeugenstand trat ein Querschnitt der deutschen Bevölkerung auf, und manche ehemaligen Häftlinge hinterließen mit ihren Zeugenaussagen die einzigen schriftlichen Dokumente ihres Leidenswegs.

Drittens wurden auch bei der Ahndung von Todesmarschverbrechen mehrere Ziele zugleich verfolgt. Einhergehend mit einer Bestrafung der Täter waren dies – mit je unterschiedlichen Gewichtungen – Propagierung des eigenen Weltbilds, Entnazifizierung und Re-Education.[701] Außerdem wurden Versuche unternommen, nicht nur die Täter, sondern in vielen Fällen auch die Opfer ausfindig zu machen und zu identifizieren. Unter anderem am Beispiel der Fahndungsaktion in Sachsen wurde deutlich, wie eng die Suche nach Tätern und Toten miteinander verknüpft war.

Gerade weil zu Beginn der Ermittlungen kaum gesichertes Wissen über die Konzentrationslager, geschweige denn die Räumungstransporte, vorlag, haben die Zeugenvernehmungen, Tatortskizzierungen und ersten Aussagen von Überlebenden dazu beigetragen, das grauenhafte Bild der NS-Verbrechen zu konkretisieren. Die nur selten erfolgreiche Suche nach den Tätern sowie die größtenteils gescheiterte Identifizierung der Opfer hat ein immenses Quellenkorpus hinterlassen. Dieses war hier die Grundlage, um mit den heute zur Verfügung stehenden Möglichkeiten und Methoden die damaligen Vorgänge in der Gesamtschau zu analysieren; zugleich bergen diese Unterlagen nach wie vor großes Forschungspotenzial.

Im Hinblick auf die Schwerpunkte dieser Arbeit ist zu konstatieren, dass die unterschiedlichen Ahndungsbemühungen einerseits dazu führten, dass die konkrete Lokalgeschichte nationalsozialistischer Massengewalt in den jeweiligen

701 Weinke, „Alliierter Angriff", S. 44; Meyer-Seitz, Verfolgung, S. 39–41; Robert Sigel, Die Dachauer Prozesse 1945–1948 in der Öffentlichkeit: Prozesskritik, Kampagne, politischer Druck, in: Osterloh/Vollnhals, NS-Prozesse, S. 131–147, hier S. 146; Clemens Vollnhals (Hrsg.), Entnazifizierung. Politische Säuberung und Rehabilitierung in den vier Besatzungszonen 1945–1949, München 1991, S. 9–24.

Ortschaften zum Thema wurde. Andererseits dokumentieren die erhaltenen Unterlagen deren subtile und offenkundige Nachwirkungen für das dörfliche Sozialgefüge. Es war auch Ermittlungen und Prozessen zu verdanken, dass die begangenen Verbrechen vor Ort nicht sofort vergessen und verdrängt werden konnten. Die daran anschließenden Formen und Inhalte solcher Vergegenwärtigungen werden im dritten und letzten Teil dieser Arbeit im Mittelpunkt stehen.

III. Erinnerung

1. Der Umgang mit den Toten

An den Wegen der Todesmärsche und Räumungstransporte wurden bei Kriegsende Tausende Leichen von KZ-Häftlingen exhumiert und umgebettet. Überall in Deutschland wurden die Toten aus Einzelgräbern und Bombentrichtern an Wald- und Straßenrändern, aus hastig angelegten Massengräbern und privaten Grundstücken geholt und auf bestehenden oder neu angelegten Friedhöfen begraben. Diese Re-Platzierungen erfüllten mehrere Funktionen. Sie sollten die Deutschen mit den nationalsozialistischen Massenverbrechen konfrontieren, die Dimensionen der verübten Gräueltaten für die Weltöffentlichkeit dokumentieren und die Boden- und Abwasserhygiene gewährleisten. Zugleich dienten sie auch forensischen Zwecken im Rahmen der Verfolgung von NS-Verbrechern sowie dem Versuch, die Opfer zu identifizieren. Nicht zuletzt sollten sie helfen, durch eine halbwegs geordnete und entsprechend ritualisierte Bestattung die Rückkehr zu zivilisatorischen Abläufen zu markieren und den Getöteten ansatzweise ihre Würde zurückzugeben.[1] In der Praxis bedeutete es aber auch, die Toten zu verorten, sich also durch die Entscheidung über einen geeigneten Bestattungsort in eine Beziehung zu ihnen und ihrem Schicksal zu setzen und dieser durch das Begraben Ausdruck zu verleihen.

1.1. Umbettungen in Bayern

Die Alliierten – zumindest die US-Amerikaner – verbanden mit den Exhumierungen und „Konfrontationen" den Anspruch, die oberflächlich verwischten Spuren der Verbrechen sichtbar zu machen. Dies zeigte sich etwa an General

1 Greiser, Todesmärsche, S. 332 mit Verweis auf Dagmar Barnouw, Ansichten von Deutschland (1945). Krieg und Gewalt in der zeitgenössischen Photographie, Basel/Frankfurt a. M. 1997, S. 88–91; Franz Maciejewski, Trauer ohne Riten – Riten ohne Trauer. Deutsche Volkstrauer nach 1945, in: Jan Assmann/Franz Maciejewski/Axel Michaels (Hrsg.), Der Abschied von den Toten. Trauerrituale im Kulturvergleich, Göttingen 2005, S. 245–266, hier S. 252–256.

Eisenhowers Direktive, die Deutschen sollten die „atrocity victims" an möglichst exponierter Stelle in der nächstgelegenen Stadt begraben.[2] Allerdings gab es unterschiedliche Interpretationen, welche Orte als entsprechend „prominent and suitable"[3] gelten mochten. So wurden mitunter solche Ehrenfriedhöfe tatsächlich mitten in Ortschaften angelegt, wie im oberpfälzischen Pleystein. Dort bestimmte die US-amerikanische Militärregierung den örtlichen Marktplatz als Friedhof für etwa 140 Opfer des Todesmarschs aus dem KZ Flossenbürg im Landkreis Vohenstrauß. In etlichen anderen Orten Bayerns, beispielsweise Cham,[4] Bad Steben,[5] Bernried[6] oder Schwarzenfeld,[7] wurden Gräberfelder auf den bestehenden örtlichen Gemeindefriedhöfen angelegt. Nachdem im niederbayerischen Nammering Hunderte Leichen gefunden worden waren, ordnete der US-amerikanische Kommandant an, dass die Toten auf den örtlichen Friedhöfen der umliegenden Ortschaften bestattet werden sollten. Dabei hieß es: „Dort wo kein Friedhof vorhanden ist, muß ein solcher in der Mitte des Ortes an geeigneter Stelle geschaffen werden."[8]

In vielen anderen Fällen wurden die Opfer der Todesmärsche jedoch an Plätzen begraben, die nicht so zentral, sondern etwas außerhalb der Ortschaften gelegen waren, so etwa in Mallersdorf,[9] Wallersdorf[10] oder Muschenried.[11] Das trifft im Übrigen auch für Orte außerhalb Bayerns zu, wie Gardelegen in Sachsen-Anhalt, wo die über 1000 Opfer des Massakers in der Feldscheune auf Anweisung

2 Greiser, Todesmärsche, S. 297; Zitat aus Earl F. Ziemke, The U.S. Army in the Occupation of Germany 1944–1946, Washington, D.C. 1975, S. 245.

3 Ebenda.

4 Die sogenannten KZ-Friedhöfe lassen sich innerhalb der Ortschaften gut anhand der Karten des von der Bayerischen Schlösserverwaltung herausgegebenen Bandes lokalisieren. KZ-Gedenkstätte auf dem Städtischen Friedhof, Stadt Cham, in: BSV, KZ-Friedhöfe, S. 170 f.

5 KZ-Grabstätte auf dem Gemeindefriedhof Bad Steben (Lkr. Hof), in: BSV, KZ-Friedhöfe, S. 212–214.

6 KZ-Gedenkstätte auf dem Friedhof Bernried (Gde. Rötz, Lkr. Cham), in: BSV, KZ-Friedhöfe, S. 177 f.

7 KZ-Gedenkstätte auf dem Gemeindefriedhof Schwarzenfeld (Lkr. Schwandorf), in: BSV, KZ-Friedhöfe, S. 190 f. Vgl. hierzu auch Fritz, Schwarzenfeld.

8 Befehl des Amerikanischen Kommandanten von Nammering [an die Gemeinde Eging], 15. 5. 1945, AGFl, A 939, unpag.

9 KZ-Friedhof und -Gedenkstätte Steinrain-Mallersdorf (Gde. Mallersdorf-Pfaffenberg, Lkr. Straubing-Bogen), in: BSV, KZ-Friedhöfe, S. 140–143.

10 KZ-Gedenkstätte (bis 1957 KZ-Friedhof und -Gedenkstätte) Wallersdorf (Lkr. Dingolfing-Landau), in: BSV, KZ-Friedhöfe, S. 144–147.

11 KZ-Gedenkstätte Muschenried (Gde. Winklarn, Lkr. Schwandorf), in: BSV, KZ-Friedhöfe, S. 188 f.

der US-Amerikaner auf einem neu angelegten Militärfriedhof direkt neben dem Tatort und nicht in der Stadt begraben wurden.[12] Allerdings ließen sie die Leichen, die in umliegenden Ortschaften verscharrt worden waren, auf den jeweiligen Ortsfriedhöfen bestatten und nicht zu den Gräbern bei der Feldscheune bringen, was auch ein mögliches Vorgehen gewesen wäre.[13]

Bei den frühen, zumeist von den US-Amerikanern angeordneten Begräbnissen werden verschiedene Praxen der Lokalisierung der Toten deutlich, mit denen sowohl auf die Omnipräsenz der Leichen als auch auf deren Anzahl reagiert wurde: Im Fall von Nammering hatte man eine so große Anzahl von Leichen in Massengräbern gefunden, dass sie auf die Friedhöfe der umliegenden Ortschaften verteilt, also dezentral bestattet wurden.[14] Weitaus häufiger jedoch zeigt sich umgekehrt eine Zentralisierung: Die Toten, die in mehreren benachbarten Ortschaften aufgefunden (und zum Teil dort bereits verscharrt worden waren), wurden gemeinsam auf einem Friedhof begraben.[15]

Ein gut dokumentiertes Beispiel für eine solche Zusammenlegung von Toten aus den Gemeindegebieten verschiedener Ortschaften ist Wetterfeld im Landkreis Cham, wo am damaligen südlichen Rand der Gemeinde ein neuer Ehrenfriedhof entstand.[16] Dieser von der US-amerikanischen Militärregierung festgelegte Platz befand sich zwar nicht mitten in der Ortschaft, aber an exponierter Stelle, direkt an der damaligen Reichsstraße 85. Zunächst wurden dort 52 Leichen, von denen die meisten in der unmittelbaren Umgebung des Ortes erschossen und verscharrt worden waren, bestattet.[17] Im Herbst 1945 wurde der Friedhof erheblich erweitert, als eine Kommission ehemaliger KZ-Häftlinge, Überlebende des Todesmarschs, auf der Strecke zwischen dem etwa zehn Kilometer entfernten Diebersried und Wetterfeld Opfer exhumierte und allein auf dieser Route 313 Leichen in 61 Gräbern vorfand. Hinzu kamen 286 Tote aus dem gesamten damaligen Landkreis Roding, die ebenfalls auf dem Wetterfelder Friedhof beigesetzt wurden.

12 Blatman, Todesmärsche, S. 573–579.

13 Ebenda, S. 578.

14 Greiser, Todesmärsche, S. 308.

15 P.C.I.R.O. Area Team 1044 an Control Section PCIRO Bureau of Tracing & Child Search, Field Office Bavaria, Subject: Investigation of the Mass-Grave of 31 C.C. Inmates at Cemetery Schauenstein LK. Naila, 18. 7. 1947, 5.3.2/84605326–84605328, ITS Digital Archive, Bad Arolsen.

16 Greiser, Todesmärsche, S. 296; KZ-Gedenkstätte Wetterfeld (Gde. Roding, Lkr. Cham), in: BSV, KZ-Friedhöfe, S. 174–176.

17 Robert Werner, Die namenlosen Toten von Wetterfeld, 20. 9. 2015, online unter: http://www.regensburg-digital.de/die-namenlosen-toten-von-wetterfeld/25092015/ [4. 1. 2016].

Diese Zusammenlegung von Grabstätten hatte mehrere Effekte: Einerseits wurden die Toten aus den Erdlöchern, in denen sie verscharrt worden waren, geholt und auf würdevolleren Friedhöfen bestattet. Zugleich gab es erste Bemühungen, die Opfer zu identifizieren. In oder bei den Ortschaften entstanden so erste Ehrenfriedhöfe; im Falle Pleysteins wurden den Einwohnerinnen und Einwohnern die Gräber der Häftlinge sogar unmittelbar vor die Haustüren gesetzt. So verschwanden sie jedoch aus den Gemarkungen der umliegenden Ortschaften, in denen sie zu Tode gekommen waren. Die Tatorte als solche wurden damit unkenntlich. Dies war laut Jörg Skriebeleit „ein erster Schritt zur Entkontextualisierung des historischen Ereignisses ‚Todesmärsche'."[18]

1.2. Konfrontationen I: Befreier und Bevölkerung

In der US-amerikanischen und britischen Besatzungszone hatten an zahlreichen Orten Angehörige der Alliierten Einheimische zwangsverpflichtet, die Toten gegebenenfalls auszugraben und auf eine mehr oder weniger würdige Weise zu bestatten. Diese „Konfrontationen" – die nicht nur Todesmarschverbrechen betrafen – und insbesondere ihre mediale Aufbereitung sind in der Literatur bereits breit behandelt worden.[19] Katrin Greiser hat vor allem für Bayern und den zunächst von der US-Armee besetzten Teil Mitteldeutschlands den Ablauf etlicher „Sühnebegräbnisse" detailliert rekonstruiert.[20] Sie resümiert, dass die Konfrontationen „von vornherein zum Scheitern verurteilt" gewesen seien: Sie hätten bei den Deutschen nicht zur Einsicht in den verbrecherischen Charakter des Nationalsozialismus geführt, sondern seien im Gegenteil als ungerechtfertigte Kollektivbestrafungen wahrgenommen worden. Zugleich hätten viele Deutsche

18 Skriebeleit, Exhumierungen, S. 319.

19 Bislang sind die „Konfrontationen" in der britischen Besatzungszone kaum analytisch in den Blick genommen worden. Vgl. dazu aber Hertz-Eichenrode, KZ, Bd. 1, S. 344–347; Sigrun Wulf (Hrsg.), Nur Gott der Herr kennt ihre Namen. KZ-Züge auf der Heidebahn, Schneverdingen 1991, S. 60–75. Zur US-Zone vgl. Abzug, Inside, S. 61–86; Barnouw, Ansichten, S. 53–119; Constanze Kutschker/Debora Landau, Ein Gründungsdilemma der deutschen Erinnerungskultur: das Massaker von Gardelegen am 13. April 1945 und seine Folgen, in: Forum Ritualdynamik. Diskussionsbeiträge des SFB 619 „Ritualdynamik" der Ruprechts-Karls-Universität Heidelberg. Hrsg. von Dietrich Harth und Axel Michaels, Nr. 10, 2005 (http://archiv.ub.uni-heidelberg.de/volltextserver/5435/1/GardelegenRitualforum.pdf [7. 1. 2016]); Winter, Öffentliche Erinnerungen, S. 33–36.

20 Greiser, Todesmärsche, S. 297–333. Außerdem liegen Fallstudien zu einzelnen Orten vor, in denen auch die Exhumierungen und Begräbnisse thematisiert werden. Vgl. Fritz, Schwarzenfeld, S. 101–103; Skriebeleit, Exhumierungen, S. 314–319.

geglaubt, „durch ihre Teilnahme an Exhumierungen oder Begräbnisfeiern wieder frei von jeder Schuld geworden zu sein".[21]

Dieses eindeutige Urteil bedarf in verschiedener Hinsicht der Differenzierung. Das betrifft erstens die Zielgruppen, zweitens die Formen sowie drittens die Ziele der US-amerikanischen „Konfrontationspolitik".[22] Zunächst ist zu fragen, an wen sich die Exhumierungen und Begräbnisrituale überhaupt richteten. Zum einen ging es um die Opfer, die posthum mit einem öffentlichen Begräbnis menschenwürdig bestattet und deren Leiden ehrend anerkannt werden sollten. Zum anderen waren die Leichen bzw. die davon gemachten Bilder handfeste Beweise für potenzielle Strafverfahren und zugleich wirkmächtige Objekte alliierter Propaganda und Re-Education. Dabei stand die deutsche Bevölkerung im Mittelpunkt, der das Ausmaß und die Abscheulichkeit der NS-Verbrechen vor Augen geführt werden sollte. Neben dieser erzieherischen Funktion war mit der bevorzugten Heranziehung ehemaliger NS-Funktionsträger für besonders unangenehme Aufgaben bei den Begräbnissen auch eine erste Form der Bestrafung beabsichtigt. Auf einer weiteren, indirekten Ebene richteten sich diese öffentlichen Exhumierungen und Begräbnisse jedoch auch an ein viel breiteres Publikum, das mit einer umfangreichen medialen Dokumentation – Zeitungsartikel, Plakataushänge mit drastischen Fotografien und Texten[23] oder der Vorführung von sogenannten *atrocity*-Filmen[24] – erreicht werden sollte: einerseits die an den Umbettungen oder Zwangsbesichtigungen nicht direkt beteiligte deutsche Bevölkerung, andererseits die US-amerikanische Öffentlichkeit, die man von der humanitären Wichtigkeit und moralischen Richtigkeit des verlustreichen militärischen Engagements auf dem europäischen Kriegsschauplatz überzeugen wollte.[25]

Dies verweist zudem auf unterschiedliche Modi der Konfrontation, die zwar gelegentlich parallel liefen, aber an verschiedene Adressaten gerichtet waren. So sind visuelle „Erschreckensrituale" – das Betrachten von Leichen oder *atrocity*-

21 Greiser, Todesmärsche, S. 332 f.

22 Kutschker/Landau, Gründungsdilemma.

23 Barbara Wolbring, Nationales Stigma und persönliche Schuld. Die Debatte über Kollektivschuld in der Nachkriegszeit, in: Historische Zeitschrift 289 (2009) 2, S. 325–364, hier S. 333–338.

24 Ulrike Weckel, Beschämende Bilder. Deutsche Reaktionen auf alliierte Dokumentarfilme über befreite Konzentrationslager, Stuttgart 2012.

25 Cornelia Brink, Ikonen der Vernichtung. Öffentlicher Gebrauch von Fotografien aus nationalsozialistischen Konzentrationslagern nach 1945, Berlin 1998, S. 35–40; Cora Sol Goldstein, Capturing the German Eye. American Visual Propaganda in Occupied Germany, Chicago 2009, S. 22–32.

Bildern – analytisch vom aktiven körperlichen Kontakt, dem Exhumieren und Bestatten der Toten mit den eigenen Händen als „Sühne- oder Bußritual", zu unterscheiden.[26]

Ferner waren diese Formen der Konfrontationspolitik mit jeweils anderen Zielen verbunden. So ist durchaus zu unterscheiden, ob die Alliierten damit bei den Deutschen Gefühle der Schuld oder der Scham zu evozieren suchten.[27] Die Frage, inwiefern den Deutschen öffentlich eine Kollektivschuld an den NS-Verbrechen vorgeworfen wurde, ist in der Forschung nach wie vor umstritten,[28] jedoch hat insbesondere Ulrike Weckel zuletzt betont, dass es den US-Amerikanern weniger um die Zuweisung von Schuld als vielmehr um öffentliche Beschämung der Deutschen gegangen sei.[29] Allerdings gab es auch Mischformen, wie an einem Beispiel aus der britischen Besatzungszone deutlich wird. So hieß es in einer von der Besatzungsmacht genehmigten Rede anlässlich der feierlichen Umbettung von 62 Opfern eines Evakuierungstransports in Schneverdingen (Niedersachsen) am 27. April 1945 in Anlehnung an biblische Texte: „Es macht uns nicht nur traurig, es beschämt uns. Einzelne Männer unseres Volkes haben hier eine Schuld auf sich geladen, und wir alle müssen sie tragen. Wir bekennen mit Daniel: Wir müssen uns schämen!"[30] Zugleich wurde jedoch auf einem frühen Gedenkzeichen auf dem Friedhof sehr eindeutig Schuld zugewiesen: „Hier liegen die Überreste von 62 unbekannten Menschen, für deren Tod Deutschland verantwortlich ist."[31]

Eine differenzierte Betrachtung der US-amerikanischen „Konfrontationspolitik" kann helfen, den Blick zu schärfen und zugleich die Forschungsergebnisse zu integrieren: Während die „Sühne- und Bußrituale", zu denen Teile der einheimischen Bevölkerung nach der Entdeckung etlicher Todesmarsch-

26 Vgl. zur Differenzierung zwischen „Erschreckens- und Sühneritualen" Kutschker/Landau, Gründungsdilemma, S. 3.

27 Zu dieser Unterscheidung vgl. auch Aleida Assmann/Ute Frevert, Geschichtsvergessenheit – Geschichtsversessenheit. Vom Umgang mit deutschen Vergangenheiten nach 1945, Stuttgart 1999, S. 139.

28 So hielt Norbert Frei den Vorwurf der Kollektivschuld für eine deutsche Erfindung. Norbert Frei, Von deutscher Erfindungskraft. Oder: Die Kollektivschuldthese in der Nachkriegszeit, in: ders. (Hrsg.), 1945 und wir. Das Dritte Reich im Bewußtsein der Deutschen, München 2005, S. 145–155 (zuerst erschienen in: Rechtshistorisches Journal 16 (1997), S. 621–634). Anders hingegen Wolbring, Stigma; Assmann/Frevert, Geschichtsvergessenheit, S. 117.

29 Weckel, Bilder, S. 14–18.

30 Zitiert nach Wulf, Gott, S. 61.

31 Gemeinde Schneverdingen, Kreis Soltau, Kategorie C I c, 18. 6. 1946, 5.3.1/84601086, ITS Digital Archive, Bad Arolsen.

verbrechen herangezogen wurden, mit der Frage nach kollektiver Verantwortung und strafender Sanktion verbunden waren, zielten die „Erschreckensrituale" auf individuelle Scham seitens des deutschen und drastische Überzeugungskraft im Hinblick auf das internationale Publikum. Da Scham ausgelöst wird, „wenn man den Blick anderer auf sich spürt",[32] wurde auf den Fotografien und Filmen von Bestattungen und Zwangsbesichtigungen zumeist auch festgehalten, wie US-amerikanische GIs die Konfrontationen beobachteten, überwachten und dokumentierten.[33]

In dieser Perspektive erscheint die eindimensionale Interpretation der Konfrontationen als „Misserfolg" kaum gerechtfertigt.[34] Dies mag in Bezug auf ein selbstreflexives Schuldeingeständnis der Deutschen zutreffen,[35] nicht jedoch was die anderen Effekte und Funktionen der Bestattungen, Zwangsbesichtigungen und Vorführungen betrifft: Erstens wurden im Hinblick auf die Opfer die unzähligen Toten aus den Erdlöchern, in denen sie verscharrt worden waren, auf Friedhöfe umgebettet und ihnen zu Ehren erste Gedenkstätten errichtet. Zweitens hat die Dokumentation der Begräbnisse durchaus ihren aufklärerischen Zweck erfüllt, da die schockierenden Bilder der Weltöffentlichkeit auf drastische Weise das Ausmaß der NS-Verbrechen offenlegten. Und drittens sind in Bezug auf die versuchte Beschämung der Deutschen tatsächlich Erfolge der US-Amerikaner festgestellt worden.[36] In diesem Sinne notierte ein US-Leutnant, der in Hoym (Sachsen-Anhalt) eine Exhumierung und Bestattung hatte durchführen lassen,[37] über das einheimische Publikum zufrieden: „The priest shamed them with seemingly good effect, because many of the people were crying when he finished."[38]

Generell ist jedoch fraglich, ob die Bewertung der US-amerikanischen Maßnahmen bei der Aufdeckung von Todesmarschverbrechen und anderen nationalsozialistischen Untaten in Kategorien von Erfolg oder Misserfolg überhaupt

32 Weckel, Bilder, S. 16.

33 Barnouw, Ansichten, S. 100–104, 143 f.; Kutschker/Landau, Gründungsdilemma, S. 25.

34 Greiser, Todesmärsche, S. 332. Für ein differenziertes Urteil vgl. auch Goldstein, Capturing, S. 39.

35 So hielt ein ehemaliges Mitglied der US-amerikanischen Psychological Warfare Section im Ergebnis einer Studie fest: „When a sense of shame was noted, it was a purely personal reaction without any feelings of coresponsibility." Morris Janowitz, German Reactions to Nazi Atrocities, in: The American Journal of Sociology 52 (1946) 2, S. 141–146, hier S. 145.

36 Weckel, Bilder, S. 532; Kutschker/Landau, Gründungsdilemma, S. 16 f.

37 Vgl. zu diesem Begräbnis Greiser, Todesmärsche, S. 319–321.

38 Affidavit 2nd Lt. Richard C. Osmundson, 7th US Army, 1. 5. 1945, NARA, RG 549, Box 488, 000-12-424, unpag.

trägt.[39] So ist es einerseits methodisch außerordentlich schwierig, etwa die Effekte von Medienrezeption valide zu messen. Zum anderen stellt sich die Frage, was überhaupt der Maßstab sein sollte, an dem das Eingestehen von Schuld oder Beschämung überindividuell abzulesen sein könnte.

1.3. Umbettungen in Sachsen

Massenhafte Umbettungen fanden nicht nur in der US-amerikanischen, sondern ebenso in der Sowjetischen Besatzungszone statt.[40] Hier bietet es sich an, einen Blick nach Sachsen zu werfen, wo mit der im Abschnitt zur Ahndung angeführten „Fahndungsaktion" nicht nur die Täter, sondern auch die Opfer und ihre Grabstätten ermittelt werden sollten.[41] Auch für Sachsen zeigt sich deutlich das Bestreben, die überall verscharrten Toten zu exhumieren und auf gemeinsamen Friedhöfen zu bestatten. Die ehemaligen KZ-Häftlinge, die diese Suchaktion initiierten, hatten ursprünglich sogar geplant, für ganz Sachsen eine gemeinsame Grab- und Gedenkstätte zu schaffen.[42] Allerdings setzte man letztlich ein etwas dezentraleres Konzept mit mehreren größeren Zielfriedhöfen beziehungsweise Gedenkstätten um. Gelegentlich erging seitens der Landesverwaltung auch nur die Bitte, verscharrte Leichen auf den örtlichen Friedhof zu überführen.[43]

Die Ausgrabungen sollten kurz vor dem 29. September 1945 stattfinden, der von der Landesregierung als „Gedenktag für die Opfer des Faschismus" terminiert wurde.[44] Während in der US-amerikanischen Besatzungszone die

39 Vgl. auch Ulrike Weckel, Zeichen der Scham. Reaktionen auf alliierte atrocity-Filme im Nachkriegsdeutschland, in: Mittelweg 36 1 (2014), S. 3–29, hier S. 27.

40 Zu Exhumierungen und Umbettungen vor allem in Thüringen, Sachsen-Anhalt und Sachsen vgl. Greiser, Todesmärsche, S. 318–332, 344–366.

41 Einige Aspekte dieser Suchaktion habe ich bereits in kürzeren Beiträgen thematisiert. Vgl. Winter, Frühe Ermittlungen, S. 137–139; ders., Die Todesmärsche in Sachsen. Verbrechen, Ahndung und Gedenken 1945 bis 1949, in: Mike Schmeitzner/Clemens Vollhals/Francesca Weil (Hrsg.), Von Stalingrad zur SBZ. Sachsen 1943 bis 1949, Göttingen 2015, S. 157–173, hier S. 169 f.

42 Abt. Inneres und Volksbildung, Erster Vorschlag, 5. 7. 1945, SHStAD, 11391, Nr. 995, Bl. 89 f., hier Bl. 89.

43 Landesverwaltung Sachsen/Landesnachrichtenamt an Martha Käser (Kamenz), Betrifft: Opfer des Faschismus, 17. 9. 1945, SHStA, 11391, Nr. 993, Bl. 133.

44 Protokoll der Präsidialsitzung vom 17. 9. 1945, in: Andreas Thüsing (Hrsg.), Das Präsidium der Landesverwaltung Sachsen. Die Protokolle der Sitzungen vom 9. Juli 1945 bis 10. Dezember 1946, Göttingen 2010, S. 178; „Proklamation der Landesverwaltung Sachsen zum Gedenktag für die Opfer des Faschismus", in: Amtliche Nachrichten der Landesverwaltung Sachsen, 24. 9. 1945.

Heranziehung der lokalen Bevölkerung und insbesondere ehemaliger NS-Funktionsträger gang und gäbe war, stritt man in der Landesverwaltung Sachsen um die „Beantwortung der politischen Fragen: sollen die Nazis ausgraben?" Ebenso war noch unklar, ob die Pfarrer am Sonntag nach dem Gedenktag zum Thema predigen sollten. Hier deutet sich ein früher Konflikt um die politische oder religiöse Deutungshoheit bei den Gedenkfeiern an. Allerdings sollten in den Orten, in denen die Toten neu bestattet wurden, die Kirchenglocken läuten, um den Veranstaltungen einen feierlichen Rahmen zu geben.[45]

In Rundschreiben an die Kriminalpolizei, die Landräte und die Bürgermeister in Sachsen wurde betont: „Im Landkreis Meißen, in Radeberg und anderen Orten Sachsens hat die Bevölkerung im Monat Juli spontan die in Straßengräben, auf Äckern, in Sandgruben verscharrten letzten Opfer des Faschismus ausgegraben und ihnen auf den Friedhöfen eine würdige Ruhestätte gegeben." Weiter hieß es, man solle sich dies zum Vorbild nehmen, die aufgefundenen Gräber markieren und weitere Anweisungen der Landesverwaltung abwarten.[46]

Parallel zur Verwaltungsebene waren Justiz und Exekutive an der Aktion beteiligt, wie sich am Beispiel des Landkreises Döbeln nachvollziehen lässt.[47] Dort begab sich im September eine Kommission, bestehend aus dem Sekretär des Landrats, dem Leiter des Amtsgerichts und zwei Kriminalpolizisten, auf eine mehrtägige Reise auf den Spuren der Todesmärsche durch den Landkreis. Sie besichtigten Grabstätten, befragten Bürgermeister, Polizisten, Zeugen und sogar ehemalige KZ-Wachmänner. Die Ergebnisse ihrer Fahrt dokumentierten sie in einem Bericht, laut dem sie 15 Gräber mit 23 Leichen von KZ-Häftlingen gefunden und kartiert hatten. Am Ende sprachen sie die Empfehlung aus, „die Leichname an einer zentralen Stelle beizusetzen, da geplant ist, einen entsprechenden Gedenkstein zu setzen".[48] Es gab jedoch auch Bestrebungen aus den Ortschaften, Grabstätten zu erhalten. So bat ein Bürgermeister darum, dass sieben erschossene Häftlinge „nicht wieder ausgegraben werden, sondern auf dem Friedhof von Niederstriegis verbleiben. Das Grab war von den Antifaschisten von Niederstriegis

45 Resultat der Besprechung mit Schliebs, 1. 9. 1945, SHStAD, 11391, Nr. 995, Bl. 100–102, hier Bl. 102.

46 Landesverwaltung Sachsen, Inneres und Volksbildung, Abt. Landesnachrichtenamt, Rundschreiben an alle Bürgermeister und Landräte Sachsens (Abschrift), 11. 8. 1945, StAL, 20232 Kreistag/Kreisrat Döbeln, Nr. 1083, Bl. 32.

47 Der Landrat zu Döbeln an den Herrn Bürgermeister in [Naundorf b.R., Reichenbach, Massanei, Waldheim, Hartha, Gersdorf b. L., Schönerstädt, Etzdorf, Marbach, Nossen], 14. 8. 1945, ebenda, Bl. 30.

48 Kriminalpolizei Döbeln, Betrifft: Opfer des Faschismus, 13.–26. 9. 1945, ebenda, Bl. 35–42, hier Bl. 42.

sehr schön geschmückt worden."[49] Es befindet sich bis heute auf dem Friedhof.[50] Wie sich herausstellte, hatten in verschiedenen Orten Sachsens bereits im Sommer Umbettungen stattgefunden. Oft waren sie auf das Betreiben der örtlichen Antifa-Ausschüsse zurückgegangen.[51]

Die Suchaktion der Landesverwaltung löste aber auch Unsicherheit im Umgang mit aufgefundenen Toten aus, der zwischen Pragmatismus und Ehrerbietung changierte. So hatten in der Gegend um Glauchau Pilzsammler und Kinder im August 1945 mehrere oberflächlich verscharrte Leichen gefunden. Da sie bereits stark verwest waren, wurden sie von der örtlichen Polizei kurzerhand an Ort und Stelle vergraben. Als Reaktion auf das Rundschreiben der Landesverwaltung markierte man die Gräber und erbat konkretere Anweisungen zum weiteren Verfahren.[52] Dabei fühlte sich die Glauchauer Polizei genötigt, mehrfach nachzuhaken, da die Toten „in einem Quellgebiet liegen und es infolge der fortschreitenden Verwesung aus hygienischen Gründen notwendig erscheint, daß diese Leichen weggeschafft werden".[53]

In Anbetracht der Tatsache, dass es sich bei einem großen Teil der Todesmarschopfer eindeutig oder mutmaßlich um Juden gehandelt hatte, war der Umgang mit den Leichen fragwürdig. So muss dahingestellt bleiben, ob die Überführungen in jedem Fall durch die Ausnahmeregelungen zum Exhumierungsverbot für jüdische Tote gedeckt gewesen wären.[54] Von Desinteresse an religiösen

49 Ebenda, Bl. 38v.

50 Bundeszentrale für politische Bildung (Hrsg.), Gedenkstätten für die Opfer des Nationalsozialismus. Eine Dokumentation, Bd. II: Berlin, Brandenburg, Mecklenburg-Vorpommern, Sachsen-Anhalt, Sachsen, Thüringen, Bonn 1999, S. 720.

51 Bürgermeister der Stadt Eibenstock an Landesverwaltung Sachsen/Inneres und Volksbildung/Landesnachrichtenamt, 27. 8. 1945, SHStAD, 11391, Nr. 992, Bl. 170; Kreispolizei-Geschäftsstelle Oelsnitz/V. an den Landrat in Oelsnitz i.V., Betr.: „Opfer des Faschismus", 29. 8. 1945, SHStAD, 11391, Nr. 993, Bl. 78. Zu den Antifa-Ausschüssen vgl. Lutz Niethammer/Ulrich Borsdorf/Peter Brandt (Hrsg.), Arbeiterinitiative 1945. Antifaschistische Ausschüsse und Reorganisation der Arbeiterbewegung in Deutschland, Wuppertal 1976; Jeannette Michelmann, Aktivisten der ersten Stunde. Die Antifa in der Sowjetischen Besatzungszone, Köln/Weimar/Wien 2002.

52 Kriminalpolizei Glauchau an Landesverwaltung Sachsen, Betrifft: die Auffindung von fünf nur oberflächlich begrabenen männlichen Leichen, 20. 8. 1945, SHStAD, 11391, Nr. 993, Bl. 185; Kriminalpolizei Glauchau, 27. 8. 1945, ebenda, Bl. 186.

53 Kommando der Kriminalpolizei Abt. II Glauchau an Landesnachrichtenamt Sachsen, Betrifft: Leichen im Glauchauer Gebiet, 3. 9. 1945, ebenda, Bl. 191.

54 Vgl. zu dieser Frage Walter Homolka, Hesed und Zedaka als Triebfedern religionsgesetzlicher Entscheidung – Ein Responsum zu Exhumierung und Totenwürde, in: Walter Jacob/ders. (Hrsg.), Hesed and Tzedakah. From Bible to Modernity, Berlin 2006, S. 101–105.

Belangen zeugt jedenfalls die Praxis in Plauen, wo auf dem örtlichen Friedhof 15 Tote aus umliegenden Gemeinden vor der „ehrenvollen" Beisetzung verbrannt wurden,[55] was mit den jüdischen Bestattungsregeln grundsätzlich nicht vereinbar ist. Dass es sich bei diesen Opfern um jüdische Gefangene gehandelt hatte, war – wie aus den Dokumenten hervorgeht – den Verantwortlichen bewusst.[56]

Hunderte Todesmarschopfer in Sachsen wurden anlässlich des Gedenktags exhumiert und umgebettet. Damit entstanden überall erste Gedenkstätten für die Opfer der Todesmärsche.[57] Die Landesverwaltung hatte über die Presse angeordnet: „Überall dort, wo die Massengräber politischer Häftlinge aufgefunden worden sind, die von der SS erschossen und verscharrt wurden, soll an diesem Tage feierliche Umbettung der Leichen auf einen besonders bevorzugten Platz auf dem Friedhof erfolgen. Dort, wo die Umbettung bereits stattgefunden hat, sollen die Gräber an diesem Tage besonders geschmückt und wenn möglich Gedenktafeln errichtet werden."[58]

Bereits hier zeigt sich eine Engführung, nach der es sich bei den Toten ausschließlich um politische Gefangene gehandelt habe. Andere Opfergruppen hatten schon in diesen ersten öffentlichen Thematisierungen kaum einen Platz. Tatsächlich zeigt die Berichterstattung zum ersten Gedenktag für die Opfer des Faschismus in Sachsen aber auch eine darüber hinausgehende Entkonkretisierung. Zwar hatte es im Vorfeld geheißen: „Im Mittelpunkt der Kundgebungen steht die Überführung der ermordeten Häftlinge und Gefangenen aus Massengräbern und Erdlöchern, in denen sie oberflächlich verscharrt wurden, nach würdevollen Gedenkstätten."[59] Allerdings wurden anscheinend weder auf den Kundgebungen noch in der Presse die Räumungstransporte durch Sachsen und die dabei verübten Verbrechen direkt thematisiert.[60] Lediglich für den Kreis Döbeln

55 Der Oberbürgermeister der Kreisstadt Plauen, Polizeipräsidium/Kriminalpolizei, 5. 10. 1945, SHStAD, 11391, Nr. 993, Bl. 14.

56 Der Oberbürgermeister der Kreisstadt Plauen, Polizeipräsidium/Kriminalpolizei, Betrifft die Ausgrabung von 4 weiblichen KZ-Häftlingen im Gemeindegarten in Theuma/Vogtl., 13. 10. 1945, ebenda, Bl. 33.

57 Vgl. auch Nora Goldenbogen, Einführung [Sachsen], in: BpB, Gedenkstätten, Bd. II, S. 608–616, hier S. 610 f.

58 „Proklamation der Landesverwaltung Sachsen: Der 29. September Landesfeiertag", in: Volkszeitung (Chemnitz), 27. 9. 1945.

59 „Gedenktag für die Opfer des Faschismus", in: Volkszeitung (Chemnitz), o. D. (Nr. 27, vermutl. 1. 9. 1945). Vgl. auch „Auf dem Todesmarsch durch Augustusburg", in: Volkszeitung (Chemnitz), 22. 9. 1945.

60 Vgl. u. a.: „Kundgebungen im oberen Erzgebirge", „Auerswalde", in: SVZ (Chemnitz), 3. 10. 1945; „Gedenkfeier in Pockau", „Unsere Kundgebung in Lengefeld i. Erzg.", „Machtvoller Aufmarsch in Olbernhau", in: SVZ (Chemnitz), 5. 10. 1945; „Aus den Kreisen Annaberg

verwies die „Volksstimme" recht unkonkret auf die „grausigen Spuren, die die SS und ihre Schergen auch hier hinterließen".[61]

In Sachsen reagierte die Landesverwaltung auf die dezentralen Verbrechen der Räumungstransporte mit organisatorischer, räumlicher und zeitlicher Vereinheitlichung.[62] Alle Stränge der flächendeckenden Opfersuche sollten im Landesnachrichtenamt zusammenlaufen, wo der Gedenktag geplant wurde. An diesem sollten überall im Land die Leichname der KZ-Häftlinge würdevoll bestattet und dabei räumlich konzentriert werden. Mit dieser Zentralisierung korrespondierte eine erste Zuspitzung des Todesmarsch-Narrativs auf die Opfergruppe der politischen Häftlinge. Frappierend ist jedoch insbesondere, dass das konkrete Tatgeschehen, das die Überführung der Toten aus Erdlöchern am Straßenrand überhaupt notwendig machte, während der Gedenkfeierlichkeiten deutlich in den Hintergrund trat. Vielmehr war der erste „Gedenktag für die Opfer des Faschismus" in politischer Hinsicht ein Integrationsangebot an die Bevölkerung, die auf Loyalität zur neuen Führung und auf Mithilfe beim Wiederaufbau verpflichtet werden sollte. Schon im Vorfeld hatten die Blockparteien in der Presse exklamatorisch angekündigt: „All dieser Opfer gedenken wir in Trauer und Dankbarkeit! [...] Der beste Dank aber ist die Tat! Es gilt aufzuräumen und neu aufzubauen! Wer mit anpackt ist unser Mann, von welcher Seite er auch kommen mag. Mitarbeit am Wiederaufbau ist eine Ehrenpflicht für alle und keine Strafe!"[63]

Mit dem Begraben der Toten ging nicht nur Erinnerung an ihr Leid einher; zugleich symbolisierte dieser Akt auch einen Abschluss und Neubeginn. So erklärte in Dresden Otto Buchwitz von der SPD, „daß über Särge hinweg unser Weg in eine neue lichte Zukunft führt".[64] Außerdem stellten die Veranstaltungen

und Marienberg", in: SVZ (Chemnitz), 6. 10. 1945; „Ehrenhain Dittersbach i. Erzg.", in: SVZ (Chemnitz), 10. 10. 1945; „Demonstration der Siebzigtausend", in: Volksstimme (Dresden), 1. 10. 1945; „Gedenkfeier der Belegschaft der Landesverwaltung", in: Volksstimme (Dresden), 3. 10. 1945; „Gedenkfeier in Glashütte", in: Volksstimme (Dresden), 3. 10. 1945; „Der Gedenktag für die Opfer des Faschismus. Gedächtnisfeiern auf dem Lande", in: Volksstimme (Dresden), 4. 10. 1945; „Riesenaufmarsch auf dem Karl-Marx-Platz. Das Gedenken der Leipziger Bevölkerung an die Opfer des Faschismus", in: Volksstimme (Dresden), 4. 10. 1945; „Totgefroren – Vergast – Verbrannt. Bericht von der Gedenkfeier für die Opfer des Faschismus in der Landesverwaltung", in: Volksstimme (Dresden), 6. 10. 1945.

61 „Acht Särge, die zu denken geben! Waldheim im Mittelpunkt aller Gedenkfeiern für die Opfer des Faschismus im Kreise Döbeln", in: Volksstimme (Dresden), 6. 10. 1945.

62 Diese Gedanken habe ich bereits in einem früheren Beitrag skizziert. Vgl. Winter, Frühe Ermittlungen, S. 138 f.

63 „Männer, Frauen, Jugend Sachsens!", in: Volkszeitung (Chemnitz), 17. 9. 1945.

64 „Gewaltiges Bekenntnis zur Demokratie", in: Sächsische Volkszeitung (Leipzig), 3. 10. 1945.

Angebote für die Mehrheitsbevölkerung dar, sich durch die Teilnahme von den Taten zu distanzieren. In diesem Sinne interpretierte auch die „Volkszeitung“ den Gedenktag: „Allen Kundgebungsteilnehmern stand der Ernst des Tages in den Gesichtern geschrieben, sie wußten, daß es gilt, die Schmach der letzten zwölf Jahre zu tilgen, die das verbrecherische Hitlersystem an den besten Söhnen Deutschlands sowie der Welt in seiner grausamen Mordgier begangen hat. Durch ihre Teilnahme an der Kundgebung gab die Bevölkerung diesem Willen beredten Ausdruck.“[65]

Zuletzt ging die räumliche Zusammenlegung der Opfer mit dem Aufruf zur politischen Vereinheitlichung einher. So erwähnte Wilhelm Pieck bei seiner Rede in Chemnitz zwar nicht die Todesmärsche, rief dafür aber umso entschlossener dazu auf, eine „einzige und einheitliche Arbeiterpartei“ zu bilden.[66]

Katrin Greiser hat betont, dass Qualität und Quantität der Suche nach Todesmarschopfern und ihre Bestattung in der SBZ erheblich von deutschen Behörden und insbesondere überlebenden Häftlingen abhingen. Dies zeigt sich auch am sächsischen Beispiel. Allerdings muss ihre These, dass in der SBZ die „Maßnahmen zur Auffindung und Bestattung von Todesmarschopfern relativ schwerfällig und unkoordiniert“ erfolgt seien, differenziert werden.[67] Im Gegenteil war das Vorgehen der Landesverwaltung zu diesem frühen Zeitpunkt ausgesprochen zielgerichtet. Und auch in Brandenburg fand eine über die Landräte organisierte Such- und Fahndungsaktion statt, bei der zahlreiche Bürgermeister von Gemeinden, die von den Todesmärschen aus Sachsenhausen durchquert wurden, über Hunderte Grabstätten berichteten.[68] Zugleich zeigten sich bereits hier entkonkretisierende Narrative, die nicht erst mit der Auflösung der VVN im Jahr 1953 zu einer politischen Vereinnahmung des Gedenkens an die Todesmärsche führten.[69]

Vergleichend lassen sich zwischen der sowjetischen und der US-amerikanischen Besatzungszone für die ersten Nachkriegsmonate Parallelen bei der

65 Ebenda.

66 „Die Aufgaben der demokratischen Einheitsfront. Rede des Genossen Wilhelm Pieck am 29. September bei der Kundgebung im Marmorpalast Chemnitz“, in: Sächsische Volkszeitung (Leipzig), 4. 10. 1945.

67 Greiser, Todesmärsche, S. 369.

68 [Kreis Ruppin,] Betrifft: Such- und Fahndungsaktion nach verschollenen Häftlingen aus den Konzentrationslagern Sachsenhausen und Ravensbrück, o. D. (vermutl. 1945), SAPMO-BArch, DY 55/V 278/2/147, unpag.; Landrat des Kreises Ostprignitz an die Provinzialverwaltung der Mark Brandenburg, Betrifft: Ihre Verfügung Sozialabteilung VII/3 vom 24. 7. 1945 und Ihr Schreiben vom 13. 8. 1945, 20. 8. 1945, SAPMO-BArch, DY 55/V 278/2/147, unpag.

69 So Greiser, Todesmärsche, S. 370.

Bestattungspraxis feststellen: In der Regel wurden die Toten aus unzähligen verstreuten Graborten an der Peripherie der Ortschaften exhumiert und auf zentralen Friedhöfen gemeinsam begraben. Auf diese Weise wurde nicht nur den Opfern ihr Platz in der Gemeinde – und im übertragenen Sinne auch in der Gesellschaft – zugewiesen, es gingen auch sichtbare räumliche Veränderungen damit einher. Friedhöfe wurden neu angelegt und bestehende um gesonderte Grabfelder erweitert. Aus einigen Dörfern verschwanden die Toten, dafür entstanden neue Sammelgräber und erste Ehrenfriedhöfe. Aus der Topografie des Sterbens und Verschwinden-Lassens wurde eine Topografie des Gedenkens und Vergessens.

1.4. Konfrontationen II: Überlebende und Einheimische

Die Nachgeschichte der Todesmärsche war erheblich von Konflikten und widersprüchlichen Interessen geprägt; verstärkt wurde dies durch traumatische Erfahrungen, emotionale Bedürfnisse und politische Prämissen der Beteiligten. Die Alliierten waren zutiefst entsetzt über das sichtbare Ausmaß der Verbrechen, die Überlebenden hatten das Bedürfnis, ihre ermordeten Kameraden zu würdigen, und der deutschen Bevölkerung war an einer Distanzierung von den Taten gelegen. Zugleich mussten die neuen Funktionsträger einen pragmatischen Umgang mit der moralischen und gerade bei den Räumungstransporten auch praktischen Involvierung breiter Teile der Bevölkerung in die NS-Verbrechen finden. Diese Konstellation barg erhebliches Reibungspotenzial, das sich am Umgang mit den Toten entzündete.

Es wurde bereits deutlich, dass sich in der unmittelbaren Nachkriegszeit insbesondere die überlebenden KZ-Häftlinge und andere ehemalige NS-Verfolgte dafür einsetzten, Todesmarschrouten aufzuklären, Gräber zu lokalisieren, würdige Grab- und Gedenkstätten zu errichten und gegebenenfalls die Identität ermordeter und verscharrter Kameradinnen und Kameraden zu ermitteln.[70] Ulrike Haß hat auf die „enge Persönliche Bindung [der Überlebenden] an die Ermordeten, das Vermächtnis, das die Lebendgebliebenen den Toten gegenüber

70 Regina Scheer, Einführung [Mecklenburg-Vorpommern], in: BpB, Gedenkstätten, Bd. II, S. 380–385, hier S. 282; Beatrix Herlemann, Sachsen-Anhalt/Einführung, in: ebenda, S. 498–507, hier S. 500. Zur Vorgeschichte der VVN vgl. Susanne zur Nieden, Antifaschismus und Kalter Krieg. Vom Hauptausschuß für die Opfer des Faschismus zur Vereinigung der Verfolgten des Naziregimes, in: Günter Morsch (Hrsg.), Von der Erinnerung zum Monument. Die Entstehungsgeschichte der Nationalen Mahn- und Gedenkstätte Sachsenhausen, Berlin 1996, S. 77–86.

und niemandem sonst zu erfüllen haben", verwiesen.[71] Ein zentrales Betätigungsfeld war demnach auch die Sorge um die unbestatteten oder notdürftig verscharrten Opfer der Todesmärsche.

So prangerte Ende 1945 die Kommunistische Partei in der Presse an, dass in der Umgebung von Thierstein im Fichtelgebirge noch immer 22 Todesmarschopfer unbestattet seien: „Die Leichen sind nur von wenig Erde bedeckt und die Füchse haben ihr Werk bereits begonnen." Man erwarte vom zuständigen Landrat, „daß auch diesen Opfern des Faschismus unverzüglich eine ehrenvolle Ruhestätte gegeben wird".[72]

Andernorts nahmen Überlebende die Umbettung von Toten sowie Versuche der Identifizierung selbst in die Hand. So begann im Oktober 1945 unter der Leitung von Dr. Thadeusz Wolanski die bereits erwähnte „Exhumations- und Identifikationskommission für ermordete ehemalige Häftlinge deutscher Konzentrationsläger im Kreis Roding" ihre Arbeit. Alle sechs Mitglieder waren ehemalige KZ-Häftlinge und auf dem Todesmarsch im wenige Kilometer entfernten Stamsried befreit worden. Sie sahen es als ihre Aufgabe an, ihren toten Kameraden „eine entsprechende Ruhestätte auf einem gemeinsamen Friedhof in Wetterfeld zu gewähren" sowie „die Todesursache [sic!] und Identifikation so weit möglich, durchzuführen".[73] Dabei konnte von mehreren Hundert Opfern zumindest die Haftnummer ausgemacht werden. Neben mehr als 300 erschossenen Toten stellte die Kommission fest, dass zahlreiche Häftlinge erschlagen worden waren oder durch Entkräftung ums Leben gekommen sein mussten. Zudem waren mindestens 24 Gefangene „erstickt durch Erdverschüttung", also lebendig begraben worden.[74] Ihren Bericht schlossen sie mit den Worten: „Mit Beendigung der Exhumations- und Identifikationsarbeiten sieht die Komission [sic!] mit Genugtuung auf ihre schwierige aber erfolgreiche Aufgabe, der Welt einen weiteren Beweis deutscher Kriegsschuld geliefert zu haben. Unseren in bestialischer Weise ermordeten Leidenskollegen haben wir einen letzten Liebesdienst erwiesen."[75]

71 Ulrike Haß, Mahnmaltexte 1945 bis 1988. Annäherung an eine schwierige Textsorte, in: Dachauer Hefte 6 (1990), S. 135–161, hier S. 136.

72 „Verscharrte Leichen von KZ-Häftlingen sind noch nicht bestattet", in: Frankenpost, 21. 11. 1945; „Warum geschieht nichts? Offene Anfrage an den Landrat Wunsiedel", in: Frankenpost, 8. 12. 1945.

73 Exhumations- u. Identifikationskomission [sic!] für ermordete ehemalige Häftlinge deutscher Konzentrationsläger im Kreis Roding/Obpf., Protokoll, 3. 5. 1946, 5.3.3/84619794–84619797, ITS Digital Archive, Bad Arolsen.

74 Ebenda.

75 Ebenda, Bl. 3 f. Die Ergebnisse der Untersuchung wurden ein Jahr später auch in der Presse veröffentlicht. Vgl. „Exhumierungsarbeiten bei Wetterfeld", in: Passauer Neue Presse, 7. 11. 1946.

In Dachau versuchte das International Information Office schon zeitig, die Todesmärsche aufzuklären und den Familien der Opfer Gewissheit über das Schicksal ihrer Angehörigen zu verschaffen. Im Mai 1946 legte das IIO eine Broschüre auf, in der auf der Grundlage von Berichten Überlebender die Strecke des Todesmarschs aus Dachau in Richtung Alpen rekonstruiert sowie Haftnummern und Namen von Toten notiert wurden.[76] Wenige Monate zuvor hatte das IIO über die Erzdiözese München und Freising die Pfarreien zur Meldung von Gräbern aufgerufen.[77] Am Ende der Broschüre hatte der Autor um Mithilfe bei der weiteren Klärung gebeten und die Bedeutung ordentlicher Bestattungen im Sinne gemeinsamer humanitärer Werte unterstrichen: „The human fellow-feeling demands to bury in a cemetery equal under equals all these whose it was not granted to reach freedom. This are expecting thousands of families and this is expecting human sympathy. […] To state the division of the graves, the exhumation of prisoners who were casual buried and the identification of the victims, of whose the greatest part is unknown, will be one of our future works. […] Hereby the generality is given the possibility, to care for the unknown and forgotten graves."[78]

Ein eindrucksvolles Beispiel für die Schärfe der Auseinandersetzungen zwischen Überlebenden und Einheimischen ist die Kleinstadt Neunburg vorm Wald in der Oberpfalz. Dort waren im April 1945 über 200 KZ-Häftlinge ermordet und kurzerhand von Einwohnern am Stadtrand verscharrt worden. Die anrückenden US-Amerikaner befreiten zahlreiche Überlebende im Ort und der näheren Umgebung.[79] Eine erste Exhumierung und Umbettung auf den örtlichen Friedhof durch Einheimische fand unter Aufsicht der US-Armee am 29. April 1945 statt.[80] Ein Einwohner erinnerte sich später an die Geschehnisse: „Die Schreinereibetriebe der Kreisstadt mussten in aller Eile die erforderlichen Särge anfertigen und die Gesamtbevölkerung, ganz gleich ob Mann, Frau oder Kind, hatte in würdigem Trauerzuge die Leichen vom Plattenberg auf den Friedhof an die Rötzerstraße zu tragen. Dort wiederum mußte die Gesamtbevölkerung an den geöffneten Särgen, in welchen die Überreste der Leichen lagen, unter Bewachung

76 Vgl. hierzu auch das Kapitel zur Suche nach den Opfern in der vorliegenden Arbeit.

77 Amtsblatt der Erzdiözese München und Freising, Nr. 2, 27. 2. 1946, S. 25 f.

78 International Information Office for the former Conc. Camp Dachau: The march of Death Dachau-Tyrol, Mai 1946, 5.3.3/84629740–84629754, ITS Digital Archive, Bad Arolsen.

79 Greiser, Todesmärsche, S. 172.

80 Protokoll zwischen Herrn Bürgermeister Hans Ettl Neunburg vorm Wald und dem Verbindungsoffizier aus dem Hauptquartier U.S.F.E.D. Cäpt. [sic!] Pawlowski, 28. 5. 1946, 5.3.2/84604866, ITS Digital Archive, Bad Arolsen; vgl. auch Greiser, Todesmärsche, S. 304.

vorbei. Noch schlimmer wurde es aber bei der Aufdeckung der 29 Leichen im Zeitlarner Wäldchen, die erst im September 1946 entdeckt wurden."[81]

Mit dieser Entdeckung begann eine Auseinandersetzung, die die Konfliktlinien in der kleinstädtischen Zwangsgemeinschaft von Einheimischen, DPs und US-Armee aufs Schärfste offenlegen sollte. Mehr als ein Jahr nach der ersten Exhumierung war ein jüdischer Überlebender beim Pilzesuchen im Wald vor der Stadt auf ein weiteres, kurz vor Kriegsende angelegtes Massengrab von KZ-Häftlingen gestoßen.[82] Nachdem das US-Militär informiert worden war, forderte es den Bürgermeister auf, eine Exhumierung zu organisieren.[83] Daraufhin wurden unter den ehemaligen NSDAP-Mitgliedern der Ortschaft zehn oder zwölf Männer ausgelost, die am darauffolgenden Tag „mit Spaten oder Schaufel am Rathaus [...] erscheinen" mussten.[84] Die örtlichen Schreiner erhielten einen Tag Zeit, um sechs Särge anzufertigen, da man zu diesem Zeitpunkt noch von ebenso vielen Toten in dem Grab ausging.[85]

Am Morgen des 30. September begann die Exhumierung. Wie der Landrat betonte, erfolgte diese „durch die ehemaligen Nazis mit bloßen Händen und ohne jegliche leichenpolizeilichen Vorsichtsmaßnahmen".[86] Bei der Ausgrabung stellte man bald fest, dass statt sechs tatsächlich 29 Leichen verscharrt worden waren. Daraufhin ordnete die Militärregierung am Nachmittag an: „Alle deutschen Bürger der Stadt Neunburg müssen heute, den 30. 9. 46 möglichst rasch sich zu dem freigelegten Grab begeben. [...] Ein Angestellter des Bürgermeisters und ein Polizist überwachen am Grabe an Hand einer Einwohnerliste die Besucher auf ihr vollzähliges Erscheinen."[87] Bis zum Abend defilierte die Bevölkerung

81 Emil Treuner, Die Pfalzgrafenstadt im Zeichen des Kriegsendes und der Nachkriegsverhältnisse, 7. 4. 1949, AGFl, A 984/14.

82 „Mass Graves Yield 29 Bodies of Jews In SS Death March", in: Stars and Stripes, 6. 10. 1946, Kopie in: 5.3.2/84604868, ITS Digital Archive, Bad Arolsen.

83 Landrat des Kreises Neunburg vorm Wald an den Regierungspräsdenten Niederbayern/Oberpfalz, 3. 10. 1946, AGFl, A 984/18, unpag. Vgl. zu diesem Bericht auch Greiser, Todesmärsche, S. 315–318, darin viele Auszüge aus dem Text. Vgl. zu den Vorgängen auch Peter Heigl, Konzentrationslager Flossenbürg in Geschichte und Gegenwart. Bilder und Dokumente gegen das zweite Vergessen, 3. Aufl., Regensburg 1994, S. 134 f.

84 Bürgermeister der Stadt Neunburg vorm Wald an Josef Elsner, Betreff: Ausgrabung von ehem. KZ-Häftlingen, 29. 9. 1946, AGFl, A 984/16, unpag.

85 Bürgermeister der Stadt Neunburg vorm Wald, Betreff: Anfertigung von Särgen für die zur Ausgrabung kommenden ehem. KZ-Häftlinge, 29. 9. 1946, ebenda.

86 Landrat des Kreises Neunburg vorm Wald an den Regierungspräsdenten Niederbayern/Oberpfalz, 3. 10. 1946, AGFl, A 984/18, unpag.

87 Landpolizei Niederbayern-Oberpfalz, Bezirksinspektion Neunburg v. W., Fernspruch, durchgegeben von der Militärregierung Neunburg v. W., 30. 9. 1946, ebenda.

auf Anweisung der Amerikaner an dem geöffneten Grab vorbei. Dabei wurden – angeblich auf Betreiben der jüdischen DPs – die ehemaligen NSDAP-Mitglieder separiert. Weitere 20 wurden am folgenden Tag auf Anordnung der Militärregierung vom Bürgermeister zum Massengrab beordert.[88] Die Hälfte dieser etwa 200 Männer musste ein benachbartes Waldstück für die Suche nach weiteren Gräbern säubern, die anderen sollen gezwungen worden sein, „die Knochen der stark verwesten Kadaver von schlüpfrigen Fleischresten und Stoffteilen, Sand usw. blank [zu] machen. Aus den Köpfen mußte das Gehirn, Augen usw. fein säuberlich herausgenommen werden. Die Zähne waren zu säubern usw. Dies alles hatte mit bloßen Händen, ungeachtet der vereinzelten offenen Wunden der Arbeitenden zu geschehen. Die Knochen mußten mit den Händen ‚poliert' und die Schuhe auf Glanz gebracht werden."[89]

Während dieser Arbeiten sollen zahlreiche zwangsverpflichtete Männer von jüdischen und polnischen DPs sowie Angehörigen der US-Armee misshandelt worden sein. Der Amtsarzt gab an, er habe bei 50 bis 60 von ihnen Blutergüsse, Rippenbrüche und Vergiftungserscheinungen festgestellt.[90] Am 2. Oktober wurde mit der Aushebung der Gräber der Grundstein für einen neuen Ehrenfriedhof gelegt. Dieser sollte auf dem Plattenberg entstehen – genau dort, wo kurz vor Kriegsende mehrere Hundert KZ-Häftlinge ermordet worden waren, deren Leichen mittlerweile auf dem katholischen Ortsfriedhof der Stadt begraben lagen.[91]

Zugleich wurde die feierliche Beisetzung für den folgenden Tag öffentlich angekündigt. Der Landrat gab bekannt: „Die Teilnahme an der Beerdigung ist kein Zwang, jedoch hat sich die Bevölkerung beim Vorbeiziehen des Trauerzuges würdig zu verhalten."[92] Darin kann man bereits eine erste Reaktion auf die Geschehnisse erkennen, von denen der Landrat einen Tag zuvor erfahren hatte. Einerseits wurde durch den Verweis, dass niemand am Begräbnis teilnehmen müsse, Spannung aus der Situation genommen und die Möglichkeit eingeräumt, sich weiteren Konfrontationen zu entziehen. Auch die Ankündigung, für die Bevölkerung sei „morgen kein Feiertag" – was im Umkehrschluss hieß, man habe

88 Allerdings quittierten nur sieben davon ihre Abordnung, viele andere wurden als „verreist" oder „krank" gemeldet, andere „nicht angetroffen". Der Bürgermeister der Stadt Neunburg vorm Wald, 1. 10. 1946, ebenda.

89 Landrat des Kreises Neunburg vorm Wald an den Regierungspräsdenten Niederbayern/Oberpfalz, 3. 10. 1946, ebenda.

90 „Die Vorgänge in Neunburg vorm Wald. Ein Jahr Gefängnis für Nathan Rubinstein", in: Passauer Neue Presse, 9. 11. 1946.

91 Greiser, Grabstätten, S. 311 f.

92 Der Landrat des Kreises Neunburg vorm Wald an den Bürgermeister der Stadt Neunburg vorm Wald, 2. 10. 1946, AGFl, A 984/18, unpag.

ganz normal seiner Arbeit nachzugehen –, kann dahingehend interpretiert werden. Andererseits scheint die Ermahnung an die Einheimischen, sich angemessen zu benehmen, notwendig gewesen zu sein. Am 3. Oktober kamen mehr als 1000 Trauergäste zum Begräbnis, darunter Delegationen „aus allen Lagern und jüdischen Gemeinden der amerikanischen Zone“, die „mit Transparenten und nationalen Fahnen den Särgen folgten, die auf Lastkraftwagen auf das Ehrenfeld geführt wurden“.[93] Auch hier erkennt man, dass die lokale Bevölkerung weitaus weniger involviert wurde als bei der ersten Umbettung im April 1945, bei der die Särge von jeweils vier Einwohnerinnen und Einwohnern zu Fuß auf den Friedhof getragen werden mussten.[94] Zudem war jeder Sarg mit einer Aufschrift „Ermordet durch die SS“ versehen worden, was etwaige direkte Schuldvorwürfe an die lokale Bevölkerung im Keim erstickte.

Während der Trauerfeier spielte das städtische Orchester von Neunburg Trauermärsche und die US-amerikanische Hymne, es erfolgten Ansprachen unter anderem vom jüdischen Zentralkomitee München und dem Joint Distribution Committee Regensburg. Der Landrat von Neunburg versprach in seiner Rede, „für die Pflege des neuen Friedhofes zu sorgen, der in nächster Zeit auch die 220 Leichen ermordeter jüdischer KZ-Häftlinge aufnehmen soll, die auf dem allgemeinen Friedhof in Neunburg v. W. bestattet liegen“.[95] Allerdings ist dieses Versprechen nie eingelöst worden; möglicherweise wollte man in der aufgeheizten und antisemitisch vergifteten Atmosphäre so schnell keinen neuerlichen Anlass für mögliche Auseinandersetzungen schaffen. Am selben Tag, an dem der Landrat noch am Grab sein „Beileid und Mitgefühl“ ausdrückte, betonte er in seinem Bericht an den Regierungspräsidenten, die örtliche Bevölkerung sei „derart aufgebracht, daß ich in Zukunft für die Sicherheit der Ausländer in der Stadt nicht garantieren kann. Der Antisemitismus, welcher bisher hier nicht vorherrschte und auch durch Hitler nicht entfacht werden konnte, ist durch diese Mißhandlungen mit einem Schlage hell entfacht worden.“ Nach diesen exkulpierenden Ausführungen beschwerte er sich darüber, dass seitens der Behörden „alles getan [werde], diese traurigen Vorfälle möglichst nicht propagandistisch auswerten zu lassen“.[96]

93 „Feierliche Bestattung ermordeter KZ-Häftlinge“, in: Passauer Neue Presse, 5. 10. 1946.

94 Vgl. die Bilder u. a. bei Greiser, Todesmärsche, S. 306 f. sowie bei Heigl, Flossenbürg, S. 135–140.

95 „Feierliche Bestattung ermordeter KZ-Häftlinge“, in: Passauer Neue Presse, 5. 10. 1946.

96 Landrat des Kreises Neunburg vorm Wald an den Regierungspräsdenten Niederbayern/Oberpfalz, 3. 10. 1946, AGFl, A 984/18, unpag. Zur weiteren Interpretation dieses Berichts vgl. Greiser, Todesmärsche, S. 317 f.

Die von ihm unterstellte Medienverschwörung scheint jedoch kaum wirksam gewesen zu sein. Schon drei Tage nach der Begräbnisfeier erschien ein Zeitungsartikel, in dem über „bedauerliche Zwischenfälle bei der Exhumierung", die Suspendierung des verantwortlichen Militärgouverneurs sowie die Verhaftung einiger DPs berichtet wurde.[97] Kurz darauf schrieb sogar die „Neue Zeit" in der SBZ über „schwere Zwischenfälle" in Neunburg vorm Wald. Im Gegensatz zur Lokalberichterstattung wurden in diesem Artikel auch Übergriffe seitens der Einheimischen erwähnt: „Als sich diese Vorfälle herumsprachen, nahm die Bevölkerung eine feindliche Haltung gegen die KZler und gegen die Juden ein. Es kam zu blutigen Schlägereien." Zudem sei eine Räumung der umliegenden DP-Lager angedacht, „da die Sicherheit der Insassen in Frage gestellt ist".[98] Offenbar weigerten sich einige Neunburger Händler, Juden zu bedienen, und auch Lokalpolitiker machten Stimmung gegen die DPs. Als Philipp Auerbach, der Staatskommissar für rassisch, religiös und politisch Verfolgte, nach Neunburg reiste, um zu vermitteln, kamen nur wenige Einheimische, um ihm zuzuhören.[99]

Bereits einen Monat später begann in der Sache vor dem Mittleren Militärgericht in Neunburg ein Prozess gegen einen ehemaligen jüdischen KZ-Häftling. Der 20-jährige Nathan Rubinstein war angeklagt, „gegen die öffentliche Ordnung oder die Interessen der alliierten Streitkräfte verstoßen zu haben, in dem [sic!] er einer oder mehreren Personen körperliche Verletzungen beibrachte".[100] Während des Prozesses kam heraus, dass Rubinstein am Mittag des 1. Oktober seinen Bruder unter den exhumierten Leichen erkannt hatte. Daraufhin – so die Neunburger Belastungszeugen – soll er 13 Einwohner zum Teil schwer geschlagen und getreten haben. Vier ehemalige Mithäftlinge hingegen sagten aus, keinerlei Übergriffe von ihm wahrgenommen zu haben. Rubinstein selbst gab zu, „in Erregung über die Auffindung der Leiche seines Bruders" möglicherweise ein oder zwei Männer mit der Hand geschlagen zu haben. Die Verteidigung beantragte Bewährung, doch das Gericht verurteilte Rubinstein zu einem Jahr Haft. In der Urteilsbegründung hieß es: „Selbst wenn die Leichen ungebührlich behandelt worden wären, wie von der Verteidigung behauptet wurde, so hätte diese Tatsache das Vergehen nicht gerechtfertigt."[101]

97 „Aufdeckung eines Massengrabes. Bedauerliche Zwischenfälle bei der Exhumierung – Militärgouverneur suspendiert", in: Der Neue Tag, 6. 11. 1946.

98 „Schwere Zwischenfälle in Zeidlarn [sic!]", in: Neue Zeit, 11. 10. 1946.

99 Greiser, Todesmärsche, S. 318; Heigl, Flossenbürg, S. 134.

100 „Die Vorgänge in Neunburg v. W.", in: Passauer Neue Presse, 7. 11. 1946.

101 „Die Vorgänge in Neunburg vorm Wald. Ein Jahr Gefängnis für Nathan Rubinstein", in: Passauer Neue Presse, 9. 11. 1946.

Allerdings konnte die Militärgerichtsbarkeit auch anders. An dem Tag, an dem Rubinstein verurteilt wurde, erschien in der „Passauer Neuen Presse" direkt neben einem Text zu den Vorgängen in Neunburg ein kurzer Artikel, in dem berichtet wurde, dass drei Männer vom Münchberger Militärgericht zu mehrmonatigen Haft- und „erheblichen Geldstrafen" verurteilt worden seien, weil sie sich geweigert hätten, „bei der Umbettung von ermordeten Kazet-Häftlingen mitzuarbeiten".[102] Diese Vorkommnisse machen deutlich, dass die Gewalttaten während der Todesmärsche noch Monate nach Kriegsende erhebliche Konflikte zwischen den Akteuren nach sich zogen.

In der SBZ sollten laut einem Befehl der SMAD zwischen Ende 1945 und 1947 eigentlich keine Umbettungen von KZ-Opfern durch deutsche Behörden stattfinden.[103] Mitunter wurde allerdings die SMA tätig. So ließ sie im Vorfeld des Sachsenhausen-Prozesses im September 1946 Gräber in Teschendorf (Brandenburg) und Grabow (Mecklenburg) für eine gerichtsmedizinische Untersuchung öffnen.[104]

Auch deutsche Institutionen nahmen vereinzelt weiterhin Exhumierungen vor, wie im mecklenburgischen Kreis Parchim, wo der Kreisausschuss der „Opfer des Faschismus" dem Landratsamt mitteilte, man habe den Auftrag vom Landesausschuss bekommen, „alle Kameraden aus den Konzentrationslagern umzubetten, die hier noch auf den Feldern herumliegen".[105] Diese Umbettungen waren als größere Veranstaltungen geplant; so sollen im April 1946 etwa 800 Menschen an einer Überführung von drei toten KZ-Häftlingen auf den Friedhof in Parchim teilgenommen haben. Neben musikalischer Umrahmung (mit der eigenwilligen Auswahl der Lieder „Vom guten Kameraden" und „Brüder, zur Sonne, zur Freiheit") fanden Ansprachen nicht nur seitens politischer Funktionäre, sondern auch von evangelischen und katholischen Geistlichen statt.[106]

102 „Sie weigerten sich ermordete Kazet-Häftlinge umzubetten", in: Passauer Neue Presse, 7. 11. 1946.

103 Greiser, Todesmärsche, S. 350–352.

104 Gerichtsmedizinisches Labor der Sowjetischen Besatzungstruppen in Deutschland, Gerichtsmedizinische Untersuchung der Leichen aus dem Massengrab in Grabow, Mecklenburg, 13. 9. 1946, AS, JSU, 1/11/2, Bl. 207–209; Gerichtsmedizinisches Labor der Sowjetischen Besatzungstruppen in Deutschland, Gerichtsmedizinische Untersuchung der Leichen aus dem Massengrab in Teschendorf, Brandenburg, 14. 9. 1946, ebenda, Bl. 210 f.

105 Kreisausschuss „Opfer des Faschismus" an die Abteilung „Industrie"/Landratsamt Parchim, 11. 5. 1946, Sammlung der Gedenkstätte Todesmarsch im Belower Wald, TM 1/6 (Kopie aus: MLHA 10.34-1 SED-Landesleitung Mecklenburg, Nr. 629, Bl. 277).

106 Bezirksausschuss „Opfer des Faschismus", Fortsetzung des Berichts an den Herrn Kreiskommandanten in Parchim über die Überführung von 3 ehemaligen Kz.-Häftlingen des Lagers Sachsenhausen nach Parchim, 6. 4. 1946, ebenda.

Doch auch in der SBZ kam es regelmäßig zu Konflikten zwischen VVN-Angehörigen und Einwohnern der Orte von Todesmarschverbrechen. So berichtete der Bürgermeister des hier mehrfach erwähnten Dorfs Herzsprung (Brandenburg) im Sommer 1945, dass neun KZ-Häftlinge in seiner Gemeinde verstorben und „in allen Ehren [...] und unter zahlreicher Beteiligung der Bevölkerung" beigesetzt worden seien. Außerdem sei ein weiterer Häftling namens Ewald Förster nach Kriegsende in Herzsprung gestorben und auf dem Friedhof bestattet worden. Die Gräber würden „laufend von der Gemeinde gepflegt und in Ordnung gehalten".[107] Im Juli 1946 meldete sich daraufhin der mit Umbettungen beschäftigte Kreisausschuss der „Opfer des Faschismus" aus Parchim und kündigte sein Kommen an. Ein Kamerad sei „Anfang Mai 1945 einem verhängnisvollen Irrtum zum Opfer gefallen", und nun wolle man sein Grab besichtigen, „um die Überführung bezw. Abholung der Leiche nach unserem Ehrenfriedhof Parchim" vorzubereiten.[108] Der Besuch in Herzsprung geriet jedoch zum Eklat. Im September richteten die Parchimer ein empörtes Schreiben an den Landrat des Kreises Wittstock: „Während das Grab des Ewald Förster – wahrscheinlich auf Veranlassung seiner Angehörigen – in Ordnung gehalten wird, ist das Massengrab mit den 9 anderen Kameraden in einem Zustand vorgefunden worden, der jeder Beschreibung spottet."

Weiter hieß es, der zuständige Kreisausschuss sei sich offenbar seiner Pflicht überhaupt nicht bewusst, und man erwarte, dass anlässlich des nahenden Gedenktags für die Opfer des Faschismus „ein wenig Ordnung bei den Gräbern unserer Kameraden hergestellt" werde. Zudem wurde nun geplant, nicht nur die eine Leiche, sondern gleich alle neun toten KZ-Häftlinge aus Herzsprung, das zu einem anderen Landkreis gehörte, „nach unserem Friedhof in Parchim [zu] überführen. Es liegen hier mehr als 50 auf dem Evakuierungsmarsch noch erschossene Sachsenhausener Konzentrationäre und es wird besser sein, wenn die dort Begrabenen zu ihren Kameraden gebracht werden."[109]

Mit Erschrecken mussten die Überlebenden noch Jahre nach Kriegsende zur Kenntnis nehmen, wie wenig Interesse die Einheimischen den Toten entgegenbrachten, die in ihren Ortschaften verscharrt worden waren. Auf dem Friedhof

107 Landrat des Kreises Ostprignitz an die Provinzialverwaltung Brandenburg, 17. 8. 1945, SAPMO-BArch, DY 55/V 278/2/147, unpag.

108 Kreisausschuss Parchim „Opfer des Faschismus" an den Bürgermeister in Herzsprung, 25. 7. 1946, Sammlung der Gedenkstätte Todesmarsch im Belower Wald, TM 1/6 (Kopie aus: MLHA, 10.34-1 SED Landesleitung Mecklenburg, Nr. 629, Bl. 217).

109 Kreisausschuss Parchim „Opfer des Faschismus" an den Landrat im Kreis Wittstock, 9. 9. 1946, ebenda.

von Dolle, unweit von Gardelegen, wurde im September 1947 ein Gedenkstein eingeweiht, der an 13 KZ-Häftlinge erinnerte, die während der Todesmärsche aus dem KZ Mittelbau-Dora im Ort ermordet worden waren.[110] Bereits damals war bekannt, dass sich in der Umgebung des Dorfes weitere Massengräber mit Dutzenden Toten befanden.[111] In der Berichterstattung der Magdeburger „Volksstimme“ zur Gedenkveranstaltung wurde zunächst die wohl dem aufziehenden Kalten Krieg geschuldete Interpretation vorgebracht, die Gefangenen hätten nicht die Befreiung durch die US-Armee ersehnt, sondern seien von den Transportführern entlassen worden und hätten „in Eile danach [gestrebt], vor den Amerikanern her die Familie, Frau und Kind noch zu erreichen“. Die SS habe jedoch bei Dolle „eine Menschenfalle errichtet“, die Häftlinge ermordet und die Einwohner gezwungen, die Toten zu verscharren: „Kein Mensch sprach darüber. Die Wissenden in den Dörfern hatten Schweigegebot, das heute noch erschreckend nachwirkt. Man glaubt im Unterbewußtsein daran, daß die Mörder sich noch unter uns befinden, nach neuen Todesopfern gieren und, getarnt, auf ihre Stunde warten.“ Erst nachdem der SED-Landrat sich der Gräber angenommen habe, habe dieser „behördliche Rückhalt […] die Furcht von den Menschen“ genommen. Nun hoffte man, der Gedenkstein werde „dazu beitragen, das Selbstbewußtsein der antifaschistisch-demokratischen Bevölkerung zu steigern.“[112]

Zwei Jahre darauf zeigte sich, in welcher Form dies geschehen sollte. Im Jahr 1949 fanden auf Anordnung des Landrats in Dolle und Umgebung umfangreiche Ausgrabungen statt, bei denen die Leichen von mehr als 60 ermordeten Häftlingen gefunden wurden. Die anwesenden VVN-Funktionäre hatten erst eine Beschwerde einreichen müssen, damit am zweiten Tag auch ein Vertreter der Kreisgesundheitsbehörde teilnahm. Außerdem stand nur ein kleines Zeitfenster zur Verfügung, da die Rote Armee, die Teile des fraglichen Gebiets in der Colbitz-Letzlinger Heide als Manövergelände nutzte, nur zwei Tage für die Grabungsarbeiten genehmigt hatte. Auf dem Friedhof von Dolle fand die

110 „Gedenket der Opfer des Faschismus!“, in: Volksstimme (Magdeburg), 11. 9. 1947. Vgl. auch BpB, Gedenkstätten, Bd. II, S. 526. Allerdings ist die dort angegebene Inschrift des Steins („Hier ruhen von der SS ermordete aufrechte Friedenskämpfer“) falsch. Sie lautete: „Zum Gedenken der in Dolle ermordeten Opfer des Faschismus“. Vgl. eine Abbildung des Steins auf der Titelseite der Volksstimme (Magdeburg), 15. 9. 1947. Dahingehend muss auch meine Darstellung des Falls in einem früheren Text revidiert werden. Vgl. Winter, Evacuating the Camps, S. 151.

111 „Für demokratische Freiheit und Einheit Deutschlands. Max-Lademann-Heim in Ramstedt geweiht – Eindrucksvolle Feiern in Dolle und Wolmirstedt“, in: Volksstimme (Magdeburg), 15. 9. 1947.

112 „Ein Ehrenhain der Namenlosen“, in: Volksstimme (Magdeburg), 16. 9. 1947.

Exhumierungskommission 24 Häftlingsleichen, an den darauffolgenden Tagen Dutzende weitere an Straßengräben im Umland. Der Autor des Berichts betonte, dass während der Exhumierungen „über dem ganzen Dolle ein eisiges Schweigen lag und sehr große Interesselosigkeit herrschte [...]. Wir sahen kaum einen Ortseinwohner. Besonders bemerkenswert ist die feindselige Einstellung des Bürgermeisters." Diese habe sich unter anderem darin ausgedrückt, dass er sich zunächst weigerte, dem Gerichtspathologen Handtuch und Seife zu überlassen und schließlich mit dem „bissigen Bemerken: ‚Wer wäscht uns dann aber das Handtuch?'" aushändigte. Hinzu kam, dass der anwesenden Mordkommission die Zurückhaltung der Dorfbewohner „höchst verdächtig" erschien,[113] und auch die VVN vermutete, „daß unmittelbar die Bevölkerung an den Verbrechen Mitwisser bzw. Mittäter sein muß". Da man festgestellt hatte, dass zahlreiche Opfer erschlagen oder lebendig begraben worden waren, Aussagen eingingen, die den Bürgermeister beschuldigten, zum Ausliefern von geflohenen Häftlingen aufgerufen zu haben, und die SS zur Tatzeit gar nicht mehr vor Ort gewesen sein soll, vermutete der Autor des Berichts, dass die Täter aus der Ortschaft gekommen waren.[114]

Die VVN kündigte weitere, „energische" Ermittlungen an, wollte damit jedoch wohlweislich bis nach dem Begräbnis warten.[115] „Tausende nahmen an der Bestattungsfeier teil", hieß es in der Presse, „und gestalteten sie zu einer gewaltigen Kundgebung für die unschuldig Gemordeten, gegen Kriegshetze, für Einheit und Frieden Deutschlands".[116] Allerdings wurde auf der Veranstaltung auch Kritik an der Einwohnerschaft laut. So verwies ein Redner vom Landesvorstand der VVN darauf, dass es „in Dolle zur Zeit des Todesmarsches Menschen gab, die die flüchtenden Häftlinge der SS überantworteten, die sie dann ermordete. Solche Verbrechen gab es in den letzten Minuten des Krieges in ganz Deutschland." Umso stärker hätten die Einheimischen „die Verpflichtung, für den Zweijahrplan, für Einheit und Frieden zu kämpfen."[117] Einige Monate später erschien

113 VVN-Landesvorstand Sachsen-Anhalt/Forschungsstelle, Bericht über die Ausgrabungen in Dolle und Umgebung, o. D. [1949], AS, R 23/3, unpag.

114 VVN-Landesvorstand Sachsen-Anhalt/Forschungsstelle, Bericht über die Ausgrabungen von Leichen ermordeter Häftlinge auf den Evakuierungsmärschen in Dolle und Umgebung, 31. 3. 1949, ebenda.

115 VVN-Landesvorstand Sachsen-Anhalt/Forschungsstelle, Bericht über die Ausgrabungen in Dolle und Umgebung, o. D. [1949], ebenda.

116 „Ehrenmal für ermordete Antifaschisten", in: Die Tat, 27. 4. 1949.

117 „‚Wir müssen die Kriegstreiber entmachten'. Schwur am Grabe der Widerstandskämpfer – Die Umbettung von 66 ermordeten Antifaschisten", in: Volksstimme (Magdeburg), 4. 4. 1949.

Exhumierung bei Dolle, 1949
LASA, P 26 Fotosammlung des SED-Bezirksparteiarchivs Magdeburg, 4. Periode, Tasche 29

ein weiterer Artikel in der VVN-Zeitschrift „Die Tat", in dem die Einzelheiten benannt, jedoch keine Verdächtigungen gegen Einheimische ausgesprochen wurden. Es hieß lediglich: „Die Schuldigen, soweit sie nicht schon ihr Geschick ereilte, werden sich über kurz oder lang vor dem Gericht zu verantworten haben."[118]

Dolle war kein Einzelfall. Im 20 Kilometer entfernten Kehnert, wo sich sechs Gräber von ermordeten KZ-Häftlingen befanden, war im Jahr zuvor berichtet worden, dass über „die Einstellung des Bürgermeisters gegenüber den umgelegten Häftlingen […] von Seiten verschiedenster Gemeinderatsmitglieder nicht die beste Meinung vorhanden" sei.[119] Und im nahe gelegenen Grieben versuchte die örtliche VVN zu klären, ob bei einer Umbettung im Dorf KZ-Häftlinge unter den Toten gewesen waren. Nachdem der Gemeinderat schrieb, weder „das Pfarramt noch Privatpersonen" könnten über die Umstände der Bestattung oder die Identität der Toten nähere Angaben machen,[120] beschwerte sich der Kreisvorstand der VVN beim Landesvorstand, in Grieben wolle „plötzlich niemand mehr so recht mit der Sprache heraus. Es liegt die Vermutung nahe, daß man sich nicht mehr recht erinnern will."[121] Der Landesvorstand antwortete, in letzter Zeit hätten sich in vielen Orten „ähnliche Parallelen ergeben […] (Bevölkerung plötz-

118 „Vorspiel einer Tragödie", in: Die Tat, 15. 10. 1949. Es ist kein Prozess zu Dolle überliefert.

119 Richter [Vorname unbekannt] an Kreisvorstand der VVN Stendal, 25. 6. 1948, SAPMO-BArch, DY 55/V 278/4/94, unpag.

120 Der Rat der Gemeinde Grieben Kr. Stendal an den Kreisvorstand der VVN Stendal, 26. 4. 1949, AS, R 23/2, unpag.

121 VVN-Kreisvorstand Stendal an den Landesvorstand der VVN Sachsen-Anhalt, Betr.: Forschungsarbeit, 2. 5. 1949, ebenda.

lich schwerhörig usw.)", allerdings müsse die VVN vor Ort selbst die Initiative ergreifen. Dabei gab man den ganz praktischen Tipp, die eigene Autorität durch Begleitung der politischen Polizei zu stärken: „Ihr zieht Euch einen Kameraden vom K 5 hinzu, um den Bewohnern der Ortschaft Grieben, die doch bestimmt Bescheid wissen müßten, die Zungen zu lösen."[122]

Auch in anderen Regionen wurden noch Jahre nach Kriegsende Leichen von KZ-Häftlingen gefunden.[123] Wie die VVN in Nauen (Brandenburg) 1951 verblüfft feststellte, waren in Sommerfeld mehrere Dorfbewohner Zeugen gewesen, als KZ-Häftlinge aus Sachsenhausen im Dorf ermordet wurden; zum Teil hatten sie geholfen, sie zu vergraben. Einwohner, Gemeindeverwaltung, ehemalige Bürgermeister und Landräte sowie einige SED-Parteigenossen, darunter der Kreissekretär – obwohl offenbar alle Bescheid wussten, hatte bis dato kein würdiges Begräbnis stattgefunden.[124] Schließlich sollte sich herausstellen, dass sogar in Anwesenheit eines Polizisten eine Leiche ausgegraben, aber an gleicher Stelle wieder verscharrt worden war.[125] Die VVN forderte, die Verantwortlichen „zur Rechenschaft zu ziehen" und den Fall zu untersuchen.[126]

Der Landesverband ermahnte daraufhin die Kreispolizei, „sofort den Schutz für die verscharrten KZ-Häftlinge zu übernehmen und für die Eximinierung [sic!] Sorge zu tragen". Zugleich wurde angeregt, die würdige Bestattung noch vor der für diesen Zeitraum geplanten Volksbefragung zum „Kampf gegen die Remilitarisierung und Wiederaufrüstung Westdeutschlands" durchzuführen, um sie zur Agitation zu nutzen.[127] Allerdings legte die Polizei wenig Interesse an den Tag. So war laut einem Bericht des VVN-Kreisforschungsstellenleiters „trotz nochmaliger persönlicher Einladung [...] von dort niemand erschienen, lediglich kam eine VP-Streife [Volkspolizei] kurz vor der Beendigung der Arbeiten". Zudem wurde bemängelt, dass „die Gemeindeverwaltung Sommerfeld nicht

122 VVN-Landesvorstand Sachsen-Anhalt an Kreisvorstand der VVN Stendal, Betr.: Umbettungen im Dorfe Grieben, 13. 5. 1949, ebenda.

123 VVN-Landessekretariat Mecklenburg an das Generalsekretariat der VVN, Betr.: Auffindung eines Massengrabes, 20. 6. 1950, SAPMO-BArch, DY 55/V 278/4/24, unpag.

124 VVN-Sekretariat Osthavelland an den Landesverband der VVN Brandenburg, 16. 5. 1951, SAPMO-BArch, DY 55/V 278/4/14, unpag.

125 VVN Osthavelland, Kreisforschungsstellenleiter, Bericht über die Gräberfunde in Sommerfeld, 14. 7. 1951, ebenda.

126 VVN-Sekretariat Osthavelland an den Landesverband der VVN Brandenburg, 16. 5. 1951, ebenda.

127 VVN-Landesverband Brandenburg an die V.P. Kreispolizei Abteilung K, Kreis Osthavelland, 24. 5. 1951, ebenda. Zur Volksbefragung vgl. Beatrice Vierneisel, Die Volksbefragung 1951, in: Deutschland Archiv 40 (2007) 3, S. 436–444.

das erforderliche Interesse zeigte und mit Mißstimmung an die zu erledigenden Arbeiten ging".[128]

Die ersten Nachkriegsjahre waren geprägt vom lauernden Misstrauen zwischen den Überlebenden der Lager und den ehemaligen „Volksgenossen". Während in den westlichen Besatzungszonen die DPs häufig als gefährliche Kriminelle angesehen wurden, waren in der SBZ oftmals auf lokaler Ebene aus den früheren Opfern die neuen Machthaber geworden. Die deutsche Mehrheitsbevölkerung, die sich selbst primär als Leidtragende des verloren gegangenen Krieges ansah, erkannte in beiden Fällen in den Überlebenden ideale Feindbilder. Dies wurde in pragmatischen Belangen des Alltags manifest, zeigte sich jedoch geradezu paradigmatisch, wenn es um die Gräber von Todesmarschopfern ging. Hier fanden heftige Auseinandersetzungen in kleinsten Ortschaften und unbeachtet von der Weltöffentlichkeit statt; hier traf der Wille zu Erinnerung und Auseinandersetzung mit der verbrecherischen Lokalgeschichte auf Schweigen, Abwehr und den Drang zum Vergessen.

Bei den Todesmärschen hatte oftmals der Zufall entschieden, wo die Toten verscharrt wurden. Bei einer der opferreichsten Tragödien im Zusammenhang mit den KZ-Räumungstransporten wurde dieses Prinzip auf die Spitze getrieben. Nach der Bombardierung und dem Untergang der mit KZ-Häftlingen überfüllten Schiffe „Cap Arcona" und „Thielbek" am 3. Mai 1945 in der Neustädter Bucht entschieden die Wellenbewegungen, auf welcher Seite der späteren Zonengrenze Leichen der mehreren Tausend Opfer angeschwemmt wurden.[129] Entlang der Küste der Lübecker- beziehungsweise dem südöstlichen Teil der Mecklenburger Bucht wurden in den Wochen und Monaten nach der Cap-Arcona-Katastrophe Tausende Leichen gefunden und zumeist direkt in Massengräbern verscharrt.[130]

128 VVN Osthavelland, Kreisforschungsstellenleiter, Bericht über die Gräberfunde in Sommerfeld, 14. 7. 1951, SAPMO-BArch, DY 55/V 278/4/14, unpag.

129 Wilhelm Lange, Neueste Erkenntnisse zur Bombardierung der KZ-Schiffe in der Neustädter Bucht am 3. Mai 1945: Vorgeschichte, Verlauf und Verantwortlichkeiten, in: Garbe/Lange, Häftlinge, S. 217–229.

130 Der Chef der Polizei im Stadtkreis Lübeck an die Zentrale Vermißten Suchstelle [sic!], Betr.: Todesmärsche, 29. 11. 1946, 5.3.2/84606000-84606001, ITS Digital Archive, Bad Arolsen; Pol.Posten 4 Grömitz, Bericht über Leichenfunde am 7. 5. 45 (Abschrift), 9. 7. 1949, 5.3.2/84603914, ebenda; Gemeinde Grömitz/Holstein, Meldung über Transporte, undat., 5.3.2/84603913, ebenda; Gemeinde Haffkrug, Aussage des früheren Dorfältesten, 9. 8. 1948, 5.3.2/84605607, ebenda; Hugo Rübesamen, Geschleifter Ort – Verwehte Spuren der Erinnerung, in: GedenkstättenRundbrief 137 (2007), S. 3–13, hier S. 8; Schiffner, Cap Arcona-Gedenken, S. 310.

Der Umgang mit diesen Gräbern in beiden Teilen Deutschlands verdeutlicht trotz aller politischen und ideologischen Unterschiede einige Gemeinsamkeiten in der Auseinandersetzung mit der Nachgeschichte der Räumungstransporte. In Ost- wie in Westdeutschland mussten würdige Grabstätten durch vehemente Interventionen von Überlebenden und Opferverbänden erkämpft werden. Deshalb steht die Bewältigung der Folgen der „Cap-Arcona"-Katastrophe als Klammer dieses und des nächsten Kapitels sowohl für die geteilten Nachwirkungen der Räumungstransporte auf beiden Seiten der Zonengrenze als auch für den fließenden Übergang vom Umgang mit den Leichen der Opfer zur Auseinandersetzung mit den Mahnmalen.

In Sierksdorf, südlich von Neustadt in Holstein gelegen, hatte eine anonyme Absenderin im November 1949 einen Brief an den Gemeinderat gerichtet, in dem sie den Bürgermeister beschuldigte, dass auf seinem Ackerland tote KZ-Häftlinge begraben seien. Unter Androhung, die Angelegenheit an die VVN zu übergeben, verlangte die Anonyma die Errichtung einer würdigen Grabstätte.[131] Nachdem Bürgermeister Ploen (CDU) eine Diskussion der Angelegenheit im Gemeinderat zunächst abgelehnt hatte, setzte die SPD-Fraktion durch, dass der Brief öffentlich verlesen wurde.[132] Daraufhin wurde Ploen mit den Stimmen der SPD und seiner eigenen Partei von allen Ämtern enthoben und ein Ausschuss von Vertretern der Parteien, der VVN sowie der Jüdischen Gemeinde zur Klärung der Vorgänge eingesetzt.[133] Bald berichtete nicht nur die regionale Presse, sondern unter anderem auch das „Neue Deutschland" aus der DDR über den aufkommenden Skandal.[134]

Ende November tagte der Untersuchungsausschuss in Sierksdorf und legte fest, dass die Leichen exhumiert und auf einem Ehrenfriedhof bestattet werden sollten. Der Vorsitzende, Karl Odenthal (SPD), stellte zunächst klar, „daß es hier nicht um Personen geht, sondern um die Sache, um die Menschen, die es angeht. Es handelt sich darum, daß die Menschen im Ausland über uns nicht schlechter denken, als es bisher schon geschehen ist." Um die Aufklärung voranzutreiben und weiteren Überraschungen zuvorzukommen, sicherte er denjenigen Einwohnern, die weitere Funde melden würden, Straffreiheit zu. Dann folgte eine hitzige Diskussion, wer zu welchem Zeitpunkt von den Gräbern gewusst hatte. Dabei

131 Protokoll der Sitzung des Untersuchungsausschusses in Sierksdorf, 29. 11. 1949, 5.3.2/84605643–84605650, ITS Digital Archive, Bad Arolsen.

132 „Untersuchungsausschuss in Sierksdorf: Bürgermeister anonym beschuldigt", in: Lübecker Nachrichten, 26. 11. 1949.

133 „Was geschah in Sierksdorf? Die Vorgeschichte der Gräberfunde an der Neustädter Bucht", in: VVN-Nachrichten, Weihnachten 1949.

134 „KZ-Massengrab aufgefunden", in: Neues Deutschland, 27. 11. 1949.

wurde die unbekannte Briefeschreiberin dafür kritisiert, sich erst jetzt gemeldet zu haben; Bürgermeister Ploen wurde vorgeworfen, „in dem einen Jahr Hafer und in dem nächsten Weizen“ auf den Gräbern gesät zu haben, und ein Angehöriger des Gemeinderats rief empört ins Plenum, die Gemeindevertreter hätten überhaupt keine Kenntnis von den Toten gehabt.[135] Ein Vertreter der VVN hingegen war sich sicher, „daß einige Bürger etwas davon gewußt haben“ und „nicht [hätten] schweigen dürfen“. Er verteidigte die anonyme Anzeige, da die Schreiberin nachteilige Reaktionen aus der Dorfgemeinschaft befürchtet habe. Während er betonte, es gehe „nicht um Personen, wie Herrn Ploen“, verwies die Vertreterin der Jüdischen Gemeinde als Einzige darauf, dass dieser „bewusst eine Grabschändung begangen“ habe.

In der Sitzung entwickelte sich parallel zu gegenseitigen Vorwürfen und Bekundungen guten Willens ein Diskussionsstrang, der die Einheimischen und letztlich auch Ploen als die eigentlichen Opfer der Geschichte erscheinen ließ. Eingeleitet wurde diese Ebene ausgerechnet durch einen VVN-Vertreter aus Oldenburg, der den Standpunkt vertrat, man könne „den einfachen Menschen allein dafür nicht verantwortlich machen“. In unklarer Verbindung zu den Geschehnissen in Sierksdorf betonte er in nationalistischer Rhetorik, es würde seitens der VVN „kein Hass“ vorliegen, „auch nicht gegen Mitglieder der NSDAP“, außerdem sei die Entnazifizierung keineswegs von der VVN erwünscht, sondern „von amtlicher Seite uns aufgezwungen. Der einfache Mensch hat sich nicht schuldig gemacht. Die VVN. will nicht veranlassen, daß man das deutsche Volk wie Wölfe aufeinander hetzt, damit sich die Menschen im Auslande die Hände reiben.“[136]

Dies wirkte wie eine Steilvorlage für den Stadtdirektor von Neustadt, der nach Kriegsende als erster Bürgermeister von Sierksdorf amtiert hatte und nun zum exkulpatorischen Rundumschlag ausholte. Er legte kategorisch fest, dass überhaupt nur die Dabeigewesenen die damalige Situation beurteilen könnten. Sein Dorf habe „keine nationalsozialistische Betätigung gezeigt“, und der Befehl, die angeschwemmten Leichen zu vergraben, sei schließlich von der Besatzungsmacht gekommen. Somit treffe Ploen „keinerlei Schuld“. Auch er selbst betonte natürlich, nichts von den mehr als 90 Leichen gewusst zu haben, die in seiner Gemeinde verscharrt worden waren. Im Anschluss daran und gegen Ende des Treffens geißelte der Vorsitzende Odenthal „das Denunziantentum“ und verurteilte eine frühere Drohung gegen Ploen, die nach dem Aufkommen der ersten Gerüchte über die Leichen unter dem Acker des Bürgermeisters ausgesprochen

135 Protokoll der Sitzung des Untersuchungsausschusses in Sierksdorf, 29.11.1949, 5.3.2/84605643–84605650, ITS Digital Archive, Bad Arolsen.

136 Ebenda.

worden war. Die Sitzung gipfelte in dem angesichts der Tagesordnung bemerkenswerten sprachlichen Bild Odenthals, „daß es in Sierksdorf überhaupt endlich mal aufhören muß auf Personen herumzutrampeln, die nur für das Beste der Gemeinde arbeiten".[137]

Ungeachtet des Sierksdorfer Selbstmitleids zog die Affäre immer weitere Kreise. In der DDR berichtete die „Berliner Zeitung",[138] und im „Neuen Deutschland" war zu lesen, die Massengräber seien „rücksichtslos umgepflügt worden".[139] Kurz darauf erschien auch im „Spiegel" ein kritischer Artikel zu den Vorgängen.[140] Während die „Lübecker Nachrichten" geradezu erleichtert feststellten, es handle sich bei den Toten um „angeschwemmte Leichen" und nicht um Opfer eines Mordes,[141] betonten die VVN-Nachrichten, ihr Verband habe niemals Einheimische etwaiger Verbrechen beschuldigt, und legten den hier wirkenden Diskurs offen: „Die Dementis der Zeitungen und des [sic!] dpa, daß keine Verbrechen vorliegen, sind unverständlich, da mit solchen Nachrichten erst Tatsachen geschaffen werden, um ihnen widersprechen zu können. Im übrigen ist die Formulierung, daß keine Verbrechen vorliegen, ohnehin falsch, da diese Toten der ‚Cap Arcona'-Katastrophe Opfer des KZ-Verbrechens des Naziregimes sind."[142]

Noch vor Jahresende versicherte Schleswig-Holsteins Ministerpräsident Bruno Dieckmann (SPD), selbst ehemaliger Häftling des KZ Neuengamme, gegenüber der VVN, die Landesregierung werde alles tun, „um die Schuldigen in dieser tragischen Angelegenheit festzustellen" und „um den beklagenswerten Opfern eine würdige Stätte zu bereiten". Er teilte mit, in Sierksdorf seien 300 Leichen ermittelt worden, davon etwa 100 außerhalb des Friedhofs, die aus Unkenntnis über die Liegeorte nicht umgebettet worden seien. Zugleich legte Dieckmann schwindelerregende Zahlen für die umliegenden Gemeinden vor: In Neustadt lägen 868 Tote, von denen nur etwa 450 auf dem Ehrenfriedhof beigesetzt seien. Wo die anderen Leichen lägen, sei derzeit ungeklärt. In Haffkrug sei seit 1945 bekannt, dass 220 Leichen nicht auf einem ordentlichen Friedhof begraben seien. Dieckmann kündigte an, aufgrund der Witterung die Toten erst im kommenden Frühjahr umbetten zu lassen und, „soweit noch möglich,

137 Ebenda.

138 „Bürgermeister begrub 89 Leichen", in: Berliner Zeitung, 10. 12. 1949.

139 „OdF-Gräber umgepflügt", in: Neues Deutschland, 10. 12. 1949.

140 „In diesem Jahre Weizen. Ploen nahm die Hand zurück", in: Der Spiegel, 15. 12. 1949.

141 Das Ergebnis der bisherigen Sierksdorfer Untersuchungen. Kein Mord – angeschwemmte ‚Cap-Arcona'-Leichen, in: Lübecker Nachrichten, 30. 11. 1949.

142 „Was geschah in Sierksdorf? Die Vorgeschichte der Gräberfunde an der Neustädter Bucht", in: VVN-Nachrichten, Weihnachten 1949.

Identifizierungsmaßnahmen durchzuführen".[143] In den kommenden Wochen sollten in der Region zahlreiche weitere Leichen gefunden werden, so etwa im zehn Kilometer entfernten Pelzerhaken[144] oder südlich von Sierksdorf am Timmendorfer Strand.[145] Anfang Februar 1950 wurde außerdem in der Neustädter Bucht die „Thielbek" gehoben,[146] auf der man ebenfalls Hunderte Leichen von KZ-Häftlingen fand,[147] die auf dem Neustädter Ehrenfriedhof für die Opfer der Cap-Arcona-Katastrophe beigesetzt wurden.[148]

Am 27. März 1950 begannen in Sierksdorf die Exhumierungsarbeiten in Anwesenheit der Polizei, eines Mediziners, eines Vertreters des schleswig-holsteinischen Innenministeriums und der Staatsanwaltschaft, Angehörigen der Sierksdorfer Gemeindeverwaltung, der VVN sowie der Französischen Mission in Lübeck. Schon die ersten Probegrabungen zeigten, dass ein langwieriges Unterfangen bevorstand, da die Toten auf dem Acker nicht dicht beieinander, sondern wahllos und weit verstreut begraben worden waren.[149] In der Sitzung des Untersuchungsausschusses war festgelegt worden, dass unter anderem der ehemalige Bürgermeister Ploen die für die Exhumierung notwendigen Gespanne und Arbeitskräfte zur Verfügung stellen sollte.[150] Allerdings zeigen die Tagesberichte der Polizei, dass sein tatsächliches Engagement eher begrenzt war. Seine Hilfsarbeiter unterstützten die Ausgrabungen nur an maximal vier der 20 Tage, an denen auf seinem Acker täglich neue Leichen entdeckt wurden. Insgesamt fand die Exhumierungskommission in dieser Zeit 99 Leichen und bettete sie um – in der Mehrzahl KZ-Häftlinge, von denen zum Teil Nummern und Effekten

143 „‚Die Schuldigen werden ermittelt'. Die Landesregierung von Schleswig-Holstein zu den Sierksdorfer Leichenfunden", in: VVN-Nachrichten, 29. 12. 1949.

144 „Neue Funde an der Ostsee. Nachforschungen dauern an", in: Das 20. Jahrhundert, 26. 1. 1950.

145 VVN Oldenburg/Holstein an ITS Göttingen, Betr.: Gerrit Lankhof, Australien, 10. 3. 1950, 5.3.1/84601715, ITS Digital Archive, Bad Arolsen.

146 „Identifizierung der Leichen beginnt. ‚Thielbek' am Flender-Kai", in: Lübecker Nachrichten, 8. 2. 1950.

147 „Dreizehn Schädel am ersten Tag. Skelette aus dem ‚Thielbek'-Schlamm", in: Lübecker Nachrichten, 10. 2. 1950; „Bisher 91 ‚Thielbek'-Tote", in: Lübecker Nachrichten, 14. 2. 1950; „Es bleibt bei ‚Thielbek'", in: Lübecker Nachrichten, 15. 2. 1950.

148 „Ehre den Opfern der ‚Thielbeck' [sic!], in: Die Tat, 25. 3. 1950. Vgl. auch KZ-Gedenkstätte Neuengamme/Offenes Archiv, „Cap Arcona"-Gedenken in Westdeutschland, S. 14–17, online unter: http://media.offenes-archiv.de/caparconawest.pdf [3. 2. 2016].

149 Polizeigruppe Schleswig-Holstein Süd/Sondereinsatzkommando, Tagesbericht, 27. 3. 1950, 5.3.2/84605615, ITS Digital Archive, Bad Arolsen.

150 Protokoll der Sitzung des Untersuchungsausschusses in Sierksdorf, 29. 11. 1949, 5.3.2/84605643–84605650, ebenda.

festgestellt werden konnten. Bei zwei Toten handelte es sich um deutsche Soldaten, die separat beigesetzt wurden.[151] Der Abschlussbericht vermerkte, dass die „zum Teil ekelerregenden Arbeiten […] hohe physische und psychische Anforderungen an die Beteiligten stellten", die „ohne Zuteilung von Alkohol nicht zu verrichten gewesen" wären.[152]

Im Oktober und November gingen die Exhumierungen in der Region weiter. In Haffkrug brauchte man über einen Monat, um die Leichen von 238 Häftlingen umzubetten,[153] zudem waren in Sierksdorf weitere Tote infolge von Hochwasser freigespült worden.[154] Das VVN-Landessekretariat berichtete unmittelbar danach von weiteren Gräberfunden und beklagte, dass man „von keiner Seite, auch den deutschen Behörden nicht, unterstützt" werde.[155]

Fünf Jahre nach der „Cap-Arcona"-Katastrophe wurden nicht nur Hunderte Opfer der Konzentrationslager und Evakuierungstransporte freigelegt. Im Zuge der Exhumierungen und Umbettungen wurden auch die Konflikte zwischen den Überlebenden und der Mehrheitsgesellschaft auf allen Ebenen aufgewühlt und nach oben gespült. Schon Ende 1949 hatte Franz Heitgres, ehemaliger Häftling des KZ Neuengamme, Vorsitzender der VVN in der britischen Zone und früherer Hamburger Senator für Wiedergutmachung und Flüchtlingshilfe,[156] die Skepsis der ehemaligen Häftlinge gegenüber der deutschen Nachkriegsgesellschaft in einem Zeitungsartikel auf den Punkt gebracht. Für Heitgres war der Boden von Sierksdorf zur Metapher für ein in Blut getränktes Land geworden. Sein Text verdeutlicht das Unbehagen der Überlebenden gegenüber dessen Bewohnern und die unsicheren Erwartungen im Hinblick auf die weitere Entwicklung: „Nun wird Furche um Furche durch den Acker gezogen, um festzustellen, wo weitere Leichen zu finden sind. Wird man sie noch identifizieren?

151 Polizeigruppe Schleswig-Holstein Süd/Sondereinsatzkommando, Tagesberichte, 27. 3. 1950 bis 20. 4. 1950, 5.3.2/84605615–84605639, ebenda.

152 Polizeigruppe Schleswig-Holstein Süd/Kriminalpolizeistelle/Sondereinsatzkommando, Bericht über das Ergebnis der Ausgrabungs- u. Identifizierungsarbeiten („Cap-Arcona"-Leichen) in Sierksdorf, 18. 4. 1950, 5.3.2/84605609–84605613, ebenda.

153 Landessekretariat V.V.N. Schleswig-Holstein, Bericht Betr. Exhumierungen: Massengrab Neukoppel/Waldgelände, Haffkrug, 24. 11. 1950, 5.3.3/84623484–84623491, ebenda.

154 Paul Stassek [VVN], Bericht, Betrifft: Leichenfunde-Skelette am Steilufer in Sierksdorf, die durch das anhaltende Hochwasser freigespült wurden, 20. 11. 1950, 5.3.1/84603991, ebenda.

155 VVN-Landessekretariat Schleswig-Holstein an Netherlands Tracing Mission, Betr.: Exhumierungen in Haffkrug, 29. 11. 1950, 5.3.3/84623428, ebenda.

156 KZ-Gedenkstätte Neuengamme/Offenes Archiv: Polizeihäftlinge, S. 20. Online unter http://media.offenes-archiv.de/polizeihaeftlinge.pdf [27. 1. 2016].

Wird der Acker noch mehr Geheimnisse enthüllen? Wir wissen es nicht, wir ahnen es. Wir haben sogar Berechtigung zur Annahme, daß immer mehr Schweigen gebrochen werden muß. Dieser bisher schweigende Acker gleicht ganz Deutschland."[157]

2. Kampf um die Denkmäler

2.1. „Denkmalinflation" und Verwahrlosung in der SBZ/DDR

Die Auseinandersetzungen zwischen den Überlebenden, die sich um eine würdige Bestattung ihrer ermordeten Kameradinnen und Kameraden bemühten, und einer teils feindlichen, teils ignoranten Bevölkerung setzten sich nach den Bestattungen, Exhumierungen und Umbettungen fort – als Konflikte um die entstandenen Erinnerungszeichen und Mahnmale. Dies betraf abermals beide Teile Deutschlands, was sich unter anderem an den Nachwirkungen der „Cap-Arcona"-Katastrophe in der DDR zeigt.

Anlässlich des Gedenktags der „Opfer des Faschismus" 1948 verkündete die Mecklenburger „Landes-Zeitung", dass die Massengräber der Opfer zu „würdigen Gedenkstätten ausgestaltet wurden".[158] Doch schon zwei Jahre später berichteten VVN-Angehörige, die Grabstätte auf der Insel Poel sei in einem „unwürdigen Zustand", was insbesondere im Kontrast zum westdeutschen Lübeck deutlich werde, wo „für die toten Kameraden der ‚Kap Arkona' ein prachtvolles Ehrenmonument errichtet wurde".[159] Allerdings hatten die Rostocker offenbar keine Kenntnis von den Auseinandersetzungen, die ihre westdeutschen Kameraden in Lübeck ein halbes Jahr zuvor um das so gelobte dortige Denkmal hatten führen müssen.[160] Jedenfalls wirkte im Gegensatz dazu die Grabstätte auf Poel eher trostlos. Sie war lediglich mit einem an einen Baum genagelten Holzschild versehen, das eine wenig aussagekräftige Inschrift trug. Jungpioniere hätten zwar aus Muscheln ein VVN-Zeichen auf die Erde gelegt, das jedoch „der erstbeste

157 „Der Schweigende Acker. Das Massengrab von Sierksdorf – ein Gleichnis für ganz Deutschland", in: VVN-Nachrichten, 13. 12. 1949. Der Artikel erschien leicht gekürzt als: „Der schweigende Acker", in: Die Tat, 7. 1. 1950.

158 „Einweihung von Gedenkstätten am Ostseestrand. Feierstunden zur Erinnerung an die KZ-Opfer von der ‚Cap Arcona'", in: Landes-Zeitung (Mecklenburg), 13. 9. 1948.

159 Forschungsstelle der Widerstandsbewegung beim Landesvorstand der VVN, 14. 8. 1950, SAPMO-BArch, DY 55/V 278/4/24, unpag.

160 „Streit um Lübecks Ehrenmal. Die VVN gibt den Kampf nicht auf", in: VVN-Nachrichten, 23. 11. 1949.

Windstoß verwehte". So forderte man, endlich ein gemeinsames Mahnmal für die Opfer der Schiffskatastrophe in der DDR zu schaffen,[161] womit auf das Vorhaben einer großen Gedenkstätte in Groß Schwansee angespielt wurde, wo zeitweise eine – letztlich nie realisierte – Installation eines Leuchtturms mit rotem Winkel als Leuchtfeuer geplant war.[162] Um die Forderungen zu unterstreichen, erwog die Rostocker VVN sogar, angesichts einer vermeintlich nur „vorübergehenden Zonengrenze" als „Akt der Verbundenheit" die sterblichen Überreste ebenfalls in Lübeck beizusetzen, und schloss ihren Appell drastisch: „Derartige Totenhaine, [...] von denen man nicht einmal weiß, ob er für die SS oder die toten Häftlinge errichtet wurde [sic!], sind kaum dazu angetan, das Andenken der toten Widerstandskämpfer zu fördern."[163] Auf diese provokative Eingabe hin übernahm ein halbes Jahr später das Kulturamt des Kreises Wismar die Pflege des Grabes.[164]

Wie in diesem Fall waren etliche lokale VVN-Gruppen sehr engagiert dabei, Grabstätten von Todesmarschopfern, von denen auch Jahre nach Kriegsende noch immer neue Meldungen eingingen, mit Denkmälern zu versehen.[165] Aus dem Kreis Bitterfeld in Sachsen-Anhalt berichtete die VVN im Sommer 1948, man habe trotz mehrfacher Aufrufe nun erst von zahlreichen Massen- und Einzelgräbern erfahren. Es war geplant, an mehreren Orten Denkmäler für die Toten zu errichten, was recht pragmatisch begründet wurde. So hieß es, man wolle ein Mahnmal an einem Massengrab in Kossa aufstellen, da dies „einfacher sein [dürfte], als diese 50 Toten nach einer anderen Stelle umzubetten". Auf jeden Fall kündigte die VVN an, man wolle „auch bei der Einweihung dieses Mahnmales eine große Sache starten lassen".[166]

Offenbar wurden in den Nachkriegsjahren Denkmäler in so großer Zahl geplant und errichtet, dass es selbst der Deutschen Zentralverwaltung für Volksbildung zu viel wurde. Bereits Ende 1946 hatte Vizepräsident Erich Weinert moniert, dass vor allem in kleineren Orten „der Frage der künstlerischen Qualität

161 Forschungsstelle der Widerstandsbewegung beim Landesvorstand der VVN, 14. 8. 1950, SAPMO-BArch, DY 55/V 278/4/24, unpag.

162 Schiffner, Cap Arcona-Gedenken, S. 311.

163 Forschungsstelle der Widerstandsbewegung beim Landesvorstand der VVN, 14. 8. 1950, SAPMO-BArch, DY 55/V 278/4/24, unpag.

164 VVN-Ortsvereinigung Wismar an das Landessekretariat der VVN, Betrifft: Euer Schreiben v. 15. 3. 51 – Grabpflege Kap Arkona auf der Insel Poel, 28. 3. 1951, ebenda.

165 Stefanie Endlich, Gelenkte Erinnerung? Mahnmale im Land Brandenburg, in: Dachauer Hefte 11 (1995), S. 32–55, hier S. 35; Reuter/Hansel, Das kurze Leben, S. 389–391.

166 VVN-Kreisvorstand Bitterfeld an den Landesvorstand der VVN Sachsen-Anhalt, 17. 8. 1948, SAPMO-BArch, DY 55/V 278/4/94, unpag.

kaum die notwendige Beobachtung geschenkt" werden dürfte und generell „eine solche Denkmalinflation auch aus politischen Gründen nicht wünschenswert" sei. Schließlich könne der Eindruck entstehen, mit der Denkmalsetzung seien die zu Ehrenden ausreichend gewürdigt, außerdem könne „das Interesse der Bevölkerung von den wirklich notwendigen Aufgaben abgelenkt werden". Deswegen sollte man sich auf die Qualität der „besonderen Fälle" beschränken und ansonsten lieber soziale Einrichtungen nach den Opfern benennen.[167]

In ähnlichem Duktus beschloss 1952 auch die VVN-Landesleitung Sachsen: „Dem regellosen Bauen von Denkmalen soll Einhalt geboten werden. Unsere Mahnmale sind oftmals so, daß die Inschriften nichtssagend sind, d. h. sie sind nicht konkret genug gehalten, sondern tragen nur abgedroschene Sprüche." Dieses harsche Urteil hielt sie jedoch nicht davon ab, eine Liste von Orten an das Generalsekretariat mitzuschicken, an denen sie weitere Mahnmale oder Gedenktafeln errichten wollte.[168] Widersprüchlich war auch die Kritik gegenüber den „Kameraden" auf den unteren Ebenen in der Durchsetzung der Formvorgaben. Nachdem der Kreisvorstand aus Grimma eine Skizze für ein Mahnmal im nahe gelegenen Mutzschen eingereicht hatte, hieß es, die vorgeschlagene Idee werde abgelehnt, „weil sie langweilig und kalt wirkt. Außerdem sehen wir nicht ein, daß 2 rote Winkel verwendet werden, die auch noch zu schmal sind." Diese regelrechte Experimentierfreudigkeit im Hinblick auf das Zeichenrepertoire ging der Landesleitung doch zu weit; sie empfahl dagegen ganz klassisch einen Findling mit rotem Winkel „(ohne VVN!)". Allerdings scheint der Textvorschlag ihren Nerv getroffen zu haben. Als wenig „abgedroschen" und konkret genug erschien die Inschrift: „Freund, der Du die Sonne noch siehst, vollende, was unseren brechenden Augen war leuchtend Fanal! Hier ruhen 5 unbekannte KZ-Häftlinge und Kämpfer gegen den Faschismus beim Todesmarsch einer Lagerkolonne auf der vorübergehenden [sic!] Landstraße ermordet am … Februar 1945."[169]

Trotz aller Kritik ging die flächendeckende Errichtung von Denkmälern für die Opfer der Todesmärsche in der DDR in den frühen 1950er-Jahren mit großen Schritten voran. Allein in Sachsen gab es 1951 in etwa 200 Ortschaften Gedenk-

167 Deutsche Zentralverwaltung für Volksbildung in der Sowjetischen Besatzungszone/Vizepräsident Erich Weinert an die Provinzialverwaltung Brandenburg/Abtlg. Volksbildung, Betreff: Projektierung von Denkmälern, 19. 12. 1946, SAPMO-BArch, DY 55/V 278/4/15, unpag. Vgl. auch Endlich, Gelenkte Erinnerung, S. 34.

168 VVN-Landesverband Sachsen an das Generalsekretariat der VVN, Betreff: Sitzung der Landeskulturkommission – Denkmalangelegenheiten, 12. 7. 1952, AS, R 23/10, unpag.

169 VVN-Landesverband Sachsen an den Kreisvorstand der VVN Grimma, 11. 7. 1952, Betr.: Erstellung eines Mahnmales in Mutzschen, SAPMO-BArch, DY 55/V 278/4/58, unpag.

stätten und Mahnmale, bei zahlreichen davon handelte es sich um Gräber von Opfern der Todesmärsche.[170]

Für diesen Zeitraum ist auch die erste Routenmarkierung eines Todesmarschs zu verzeichnen – eine naheliegende Form von Erinnerungszeichen, die in den kommenden Jahrzehnten wiederholt auftreten sollte.[171] Die Leiterin der VVN-Landesforschungsstelle in Mecklenburg, Fanny Mütze-Specht, verfolgte mit unermüdlichem Engagement das Vorhaben, an der Strecke des Todesmarschs aus dem KZ Sachsenhausen Findlinge in Dreiecksform jeweils zwischen drei Birken zu setzen: „Wir sind der Ansicht, daß dieses ohne besondere Kosten von jeder Gemeinde aufzurichtende Mal, das sich viele Male auf der Straße wiederholt, insgesamt zu einer eindrucksvollen Markierung werden wird. [...] Es könnte dann ein eindrucksvolles Monument für die Zukunft geschaffen werden."[172]

1950 wurden 24 Findlinge in Ortschaften errichtet, die vom Todesmarsch durchquert worden waren, und zwar nicht an den Gräbern der Opfer, sondern für Durchreisende sichtbar an den Wegen und Straßen. Allerdings ist auf Fotos zu erkennen, dass die Arrangements der Anlagen an Gräber in Form eines Häftlingswinkels erinnerten: Niedrige Steinmauern umfriedeten bepflanzte Flächen in Form gleichschenkliger Dreiecke, an deren Kopfseite die Findlinge wie Grabsteine wirkten.[173]

Ungeachtet dieses „Denkmalbooms" waren auch im Osten Deutschlands die Mahnmale für Opfer der Todesmärsche heftig umkämpfte Orte der Erinnerung. In Herzogswalde, wo Kinder und Jugendliche einen weiblichen KZ-Häftling grausam ermordet hatten, war im September 1948 ein Gedenkstein errichtet worden. Wenige Monate später wurde er nachts umgeworfen und die gesamte Denkmalsanlage verwüstet.[174] Für die VVN war dies eine Bestätigung dafür,

170 VVN-Landesverband Sachsen an das Generalsekretariat der VVN, Betr.: Pflege von Mahnmalen und Gedenkstätten, 3. 12. 1951, AS, R 23/10, unpag.

171 Vgl. Lange, Todesmarschgedenken, S. 330 f.

172 Forschungsstelle der Widerstandsbewegung beim Landessekretariat der VVN Rostock an das Generalsekretariat der VVN, 6. 3. 1950, SAPMO-BArch, DY 55/V 278/4/24, unpag. Vgl. auch Peter Fiebich, Gedenkstätten, Mahnmale und Ehrenfriedhöfe für die Verfolgten des Nationalsozialismus. Ihre landschaftsarchitektonische Gestaltung in Deutschland 1945 bis 1960, unveröffentlichte Dissertation, TU Dresden, 1999, S. 143.

173 Vgl. die Bilder in: Historisches Museum Schwerin/Bezirkskomitee Antifaschistischer Widerstandskämpfer Schwerin (Hrsg.), Mahn- und Gedenkstätte Raben Steinfeld, Schwerin 1978, S. 16 f.

174 VVN-Ortsgruppe Wilsdruff an VVN-Kreisvorstand Meißen, Betr.: Bericht über die Schändung des Gedenksteines für die Opfer des Faschismus in Herzogswalde, 4. 12. 1948, SAPMO-BArch, DY 55/V 278/4/58, unpag.

„daß es falsch war, die ehemaligen Nazisten […] vorzeitig aus dem Arbeitslager zu entlassen".[175] Damit nahmen sie Bezug auf einen Briefwechsel mit der Generalstaatsanwaltschaft, in dem sie erst kurz zuvor darauf hingewiesen hatten, dass zwei erwachsene Einwohner, die ihrer Ansicht nach an der Tat beteiligt gewesen waren, von der SMA aus der Haft entlassen worden seien und nun vor ein deutsches Gericht gestellt werden sollten.[176]

Gedenkstätten und Gräber von Opfern der Räumungstransporte waren nicht nur von Vandalismus, sondern auch von Vernachlässigung betroffen, wie bereits am Beispiel der Insel Poel deutlich wurde. Aus dem brandenburgischen Tröbitz, der Endstation eines der „verlorenen Transporte" aus Bergen-Belsen, berichtete die VVN 1951, dass die dortigen Massengräber in einem sehr ungepflegten Zustand seien, ein Grab würde von den Kindern einer angrenzenden Bergarbeiterwohnsiedlung als Spielplatz benutzt.[177] Ähnlich hieß es bald darauf aus Gardelegen, dass die verbrannten Reste der Feldscheune geplündert würden, dass die Bevölkerung sie als „Spielplatz für die Kinder und sogar zur Verrichtung der Notdurft" missbrauche.[178] Außerdem hatten Angehörige der Roten Armee „durch Sprengversuche […] 1/3 der Scheune vollkommen vernichtet".[179] Franz Unikower, Mitbegründer der jüdischen Landesgemeinde Mecklenburg und Überlebender der Räumung des KZ Mittelbau-Dora, schrieb im gleichen Jahr: „Auch in Mecklenburg haben wir lange Zeit hindurch wenig Interesse für Gräber und Friedhöfe feststellen müssen. Gerade die Dorfbewohner haben sich oft um die selbstverständlichsten Pflichten gedrückt, obwohl man ihnen ja wegen der Vorkommnisse keine Vorwürfe machen kann."[180]

Dass aus Sicht einiger Funktionäre zu wenig getan wurde, um die Opfer zu ehren, hing aber nicht nur mit der Trägheit oder Abwehr der einheimischen

175 VVN-Kreisvorstand Meißen an Landessekretariat der VVN, Betr.: Ermordung eines unbekannten jüdischen Mädchens in Herzogswalde, 8. 12. 1948, ebenda.

176 VVN-Kreisvorstand Meißen an den Generalstaatsanwalt für das Land Sachsen, Betr.: Ermordung eines unbekannten jüdischen Mädchens im Februar 1945 in Herzogswalde, 1. 11. 1948, ebenda.

177 VVN-Kreisverband Luckau an das Generalsekretariat der VVN, Abt. Forschung, Betr.: Massengräber und Gräber ehemaliger KZ.-Häftlinge in der Gemeinde Tröbitz, Kreis Luckau, 28. 4. 1951, SAPMO-BArch, DY 55/V 278/4/14, unpag.

178 Ministerium des Innern, HA Staatliche Verwaltung an den Rat des Landkreises Gardelegen, 21. 12. 1951, LASA Abt. Magdeburg, K 3, Nr. 4213, unpag.

179 Der Rat des Landkreises Gardelegen an die Landesregierung Sachsen-Anhalt, Ministerium des Innern, 12. 5. 1952, ebenda.

180 Dr. Franz Unikower an Sievert [Vorname unbekannt], 12. 11. 1951, SAPMO-BArch, DY 55/V 278/4/24, unpag.

Bevölkerung zusammen. Gerade an der Peripherie im ländlichen Raum war es nicht immer einfach, die gewünschte Aufmerksamkeit zu bekommen, was sich insbesondere auf Gedenkstätten für Opfer der Todesmärsche auswirkte. In Drackenstedt (Sachsen-Anhalt) etwa versuchte die SED-Ortsgruppe einige Zeit vergeblich, ein würdiges Denkmal für die 58 im Dorf ermordeten KZ-Häftlinge errichten zu lassen. Enttäuscht schrieb der Vorstand an die VVN, dass seitens der Kreisleitung der Partei trotz „Eures energischen Protestes [...] nichts veranlaßt wurde. – Entweder scheut man die Arbeit oder den Weg zu uns heraus." Die Opfer würden „einfach abgeschrieben und vergessen". Man erwarte, „wie in den Vorjahren am 10. April, dem Todestage, allein zum Gedächtnis am Grabe zu stehen".[181]

2.2. Missliebige Erinnerungszeichen: KZ-Gräber in Bayern

In einer internen Aufstellung hatte der Internationale Suchdienst Anfang der 1950er-Jahre fast 5700 Gräber von KZ-Häftlingen alleine in Bayern ermittelt, davon 5363 Einzel- und 242 Massengräber auf Friedhöfen; 51 Einzel- und 31 Massengräber befanden sich sogar noch auf freiem Feld.[182] Zahlreiche, aber nicht alle dieser Orte galten als sogenannte KZ-Friedhöfe, von denen Ende der 1940er-Jahre in Bayern knapp 500 existierten.[183] Darunter befanden sich auch Grabstätten an Orten ehemaliger KZ-Außenlager; bei den meisten jedoch handelte es sich um weit verstreut liegende Gräber von Opfern der Todesmärsche.[184] Die Zuständigkeit für die KZ-Friedhöfe lag seit 1947 beim Staatskommissar für rassisch, religiös und politisch Verfolgte, Philipp Auerbach.[185] Auerbach, 1906 in

181 Ortsgruppe der SED Drackenstedt an die VVN/Landesvorstand Sachsen-Anhalt, Abt. Forschung, 17. 1. 1950, SAPMO-BArch, DY 55/V 278/4/89, unpag.

182 Diese Berechnung orientiert sich an der Aufstellung des ITS: US-Zone, o. D. (vermutl. 1950/1951), 5.3.2/84611666-84611714, ITS Digital Archive, Bad Arolsen. Als „Massengräber" wurden hier alle Gräber mit mehr als einem Toten gezählt.

183 Vgl. hierzu auch Ulrich Fritz, Unbequeme Denkmale: KZ-Friedhöfe in Bayern. Kurze Geschichte einer institutionellen Odyssee mit Seitenblick nach Sachsen, in: Medaon 13 (2013), online unter www.medaon.de/pdf/MEDAON_13_Fritz.pdf [22. 1. 2016].

184 Ohne Quelle findet sich die Zahl von 493 KZ-Friedhöfen bei Werner, Todesmärsche, S. 32. Vgl. auch Jörg Skriebeleit, Erinnerungsort Flossenbürg. Akteure, Zäsuren, Geschichtsbilder, Göttingen 2009, S. 192.

185 Ulrich Fritz, KZ-Friedhöfe in Bayern, in: Bayerischer Landesverein für Heimatpflege e. V. (Hrsg.), Friedhof und Grabmal. Geschichte, Gestaltung, Bedeutungswandel, München 2015, S. 126–134, hier S. 128; Greiser, Todesmärsche, S. 337. Zu Auerbach vgl. Constantin Goschler, Der Fall Philipp Auerbach. Wiedergutmachung in Bayern, in: Ludolf Herbst/ders. (Hrsg.), Wiedergutmachung in der Bundesrepublik Deutschland, München 1989, S. 77–98.

eine angesehene Hamburger jüdische Familie geboren, war selbst Überlebender von Konzentrationslagern und Räumungstransporten; er war im Januar 1945, ein Jahr nach seiner Deportation, aus Auschwitz auf den Transport über Groß-Rosen nach Buchenwald getrieben worden.[186]

Die Einweihung von KZ-Friedhöfen war stets – zumindest implizit – mit der Frage nach dem Verhältnis zwischen den vor Ort begangenen Verbrechen, den Opfern und der Erinnerung seitens der deutschen Gesellschaft verbunden. Als am 21. September 1947 in Mallersdorf ein Mahnmal für 67 jüdische Opfer eingeweiht wurde, musste Auerbach auf die kurz zuvor bekannt gewordene Schändung von zwei anderen Denkmälern eingehen und betonen, „daß der anständige Deutsche kein Verständnis für diese ungesetzlichen und unmoralischen Handlungen habe".[187] Bei der Einweihung eines Friedhofs für Opfer der Todesmärsche im oberpfälzischen Rettenbach wenige Monate später dankte Auerbach wiederum „den Einwohnern des Dorfes [...] für ihre trauernde Anteilnahme, für ihre Mithilfe bei der Errichtung des Friedhofes und für die vielen Beweise der Nächstenliebe und Hilfsbereitschaft, mit denen sie die völlig erschöpften KZ-Häftlinge vor und nach der Befreiung bei sich aufnahmen". Zudem lobte er eine Einwohnerin, die „aus Mitgefühl und Menschenliebe" das Grundstück, auf dem der Friedhof angelegt wurde, gespendet hatte.[188]

Der Zeitraum der späten 1940er- und frühen 1950er-Jahre ist von Ulrich Fritz als „Ära Auerbach",[189] von Katrin Greiser als „zweite Phase der Geschichte der KZ-Friedhöfe in Bayern" bezeichnet worden.[190] Im Zuge des sogenannten Leitenberg-Skandals geriet die bayerische Fürsorge für KZ-Gräber und damit auch Auerbach in scharfe Kritik. Im Herbst 1949 waren bei schleppend vorankommenden Bauarbeiten für einen KZ-Friedhof auf einer Anhöhe bei Dachau die sterblichen Überreste von Häftlingen gefunden und achtlos liegen gelassen worden.[191] Infolge der skandalisierenden überregionalen und internationalen Berichterstattung beschloss der bayerische Ministerrat im November 1949, eine

186 Hannes Ludyga, Philipp Auerbach (1906–1952). „Staatskommissar für rassisch, religiös und politisch Verfolgte", Berlin 2005, S. 30 f.

187 „KZ-Denkmal eingeweiht", in: Passauer Neue Presse, 23. 9. 1947.

188 „Neuer KZ-Ehrenfriedhof bei Rettenbach", in: Passauer Neue Presse, 4. 11. 1947.

189 Fritz, KZ-Friedhöfe, S. 131.

190 Greiser, Todesmärsche, S. 341.

191 Harold Marcuse, Die vernachlässigten Massengräber. Der Skandal um den Leitenberg, 1949–1950, in: Dachauer Hefte 19 (2003), S. 3–23. Vgl. als aktuellste Darstellung Kerstin Schwenke, Dachauer Gedenkorte zwischen Vergessen und Erinnern. Die Massengräber am Leitenberg und der ehemalige SS-Schießplatz bei Hebertshausen nach 1945, München 2012, S. 39–84.

interministerielle Kommission mit der Überprüfung der KZ-Gräber in Bayern zu beauftragen. Philipp Auerbach war inzwischen stellvertretender Präsident des Landesentschädigungsamtes geworden, das alle Graborte von KZ-Häftlingen auf ihren Zustand untersuchte. Zugleich sollten die bayerischen Kreisverwaltungsbehörden alle in ihren Landkreisen vorhandenen „KZ-Grab- und Gedenkstätten" an das Innenministerium melden.[192] Die VVN verwies im Frühjahr 1950 darauf, dass sich „eine geradezu geographische Zeile von Einzel- oder Massengräbern" durch Bayern zog, von denen jedoch mindestens etwa 70 Prozent in einem „völlig unwürdigen Zustand" seien. Dafür machte man nicht nur die Verwaltung, sondern auch die lokale Bevölkerung verantwortlich, schließlich seien diese Gräber den Behörden bislang nicht immer bekannt gewesen, „obgleich die Ortsbewohner in der Regel immer und die Gemeindebehörden zumeist davon Kenntnis hatten".[193]

Ironischerweise führte die Dynamik, die aus dem „Leitenberg-Skandal" resultierte, nicht nur dazu, dass Grabstätten aufgewertet und gesellschaftlich präsenter wurden. Mitunter konnten sich Gemeinden in diesem Zuge missliebiger Gedenkorte entledigen. Ein markantes Beispiel dafür ist das bereits erwähnte Pleystein, wo 1945 auf Anordnung der US-Armee 140 KZ-Häftlinge auf dem Marktplatz der Ortschaft, der damit zum Ehrenfriedhof gemacht wurde, begraben worden waren. Nach jahrelangen stadtratsinternen Diskussionen um das Massengrab im Ortskern ging die Gemeinde im Frühjahr 1949 in die Offensive. In einem Schreiben an die KZ-Betreuungsstelle Weiden beklagte sich die Stadtverwaltung, durch den Friedhof „an Ansehen, moralisch aber auch gesundheitlich" zu leiden. Als ginge es um die Würde der Opfer statt um das eigene Bedürfnis der Externalisierung, argumentierte man: „Der Friedhof als solcher ist keine Ruhestätte für diese braven schuldlosen Menschen, denn umhertreibende Hunde und spielende Kinder verunreinigen diesen Ort." Die Gemeinde machte zunächst den Vorschlag, die Toten auf ein neues Gräberfeld auf dem weiter abseits gelegenen städtischen Friedhof umzubetten, was die Zustimmung der VVN sowie von Philipp Auerbach fand. Im Zuge der Affäre um die Toten vom Leitenberg und die sich daran anschließende Instandsetzung der bayerischen KZ-Friedhöfe kam

192 Skriebeleit, Erinnerungsort, S. 191 f.; Ministerratsprotokoll Nr. 86, Ministerratssitzung 21. 11. 1949, in: Historische Kommission bei der Bayerischen Akademie der Wissenschaften/Generaldirektion der Staatlichen Archive Bayerns (Hrsg.), Die Protokolle des Bayerischen Ministerrats 1945–1954. Das Kabinett Ehard II, 20. September 1947 bis 18. Dezember 1950, Bd. 2, München 2005, S. 348–368, hier S. 352–356.

193 „Der Fall Leitenberg und der Zustand der übrigen KZ-Grab- und Gedenkstätten in Bayern", in: Die Tat, 15. 4. 1950.

für Pleystein im Herbst 1949 ein völlig neuer Dreh in die Frage um die Toten: Im 40 Kilometer entfernten Neunburg vorm Wald – wo es drei Jahre zuvor zu den oben beschriebenen handfesten Auseinandersetzungen während der Umbettung von KZ-Häftlingen gekommen war – sollte nach Jahren der Stagnation ein neuer, großer KZ-Friedhof entstehen. Da dorthin Hunderte Opfer aus mehreren Gemeinden und auch anderen Landkreisen umgebettet wurden, sprang Pleystein auf diesen Zug auf und schlug vor, „seine" Toten ebenfalls dort zu bestatten. Als Auerbach zustimmte, entwickelte sich in der Gemeinde sofort ungeahntes Engagement und eine große Spendenbereitschaft.[194] Anfang Dezember war die Exhumierung und Überführung abgeschlossen, und Pleystein hatte – angeblich „im Interesse der Opfer" – für alle Probleme mit den Todesmarschopfern „eine endgültige Klärung gefunden".[195]

Solche Bemühungen, sich der Verantwortung für die Gräber der KZ-Häftlinge zu entledigen, gab es nicht nur auf lokaler Ebene, wo die sichtbare Erinnerung an die Verbrechen nur zu gerne aus dem Sichtfeld gerückt werden sollte. Auch in Regierung und Verwaltung bestand wenig Interesse, sich diesem historischen Erbe anzunehmen. Als es in der Bayerischen Staatsregierung darum ging, nach den Auseinandersetzungen um den Dachauer Leitenberg eine Stelle für die Betreuung der KZ-Gräber festzulegen, begann ein sehr bezeichnendes Ränkespiel, bei dem die verschiedenen Ministerien und Verwaltungsstellen versuchten, sich diese unliebsame Verantwortung und finanzielle Belastung gegenseitig zuzuschieben. Nachdem man sich im Ministerrat darauf geeinigt hatte, die Betreuung der KZ-Friedhöfe dem Staatsministerium des Innern zu übertragen, erklärte Innenminister Dr. Ankenmüller, er sei „nicht glücklich über die Aussicht, auch diese Aufgabe noch zu erhalten, wenn auch die Gräberfürsorge an sich beim Innenministerium liege".[196] Allerdings änderte sich de facto wenig, und nach wie vor kümmerte sich Auerbachs Landesentschädigungsamt um die Grabstätten.[197] So gelang es dem Innenministerium, die Angelegenheit auszusitzen, und Anfang 1951 entschied der Ministerrat, dass die Zuständigkeit doch beim

194 Skriebeleit, Exhumierungen, S. 322–327, alle Zitate ebenda. Zum KZ-Friedhof in Neunburg vorm Wald vgl. auch Greiser, Grabstätten, S. 307–313.

195 „Die Toten des KZ-Friedhofs umgebettet. Überführung der Ermordeten von Pleystein nach Neunburg v. W.", in: Der Neue Tag, 8. 12. 1949.

196 Ministerratsprotokoll Nr. 113, Ministerratssitzung 10. 7. 1950, in: Historische Kommission bei der Bayerischen Akademie der Wissenschaften/Generaldirektion der Staatlichen Archive Bayerns (Hrsg.), Die Protokolle des Bayerischen Ministerrats 1945–1954. Das Kabinett Ehard II, 20. September 1947 bis 18. Dezember 1950, Bd. 3, München 2010, S. 306–329, hier S. 328.

197 Vgl. zu den Vorgängen auch Skriebeleit, Erinnerungsort, S. 191–194.

Landesentschädigungsamt, das dem Staatsministerium der Finanzen untergeordnet war, bleiben solle. Lediglich „etwa auftretende Einzelfragen" sollten von Innen- und Finanzministerium gemeinsam besprochen werden.[198]

Noch während die unliebsame Zuständigkeit für die KZ-Gräber derart in der Schwebe hing, schuf Auerbachs Amt Tatsachen und begann, die Friedhöfe aufzuwerten. Im März 1950 schrieb es die Gestaltung von 14 KZ-Friedhöfen öffentlich aus,[199] und Mitte Juni wurden 35 KZ-Friedhöfe in Niederbayern und der Oberpfalz eingeweiht.[200]

Diese Ereignisse waren jedoch nicht nur Momente der würdevollen Besinnung, sondern auch immer wieder Anlass für (vergangenheits-)politische Konfrontationen. Bei der „Einweihungsfahrt" im Juni kam es in Cham zum Eklat: Der Oberregierungsrat und VVN-Vorsitzende Willi Cronauer griff „die beiden christlichen Konfessionen und die Bevölkerung des Bayerwaldgebietes scharf an. Es sei sehr bedauerlich, daß erst fünf Jahre nach dem Todesmarsch aus Flossenbürg Gedenkstätten errichtet würden. Dies beweise, daß die Bevölkerung dem Geschehen gleichgültig gegenüber gestanden sei." Die Kirchen hätten die Aufgabe gehabt, so zitierte ihn die Presse, die Toten „nicht in den Selbstmörderecken der Friedhöfe zu begraben, sondern für würdige Grabstätten zu sorgen". Dies rief scharfen Widerspruch hervor. Philipp Auerbach, der selbst von der VVN heftig kritisiert worden war,[201] konterte in seiner Ansprache in antikommunistischem Duktus, „daß keiner ein Recht habe, die Geistlichkeit anzugreifen, der selber ein System vertrete, das heute noch in Europa KZ-Lager aufrechterhalte". In der anschließenden Diskussion legte Cronauer nach und sagte zum evangelischen Priester aus Cham: „Es wäre christlicher gewesen, wenn Sie [...] mit dem Allerheiligsten dem Häftlingszug entgegengezogen wären. Sie wären wahrscheinlich erschossen worden, aber das ist Charaktersache." Daraufhin brach Auerbach das Gespräch ab.[202]

198 Ministerratsprotokoll Nr. 8, Ministerratssitzung 22. 1. 1951, in: Historische Kommission bei der Bayerischen Akademie der Wissenschaften/Generaldirektion der Staatlichen Archive Bayerns (Hrsg.), Die Protokolle des Bayerischen Ministerrats 1945–1954. Das Kabinett Ehard III, 18. Dezember 1950 bis 14. Dezember 1954, Bd. 1, München 2014, S. 85–109, hier S. 102.

199 „Bekanntmachung", in: Passauer Neue Presse, 18. 3. 1950.

200 „Einweihung von 35 KZ-Friedhöfen", in: Passauer Neue Presse, 15. 6. 1950.

201 „Der Fall Leitenberg und der Zustand der übrigen KZ-Grab- und Gedenkstätten in Bayern", in: Die Tat, 15. 4. 1950.

202 Alle Zitate aus: „Mißklänge bei einer KZ-Friedhofeinweihung [sic!]." VVN-Sprecher greift beide Konfessionen an, in: Passauer Neue Presse, 20. 6. 1950. Zu Auseinandersetzungen zwischen der VVN und Auerbach nach dessen Austritt aus dem Verband vgl. Skriebeleit, Erinnerungsort, S. 201.

Die zweite „Einweihungsfahrt“ für zehn weitere Friedhöfe im August 1950 wurde zumindest in der Presse versöhnlicher dargestellt. Hier lobte man etwa, dass in Eging „wundervoll in die Landschaft eingebettet [...] eine besonders würdige Ruhestätte geschaffen worden sei“. Auerbach habe in seinen Ansprachen nicht von einer Kollektivschuld, aber von einer „Kollektiv-Verantwortung“ gesprochen und zugleich der altbayerischen Bevölkerung „für das, was sie den KZlern Gutes getan habe“, seinen Dank ausgesprochen. Im Gegenzug sei ihm dafür gedankt worden, dass er sich dafür eingesetzt habe, „den armen Opfern des Nationalsozialismus“ würdige Ruhestätten zu schaffen.[203]

Im Herbst wurden weitere KZ-Friedhöfe eingeweiht.[204] Allerdings barg die Frage nach Schuld (an den Verbrechen) und Verantwortung (für die Gräber) stets erhebliches Konfliktpotenzial. Im oberpfälzischen Schwarzenfeld war nach der Beisetzung von 133 KZ-Häftlingen auf einem KZ-Friedhof 1945 ein Gedenkstein errichtet worden, der auf hebräisch und deutsch anklagte: „Hier ruhen 140 Juden, die von SS-Banditen ermordet wurden. Gott, räche das unschuldige Blut deiner Sklaven.“[205] Diese Formulierung stieß bei den Einheimischen auf schroffe Ablehnung, und der Gemeinderat versuchte, den Gedenkstein zu modifizieren. Als im Juni 1950 der neu gestaltete Friedhof von Philipp Auerbach eingeweiht wurde, kritisierte der Bürgermeister in seiner Ansprache, dass das Denkmal „nicht allen Toten gerecht geworden sei“, und regte an, die Gedenkstätte durch ein christliches Kreuz zu ergänzen.[206] Doch der Ton sollte bald noch konfrontativer werden. Während der Einweihungsfahrten Auerbachs erschien im Sommer 1950 ein Zeitungsartikel, in dem berichtet wurde, dass der Gemeinderat von Schwarzenfeld die Pflege des KZ-Friedhofs solange ablehne, „bis die Inschrift im Gedenkstein [...] durch das bayerische Landesentschädigungsamt entfernt wird“. Moniert wurde, dass „ein großer Teil der Todesopfer“, darunter „Menschen verschiedener Nationalitäten und Konfessionen“, infolge eines Luftangriffs ums Leben gekommen seien. Somit „treffe auch die Behauptung, dass es sich um einen jüdischen Friedhof handle, nicht zu“.[207] Wie viele der KZ-Häftlinge in Schwarzenfeld durch den US-amerikanischen Tieffliegerangriff getötet und wie viele Verletzte und Geflohene anschließend von den Wachleuten erschossen wurden, ist in der Tat kaum zu rekonstruieren. Allerdings ist offensichtlich, dass dem Gemeinderat hier

203 „Dr. Auerbach fordert keine Rache, nur Einsicht. Zehn würdig gestaltete KZ-Friedhöfe eingeweiht“, in: Passauer Neue Presse, 29. 8. 1950.

204 „Einweihung neuer KZ-Friedhöfe“, in: Passauer Neue Presse, 18. 10. 1950.

205 Zitiert nach Fritz, Schwarzenfeld, S. 106.

206 „Grabstätten, die uns mahnen“, in: Der Neue Tag, 20. 6. 1950.

207 „Pflege eines KZ-Friedhofes abgelehnt“, in: Passauer Neue Presse, 12. 8. 1950.

weniger an einer differenzierten Auseinandersetzung mit der Vergangenheit als vielmehr an einem Schlussstrich gelegen war.[208]

Die meisten der unter Auerbach neu eingeweihten KZ-Gräber waren ohnehin so gestaltet, dass sie „den historischen Zusammenhang der Grabstätten völlig verschleierten".[209] Sie erinnerten an Soldatenfriedhöfe und enthielten oft unkonkrete und besänftigende Sinnsprüche oder Bibelzitate.[210]

2.3. Räumliche Zentralisierung und ideologische Engführung ab 1950

Die Entwicklungen der frühen 1950er-Jahre spiegeln sich in den Biografien von zwei sehr verschiedenen Persönlichkeiten wider: Philipp Auerbach und Fanny Mütze-Specht. Das Wirken beider war bis zu diesem Zeitpunkt stark von der Auseinandersetzung mit den Hinterlassenschaften der KZ-Räumungstransporte geprägt; beide Karrieren und Lebenswege wurden in dieser Zeit unter vergleichbaren Umständen gebrochen, und unter ganz unterschiedlichen Vorzeichen war der individuelle Fall jeweils ein Prolog sich ankündigender gesamtgesellschaftlicher Veränderungen im Umgang mit der Geschichte der Todesmärsche.

Fanny Mütze-Specht, Jahrgang 1896, Krankenschwester und linke Publizistin, war in den 1930er-Jahren mehrfach in „Schutzhaft" genommen worden und hatte seit 1946 neben vielfältigen weiteren politischen Tätigkeiten den antifaschistischen Frauenausschuss in Rostock geleitet. Seit 1948 war sie Leiterin der Forschungsstelle der Mecklenburger VVN und hatte sich durch ihr außergewöhnliches Engagement, das auch die Aufklärung der Todesmärsche umfasste, nicht nur Freunde gemacht. So wurde bei der ersten Arbeitstagung der Ravensbrücker Häftlinge kritisch vermerkt: „Frau Mütze-Specht ist der Meinung, man müsse die Evakuierungsmärsche selbst noch einmal mitmachen, sozusagen praktisch von Haus zu Haus gehen." Eine solche Einmischung von außen war jedoch nicht gewollt, und so fuhr der Bericht fort: „Aber diese Arbeit kann nur mit Hilfe der ehemaligen Ravensbrücker Häftlinge gemacht werden."[211] Dem pluralistischen Geist der frühen VVN verpflichtet, lenkte Mütze-Specht den Blick nicht nur auf den kommunistischen Widerstand, sondern bezog explizit den „20. Juli", die Kirchen oder Studenten mit ein und betonte deutlich „die unvorstellbar brutalen

208 Fritz, Schwarzenfeld, S. 100 f., 110 f.

209 Ders., Unbequeme Denkmale, S. 4.

210 Ders., KZ-Gräber, S. 129–131.

211 Zitiert nach Erika Schwarz/Simone Steppan, Fanny Mütze-Specht – eine Frau und ihr Eintreten für das Erinnern, in: Zeitgeschichte Regional – Mitteilungen aus Mecklenburg-Vorpommern 4 (2000) 2, S. 41–44, hier S. 42.

Maßnahmen zur Ausrottung der Juden, der Bibelforscher, der Zigeuner".[212] In ihrer Broschüre zum „Widerstandskampf" in Mecklenburg hatte sie auch den anklagenden Bericht eines Überlebenden abgedruckt: „Brandenburg – Mecklenburg, Länder der Massengräber, Ihr ließet geschehen, was in Euren Ländern geschah, aber selbst die Ermordeten vergeben, wenn Ihr die Toten nicht vergeßt – und wofür sie starben! Sie und wir Überlebenden werden aber nicht vergessen, daß Ihr geschwiegen habt!"[213]

Aus diesen Eindrücken zog Mütze-Specht Schlüsse, die kaum mit dem zunehmend dominanten Narrativ eines breiten antifaschistischen Widerstandskampfs auch seitens der deutschen Bevölkerung korrelierten. So schrieb sie an Erich Weinert: „Mecklenburg ist ein großer Friedhof, immer wieder stoßen wir auf offene Massengräber. Der Terror war groß, der Widerstand zumeist in heimlicher Gegnerschaft einzelner erschöpft, die sich aus menschlicher Anständigkeit heraus zur Wehr setzten."[214]

Allerdings war ein solcher Blick auf die nationalsozialistische Gesellschaft der Endkriegsphase kaum noch zeitgemäß. Nur wenige Wochen später, im Oktober 1950, wurde Fanny Mütze-Specht mit der Verlegung ihrer Forschungsstelle von Rostock nach Schwerin als Leiterin abgesetzt, da ihr unter anderem vorgeworfen wurde, Gelder „unsachgemäß" verwendet zu haben.[215] Danach legte sie in einem letzten Jahresbericht Rechenschaft über ihre Tätigkeit als Leiterin und zeitweise einzige Mitarbeiterin der Forschungsstelle ab. Neben zahlreichen anderen Projekten hatte sie versucht, den Belower Wald, in dem Tausende KZ-Häftlinge aus Sachsenhausen während der Evakuierung des Lagers kampieren mussten, unter Naturschutz zu stellen. Allerdings sei ihr Antrag „niemals ernsthaft beantwortet worden". Sie berichtete über zahlreiche Reisen aufgrund der „Meldungen aus der Bevölkerung über verwahrloste Gräber", die sie unter anderem auch auf die Insel Poel geführt hatten. Und es leuchtete das Verhältnis zur lokalen Einwohnerschaft auf, als sie die Routenmarkierung des Todesmarschs mit den Worten resümierte: „Alle, die mit der ländlichen Bevölkerung zu tun haben, werden sich darüber klar sein, daß damit eine Fülle von Arbeitsvorgängen verbunden war."

212 Fanny Mütze-Specht, Der Aufgabenkreis der Landesforschungsstelle des deutschen Widerstandes in Mecklenburg, in: Landessekretariat VVN Mecklenburg (Hrsg.), Aus dem antifaschistischen Widerstandskampf in Mecklenburg gegen das Naziregime, o. O. 1948, S. 74–76, hier S. 75.

213 Bertram Dietz, Der Wettlauf zwischen Freiheit und Tod, in: ebenda, S. 27 f., hier S. 28.

214 Zitiert nach Schwarz/Steppan, Fanny Mütze-Specht, S. 41.

215 Ebenda, S. 43.

Dem Vorwurf, Gelder veruntreut zu haben, hielt sie entgegen, sie habe mehrfach um Zwischenprüfungen ihrer Buchungen gebeten, zudem sei niemand vorhanden gewesen, um Quittungen gegenzuzeichnen. Zwar habe sie „bei allen Reisen unter denkbar bescheidensten Voraussetzungen gelebt, [...] aber man wird mir kaum zumuten können, daß ich diese Wege zu Fuß zurücklegte". Am Ende versuchte sie, in die Offensive zu gehen, und warf ihrerseits dem VVN-Landessekretariat „antisowjetische Tendenzen" vor.[216] Doch letztlich waren all diese Mühen vergeblich. Die gesammelten Materialien von Fanny Mütze-Specht blieben beschlagnahmt. Sie verlor ihren Status als „Opfer des Faschismus" und „Verfolgte des Naziregimes" und wurde im April 1951 sowohl aus der VVN als auch aus der SED ausgeschlossen, ein Jahr darauf aus dem Deutschen Schriftstellerverband. Der Schwerpunkt der Arbeit ihrer ehemaligen Stelle sollte sich künftig von weiteren Grundlagenforschungen zur propagandistischen Auswertung verschieben.[217]

Fast zeitgleich zum Fall von Fanny Mütze-Specht endete in Bayern nur wenige Tage nach der offiziellen Überantwortung der Zuständigkeit für die KZ-Gräber im Januar 1951 die „Ära Auerbach". Zuvor war Auerbach von mehreren Seiten unter Druck geraten: von der amerikanischen Militärregierung, ehemaligen Kameraden aus der VVN, aus der er 1949 ausgetreten war, und nicht zuletzt aus Kreisen der Christlich-Sozialen Union in Bayern (CSU). 1950 hatten sich die Vorwürfe gegen Auerbach, die insbesondere auf seine intransparente Führung der Geschäfte des Landesentschädigungsamtes abzielten, so sehr verdichtet, dass Ermittlungsverfahren eingeleitet wurden. Kurz bevor die US-Militärregierung das Landesentschädigungsamt besetzen und alle Akten beschlagnahmen konnte, erfolgte in der Nacht vom 26. zum 27. Januar 1951 der Zugriff durch die Münchener Stadtpolizei.[218] Auerbach wurde am 10. März 1951 verhaftet; das Dienstverhältnis im Landesentschädigungsamt war bereits einen Tag zuvor zu Ende Juni gekündigt worden.[219] Es folgte ein aufsehenerregender und von antisemitischen Tönen begleiteter Prozess, an dessen Ende Auerbach im August 1952 von einem

216 Fanny Mütze-Specht an das Generalsekretariat der VVN, Jahresbericht über die Arbeit der ehemaligen Landesforschungsstelle der VVN, Rostock, 6. 1. 1951, AS, Ordner AZ 4-03/8 Todesmarsch/Opferermittlung/Ordner 1, unpag. (Kopie aus: MLHA Schwerin, 10.34-1, SED-Landesleitung Mecklenburg, Nr. 628, Bl. 39 f.).

217 Schwarz/Steppan, Fanny Mütze-Specht, S. 43. Fanny Mütze-Specht wurde 1957 in Bezug auf ihren Parteiausschluss rehabilitiert und 1961 wieder in den Schriftstellerverband aufgenommen, aber nicht mehr als Verfolgte des Naziregimes anerkannt. Sie starb am 5. Mai 1979 in Berlin. Ebenda, S. 44.

218 Goschler, Fall, S. 94–96. Ausführlich dazu: Ludyga, Auerbach, S. 105–112.

219 Ebenda, S. 116.

aus ehemaligen NS-Juristen bestehenden Gericht wegen Untreue, Bestechung, Amtsunterschlagung, dem Versuch der Erpressung und anderer Delikte zu einer Haftstrafe von zweieinhalb Jahren und einer Geldstrafe verurteilt wurde. Zwei Tage später beging Philipp Auerbach Suizid. Im Jahr 1954 wurde er durch einen Untersuchungsausschuss des Bayerischen Landtages rehabilitiert.[220]

Auerbachs tragisches Ende markierte „eine Zäsur im staatlichen Umgang mit den KZ-Grab- und Gedenkstätten in Bayern". Schon im Januar waren die Umgestaltungsmaßnahmen auf den Friedhöfen unterbrochen worden; im Sommer 1952 sollte die Zuständigkeit für die KZ-Gräber abermals neu festgelegt werden.[221] Nachdem im Mai 1952 im „Gesetz über die Sorge der Kriegsgräber" bestimmt wurde, dass die Länder für diese zuständig seien,[222] ging im August 1952 die Betreuung der bayerischen KZ-Gräber auf die dem Finanzministerium unterstehende Verwaltung der Staatlichen Schlösser, Gärten und Seen über.[223] Von dieser wurde die „Konzentration auf wenige große Ehrenfriedhöfe" fortgeführt.[224] Dafür spielten nicht nur bayerische Interessen eine Rolle, wie etwa von Ministerpräsident Ehard, der darin die Chance auf „erhebliche finanzielle Ersparnisse" erkannte.[225] Für eine Zusammenlegung der Gräber waren auch internationale Akteure wie die Alliierte Hochkommission und das französische Ministerium für Kriegsopfer, dem schon länger an der Identifizierung und Heimholung französischer KZ-Opfer gelegen war.[226] Im Oktober 1954 wurde ein deutsch-französisches Abkommen verabschiedet, das sowohl die Exhumierung und Heimschaffung der französischen „Toten der Deportation" aus Grabstätten in Deutschland als auch die „Erhaltung von Gedächtnisstätten und Gedenkmalen der Deportation" regelte.[227] 1957 wurde die Zuständigkeit der Schlösserverwaltung für die „Betreuung der Friedhöfe und Gedenkstätten für die Opfer der

220 Ebenda, S. 127–131.

221 Skriebeleit, Erinnerungsort, S. 207.

222 Gesetz über die Sorge der Kriegsgräber (Kriegsgräbergesetz), 27. 5. 1952, in: Bundesgesetzblatt, Teil I (1952), S. 320–322.

223 Skriebeleit, Erinnerungsort, S. 221. Vgl. auch die unkritische Darstellung in Johannes Erichsen/Gertrud Fraundorfer, Vorwort, in: BSV, KZ-Friedhöfe, S. 9–11.

224 Fritz, KZ-Friedhöfe, S. 131.

225 Zitiert nach Skriebeleit, Erinnerungsort, S. 225.

226 Ebenda.

227 Abkommen zwischen der Bundesrepublik Deutschland und der Französischen Republik über die Regelung gewisser Probleme, die sich aus der Deportation aus Frankreich ergeben, 23. 10. 1954, in: Historische Kommission bei der Bayerischen Akademie der Wissenschaften/Institut für Zeitgeschichte (Hrsg.), Die Bundesrepublik Deutschland und Frankreich: Dokumente 1949–1963, Bd. 1: Außenpolitik und Diplomatie, München 1997, S. 188–192 (veröffentlicht im Bundesanzeiger Nr. 105 (1957)).

nationalsozialistischen Verfolgung" verordnet.[228] Im selben Jahr fanden umfangreiche Umbettungen von Opfern der Todesmärsche statt, die in Frankreich oder auf den Ehrenfriedhöfen der Gedenkstätten Dachau und Flossenbürg begraben wurden.[229] Ende der 1950er-Jahre waren von den ehemals fast 500 KZ-Gräbern und Gedenkstätten nur noch etwa 75 übrig.[230] Damit waren aus zahlreichen Dörfern, die zu Tatorten geworden waren, die Erinnerungszeichen endgültig verschwunden.

Während in Bayern eine räumliche Zentralisierung der Gedenkstätten vorgenommen wurde, blieb im Osten Deutschlands die Denkmallandschaft dispers. Dafür vollzog sich zur gleichen Zeit in der DDR eine Verengung im ideologischen Sinne.[231] Diese fand ihren Ausdruck beispielsweise in der Absetzung der engagierten, aber unbequemen und ungenügend parteilinientreuen Fanny Mütze-Specht.[232] Allerdings gerieten nicht nur einzelne Akteure innerhalb der VVN, sondern zunehmend der gesamte Verband unter Druck. Die VVN, die mit ihrer „engagierten Laienforschung […] eine konkrete Erinnerung an die nationalsozialistischen Verbrechen und das moralische Versagen der großen Mehrheit der Deutschen verkörperte", war der SED mit ihrer integrativen Politik der „Nationalen Front" ein Dorn im Auge.[233] Trotz eines prinzipiellen Konsenses zwischen VVN und SED hatten sich seit 1948 Differenzen und Interessenkonflikte aufgetan, die ab 1949 zu Überprüfungen stalinistischen Modells durch Kontrollkommissionen der Partei führten.[234] Im März 1951 erstellte die Zentrale Parteikontrollkommission als gezieltes und einseitiges Aggregat überhöhter Aussagen aus den unteren Ebenen einen so paranoiden wie vernichtenden Bericht über die VVN, laut dem die Organisation „zum Sammelbecken ‚parteifeindlicher Kräfte und Gruppierungen' verkommen sei, in der ‚Sozialdemokratismus' und ‚Sektierertum' vielfach ‚zersetzend wirkten' und ‚offene Agententätigkeit' feststellbar wäre".[235] Folgerichtig wurde die Existenzberechtigung des Verbands infrage

228 Verordnung über die Bayerische Verwaltung der staatlichen Schlösser, Gärten und Seen, 22. 6. 1957, in: Bayerisches Gesetz- und Verordnungsblatt 12 (1957), Ausgabe A, S. 128.

229 Greiser, Todesmärsche, S. 342; „3000 KZ-Opfer geborgen und identifiziert. Der gesamte KZ-Friedhof Wallersdorf wurde exhumiert", in: Passauer Neue Presse, 17. 4. 1957; „KZ-Friedhöfe werden aufgelassen", in: Passauer Neue Presse, 29. 6. 1957.

230 Fritz, KZ-Friedhöfe, S. 131.

231 Vgl. zu diesem Zusammenhang Fritz, Unbequeme Denkmale, S. 4.

232 Lange, Todesmarschgedenken, S. 331.

233 Danyel, Gründungskonsens, S. 44. Vgl. auch Michael Lemke, Nationalismus und Patriotismus in den frühen Jahren der DDR, in: APuZ B 50 (2000), S. 11–19.

234 Reuter/Hansel, Das kurze Leben, S. 446–453.

235 Ebenda, S. 453.

gestellt und ein „Komitee der Widerstandskämpfer“ als effektivere Variante vorgeschlagen.[236] Da sich jedoch die offene Zerschlagung „angesichts der selbstlegitimatorischen Bedeutung des Antifaschismus in der DDR“ verbot, entschied sich die SED dafür, „die VVN ‚hinwegzuloben‘“.[237]

Das Sekretariat des Zentralkomitees der SED beschloss im Februar 1953 vertraulich, die VVN aufzulösen. Diese Entscheidung wurde undemokratisch, aber doch unter Mitwirkung der obersten VVN-Funktionäre durchgeführt und konnte somit als „Selbstauflösung“ verkauft werden.[238] Auf der letzten Sitzung des Zentralvorstands der VVN wurde dann – für die Basis völlig überraschend – die von der SED ausgearbeitete „Einstellung der Tätigkeit“ beschlossen, da angeblich die eigenen Forderungen bei Gründung der VVN in der DDR erfüllt worden seien und man in einem per se antifaschistischen Staat keine entsprechende Organisation mehr benötige.[239] Das als SED-gesteuerte Nachfolgeorganisation ohne breitere Mitgliederbasis gegründete „Komitee der Antifaschistischen Widerstandskämpfer“ (KAW) war „nur ein sehr schmal gebliebenes Stück Erinnerung daran, was einmal die wirkliche Breite des Antifaschismus ausgemacht hatte und was davon nach den Ausgrenzungs- und Verleumdungskampagnen der zurückliegenden Jahre übriggeblieben war“.[240]

Mit der Zwangsauflösung der VVN endete der „Transformationsprozeß des Antifaschismus von der Erinnerungsarbeit der Überlebenden hin zur staatstragenden Ideologie“. Die darin vermittelten Inhalte wurden zunehmend entdifferenziert und entkonkretisiert.[241] Parallel zum Prozess der Ausschaltung der VVN hatte 1952 historiografisch eine „Zäsur der marxistisch-leninistischen Etablierungsphase“ begonnen: „Mit dem wachsenden Abstand von der ‚Stunde Null‘ verlangte die Geschichtspolitik der SED nach einem ‚zeitgemäßeren‘ Geschichtsbild, das die DDR in der nationalen Konkurrenz als das bessere Deutschland auszuweisen in der Lage war“, so Martin Sabrow. Nun sollte eine „nationale Grundkonzeption“ dabei behilflich sein, die DDR-Bürgerinnen und -Bürger über historische Verweise „zu sozialistischen Patrioten [zu] erziehen“.[242]

Das KAW galt fortan als Ansprechpartner auch in Fragen der Todesmärsche – beispielsweise für die sächsische Gemeinde Oberbobritzsch. Dort lag „seit

236 Ebenda, S. 454 f.

237 Ebenda, S. 456.

238 Ebenda, S. 492 f.

239 Ebenda, S. 496–500.

240 Ebenda, S. 514.

241 Danyel, Gründungskonsens, S. 45.

242 Martin Sabrow, Die DDR-Historie im Rückblick, in: Zeitschrift für Geschichtsdidaktik (2005), S. 14–26, hier S. 21.

etlichen Jahren" ein Gedenkstein, der zu Ehren der zehn im Ort ermordeten KZ-Häftlinge auf dem Friedhof aufgestellt werden sollte. Allerdings hatte der Bürgermeister ein Gespür dafür, dass die vom Kirchenrat vorgeschlagene Inschrift („selig sind die, die Heimweh haben, denn sie sollen nach Hause kommen") nicht ganz zeitgemäß war, und bat um eine Empfehlung aus Berlin.[243] Das KAW schlug eine kämpferische Inschrift vor: „‚Sie starben, damit ihr Volk lebe!' Hier liegen 10 von der SS ermordete unbekannte KZ-Häftlinge".[244]

Im Rahmen der Konsolidierung der DDR sollte die Geschichte von Verfolgung und Widerstand als integrativer Kitt, nicht als spaltendes Konfliktpotenzial wirken. Diese utilitaristische Geschichtsaneignung wirkte sich stark auf die Erinnerung an die Todesmärsche aus. Die Frage nach der Rolle der Bevölkerung sollte sich spätestens nach der Ausschaltung der Organisation der Überlebenden nur noch einseitig stellen. Wo in den ersten Nachkriegsjahren mitunter offen von Komplizen-, Mittäter- oder zumindest Mitwisserschaft die Rede war, verlagerte sich der Schwerpunkt zunehmend auf die Wunschvorstellung einer prinzipiell antifaschistisch eingestellten deutschen Mehrheitsbevölkerung, die den Verbrechen auf den Räumungstransporten oftmals hilflos, den KZ-Häftlingen aber grundsätzlich solidarisch gegenübergestanden habe. Zwar blieben die unzähligen lokalen Erinnerungszeichen mit Bezug zu den Todesmärschen bestehen; sie wurden jedoch zunehmend zu sinn- und geschichtsentleerten Aufmarsch- und Kranzabwurforten, hinter denen die lokalen Verbrechensdimensionen, die kritische Fragen über eine etwaige einheimische Beteiligung hätten aufwerfen können, unsichtbar wurden.

Während in der DDR der Fokus zunehmend auf die wenigen „Nationalen Mahn- und Gedenkstätten" (NMG) gelegt wurde, konzentrierte sich die zaghafte Erinnerungspraxis in Bayern auf die großen KZ-Friedhöfe. Mit der massenhaften Umbettung auf die Friedhöfe in Flossenbürg und Dachau wurden Tausende Opfer der Todesmärsche aus Gräbern inmitten zahlreicher Ortschaften auf das Terrain der Konzentrationslager, aus denen die Transporte gekommen waren, zurückgebracht. In räumlicher und sinnhafter Dimension vollzog sich so in beiden Teilen Deutschlands eine Zentralisierung, die an den Tatorten der Todesmärsche entlastend wirkte.

243 Rat der Gemeinde Oberbobritzsch an das Komitee der antifaschistischen Widerstandskämpfer in der DDR, 10. 9. 1956, SAPMO-BArch, DY 57/960, unpag.

244 Rudolf Wunderlich/KAW an den Rat der Gemeinde Oberbobritzsch, Betrifft: Inschrift auf einem Grabstein für ermordete KZ-Häftlinge, 31. 10. 1956, ebenda.

3. Die Todesmärsche im Geschichtsbild der SED 1950–1980

In den bewegten ersten Nachkriegsjahren war die Deutung der KZ-Räumungen permanent in Aushandlung gewesen. In den späten 1940er-Jahren wurden – insbesondere in der SBZ – die meisten Strafverfahren gegen Täter aus SS und Bevölkerung abgeschlossen; parallel dazu entdeckte man stetig neue Gräber von KZ-Häftlingen. In den westlichen Besatzungszonen hatte der Internationale Suchdienst versucht, Grabstätten zu finden und die Identität der Opfer zu klären. Beiderseits der Zonengrenze wurden Gedenkzeichen errichtet und gepflegt, geschändet, vergessen oder verlegt. Das alles waren Anlässe für Konfrontationen und Konflikte, zu denen öffentlich und intern Stellung genommen werden musste, Gelegenheiten, bei denen ausgehandelt wurde, was während der Räumung der Lager passiert war, wer die Schuld trug und wie man sich in der Gegenwart dazu verhalten sollte.

Im Vergleich dazu ist ab Mitte der 1950er-Jahre nahezu Stillstand zu verzeichnen. Zur Konsolidierung der beiden deutschen Staaten gehörte es, der nationalsozialistischen Vergangenheit einen festen und weitgehend unhinterfragten Platz zuzuweisen. Das galt auch für die Todesmärsche. In der Bundesrepublik herrschte ab 1957 auf den Friedhöfen der KZ-Opfer Grabesruhe. In der DDR war 1953 mit der Auflösung der VVN ein Prozess an seinen Höhepunkt gelangt, der sich bereits 1945 beim skizzierten „Tribunal des Volkes“ im Leipziger Capitol abgezeichnet hatte: So wie andere historische Entwicklungen und Ereignisse wurden auch die KZ-Räumungstransporte rückwirkend in die ideologische Leiterzählung des antifaschistischen Widerstandskampfs eingebunden.

Bisher ist dieser Teil der Erinnerungskultur in der DDR nur für die Todesmärsche aus dem KZ Sachsenhausen untersucht worden.[245] Dabei wurde deutlich, dass sich um 1955 wesentliche Elemente des dominanten Narrativs herauskristallisiert hatten, die jahrzehntelang wirksam sein sollten: „die Brutalität der SS (z. T. mit Angabe der ‚Hintermänner‘), der Widerstand der Häftlinge (vor allem von deutschen Kommunisten und sowjetischen Häftlinge [sic!]), die (von der SS größtenteils torpedierte) Hilfsbereitschaft der Bevölkerung, die Befreiung durch die ruhmreiche Rote Armee […]. Die ‚Aktivisten der ersten Stunde‘, d. h. die Überlebenden, die sich gleich nach der Befreiung am Aufbau der SBZ/DDR beteiligten, bildeten die Brücke zur Gegenwart.“[246]

245 Boris Petzold, „Todesmärsche“ – Verdrängte Vergangenheit? Untersuchungen zur Geschichte der Wahrnehmung von Todesmärschen in Deutschland seit Kriegsende, unveröffentlichte Diplomarbeit, FU Berlin 1997, S. 74–99.

246 Lange, Todesmarschgedenken, S. 332.

Da die Geschichte der Konzentrationslager zur antifaschistischen Staatsräson der DDR zählte, waren dort im Gegensatz zur Bundesrepublik die Todesmärsche stets ein – wenn auch mitunter marginales – Thema. Und sie gehörten untrennbar zur Historie der „Nationalen Mahn- und Gedenkstätten", die in den späten 1950er- und frühen 1960er-Jahren gegründet wurden.[247]

Das tonangebende „Komitee der Antifaschistischen Widerstandskämpfer" gab um 1960 zu den drei Nationalen Mahn- und Gedenkstätten Bücher heraus, in denen die Todesmärsche eine jeweils unterschiedliche Rolle spielten. In der Publikation zu Ravensbrück war ihnen nur ein kurzer Absatz gewidmet.[248] In der kurz darauf erschienenen Edition „Buchenwald. Mahnung und Verpflichtung"[249] wurden einige Berichte abgedruckt, in denen es um die Räumung des Lagers ging.[250] Ebenso wie in „Die Frauen von Ravensbrück" wurde die Evakuierung allerdings nicht als eigene Phase im Inhaltsverzeichnis kenntlich gemacht. Vereinzelt finden sich Berichte von Räumungstransporten im Abschnitt zu den Außenkommandos.[251] Dort wurde auch ein Bericht zur Exhumierung in Dolle auszugsweise abgedruckt. Im Vergleich mit dem Originaldokument fällt auf, dass alle Passagen mit Hinweisen auf die Beteiligung der einheimischen Bevölkerung an den Verbrechen und die Kritik an deren Verhalten während der Nachforschungen für die Edition gestrichen wurden.[252]

247 Zur Entstehung der NMG vgl. Erika Schwarz/Simone Steppan, Die Entstehung der Nationalen Mahn- und Gedenkstätte Ravensbrück, 1945–1959, in: Insa Eschebach/Sigrid Jacobeit/Susanne Lanwerd (Hrsg.), Die Sprache des Gedenkens. Zur Geschichte der Gedenkstätte Ravensbrück 1945–1995, Berlin 1999, S. 218–239; Peter Fiebich, Buchenwald – Ravensbrück – Sachsenhausen. Die städtebaulich-architektonische und landschaftsarchitektonische Gestaltung der Nationalen Mahn- und Gedenkstätten, in: ebenda, S. 262–281; Volkhard Knigge, Zur Entstehungsgeschichte der Nationalen Mahn- und Gedenkstätte Buchenwald, in: Morsch, Erinnerung, S. 101–113. Zur NMG Sachsenhausen vgl. zahlreiche Beiträge in: ebenda, S. 125–243.

248 Komitee der Antifaschistischen Widerstandskämpfer in der Deutschen Demokratischen Republik (Hrsg.), Die Frauen von Ravensbrück, Berlin 1959, S. 152 f.

249 Internationales Buchenwald-Komitee/Komitee der Antifaschistischen Widerstandskämpfer in der Deutschen Demokratischen Republik (Hrsg.), Buchenwald. Mahnung und Verpflichtung. Dokumente und Berichte, Berlin 1960. Zur kritischen Einordnung der Edition vgl. Philipp Neumann-Thein, Parteidisziplin und Eigenwilligkeit. Das Internationale Komitee Buchenwald-Dora und Kommandos, Göttingen 2014, S. 258–270.

250 Dahingehend muss ich meine eigenen früheren Ausführungen revidieren. Vgl. Winter/Greiser, Untersuchungen, S. 81.

251 Buchenwald-Komitee/KAW, Buchenwald, S. 260–262, 275–277, 282.

252 Ebenda, S. 277–279. Vgl. dazu VVN-Landesvorstand Sachsen-Anhalt/Forschungsstelle, Bericht über die Ausgrabungen von Leichen ermordeter Häftlinge auf den Evakuierungsmärschen in Dolle und Umgebung, 31. 3. 1949, AS, R 23/3, unpag.

Die Teilräumung des Hauptlagers wurde unter der Überschrift „Die illegale Militärorganisation und die letzten Tage von Buchenwald“ in den Abschnitt zur Befreiung integriert. Als Einführung fungierte ein Text ohne Autorennennung, der von Walter Bartel, dem ehemaligen Leiter des Internationalen Lagerkomitees (ILK) stammte.[253] Darin ging es um die Rolle des ILK, das zunächst erfolgreich „Sabotage, Verzögerung und Verhinderung der Judenevakuierung“ betrieben habe.[254] Katrin Greiser zufolge muss man hingegen davon ausgehen, dass sich das ILK dazu gezwungen sah, die von der SS angeforderten Transporte aus mehreren Tausend jüdischen Häftlingen des „Kleinen Lagers“ zusammenzustellen, um andere Häftlingsgruppen vor dem Abtransport zu bewahren.[255] Diese komplizierte Konstellation, in der sich die Widersprüche der Rolle von Funktionshäftlingen und Internationalem Lagerkomitee extrem verdichtet hatten, wurde in der Quellenedition so simplifiziert und verdreht, dass das heroische Selbstbild der Kommunisten keinen Schaden nahm.

Daran schloss sich die Abschrift eines Zeitungsartikels aus der „Passauer Neuen Presse“ über den „Todeszug aus Buchenwald“ an.[256] Dieser war um einige Passagen gekürzt worden, in denen es um den US-amerikanischen Buchenwald-Prozess in Dachau ging und Eugen Kogon erwähnt wurde, den man einige Jahre zuvor als Nichtkommunisten aus dem Buchenwald-Komitee ausgeschlossen hatte.[257] Wahrscheinlich war für die Auswahl des Textes, der von einem Pfarrer aus dem bayerischen Aicha vorm Wald verfasst worden war, nicht unerheblich, dass darin von bewaffneten Häftlingen innerhalb der Waggons die Rede war. Dieser Verweis konnte als direkte Anknüpfung an den vorangegangenen Bericht gelesen werden, der damit geendet hatte, dass sowjetische Kriegsgefangene und polnische Antifaschisten aus Buchenwald weggebracht worden waren. In einem weiteren kurzen Text zweier Tschechen wurde das positive Verhalten der deutschen Zivilbevölkerung herausgestellt, vor allem aber das Verhalten der US-Armee gegenüber den Häftlingen kritisiert.[258] Der letzte Bericht schloss den Kreis zum

253 Greiser, Todesmärsche, S. 226–234.

254 Buchenwald-Komitee/KAW, Buchenwald, S. 532.

255 Greiser, Todesmärsche, S. 239.

256 Buchenwald-Komitee/KAW, Buchenwald, S. 534–536.

257 „Der Todeszug von Buchenwald hinterließ Berge von Leichen. Vor zehn Jahren wurden hier in zwei Tagen 794 Menschen hingemordet“, in: Passauer Neue Presse, 19. 4. 1955. Vgl. Neumann-Thein, Parteidisziplin, S. 127 f.

258 Buchenwald-Komitee/KAW, Buchenwald, S. 536 f. Zu den antiamerikanischen Tönen vgl. auch Philipp Neumann, „…eine Sprachregelung zu finden“. Zur Kanonisierung des kommunistischen Buchenwald-Gedächtnisses und der Dokumentation Mahnung und Verpflichtung, in: Katharina Stengel/Werner Konitzer (Hrsg.), Opfer als Akteure. Inter-

einleitenden Text Bartels. Sowjetische Kriegsgefangene berichteten, dass sie aus Buchenwald bewaffnet auf den Bahntransport gegangen seien. Ihren ursprünglichen Plan, „die Kolonne zu befreien, nachdem wir die SS-Bewachung zerschlagen hatten", hätten sie verworfen und dafür in jedem Wagen „den Beschluß unseres Zentrums mitgeteilt, mit den Kampfgruppen die Flucht zu ergreifen". Der Bericht endete mit dem – offenbar dem Kalten Krieg geschuldeten – Resümee, dass die wenigen Opfer unter den Kriegsgefangenen sämtlich durch den Beschuss amerikanischer Tiefflieger ums Leben gekommen seien.[259]

An dieser Textauswahl wird deutlich, wie problematisch es war, die Todesmärsche und Räumungstransporte in das eigens produzierte Geschichtsbild von Buchenwald zu integrieren. Da der Versuch, die Evakuierung zu verhindern, zu großen Teilen erfolglos geblieben war, stellte die Teilräumung des Lagers die negative Kehrseite des heroischen Topos von der „Selbstbefreiung" dar. Zudem waren die Protagonisten jener Erfolgsgeschichte, die kommunistischen Funktionshäftlinge, größtenteils im Lager verblieben, was zur Folge hatte, dass in ihrem dominanten Narrativ die Räumungstransporte kaum eine Rolle spielten.

Im Gegensatz zum „selbstbefreiten" KZ Buchenwald stand Sachsenhausen für die Befreiung durch die Rote Armee. Allerdings wurde die Räumung dieses Lagers eine Zeit lang als Fortsetzung des organisierten antifaschistischen Widerstandskampfs interpretiert. Im Umfeld des 1. Mai 1958 erschien im „Neuen Deutschland" eine Artikelserie von Joseph (Sepp) Hahn, einem altgedienten Kommunisten und ehemaligen Vertrauten Ernst Thälmanns, der mittlerweile stellvertretender Vorsitzender der Zentralen Revisionskommission der SED in Berlin war.[260] In der Reihe erschien Hahns – freilich nachträglich verfasstes – „Tagebuch" über den Todesmarsch, das insbesondere den Widerstandskampf der Häftlinge thematisierte. So habe die „illegale Leitung des Lagers" beschlossen, „daß in den folgenden Tagen der Marsch sabotiert und weit weniger Kilometer zurückgelegt werden mußten".[261] Neben der Darstellung der Brutalität der SS und des auf den Straßen vorherrschenden Chaos sollte dargelegt werden, wie handlungsfähig und organisiert der „gut eingespielte Apparat der illegalen

ventionen ehemaliger NS-Verfolgter in der Nachkriegszeit, Frankfurt a. M./New York 2008, S. 151–173, hier S. 157 f.

259 Buchenwald-Komitee/KAW, Buchenwald, S. 538–540. Vgl. hierzu Greiser, Todesmärsche, S. 240 f.

260 Hahn, Joseph (1896–1965), in: Hermann Weber/Andreas Herbst, Deutsche Kommunisten. Biographisches Handbuch 1918 bis 1945, 2. überarb. u. stark erweiterte Ausg., Berlin 2008, S. 338 f.

261 „Das Tagebuch des Häftlings Nr. 123. Über den Todesmarsch der Häftlinge des KZ Sachsenhausen", in: Neues Deutschland, 26. 4. 1958.

Kampfgruppen"[262] unter den Bedingungen des Räumungstransports geblieben sei. Als habe es sich um ein auch nur annähernd gleichrangiges Kräfteverhältnis gehandelt, schilderte Hahn, dass während eines Nachtlagers eine „Provokation" der SS befürchtet wurde, weshalb die Häftlinge sich mit Karabinern und einem leichten Maschinengewehr bewaffnet und begonnen hätten, Schutzwälle anzulegen – mit Erfolg: „Die SS hat die Provokation nicht gewagt. Sie scheiterte an dem unbeugsamen Widerstandswillen der Antifaschisten." Dass die Kolonnen immer langsamer wurden, erklärte Hahn seinen Leserinnen und Lesern nicht etwa mit der zunehmenden Erschöpfung der Häftlinge, sondern als Erfolg der „schon offen und stärker zutage tretende[n] Sabotage der Häftlinge".[263]

Einige Tage später sei die „illegale Leitung" nach ausführlicher Diskussion zur „Überzeugung [gelangt], daß jetzt der Kampf um die Freiheit gewagt werden könne". Zunächst wollte man jedoch Kontakt zur Roten Armee aufnehmen, wofür Sepp Hahn selbst aus dem Nachtlager der Häftlinge geschmuggelt worden sei. Was genau er erreichen wollte, wird aus dem Artikel nicht deutlich. Das Resultat des Gesprächs mit einem sowjetischen Offizier soll letztlich darin bestanden haben, dass der Marsch weiter verzögert werden musste, um alsbald befreit zu werden. Am Tag darauf sei man auf andere Häftlingskolonnen getroffen. Bei einer erneuten Marschpause habe man sofort „Verbindungen unter den illegalen Leitungen der einzelnen Lager hergestellt, um Stellung zur Situation zu nehmen. Die einheitliche Auffassung war: hier muß die Befreiung Wirklichkeit werden! Keinen Schritt weiter, und wenn die SS den Weitermarsch erzwingen will, erfolgt der aktive Widerstand. Kampfpläne wurden geschmiedet und die notwendigen Vorbereitungen getroffen." Abermals seien zahlreiche Waffen ins Lager der Häftlinge geschmuggelt und „über die Gruppenleiter nur an bekannte Antifaschisten ausgegeben" worden.[264]

Nun folgte der dramatische Höhepunkt, der – ideologisch passend, aber historisch nicht ganz korrekt – auf den 1. Mai 1945, den „internationalen Kampftag der Arbeiterklasse", datiert wurde. Laut Hahns Darstellung habe nach längeren, von den zu allem entschlossenen KZ-Häftlingen erzwungenen Verhandlungen mit der SS der Ausbruch stattgefunden: „Auf ein Signal hin wurde die SS-Postenkette überrannt." Die Bewacher seien geflohen, „im Kampf überwältigt und,

262 „Das Tagebuch des Häftlings Nr. 123. Über den Todesmarsch der Häftlinge des KZ Sachsenhausen (1. Fortsetzung)", in: Neues Deutschland, 27. 4. 1958.

263 „Das Tagebuch des Häftlings Nr. 123. Über den Todesmarsch der Häftlinge des KZ Sachsenhausen (2. Fortsetzung)", in: Neues Deutschland, 30. 4. 1958.

264 „Das Tagebuch des Häftlings Nr. 123. Über den Todesmarsch der Häftlinge des KZ Sachsenhausen (3. Fortsetzung)", in: Neues Deutschland, 1. 5. 1958.

soweit noch am Leben, gefangen genommen" worden. Im Morgengrauen habe dann spontan eine „gewaltige Massen- und Abschiedskundgebung der Überlebenden" stattgefunden, die mit der „Internationalen" ihren krönenden musikalischen Abschluss gefunden habe: „Kein Tag wie dieser 1. Mai, ein Kampftag im wahrsten Sinne des Wortes, hätte der internationalen Solidarität und Verbrüderung besser Ausdruck geben können."[265]

Es fällt schwer, im Nachhinein zu beurteilen, wie stark Sepp Hahn die Inhalte seines „Tagebuchs" dem damals vorherrschenden Geschichtsbild untergeordnet hat. Es soll hier auch nicht darum gehen, Erinnerungsberichte überlebender KZ-Häftlinge als erfunden oder übertrieben zu bewerten – schließlich ist auch dieser Text als Ausdruck des Ringens um Handlungsfähigkeit und Selbstbehauptung zu interpretieren. Allerdings ist offenkundig, dass diese Artikelserie eine Deutung der Todesmärsche bediente und beförderte, die mit den Erfahrungen der allermeisten Überlebenden, die über das Martyrium der Räumungstransporte berichteten, kaum in Übereinstimmung zu bringen ist.[266] Statt Verzweiflung und schwankender Hoffnung herrscht bei Hahn Siegesgewissheit und Kampfeswille vor. Selbst in das unübersichtliche Chaos der Evakuierung bringt die illegale Kadertätigkeit strukturierende und planmäßige Ordnung. Am Ende steht nicht das Glück, nach langem Durchhalten von den Alliierten befreit zu werden, sondern ein eigenhändig, durch zielgerichtete politische Arbeit erkämpfter glorreicher Sieg der kommunistischen Häftlinge. Die Parallelen zur „Selbstbefreiung" Buchenwalds liegen auf der Hand – offenbar sollte für Sachsenhausen ein vergleichbares Narrativ etabliert werden, das aufgrund der Befreiung des Stammlagers durch die Rote Armee auf die Todesmärsche übertragen wurde.

Der letzte Teil dieses Berichts wurde auch im ersten Buch des KAW zum KZ Sachsenhausen abgedruckt, das im Jahr der Eröffnung der Nationalen Mahn- und Gedenkstätte herauskam.[267] Zeitgleich erschien ein Roman von Sepp Hahn,

265 „Das Tagebuch des Häftlings Nr. 123. Über den Todesmarsch der Häftlinge des KZ Sachsenhausen (Schluss)", in: Neues Deutschland, 2. 5. 1958.

266 Vgl. auch Norbert Credé, Das Ende der Todesmärsche in und um Schwerin im Mai 1945, in: Garbe/Lange, Häftlinge, S. 271–283. Allerdings berichtete auch ein ehemaliger Wachmann über einen mit einer Pistole bewaffneten Häftling und einen Angriff auf einen einzelnen Bewacher. Vgl. Mirbach, Bericht, S. 207 f.

267 Komitee der Antifaschistischen Widerstandskämpfer in der Deutschen Demokratischen Republik (Hrsg.), Damals in Sachsenhausen, Berlin 1961, S. 149–154. Allerdings wurde in der Rede von Walter Ulbricht anlässlich der Einweihung der NMG Sachsenhausen die Befreiung der Häftlinge auf dem Todesmarsch allein den „schnell vorstoßenden Einheiten der Sowjetarmee" zugeschrieben. Komitee der Antifaschistischen Widerstandskämpfer in der Deutschen Demokratischen Republik (Hrsg.), Sachsenhausen, Berlin o. D. (vermutl. 1962), S. 15.

in dem die geschilderte Geschichte deckungsgleich vom Protagonisten, einem KZ-Häftling namens Hans Becker, erlebt wird, der deutlich autobiografische Züge des Autors trägt.[268] Max Opitz, Abgeordneter der Volkskammer, Mitglied der Zentralleitung des KAW und selbst Überlebender des Todesmarschs aus Sachsenhausen,[269] lobte in seiner Rezension: „Die bewaffneten Kämpfe der Häftlinge mit ihren Peinigern auf dem Todesmarsch, kurz vor der Befreiung durch die Sowjetarmee, sind voller Dramatik."[270]

Die intertextuelle Perspektive macht deutlich, dass wir es mit einem historisch-materialistischen Doku-Drama in Buchform zu tun haben. Hier zeigt sich die – so Martin Sabrow – für das Geschichtsdenken in der DDR typische „eigentümliche Verwischung der Grenze zwischen Faktizität und Fiktionalität":[271] Es war problemlos möglich, nicht nur das Sujet, sondern den wortgleichen Text sowohl als historisch verbrieften Erlebnisbericht als auch als semi-fiktionales literarisches Motiv zu präsentieren. Was heute als unzulässige Übertreibung oder Verfälschung erscheint, mochte „im zeitgenössischen [...] Bewußtsein systemnaher Eliten offenbar zuallererst eine Befreiung von untypischen Zufälligkeiten und eine Sichtbarmachung tieferer Wahrheit" darstellen.[272] Sepp Hahns dramatische Zuspitzung und Opitz' Lob derselben sind Signifikanten einer uns heute fremden, „anderen Diskursordnung, die Biographien nach substantiell anderen Maßstäben konstruierte, als sie außerhalb des realsozialistischen Machtbereichs galten".[273]

Hahns Text wurde zeitgleich in einer weiteren Form popularisiert. Gekennzeichnet als seine authentische Erinnerung, stellte er den Kern der Broschüre „Es geschah vor unserer Stadt" dar. Darin fand die Verbindung zur Roten Armee keine Erwähnung, dafür wurde die kurze amerikanische Besatzungsherrschaft in Schwerin unter der Überschrift „alles blieb beim Alten" in eine Tradition mit der NS-Herrschaft gestellt und auch die Bundesrepublik scharf angegriffen.[274]

Das martialische Titelbild der Broschüre erweckt in seinem Comic-Stil Assoziationen zu Superhelden-Geschichten – und genau das war es, was transportiert werden sollte, nur dass hier nicht Batman oder Superman Bösewichter

268 Sepp Hahn, Außenstelle Heinkelwerk, Berlin 1961, S. 256–294.

269 Opitz, Max (1890–1982), in: Weber/Herbst, Deutsche Kommunisten, S. 654–656.

270 „‚Sie' sendet auf Welle 21,5 Meter", in: Berliner Zeitung, 1. 10. 1961.

271 Martin Sabrow, Einleitung: Geschichtsdiskurs und Doktringesellschaft, in: ders., Herrschaftsdiskurs, S. 9–35, hier S. 24.

272 Ebenda, S. 25.

273 Ebenda.

274 Betriebsparteiorganisation der SED/Rat der Stadt Schwerin (Hrsg.), Es geschah vor unserer Stadt, Schwerin o. D. (vermutl. 1960).

Umschlag der Broschüre „Es geschah in unserer Stadt", vermutl. 1960
Betriebsparteiorganisation der SED, Rat der Stadt Schwerin (Hrsg.),
Es geschah vor unserer Stadt, Schwerin o.D. (vermutl. 1960)

verjagten. Vielmehr sieht man einen entschlossenen, vielleicht etwas verbitterten, hageren, aber stabilen KZ-Häftling. Bewaffnet und durch den roten Winkel eindeutig als Kommunist zu identifizieren, steht er vor der Silhouette Schwerins im Morgenrot. Nicht nur, dass er mit seinem Gewehr anscheinend einen Panzer der Wehrmacht kampfunfähig geschossen hat, seine starke Schulter ist zugleich schützender Halt für den schwächeren Kameraden an seiner Seite. Von der Schwere des Kampfes zeugen herumliegende Leichen, darunter im Vordergrund möglicherweise ein toter KZ-Häftling. Dass der Bewaffnete mit dem Rücken zur Stadt steht, auf die das Geschütz des deutschen Panzers zielt, kann sogar den Eindruck hervorrufen, er habe Schwerin vor der anrückenden Wehrmacht geschützt.

Mit der Darstellung des heldenhaften und aufopferungsvollen Kampfes der Kommunisten gegen die SS fügte sich diese Darstellung der Todesmärsche nahtlos in das Geschichtsbild der SED und des KAW ein, wie es in dieser Zeit paradigmatisch am KZ Buchenwald dekliniert wurde. Allerdings war es darüber hinaus am Beispiel der Räumungstransporte möglich, dieser Erfolgsgeschichte einen weiteren, entscheidenden Dreh in Richtung der Wunschvorstellung einer antifaschistischen Massenbewegung in Deutschland zu geben. Die für diese Projektion potenziell fragwürdige gesellschaftliche Dimension dieser Verbrechen wurde dafür einseitig interpretiert, die deutsche Zivilbevölkerung zum Opfer der SS stilisiert und dadurch mit den KZ-Häftlingen parallelisiert.

In der Artikelserie im „Neuen Deutschland" hatte es über die einheimischen Zeugen noch vergleichsweise differenziert geheißen: „Meist teilnahmslos und apathisch stierten sie die klapprigen Gestalten in KZ-Kleidung an. Es gab aber auch solche, die sich durch Anspucken der Gefangenen bei der SS anbiedern wollten. Aus den Augen der meisten glaubte man jedoch Mitleid zu erkennen."[275] Der in der Publikation des KAW abgedruckte Erlebnisbericht verwies nur in einem Satz auf eine sich den Häftlingen „ziemlich gleichgültig" verhaltende Bevölkerung.[276] In der Broschüre wurde hingegen die Opferrolle der Deutschen betont: „Die Bevölkerung Mecklenburgs lernte in diesen Tagen die ‚Helden' der SS kennen. Alle erreichbaren Häuser und Höfe wurden geplündert. Nicht nur Lebensmittel wurden weggenommen, alles, was nur Wert hatte, wurde geraubt. Wagte einer dagegen zu protestieren, wurde er niedergeschlagen."[277]

Vor diesem Hintergrund begannen die Vorbereitungen für den „20. Jahrestag der Befreiung vom Faschismus", bei dem die Todesmärsche aus dem KZ Sachsenhausen einen Schwerpunkt darstellen sollten. Gerade in diesem Thema, das ja tatsächlich große Schnittmengen mit Erfahrungen und Erinnerungen vieler Deutscher aufwies, erkannte man „eine Möglichkeit, breite Kreise der Bevölkerung in die Vorbereitung und Durchführung des 20. Jahrestages der Befreiung vom Faschismus einzubeziehen".[278] Dabei sollte sich zeigen, welche Wirkmächtigkeit die im Vorfeld kolportierten Narrative zum Todesmarsch entfalten konnten, weil sie als unumstößliche Voraannahmen weiterer Untersuchungen fungierten.

Im Herbst 1963 begannen systematische Nachforschungen zur Evakuierung des Lagers. Nach einzelnen Routenabschnitten aufgeteilt, sollten Forschungsteams die genaue Wegstrecke ermitteln, Augenzeugen befragen und

275 „Das Tagebuch des Häftlings Nr. 123. Über den Todesmarsch der Häftlinge des KZ Sachsenhausen", in: Neues Deutschland, 26. 4. 1958. In Sepp Hahns Roman findet sich eine ähnliche Darstellung. Vgl. Hahn, Außenstelle, S. 260.

276 KAW, Damals, S. 144.

277 Ebenda, S. 5.

278 Kommission zur Erforschung der Geschichte der örtlichen Arbeiterbewegung des Bezirkes Potsdam, Zur Erforschung des Todesmarsches der ehemaligen Häftlinge des KZ Sachsenhausen durch den Bezirk Potsdam, undat. (vermutl. 1964/65), AS, R 22/20, Bl. 44–49, hier Bl. 46.

Grabstellen ermitteln.[279] Im Vorfeld wurden die Ziele des Vorhabens festgelegt: „Es sollen die Grausamkeiten der Faschisten gegenüber den Häftlingen gezeigt werden. Mit dieser Darstellung ist zu verbinden, wie aus ihren Opfern das Neue wuchs […]. Als Fazit muß herauskommen, daß die Lehren zweier Weltkriege beweisen, daß Imperialismus-Militarismus-Faschismus und Krieg ständig das deutsche Volk an die Grenze seiner Existenz führten." Diese eindeutigen und schablonenhaften, aber in Bezug auf das historische Geschehen eher schwammigen Vorgaben wurden dann konkretisiert. Unter der Überschrift „Welche Fragen stehen bei der Erforschung des Todesmarsches im Mittelpunkt?" hieß es: „1. Die Erinnerungen von Teilnehmern des Todesmarsches. Die Grausamkeiten der SS-Bestien gegen die Häftlinge. Die Maßnahmen der Teilnehmer zur Abwehr von Mord und Terror. […] Welche Rolle spielten Parteizellen und die Organisierung der gesamten politischen Arbeit?"

Der zweite Punkt betraf direkt die Rolle der Zivilbevölkerung: „2. Was für Unterstützung und Hilfe gab die Bevölkerung für die Häftlinge? Wo wurde Kranken Unterkunft und Pflege gewährt? Gab es Opposition oder Widerstand gegen die SS-Bestien aus der Bevölkerung? Wurden Kleidungsstücke, Lebensmittel und andere Sachen überreicht? Gab es dabei Verbindungen zu illegal arbeitenden Widerstandsgruppen, Kriegsgefangenen und Fremdarbeitern?" Im Anschluss ging es um die Gräber der Opfer sowie die sozialen und politischen Veränderungen nach 1945. Hierbei sollte insbesondere die Entwicklung der landwirtschaftlichen Institutionen betont werden.[280]

Somit war allen Akteuren bereits im Vorfeld der „Erforschung" ihr fester Platz in der Geschichte zugewiesen worden. Es ging nicht darum, mögliche Handlungsspielräume zu untersuchen, sondern darzustellen, wie die Beteiligten ihre vorab festgelegten Rollen ausgeübt hatten. Im Kern sollte eine Geschichte von internationaler politischer Organisation unter widrigsten Bedingungen geschrieben werden. So interessierten nicht die Häftlinge als Personen und ihre Erfahrungen zwischen Leid und Selbstbehauptung, sondern nur ihr tapferer Widerstand und dessen Unterstützung durch die lokale Bevölkerung, der man gerne Verbindungen zu etwaigen Widerstandszellen nachgewiesen hätte. Die Frage, ob

279 NMG Sachsenhausen, Forschungsauftrag für Kollegin Dade und Kollegen Poetschlag, 30. 10. 1963, AS, R 22/20, Bl. 24; NMG Sachsenhausen, Forschungsauftrag für Kollegen Dworznik und Kollegen Mierczinski, 30. 10. 1963, ebenda, Bl. 120; NMG Sachsenhausen, Forschungsauftrag für Kollegen Polet und Kollegin Wischeid, 30. 10. 1963, ebenda, Bl. 121; NMG Sachsenhausen, Forschungsauftrag für Kollegin Hoffmann und Kollegen Schmidt, 30. 10. 1963, ebenda, Bl. 132. Vgl. auch Lange, Todesmarschgedenken, S. 333 f.

280 Abteilung der Ideologischen Kommission, Bezirkskommission zur Erforschung der örtlichen Arbeiterbewegung Potsdam, 22. 9. 1964, AS, R 27/10, unpag.

möglicherweise auch davon abweichende Verhaltensweisen auftraten, wurde erst gar nicht gestellt.

Nachdem schon zuvor Berichte aus einzelnen Gemeinden in Sachsenhausen gesammelt worden waren,[281] wurde im September 1964 mit der Erarbeitung einer entsprechenden Dokumentation begonnen. Beteiligt war daran ein bunter Querschnitt an Organisationen der DDR-Gesellschaft. Neben der obligatorischen Kommission zur Erforschung der Geschichte der örtlichen Arbeiterbewegung aus Potsdam und der NMG Sachsenhausen waren dies die Veteranenkommission der SED-Bezirksleitung Potsdam und der Bezirksausschuss der Nationalen Front, aber auch die Kommission Natur und Heimat des Deutschen Kulturbunds sowie das Komitee für Touristik und Wandern. Nicht fehlen durften auch die Massenorganisationen, in diesem Fall die Freie Deutsche Jugend (FDJ), die Jungpioniere, die Gesellschaft für Sport und Technik (GST), der Deutsche Turn- und Sportbund sowie der Allgemeine Deutsche Motorsport-Verband (ADMV). In der Breite der involvierten Organisationen drückte sich der Versuch aus, weite Teile der Gesellschaft anzusprechen: „Die Erforschung des Todesmarsches erfolgt unter dem Gesichtspunkt, die gewonnenen Ergebnisse in propagandistischer agitatorischer Tätigkeit sofort zu verwerten und breit zu popularisieren."[282] Im Hinblick auf die Erinnerungen der ehemaligen Häftlinge versuchte man, Eindeutigkeit herzustellen. Bei den Erlebnisberichten „erfolgte gleichzeitig eine Abstimmung über Ort, Zeit und Art der Ereignisse, um die auftretenden Widersprüche zu beseitigen".[283]

Ergebnisse des Projekts sollten neben Veranstaltungen in zahlreichen Gemeinden[284] unter anderem die Kennzeichnung der Marschstrecke durch 320 Schilder und ein Film sein.[285] Allerdings ist heute nur eine Broschüre überliefert, die in diesem Kontext entstand. Darin wurde die vermeintliche Selbstbefreiung der Häftlinge zum im Vorhinein beschlossenen Vorhaben, das nur

281 Rat der Gemeinde Herzsprung an die NMG Sachsenhausen, 24. 2. 1964, AS, R 22/20, Bl. 18.

282 Kommission zur Erforschung der Geschichte der örtlichen Arbeiterbewegung des Bezirkes Potsdam, Zur Erforschung des Todesmarsches der ehemaligen Häftlinge des KZ Sachsenhausen durch den Bezirk Potsdam, undat. (vermutl. 1964/65), AS, R 22/20, Bl. 44–49, hier Bl. 46.

283 Ebenda, Bl. 47.

284 „Treffen der Sachsenhausener", in: Neues Deutschland, 7. 4. 1965; „Blumen am Todesweg", in: Neue Zeit, 23. 4. 1965.

285 Kommission zur Erforschung der Geschichte der örtlichen Arbeiterbewegung des Bezirkes Potsdam, Zur Erforschung des Todesmarsches der ehemaligen Häftlinge des KZ Sachsenhausen durch den Bezirk Potsdam, undat. (vermutl. 1964/65), AS, R 22/20, Bl. 44–49, hier S. 47 f.

noch im Planerfüllungsprinzip umgesetzt werden musste: „Die Anweisungen der illegalen Häftlingsleitung wurden beachtet, kommunistische Hundertschaften bildeten sich, die bei weiteren Übergriffen der SS [...] den bewaffneten Aufstand, also die Befreiung durchzuführen hatten."[286] Um diese Version zu beglaubigen, durfte abermals Sepp Hahns Bericht nicht fehlen, der die vorab festgelegten Schwerpunkte treffend beschrieb.[287] Erneut wurde die zunehmende Verzögerung der Marschgeschwindigkeit als Sabotage verklärt; neu war jedoch, dass die Herausgeber nun auch erklärten, durch die „illegale internationale Leitung" sei „festgelegt worden, daß die zurückgelegte Wegstrecke durch Zeichen kenntlich gemacht werden sollte".[288] So deutete man die unterwegs zurückgebliebenen oder verlorenen Kleidungsstücke als bewusst abgelegte „Hinweise" und unterstrich so abermals die Handlungsfähigkeit der Häftlinge. Die einheimische Bevölkerung hingegen, deren helfende Rolle ja laut der Vorgaben einen Schwerpunkt bilden sollte, kam in der Broschüre überhaupt nicht vor.

Dafür wurde jedoch im Vorfeld des 20. Jahrestags der Befreiung der Belower Wald als Gedenkort entdeckt, wo nun die noch immer sichtbaren Spuren an den Bäumen in den Blick gerieten. Am Ort des ehemaligen Waldlagers weihte der Wittstocker SED-Kreissekretär im April 1965 einen ersten Gedenkstein ein, der zugleich der Grundstein für die spätere Gedenkstätte beziehungsweise das „Museum des Todesmarsches" sein sollte.[289] Auch wenn von einer institutionalisierten Gedenkstätte noch keine Rede war, wurde in der Broschüre das sich damals im Belower Wald befindende „Hirtenhaus" zum „Symbol des Widerstandskampfes im internationalen Maßstab" erhoben.[290]

Allerdings waren nicht alle Projektergebnisse miteinander in Einklang zu bringen. Im Rahmen der „Forschungstätigkeit" entstand an der Universität Greifswald eine erste wissenschaftliche Arbeit zum Todesmarsch aus dem KZ Sachsenhausen, in der ein ähnlich affirmatives Bild von der Bevölkerung gezeichnet wurde. So konstatierte der Autor: „Immer wieder wird in den Berichten der

286 Todesmarsch aus dem Konzentrationslager Sachsenhausen vom 21. April bis 2. Mai 1945, Zusammengestellt im Auftrage der Arbeitsgruppe „Erforschung des Todesmarsches des KZ Sachsenhausen" und nach Erlebnisberichten ehemaliger Häftlinge und Teilnehmer am Todesmarsch von Heinz Sommerfeld, Wittstock 1965, S. 4 f.

287 Ebenda, S. 7.

288 Ebenda, S. 8.

289 Lange, Todesmarschgedenken, S. 334 f.

290 Todesmarsch aus dem Konzentrationslager Sachsenhausen vom 21. April bis 2. Mai 1945, Zusammengestellt im Auftrage der Arbeitsgruppe „Erforschung des Todesmarsches des KZ Sachsenhausen" und nach Erlebnisberichten ehemaliger Häftlinge und Teilnehmer am Todesmarsch von Heinz Sommerfeld, Wittstock 1965, S. 14.

Häftlinge und Augenzeugen deutlich, daß die Mehrzahl der Menschen zur Hilfeleistung bereit war."[291] Allerdings ergab seine Untersuchung deutliche Ungereimtheiten im Hinblick auf die Geschichte von der Selbstbefreiung: „Die wohl am häufigsten verbreitete Version ist die von Sepp Hahn geschilderte Befreiung in Form eines bewaffneten Aufstandes am 1. Mai 1945. Abgesehen von dem fragwürdigen Zeitpunkt [...] distanzierten sich alle befragten Teilnehmer von dieser Schilderung und bezeichneten sie als Unwahrheit."[292]

Offenbar kam es – obwohl die Arbeit nicht nur vor Mitgliedern der Arbeitsgruppe zur Erforschung des Todesmarschs, sondern auch vor ehemaligen Häftlingen in der NMG Sachsenhausen verteidigt werden sollte – nicht mehr zu einer direkten Auseinandersetzung über die formulierten Widersprüche.[293] Sepp Hahn war wenige Monate vor dem Einreichen der Arbeit verstorben. Im Nachruf des Zentralkomitees wurde seine Version noch einmal öffentlich verbreitet und zusätzlich betont, er habe auf dem Todesmarsch schon „Verbindung zur Initiativgruppe Walter Ulbricht" hergestellt.[294] Damit wurde der große historische Kreis vom antifaschistischen Widerstandskampf im Konzentrationslager und selbst auf dem Todesmarsch über die Kooperation mit der Sowjetarmee bis hin zu den Moskauer Exilanten unter der Leitung des mittlerweile als Staatsratsvorsitzender der DDR fungierenden Walter Ulbricht geschlossen. In dieser Perspektive war es fast egal, welche Erfahrungen Sepp Hahn tatsächlich auf dem Räumungstransport gemacht hatte. Der Todesmarsch aus Sachsenhausen wurde hier zur Episode einer dramatischen politischen Abenteuergeschichte von Klassenkampf und Widerstand.

Die Staatsexamensarbeit von Peter Frank und der Verweis auf die stark abweichenden Erfahrungen anderer Überlebender zeigte Wirkung: Während der Überarbeitung von „Damals in Sachsenhausen" wurde zu Sepp Hahns Bericht vermerkt, dessen Schlusszeilen seien „nicht mehr gerechtfertigt. Die ganze Vorstellung stimmt nicht."[295] In der 1967 erschienenen zweiten Auflage war der Text

291 Peter Frank, Zum Todesmarsch der Häftlinge des ehemaligen Konzentrationslagers Sachsenhausen vom 21.4. bis 3.5.1945, unveröffentlichte Staatsexamensarbeit, Ernst-Moritz-Arndt-Universität Greifswald 1965, S. 61.

292 Ebenda, S. 153.

293 Kommission zur Erforschung der Geschichte der örtlichen Arbeiterbewegung des Bezirkes Potsdam, Zur Erforschung des Todesmarsches der ehemaligen Häftlinge des KZ Sachsenhausen durch den Bezirk Potsdam, undat. (vermutl. 1964/65), AS, R 22/20, Bl. 44–49, hier Bl. 47 f.

294 „Genosse Sepp Hahn gestorben. Nachruf des Zentralkomitees", in: Neues Deutschland, 26.2.1965.

295 Handschriftliche Notizen zu „Damals in Sachsenhausen", o. D., AS, NMG, K6/M4, unpag. Für diesen Hinweis danke ich Carmen Lange.

nicht mehr enthalten,[296] und die Version von der Selbstbefreiung auf dem Todesmarsch wurde in der Folge kaum noch öffentlich erwähnt.

Diese Überformung der Erinnerung durch das Narrativ des antifaschistischen Widerstandskampfs zeigte sich nicht nur für Buchenwald und Sachsenhausen, sondern auch für andere Regionen der DDR.[297] Selbst aus dem grausamen Massaker von Gardelegen mit mehr als 1000 Opfern wurde in dieser Zeit eine klassenkämpferische Heldengeschichte gemacht. Zentral war dafür die Darstellung von Karl Semmler, der als Überlebender des Massakers zum „Kronzeugen der offiziellen DDR-Geschichtsschreibung über die NS-Verbrechen in Gardelegen und zur zentralen Figur der entsprechenden Gedenkstättenarbeit" aufgebaut wurde.[298] Wissentlich außer Betracht gelassen wurde jedoch, dass er – wie Ermittlungen der US-Armee und Berichte Überlebender dokumentierten – offenbar als Kapo aufseiten der Täter an dem Geschehen teilgenommen hatte.[299] Auch Semmlers in einer Broschüre popularisierter Bericht über die Räumung des KZ Mittelbau-Dora und den Massenmord in der Feldscheune betonte widerständiges Verhalten der Häftlinge.[300] Abermals wurde der Höhepunkt des Dramas musikalisch von der „Internationalen" begleitet – während sie bei Sepp Hahn Ausdruck des Jubels der siegreichen Überlebenden war, sangen laut Karl Semmler die todgeweihten Häftlinge in der brennenden Scheune gemeinsam diese Hymne der Arbeiterklasse.[301] Die einheimische Bevölkerung trat Semmler zufolge vor allem als Helfer und Retter auf. So sah sich die SS vor dem Massaker angeblich „gezwungen, Zugeständnisse zu machen" und Essen an die Gefangenen auszuteilen, weil in

296 Komitee der Antifaschistischen Widerstandskämpfer in der Deutschen Demokratischen Republik, Damals in Sachsenhausen. Solidarität und Widerstand im Konzentrationslager Sachsenhausen, 2. Aufl., Berlin 1967.

297 SED Leipzig, Was geschah in Abtnaundorf? Den Lebenden zur Mahnung, Leipzig 1958, S. 30–34.

298 Diana Gring, „...immer zwischen zwei Feuern". Der kommunistische Funktionshäftling Karl Semmler, in: Leo/Spirek, Helden, Täter und Verräter, S. 109–125, hier S. 114.

299 Ebenda, S. 118 f. Vgl. zu Semmler auch Blatman, Todesmärsche, S. 588–592. Seine Darstellung, Diana Gring vertrete „die Ansicht, der Fall Semmler veranschauliche auf beklemmende Weise den neofaschistischen Charakter des Gedenkens an die NS-Zeit" in der DDR (S. 591), muss allerdings auf einem groben Missverständnis oder Übersetzungsfehler beruhen. Vgl. Gring, „...immer zwischen zwei Feuern", S. 124.

300 Bezirksleitung Magdeburg der Sozialistischen Einheitspartei Deutschlands, Kommission zur Erforschung der Geschichte der örtlichen Arbeiterbewegung/Bezirksleitung des Deutschen Kulturbundes, Kommission Natur und Heimat/Komitee Touristik und Wandern des Bezirkes (Hrsg.), Niemals Verjährung von Kriegsverbrechen! Gardelegen, 13. April 1945, Magdeburg 1965, S. 14.

301 Ebenda, S. 15.

der Bevölkerung Unruhe aufgekommen sei: „Sie sah, wie die SS-Teufel wüteten, wie Antifaschisten mitten in der Stadt erschossen wurden und liegenblieben, sie erlebte, wie Solidaritätsaktionen mit brutaler Gewalt verhindert wurden."[302] Als hätte es dazu den Zwang der US-amerikanischen Soldaten nicht gebraucht, wurde betont, die Gardelegener hätten die Opfer begraben und sich zur ehrenden Grabpflege verpflichtet.[303] Für das langjährige Schweigen in der Nachkriegszeit über die Todesmärsche und ihre Opfer präsentierte die Broschüre die so versöhnliche wie viktimisierende Erklärung, dies hänge nicht etwa mit vermeintlicher oder tatsächlicher Mitschuld an den Verbrechen als vielmehr mit eigenen Leidenserfahrungen zu tun: „In jener Zeit war es sehr schwer, Menschen zu bewegen, über das, was sie in den letzten Tagen des endgültigen Unterganges des deutschen Faschismus gesehen und erlebt hatten, zu sprechen. Noch viel zu frisch waren in ihrem Gedächtnis die Erlebnisse des totalen Krieges unter der Gewaltherrschaft des faschistischen deutschen Imperialismus."[304]

Wie die Todesmärsche aus Sachsenhausen wurden die Räumungstransporte aus dem KZ Mittelbau-Dora nicht nur in propagandistischen Broschüren, sondern auch in der Wissenschaft zum Thema. 1966 legte Bernd Grabowski an der Berliner Humboldt-Universität eine Staatsexamensarbeit vor, in der es zu großen Teilen um die Todesmärsche aus dem KZ Mittelbau ging.[305] Die Arbeit entstand unter der Leitung von Walter Bartel im Kontext der „Studentischen Forschungsgemeinschaft DORA", die in den 1960er-Jahren Teilaspekte der Geschichte des Lagers aus marxistischer Perspektive erforschte.[306] Im Gegensatz zu Peter Franks Staatsexamensarbeit zur Räumung von Sachsenhausen wurde aber das dominante Narrativ nicht kritisch hinterfragt; bei der Darstellung des Massakers von Gardelegen stützte sich der Autor insbesondere auf den Bericht von Karl Semmler.[307]

In der DDR wurden die Todesmärsche als gute Gelegenheit angesehen, weite Teile der Einwohnerschaft für Geschichtspolitik zu mobilisieren. Gerade die Verbrechen inmitten zahlreicher Dörfer sollten als Anknüpfungspunkt für die offiziellen Erzählungen über den Nationalsozialismus dienen. Bei sowohl an

302 Ebenda, S. 13.

303 Ebenda, S. 17.

304 Ebenda, S. 21.

305 Bernd Grabowski, Deutsche Geschichte 1945–1966. Dargestellt am Leben und Wirken der ehemaligen Häftlinge und der Strafverfolgung der SS-Leute des Konzentrationslagers Dora, unveröffentlichte Staatsexamensarbeit, HU Berlin 1966. Den Hinweis auf diese Arbeit verdanke ich Carmen Hause.

306 Wagner, Produktion, S. 18 f.

307 Ebenda, S. 16 f.

SED-Geschichtsbilder als auch an lokale Narrative anschlussfähigen Darstellungen von Faschismus und Widerstand konnte es freilich nicht um die breite gesellschaftliche Involvierung gehen. Vielmehr fungierten die Heldengeschichten der antifaschistischen Widerstandskämpfer und das Wunschbild einer mit ihnen solidarischen Mehrheitsbevölkerung als zwei Seiten derselben Medaille: Die Bürgerinnen und Bürger der DDR wurden zu rechtmäßigen Siegern der vergangenen Kämpfe erklärt, und selbst die Todesmärsche aus den Konzentrationslagern mit Tausenden Toten gerieten dabei zur Erfolgsgeschichte.

In den 1980er-Jahren verschob sich diese Meistererzählung. In der Schriftenreihe der Nationalen Mahn- und Gedenkstätte Buchenwald erschien 1983 erstmals eine Publikation, die sich mit wissenschaftlichem Anspruch den Todesmärschen widmete. Ziel war es nicht, eine in allen Details erschöpfende Gesamtdarstellung vorzulegen, sondern „verallgemeinerungswürdige Tendenzen bei den Evakuierungen" deutlich zu machen.[308] Dafür rekonstruierte die Verfasserin vor allem auf der Basis von Erinnerungsberichten aus dem Archiv der Gedenkstätte und den in „Mahnung und Verpflichtung" publizierten Dokumenten die Räumung der Außenkommandos und des Hauptlagers. In den „Schlussfolgerungen" aktualisierte sie zunächst die zentralen Narrative zu den Todesmärschen: Das Internationale Lagerkomitee habe „alles [unternommen], um die Evakuierungen zu verhindern", und die Wirkmacht der Widerstandsgruppen habe sich „auch auf den Verlauf der Evakuierungen selbst [erstreckt], wo immer wieder versucht wurde, Schwachen und Bedrohten zu helfen. Auch Fluchten aus dem Evakuierungstransport wurden durch aktive Antifaschisten organisiert." Neben diesen bekannten, eindimensionalen Interpretationen fand sich jedoch eine vergleichsweise differenzierte Darstellung in Bezug auf das Verhalten der Einheimischen: „Die Bevölkerung, die mit den Evakuierungskolonnen in Berührung kam, verhielt sich unterschiedlich. Kontakte wurden aus Angst vor der SS nicht gesucht. Es kam vor, daß geflohenen Häftlingen von Ortseinwohnern Hilfe oder Schutz verweigert wurden oder sie sogar an die SS-Begleitmannschaften oder die ortsansässigen Faschisten ausgeliefert wurden. Aber in zahlreichen Fällen erwiesen Ortsbewohner den vorbeigetriebenen Häftlingen Hilfe und schützten Flüchtende."[309]

Eine solche Betrachtung, die das Handeln der lokalen Bevölkerung in seiner Widersprüchlichkeit umriss und auch die Unterstützung für die Täter berücksichtigte, war neu. Bis dato war die Verbrechensbeteiligung aus der Einwohner-

308 Christine Schäfer, Evakuierungstransporte des KZ Buchenwald und seiner Außenkommandos, Weimar-Buchenwald 1983 (Buchenwaldheft 16), S. 8 f.

309 Ebenda, S. 66 f.

schaft nur als vereinzeltes Negativbeispiel, nicht aber als verbreitete Verhaltensoption angeführt worden. Dieser Wandel resultierte offenbar aus der intensiven Auseinandersetzung mit dem Thema unter wissenschaftlichen Kriterien und ist ein Indiz dafür, dass bestimmte ideologische Prämissen in der dominanten Geschichtsinterpretation der DDR modifizierbar waren.

Auf einer Konferenz in der Nationalen Mahn- und Gedenkstätte Buchenwald wurde das Thema ein Jahr später erneut aufgegriffen. Die Verfasserin der Studie zog zufrieden die Bilanz, dass die Publikation große Resonanz nach sich gefunden und weitere Lokalstudien angeregt habe. Erfolge seien auch in der grenzüberschreitenden Forschung zu erkennen, so Schäfer. Während man vor wenigen Jahren gezwungen gewesen sei, „die auf heutigem BRD-Gebiet gelegenen Lager auszuklammern, da uns wenig Material zur Verfügung stand, so sind wir heute in der Lage, zumindest teilweise, diese mit einzubeziehen".[310] Als weitere Forschungsperspektiven benannte Schäfer neben dem Schicksal verschiedener Häftlingsgruppen und den politischen Hintergründen der Lagerräumungen insbesondere differenziertere Untersuchungen „über das Verhalten der Zivilbevölkerung zu den Häftlingszügen. [...] Wir wissen nicht, ob es Gebiete gab, und wenn ja, wo, in denen die Bevölkerung in größerem Rahmen zu Solidaritätshandlungen den Häftlingen gegenüber bereit war. Und umgekehrt, wo Teile der Bevölkerung durch die faschistische Ideologie infiziert, besonders feindseliges Verhalten gegenüber Häftlingen zeigten und sich auch zum Helfershelfer der SS-Horden machen ließen."[311]

Auch zu den Todesmärschen aus dem KZ Sachsenhausen setzte sich zu dieser Zeit eine differenzierte Sichtweise im Hinblick auf die lokale Bevölkerung durch. Das erste Sachsenhausen-Heft der Gedenkstätte aus dem Jahr 1985 widmete sich der Räumung des Lagers und zeichnete ebenfalls ein weitaus nuancierteres Bild als in den Jahrzehnten zuvor: „Die meisten Einwohner meiden den Kontakt mit den KZ-Häftlingen, vor allem aus Angst vor den Folgen. Nicht selten hören die Gefangenen aber auch Beschimpfungen. Die wenigen Versuche der Bevölkerung, den Gefangenen zu helfen, werden ohnehin meist von der SS unterbunden."[312]

310 Christine Schäfer, Einige Gedanken zur Erforschung der Evakuierungstransporte, in: Die Erforschung des antifaschistischen Widerstandskampfes im Konzentrationslager Buchenwald und die Verbreitung seiner Lehren in der DDR – Ergebnisse, Erfahrungen, Perspektiven. Materialien eines wissenschaftlichen Kolloquiums der Nationalen Mahn- und Gedenkstätte Buchenwald und der Lagerarbeitsgemeinschaft Buchenwald-Dora vom 9./10. Oktober 1984 (2. Teil) (Buchenwaldheft 21), S. 43–48, hier S. 45.

311 Ebenda, S. 46.

312 Barbara Kühle, Die Todesmärsche der Häftlinge des KZ Sachsenhausen, Oranienburg 1985, S. 27 f.

Diese Modifikationen sind im Kontext der Diskussion um „Erbe und Tradition“ in der DDR-Geschichtswissenschaft der 1980er-Jahre zu sehen. Neben die „Tradition von der revolutionären Arbeiterbewegung bis hin zur DDR“, die nach wie vor im Fokus der Geschichtspolitik stand, trat nun verstärkt auch das „Erbe“ deutscher Geschichte, mithin diejenigen historischen Aspekte, die sich nicht in die marxistische Geschichtsteleologie einordnen ließen.[313] Retrospektiv ist dieser Schwenk als Anzeichen dafür anzusehen, dass das „bis dahin herrschende Geschichtsbild keine politisch integrative Kraft mehr besaß“.[314]

Auch die sperrige Geschichte der Todesmärsche wurde unter diesen Vorzeichen kurz vor dem Ende der DDR weniger holzschnittartig präsentiert. Zugleich dürfen diese Effekte nicht überschätzt werden. So hieß es noch 1988 in einem einschlägigen Sammelband, es seien nach wie vor zwei grundlegende „historische Erkenntnisse“ zu vermitteln: Erstens seien die „auf dem Wege […] zur antifaschistischen Volksfront sich annähernden Hitlergegner […] letzten Endes die Sieger der Geschichte“ gewesen, zweitens habe der „vielgesichtige Faschismus“ seine Wurzeln stets in der „Herrschaft besonders aggressiver Gruppen des Monopolkapitals“.[315] Die Auseinandersetzung mit der breiten und differenzierten gesellschaftlichen Partizipation an NS-Verbrechen hatte zwischen diesen apodiktischen Lehrsätzen nach wie vor keinen Platz.

Abschließend soll ein Blick in die Bundesrepublik geworfen werden, in der zwischen 1960 und 1980 die Todesmärsche kaum öffentlich thematisiert wurden, abgesehen von den Versuchen von NS-Opferverbänden und dem linken politischen Spektrum, die Erinnerung an die Räumung der Lager durch Veröffentlichungen[316] und Gedenkveranstaltungen auf die Agenda zu bringen.

Eine Sonderstellung nahm allerdings die „Cap-Arcona“-Katastrophe ein. Diese opferreiche Tragödie weckte immer wieder das Interesse von Publizisten, Hobbyforschern und Lokalhistorikern. Dazu trug die besondere Konstellation bei: KZ-Häftlinge auf einem zuvor zur Evakuierung deutscher Flüchtlinge genutzten Luxusliner, die durch einen britischen Luftangriff zu Tausenden ums

313 Joachim Käppner, Erstarrte Geschichte. Faschismus und Holocaust im Spiegel der Geschichtswissenschaft und Geschichtspropaganda der DDR, Hamburg 1999, S. 214–218, Zitat S. 216.

314 Ebenda, S. 218.

315 Helmut Bock, Es gibt kein historisches „Niemandsland“. Zu aktuellen Problemen des Erbes und der Tradition im Sozialismus von heute, in: Helmut Meier/Walter Schmidt (Hrsg.), Erbe und Tradition in der DDR. Die Diskussion der Historiker, Berlin (Ost) 1988, S. 218–239, hier S. 238.

316 Lagergemeinschaft Neuengamme (Hrsg.), So ging es zu Ende … Neuengamme. Dokumente und Berichte, Hamburg 1960.

Leben gekommen waren. Zu diesem Geschehen erschien eine breite Palette von Publikationen, vom Groschenroman bis zur akribischen Dokumentation.

Schon 1953 war in der Heftromanreihe „SOS – Schicksale deutscher Schiffe" eine Ausgabe dem „Schnelldampfer ‚Cap Arcona'" gewidmet. Für diesen Zeitpunkt und den herausgebenden Verlag – in diesem sollte wenig später auch „Der Landser" erscheinen – war die Thematisierung von KZ-Räumungstransporten ungewöhnlich; sie ging jedoch mit apologetischen Darstellungen einher. So schrieb der Autor, die Häftlinge seien auf dem Schiff „nicht besser und nicht schlechter als die Flüchtlinge und Verwundeten vor ihnen" untergebracht gewesen,[317] was mit den menschenunwürdigen Zuständen an Bord kaum in Einklang zu bringen war. Im Jahr 1972 veröffentlichte Rudi Goguel erstmals seinen „Report über den Untergang der Häftlingsflotte" im VVN-eigenen Röderberg-Verlag. Goguel war 1953 aus der Bundesrepublik in die DDR übergesiedelt und Abteilungsleiter an der Berliner Humboldt-Universität. Obwohl er selbst ehemaliger KZ-Häftling und Überlebender der Katastrophe war, handelte es sich bei dem Buch eher um eine historische Dokumentation als um einen Erinnerungsbericht. Mit seinem „Report" wurden auch Elemente des DDR-Narrativs zur Räumung der Konzentrationslager in der Bundesrepublik publiziert. Dies betraf das Wirken einer illegalen Häftlingsorganisation, die von den Schiffen aus elf sowjetische Gefangene zu einem – letztlich erfolglosen – „Massendurchbruchsversuch" entsendet habe, um Kontakt mit den alliierten Truppen aufzunehmen.[318] In den 1980er-Jahren erschienen weitere populärwissenschaftliche Bücher zum Thema.[319] Parallel dazu wurde das Thema nun auch lokalgeschichtlich[320] und in der historisch-politischen Bildung aufgegriffen. So informierte 1981 eine Publikation der Hamburger Landeszentrale für politische Bildung über das KZ Neuengamme und dessen Räumung sowie die Tragödie in der Neustädter Bucht.[321]

Für die 1960er-Jahre finden sich vereinzelte Hinweise auf Gedenkveranstaltungen. So organisierte die westdeutsche VVN 1965 eine „Mahn- und Gedenk-

317 Otto Mielke, Schnelldampfer „Cap Arcona". Fahrt ins Verderben (SOS – Schicksale deutscher Schiffe, Nr. 17), München 1953, S. 24.

318 Rudi Goguel, „Cap Arcona". Report über den Untergang der Häftlingsflotte in der Lübecker Bucht am 3. Mai 1945, Frankfurt a. M. 1972, S. 47 f.

319 Günther Schwarberg, Angriffsziel Cap Arcona, Hamburg 1983; Heinz Schön, Die Cap Arcona Katastrophe. Eine Dokumentation nach Augenzeugenberichten, Stuttgart 1989.

320 Wilhelm Lange, Cap Arcona. Das tragische Ende einiger Konzentrationslager-Evakuierungstransporte im Raum der Stadt Neustadt in Holstein am 3. Mai 1945, Neustadt in Holstein 1988.

321 Werner Johe, Neuengamme. Zur Geschichte der Konzentrationslager in Hamburg, Hamburg 1981, S. 37–42.

fahrt", mit der auf der niedersächsischen Seite des Harzes zum Jahrestag des Kriegendes an die Opfer der Räumung des Lagers Mittelbau-Dora erinnert wurde. Dass in der Presse alle, „die eine Fahrgelegenheit haben", zur Teilnahme aufgerufen wurden, verdeutlicht den improvisierten Charakter.[322] Zugleich handelte es sich um eine deutsch-deutsche Veranstaltung. So betonte das „Neue Deutschland", dass „antifaschistische Widerstandskämpfer aus Niedersachsen und eine Delegation aus dem Bezirk Magdeburg" teilgenommen hätten. Als Hauptredner war ein SPD-Stadtrat aus dem niedersächsischen Goslar aufgetreten. In dem Artikel fand sich kein einordnender Hinweis darauf, dass es bei der Gedenkfahrt um Opfer der Todesmärsche gegangen war, wichtiger war es, den Redner dahingehend zu zitieren, dass die NS-Täter in der Bundesrepublik „nicht frei [...] herumlaufen dürfen".[323] In der „Berliner Zeitung" wurde im Nachgang kritisiert, dass die „westdeutsche Polizei [...] die Widerstandskämpfer, die anläßlich der 20. Wiederkehr des Todesmarsches der KZ-Häftlinge des Lagers Dora am 2. Mai eine Mahn- und Gedenkfahrt im Harz durchführten, bespitzelt" hätte.[324] Diese Berichterstattung zeigt, dass die Gedenkfahrt in der SED-Propaganda eher zur Diskreditierung der Bundesrepublik genutzt wurde, als dass auf die historischen Hintergründe eingegangen worden wäre. Im Jahr 1966 wurde die Fahrt, bei der in mehreren Ortschaften Kränze niedergelegt wurden, wiederholt.[325]

Am Beispiel des Todesmarschs aus Sachsenhausen lassen sich schließlich publizierte Erinnerungsberichte in Ost- und Westdeutschland vergleichen. 1967 erschien in einem Dortmunder Verlag eine Broschüre mit den Erinnerungen des früheren KPD-Angehörigen Hans von Dahlen an den Todesmarsch aus Sachsenhausen. Ganz im Gegensatz zu Sepp Hahn berichtete von Dahlen über das unter den Häftlingen vorherrschende Gefühl verzweifelter Ohnmacht, als die Kampfhandlungen und das absehbare Kriegsende immer näher rückten: „Wir waren unbeteiligt und empfanden aus diesem Grunde die Rolle der Opfer, in die wir gedrängt wurden, um so schmerzlicher."[326] Anders als in den in der DDR dominierenden Darstellungen tauchte in seinem Bericht neben der Sowjetarmee auch die US-Army als Befreier auf, die von Dahlens Kolonne in der Gegend um Schwerin erreicht hatte, nachdem sich die SS-Wachmannschaft kampflos abgesetzt hatte.[327] Der 1. Mai 1945, den von Dahlens Genosse Sepp Hahn als archetypischen

322 „Der Opfer gedenken. Mahn- und Gedenkfeiern in Osterode und Langenfeld", in: Die Tat, 1. 5. 1965.
323 „KZ-Opfer geehrt", in: Neues Deutschland, 3. 5. 1965.
324 „Spitzel am Werk", in: Berliner Zeitung, 17. 5. 1965.
325 „Gedenkfahrt durch den Harz", in: Die Tat, 14. 5. 1966.
326 Hans von Dahlen, Todesmarsch 1945, Dortmund 1967, S. 17.
327 Ebenda, S. 23.

„Kampftag der Arbeiterklasse" beschrieben hatte, erschien in seinem Bericht als nationalsozialistischer „Tag der nationalen Arbeit", an dem „die Dorfbewohner zur Feier [...] einen Maibaum aufgestellt [hatten], und aus den Fenstern zahlreicher Häuser wehten Hakenkreuzflaggen".[328] Auch in dieser Broschüre wurde die Rolle der Bevölkerung nur in wenigen Sätzen thematisiert; diese sei größtenteils entsetzt über den Anblick der Häftlinge gewesen und habe in Einzelfällen versucht, mit Wasser zu helfen.[329]

Diese marginalen erinnerungskulturellen Ausdrucksformen zeigen, dass der für die 1960er-Jahre konstatierte Wandel im Umgang mit der NS-Vergangenheit in der Bundesrepublik[330] zunächst kaum Spuren in Bezug auf die öffentliche Auseinandersetzung mit den KZ-Räumungstransporten hinterließ. Allerdings findet sich auch in der Bundesrepublik eine frühe museale Thematisierung. In der ersten Ausstellung der KZ-Gedenkstätte Dachau von 1965 waren unter der Überschrift „Das Ende" eine stilisierte Karte der Evakuierungsroute, Dokumente und drei der Fotos von Benno Gantner zu sehen.[331] Außerdem erschienen in den 1960er- und 1970er-Jahren die ersten wissenschaftlichen Studien zum Thema, die auf sehr eingeschränkter Quellengrundlage wichtige Schneisen in das unerschlossene Forschungsgebiet schlugen.[332]

Erst in den 1980er-Jahren sollte in Anknüpfung an diese zaghaften Versuche einer öffentlichen Auseinandersetzung mit den Todesmärschen in der Bundesrepublik eine breitere Thematisierung auch über die Ränder gesellschaftlicher und akademischer Nischen der Opferverbände und wissenschaftlicher Pionierstudien hinaus erfolgen.

328 Ebenda, S. 20.

329 Ebenda, S. 10.

330 Assmann/Frevert, Geschichtsvergessenheit, S. 215–226; Wolfrum, Die beiden Deutschland, S. 137–139.

331 Comité International de Dachau (Hrsg.), Konzentrationslager Dachau 1933–1945, 7. Aufl., München 1978, S. 190–193.

332 Kolb, Bergen-Belsen, S. 126–135, 299–307; Werner Johe, Das KL Neuengamme, in: Martin Broszat (Hrsg.), Studien zur Geschichte der Konzentrationslager, Stuttgart 1970, S. 29–49, hier S. 38–44; Gisela Rabitsch, Das KL Mauthausen, in: ebenda, S. 50–92, hier S. 79–81; Ino Arndt, Das Frauenkonzentrationslager Ravensbrück, in: ebenda, S. 93–129, hier S. 128 f.; Manfred Bornemann/Martin Broszat, Das KL Dora-Mittelbau, in: ebenda, S. 154–198, hier S. 191–197.

4. Die Todesmärsche in der Erinnerungskultur der 1980er-Jahre

Für den Zeitraum ab Mitte der 1970er-Jahre ist im Umgang mit der NS-Vergangenheit in der Bundesrepublik ein merklicher Wandel konstatiert worden. Harald Schmid hat vom „Beginn der zweiten ‚geschichtskulturellen Achsenzeit'" gesprochen. Nachdem in den 1960er-Jahren, flankiert von aufsehenerregenden NS-Prozessen, das weitverbreitete Beschweigen der jüngsten, verbrecherischen Vergangenheit kritisiert und damit gebrochen worden war, bildete sich im Übergang zu den 1980er-Jahren abermals eine neue – und gesellschaftlich breit rezipierte – Perspektive auf den Nationalsozialismus heraus.[333]

Nur stichwortartig können an dieser Stelle einerseits die Einflüsse und andererseits die davon kaum zu trennenden Ausprägungen dieses zunehmend medialisierten „Erinnerungsbooms" benannt werden: Sie reichten von der „Hitler-Welle" und dem „Schülerwettbewerb Deutsche Geschichte um den Preis des Bundespräsidenten" 1973 über die Affäre um Hans Filbinger und den öffentlichkeitswirksam begangenen 40. Jahrestag der Novemberpogrome von 1938 bis zur Ausstrahlung der TV-Serie „Holocaust" 1979 und den damit einhergehenden Debatten.[334] Die 1980er-Jahre wurden dann unter Bundeskanzler Helmut Kohl zur Ära staatlich betriebener konservativer Geschichtspolitik auf der einen, zum Jahrzehnt der erkämpften „Entdeckung" der NS-Vergangenheit auf der anderen Seite.[335]

Die damit umrissenen Entwicklungen in der Erinnerungskultur der Bundesrepublik lassen sich nur schwer mit denjenigen in der DDR parallelisieren. Einerseits mangelte es in der SED-Diktatur an öffentlich geführten kontroversen Auseinandersetzungen, die eine gesellschaftliche Debatte über die Vergangenheit im eigentlichen Sinne hätten hervorbringen oder anzeigen können. Andererseits hat auch die historische Forschung bislang stärker die Herausbildung zentraler Merkmale der dominanten Geschichtsauffassung in der DDR und deren Dauerhaftigkeit als entsprechende Modifikationen über die Jahrzehnte in den Blick genommen.[336]

333 Harald Schmid, Von der „Vergangenheitsbewältigung" zur „Erinnerungskultur". Zum öffentlichen Umgang mit dem Nationalsozialismus seit Ende der 1970er Jahre, in: Gerhard Paul/Bernhard Schoßig (Hrsg.), Öffentliche Erinnerung und Medialisierung des Nationalsozialismus. Eine Bilanz der letzten dreißig Jahre, Göttingen 2010, S. 171–202, hier S. 172.

334 Ebenda, S. 173 f.

335 Ebenda, S. 181–183; Assmann/Frevert, Geschichtsvergessenheit, S. 258–271.

336 So konstatierte Martin Sabrow eine „erstaunliche Stabilität der zweiten deutschen Geschichtswissenschaft zwischen 1950 und 1990". Martin Sabrow, Der staatssozialistische Geschichtsdiskurs im Spiegel seiner Gutachterpraxis, in: ders. (Hrsg.), Verwaltete Vergangenheit. Geschichtskultur und Herrschaftslegitimation in der DDR, Leipzig 1997, S. 35–65, hier S. 64. Vgl. auch die Beiträge in ders., Herrschaftsdiskurs.

Im Folgenden sollen anhand von zwei Komplexen der Auseinandersetzung und öffentlichen Thematisierung der Todesmärsche jeweils Schlaglichter auf beide deutsche Staaten in den 1980er-Jahren geworfen werden, um unabhängige Parallelen, interdependente Zusammenhänge und deutliche Unterschiede genauer zu konturieren. Zunächst stehen die Akteure im Mittelpunkt, die sich in Ost- wie in Westdeutschland als junge Vertreter einer neuen Generation mit Lokalgeschichte auseinandersetzten und dabei unter anderem auf die Räumung der Konzentrationslager stießen. Danach werden Denkmalsetzungen und die darum geführten Diskussionen in den Blick genommen.

4.1. „Junge Historiker" und Geschichtswerkstätten

In den 1980er-Jahren wurden in beiden Teilen Deutschlands die Todesmärsche und Räumungstransporte zunehmend thematisiert. Hintergrund war eine verstärkte Hinwendung zur Lokalgeschichte, die beiderseits des „Eisernen Vorhangs", aber unter völlig unterschiedlichen Vorzeichen stattfand.

In der DDR erschien ab den 1970er-Jahren eine wahre Flut an Veröffentlichungen zu den Todesmärschen, zumeist in Form von Broschüren. Bei den Bezirks- und Kreisleitungen der SED waren „Kommissionen zur Erforschung der örtlichen Arbeiterbewegung" angesiedelt, die im Rahmen sozialistischer „Traditionspflege" neben anderen geeigneten Themen NS-Verbrechen – und damit die Räumungstransporte – auch in Kleinstädten und Dörfern thematisierten.[337] Oft entstanden derartige Publikationen in Kooperation mit den Bezirks- oder Kreiskomitees Antifaschistischer Widerstandskämpfer. Ein gängiges Format waren Verzeichnisse von „Gedenkstätten der Arbeiterbewegung" auf verschiedenen kommunalen und regionalen Verwaltungsebenen. Diese dokumentierten auch kleinste Gedenkzeichen in der Provinz fotografisch und enthielten Angaben zum historischen Hintergrund.[338]

337 Die konkrete Arbeit dieser Kommissionen ist bislang wenig erforscht. Vgl. inzwischen Matthias Manke, Erinnerungsort im Gedächtnisraum? Die Geschichte der örtlichen Arbeiterbewegung im Bezirk Schwerin und die Kommission zu ihrer Erforschung, in: Janina Fuge/Rainer Hering/Harald Schmid (Hrsg.), Gedächtnisräume. Geschichtsbilder und Erinnerungskulturen in Norddeutschland, Göttingen 2014, S. 265–285.

338 Hier nur als Beispiele: SED-Kreisleitung Wanzleben/Kommission zur Erforschung der Geschichte der örtlichen Arbeiterbewegung/Komitee der Antifaschistischen Widerstandskämpfer der DDR, Kreiskomitee Oschersleben/Wanzleben (Hrsg.), Sie leben in uns fort. Zur Geschichte des antifaschistischen Widerstandskampfes unter Führung der Kommunistischen Partei Deutschlands von 1933 bis 1945 im Kreis Wanzleben, Wanzleben 1976, S. 108 f., 114–128; Kommission zur Erforschung der Geschichte der örtlichen Arbeiter-

Zwar waren diese Dokumentationen durch die Partei staatlich gelenkt, zugleich gab es jedoch Bemühungen, weite Kreise der Bevölkerung – insbesondere die Jugend – in entsprechende Nachforschungen einzubeziehen. Dies geschah auf breiter Ebene über die Arbeit der „Jungen Historiker". Dabei handelte es sich um Arbeitsgemeinschaften der Pionierorganisation „Ernst Thälmann", in denen Schülerinnen und Schüler außerhalb des Unterrichts an Aufgaben herangeführt werden sollten, „die vor allem auf die Entwicklung des Interesses für Geschichte, auf die Bereicherung und Festigung des marxistisch-leninistischen Geschichtsbildes und die Herausbildung des Geschichts- und Traditionsbewusstseins als Bestandteil der klassenmäßigen Erziehung gerichtet sind".[339]

Erste solche Gruppen waren bereits in den 1950er-Jahren gegründet worden, ihren Höhepunkt hatten die „Jungen Historiker" jedoch in den 1970er- und frühen 1980er-Jahren.[340] Beim „Internationalen Treffen Junger Historiker" in Potsdam waren 1975 nach offiziellen Angaben „5000 Thälmannpioniere und Pioniere aus über 30 Ländern vereint".[341]

Neben vielen anderen Themen boten sich die KZ-Evakuierungstransporte an, von den „Jungen Historikern" erkundet zu werden.[342] Auf dem Land, wo es

bewegung bei der Kreisleitung der SED Wittstock/LAG Sachsenhausen bei der Zentralleitung des KAW/Bezirkskomitee Potsdam der Antifaschistischen Widerstandskämpfer (Hrsg.), Belower Wald in der Wittstocker Heide 23.–29. April 1945. Ein Teil Geschichte des Todesmarsches aus dem Konzentrationslager Sachsenhausen, Wittstock 1978; Historisches Museum Schwerin/Bezirkskomitee Antifaschistischer Widerstandskämpfer Schwerin (Hrsg.), Mahn- und Gedenkstätte Raben Steinfeld, Schwerin 1978; Bezirksleitung Rostock der SED, Abt. Agit/Prop./Komitee der Antifaschistischen Widerstandskämpfer der DDR/Bezirkskomitee Rostock (Hrsg.), Gedenkstätte Cap Arcona Grevesmühlen, Schwerin o. D. [1979/80]; Bezirkskomitee Leipzig der Antifaschistischen Widerstandskämpfer der DDR (Hrsg.), Die KZ-Außenkommandos (1943–1945) auf dem Territorium des heutigen Bezirkes Leipzig. Entstehung, Solidarität und Widerstand, Todesmärsche, o. O., o. D. [1984].

339 Ministerium für Volksbildung der DDR, Zentrales Methodisches Kabinett für außerunterrichtliche Tätigkeit, Empfehlungen für Arbeitsgemeinschaften der Klasse 5 bis 8. Junge Historiker, Berlin 1976, S. 7.

340 Catherine Plum, The Children of Antifascism. Exploring Young Historians Clubs in the GDR, in: German Politics and Society 86 (2008) 26, S. 1–28, hier S. 15; dies., Antifascism After Hitler. East German Youth and Socialist Memory, 1949–1989, New York 2015, S. 39 f. Vgl. allgemein Körber-Stiftung (Hrsg.), Offenes Geschichtslernen in einer geschlossenen Gesellschaft? Von den „Arbeitsgemeinschaften Junger Historiker" als einem ambivalenten Bestandteil historischer Bildung in der DDR. Ein Projekt- und Tagungsbericht, Berlin 1995.

341 „Mit neuem Pionierauftrag zum IX. Parteitag der SED", in: Neues Deutschland, 21. 7. 1975. Vgl. auch Plum, Children, S. 16–18.

342 „Junge Historiker sind Helden auf der Spur. Zeugen des Widerstandes stehen ihnen zur Seite", in: Neues Deutschland, 15. 2. 1982.

gegebenenfalls sowohl an ruhmreicher Historie der Arbeiterbewegung als auch an hauseigenen Vorbildern aus dem Pantheon der Widerstands- und Klassenkämpfer mangelte, war die Geschichte von im Ort ermordeten KZ-Häftlingen ein auf der Hand liegender Anknüpfungspunkt für ihre Forschungen.[343] So forderte das Bezirkskomitee Antifaschistischer Widerstandskämpfer Karl-Marx-Stadt in einer Publikation die „Gruppen Junger Historiker" auf, „an der weiteren Erforschung der historischen Fakten mitzuhelfen".[344] Andernorts ergingen ähnliche „Forschungsaufträge".[345]

Auch in der Bundesrepublik begann in den 1980er-Jahren im Rahmen der „neuen sozialen Bewegungen" eine aktualisierte Auseinandersetzung mit der örtlichen Alltagsgeschichte. Laut Volker Ullrich war dafür ursächlich, dass „die Skepsis gegenüber globalen Theoriekonzepten und Erklärungsmodellen zusammentraf mit dem Widerstand gegen Großorganisationen und Großtechnologien, dass die Wiederentdeckung der Subjektivität sich verband mit der Entwicklung alternativer Lebensformen und dem Wunsch nach eingreifender politischer Praxis in Nahbereichen des gesellschaftlichen Lebens".[346]

Diese „neue Geschichtsbewegung" gründete zahlreiche „Geschichtswerkstätten", in denen nun auch die lange brachliegende lokale NS-Vergangenheit zum Thema für kritische Historikerinnen und Historiker sowie interessierte Laienforscher wurde.[347] Im Rahmen ihrer „Spurensuche" wurden KZ-Außenkommandos und Tatorte von NS-Zwangsarbeit „wiederentdeckt", wobei auch die Räumung der Lager in den Blick geriet.[348] Allerdings finden sich auf den

343 Plum, Antifascism, S. 61 f.

344 Frühjahr 1945. Todesmärsche von KZ-Häftlingen durch den heutigen Bezirk Karl-Marx-Stadt, Karl-Marx-Stadt 1985.

345 Pionierhaus „Grete Walter" an die Zentralleitung des Komitees der Antifaschistischen Widerstandskämpfer der DDR, Erforschung des Todesmarsches von Häftlingen aus dem Konzentrationslager Groß-Rosen in den Kreis Hoyerswerda, 18. 9. 1986, SAPMO-BArch, DY 57/951, unpag.; Arbeitsgemeinschaft „Junge Historiker" Fürstenwalde, KZ-Nebenlager Ketschendorf. Erste Forschungsskizze über das Nebenlager des KZs in Fürstenwalde/Ketschendorf. Lagerskizze, Tätigkeit, Lagerbedingungen, Todesmarsch, 1983, AS, LSG 1/5, Bl. 4–21.

346 Volker Ullrich, Wie alles anfing. Die „neue Geschichtsbewegung" der achtziger Jahre, in: Forschungsstelle für Zeitgeschichte in Hamburg/Galerie Morgenland/Geschichtswerkstatt Eimsbüttel (Hrsg.), Geschichtswerkstätten gestern – heute – morgen. Bewegung! Stillstand. Aufbruch?, München/Hamburg 2004, S. 21–29, hier S. 24.

347 Garbe, Wiederentdeckte Geschichte, S. 300.

348 Vgl. auch: Wulf, Gott. Die für diese Publikation verantwortliche und aus fünf Lehrern bestehende Arbeitsgruppe „KZ-Züge" hatte sich bereits 1983 gegründet und 1985 eine Ausstellung zum Thema erarbeitet. Ebenda, S. 114.

ersten Blick wenige Spuren einer expliziten Auseinandersetzung von Geschichtswerkstätten mit den Todesmärschen und Räumungstransporten oder dabei begangenen Verbrechen. Im Vordergrund standen für die „Spurensucher" der „Gedenkstättenbewegung" zunächst die „vergessenen KZs".[349] Es galt, die dortigen Überreste zu sichern und diese Orte nationalsozialistischer Massenverbrechen ins öffentliche Bewusstsein zu rücken, bevor man sich den Todesmärschen widmen konnte. Zudem machte sich offenbar ein Stadt-Land-Gefälle bemerkbar: Bei den Geschichtswerkstätten handelte es sich zu großen Teilen um urbane Phänomene, während eine kritische Auseinandersetzung mit der Lokalhistorie als Verbrechensgeschichte in vergleichbarem Niveau auf dem Land seltener anzutreffen war.[350] Außerdem sind geografische Faktoren zu bedenken. So waren die Gedenkstätteninitiativen insbesondere in Nordwestdeutschland aktiv,[351] wo eine Beschäftigung mit den Räumungstransporten weniger auf der Hand lag als an den besonders opferreichen und markanten Todesmarschrouten, beispielsweise aus Dachau oder Flossenbürg, die im Süden bzw. Südosten lagen. Dennoch wuchs das Bewusstsein für die Zusammenhänge von NS-Zwangsarbeit, dem KZ-System und dessen Räumung bei Kriegsende, was etwa in verschiedenen Beiträgen im Themenheft „Zwangsarbeit" der Zeitschrift „Geschichtswerkstatt" deutlich wird.[352]

Die Unterschiede zwischen beiden deutschen Gesellschaften in der Hinwendung zur Lokalgeschichte sind offensichtlich: Während sich die „neue Geschichtsbewegung" in der Bundesrepublik als kritische und staatsferne Gegenöffentlichkeit in Abgrenzung zu etablierten und universitären Forschungszirkeln verstand, kam die Initiative in der DDR direkt aus der Staatspartei. So sollte die heimatgeschichtliche Freizeitbeschäftigung in den Arbeitsgruppen der „Jungen Historiker" „dazu beitragen, die Schüler im Geiste des sozialistischen Patriotismus und

349 Detlef Garbe (Hrsg.), Die vergessenen KZs? Gedenkstätten für die Opfer des NS-Terrors in der Bundesrepublik, Bornheim-Merten 1983.

350 Vgl. das sicher nicht erschöpfende, aber signifikante Adressenverzeichnis „Institutionen, Organisationen und Personen, die im Bereich Zwangsarbeit tätig sind", in: Geschichtswerkstatt 19 (1989), S. 86–89. Vgl. auch Detlef Siegfried, Die Rückkehr des Subjekts. Gesellschaftlicher Wandel und neue Geschichtsbewegung um 1980, in: Olaf Hartung/Katja Köhr (Hrsg.), Geschichte und Geschichtsvermittlung. Festschrift für Karl Heinrich Pohl, Bielefeld 2008, S. 125–146, hier S. 132–134.

351 Vgl. die Projekte in Garbe, Die vergessenen KZs?

352 Rainer Habel, Außenlager Farge. Erinnerungen ehemaliger Häftlinge des KZ-Neuengamme, in: Geschichtswerkstatt 19 (1989), S. 9–17, hier S. 15 f.; Anton Posset, Das Ende des Holocaust in Bayern. Rüstungsprojekt „Ringeltaube". KZ-Außenkommando Kaufering-Landsberg 1944/45, in: ebenda, S. 29–40, hier S. 30.

Internationalismus zu erziehen".[353] Wo sich die Geschichtsaktivisten um neue Zugänge und eine kritische Gegenerzählung bemühten, ging es bei den „Jungen Historikern" weniger um die Suche nach tatsächlich neuen Aspekten als vielmehr um die Bestätigung der in der DDR vorherrschenden Geschichtsteleologie anhand weiterer Beispiele. Catherine Plum hat zudem auf Unterschiede in der Zusammensetzung hingewiesen. Während in Geschichtswerkstätten vor allem Lehrkräfte, Schülerinnen und Schüler aus weiterführenden Schulen, Fach- sowie Laienhistorikerinnen und -historiker tätig waren, richteten sich die „Jungen Historiker" eher an jüngere Schülerinnen und Schüler.[354] Dies verweist auf die unterschiedliche Organisationsform. Die „Jungen Historiker" arbeiteten in einer hierarchischen Struktur mit einer anleitenden Lehrkraft, meist aus dem Fach Geschichte. Zwar engagierten sich die Teilnehmenden freiwillig in den Arbeitsgemeinschaften, sie erhielten jedoch konkrete „Forschungs- und Arbeitsaufträge" zur planmäßigen Erledigung. Diese „sollten von der Schule, von der Freien Deutschen Jugend und der Pionierorganisation ‚Ernst Thälmann', von staatlichen und gesellschaftlichen Institutionen usw. erteilt und von den Schülern exakt abgerechnet werden".[355] Dagegen war der Anspruch von Geschichtsinitiativen in der Bundesrepublik zumeist ein basisdemokratischer, wenngleich freilich auch dort zumindest implizite Hierarchien (etwa orientiert an Wissen, Ausbildung oder Alter der Akteure) anzutreffen waren.[356]

Dennoch lassen sich anhand der Auseinandersetzung mit NS-Verbrechen vor Ort und damit auch den Todesmärschen mehrere Ebenen identifizieren, auf denen dieser Trend zur Lokalgeschichte in Ost und West Parallelitäten aufwies. Dies betrifft erstens zeitliche Schnittmengen, zweitens methodische Ähnlichkeiten und drittens ein nicht unähnliches nach außen kommuniziertes Selbstverständnis der Akteure.

Um dies zu verdeutlichen, werden im Folgenden zwei Projekte aus den 1980er-Jahren gegenübergestellt, in denen sich in West- und Ostdeutschland junge Menschen mit der Geschichte der Todesmärsche auseinandersetzten. Zum einen handelt es sich um den „Antifaschistischen Arbeitskreis des Gustav-Heinemann-Bürgerhauses" in Bremen. Dieser hatte seit 1980 Unterlagen zur lokalen NS-

353 Ministerium für Volksbildung der DDR, Zentrales Methodisches Kabinett für außerunterrichtliche Tätigkeit, Empfehlungen für Arbeitsgemeinschaften der Klasse 5 bis 8. Junge Historiker, 2. Aufl., Berlin 1982, S. 8.

354 Plum, Children, S. 4.

355 Ministerium für Volksbildung der DDR, Empfehlungen, S. 20.

356 Michael Wildt, Die große Geschichtswerkstattschlacht im Jahr 1992 oder: Wie Werkstatt-Geschichte entstand, in: WerkstattGeschichte 50 (2008) 3, S. 73–81, hier S. 75.

Geschichte gesammelt und Zeitzeugen interviewt. Zudem hatte der Arbeitskreis durch Kontakte zu anderen Geschichtsinitiativen erfahren, dass ausgehend von einem Bildungszentrum aus Hannover ein „Gedenkmarsch" in Erinnerung an die Räumung von Konzentrationslagern durchgeführt worden war.[357] Im Jahr 1985 organisierte der Arbeitskreis schließlich einen eigenen „Gedenkmarsch Farge-Sandbostel" auf einer breiten zivilgesellschaftlichen Basis. So gab es Kooperationen mit Einrichtungen wie der Forschungsstelle für die Geschichte des Nationalsozialismus in Hamburg, dem Dokumentenhaus Neuengamme, kirchlichen Organisationen, Schulen und Einzelpersonen. Unterstützung erhielt die Initiative aber auch aus dem Bremer Senat, etwa durch die Schirmherrschaft des Bremer Senators für Jugend und Soziales, Henning Scherf. Der Arbeitskreis hat sein Projekt in einer umfangreichen Publikation zwei Jahre später ausführlich dokumentiert.[358]

In der DDR schaffte es ebenfalls in den 1980er-Jahren eine Arbeitsgemeinschaft „Junger Historiker", mit der Erforschung eines Todesmarschs in ihrer Region bis in die Zentralorgane der SED[359] und der Ost-CDU.[360] Auch in diesem Fall war das Vorhaben in den zur Verfügung stehenden gesellschaftlichen Kontext eingebettet: Unterstützung kam unter anderem von den Kreisleitungen der SED und FDJ Sebnitz, dem Kreisausschuss der „Nationalen Front", dem Kreisvorstand der Gesellschaft zur Verbreitung wissenschaftlicher Kenntnisse, den örtlichen Oberschulen, der Pädagogischen Hochschule Dresden und verschiedenen Zeitungsredaktionen. Dabei wurde sowohl die Marschstrecke rekonstruiert und verkartet als auch einigen Tat- oder Todesorten die Namen der Opfer zugeordnet. Diese Ergebnisse wurden auf einer Konferenz präsentiert, deren Bericht neben anderen Veröffentlichungen aus dem Umfeld der Arbeitsgemeinschaft publiziert wurde.[361] Auf

357 Ein solcher fand auch 1985 statt. Vgl. „Gedenkmarsch für Opfer des Faschismus", in: Berliner Zeitung, 13. 4. 1985; „Gedenken an den Todesmarsch nach Bergen-Belsen vor 40 Jahren", in: Frankfurter Rundschau, 15. 4. 1985.

358 Antifaschistischer Arbeitskreis des Gustav-Heinemann-Bürgerhauses, „Wir wußten, daß die Schwachen im Recht waren und der Starke dort im Unrecht war." Erinnerung an die Todesmärsche Anfang 1945. Dokumentation einer Gedenkveranstaltung, Bremen 1987, S. 3.

359 „Dem Schweigen entrissen … Ein Kapitel faschistischer Verbrechen – enthüllt durch das Forschen junger Historiker in der Sächsischen Schweiz", in: Sächsische Zeitung, 12. 9. 1980; „Mutigen Kämpfern wurde ein bleibendes Denkmal gesetzt. Geschichtlicher Bericht von Sebnitzer Jugendlichen", in: Neues Deutschland, 30./31. 1. 1982.

360 „Fragen an das Gestern. Wie ‚Junge Historiker' die Arbeit der Gesellschaft für Heimatgeschichte im Kulturbund der DDR zum eigenen Nutzen unterstützen", in: Neue Zeit, 13. 11. 1982.

361 SED-Kreisleitung Sebnitz, Kommission zur Erforschung der Geschichte der örtlichen Arbeiterbewegung (Hrsg.), Dem Schweigen entrissen. Konferenzbericht, Sebnitz 1980;

Grundlage der von den „Jungen Historikern" gewonnenen Erkenntnisse wurde ab 1983 auf der Strecke des Todesmarschs aus dem KZ-Außenlager Schwarzheide in die Tschechoslowakei ein „Lehrpfad" mit Gedenksteinen eingerichtet.[362] Offenbar war dieses Projekt auch Vorbild für andere Arbeitsgemeinschaften „Junger Historiker", sich auf ähnliche Weise der Todesmärsche anzunehmen.[363]

Die zeitliche Nähe dieser Projekte fällt zuerst ins Auge. In der Bundesrepublik Deutschland war in den 1970er-Jahren der Aufschwung des Wirtschaftswunders nach dem Wiederaufbau abgeflaut. Die damit zusammenhängende strukturelle Arbeitslosigkeit betraf zunehmend akademische Absolventen, die nun nach außeruniversitären Beschäftigungsfeldern suchten. Zugleich mehrte sich innerhalb der Geschichtswissenschaft Widerstand gegen eine als lebensfern empfundene Sozialstrukturgeschichte, die kaum noch als Alternative zur ohnehin überkommenen traditionellen Nationalgeschichtsschreibung wahrgenommen wurde. Aus dieser Konstellation erwuchs der Wunsch nach einer neuen methodischen und forschungspraktischen Annäherung an die Geschichte.[364] Dies traf in den 1980er-Jahren sowohl auf eine „Zäsur in der Geschichte der Stadtgedächtnisse" als auch auf eine „Intensivierung der Holocaust-Forschung auf Bundesebene" – nun wurde von den Aktivisten die Lokalgeschichte des Nationalsozialismus entdeckt und mit übergreifenden historischen Erkenntnissen verknüpft.[365]

In der DDR war Anfang der 1970er-Jahre mit Erich Honecker nicht nur der ehemalige Mitbegründer und Vorsitzende der FDJ an die Macht gekommen, sondern auch ein „authentischer Widerstandskämpfer". Honecker hatte die Zeit des Nationalsozialismus im Gegensatz zu seinen Vorgängern nicht im Moskauer

Heinz Senenko, Sebnitzer Junge Historiker erforschen Todesmarsch von KZ-Häftlingen, in: Heimatgeschichte 13 (1982), S. 41–47; Pädagogisches Kreiskabinett Sebnitz/Kreisvorstand der Gewerkschaft Unterricht und Erziehung Sebnitz/Haus der Lehrer „Richard Schallock" Dresden (Hrsg.), Laßt die Glut nicht verlöschen!, Sebnitz 1984.

362 Ebenda, S. 3.

363 Kreisleitung Aue der SED/Kreiskomitee Aue der Antifaschistischen Widerstandskämpfer der DDR/Rat des Kreises Aue, Abteilung Volksbildung (Hrsg.), Bericht der Clara-Zetkin-Oberschule Eibenstock und ihrer Arbeitsgemeinschaft „Junge Historiker" anläßlich des 40. Jahrestages des Sieges über den Hitlerfaschismus und der Befreiung des deutschen Volkes vom Faschismus zu Ergebnissen von Nachforschungen über den Todesmarsch von Häftlingen des Konzentrationslagers Flossenbürg, Außenlager Nr. 87 in Lengenfeld, durch das Territorium des Kreises Aue im April 1945, o. O. 1985.

364 Axel Schildt, Zur Einleitung, in: FZH/Galerie Morgenland/Geschichtswerkstatt Eimsbüttel, Geschichtswerkstätten, S. 15–20, hier S. 15 f.

365 Adelheid von Saldern, Stadtgedächtnis und Geschichtswerkstätten, in: WerkstattGeschichte 50 (2008) 3, S. 54–68, hier S. 60–64.

Exil, sondern in politischer Haft in Deutschland überlebt. Catherine Plum hat den Zusammenhang zwischen dem Personenkult um Honecker, der ihn legitimierenden Aufwertung der antifaschistischen Widerstandskämpfer und der damit einhergehenden Bedeutungszunahme der Arbeitsgemeinschaften „Junger Historiker" bis in die Mitte der 1980er-Jahre betont.[366]

So herrschten einerseits ganz unterschiedliche Rahmenbedingungen für das gesteigerte Interesse an der Lokalgeschichte in Ost und West. Andererseits waren für beide Staaten die späten 1970er- und die 1980er-Jahre historiografiegeschichtlich eine Inkubationszeit, in der sich zunehmend sozial-, alltags- und erfahrungsgeschichtliche Perspektiven andeuteten und auch wechselseitig rezipiert wurden.[367] Hinzu kam in beiden Teilen Deutschlands, dass im Hinblick auf die Generationenfolge das Kriegsende so weit zurücklag, dass es von den engagierten „Profis" – also jungen Lehrerinnen und Lehrern, die im Osten die Arbeitsgemeinschaften leiteten, und vielen Geschichtsbewegten im Westen – nicht mehr bewusst erlebt worden war. Diesen Zeitabschnitt galt es nun zu entdecken. In der Bundesrepublik stand eine Aufarbeitung größtenteils noch aus; in der DDR waren die Relikte in Form von Gedenksteinen und -tafeln gegebenenfalls sichtbar, aber von jüngeren Generationen in ihrer Allgemeinheit und Formelhaftigkeit kaum zu deuten. Zugleich waren die Zeitzeugen noch überall zu finden, und es setzte sich das Bewusstsein durch, ihre Erinnerungen seien bewahrenswerte Quellen für künftige Auseinandersetzungen mit der Vergangenheit. So hieß es seitens des Bremer „Antifaschistischen Arbeitskreises", es sollten mit dem Gedenkmarsch „möglichst viele Menschen, die die ‚öffentliche' Beschäftigung mit ‚ihrer' Geschichte bisher vergessen oder verdrängt hatten, in die Aktion einbezogen werden".[368] Im sächsischen Kreis Sebnitz wiederum bewegte laut dem Leiter der „Jungen Historiker" viele Menschen „eine Frage: Wer waren die Männer, die im April 1945 hier ermordet wurden, so daß ein Gedenkstein mahnend an ein Verbrechen erinnern mußte? Keiner wußte darüber Bescheid. Irgendwelche Häftlinge seien es gewesen, sagte man. Diese dürftige Nachricht nahmen wir schließlich als Herausforderung an, gründlicher nach den Umständen der Ermordung zu fragen."[369]

366 Plum, Children, S. 15; dies., Antifascism, S. 57, 101–103.

367 Käppner, Erstarrte Geschichte, S. 217 f. Zum deutsch-deutschen Austausch vgl. auch Lutz Niethammer, Glasnost privat 1987, in: ders./Alexander von Plato/Dorothee Wierling (Hrsg.), Die volkseigene Erfahrung. Eine Archäologie des Lebens in der Industrieprovinz der DDR, Berlin 1991, S. 9–73.

368 Antifaschistischer Arbeitskreis des Gustav-Heinemann-Bürgerhauses, Erinnerung, S. 3.

369 Senenko, Sebnitzer, S. 42.

Daran anknüpfend wird eine systemübergreifende methodische Gemeinsamkeit deutlich. Sowohl die Geschichtswerkstätten der Bundesrepublik als auch die Heimatforscher in der DDR entdeckten das, was wir heute „Oral History" nennen, für sich. So bezeichnete Volker Ullrich die „mündliche Geschichte" gar als „Synonym für die ‚neue Geschichtsbewegung'".[370] Im Osten hingegen hatten „Aussprachen" und „Erinnerungsberichte" schon seit Jahrzehnten dazu beitragen, die Vergangenheit auf ihre Art zu erhellen[371] und dabei den antifaschistischen Gesellschaftsvertrag zu erneuern.[372] Beim Thema der Räumungstransporte, wo sich das Problem der Überlieferung und des Zugangs zu schriftlichen Quellen eklatant zeigte, kam Berichten von Zeitzeugen eine außerordentliche Bedeutung zu. Hier wurde zudem frühzeitig das Konzept des Zeitzeugen beziehungsweise der Zeitzeugin vom Kreis der Verfolgten auf die Einwohnerinnen und Einwohner der durchquerten Ortschaften ausgedehnt.

Ein „Junger Historiker" rekapitulierte in seinem Konferenzbeitrag: „Durch gezielte Zusammenarbeit mit der Bevölkerung im Kreisgebiet gelang es uns, zehn Augenzeugen zu finden."[373] Allerdings wurden im Nachsatz auch die Probleme angedeutet, die sich einstellen konnten, wenn diese eigensinnig agierten und nicht bereit waren, die ihnen zugedachte Rolle einzunehmen:[374] „Das war nicht einfach, weil manche Leute nichts mehr darüber wußten oder nichts mehr sagen wollten."[375] Die sich hier abzeichnenden Konflikte zwischen staatlich erwünschtem Erinnerungsgebot und persönlicher Abwehr wurden nicht weiter ausgeführt, aber in Arbeitsmaterialien des Kulturbundes der DDR vom Leiter der Arbeitsgemeinschaft angesprochen: „Viele konnten oder wollten sich nicht daran erinnern."[376]

Probleme mit der mündlichen Überlieferung ergaben sich ebenso in der grenzübergreifenden deutsch-tschechischen Perspektive. In Chřibská war es für die „Jungen Historiker" auch deswegen schwer, Zeitzeugen ausfindig zu machen, weil die deutsche Bevölkerung nach dem Krieg vertrieben worden war. Im Konferenzbericht konnte dies freilich nur verklausuliert thematisiert werden: „Es

370 Ullrich, Wie alles anfing, S. 25.

371 Manke, Erinnerungsort, S. 275–277.

372 Silke Satjukow, „Zeitzeugen der ersten Stunde". Erinnerung an den Nationalsozialismus in der DDR, in: Martin Sabrow/Norbert Frei (Hrsg.), Die Geburt des Zeitzeugen nach 1945, Göttingen 2012, S. 201–223, hier S. 223.

373 Alexander Wessel, Warum wir den Todesmarsch erkundeten und wie wir das organisiert haben, in: SED-Kreisleitung Sebnitz, Schweigen, S. 3–7, hier S. 7.

374 Satjukow, Erinnerung, S. 211–213.

375 Wessel, Warum, S. 7.

376 Senenko, Sebnitzer, S. 43.

fällt uns schwer, Einzelheiten darüber zu erkunden. Im Ort wohnen heute andere Menschen."[377]

Zentral war für die Arbeit der „Jungen Historiker" die Begegnung mit ehemaligen Häftlingen. So hieß es im Konferenzbericht: „Ihre Mitarbeit war das Beste, was uns passieren konnte. Für uns sind die Genossen [...] Kronzeugen einer historischen Heldentat und eines Verbrechens zugleich. Wir danken all unseren Freunden aus der ČSSR. Für uns sind sie heute nochmals in den Zeugenstand der Geschichte getreten."[378]

Auch der Bremer Arbeitskreis orientierte sich am damals brandaktuellen „Experimentierfeld einer [...] mikrohistorischen Methodik", der Oral History.[379] Als der „Gedenkmarsch" stattfand, war der mediale Aufstieg der Figur des „Zeitzeugen" gerade in vollem Gange.[380] Dieser Trend lässt sich auch an der Bremer Dokumentation ablesen: „Der erste Zeitzeuge" – so frohlockte eine Überschrift in der Broschüre – sei schon bald nach Beginn des Gedenkmarschs angetroffen worden. Während der Aktion habe man eine „überraschende Aufgeschlossenheit" erfahren: „Die vielen Kontakte, die im folgenden dadurch entstanden, daß Mitbürger auf uns zugingen, oder daß wir Anwohner befragten, die altersmäßig mögliche Zeugen waren, können hier nicht alle im einzelnen berichtet werden."[381] Über den Folgetag war zu lesen: „Eine Frau bewältigt Vergangenheit". Eine Anwohnerin hatte sich performativ am Gedenken beteiligt, indem sie vor ihrem Haus einen Wassereimer mit einer Schöpfkelle aufstellte. Damit holte die Frau 40 Jahre nach dem Räumungstransport nach, was ihr damals nicht möglich gewesen war: „Sie hatte als kleines Kind am Bahndamm mit ansehen müssen, wie sich aus dem Viehwagen um Essen und Wasser flehende Menschenhände streckten. Sie war aber in ihrem Wunsch zu helfen vom damaligen Ortspolizisten [...] abgehalten worden und hat uns deshalb, in Erinnerung an diesen sie prägenden Vorfall, einen Eimer Wasser hingestellt." Bei dieser Begegnung habe es sich um „den für viele von uns bewegendsten Moment des Marsches" gehandelt.[382] Das

377 Jan Welsch, Was wir über die Ereignisse in Chribská erforschen konnten, in: SED-Kreisleitung Sebnitz, Schweigen, S. 34–36, hier S. 34.

378 Wessel, Warum, S. 6 f.

379 Thomas Lindenberger/Michael Wildt, Radikale Pluralität. Geschichtswerkstätten als praktische Wissenschaftskritik, in: Archiv für Sozialgeschichte 29 (1989), S. 393–411, hier S. 396.

380 Martin Sabrow, Der Zeitzeuge als Wanderer zwischen den Welten, in: ders./Frei, Geburt, S. 13–32, hier S. 15.

381 Antifaschistischer Arbeitskreis des Gustav-Heinemann-Bürgerhauses, Erinnerung, S. 18 f.

382 Ebenda, S. 21.

zeigte sich auch daran, dass die Mehrzahl der abgedruckten „Erlebnisberichte" von Schülerinnen und Schülern, die am Gedenkmarsch teilgenommen hatten, auf dieses Erlebnis verwies.[383] Auch in der Berichterstattung zur Aktion wurden die „erschütternde[n] Aussagen von Zeitzeugen" betont.[384]

Die Bremer Gruppe hatte während des Gedenkmarschs keinen Kontakt zu ehemaligen KZ-Häftlingen, allerdings waren in der Dokumentation archivierte Erlebnisberichte von Überlebenden der Todesmärsche abgedruckt.[385] Außerdem hatten Mitglieder des Arbeitskreises ein Interview mit einem ehemaligen Bewacher von Transporten von Kriegsgefangenen geführt, der Zeuge der Evakuierungstransporte von KZ-Häftlingen nach Sandbostel geworden war.[386]

Bei beiden Projekten wurde deutlich, was den zeitgenössischen Diskurs über die Todesmärsche allgemein prägen sollte: Die Frage nach der Rolle der Bevölkerung im Tatgeschehen wurde – wie im Fall der „Jungen Historiker" aus Sachsen – nicht gestellt oder auf Hilfsversuche für die Gefangenen einerseits und auf Gegnerschaft zur bedrohlichen SS andererseits reduziert.[387] Während des Gedenkmarschs in Norddeutschland diskutierten die Teilnehmenden immerhin, „daß die KZ-Häftlinge den anderen Teilen der Bevölkerung damals als ‚schlimme Verbrecher' dargestellt wurden, so daß für die meisten Menschen, abgesehen von der Androhung schwerer Strafen, auch die Einsicht in die Notwendigkeit der Hilfe gering war".[388] In der Presse wurde ein Augenzeuge angeführt, der berichtete, dass ein Dorfpolizist einen geflohenen Häftling erschossen haben soll. Dies wurde jedoch in der Broschüre nicht weiter thematisiert.[389]

Beiderseits des „Eisernen Vorhangs" wurde die Auseinandersetzung mit der Lokalgeschichte explizit als politisches Handeln verstanden und moralisch durch die Identifikation mit den Opfern beziehungsweise Gegnern des Nationalsozialismus verankert. Die Intention dabei stand freilich in diametralem Gegensatz. Was

383 Ebenda, S. 29–31.

384 „‚Geschichte mit Füßen erlaufen'. Erschütternde Berichte von Zeitzeugen des ‚Todesmarsches'", in: Weser-Kurier/Die Norddeutsche, 12. 7. 1985 (Faksimile in: Antifaschistischer Arbeitskreis des Gustav-Heinemann-Bürgerhauses, Erinnerung, S. 89).

385 Antifaschistischer Arbeitskreis des Gustav-Heinemann-Bürgerhauses, Erinnerung, S. 45 f., 58 f., 62–67.

386 Ebenda, S. 50–53.

387 Uwe Endler, „Was am 22. April 1945 auf Saupsdorfer Bauernhöfen geschah", in: SED-Kreisleitung Sebnitz, Schweigen, S. 26–29.

388 Antifaschistischer Arbeitskreis des Gustav-Heinemann-Bürgerhauses, Erinnerung, S. 26.

389 „‚Geschichte mit Füßen erlaufen'. Erschütternde Berichte von Zeitzeugen des ‚Todesmarsches'", in: Weser-Kurier/Die Norddeutsche, 12. 7. 1985 (Faksimile in: Antifaschistischer Arbeitskreis des Gustav-Heinemann-Bürgerhauses, Erinnerung, S. 89).

in der Bundesrepublik als „Nestbeschmutzung" auf teils erhebliche Widerstände stieß, war in der DDR als Staatsräson die einzige öffentlich kommunizierbare Haltung zur Vergangenheit. Deswegen ist schwer zu entscheiden, inwiefern es sich bei den entsprechenden Äußerungen der Teilnehmerinnen und Teilnehmer um Überzeugungen oder eher ritualisierte Lippenbekenntnisse handelte. Die Veröffentlichungen der „Jungen Historiker" waren stets mit Gegenwartsbezügen sowie persönlichen Er- und Bekenntnissen der Jugendlichen versehen. Die angestrebten oder bereits eingeschlagenen Lebenswege, die zumindest bei den männlichen Teilnehmern in der Regel über die „Nationale Volksarmee" (NVA) in die SED führten, wurden als direktes Resultat der Auseinandersetzung mit der Geschichte dargestellt. So schrieb der Autor einer Biografie über einen kommunistischen KZ-Häftling, der während des Todesmarschs als „Seele des Widerstandes" agiert haben soll: „Ich nenne ihn vertrauensvoll Genosse Paul, denn er ist mir in den Monaten der Forschung ans Herz gewachsen. Jetzt studiere ich an der Offiziershochschule Löbau, auch weil mich sein Leben darin bestärkte, Offizier der NVA zu werden. Paul Bergmann wird mir immer Vorbild sein; deshalb wurde ich Mitglied der Partei der Arbeiterklasse."[390]

Auch die Teilnehmerinnen und Teilnehmer des Bremer Gedenkmarschs formulierten aus ihrer Beschäftigung mit den Todesmärschen heraus Konsequenzen für die Zukunft. Während in der DDR die zahlreichen Gedenkzeichen Ausgangspunkt für Nachforschungen waren,[391] war dem westdeutschen „Arbeitskreis" daran gelegen, Denkmäler zur dauerhaften Erinnerung an die Todesmärsche und andere NS-Verbrechen überhaupt erst zu schaffen. Am Ziel ihrer Demonstration, auf dem Gelände des ehemaligen Lagers Sandbostel, errichteten sie ein eigenes, provisorisches Denkmal und verlasen eine Resolution, in der sie nicht nur ihrer Trauer um die Opfer Ausdruck verleihen wollten: „Wir erheben zugleich die Forderung, das, was damals geschehen ist, nicht zu vergessen und zu verdrängen und deshalb Gedenkstätten zu errichten, in denen an die Teilnehmer der Evakuierungsmärsche vom April 1945 erinnert wird. Wir sind bereit, daran mitzuwirken. Zum Schluß grüßen wir die Überlebenden der Evakuierungsmärsche, ihre Hoffnung auf ein Leben in Frieden erfüllt auch uns. Arbeiten wir gemeinsam für eine Welt, in der es keine Lager mehr gibt!"[392]

Die lokalgeschichtlichen Forschungen zu den Todesmärschen in den 1980er-Jahren sind bei allen deutlichen Unterschieden vor allem Indikatoren für eine

390 Matthias Zieger, Paul Bergmann – ein Kommunist als Seele des Widerstandes, in: Pädagogisches Kreiskabinett Sebnitz, Glut, S. 9–13, hier S. 13.

391 Vgl. Kreisleitung Aue, Bericht, S. 4, 20 f.

392 Antifaschistischer Arbeitskreis des Gustav-Heinemann-Bürgerhauses, Erinnerung, S. 28.

in beiden deutschen Staaten anwachsende Aufmerksamkeit für das Thema und ein steigendes Interesse an historischen Details. Katalysiert durch die wachsende Relevanz von Oral History, wurden in diesen Forschungen von Hobbyhistorikern Quellen gesichert und generiert, die Grundlage für eine weitergehende Auseinandersetzung mit den Evakuierungstransporten werden sollten.

Auch in der Wissenschaft fanden die Todesmärsche zunehmend einen Platz. Der Kontext dafür war in der Bundesrepublik, dass sich laut Harald Schmid „im Laufe der 1980er-Jahre eine plurale, thematisch aufgefächerte, auch innerdeutsch sich annähernde geschichtswissenschaftliche Forschung" in Bezug auf den Nationalsozialismus entwickelte.[393] Auch hier sind Parallelen zur DDR zu erkennen, wo vor allem die Nationalen Mahn- und Gedenkstätten die Todesmärsche genauer untersuchten.

Ein akademisches Pendant zur geschichtsbewegten Beschäftigung mit der lokalen NS-Vergangenheit war das Projekt „Widerstand und Verfolgung in Bayern 1933–1945" des Instituts für Zeitgeschichte in München. Dieses steht aus heutiger Perspektive für eine „gesellschafts- und mentalitätsgeschichtliche Ausdehnung" der NS-Forschung.[394] Im 1979 erschienenen zweiten Band des „Bayern-Projekts" widmeten sich zwei Beiträge den Konzentrationslagern Dachau und Flossenbürg. Günther Kimmels Darstellung des KZ Dachau enthielt einen knappen Abschnitt zur Räumung des Lagers und stützte sich insbesondere auf Unterlagen des ITS und Berichte ehemaliger KZ-Häftlinge.[395] Im Beitrag zu Flossenbürg bezeichnete Toni Siegert die Evakuierungsmärsche als „ein weitgehend ungeklärtes Kapitel der Lagergeschichte", das besonders schwer zu erforschen sei. Siegert rekonstruierte die Routen der Flossenbürger Todesmärsche und Opferzahlen ebenfalls unter Rückgriff auf Bestände aus Bad Arolsen und erwähnte den Umgang mit den Toten nach Kriegsende, die Umbettungen sowie die noch bestehenden KZ-Friedhöfe.[396] Beide Beiträge sind als wissenschaftliche Pionierleistungen in der deutschsprachigen Literatur zu würdigen. Zugleich ist bemerkenswert, dass sie mit keinem Wort auf den Umstand eingingen, dass sich die Todesmärsche in aller Öffentlichkeit abgespielt hatten. Die einheimische Bevölkerung kam in

393 Schmid, Vergangenheitsbewältigung, S. 189.

394 Ebenda, S. 188.

395 Günther Kimmel, Das Konzentrationslager Dachau. Eine Studie zu den nationalsozialistischen Gewaltverbrechen, in: Martin Broszat/Elke Fröhlich (Hrsg.), Bayern in der NS-Zeit II. Herrschaft und Gesellschaft im Konflikt, Teil A, München/Wien 1979, S. 349–413, hier S. 408–411.

396 Toni Siegert, Das Konzentrationslager Flossenbürg. Gegründet für sogenannte Asoziale und Kriminelle, in: ebenda, S. 429–492, hier S. 483. Vgl. auch Skriebeleit, Erinnerungsort, S. 303–309.

beiden Texten überhaupt nicht vor. Im Rahmen eines Projekts, das den Blick „auf ‚Resistenz' und ‚Immunität' [richtete], nicht auf Täter oder das Mitmachen", war eine Thematisierung der Verbrechensbeteiligung nicht unbedingt zu erwarten.[397] Aber gerade in diesem Rahmen hätten Versuche der Hilfeleistung durch deutsche Zivilisten durchaus ihren Platz gehabt.

4.2. Denkmäler an Routen der Todesmärsche

In der DDR hatten einheitliche Markierungen von Todesmarschstrecken eine lange Tradition. Schon 1964 wurde in der Region um Gardelegen ein „Nationaler Mahn- und Gedenkweg" eingerichtet. Er bestand aus 75 Markierungssteinen, die im Abstand von 500 Metern zwischen den Ortschaften Mieste und Gardelegen aufgestellt wurden.[398] Auf ihnen war neben dem obligatorischen roten Winkel das Datum des Massakers in der Feldscheune eingraviert.[399] In Brandenburg und Mecklenburg wurde die Route des Todesmarschs aus dem KZ Sachsenhausen 1976 durch etwa 100 einheitliche Emailletafeln gekennzeichnet.[400] Sie zeigen eine Kombination aus Karte, Informationstext, Agitationsformel und symbolischer Repräsentation des zeitgenössischen Geschichtsbilds. Oben links hinterlegt der obligatorische rote Winkel die Überschrift „Todesmarsch", an die sowohl die zeitliche Verortung („April 1945") als auch der erläuternde Text anschließt: „der Häftlinge des KZ-Sachsenhausen. Über 6000 wurden auf diesem Marsch durch die SS ermordet." Damit wurde abermals ausschließlich die SS als Tätergruppe verantwortlich gemacht. Aufseiten der Opfer ist eine Kolonne von Häftlingen abgebildet – in straff militärischer Form marschieren sie geschunden, aber mit entschlossenem Blick, entindividualisiert und „in der räumlichen Tiefe zunehmend gesichtslos" in Richtung des Betrachters oder der Betrachterin.[401] Der Vorderste trägt stellvertretend den roten Winkel der politischen Gefangenen und ballt kampfbereit die Faust. Eine mehrfarbige Karte verzeichnet die Streckenverläufe; den programmatischen Schlusspunkt setzt der als „Versprechen und

397 Michael Wildt, Das „Bayern-Projekt", die Alltagsforschung und die „Volksgemeinschaft", in: Norbert Frei (Hrsg.), Martin Broszat, der „Staat Hitlers" und die Historisierung des Nationalsozialismus, Göttingen 2007, S. 119–129, hier S. 124.

398 SED-Bezirksleitung Magdeburg, Konzeption Nationaler Gedenkweg entlang der Wegstrecke des Todesmarsches der KZ Häftlinge im April 1945 von Rottleberode bis zur Isenschnibber Scheune bei Gardelegen, 8. 9. 1963, LASA Abt. Magdeburg, P 25, Nr. V/1/3/6/111, Bl. 6–16.

399 BpB, Gedenkstätten, Bd. II, S. 531–534; Bezirksleitung Magdeburg, Niemals, S. 20–34.

400 Lange, Todesmarschgedenken, S. 337–339.

401 BpB, Gedenkstätten, Bd. II, S. 368.

Tafel in Herzsprung (Brandenburg), Foto von 2007
Gedenkstätte und Museum Sachsenhausen

Aufforderung"[402] fungierende Spruch: „Ihr Vermächtnis lebt in unseren Taten fort."

Mit dem Aufstellen dieser Tafeln an prominenten Stellen wurde in zahlreichen kleinen Ortschaften die Geschichte der Todesmärsche sichtbar im Erscheinungsbild der Gemeinde verankert. Zugleich wurde aber durch die Standardisierung der Inhalte die Chance vertan, tatsächlich auf das konkrete Geschehen vor Ort einzugehen, was in vielen Fällen – hier sei nur auf das Beispiel Herzsprung

402 Lange, Todesmarschgedenken, S. 339; Stefanie Endlich, Erinnerungszeichen und Denkmäler für die Opfer der Todesmärsche und KZ-Außenlager, Vortrag am 30. 7. 2014 in der KZ-Gedenkstätte Dachau (unveröffentlichtes Manuskript). Ich danke Stefanie Endlich für die freundliche Übersendung ihres Manuskripts.

verwiesen – die knappe und holzschnittartige Eindeutigkeit der Schilder unterminiert hätte.

Im Jahr 1981 wurde im Belower Wald bei Wittstock das „Museum des Todesmarsches“ als Außenstelle der Nationalen Mahn- und Gedenkstätte Sachsenhausen eröffnet. Die Evakuierung des Lagers wurde dort der ideologischen Engführung entsprechend dargestellt als der „antifaschistische Kampf und die internationale Solidarität der verschiedenen Nationen und Weltanschauungen gegen den Vernichtungsterror der SS-Verbrecher während des Todesmarsches“.[403] Das Museum war die erste mit Personal ausgestattete Institution in Deutschland, die sich explizit mit den KZ-Räumungstransporten auseinandersetzte.

Das Beispiel der sich wiederholenden Gedenkzeichen sollte Schule machen: In den 1980er-Jahren gab es in der DDR „einen regelrechten Boom von Gedenkzeichen auf Todesmarschstrecken“.[404] Das Komitee der Antifaschistischen Widerstandskämpfer in der DDR plante, in den vier südwestlichen Bezirken Erfurt, Gera, Karl-Marx-Stadt und Suhl das Wissen über die Todesmärsche zusammenzufassen und in Karten sowie Streckenmarkierungen zu präsentieren.[405] Schon im Januar 1980 hatte der Rat des Bezirks Erfurt beschlossen, „in den Kreisen Arnstadt, Gotha, Nordhausen, Weimar und in der Stadt Weimar die Straßen der Todesmärsche einheitlich mit Gedenksäulen zu kennzeichnen“.[406] Allein im Bezirk Erfurt wollte das Erfurter KAW-Bezirkskomitee 65 „einheitliche Wegsäulen“ errichten.[407] Vertreter der jeweiligen Bezirksräte, des Instituts für Denkmalpflege der DDR, der Nationalen Mahn- und Gedenkstätte sowie der Lagerarbeitsgemeinschaft (LAG) Buchenwald trafen sich im März 1981 in Erfurt, um das Vorhaben zu besprechen. Dabei betonten sie, dass in einigen Bezirken bereits seit den 1970er-Jahren an der kartografischen Streckenrekonstruktion gearbeitet werde. Es lagen erste Ergebnisse vor, die insbesondere auf die Kooperation von KAW-Kreiskomitees mit „Jungen Historikern“ und die „breite Einbeziehung der Jugend“ zurückgeführt wurden. Vertreter des Verbands der Bildenden Künstler der DDR (VBK) stellten ein Modell der geplanten „Wegsäulen“ vor.

403 Zitiert nach Lange, Todesmarschgedenken, S. 340.

404 Ebenda, S. 341.

405 Fritz Reuter/KAW an Ministerrat der DDR, Ministerium für Kultur, 4. 3. 1981, SAPMO-BArch, DY 57/951, unpag.

406 Zitiert nach Frank Boblenz, „Erinnerung an Todesmärsche: Spuren des Leids in den letzten Kriegstagen“, in: Thüringische Landeszeitung, 12. 4. 2015.

407 Komitee der Antifaschistischen Widerstandskämpfer der DDR, Bezirkskomitee Erfurt an die Zentralleitung des KAW, Betr.: Schreiben vom 27. 1. 1981, 2. 2. 1981, SAPMO-BArch, DY 57/951, unpag.

In der Diskussion wurde die Euphorie allerdings bald gedämpft. Nach der Erläuterung der Kosten korrigierten die Erfurter Vertreter die ursprünglich geplante Anzahl deutlich nach unten; die Suhler hielten in Anbetracht der Marschroute durch offenes Gelände und Wälder sowie angesichts bereits bestehender Denkmale weitere Gedenkzeichen für „unzweckmäßig", und auch die Genossen aus Karl-Marx-Stadt „zeigten sich weniger interessiert" an diesem Vorhaben. Es wurde vereinbart, mit den zuständigen Räten und Bezirks-Parteileitungen Rücksprache zu halten und gegebenenfalls „dem Bezirkskomitee Erfurt bis Ende April 1981 ihre Bestellung" zu übergeben.[408] In Karl-Marx-Stadt konnte man sich für das Wegsäulen-Projekt kaum erwärmen. In einem Schreiben an die Zentralleitung des KAW hieß es seitens des dortigen Bezirkskomitees, „daß die Frage der Stelen zentral geregelt werden sollte", also von der Leitung des KAW.[409] Diese lobte in ihrer Antwort jedoch abermals die Initiative aus Erfurt und verwies darauf, dass die Entscheidung „im Bezirk" liege.[410]

In Erfurt ging das Bezirkskomitee weitaus engagierter zur Sache. Man entschied sich gegen den ursprünglich projektierten, stärker figürlichen Entwurf mit einem „rundum verlaufenden, plastisch hervortretendem Gesichterkranz"[411] und schlug dem Rat des Bezirkes nun vor, „die Kennzeichnung der Todesmarschstrecke so vorzunehmen, wie es von der NMG-Sachsenhausen geschehen ist". Die letztlich realisierten Tafeln verdeutlichen diese Vorbildfunktion für die Thüringer Routenmarkierung; zugleich war jedoch Kritik geäußert worden: „Als Wichtigste [sic!] Änderung möchten wir auf unseren Tafeln an Stelle der Häftlingsgruppe eine andere, dem Anliegen bessere, entsprechender[e] Darstellung." Die Einweihung war ursprünglich für den 38. Jahrestag der Befreiung im April 1983 geplant.[412] Jedoch kam es erst 1984 zur Errichtung von *„35 Stelen aus*

408 Klaus Martin/KAW, Bereich Geschichte und Forschung, Bericht über die Beratung des Sekretärs Geschichte/Forschung mit Vertretern der Bezirkskomitees und Räte der Bezirke Erfurt, Gera, Karl-Marx-Stadt, Suhl sowie der NMG und LAG Buchenwald der DDR, am 9. März 1981 in Erfurt, 16. 3. 1981, ebenda.

409 KAW, Bezirkskomitee Karl-Marx-Stadt an die Zentralleitung des KAW, 23. 3. 1981, ebenda.

410 Klaus Martin/KAW an das KAW, Bezirkskomitee Karl-Marx-Stadt, 2. 4. 1981, ebenda.

411 Klaus Martin/KAW, Bereich Geschichte und Forschung, Bericht über die Beratung des Sekretärs Geschichte/Forschung mit Vertretern der Bezirkskomitees und Räte der Bezirke Erfurt, Gera, Karl-Marx-Stadt, Suhl sowie der NMG und LAG Buchenwald der DDR, am 9. März 1981 in Erfurt, 16. 3. 1981, ebenda.

412 KAW, Bezirkskomitee Erfurt an den Rat des Bezirkes Erfurt, Beschluß Nr. 0014 vom 21. 1. 1980 über Pflege der Gedenkstätte, Ehrenhaine und Gräber antifaschistischer Widerstandskämpfer, 2. 9. 1982, ebenda.

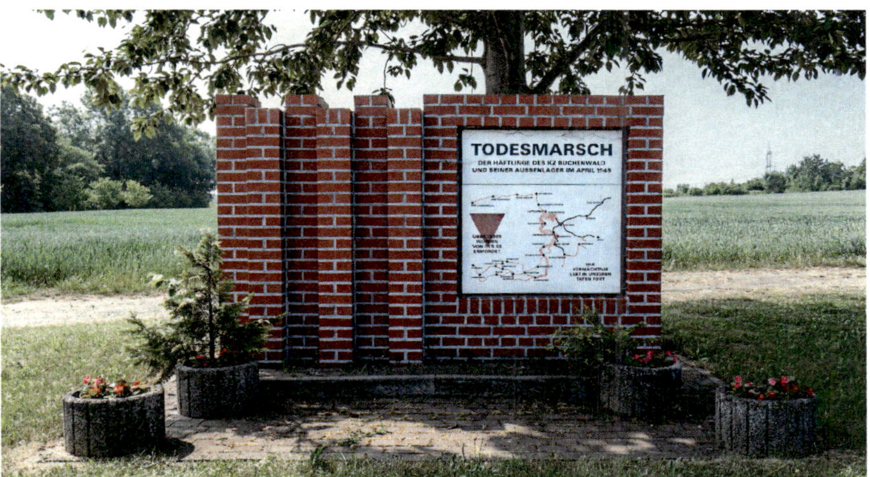

Stele in Obergrunstedt (Thüringen), Foto von 2015

Hartbrandklinkern mit emaillierten Tafeln, auf denen das auf der Spitze stehende rote Dreieck, die Routen der Evakuierungsmärsche und die anliegenden Orte dargestellt sowie die Zahl der Opfer des jeweiligen Streckenabschnitts angegeben sind".[413] Die Tafeln für die Transporte aus den Lagern Buchenwald und Mittelbau-Dora waren unterschiedlich. Wie beim Vorbild von Sachsenhausen wurde eine Opferzahl angeführt und gemahnt: „Ihr Vermächtnis lebt in unseren Taten fort".

Allerdings sollte es nicht zur bezirksübergreifend einheitlichen Kennzeichnung kommen. Zwar wurden 1985 weitere Stelen im Bezirk Gera errichtet; diese unterschieden sich jedoch optisch deutlich von denjenigen im Bezirk Erfurt, da sie nicht aus Klinkern, sondern aus Granitquadern bestanden und auf einer Metallplatte lediglich die Inschrift „Zum Gedenken an den Todesmarsch der Häftlinge des KZ Buchenwald im Jahre 1945" sowie einen roten Winkel trugen.[414] Diesen wiederum ähnlich sind die Kennzeichnungen im Bezirk Suhl, wo in Sonneberg und Umgebung 13 Tafeln errichtet wurden, auf denen zu lesen ist: „Todesmarsch der 467 Häftlinge des KZ Buchenwald Außenkommando Sonneberg / April 1945 / Unvergessen".[415]

413 Monika Kahl, Einführung [Thüringen], in: BpB, Gedenkstätten, Bd. II, S. 779–787, hier S. 786 (Herv. i. O.).

414 Ebenda, S. 786.

415 Ebenda, S. 787.

Wie in Brandenburg und Mecklenburg blieben auf diesen Tafeln die lokalen Besonderheiten unerwähnt. Es handelte sich um dezentrale, standardisierte Gedenkzeichen, die in ihrer Serialität weitgehend unspezifisch und austauschbar erschienen. Auf dieser Streckenmarkierung in Thüringen kamen – wenn überhaupt – nur SS-Angehörige als Täter vor. Was die lokale Bevölkerung mit dem repräsentierten Geschehen verband, blieb unklar.

Im Zusammenhang mit der angestrebten Errichtung einer einheitlichen Wegstreckenmarkierung durch Denkmäler plante das KAW auch, eine übergreifende Karte von Todesmarschrouten auf dem gesamten Gebiet der DDR zu erstellen. So entstanden detaillierte Karten zu den Bezirken Gera,[416] Karl-Marx-Stadt[417] und Erfurt.[418] Obwohl immense Vorarbeiten geleistet wurden und bald erste Skizzen und Andrucke vorlagen, wurden lediglich Teilergebnisse publiziert.[419] Die DDR-weite Karte von Todesmarschrouten wurde zwar an der Technischen Universität Dresden angedruckt, aber nie verlegt.[420]

Mit den Karten wurde der Zusammenhang zwischen den Todesmärschen und der Bevölkerung auf eine neue Weise virulent. Karten sind nicht selten politisch aufgeladene Medien, insbesondere in diktatorischen Gesellschaften wie der DDR. Bekanntlich hatten sich die Räumungstransporte nicht an die späteren Staatsgrenzen gehalten, sondern waren auch über mittlerweile bundesrepublikanisches Territorium verlaufen, was bei der Erstellung von Karten Probleme

416 Klaus Martin/KAW, Bereich Geschichte und Forschung, Bericht über die Beratung des Sekretärs Geschichte/Forschung mit Vertretern der Bezirkskomitees und Räte der Bezirke Erfurt, Gera, Karl-Marx-Stadt, Suhl sowie der NMG und LAG Buchenwald der DDR, am 9. März 1981 in Erfurt, 16. 3. 1981, SAPMO-BArch, DY 57/951, unpag.

417 Frühjahr 1945. Todesmärsche von KZ-Häftlingen durch den heutigen Bezirk Karl-Marx-Stadt, Karl-Marx-Stadt 1985.

418 Vgl. die Karte in SED-Bezirksleitung Erfurt, Bezirkskommission zur Erforschung der Geschichte der örtlichen Arbeiterbewegung/Bezirkskomitee Erfurt der antifaschistischen Widerstandskämpfer der DDR/Rat des Bezirkes Erfurt, Abt. Kultur (Hrsg.), Gedenkstätten der Arbeiterbewegung. Bezirk Erfurt, o. D. [1981].

419 Die Skizzen im Maßstab 1:1 000 000 und 1:2 000 000 sind enthalten in SAPMO-BArch, DY 57/951. Offenbar stammen sie aus dem Jahr 1983. Vgl. W. G. Koch an Klaus Drobisch, 5. 12. 1983, ebenda, unpag.

420 TU Dresden, Sektion Geodäsie und Kartographie, WB Kartographie (Prof. Dr. habil. R. Ogrissek), Studentisches Entwurfsbüro KARTPROJEKT, Evakuierungstransporte und Todesmärsche von KZ-Häftlingen im Februar bis Mai 1945 auf dem Gebiet der heutigen DDR, unkorrigierter Andruck, 1984, Privatarchiv Martin Clemens Winter. Warum das weit fortgeschrittene Projekt nach dem Andruck nicht mehr veröffentlicht wurde, konnte bisher nicht geklärt werden. Ich danke Prof. Dr. Wolf Günther Koch, dem damals verantwortlichen Redakteur, herzlich für seine Auskünfte und die Zusendung eines Andrucks.

aufwerfen konnte. So fragte der für diese Karte verantwortliche Kartograf im Hinblick auf die Todesmärsche aus Mittelbau-Dora: „Soll (falls nur das heutige Staatsgebiet der DDR berücksichtigt wird) das Netz der Transporte und Märsche [...] zerrissen werden?"[421] Ihm lag als Quelle nämlich eine Karte zugrunde, auf der die zahlreichen Transporte westlich des Harzes verzeichnet waren.[422] Er gab „zu bedenken, daß ein dichtes Routennetz im Gebiet Nordhausen-Hannover-Dannenberg-Wittenberge-Magdeburg vorliegt [...]. Jeweils an Grenze abbrechen und Bezeichnungen ‚von' ... ‚nach' ... anbringen (etwa 15 x wäre dies erforderlich zwischen Harz und Elbe!)?"[423]

Darauf antwortete Klaus Drobisch vom Zentralinstitut für Geschichte der Akademie der Wissenschaften: „Transporte außerhalb der jetzigen DDR-Grenzen sind wegen der erwähnten großen Wirrnisse m. E. nur anzudeuten."[424] Auf der Karte ergab sich damit beispielsweise für die Räumungstransporte aus dem KZ Mittelbau-Dora, die zu großen Teilen Richtung Norden durch Niedersachsen verlaufen waren, eine sehr verkürzte Darstellung. Die Routen Richtung Bergen-Belsen endeten abrupt an der Staatsgrenze, hinter der sich das Gebiet der Bundesrepublik als weiße Fläche auftat. Damit konnte der unzutreffende Eindruck entstehen, an dieser Stelle hätten auch die Transporte geendet, die demnach nur wenige Kilometer weit gewesen wären.

Die Probleme bei der Darstellung von grenzüberschreitenden Marschrouten hatten verschiedene Ursachen. Zum einen gab es ganz pragmatische Gründe, wie die Zuständigkeit der Bearbeiter für ein bestimmtes Verwaltungsgebiet oder den äußerst begrenzten Quellenzugang. Vermutlich ist deshalb auch auf der übergreifenden Todesmarschkarte keines der zahlreichen Außenlager von Flossenbürg in Sachsen verzeichnet. Zudem lagen aber in der DDR auch deutliche politisch-ideologische Einschränkungen vor, die sich in Leerstellen und weißen Flecken niederschlugen. So gab es in den Randbereichen ihres Territoriums „Bearbeitungsgrenzen", die nicht kartografisch dargestellt werden durften, weil befürchtet wurde, dass damit Republikfluchten geplant werden könnten.[425] Dies ist ein Indiz für das

421 W. G. Koch an Klaus Drobisch, 8. 12. 1983, SAPMO-BArch, DY 57/951, unpag.

422 Kreisleitung Gardelegen der SED, Abt. Agitation und Propaganda/Kommission zur Erforschung der Geschichte der örtlichen Arbeiterbewegung/Kreiskomitee der Antifaschistischen Widerstandskämpfer (Hrsg.), Ihr Opfer bleibt unvergessen! Zur Geschichte des Mahn- und Gedenkweges Gardelegen, Gardelegen 1974, S. 25.

423 W. G. Koch an Klaus Drobisch, 8. 12. 1983, SAPMO-BArch, DY 57/951, unpag.

424 Klaus Drobisch an W. G. Koch, 12. 12. 1983, ebenda. So auch Klaus Drobisch an W. G. Koch, 11. 1. 1984, ebenda.

425 Roland Lucht/Horst Henkel/Wolfgang Scholz, Analyse der „Ausgabe für die Volkswirtschaft" in Umsetzung des Beschlusses des Nationalen Verteidigungsrates der DDR vom

Ausschnitt der Karte „Evakuierungstransporte und Todesmärsche von KZ-Häftlingen im Februar bis Mai 1945 auf dem Gebiet der heutigen DDR" (Andruck), 1984
TU Dresden, Sektion Geodäsie und Kartographie, WB Kartographie (Prof. Dr. habil. R. Ogrissek), Studentisches Entwurfsbüro KARTPROJEKT, Evakuierungstransporte und Todesmärsche von KZ-Häftlingen im Februar bis Mai 1945 auf dem Gebiet der heutigen DDR, unkorrigierter Andruck, 1984.

tiefe Misstrauen der Staats- und Parteiführung gegenüber der eigenen Bevölkerung, die man ja auch mithilfe solcher Karten abermals auf den antifaschistischen Gründungsmythos verpflichten wollte. Relevant und vermittlungswürdig waren aber nur die Räumungstransporte auf dem Gebiet der DDR. Somit machen die derart beschränkten und auf die DDR fixierten Karten erneut deutlich, dass es bei dieser Auseinandersetzung mit den Todesmärschen und der omnipräsenten Erinnerung an die Verbrechen weniger um den Gewinn wissenschaftlicher Erkenntnisse und deren öffentliche Aufbereitung ging als vielmehr um staatstragende Selbstlegitimation.

In der Bundesrepublik waren die 1980er-Jahre die Gründerzeit der sogenannten Gedenkstättenbewegung, die sich – häufig im Umfeld der Geschichts-

13. Oktober 1965 im Vergleich mit der Topographischen Karte der DDR, in: Dagmar Unverhau (Hrsg.), Kartenverfälschung als Folge übergroßer Geheimhaltung? Eine Annäherung an das Thema Einflußnahme der Staatssicherheit auf das Kartenwesen der DDR. Referate der Tagung der BStU vom 08.–09.03.2001 in Berlin, Münster 2002, S. 99–142, hier S. 120 f.

werkstätten angesiedelt – dafür engagierte, „an den Orten der NS-Verbrechen diese Erinnerung institutionell wachzuhalten".[426] Gegen erhebliche gesellschaftliche Widerstände wurden Mahnmale, Dokumentenhäuser, Ausstellungen und Gedenkstätten erkämpft und etabliert.[427] Diese Entwicklung erstreckte sich – wenngleich verspätet und in geringem Ausmaß – auch auf die Todesmärsche. Im Vorfeld des 40. Jahrestags des Kriegsendes gab es vereinzelte Bestrebungen, Denkmäler für Opfer der Räumungstransporte aufzustellen. So wurde im niederbayerischen Fürstenstein über die Errichtung eines Gedenksteins für Hunderte Opfer des Zugtransports aus dem KZ Buchenwald in Nammering diskutiert. Der Gemeinderat stimmte einem entsprechenden Antrag des „Friedensforums Fürstenstein" zwar zu, wollte jedoch mit der Inschrift des Steins „gleichzeitig der Gefallenen und Vermißten des Zweiten Weltkriegs gedenken". Trotz Genehmigung wurde der Stein zudem nicht am Sterbeort der Häftlinge, sondern an einem weniger prominenten Ort direkt an der Hauptstraße errichtet, „weil die Vorbehalte in der Bevölkerung gegen diesen exponierten Ort zu groß erschienen".[428]

Zeitgleich gab es eine bemerkenswerte Initiative zur Errichtung von Denkmälern an der Route der Todesmärsche aus dem KZ Dachau.[429] Im oberbayerischen Gauting reichten SPD und Grüne in der Gemeinderatssitzung im April 1985 einen Antrag ein, laut dem anlässlich des 40. Jahrestags des Kriegsendes „an einem zentralen und würdigen Punkt" des Ortes ein Denkmal errichtet werden sollte: „Hiermit soll erinnert werden an das unbeschreibliche Leid, das der Hitler-Faschismus über Europa und insbesondere auch über das jüdische Volk brachte. Der Gedenkstein sollte auch erinnern an den ‚vergessenen Todesmarsch' am 27. 4. 1945, der vom KZ Dachau über Gauting nach Garmisch führte. Viele

426 Schmid, Vergangenheitsbewältigung, S. 179. Vgl. als zeitgenössische Dokumentation Garbe, Die vergessenen KZs?

427 Habbo Knoch, Die Rückkehr der Zeugen. Gedenkstätten als Gedächtnisorte der Bundesrepublik, in: Paul/Schoßig, Öffentliche Erinnerung, S. 116–137, hier S. 121–129; Stefanie Endlich, Orte des Erinnerns – Mahnmale und Gedenkstätten, in: Reichel/Schmid/Steinbach, Der Nationalsozialismus, S. 350–377, hier S. 363 f.; Fabian Schwanzar, Gedenkstätten im Wandel? Erinnerungsakteurinnen und -akteure und staatliche Geschichtspolitik in den 1980er Jahren, in: Beiträge zur Geschichte der nationalsozialistischen Verfolgung in Norddeutschland 16 (2015), S. 42–52.

428 Arbeitsgemeinschaft KZ-Transport 1945 (Hrsg.), Nie werde ich vergessen … Dokumentation über den KZ-Transport Buchenwald – Nammering – Dachau vom 7. April bis 28. April 1945, Tittling 1995, S. 70.

429 Vgl. zusammenfassend auch: V.C5 Todesmarsch-Mahnmale, in: Torben Fischer/Matthias N. Lorenz (Hrsg.), Lexikon der „Vergangenheitsbewältigung" in Deutschland. Debatten- und Diskursgeschichte des Nationalsozialismus nach 1945, Bielefeld 2007, S. 264 f.

Häftlinge starben damals im Gautinger Krankenhaus und liegen heute auf unserem Friedhof."[430]

Vorangegangen waren im selben Jahr lokalhistorische und erinnerungskulturelle Impulse in Form einer Facharbeit über den jüdischen Friedhof der Ortschaft, in der auch der Todesmarsch thematisiert worden war, und eines „Schweigemarschs" der „Friedensinitative Fünfseenland" im Landkreis Starnberg im Gedenken an das Leiden der KZ-Häftlinge.[431] Der parteilose Gautinger Bürgermeister Ekkehard Knobloch befürwortete das Vorhaben und regte an, weitere Gemeinden auf der Route des Todesmarschs einzubeziehen. Ende April sandte er ein Schreiben an 14 Gemeinden zwischen Dachau und Königsdorf, die von Häftlingskolonnen passiert worden waren. Darin wurden drei Fragen formuliert: Ob in den Gemeinden „bereits Gedenkeinrichtungen dieser oder ähnlicher Art" bestünden, ob es schon konkrete Absichten gebe, eigene Denkmäler zu errichten, und wie man schließlich zu dem Vorschlag stehe, „den gesamten Weg des sog. Todesmarsches durch Gedenksteine in allen davon berührten Gemeinden für die Nachwelt in Erinnerung zu behalten oder an einer zentralen Stelle ein gemeinsames Denkmal, an dem sich alle Gemeinden beteiligen, zu errichten".[432]

Das Ergebnis dieser Umfrage war ernüchternd. Nicht eine Gemeinde sprach sich für die Errichtung von Gedenkzeichen in allen Ortschaften aus, nur zwei befürworteten ein zentrales Denkmal, ganze fünf äußerten prinzipielle Bereitschaft zu Gesprächen über das Vorhaben. Zwei Gemeinden blieben jegliche Antwort schuldig.[433] In Karlsfeld verwies man auf mehrere Initiativen zum Gedenken an die Opfer und bereits vorliegende Anträge auf entsprechende finanzielle Zuschüsse, die ein weiteres Engagement nicht erlauben würden.[434] Knoblochs Amtskollege aus Königsdorf schrieb feinsinnig, die Gemeinderäte würden „bedauern", dass der Vorschlag keine Befürwortung gefunden habe. Ein zentrales Denkmal bringe jedoch „nichts für die einzelnen Gemeinden", sondern komme nur derjenigen zugute, in der es stünde. Nach dieser Argumentation

430 Gemeinderatsfraktionen von SPD und Die Grünen: Antrag von SPD und GRÜNE zur Gemeinderatssitzung am 30. 4. 1945, 19. 4. 1945, DaA, A 3160, unpag.

431 „Der Elendszug nach Süden. Von Dachau nach Waakirchen: Der Marsch von KZ-Häftlingen in den letzten Kriegstagen", in: Süddeutsche Zeitung, 8./9. 7. 1989.

432 Gemeinde Gauting, Denkmal für die Opfer des Faschismus; Gedenken an den Todesmarsch von KZ-Häftlingen von Dachau nach Königsdorf, 24. 4. 1985, DaA, A 3160, unpag.

433 Gemeinde Gauting, Umfrageergebnis „Denkmal für die Opfer des Faschismus", 10. 9. 1985, ebenda.

434 Gemeinde Karlsfeld an die Gemeinde Gauting, Denkmal für die Opfer des Faschismus, 5. 5. 1985, ebenda.

wäre es plausibel gewesen, wenn Königsdorf sich selbst als attraktiver Standort angeboten hätte, dies stand aber freilich niemals zur Debatte. Vielmehr wurde an „die Schaffung von Gedenksteinen etc. [...] nicht gedacht, da die Gemeinde Königsdorf mit relativ hohen [sic!] Kostenaufwand ein bereits bestehendes Kriegerdenkmal, sowie einige Pestsäulen, Feldkreuze und ähnliches unterhält". Statt neuer Denkmale sollten die vorhandenen lieber „in einem ordentlichen Zustand" erhalten werden.[435] Wie wenig angebliches Bedauern im Spiel war, wurde in einem zweiten Schreiben des Königsdorfer Bürgermeisters deutlich. Die Gemeinderäte seines Ortes seien „einstimmig der Meinung, daß man die Errichtung von Mahnmalen nicht unterstützen sollte". Ihrer Meinung nach seien die „vorhandenen zentralen Denk- und Mahnmale ausreichend". In altväterlichem Ton belehrte Bürgermeister Hans Baader seinen Kollegen und maßte sich selbstbewusst an, auch für die Opfer zu sprechen: „Im Interesse einer gemeinsamen Zukunft und damit im Interesse der überlebenden Opfer muß jedoch auch einmal ein Vergessen auf beiden Seiten eintreten." Sein Gemeinderat „hoffe auf Ihr Verständnis, wenn wir solche neuerliche Aktionen nicht unterstützen, sondern der Meinung sind, daß die ‚Deutsche Vergangenheit' hier auf andere Weise bewältigt werden müßte".[436] Konkrete Vorschläge zur Auseinandersetzung mit der so distanzierend apostrophierten Geschichte hatte er jedoch nicht zu unterbreiten.

Trotz der wenig euphorischen Reaktionen verfolgte der Gautinger Bürgermeister das Vorhaben engagiert weiter und konnte einige Gemeinden davon überzeugen, sich zu beteiligen.[437] Es folgte eine Ausschreibung zur künstlerischen Gestaltung, um die sich abermals eine Kontroverse entspann, nachdem unter 60 eingereichten Entwürfen[438] derjenige von Hubertus von Pilgrim zum Sieger gekürt wurde. Unter den Kritikerinnen und Kritikern des Entwurfs waren auch Kollegen Pilgrims.[439] Ein Aufruf engagierter Einzelpersonen wurde in Umlauf gebracht, der den Grundgedanken eines Mahnmals begrüßte, aber „erhebliche Bedenken gegen den Entwurf, der nun zur Ausführung kommen soll", erhob: „Sollte nicht ein Mahnmal Fragen anregen? Hier werden Antworten vorgegeben,

435 Gemeinde Königsdorf an die Gemeinde Gauting, Denkmal für die Opfer des Faschismus, 28. 5. 1985, ebenda.

436 Gemeinde Königsdorf an die Gemeinde Gauting, Mahnmale am Weg des Evakuierungsmarsches aus dem Konzentrationslager Dachau im Jahr 1945, 22. 9. 1986, ebenda.

437 „Letzter Blutstropfen", in: Der Spiegel, 24. 7. 1989.

438 Distel, Öffentliches Sterben, S. 40.

439 Barbara Distel, Zum Mahnmal von Hubertus von Pilgrim in Erinnerung an den Todesmarsch der Häftlinge des Konzentrationslagers Dachau, in: Hubertus von Pilgrim, Das Mahnmal, München 2001, S. 34–43, hier S. 43.

durch die Illusion des Darstellbaren. Wäre es nicht wichtig, nach den Wurzeln des Totalitären zu suchen? Hier wird das Problem reduziert, auf die Darstellung des leidenden Menschen."[440]

Im Text wurde gefordert, von der Realisierung des Entwurfs von Pilgrim abzusehen. Mit dem Versuch, die damalige Leiterin der KZ-Gedenkstätte Dachau, Barbara Distel, auf ihre Seite zu ziehen, scheiterten die Initiatoren jedoch.[441] Empört wies sie deren „Anmaßung" zurück und empfahl ihnen, selbst „einen Beitrag zur Aufarbeitung der Geschichte zu leisten, der ihrem Geschichtsverständnis entspräche, ohne daß sie andere, die dies mit einem unterschiedlichen Verständnis versuchen, diffamieren müßten".[442]

Der Bürgermeister von Gauting gab nach einer Besprechung der Gemeinden, die den Wettbewerb ausgelobt hatten, eine Presseerklärung heraus, um auf die Kritik am Gewinnerentwurf zu reagieren. Den Vorschlag, an den jeweiligen Standorten unterschiedliche Denkmäler zu errichten, wies er zurück. Vielmehr sei man der Meinung, „daß der Elendsmarsch am einprägsamsten durch gleichbleibende Mahnmale dargestellt werden kann". Würde man der „fundamentalen Kritik" folgen, so Knobloch, dürfte man überhaupt keine Mahnmale aufstellen. Bei den geplanten Denkmälern gehe es auch keineswegs darum, „die Schreckensherrschaft des Dritten Reiches schlechthin darzustellen, sondern es soll damit ausschließlich auf den Elendsmarsch hingewiesen werden. Diese Wirkung kann aber bei dem ausgewählten Entwurf doch wohl nicht in Zweifel gezogen werden; die Aufgabe des Wettbewerbs ist hier vielmehr treffend gelöst."[443]

1989 wurden die ersten Todesmarsch-Denkmale in Gauting und sechs weiteren Gemeinden aufgestellt.[444] Bis zum Jahr 2001 wurden 22 identische Skulpturen in Ortschaften auf der Route des Todesmarschs errichtet, eine weitere steht seit 1992 in der Gedenkstätte Yad Vashem in Jerusalem.[445] Eine leicht abweichende Sonderanfertigung der Plastik wurde zuletzt im NS-Dokumentationszentrum München

440 Aufruf, undat. [1988], DaA, A 3160, unpag.

441 Boris Steipe an Barbara Distel, undat. [17. 6. 1988], ebenda.

442 Barbara Distel, Stellungnahme zum Wettbewerb für ein Mahnmal zur Erinnerung an die Dachauer Häftlinge, die im April 1945 auf den Todesmarsch in Richtung Süden geschickt wurden, 20. 7. 1988, ebenda.

443 Gemeinde Gauting, Presseerklärung zur Einholung von Entwurfsvorschlägen für Mahnmale am Weg des Evakuierungsmarsches aus dem Konzentrationslager Dachau im Jahr 1945, 2. 8. 1988, ebenda.

444 Pilgrim, Mahnmal, S. 32.

445 Ebenda, S. 30–32.

Todesmarsch-Denkmal in Obermenzing/München, Foto von 2014
Wikimedia Commons, CC-BY-3.0-DE, Urheber: High Contrast

aufgestellt.[446] In halber Lebensgröße zeigen die identischen Plastiken eine mehr wankende als marschierende Menschengruppe; die vordersten der mit amorphen Gesichtern versehenen Personen scheinen jeden Moment vornüberzukippen. Die Körper fließen ineinander, „Abstraktion und Figuration stehen in einem eigenartigen Spannungsverhältnis".[447] Auf einer Bronzetafel ist der erklärende Text angebracht: „Hier führte in den letzten Kriegstagen im April 1945 der Leidensweg der Häftlinge aus dem Konzentrationslager Dachau vorbei ins Ungewisse."[448]

Unter anderem gegen die figürliche Darstellung hatte sich die Kritik an Hubertus Pilgrims Entwurf gerichtet: „Die gesamte Problematik wird reduziert auf die Darstellung des leidenden Menschen und damit die historische und

446 Stadtrat München/Kulturreferat, NS-Dokumentationszentrum München, Annahme einer Zuwendung, Sachspende Skulptur „Todesmarsch Dachauer Häftlinge April 1945", Beschluss des Kulturaussschusses, 9. 7. 2015, online unter: https://www.ris-muenchen.de/RII/RII/DOK/SITZUNGSVORLAGE/3720796.pdf [10. 4. 2016].

447 Endlich, Erinnerungszeichen.

448 Bundeszentrale für Politische Bildung (Hrsg.), Gedenkstätten für die Opfer des Nationalsozialismus. Eine Dokumentation. Bd. I: Baden-Württemberg, Bayern, Bremen, Hamburg, Hessen, Niedersachsen, Nordrhein-Westfalen, Rheinland-Pfalz, Saarland, Schleswig-Holstein, Bonn 1995, S. 141.

politische Dimension der Ereignisse ausgeklammert."[449] Dies zielte unter anderem darauf ab, dass mit dem Mahnmal zwar die Opfer gewürdigt, aber keine Täter oder Zuschauer adressiert wurden und nichts auf das konkrete Geschehen vor Ort hinwies. Dies – wie auch der Verweis auf die vermeintlich „ungewisse", fast geheimnisvolle Richtung der Märsche – verband die bayerischen Denkmäler im Übrigen mit ihren nur wenige Jahre zuvor errichteten ostdeutschen Pendants, auf deren Karten sich die Routen durch Pfeile angedeutet im Ungefähren verloren. Sie waren allerdings in ihrer abstrakten, geometrischen Form auf Information und Agitation statt auf Identifikation angelegt.

Zumindest Hubertus von Pilgrim schien keine Notiz von den Denkmälern in der DDR genommen zu haben. Noch Jahre nach Errichtung seiner ersten Plastiken war er der Überzeugung: „Ein Stationenweg mit der ‚steten Wiederkehr des Gleichen', das gab es noch nicht. [...] Die Wiederholung des gleichen Motivs ist das eigentlich neue am von Gauting 1989 ausgehenden Projekt."[450] Tatsächlich wurde hier eine Idee erfunden, die in der DDR seit Jahrzehnten bekannt und nach den dortigen Vorstellungen moderner künstlerischer Gestaltung und politisch-ideologischer Geschichtspropaganda umgesetzt worden war. In der Bundesrepublik war jedoch erst zu diesem Zeitpunkt der Moment gekommen, die Todesmärsche im öffentlichen Raum darzustellen. Die konfliktbeladene Realisierung wurde dann „zu einem anschaulichen Beispiel für die gespaltene, ja gebrochene Einstellung gegenüber der nationalsozialistischen Vergangenheit" zu dieser Zeit.[451]

Auseinandersetzungen um die Errichtung von Denkmälern im Zusammenhang mit der Markierung von Todesmarschstrecken gab es nicht nur im Westen Deutschlands, sondern auch in der DDR. Im September 1983 hatte der Verband der Bildenden Künstler die „bildkünstlerische Gestaltung der Todesmarschstrecke von 45 000 Antifaschisten aus 18 europäischen Ländern, die im April 1945 von der SS aus dem KZ Sachsenhausen nach Raben Steinfeld getrieben worden waren", als Projekt beschlossen.[452] Der Potsdamer Maler und Bezirksvorsitzende des VBK, Kurt-Hermann Kühn, erklärte auf dessen IX. Kongress: „Müßten wir nicht überlegen, diese 240 mal 1000 Meter lange Schreckensstrecke symbolisch-künstlerisch zur Straße des europäischen Humanismus, zu einer Straße der antiimperialistischen Solidarität zu erklären, durch Stelen, Steinmosaiken und Reliefs ein Nie-Vergessen auszusprechen?"[453]

449 Boris Steipe an Barbara Distel, undat. [17. 6. 1988], DaA, A 3160, unpag.
450 Hubertus von Pilgrim, Zum Mahnmal, in: ders., Mahnmal, S. 7 f., hier S. 8.
451 Distel, Mahnmal, S. 42.
452 „Präsidiumstagung des Verbandes Bildender Künstler", in: Neues Deutschland, 15. 9. 1983.
453 „Meinungsaustausch zu Schaffensfragen begann. Erfahrungen und Ideen für die nächsten Aufgaben", in: Neues Deutschland, 16. 11. 1983.

Im Juni 1984 erfuhr das Komitee der Antifaschistischen Widerstandskämpfer, dass dieses Projekt im Politbüro besprochen werden sollte. Besonders pikant war, dass neben dem VBK und dem Ministerium für Kultur das KAW selbst als verantwortlich benannt wurde, obwohl es bis dato gar nicht über das Vorhaben informiert, geschweige denn in die Planungen einbezogen worden war.

Bei einem weiteren Treffen im Juli skizzierte der 1. Sekretär des VBK die Grundgedanken und wies die Teilnehmer – neben einem Vertreter des KAW waren dies Vertreter der Abteilungen Bildende Kunst sowie Denkmalpflege und Museen des Ministeriums für Kultur – darauf hin, „daß unsere gemeinsame Aufgabe nun darin bestünde, schnellstens die Vorlage für das Politbüro zu erarbeiten". Als Klaus Martin für das KAW brüskiert auf die „Ungewöhnlichkeit und Ungehörigkeit der Verfahrensweise" hinwies, erhielt er zur Antwort, es sei wohl nicht ganz korrekt gewesen, sein „Komitee vorher nicht zu konsultieren, daß die Leitung des Verbandes Bildender Künstler jedoch unter Zeitdruck gestanden habe". Empört stellte Martin fest, dass „keinerlei konzeptionelle Vorarbeiten geleistet wurden". Neben einem so unkonkreten wie exorbitanten Kostenvoranschlag von 32 bis 35 Millionen Mark erregte besonderes Ärgernis, dass dem VBK vorgeschwebt hatte, für das Projekt ein Komitee mit einem hauptamtlichen Sekretär ins Leben zu rufen, der der Gedenkstätte Sachsenhausen zugeordnet werden sollte.[454] Zwar sollte das KAW in dieser „zentrale[n] Arbeitsgruppe" vertreten sein,[455] dennoch dürfte dieses Ansinnen als Versuch der Etablierung einer Parallel- und Konkurrenzorganisation gewirkt haben, zumal der VBK eine Erarbeitungszeit von mindestens zehn Jahren veranschlagte.

Der Vertreter der Abteilung Museen und Denkmalpflege des Ministeriums für Kultur war ebenso überrascht wie das KAW und verwies seinerseits darauf, dass seine Abteilung für die Gedenkstätten zuständig sei – was im Umkehrschluss bedeutete, dass sie nicht, wie vom VBK geplant, in einer Struktur mitarbeiten konnte, die faktisch der Gedenkstätte Sachsenhausen unterstellt sein sollte.

Der VBK hatte auf ganzer Breite daneben gegriffen: Zuerst hatte man eine fixe Idee zu einem überdimensionierten Projekt auf höchster Ebene auf den Plan gebracht, dann die notwendigen Partner nicht rechtzeitig eingebunden und schließlich in der überstürzten Planung die existierenden Zuständigkeiten, Hierarchien und Befindlichkeiten ignoriert. Auf das übergangene KAW, das gerade nach langjähriger Arbeit und mit viel Aufwand eine Lösung für die angestrebte Routenmarkierung im Süden der DDR gefunden hatte, musste dieses Projekt

454 Klaus Martin/KAW, Lesenotiz, 26. 7. 1984, SAPMO-BArch, DY 57/951, unpag.

455 Ministerium für Kultur, Abt. Bildende Kunst, Information, Betr.: Ausarbeitung einer Vorlage für das Politbüro des ZK der SED, 11. 7. 1984, ebenda.

als konkurrierender Querschläger und Affront wirken. In dieser Verstimmung war es ein Leichtes, den Künstlern die inhaltlichen Unzulänglichkeiten um die Ohren zu hauen. Klaus Martin kritisierte zunächst die „Diktion im eingegebenen Tagesordnungspunkt“ als „sachlich falsch. Es handelte sich nicht um ‚45 000 Antifaschisten‘, sondern um 45 000 Häftlinge des KZ Sachsenhausen, unter denen sich einige Tausend Antifaschisten befanden.“ Zudem hätten die Künstler keine Kenntnis davon, dass im Bezirk Erfurt „bereits eine ansprechende künstlerische Gestaltung der Todesmarschstrecken“ vorgenommen worden sei. Es dürfe nicht zu einer „künstlerischen Wertkonfrontation zwischen dem Norden und dem Süden der DDR kommen“. Martin sah generell keinen Grund dafür, den betreffenden Todesmarsch besonders zu betonen, und stellte fest, dass dem VBK anscheinend gar nicht bekannt war, dass in allen Regionen der nunmehrigen DDR Räumungstransporte stattgefunden hatten.[456]

Im September 1984 fand ein erneutes Treffen statt, auf dem der Stellvertreter des Ministers für Kultur zunächst das falsche Vorgehen eingestand und das KAW um Entschuldigung bat. Zudem wurde angekündigt, die monierten Schwachstellen zu berücksichtigen. Der VBK gestand ein, „bisher nicht tiefgründig genug an das Projekt herangegangen zu sein“. Die Beratung verfolgte nun noch zwei Ziele: Es wurde ein Schreiben an das Politbüro vorbereitet, um die Absetzung des Tagesordnungspunkts zu erreichen und zugleich eruiert, welche Möglichkeiten zur perspektivischen Realisierung bestehen würden. Dabei wurde beschlossen, bis Mitte 1985 die „wissenschaftlichen Voraussetzungen“ zu schaffen, um das Vorhaben bis 1990 in verschiedenen Teilprojekten unter Leitung einer zentralen Arbeitsgruppe zu forcieren.[457] Daraufhin richtete sich der Minister für Kultur, Hans-Joachim Hoffmann, in einem Schreiben an Kurt Hager, der im Politbüro für Kulturfragen verantwortlich war, und bat um die Absetzung des Vorhabens von der Tagesordnung, da „grundlegende Voraussetzungen fehlen. Hierbei handelt es sich vor allem um historisch-wissenschaftliche Ausarbeitungen über alle Todesmärsche von KZ-Häftlingen, die im Frühjahr 1945 in allen heutigen Bezirken der DDR stattgefunden haben.“ Derzeit werde eine solche „Gesamtübersicht“ erarbeitet. Hoffmann kündigte an, Hager nach Abschluss der Vorarbeiten weitere Vorschläge zu unterbreiten.[458] Daraufhin wurde die „bildkünstlerische

456 Klaus Martin/KAW, Lesenotiz, 26. 7. 1984, ebenda.

457 Klaus Martin/KAW, Bereich Geschichte Forschung, Aktennotiz, Betr.: Beratung zum Vorhaben „bildkünstlerische Gestaltung der Todesmarschstrecke Sachsenhausen-Rabensteinfeld“ am 18. 9. 84 in der NMG Sachsenhausen, 20. 9. 1984, ebenda.

458 Hans-Joachim Hoffmann an Prof. Dr. Kurt Hager, Sekretär des Zentralkomitees der SED und Mitglied des Politbüros, 5. 10. 1984, ebenda.

Gestaltung" der Todesmarschstrecke von Sachsenhausen nach Raben Steinfeld von der Tagesordnung gestrichen, und es finden sich keine Hinweise darauf, dass das Vorhaben in den verbleibenden Jahren bis zum Ende der Herrschaft des Politbüros dort erneut zur Sprache gebracht wurde.[459]

Die Installation von Denkmälern war in beiden deutschen Staaten konfliktbehaftet. In der Bundesrepublik hatte die Entwicklung, mit der die bewusste öffentliche Erinnerung an die NS-Verbrechen zum Mainstream werden sollte, gerade erst begonnen. Hier mussten sich Einzelne gegen teils harsche Abwehr durchsetzen. Zugleich zeigt das Gautinger Beispiel, dass dabei – trotz scharfer Kontroversen – zunehmend Erfolge erzielt werden konnten. Ob sich auch Denkmäler mit explizitерem Verweis auf die Täter und Zuschauer durchgesetzt hätten, muss dahingestellt bleiben. Auch in der DDR, wo die Erinnerung an die „Opfer des Faschismus" Staatsräson war, waren die Gedenkzeichen mit Bezug auf die Todesmärsche umkämpft. Hier ging es allerdings um Konflikte der verschiedenen Organisationen und Parteigliederungen, die jeweils eigene Interessen mit der Erinnerung an die NS-Zeit und deren legitimatorischer Funktion verbanden. Bei allen Unterschieden in Funktion und Form der Gedenkzeichen wurde im Ergebnis in den 1980er-Jahren beiderseits des „Eisernen Vorhangs" die Erinnerung an die Todesmärsche dezentral im öffentlichen Raum verankert.

Die vorgestellten Aspekte – die Akteure der lokalgeschichtlichen Auseinandersetzung, die Manifestation von Erinnerung im Raum durch Denkmalsetzungen und die parallel zunehmende historiografische Erforschung des Geschehens – standen in stetigen Wechselwirkungen. Aus diesem Zusammenspiel resultierten in den 1980er-Jahren in beiden Teilen Deutschlands eine verstärkte Thematisierung der Räumungstransporte und ein zunehmendes Bewusstsein für den eigenständigen Charakter dieser Verbrechen. In der Bundesrepublik sollte es noch eine Weile dauern, bis sich die methodische Bereicherung durch Oral History in Forschungen zu den Todesmärschen durchsetzte. Wichtige zeitgenössische Beiträge, etwa von Shmuel Krakowski[460] und Yehuda Bauer,[461] die sich auch auf Erinnerungsberichte stützten, kamen damals jedoch aus dem Ausland.[462]

Lange Zeit unberührt blieb die Frage nach den gesellschaftlichen Zusammenhängen, nach der Involvierung der deutschen Bevölkerung und den Handlungsspielräumen der Beteiligten. Die Auseinandersetzungen um die Denkmäler

459 Dies ergab eine Recherche in den Protokollen des Politbüros, SAPMO-BArch, DY 30.

460 Krakowski, End.

461 Bauer, Death-Marches.

462 Zgymunt Zonik, Anus Belli. Ewakuacja i wyzwolenie Hitlerowskich obozów koncentracyjnych, Warschau 1988.

in Bayern sind ein Indikator für das aufkommende Bewusstsein, es hier mit einem besonderen Tatkomplex zu tun zu haben, dessen Thematisierung diese Dimension zumindest indirekt adressierte. Bemerkenswert ist, dass die Handlungsspielräume der einheimischen Bevölkerung im Angesicht der Todesmärsche in den 1980er-Jahren nicht in der Bundesrepublik, sondern in wissenschaftlichen Beiträgen aus Ostdeutschland explizit thematisiert und als zukünftige Forschungsperspektive benannt wurden. Eine tatsächliche Auseinandersetzung mit dieser Frage sollte jedoch bis nach dem Untergang der DDR auf sich warten lassen.

5. Neue Perspektiven nach 1990

Nach der „Friedlichen Revolution" und dem Beitritt der DDR zur Bundesrepublik entwickelte sich eine nunmehr gesamtdeutsche Erinnerungskultur, die eine weitere Popularisierung und öffentliche Aushandlung von Zeitgeschichte sowie grundlegende Veränderungen in der Gedenkstättenlandschaft mit sich brachte. An der neuen Geschichtspolitik der geeinten Bundesrepublik hatte maßgeblich der damalige Bundeskanzler Helmut Kohl Anteil. Unter ihm begann Mitte der 1990er-Jahre ein „Prozeß der Nationalisierung negativen Gedenkens":[463] Die Erinnerung an die Verbrechen des Nationalsozialismus – und zunehmend der Stolz auf die vermeintlich erfolgreiche „Bewältigung" dieser Vergangenheit – sollte zur Staatsräson werden.[464] Mit dem Ende der DDR verschob sich die Perspektive auf die Zeitgeschichte maßgeblich. Der untergegangene ostdeutsche Staat, bis vor Kurzem selbst noch geschichtspolitischer Akteur, wurde nun zum Objekt von „Aufarbeitung", Erinnerung, Gedenken und Historiografie. Es ist der paradoxe Effekt zu konstatieren, dass erst durch die Arbeit der Enquete-Kommission zur „Aufarbeitung von Geschichte und Folgen der SED-Diktatur" der Nachholbedarf in Bezug auf die NS-Gedenkstätten erkannt wurde.[465] So wuchs „im Zuge der Neukonzeption der ehemaligen Nationalen Mahn- und Gedenkstätten der DDR und der Einrichtung von Gedenkstätten, die an das Unrecht der DDR erinnerten,

463 Volkhard Knigge, Statt eines Nachworts: Abschied der Erinnerung. Anmerkungen zum notwendigen Wandel der Gedenkkultur in Deutschland, in: ders./Frei, Verbrechen erinnern, S. 423–440, hier S. 423.

464 Jan-Holger Kirsch, „Hier geht es um den Kern unseres Selbstverständnisses als Nation". Helmut Kohl und die Genese des Holocaust-Gedenkens als bundesdeutscher Staatsräson, in: Potsdamer Bulletin für Zeithistorische Studien 43–44 (2008), S. 40–48.

465 Günter Morsch, Das „neue Unbehagen an der Erinnerungskultur" und die Politik mit der Erinnerung, in: ZfG 63 (2015) 10, S. 829–848, hier S. 839.

das Bewusstsein dafür, dass es auch eine gesamtstaatliche Verantwortung für die an die NS-Verbrechen erinnernden Gedenkstätten gibt, die nun erstmals auch durch den Bund gefördert wurden".[466]

Die Frage um die Gedenkstättenkonzeption war nur eines von vielen – teilweise eng miteinander verzahnten – Feldern der historisch-politischen Auseinandersetzung der 1990er-Jahre. Parallel dazu ging es in jenen Jahren etwa um die Errichtung des Mahnmals für die ermordeten Juden Europas in der neuen und alten Hauptstadt Berlin oder die „Austarierung des historischen Täter- und Opferbewusstseins".[467] Dabei waren vor allem die scharf geführten Kontroversen um die „Wehrmachtsausstellung" und Daniel Goldhagens Bestseller „Hitlers willige Vollstrecker" prägend, es begann aber auch eine Entwicklung, die erst in den 2000er-Jahren ihren mutmaßlichen Höhepunkt erreichen sollte: die Wiederentdeckung der deutschen Zivilbevölkerung als Leidtragende des Zweiten Weltkriegs. Dafür wurde schon in den 1990er-Jahren der Boden bereitet, in der „Dekade der Zeitzeugen" (Norbert Frei) – wobei der Begriff des „Zeitzeugen" zunehmend von den Opfern der NS-Verbrechen auf die Erlebnisgenerationen aus der deutschen Mehrheitsbevölkerung übertragen wurde.[468] Zugleich kam es – etwa im Rahmen der Debatte um eine Entschädigung von Zwangsarbeiterinnen und Zwangsarbeitern in NS-Deutschland – zur Hinwendung zu bis dato „vergessenen" Opfergruppen beziehungsweise Verbrechenskomplexen mit starker gesamtgesellschaftlicher Dimension.[469] Im Zusammenhang mit den Revolutionen in Ostmitteleuropa ist eine „Rückkehr der Akteure" in den Fokus der Geschichtswissenschaft konstatiert worden, die sich insbesondere in der Frage nach den „ganz gewöhnlichen" Tätern, aber auch einer subjektivierenden Sichtweise auf die Opfer ausdrücken sollte.[470] Vor diesem hiermit nur stichwortartig umrissenen Hintergrund kam Bewegung in die Erinnerung an die Todesmärsche.

466 Detlef Garbe, Gedenkstätten in der Bundesrepublik: Eine geschichtspolitische Erfolgsgeschichte im Gegenwind, in: ders., Neuengamme im System der Konzentrationslager. Studien zur Ereignis- und Rezeptionsgeschichte, Berlin 2015, S. 475–496, hier S. 479.

467 Schmid, Vergangenheitsbewältigung, S. 193 f.

468 Norbert Frei, 1945 und wir. Die Gegenwart der Vergangenheit, in: ders., 1945 und wir, S. 7–22, hier S. 9; Martin Sabrow, Den Zweiten Weltkrieg erinnern, in: APuZ 36/37 (2009), S. 14–21, hier S. 19 f.

469 Janosch Steuwer, Das Paradox der gesellschaftlichen Selbstaufklärung. Zwangsarbeiterentschädigung und öffentliche Meinung in Deutschland, in: Constantin Goschler (Hrsg.), Die Entschädigung von NS-Zwangsarbeit am Anfang des 21. Jahrhunderts, Bd. I: Die Stiftung. Der Abschluss der deutschen Wiedergutmachung?, Göttingen 2012, S. 148–234.

470 Michael Wildt, Die Epochenzäsur 1989/90 und die NS-Historiographie, in: Zeithistorische Studien/Studies in Contemporary History 5 (2008), S. 349–371, hier S. 357–361.

Klaus Naumann hat das „Gedenkjahr“ 1995 als „komprimierte Inventur“ von Geschichtspolitik und Erinnerungskultur beschrieben[471] und unter anderem die entsprechenden Presseberichte über die Todesmärsche untersucht. Demnach war die Berichterstattung über die Räumungstransporte zum 50. Jahrestag des Kriegsendes „weitaus gründlicher und engagierter als noch vor zehn Jahren“, insbesondere in der Regionalpresse.[472] Zugleich begann das „Gedenken an die Todesmärsche [...] zum festen Bestandteil lokaler Gedenkkultur zu werden“.[473] Diese von Naumann in der Mitte des Jahrzehnts festgestellte Momentaufnahme soll im Folgenden differenzierter beleuchtet werden.

5.1. Neue und alte Denkmäler

Auf dem Gebiet der ehemaligen DDR begann nach der politischen Wende die Auseinandersetzung mit der oktroyierten und zugleich als inhaltsleer empfundenen staatlichen DDR-Erinnerungskultur sowie um den Verbleib der alten Denkmäler.[474] Dies führte zu ikonoklastischen Eingriffen: Vielerorts „kam es zu raschen Änderungen, Standortwechseln, Umgestaltungen und Umwidmungen mit neuen Sichtweisen und Pauschalisierungen oder auch zu Zerstörungen und Abräumungen“.[475] Eine Renaissance der Totalitarismustheorie[476] führte dazu, dass Denkmäler und Inschriften ergänzt und verändert wurden, auch wenn die neuen Texte mitunter weniger Bezüge zu den konkreten historischen Hintergründen der Gedenkzeichen aufwiesen als die alten.[477] Diese Entwicklung betraf einige der überall in Ostdeutschland anzutreffenden Gedenkzeichen zu den Todesmärschen.

So wurde nach 1990 auf dem Friedhof in Steinpleis (Sachsen) am Grab von zwei KZ-Häftlingen, die während der Räumungstransporte aus dem KZ Auschwitz gestorben waren, ein Gedenkstein mit der Aufschrift: „Zum Gedenken an

471 Klaus Naumann, Der Krieg als Text. Das Jahr 1945 im kulturellen Gedächtnis der Presse, Hamburg 1998, S. 12.

472 Ebenda, S. 114.

473 Ebenda, S. 119.

474 Carola S. Rudnick, Die Etablierung der gesamtdeutschen staatlichen Gedenkstättenpolitik und das geschichtspolitisch umkämpfte Ende der Singularität der NS-Aufarbeitung, in: Beiträge zur Geschichte der Nationalsozialistischen Verfolgung 16 (2015), S. 53–61.

475 Ulrike Puvogel, Einleitung, in: BpB, Gedenkstätten, Bd. II, S. 11–26, hier S. 12 f.

476 Klaus von Beyme, Totalitarismus – Zur Renaissance eines Begriffes nach dem Ende der kommunistischen Regime, in: Achim Siegel (Hrsg.), Totalitarismustheorien nach dem Ende des Kommunismus, Köln/Weimar 1998, S. 23–36.

477 Regina Scheer, Der Umgang mit den Denkmälern. Eine Recherche in Brandenburg, o. O. [Potsdam] 2003, S. 124–128.

alle Opfer des Faschismus und Stalinismus" errichtet.[478] Auf einem Grab von KZ-Häftlingen im sächsischen Niederbobritzsch war nun zu lesen: „Zum Gedenken an Gefallene und Vermißte des 2. Weltkrieges und Opfer der Gewaltherrschaft".[479] Und in ähnlichem Duktus wurde im thüringischen Volkmannsdorf eine der „Todesmarschstelen" umgewidmet. Die Tafel trug dann den Text: „In ehrendem Gedenken den Opfern der beiden Weltkriege und der Gewaltherrschaft".[480] In Grevesmühlen an der Ostsee wurde das Denkmal für die Opfer der „Cap-Arcona"-Katastrophe 1991 mit der Formel „Für die Opfer der Kriege und Gewaltherrschaft" ergänzt.[481] Dies war zwar – wie in den anderen Beispielen – eine ungelenke Pauschalisierung, in dem Fall jedoch eine Strategie, das Denkmal vor dem geplanten Abriss durch die Bilderstürmer der Nachwendezeit zu retten.[482] Wenige Jahre später wurde die Geschichte des Denkmals in Grevesmühlen im Siegerbeitrag des „Geschichtswettbewerbs des Bundespräsidenten" in den Blick genommen.[483] Das zeigt, dass die Erinnerungskultur der DDR nicht mehr nur pauschal abgewehrt oder nivelliert, sondern zunehmend selbst historisiert wurde.

Gegen Ende der 1990er-Jahre kam es auch auf dem Gebiet der ehemaligen DDR wieder zu Denkmalsetzungen und Routenmarkierungen, diesmal jedoch eher mit künstlerischem beziehungsweise pädagogischem Anspruch. Im Landkreis Parchim entstanden Stelen von Wieland Schmiedel;[484] weitere wurden im Rahmen eines Kunstprojekts mit Jugendlichen unter der Leitung von Wolf Leo entlang der Routen der Todesmärsche aus dem KZ Ravensbrück errichtet.[485]

Auf dem Gebiet der alten Bundesrepublik, wo Denkmäler für die Todesmärsche weniger verbreitet gewesen waren, wurden in den 1990er-Jahren in einer Art zivilgesellschaftlichen Gegenbewegung zum „Denkmalsturm" im Osten etliche neue Gedenkzeichen errichtet.[486] Doch noch immer gab es Kontroversen um die Gestaltung des Gedenkens.

478 BpB, Gedenkstätten, Bd. II, S. 751.

479 Ebenda, S. 720.

480 Ebenda, S. 890.

481 Ebenda, S. 414.

482 Schiffner, Cap-Arcona-Gedenken, S. 323.

483 Ders., Cap Arcona: Das Schiff – Die Katastrophe – Das Denkmal. Beitrag zum Geschichtswettbewerb des Bundespräsidenten „Denkmal: Erinnerung – Mahnung – Ärgernis …", 1993. http://www.koerber-stiftung.de/bildung/geschichtswettbewerb/datenbank/beitrag/cap-arcona-das-schiff-die-katastrophe-das-denkmal.html [28. 4. 2016].

484 Lange, Todesmarschgedenken, S. 342; BpB, Gedenkstätten, Bd. II, S. 475.

485 Wolf Leo, „Wegzeichen" – Erinnerung an die Todesmärsche, in: Garbe/Lange, Häftlinge, S. 287–293.

486 Vgl. auch Garbe, Wiederentdeckte Geschichte, S. 306; Naumann, Krieg, S. 118–120.

Nach langen Auseinandersetzungen wurde im April 1992 in Celle ein Mahnmal für die Opfer der „Celler Hasenjagd" eingeweiht.[487] Der Vorlauf dafür hatte bereits in den 1980er-Jahren begonnen, als Lokalhistoriker sich mit der Geschichte des Massakers auseinandergesetzt hatten und aus Gewerkschaftskreisen eine erste entsprechende Gedenkveranstaltung organisiert worden war. 1985 reichte ein „Komitee ‚40 Jahre danach'" bei der Stadt den Antrag ein, die Inschrift eines Gedenksteins auf dem Waldfriedhof, laut der sich dort eine „Ruhestätte für Opfer der NS-Gewaltherrschaft" befand, zu konkretisieren und darauf zu verweisen, dass es sich bei mehreren Hundert der dort Begrabenen um KZ-Häftlinge handelte.[488] Damit wehrten sich die Aktivisten gegen genau die Art des Gedenkens, die wenige Jahre später in die „neuen" Bundesländer übertragen werden sollte. Allerdings blieb dieses Denkmal bis heute unverändert. Nach einem Ende der 1980er-Jahre ergangenen Beschluss des Kulturausschusses, ein eigenes Mahnmal für die KZ-Häftlinge in Celle zu errichten,[489] entspann sich eine kontroverse Diskussion um einen Text, den die Stadt von vornherein als grundlegende Bedingung für den Wettbewerb festgelegt hatte.[490] Aufhänger der Debatte war die Tatsache, dass als Täter zwar „Angehörige der NSDAP und ihrer Formationen, Wehrmacht, Polizei sowie des Volkssturms" benannt wurden, jedoch keine Zivilisten.[491] In einer akribischen Lokalstudie, die von der Stadt Celle im Zusammenhang mit dem 700-jährigen Stadtjubiläum herausgegeben worden war, hatte Mijndert Bertram hingegen herausgearbeitet, dass sich an der Ergreifung von geflohenen KZ-Häftlingen in Celle auch Personen beteiligt hatten, „die hierzu anscheinend gar nicht aufgefordert waren. Dies gilt insbesondere für Zivilisten, die sich einzeln oder in kleinen Gruppen auf die Jagd nach Häftlingen machten und sich – späteren Zeugenaussagen zufolge – teilweise anschließend mit der Zahl der von ihnen Getöteten brüsteten."[492]

487 Zum Massaker in Celle vgl. Blatman, Todesmärsche, S. 435, 445, sowie Bernhard Strebel, Celle April 1945 revisited. Ein amerikanischer Bombenangriff, deutsche Massaker an KZ-Häftlingen und ein britisches Gerichtsverfahren, Bielefeld 2008.

488 „‚Seht in jedem Menschen den Nächsten!' Rund 50 Celler gedachten auf dem Waldfriedhof der Bombenopfer des 8. April 1945", in: Cellesche Zeitung, 15. 4. 1985; BpB, Gedenkstätten, Bd. I, S. 395.

489 „Kulturausschuß. Standort Trift für Mahnmal", in: Cellesche Zeitung, 2. 5. 1989.

490 „Ergebnis des Preisgerichts aus dem künstlerischen Wettbewerb für das Mahnmal Triftanlagen. Große Ernsthaftigkeit erwächst einer sehr einfachen Form", in: Cellesche Zeitung, 19. 12. 1990.

491 Klaus Neumann, Shifting Memories. The Nazi Past in the New Germany, Ann Arbor 2000, S. 58–62.

492 Bertram, April 1945, S. 16 f.

Der Siegerentwurf – ein auf dem Boden liegendes Quadrat aus Stahl mit einem Baum in der Mitte – erhielt dennoch schließlich den von der Stadt vorgesehenen Text, der sich auf die benannten Tätergruppen konzentrierte.[493]

Auch im Süden Deutschlands wurde auf kommunaler Ebene um die Errichtung von Denkmälern gestritten. Im oberbayerischen Seeshaupt lag dem Gemeinderat 1992 ein Antrag vor, mit einem Denkmal an die Befreiung Hunderter KZ-Häftlinge im Ort zu erinnern. Daraufhin entbrannte eine hitzige Diskussion in der Einwohnerschaft. Unter dem Motto „Nein zum KZ-Mahnmal am Seeshaupter Bahnhof" wurden etwa 700 Unterschriften gesammelt, zur gleichen Zeit gingen jedoch über 11 000 DM an Spendengeldern für das Mahnmal ein. Im Anschluss an eine öffentliche Diskussionsveranstaltung beschloss der Gemeinderat letztlich, das Denkmal nicht am Bahnhof, sondern an einer weniger prominenten Stelle zu errichten. Dort wurde 1995 eine Eisenplastik des Seeshaupter Künstlers Jörg Kicherer aufgestellt.[494] Dies zog weitere Erinnerungsaktivitäten in der Region nach sich. In den Jahren danach fand ein Austausch mit anderen Gemeinden statt, die von Räumungstransporten durchquert worden waren und in denen sich ebenfalls Gedenkinitiativen bildeten.[495]

Die Denkmalsetzungen dieser Zeit waren Ergebnisse des jahrelangen Engagements der Geschichtsaktivisten und zugleich Resultat des Geschichts-Booms der 1980er-Jahre, als nach Ausstrahlung der TV-Serie „Holocaust" und spätestens mit der Rede des damaligen Bundespräsidenten Richard von Weizsäcker zum 40. Jahrestag des Kriegsendes[496] und dem „Historikerstreit" die sogenannte Aufarbeitung der NS-Vergangenheit zwar kontrovers diskutiert, dabei aber auch zum Mainstream geworden war.[497]

Dass sich mehrere Geschichtsinitiativen bei ihrer Auseinandersetzung mit den KZ-Räumungstransporten in den 1990er-Jahren explizit auf die Rede Richard von Weizsäckers beriefen,[498] weist darauf hin, dass sie damit einen gesamtgesell-

493 BpB, Gedenkstätten, Bd. I, S. 395.

494 Bero von Fraunberg/Renate von Fraunberg, Damals im April. Chronologie zum Seeshaupter Mahnmal, Seeshaupt 2012, S. 76–85.

495 Ebenda, S. 133–135.

496 Zur kritischen Einordnung vgl. Cornelia Siebeck, „Einzug ins verheißene Land". Richard von Weizsäckers Rede zum 40. Jahrestag des Kriegsendes am 8. Mai 1985, in: Zeithistorische Forschungen/Studies in Contemporary History 12 (2015), S. 161–169.

497 Wolfrum, Die beiden Deutschland, S. 140 f.; Norbert Frei, Abschied von der Zeitgenossenschaft. Der Nationalsozialismus und seine Erforschung auf dem Weg in die Geschichte, in: ders., 1945 und wir, S. 41–62, hier S. 49–51.

498 So enthielt eine Dokumentation ein Zitat aus der Rede unkommentiert „Statt eines Vorwortes". Arbeitsgemeinschaft KZ-Transport 1945, Nie werde ich vergessen, S. 8. Eine andere zitierte die Rede im Vorwort. Scharrer, Todesmärsche, S. 3.

schaftlich relevanten Deutungsrahmen gefunden hatten, innerhalb dessen die eigene, lange kaum mehrheitsfähige Beschäftigung mit den NS-Massenverbrechen vor der Haustür als legitim dargestellt werden konnte. Besonders deutlich wird dies an einem Beispiel aus Baden-Württemberg. In Dalkingen wurde 1993 ein Denkmal für die Opfer eines Massakers an mindestens 27 KZ-Häftlingen auf dem Todesmarsch vom Außenlager Hessental nach Dachau errichtet. Schon seit Mitte der 1980er-Jahre hatte es dort – initiiert vom Kreisjugendring – zivilgesellschaftliches Engagement für ein Gedenkzeichen und „alternative Kreisrundfahrten" gegeben, bei denen die Todesmärsche thematisiert worden waren.[499] Das realisierte Denkmal wurde schließlich mit einer Inschrift versehen, die zwar zum konkreten Tathergang und -kontext kaum etwas sagte, aber dafür ein leicht abgewandeltes Zitat aus Weizsäckers Ansprache enthielt: „Wer vor der Vergangenheit die Augen verschliesst, wird blind für die Gegenwart. Zum Gedenken an die Hinrichtung von 27 KZ-Häftlingen am 7. April 1945."[500] Diese Denkmalsetzung zeigt einerseits, dass der kritische Impetus der Geschichtsaktivisten mittlerweile common sense geworden war. Zugleich steht das Beispiel aber für eine unkonkrete Form des Erinnerns, die unproblematischen Allgemeinplätzen statt konkreten Informationen zu Tat und Tätern den Vorzug gab.

Im Anschluss an Habbo Knoch ist die Errichtung dieser Denkmäler im Kontext einer „Dezentralisierung der Erinnerungslandschaft" in den 1990er-Jahren zu interpretieren.[501] Allerdings unterscheiden sich die Erinnerungszeichen mit Bezug auf die Todesmärsche von anderen Gedenkstätten grundsätzlich dadurch, dass sie zumeist keine authentischen Überreste – etwa im Sinne von Bausubstanz – aufweisen, sondern sich entweder an Gräbern von Opfern befinden oder, wie in den meisten Fällen, an historiografisch rekonstruierten Wegstrecken, Todes- oder Leidensorten errichtet wurden, an denen keine direkten Spuren mehr sichtbar waren. Somit handelt es sich in der Regel nicht um Gedenkstätten im Sinne der Bundesgedenkstättenkonzeption. Die einzigen institutionalisierten – also mit Planstellen ausgestatteten – Gedenkstätten mit primärem Bezug zu den Todesmärschen wiederum befinden sich heute an Orten, an denen zumindest rudimentäre räumliche Spuren überliefert sind, beispielsweise die mit Ritz-Zeichen von Häftlingen versehenen Bäume im Belower

499 Landeszentrale für politische Bildung Baden-Württemberg (Hrsg.), Erschossen und verscharrt. Gedenkstein zur Mahnung an die Opfer des Hessentaler Todesmarsches, Dalkingen 1945, Stuttgart 1994, S. 5–7.

500 Ebenda, S. 16.

501 Knoch, Rückkehr, S. 133.

Wald[502] und die Fundamente der Feldscheune bei Gardelegen.[503] Beide Orte blicken auf lange Traditionen des Gedenkens in der DDR zurück.

5.2. Die Ära der Augenzeugen

Dass Mitte der 1990er-Jahre die „Dekade der Zeitzeugen" begonnen hatte,[504] wirkte sich direkt auf die Thematisierung der Todesmärsche aus, waren sie doch ein geradezu prädestinierter Rahmen für die Auseinandersetzung mit der Lokalgeschichte anhand der Erfahrung des beziehungsweise der Einzelnen.[505] Zum bevorzugten Genre, die Todesmärsche zu popularisieren, wurde neben Erinnerungsberichten überlebender Häftlinge der Augenzeugenbericht aus der lokalen Bevölkerung. Als Resultat davon entwickelte sich das exkulpierende Wunschbild einer überwiegend hilfsbereiten Bevölkerung zum dominanten Narrativ. In einer Dokumentation zu den Todesmärschen in Straubing etwa hieß es: „Völlig unvorbereitet wurden jetzt die meisten Anwohner der Todesstrecken durch das plötzliche Auftauchen der ausgemergelten KZ-Häftlinge schockiert [...]. Beim erbärmlichen Anblick der vom Tod Gezeichneten reagierte man mit stummem Entsetzen, aber auch mit Mitleid und Verständnis, wie dies die Auswahl der folgenden Augenzeugenberichte eindrucksvoll belegt."

Während hier das von der lokalen Bevölkerung geschilderte Mitgefühl mit den KZ-Häftlingen als historisch verbriefte Wahrheit angekündigt und dann im Zirkelschluss durch eben jene Berichte „belegt" wurde, wechselte der Text in den Konjunktiv, als es um feindseliges Verhalten der Einheimischen ging: „Gelegentlich soll jedoch ein Zivilist einen Häftling mißhandelt haben."[506] Primär wurde die lokale Bevölkerung als leidendes Opfer neben den KZ-Häftlingen dargestellt. So seien viele Augenzeugen in den 1990er-Jahren erleichtert gewesen, „endlich über ihre schrecklichen Erlebnisse gegen Kriegsende zu berichten".[507]

502 Die Gedenkstätte Todesmarsch im Belower Wald gehört als Außenstelle der Gedenkstätte und Museum Sachsenhausen zur Stiftung Brandenburgische Gedenkstätten. Nach einem neonazistischen Brandanschlag 2002 wurde das ehemalige „Museum des Todesmarsches" grundlegend neu konzipiert. Eine neue Open-Air-Ausstellung und das zur pädagogischen Projektwerkstatt umgebaute Museumsgebäude wurden 2010 eröffnet. Lange, Todesmarschgedenken, S. 342.

503 Erst seit 2015 ist das Gelände der Gedenkstätte Feldscheune Isenschnibbe bei Gardelegen in Trägerschaft der Stiftung Gedenkstätten Sachsen-Anhalt. In den kommenden Jahren wird dort eine moderne Gedenkstätte entstehen.

504 Frei, Gegenwart, S. 9.

505 Vgl. auch Naumann, Krieg, S. 115–117.

506 Scharrer, Todesmärsche, S. 8.

507 Ebenda, S. 12.

Die Berichte wurden mit plakativen Überschriften versehen, die diese Perspektive auf den Punkt brachten: „Gespenstische und erschütternde Szenen“,[508] „Tiefste Betroffenheit des Kriegsveteranen“,[509] „Grausame Erinnerung an Todesschreie“,[510] „Abscheu, Wut und Haß“,[511] „Ein Schock fürs ganze Leben“ oder „Das Entsetzen des kleinen Mädchens“.[512] Hier zeigt sich im Kleinen, was Martin Sabrow für die Entwicklung der Figur des „Zeitzeugen“ im bundesrepublikanischen Geschichtsdiskurs der 1990er-Jahre konstatiert hat: Der Zeitzeuge hat „seine ursprünglich kritische Funktion gegen eine affirmative Rolle eingetauscht [...]. Er stellt nicht länger mittels einer vollständigen, sperrigen, widersprüchlichen Wiedergabe seiner Vita ein vorherrschendes Bild der Vergangenheit in Frage. Vielmehr erfüllt sein Bericht heute die illustrative Funktion einer in Fragmente zerlegten Zeitzeugenschaft.“[513]

Etwas differenzierter gestaltete sich die Darstellung in einer vergleichbaren Dokumentation zum Räumungstransport aus Buchenwald in Nammering. Dort hieß es, bei den Augenzeugen hätten „Mitgefühl mit den geschundenen Kreaturen und die Auswirkungen jahrelanger verhetzender NS-Propaganda [...] oft nahe beisammen“ gelegen. Allerdings wurde auch hier die lokale Bevölkerung zum Leidtragenden der Geschehnisse erklärt. Dass viele bis in die Gegenwart die Auseinandersetzung mit dem damaligen Geschehen ablehnen würden, sei verständlich, da „viele Einheimische die grauenvollen Eindrücke, besonders den bitteren Gang durch die langen Reihen verwesender Opfer, ihr Leben lang nicht mehr losgeworden sind“. In der Broschüre abgedruckt wurden neben Berichten überlebender KZ-Häftlinge zwei zeitgenössische Aussagen von Einheimischen, in denen „die moralische Entrüstung über die beobachteten Greuel deutlich spürbar wird“, sowie ein in den 1990er-Jahren aufgenommener Erinnerungsbericht eines Nammeringers.[514]

Dabei zeigt sich der von Klaus Naumann festgestellte „Zwiespalt, nichts (oder doch wenig) gesehen, aber doch geholfen zu haben“:[515] Der Augenzeuge gab an, die Dorfbewohner hätten damals „so gut wie keine Ahnung“ über das Geschehen auf dem Bahnhofsgelände gehabt. Zugleich betonte er die Hilfsversuche der Einheimischen, durch die sich auch seine Frau hervorgetan habe. Sie sei vom Anblick

508 Ebenda, S. 15.
509 Ebenda, S. 20.
510 Ebenda, S. 22.
511 Ebenda, S. 24.
512 Ebenda, S. 37.
513 Sabrow, Zeitzeuge, S. 23.
514 Arbeitsgemeinschaft KZ-Transport 1945, Nie werde ich vergessen, S. 36.
515 Naumann, Krieg, S. 117.

der Zustände so schockiert gewesen, dass sie „lange von dem Trauma nicht mehr losgekommen" sei. Im Mittelpunkt seines Berichts stand jedoch weniger der Aufenthalt des Häftlingstransports als vielmehr die von der US-Armee erzwungene Bestattung der Hunderten Toten durch die deutsche Bevölkerung. Dabei wurden die Einheimischen als Opfer der „beinahe gehässig[en]" amerikanischen Soldaten und der von ihnen angeordneten Maßnahmen dargestellt.[516] Die mehrfach betonte emotionale Betroffenheit galt anscheinend eher dem eigenen Schicksal als dem der KZ-Häftlinge. Zu welchen Vermengungen dies führte, wird daran deutlich, dass der für die gesamte Broschüre titelgebende Satz aus besagtem Bericht stammt. Der Autor meinte jedoch nicht den Räumungstransport und das Elend der KZ-Häftlinge, sondern das Leiden der Einheimischen, als er am Ende betonte: „Es ist so schwer darüber zu reden. Aber ich werde es nie vergessen."[517]

Zwischen 1998 und 2000 befragten Mitarbeiterinnen der Gedenkstätte Ravensbrück etliche Augenzeuginnen und Augenzeugen der Todesmärsche in einem Dokumentationsprojekt. Auch in diesen Interviews zeigte sich die Tendenz, die positive Rolle der Einheimischen zu betonen. Kontextualisierend betonten die Herausgeberinnen der Dokumentation, dass in den Berichten „immer wieder erneut von Hilfsaktionen, wie zum Beispiel das Herausstellen eines Eimers Wasser an die Straße" durch Verwandte die Rede sei. Diese sollten jedoch „eher als eine Seltenheit angesehen werden, da ehemalige Häftlingsfrauen ebenfalls zu Protokoll gaben, dass sie keine bzw. wenig Hilfe von der deutschen Bevölkerung zu spüren bekamen".[518]

Der Kontext der KZ-Räumungstransporte und Todesmärsche war besonders dafür geeignet, das Leid der Opfer des Nationalsozialismus und die teils dramatischen Erfahrungen der deutschen Mehrheitsbevölkerung bei Kriegsende zu parallelisieren. Der Umstand, dass sich die Einheimischen, die NS-Täter und die Häftlinge unmittelbar vor und nach der Befreiung derart nah gekommen waren, hätte kritische Fragen nach den Handlungsspielräumen der lokalen Bevölkerung aufwerfen können. Allerdings waren selbstviktimisierende Narrative dominanter, nach denen die Einheimischen zuerst schwer unter dem Anblick der Häftlingskolonnen, allgegenwärtiger Angst vor den Gewalttaten der Bewacherinnen und Bewacher und schließlich unter den als ungerechtfertigte Repressionen empfundenen „Sühnemaßnahmen" der Befreier gelitten hätten.

516 „Nie werde ich vergessen". Der heute sechsundachtzigjährige Nammeringer Alois Schmidt erinnert sich, in: Arbeitsgemeinschaft KZ-Transport 1945, Nie werde ich vergessen, S. 56–58, hier S. 57.

517 Ebenda, S. 58.

518 Müller/Lepschies, Tage, S. 32.

Rückblickend wird deutlich, dass sich in diesen Überlappungen von mahnendem Gedenken an die Opfer der NS-Verbrechen und empathischer Hinwendung zu den „Augenzeugen" aus der deutschen Mehrheitsbevölkerung bereits die Konturen dessen abzeichneten, was eine Dekade später durch die ausgiebige Hinwendung zu den Opfern der alliierten Luftkriegsführung und „Flucht und Vertreibung" besonders deutlich hervortreten sollte: „Unterstützt durch die mediale Karriere des Zeitzeugen, hat sich das Opfernarrativ aus den Schranken einer aufklärerischen Vergangenheitsbewältigung gelöst und ist von den Opfern der Deutschen zu den Deutschen als Opfern zurückgekehrt."[519]

Fazit und Ausblick: Todesmärsche erinnern

Obwohl die Todesmärsche lange Zeit eine untergeordnete Rolle in der kommemorativen Auseinandersetzung mit den NS-Verbrechen gespielt haben, lässt sich an ihrem Beispiel die Entwicklung der Erinnerungskultur in Bezug auf den Nationalsozialismus im geteilten wie im geeinten Deutschland in ihren groben Tendenzen exemplarisch ablesen.

Direkt nach Kriegsende waren es die Alliierten und die überlebenden KZ-Häftlinge, die sich um einen angemessenen Umgang mit den Leichen und Gräbern der Opfer bemühten. Dabei kam es zu teils heftigen Konfrontationen mit den Einheimischen. In diesen erzwungenen „Ritualen ohne Trauer" lag der Anknüpfungspunkt der später festzustellenden Selbstviktimisierung der deutschen Mehrheitsbevölkerung, die als Subtext bis heute deren Erzählungen über die Todesmärsche durchzieht. In der Bundesrepublik setzte spätestens mit der Umbettung von Todesmarschopfern auf zentrale „KZ-Friedhöfe" weitgehendes Schweigen über die NS-Verbrechen insgesamt und damit auch die Räumungstransporte ein. Nur in gesellschaftlichen Nischenbereichen wie den Verbänden ehemaliger KZ-Häftlinge wurde die Erinnerung an die Todesmärsche wachgehalten.

In der DDR dagegen zeichnete sich schnell ab, dass auch die Todesmärsche in das Geschichtsbild der SED einverleibt wurden. Die ermordeten „Opfer des Faschismus", die spätestens nach den Evakuierungstransporten in fast jeder Gemeinde zu finden waren, wurden zwar geehrt, aber zugleich für die historisch-politische Propaganda funktionalisiert. Dass diese Verbrechen sich inmitten der deutschen Bevölkerung abgespielt hatten, war nur für eine kurze Zeit direkt nach

519 Sabrow, Weltkrieg, S. 19 f.; Bill Niven (Hrsg.), Germans as Victims. Remembering the Past in Contemporary Germany, Basingstoke 2006.

Kriegsende Anlass für Schuldvorwürfe. Sehr bald wurden diese durch integrierende und versöhnliche Töne abgelöst, aus denen sich exkulpierende Narrative entwickelten, nach denen die Einheimischen selbst potenzielle Opfer der SS gewesen seien und sich den KZ-Häftlingen gegenüber überwiegend solidarisch gezeigt hätten. So war die Erinnerung an die Todesmärsche ein Vehikel, um die Projektion einer antifaschistischen Massenbewegung in einem stark ritualisierten, zunehmend inhaltlich entleerten Geschichtskult in Szene zu setzen. Nach dem erzwungenen Ende der VVN waren auch von den Überlebenden selbst kaum noch kritische Töne in dieser Hinsicht zu hören.

Bemerkenswerterweise kam in dieses starre Bild wenige Jahre vor dem Ende der DDR Bewegung. Anknüpfend an eine kaum zu überblickende Bandbreite an lokalhistorischen Beiträgen, in denen überall in der DDR die Todesmärsche und ihre Gedenkzeichen thematisiert worden waren, hatte in den 1980er-Jahren seitens der Nationalen Mahn- und Gedenkstätten eine Erforschung der Räumungstransporte mit wissenschaftlichem Anspruch eingesetzt, die das eindimensionale Zerrbild einer weitgehend hilfsbereiten deutschen Bevölkerung differenzierte. Hier zeigt sich eine auch an anderen Themen festzustellende Tendenz in der späten DDR, mit lange vorherrschenden Geschichtsmythen auf der einen, mit „Blinden Flecken" der historiografischen Auseinandersetzung auf der anderen Seite zu brechen.[520] Dabei wurde in Bezug auf die Rolle der einheimischen Bevölkerung während der KZ-Räumungen das bis dato präsentierte, tendenziell bequeme Verhältnis von antifaschistischer „Tradition" und verbrechensbelastetem historischen „Erbe" zumindest infrage gestellt – wenngleich entsprechende Antworten damals ausblieben.

Zeitgleich kam Bewegung in die Erinnerungskultur in der Bundesrepublik. Im Kielwasser der Geschichtswerkstätten und anderer lokalhistorischer Initiativen wurde die Forderung nach Denkmälern auch für die Opfer der Todesmärsche mehrheitsfähig. Die Kontroversen um diese fernab der „großen Politik" in der Provinz gelegenen Gedenkzeichen stehen für einen gesamtgesellschaftlichen Aushandlungsprozess zwischen verschiedenen politischen Lagern, aber auch ganz unterschiedlich von der Geschichte betroffenen Generationen. Die vermehrt zu verzeichnenden und zunehmend ertragreichen wissenschaftlichen Beiträge zur Geschichte der Todesmärsche waren zugleich Ergebnis und Katalysator wachsender gesellschaftlicher Aufmerksamkeit für das Thema. Mit der Etablierung von „Oral History" als wissenschaftlicher Methode wurde es langsam

520 Zum zeitgleichen Bruch mit jahrzehntelang gepflegten Luftkriegsnarrativen vgl. Winter, Erinnerungen, S. 61 f. Zur zunehmenden Auseinandersetzung mit dem Judenmord in den 1980er-Jahren vgl. Käppner, Erstarrte Geschichte, S. 214–231.

möglich, trotz der – im Hinblick auf klassische, also schriftliche Dokumente – dünnen Quellenlage zur Endphase der Konzentrationslager zu arbeiten. Erinnerungsberichte Überlebender sollten bald zu einer zentralen Quelle für die Erforschung der Todesmärsche und Räumungstransporte werden. Parallel dazu führte die Ausweitung des Konzepts vom „Zeitzeugen" auf Angehörige der deutschen Mehrheitsbevölkerung zu merklichen Unschärfen und tendenziell exkulpierenden Darstellungen der Geschehnisse vor Ort.

Es zeichnet sich der scheinbar paradoxe Befund ab, dass nach Mauerfall und Wiedervereinigung die Auseinandersetzung mit NS-Geschichte zunehmend als Markenartikel des geeinten Deutschland angesehen wurde und die historische Forschung sich immer detaillierter und zunehmend empirisch unterfüttert der Todesmärsche annahm, aber zugleich ausgesprochene Generalisierungstendenzen in der öffentlichen Erinnerung festzustellen sind. Während das Schicksal der lokalen Bevölkerung bei Kriegsende mit dem Leid der Häftlinge parallelisiert wurde, entkonkretisierten totalitarismustheoretisch inspirierte oder sich in Allgemeinplätzen ergehende Inschriften sowohl zahlreiche vorhandene Mahnmale auf dem Gebiet der ehemaligen DDR als auch neue Denkmäler in Westdeutschland.

Die Todesmärsche und Räumungstransporte sind heute ein präsenter Teil der Erinnerung an den Nationalsozialismus. Bis in die jüngste Zeit gibt es Initiativen für die Errichtung von Gedenksteinen oder -tafeln, was zeigt, dass diese Form der Sichtbarmachung nach über 70 Jahren noch nicht an ein Ende gelangt ist.[521] Inzwischen gibt es neue Formen der Auseinandersetzung und des Gedenkens. So wurden mehrere „kollektive Performances" in Erinnerung an die Todesmärsche in Hessen durchgeführt.[522] In den kommenden Jahren wird auf dem Gelände der ehemaligen Mahn- und Gedenkstätte in Gardelegen ein moderner Gedenkort

521 Arbeitsgemeinschaft Spurensuche in der Südharzregion/Verein Spurensuche Goslar e.V. (Hrsg.), Von „Dora" bis zum Bahnhof Oker: Das Wegzeichenprojekt Westharz und der Marsch des Lebens. Eine Spurensuche auf der Route der Todesmärsche der Südharzer KZ-Häftlinge vom April 1945 im Westharz und über das Gedenken an ihre Leiden und Opfer, Goslar/Osterode 2001; „Mahnmale öffentlich übergeben. Stelen erinnern an Todesmärsche", in: Amtsblatt des Landratsamts Ostalbkreis Nr. 32/33/34, 23. 8. 2002, S. 109; „Bitte um Spenden für Gedenktafel des KZ-Todesmarsches 1945", in: Fuldaer Zeitung, 20. 3. 2011; „Absage an Denkmal-Entwurf ‚segnende Hände'", in: Münchener Merkur/ Seeshaupt, 8. 3. 2013.

522 Ulrike Streck-Plath, 25-3-45. Kollektive Performance anlässlich des Todesmarsches der Häftlinge des KZ Katzbach/Frankfurt durch Dörningheim. Eine Dokumentation, Hanau 2012; dies., 24-3-45. Kollektive Performance 2013 anlässlich des Todesmarsches der Häftlinge des KZ Katzbach/Franfurt nach Hünfeld, Hanau 2013.

mit pädagogischen Angeboten entwickelt, der sich neben dem Massaker in der Feldscheune auch den Todesmärschen in Mitteldeutschland widmen soll. Nach der Neugestaltung der Gedenkstätte Todesmarsch im Belower Wald ist dies ein weiterer Schritt, die Todesmärsche und Räumungstransporte auch in der institutionalisierten Gedenkstättenlandschaft zu verankern.

Es scheint sich ein Bewusstsein dafür herauszubilden, dass die Besonderheit dieses Verbrechens in seiner Öffentlichkeit und Omnipräsenz liegt. Dennoch spielt häufig nur eine untergeordnete Rolle, wie das konkrete Verhalten der deutschen Bevölkerung während der Todesmärsche und Räumungstransporte einzuordnen ist und was daraus abgeleitet werden kann.

In jüngerer Zeit gab es zwei Publikationen, die das Potenzial hatten, eine Debatte über die soziale Dimension der Todesmärsche auszulösen: „Hitlers willige Vollstrecker" von Daniel Goldhagen aus dem Jahr 1996 und das – teilweise als Gegenentwurf zu lesende – Buch von Daniel Blatman 15 Jahre später. Allerdings spielten die Räumungstransporte, die einen wesentlichen Teil in Goldhagens Buch einnahmen, im Gegensatz zu seiner Darstellung der Massenerschießungen von Juden in der öffentlichen Kritik kaum eine Rolle.[523] Wenn die entsprechenden Kapitel überhaupt Erwähnung fanden, wurde gelobt, dass Goldhagen auf einem vermeintlich unbearbeiteten Gebiet empirische Pionierarbeit geleistet habe.[524] Goldhagens eigentliche Thesen hingegen wurden zumeist unabhängig von seinen Aussagen zu den Evakuierungstransporten verhandelt. Obwohl sich die Wissenschaft zeitgleich verstärkt der Befreiung und Räumung der Lager annahm, lag im Gegensatz zu anderen Teilen seines Buches – insbesondere den Kapiteln über das Reserve-Polizeibataillon 101 – offenbar kein hinreichend bekannter Gegenentwurf zu Goldhagens Darstellung der Todesmärsche vor. Das verhinderte, dass aus der Goldhagen-Debatte auch eine öffentliche Auseinandersetzung über den Charakter der Todesmärsche und die Rolle der Zivilbevölkerung wurde.

523 In der Fachwissenschaft hingegen wurde auch dieser Teil von Goldhagens Buch der Kritik unterzogen. Vgl. Ruth Bettina Birn, Revising the Holocaust, in: The Historical Journal 40 (1997) 1, S. 195–215, hier S. 205–207; Ruth Bettina Birn/Volker Rieß, Nachgelesen. Goldhagen und seine Quellen, in: Johannes Heil/Rainer Erb, Geschichtswissenschaft und Öffentlichkeit. Der Streit um Daniel J. Goldhagen, Frankfurt a. M. 1998, S. 38–62, hier S. 43–47.

524 Hans-Ulrich Wehler, „Goldhagen-Debatte. Wie ein Stachel im Fleisch", in: Die Zeit, 24. 5. 1996; Frank Schirrmacher, „Hitlers Code. Holocaust aus faustischem Streben? Daniel Jonah Goldhagens Remythisierung der Deutschen", in: Frankfurter Allgemeine Zeitung, 15. 4. 1996, hier zitiert aus: Julius H. Schoeps (Hrsg.), Ein Volk von Mördern? Die Dokumentation zur Goldhagen-Kontroverse um die Rolle der Deutschen im Holocaust, Hamburg 1996, S. 99–105, hier S. 103.

Als 2011 Daniel Blatmans Monografie erschien, wurde im Feuilleton erneut der Eindruck erweckt, es habe sich noch nie ein Historiker den Todesmärschen gewidmet, obwohl mittlerweile nicht nur etliche Sammelbände und Einzelbeiträge vorlagen, sondern auch Katrin Greisers umfangreiche Arbeit zu den Todesmärschen aus Buchenwald.[525] Blatmans Forschungsergebnisse wurden anerkennend zur Kenntnis genommen, eine öffentliche kontroverse Debatte blieb hingegen abermals aus. Seine Hinwendung zu den einheimischen Tätern der Todesmärsche war eine Konsequenz aus den Ergebnissen der „Täterforschung", die immer neue Gruppen und Organisationen in den Blick genommen hatte[526] und nun folgerichtig auf der Ebene der Zivilbevölkerung ankam, was durchaus zu neuerlichen Debatten um eine deutsche „Kollektivschuld" hätte führen können. Trotzdem vermochte der Verweis auf die zahlreichen lokalen Täter anscheinend niemanden mehr zur öffentlichen Gegenrede zu provozieren.

Dennoch scheint in der Frage nach der Rolle der einheimischen Bevölkerung noch Zündstoff zu liegen. Dies äußert sich allerdings weniger im Feuilleton als vielmehr direkt vor Ort, wie ich selbst zu spüren bekam. Ende Januar 2016 hielt ich einen öffentlichen Vortrag in der Gedenkstätte Todesmarsch im Belower Wald. Dabei stellte ich zentrale Befunde des ersten Teils dieser Arbeit anhand eines Beispiels aus der Region vor und verwies insbesondere auf die sehr unterschiedlich genutzten Handlungsspielräume. Ein älterer Herr aus der Gegend, dessen Frau als Kind Augenzeugin der Todesmärsche aus dem KZ Sachsenhausen geworden war, machte nicht nur in der anschließenden Diskussion, sondern auch in einem Leserbrief an die Lokalzeitung seinem Ärger über die Betonung der Involvierung Einheimischer Luft. Er bemängelte an meinem Vortrag die „äußerst einseitige Darstellung der Rolle, die der Bevölkerung zugeordnet wurde", während verschiedene ihm bekannte Hilfsaktionen unerwähnt geblieben seien. Mein – mit Beispielen der Hilfeleistung kontrastierter – Verweis auf die Beteiligung der lokalen Bevölkerung an den Verbrechen hatte offenbar eine so starke Abwehr ausgelöst, dass die differenzierende Einordnung gar nicht mehr wahrgenommen wurde.[527]

525 Volker Ullrich, „Das Ende", in: Die Zeit, 27. 1. 2011. Dagegen führte Michael Wildt in seiner Rezension die vorliegenden „beachtlichen Lokalstudien" an. „Morden aus Angst. Daniel Blatman schildert die letzten Wochen des NS-Regimes", in: Süddeutsche Zeitung, 4. 7. 2011.

526 Wildt, Volksgemeinschaft, S. 11.

527 Ewald Hünger, „Rolle der Bevölkerung einseitig dargestellt", in: Märkische Allgemeine Zeitung (Wittstock), 10. 2. 2016.

Schlussbetrachtung

Dezentrale Massengewalt, Strafverfolgung und öffentliche Erinnerung

Das letzte NS-Gesellschaftsverbrechen im ländlichen Raum

Diese Arbeit hatte zum Ziel, die Verbrechen im Umfeld der Todesmärsche und Räumungstransporte, ihre juristische Aufarbeitung und kommemorative Nachgeschichte über die Trias von *Handlung*, *Ahndung* und *Erinnerung* miteinander zu verknüpfen.

Der erste Teil hat gezeigt, wie aus dörflichen Räumen Tatorte von Massengewalt wurden. Während des Krieges hatte sich das Sozialgefüge der Dörfer erheblich destabilisiert. Viele Männer waren zur Wehrmacht eingezogen, dafür lebten unter den Einheimischen zunehmend Fremde: Evakuierte aus den vom Luftkrieg bedrohten Städten, umgesiedelte „Volksdeutsche", deutsche Flüchtlinge sowie in der Landwirtschaft ausgebeutete ausländische Kriegsgefangene, Zwangsarbeiterinnen und Zwangsarbeiter. Auf diese oft unfreiwillig miteinander verbundene, heterogene und zugleich auf engstem Raum vereinte Dorfbewohnerschaft trafen im Frühjahr 1945 die Todesmärsche und Räumungstransporte aus Konzentrationslagern. Die Ankunft Tausender entkräfteter, hungernder KZ-Häftlinge und ihrer Wachmannschaften, die sich aus ausgemusterten Soldaten und „fremdvölkischen Hilfswilligen" zusammensetzten, kurz vor Kriegsende erschien als Menetekel des kaum noch abzuwendenden völligen Zusammenbruchs des NS-Regimes. Die hier rekonstruierten Aushandlungsprozesse um die Besetzung und Transformation von Räumen verdeutlichen die Spannungsverhältnisse zwischen den Akteuren. Zwischen Einheimischen und den Wachmännern kam es zu Kooperationen, aber auch Konflikten, als entschieden werden musste, wo Häftlinge untergebracht, ermordet oder begraben werden sollten. Gemeinsam war ihnen das Interesse an einer Kontrolle der Masse von Häftlingen, weshalb zivile Räume wie Scheunen oder Sportplätze zu provisorischen Lagern umfunktioniert wurden, in denen die Gefangenen unter qualvollen räumlichen und sanitären Verhältnissen zu leiden hatten. Dissens gab es hingegen häufiger, wenn es um die Auswahl von Mordstätten ging. Während die SS unterwegs tötete, um das

Vorankommen der Kolonnen nicht zu verzögern, war es an den Einwohnern der Dörfer, die Toten zu beseitigen. Sie mussten dafür weitsichtigere Lösungen finden, auch um im Hinblick auf die anrückenden Alliierten die Spuren der Verbrechen zu verwischen.

Oft wurde spontan, aber deswegen nicht wahllos getötet. Innerorts waren Morde seltener als außerhalb der Dörfer, weil die Wachmannschaften Konflikten mit den Einheimischen aus dem Weg gehen wollten und diese, wenn sie selbst die Täter waren, sich ungern von ihren Nachbarn beobachten lassen wollten. Anhand der zeitlich differenzierten Auswahl von Grabstätten für Opfer der Räumungstransporte zeigte sich einerseits das fortdauernde Funktionieren, andererseits das Aufbrechen von administrativen und bürokratischen Strukturen inmitten des Untergangschaos, als welches das Kriegsende vielfach wahrgenommen wurde: Während im Januar 1945 noch halbwegs geregelte Bestattungen der Todesmarschopfer auf den kommunalen Friedhöfen durchgeführt wurden, verscharrten Einheimische die zahlreichen Toten kurz vor Eintreffen der Alliierten im März oder April kurzerhand dort, wo sie sie auffanden.

Gewalttaten gegenüber KZ-Häftlingen gingen furchterregende Gerüchte voraus, die insbesondere Ängste vor sexuellen Übergriffen befreiter Häftlinge gegenüber der weiblichen Zivilbevölkerung und vor Plünderungen schürten. Der letzte Befehl zur Evakuierung der Lager rekurrierte auf einen vergeschlechtlichten und rassistischen Diskurs, in dem die Vergewaltigung deutscher Frauen durch „volksfremde" Männer symbolisch als Angriff auf den gesamten „Volkskörper" verstanden wurde. Auf lokaler Ebene trugen die Abwehr dieser vermeintlichen Gefahr und die Bewältigung der Ausnahmesituation beide Geschlechter. Frauen traten dabei seltener als Direkttäterinnen auf, eher auf der kommunikativen, organisatorischen oder logistischen Ebene.

Für die relevantesten und dominantesten einheimischen männlichen Akteure aus Partei, Verwaltung, Exekutive, Paramilitär und Dorfhierarchie konnte in der Arbeit eine Idealtypologie skizziert werden. Demnach taten sich die NSDAP-Ortsgruppenleiter häufig unmittelbar im oder am Gewalt- und Verbrechensgeschehen als radikale „Macher" hervor. Die Ortsbürgermeister hingegen waren als Organisatoren und Verwalter um eine rasche, pragmatische und „ordnungsgemäße" Abwicklung der Transporte bemüht und stellten dabei ihr Improvisationsgeschick unter Beweis. Im ländlichen Raum fungierten sie oftmals zugleich als oberster Polizeiherr.

Polizei und Gendarmerie agierten als flexible Ordnungsmacht. Um „Ruhe und Ordnung" aufrechtzuerhalten, übernahmen Polizisten Absperr- und Bewachungsaufgaben oder versorgten Häftlinge und Bewacher mit Nahrungsmitteln. Zu Gewalttaten von Polizisten kam es insbesondere, wenn keine Wachmannschaften in der Nähe waren. Ähnliches ließ sich für den Volkssturm feststellen. Das Beispiel aus Harkerode hat gezeigt, dass persönliche Beziehungen und situative Faktoren die Gewaltdynamiken in dieser Volkssturmeinheit stärker beeinflussten als politische Dispositionen oder Gewalterfahrungen aus dem Krieg. Die auf den ersten Blick recht homogene Sozialstruktur der Einheit erwies sich als ausgesprochen brüchig, und die angespannte Situation im Umfeld der Jagd auf geflohene Häftlinge ließ die latenten zwischenmenschlichen und innerdörflichen Konflikte eskalieren – mit Auswirkungen bis weit in die Nachkriegszeit. Die oft zusammen mit dem Volkssturm auftretende Hitler-Jugend war zwar straffer militärisch organisiert und ideologisch indoktriniert. Dennoch haben die Fallbeispiele auch dort wenige nationalsozialistische Weltanschauungs- und Überzeugungstäter gezeigt. Vielmehr war die Jagd auf geflohene KZ-Häftlinge eine Gelegenheit für „adoleszente Abenteurer" als Ersttäter, sich gegenseitig Mut, Männlichkeit und Militanz zu beweisen. Als Orientierung und Vorbild dienten ihnen die nur wenige Jahre älteren „jungen Veteranen". Sie waren meist mit Kampferfahrungen aus dem Vernichtungskrieg in Osteuropa ausgestattet und konnten mobilisiert werden, um Häftlinge zu ermorden – wenngleich sie dabei mitunter wenig Enthusiasmus an den Tag legten.

Zuletzt erlaubte es die Quellenlage, Pfarrer als dörfliche Honoratioren in den Blick zu nehmen. Sie waren mit der Sorge um die Toten betraut und in vielen Fällen die ersten Chronisten der Todesmärsche. Zugleich kamen sie in ihrer respektierten Sonderstellung den Transporten oftmals näher als andere Akteure. In einigen Fällen nutzten sie dies, um Glaubensbrüdern unter den Häftlingen zu helfen. Mit der Masse der Häftlinge hatten sie Mitleid, was jedoch zumeist sofort nach der Befreiung in eine wenig barmherzige Abneigung umschlug.

Zusammenfassend zeigte sich, dass die Akteure aus der einheimischen Bevölkerung in der Regel versuchten, den direkten Kontakt zu den Gefangenen möglichst zu meiden, solange noch KZ-Wachmannschaften vor Ort waren. Sobald dies nicht mehr der Fall war, übernahmen sie mit Bewachung und Transport zu großen Teilen deren Funktionen und traten dabei teilweise den Häftlingen gegenüber aggressiv oder abwertend auf. Unsolidarisches und feindseliges Verhalten der Bevölkerung hing also weniger – wie später oft behauptet wurde – mit der bedrohlichen Allgegenwart der SS zusammen, sondern ganz im Gegenteil mit deren Abwesenheit.

Das Spektrum der Akteure verdeutlicht, dass die Todesmärsche und Räumungstransporte neben der allgegenwärtigen Zwangsarbeit derjenige Verbrechenskomplex waren, der die nationalsozialistische Gesellschaft kurz vor ihrem Ende am tiefsten durchdrungen hatte. An prototypischen Situationen wurde in der Arbeit die Bandbreite der Verhaltensweisen aufgezeigt.

Die standardisierten „Bürgermeisterbriefe“ des Suchdienstes, die hier exemplarisch ausgewertet wurden, geben Hinweise darauf, vor welch breiter Öffentlichkeit sich die Räumungstransporte abspielten. Die Bevölkerung wurde zum kollektiven Zuschauer und schon dadurch unweigerlich in die Verbrechensdynamik mit einbezogen. Sie sah das Elend der Gefangenen auf den Märschen, hörte ihre verzweifelten Schreie aus den Scheunen und roch den Gestank von Kot und Dreck, der die überfüllten Waggons umgab. Schon durch ihre sichtbare Anwesenheit nahmen die zahlreichen Zuschauerinnen und Zuschauer Einfluss auf das Gewaltgeschehen. Darüber hinaus konnte gezeigt werden, dass der Übergang zur direkten Beteiligung fließend war. Nicht zuletzt dokumentieren die wenigen bekannten Fotografien der Todesmärsche, wie nah die Einheimischen dem Geschehen gekommen waren.

Dabei gab es immer wieder auch Versuche, den KZ-Häftlingen Hilfe zu leisten. Im Anschluss an Untersuchungen zu Helfern und Rettern von Juden im Nationalsozialismus sind diese Handlungen als prosoziale, reaktive und defensive Zivilcourage zu begreifen. Ausschlaggebend war insbesondere, dass Häftlinge aktiv um Unterstützung baten und dass aufseiten der Helferinnen und Helfer ein überschaubares, geschütztes Netzwerk von wenigen vertrauten Personen bestand. Aber auch Denunziationen von geflohenen KZ-Häftlingen durch Zivilistinnen oder Zivilisten waren meist keine Taten Einzelner, sondern kommunikative und teilweise sehr komplexe und kontroverse Gruppenprozesse.

Das Beispiel des irrtümlichen Kriegsendes in Poing, wo ein Zug mit Tausenden KZ-Häftlingen gestrandet war, hat gezeigt, welche Handlungsspielräume für die lokalen Akteure bestanden und inwiefern ihre Ausgestaltung vom tatsächlichen oder vermeintlichen Kontext abhing. Innerhalb weniger Stunden wurden die Häftlinge aufgrund eines Gerüchts zunächst befreit und in den umliegenden Ortschaften durch Einheimische versorgt, während sich die Bewacher absetzten. Als der Irrtum erkannt wurde, schlug die Situation jedoch um, es entwickelte sich eine Jagd auf die nun als „geflohen“ wahrgenommenen Häftlinge, und schließlich verübten Soldaten und Wachmannschaften ein Massaker, bei dem sie auch einheimische Zivilisten zur Beteiligung aufriefen. Wie in einem Brennglas werden hier die Parameter deutlich, die die Situationen um die Todesmärsche bestimmten: die kaum zu überschätzende Bedeutung des Kriegs als Referenzrahmen genauso wie die Macht kollektiven Handelns auf der Grundlage geteilter Bedeutungszuschreibungen. Poing zeigt in jeglicher Hinsicht, was damals möglich war, und macht deutlich, dass diese Situationen keineswegs alternativlos, sondern ausgesprochen kontingent waren. Es hat aber auch offenbart, dass es eine Befreiung für die Häftlinge nur mit dem Einmarsch der Alliierten geben konnte. Erst danach waren Gewalt und Feindseligkeiten eingedämmt, wenngleich nicht beendet. Die „Kriegs- und Einmarschberichte" oberbayerischer Pfarrer sind ein beredtes Zeugnis der verbreiteten Ängste und Abneigungen den Überlebenden gegenüber, aus denen nun „Displaced Persons" geworden waren.

In der Gesamtschau zeichnet sich ab, dass überall Einheimische an der Durchführung der Räumungstransporte beteiligt waren. Sie handelten ohne „Masterplan" und Befehle von oben, eher eigenen Interessen statt ideologischen Vorgaben folgend. Die Evakuierung der Lager wurde so zum letzten nationalsozialistischen Gesellschaftsverbrechen, zu dezentraler Massengewalt inmitten der Zivilbevölkerung. Damit sind die Ergebnisse dieser Arbeit anschlussfähig an die aktuellen Forschungen zu „Gewaltmassen", von Axel T. Paul und Benjamin Schwalb definiert als „nicht-organisierte, darum jedoch nicht unbedingt unstrukturierte Kollektive kopräsenter Akteure, die gemeinschaftlich, deswegen jedoch nicht planvoll, physische Gewalt gegenüber Dritten ausüben".[1] Allerdings sind die Verbrechen während der Todesmärsche geradezu als Aggregat nicht-organisierter, kollektiver Gewalt zu betrachten, bei dem Kopräsenz keine notwendige Bedingung darstellte – schließlich ähnelten sich Akteure und Situationen quer durch das schrumpfende Reichsgebiet, ohne dass man etwa in Oberbayern wusste, wie zeitgleich in Schleswig-Holstein mit den Gefangenen verfahren wurde. Zentral war der Krieg als übergeordneter Referenzrahmen. So lange dieser andauerte, war man auf lokaler Ebene notgedrungen bereit, die Transporte mit all ihren Begleiterscheinungen und tödlichen Konsequenzen zu unterstützen. Dabei waren weniger konkrete Befehle relevant als vielmehr das kollektiv verhandelte Wissen um die jeweilige Situation und ihre Bedeutung. Das unterscheidet diesen Verbrechenszusammenhang beispielsweise von der „Fliegerlynchjustiz" an abgeschossenen alliierten Flugzeugbesatzungen, die ebenfalls von breiten Teilen der Bevölkerung mitgetragen wurde, aber einer „nationalsozialistischen Initiierung, Steuerung und Anleitung" unterlag.[2] Wenngleich die einheimischen Täter und Mitmacher zweifelsohne noch einmal ganz im Sinne der sich gerade auflösenden „Volksgemeinschaft" handelten und einige unter Umständen die letzte Chance zur nationalsozialistischen Selbstermächtigung wahrnahmen, ging es bei der Beteiligung an Verbrechen im Umfeld der Todesmärsche weniger um die Aufrechterhaltung der rassistischen und antisemitischen Gesellschaftsordnung als vielmehr um die lokale Bewältigung einer als Bedrohung und Zumutung wahrgenommenen Situation.

1 Axel T. Paul/Benjamin Schwalb, Vorwort, in: dies. (Hrsg.), Gewaltmassen, S. 7–18, hier S. 10.

2 Hoffmann, Fliegerlynchjustiz, S. 365.

Es wird deutlich, dass es inmitten allgegenwärtiger entgrenzter Gewalt wenig brauchte, um in Verbrechen involviert zu werden, deren Ziel oder auch nur Verbindung den einzelnen Akteuren gar nicht bekannt sein musste. Zugleich zeigen zahlreiche Beispiele, dass es keine Notwendigkeit dafür gab, vielmehr in vielen Fällen Alternativen möglich waren. Nachdem das KZ-System immer weiter in die deutsche Gesellschaft expandiert war, bis es sie mit einem Netz von Außenlagern und -kommandos, Baubrigaden und schließlich den Räumungstransporten und Todesmärschen überzogen hatte, löste es sich Stück für Stück, Kolonne für Kolonne, in deren Mitte auf. Für die zeitgleich einmarschierenden Alliierten hätte es kein deutlicheres Zeichen dafür geben können, wie weit die Mitwisserschaft und Beteiligung der Deutschen an den Verbrechen des Regimes und seiner „ganz normalen" Organisationen gegangen war.

Ermittlungen und Prozesse wegen Todesmarschverbrechen

Die Ermittlungsverfahren und Strafprozesse wegen Verbrechen während der Todesmärsche und in ihrem Umfeld waren ungeeignet, diese gesellschaftliche Dimension zu reflektieren. Obwohl sich in den Vernehmungen der zahlreichen Zeuginnen und Zeugen abzeichnete, wie breit und vielgestaltig einheimische Akteure beteiligt gewesen waren, musste jedes justizielle System bei der Ahndung konkreter Straftatbestände den Blick auf einzelne Beschuldigte und Angeklagte verengen, was zu einer weitgehenden Ausblendung des gesellschaftlichen Kontextes führte.[3] Selbst das weit gefasste US-amerikanische „Common Design" wurde nicht auf einheimische Akteure angewandt. Der in den Ermittlungsunterlagen aufscheinenden Involvierung der Bevölkerung wurde von Beginn an nicht systematisch nachgegangen. Die US-Amerikaner nahmen einen großen Teil der deutschen Mehrheitsbevölkerung zwar mit beschämenden Begräbnisritualen bei der angeordneten Bestattung von Todesmarschopfern moralisch, aber nicht strafrechtlich in die Verantwortung. So saß in den Dachauer Kriegsverbrecherprozessen in Bezug auf die Todesmärsche ausschließlich Personal aus den Reihen der SS auf der Anklagebank. In den westlichen Besatzungszonen verhandelten deutsche Gerichte nur wegen weniger Todesmarschverbrechen.

Der Blick in die Sowjetische Besatzungszone zeigte zunächst vergleichbare Tendenzen: Zu Beginn der Ermittlungen in Sachsen im Sommer 1945 wurde die lokale Bevölkerung kollektiv dafür gescholten, die Taten der SS nicht verhindert zu haben. Doch schon beim „sächsischen Gedenktag für die Opfer des Faschismus" im September mehrten sich versöhnliche und integrierende Töne. Auch für

3 Vgl. Wildt, Differierende Wahrheiten, S. 56 f.

die sowjetische Militärjustiz waren die Verbrechen während der Todesmärsche nur von untergeordneter Bedeutung. Aber wenn, dann urteilte sie ausgesprochen hart, was auch Täter aus der lokalen Bevölkerung betraf. Von ihnen wurde eine größere Anzahl wegen dieser Vergehen zum Tode verurteilt als aus den Reihen des KZ-Wachpersonals. Die Tendenz, insbesondere einheimische Akteure zur Rechenschaft zu ziehen, setzte sich in der Spruchpraxis deutscher Gerichte in der SBZ fort. Im Gegensatz zu den Verfahren in den Westzonen beziehungsweise der Bundesrepublik saßen dort insbesondere Täter aus den betreffenden Ortschaften auf der Anklagebank, darunter befanden sich neben Amtsträgern auch einfache Zivilisten.

Die umfangreichen Ermittlungsunterlagen zeigen, dass es sich in der SBZ bei den Verurteilten nur um die Spitze eines Eisbergs handelte. Die Mehrzahl derjenigen, die an den Verbrechen beteiligt waren, kam auch dort nicht vor Gericht. In dieser kurzen Phase, die mit der Staatsgründung der DDR und einem starken Rückgang der strafrechtlichen Ahndung von NS-Verbrechen insgesamt endete, wurde dennoch die gesamtgesellschaftliche Dimension der Todesmarschverbrechen deutlich. Zugleich waren die Prozesse durch rechtsstaatliche Defizite sowie eine zunehmende Politisierung geprägt. Die deutschen Todesmarschprozesse in der SBZ unterstreichen, welchen Spagat „Transitional Justice“ dort zu leisten hatte: Einerseits musste der Bruch mit dem Nationalsozialismus exemplarisch demonstriert werden. Die harte Bestrafung Einzelner sollte den verbrecherischen Charakter des überwundenen Systems belegen und war zugleich als Warnung an alle Involvierten, die nicht belangt worden waren, zu verstehen. Andererseits war den Verantwortlichen bewusst, dass mit kollektiven Schuldvorwürfen gegen eine Bevölkerung, die für den Wiederaufbau gebraucht wurde, dauerhaft kein Staat zu machen war, und erst recht kein „antifaschistischer“. Das Ende der kurzen Periode intensiver Strafverfolgung markiert zugleich den Beginn der Autosuggestion, den Faschismus im neuen sozialistischen Deutschland „mit Stumpf und Stiel ausgerottet“ zu haben. Im Gegensatz dazu wurde die Bundesrepublik zur Projektionsfläche für die propagandistischen Zerrbilder der Kampagnenpolitik der DDR, die den Westen als Paradies für ehemalige und aktuelle Nationalsozialisten darstellte.

Zwischen beiden deutschen Staaten glich sich über die Jahrzehnte die Gesamtzahl von Urteilen zu Todesmärschen an, da in der DDR nach 1949 fast keine Prozesse mehr stattfanden, während in der Bundesrepublik regelmäßig Verfahren geführt wurden. Allerdings standen in Westdeutschland, wo auch die milderen Urteile gesprochen wurden, weitaus weniger Angeklagte aus der Bevölkerung vor Gericht. Am Beispiel des Verfahrens gegen einen SS-Mann in den 1950er-Jahren wurde hier gezeigt, wie eine Bestrafung selbst ranghoher Akteure durch exkulpierende Strategien und mithilfe der Solidarität unter NS-Belasteten in relevanten Positionen verhindert wurde. Dabei deutet der Blick auf eingestellte und durchgeführte Verfahren in Bayern darauf hin, dass bei einer günstigen Konstellation von Zeuginnen und Zeugen eine Ahndung von Todesmarschverbrechen auch Jahrzehnte nach Kriegsende prinzipiell möglich war.

Auch die deutsch-deutschen Aspekte wurden hier beleuchtet. Das Vorgehen des MfS steht exemplarisch für einen utilitaristischen Umgang mit NS-Verbrechen und den Tätern, Zeuginnen und Zeugen sowie Opfern im Osten, die Ermittlungen der Zentralen Stelle in Ludwigsburg hingegen reflektierten das eindeutig auf die SS fixierte Täterbild im Westen. Die Reaktionen der DDR-Organe auf Rechtshilfeersuchen aus dem Ausland verweisen zudem auf die transnationale Dimension der Todesmarschverbrechen und ihrer Ahndung.

Sowohl bei der Fahndung nach den Tätern als auch bei der Suche nach den Opfern behinderte der Kalte Krieg eine umfassendere Aufklärung. Die Todesmärsche waren quer über spätere Grenzen von Zuständigkeitsgebieten, Besatzungszonen und Ländern verlaufen. Die Tausenden Toten, die zurückblieben, waren Angehörige ganz unterschiedlicher Nationen, Religionen und Opfergruppen. Die sich nach Kriegsende bald abzeichnende Blockkonfrontation stand einer diesen Umständen angemessenen Ahndung der Verbrechen und der Klärung des Schicksals ihrer Opfer entgegen. Der weltpolitische Systemkonflikt verhinderte die wenn überhaupt nur international zu bewerkstelligende Identifizierung der Toten; die deutsch-deutschen Spannungen standen der Beweissicherung, der Fahndung nach den Tätern und ihrer Verurteilung im Wege.

Diese Hindernisse auf der transnationalen Makroebene wurden von erheblichen lokalen Einflüssen flankiert. Die akribische Arbeit der Suchdienste traf in deutschen Gemeinden häufig auf Desinteresse und Abwehr seitens der örtlichen Behörden. Zahlreiche Antworten aus den Ortschaften dokumentieren, wie diese sich – teilweise erstmalig – zu den Räumungstransporten in ihren Gemeinden in Beziehung setzen und Worte für die Verbrechen finden mussten. Alliierte Ermittler, Polizei und Staatsanwaltschaft waren an den Tatorten mit nachbarschaftlichen Exkulpationsnetzwerken konfrontiert, als die Dörfer zur Arena strafrechtlicher Ermittlungen wurden. Dabei machte sich die soziale Nähe schnell bemerkbar – wer was getan oder zumindest gewusst hatte, war oftmals ein offenes Geheimnis. Nun wurden Freunde, Bekannte und Verwandte gedeckt, mitunter aber auch alte Rechnungen beglichen. Nach Abschluss der Ermittlungen hielt die Justiz gelegentlich mitten im Dorf Gerichtstag. So wie die Verbrechen inmitten der Gesellschaft stattgefunden hatten, wurden nun zumindest einige der Täter vor den Augen der Dorfgemeinschaft verurteilt. Dies kann in seiner Symbolkraft als Kehrseite der individualisierenden juristischen Praxis angesehen werden. Herbert Jäger betonte vor vielen Jahren, dass NS-Prozesse „Geschichte individualisieren, d. h. jenen Punkt markieren, in dem sich die Weltgeschichte mit der persönlichen Lebensgeschichte trifft und historische und individuelle Kausalität, Zeitgeschichte und Kriminologie, zu einer Einheit verschmelzen".[4] Das war es, was in den Dörfern geschah.

Die Perspektive auf die Prozesse, die Angeklagten und die Verurteilten erhellt zeitgenössische Bilder von Tat und Tätern, die über den engeren juristischen Bereich hinauswirkten. In beiden Teilen Deutschlands war das „Chaos der Endphase" ein zentrales Argumentationsmuster, allerdings mit unterschiedlichen Ausprägungen: Während mit diesem Verweis in der Bundesrepublik exkulpierend der ohnehin gern bemühte „Befehlsnotstand" plausibilisiert wurde, betonten die Gerichte in der DDR vornehmlich die sich aus der Auflösung der Strukturen ergebenden Handlungsspielräume.

Weil die Verbrechen während der Todesmärsche mehr als andere NS-Verbrechenskomplexe inmitten der deutschen Bevölkerung stattfanden und die Verfahren vor allem zu Beginn als Transformationsvehikel für neue Gesellschaftsordnungen fungierten, mussten die Täterbilder ein Zusammenspiel von Entnazifizierung und Integration ermöglichen. Insbesondere in der Bundesrepublik boten sich die bekannten Stereotype diabolischer und primitiver NS-Täter als negative Kontrastfiguren an, da dort ohnehin eher Angehörige von KZ-Wachmannschaften vor Gericht standen als einheimische Akteure. In der DDR hingegen waren Bandbreite und Zusammensetzung der Angeklagten erklärungsbedürftig: Wieso hatten sich Jugendliche, Frauen und politisch Unverdächtige an schwersten Verbrechen beteiligt, wie waren sie zu bestrafen und was sagte das alles im Hinblick auf die neue Gesellschaft? Während die weibliche Involvierung mit dem Rückgriff auf traditionelle, ambivalente, aber dennoch plausibel erscheinende Rollenmuster interpretiert werden konnte, galten Jugendliche zumeist als propagandistisch verblendet, aber damit potenziell als rehabilitationsfähig – schließlich handelte es sich um Angehörige der dringend benötigten Aufbaugeneration.

Betrachtet man „das strafrechtliche Vorgehen unter dem Aspekt der Erzeugung oder Hervorbringung von Wirklichkeit und Bedeutung",[5] verweisen die geführten Prozesse wegen Todesmarschverbrechen bereits auf die kommemorative Ebene: als ein spezifischer Akt des Erinnerns an Tat und Täter.

4 Herbert Jäger, Strafrecht und nationalsozialistische Gewaltverbrechen, in: Kritische Justiz 1 (1968), S. 143–157, hier S. 145.

5 Wamhof, Gerichtskultur, S. 19.

Die Todesmärsche in der Erinnerungskultur

Die Grundlagen für die Auseinandersetzung mit den Todesmärschen und Räumungstransporten wurden bereits in den ersten Wochen nach Kriegsende geschaffen. Anhand verschiedener Beispiele konnten die vielfältigen Konfliktlinien innerhalb der inhomogenen Nachkriegsgesellschaft im besetzten Deutschland aufgezeigt werden. Befreite KZ-Häftlinge, alliierte Truppen und deutsche Einheimische waren nolens volens die ersten Erinnerungsakteure, als es um die Bestattung der zahlreichen Opfer ging. Die Begräbnisse gerieten in den westlichen Besatzungszonen zu medialisierten Ritualen der öffentlichen Beschämung, in der SBZ zu ersten geschichtspolitischen Manifestationen, in denen die Gräueltaten der Gegenwart zu Verbrechen der Vergangenheit wurden, um daraus eine große Linie zu den Zielstellungen der Zukunft zu entwerfen.

Die dabei vorherrschenden integrativen Töne wurden von harschen Missklängen kontrastiert, die Überlebende und Einheimische andernorts austauschten. In Neunburg vorm Wald entlud sich eine im Umfeld eines Begräbnisses entstandene, über die Maßen angespannte Stimmung schließlich in handfesten Ausschreitungen und kaum verhohlenen antisemitischen Ausfällen. Wenige Jahre später zeigten die Vorgänge um Hunderte unter einem Acker verscharrte Tote in Holstein, wie unversöhnlich sich die überlebenden Häftlinge in ihrem Bestreben um einen würdevollen Umgang mit ihren ehemaligen Kameraden mit lokalen Akteuren in ihrer Haltung zwischen Indifferenz und Abwehr gegenüberstanden. Gemeinsam mit den dorfinternen Konflikten, die während der Fahndung nach Tätern aufbrachen, verweisen diese Feindseligkeiten, Drohungen und zuweilen körperlichen Attacken auf die Nachwirkungen von Massengewalt im sozialen Nahbereich. Sie zeigen auf der lokalen Ebene die subtileren Effekte des zuletzt von Keith Lowe hervorgehobenen Umstands, dass „die Niederlage Hitler-Deutschlands kein Ende der Gewalt brachte“,[6] wenngleich deren Qualität und Ausmaß sich deutlich von der Kriegszeit unterschied.

In der SBZ lagen etliche Tat- und Gedenkorte ungeachtet der schon früh dominanten politisch-ideologischen Aufladung im Spannungsfeld zwischen Vereinnahmung und Vernachlässigung. Mit den Grab- und Mahnmalen, die an die Todesmärsche erinnerten, entstand eine dezentrale Topografie „antifaschistischer“ Gedenkstätten, welche die große historische Erzählung von Klassenkampf und Weltrevolution auch im kleinsten Dorf veranschaulichen sollten. Unter den Bedingungen der SED-Diktatur wurden diese Erinnerungszeichen zugleich mit

6 Keith Lowe, Der Wilde Kontinent. Europa in den Jahren der Anarchie 1943–1950, 3. Aufl., Stuttgart 2014, S. 444.

den angeordneten geschichtsbezogenen Polit-Ritualen verknüpft und so häufig doppelt negativ besetzt: als lokale Erinnerungsorte verbrecherischer NS-Vergangenheit und angeordneten Gedenkens in der DDR zugleich. So richtete sich die nächtliche Schändung des Gedenksteins in Herzogswalde nicht nur gegen die dort begrabenen Opfer aus der nationalsozialistischen Vergangenheit, sondern ebenso gegen die Machthaber der kommunistischen Gegenwart.

Während der Gedenkkalender in Ostdeutschland eine wiederkehrende Thematisierung der Todesmärsche begünstigte, herrschte in der Bundesrepublik bald Schweigen vor. Auch dort überlagerte nicht selten die selbstviktimisierende Erinnerung an erzwungene Sühnerituale das Bewusstsein, dass deren Ursachen in den vor der Haustür begangenen schwersten Verbrechen an Wehrlosen lagen.

In der Bundesrepublik gab es ebenfalls zahlreiche frühe Gedenkzeichen an Gräbern der Opfer. Der Umgang mit den KZ-Friedhöfen in Bayern hat nicht nur die Ignoranz gezeigt, die politische Akteure diesen missliebigen historischen Altlasten entgegenbrachten, sondern auch das Engagement, das sich entwickelte, als es darum ging, sich ihrer zu entledigen. Es zeichnet sich abermals ab, dass internationale und lokale Aspekte hier im Zusammenhang gesehen werden müssen: Während dem französischen Ministerium für Kriegsopfer an einer Repatriierung der französischen Opfer gelegen war, ging es deutschen Gemeinden um die Umbettung der Toten aus der eigenen Gemarkung auf große KZ-Friedhöfe. Im Ergebnis wurden in den 1950er-Jahren zahlreiche Tat- und Graborte unsichtbar; über den Ruhestätten herrschte nach den Exhumierungen auch im übertragenen Sinne weitgehend Grabesstille.

Mit Fanny Mütze-Specht in Mecklenburg und Philipp Auerbach in Bayern wurden in beiden deutschen Staaten Anfang der 1950er-Jahre maßgebliche Erinnerungsakteure für das Gedenken an die Todesmärsche kriminalisiert und geschichtspolitisch ausgeschaltet. Die Diskreditierung von Fanny Mütze-Specht erscheint retrospektiv als Prolog der Zwangsauflösung der VVN durch die SED wenige Jahre später. Nach dem Ende des linientreuen, aber traditionell pluralistisch orientierten Überlebendenverbands in der DDR wurde das von der Partei offiziell verbreitete Geschichtsbild zunehmend eindimensional, und mit der Eröffnung der drei „Nationalen Mahn- und Gedenkstätten" schuf man historisch-ideologische Leuchttürme von Gedenken und Geschichtspropaganda.

Für die Vorstellung, die DDR-Bürger über historische Verweise zu „sozialistischen Patrioten" zu erziehen, die sich im „antifaschistischen" Teil Deutschlands als Sieger der Geschichte begreifen sollten, waren die Todesmärsche eine immense Herausforderung. Nirgendwo hatte organisierter Widerstand gegen die Misshandlung und Ermordung von Häftlingen stattgefunden, obwohl doch gerade die Räumungstransporte Gelegenheit geschaffen hatten, Initiative für die Häftlinge und gegen die Nationalsozialisten zu ergreifen – wenn es den imaginierten antifaschistischen Grundkonsens in der Bevölkerung gegeben hätte. Stattdessen mussten die Todesmärsche als Gegenentwurf zur DDR-Meistererzählung wirken: Die Kommunisten hatten sich zwar angeblich in Buchenwald selbst befreien, aber die Räumung der Lager nicht verhindern können. In den durchquerten Dörfern waren die Marschkolonnen weniger auf Solidarität seitens der Einheimischen als vielmehr auf Abwehr und Feindseligkeit getroffen. Die Todesmärsche waren das Elend schlechthin: Keine Organisation, kein Widerstandskampf der Häftlinge konnte die SS daran hindern, sie auf diesem Martyrium quer durch das Land zu treiben und Tausende zu ermorden. Zuletzt verdankten viele befreite Häftlinge ihr Überleben nicht den Kommunisten im Lager oder gar den Deutschen, durch deren Mitte sie sich tagelang geschleppt hatten, sondern dem Vormarsch der Alliierten, darunter neben der Roten Armee auch den US-Amerikanern, die in der DDR mittlerweile in schärfsten Tönen alter und neuer faschistoider Kriegsverbrechen bezichtigt wurden.

In der Geschichtspropaganda der SED konnte jedoch selbst aus diesen grauenhaften, tendenziell unheroischen und häufig politisch inkorrekten Ereignissen eine Erfolgsgeschichte werden. Da Buchenwald mit der Meistererzählung der „Selbstbefreiung“ besetzt war, wurde die Evakuierung des KZ Sachsenhausen zum Leitbild für die Todesmärsche. Mit dem populären Bericht von Sepp Hahn etablierte sich eine mobile Version der „Selbstbefreiung“, in welcher der harte und gerechte Kampf der politischen Häftlinge mit dem Vormarsch der siegreichen Sowjetarmee korrespondierte. Die deutsche Bevölkerung trat in diesem Narrativ weniger als Akteur hervor, vielmehr erschien sie als passives potenzielles Opfer der SS und damit an der Seite der tapfer Widerstand leistenden Häftlinge. Wo nicht, wie im Fall Sachsenhausens, die US-Armee als Befreier einfach unter den Tisch fallen gelassen werden konnte, bestand deren Rolle häufig darin, Häftlingszüge bombardiert und damit selbst KZ-Häftlinge auf dem Gewissen zu haben. In diesen antiamerikanischen Tönen wirkte sich der Kalte Krieg deutlich auf das Bild aus, das in der Öffentlichkeit von den Todesmärschen verbreitet wurde.

Es konnte aber auch gezeigt werden, dass die Erinnerung an die Todesmärsche in der DDR nicht starr und monolithisch war, sondern gelegentlichen Veränderungen unterlag. Bei aller ideologischen Vorbestimmtheit war es zum Teil möglich, durch eine wissenschaftliche Herangehensweise bestimmte Elemente dieses Narrativs infrage zu stellen. Das zeigte sich zuerst in den 1960er-Jahren in Bezug auf Sepp Hahns Version von der Selbstbefreiung, die in einer akademischen Abschlussarbeit unter Verweis auf andere Erfahrungen Überlebender in die Kritik geriet und bald darauf nicht mehr verbreitet wurde. Ein zweites Mal sind Verschiebungen in den 1980er-Jahren festzustellen, als Historikerinnen in

Veröffentlichungen der „Nationalen Mahn- und Gedenkstätten" die Rolle der Bevölkerung zunehmend kritisch betrachteten. Zu einer intensiven Auseinandersetzung mit dieser Frage sollte es in den verbleibenden Jahren der DDR jedoch nicht mehr kommen.

In der Bundesrepublik war der Gerichtssaal – abgesehen von Nischen vor allem aufseiten der politischen Linken – jahrzehntelang der einzige Raum, in dem die Todesmärsche überhaupt öffentlich thematisiert wurden. Im Vergleich zu den großen Verfahren, wie dem Frankfurter Auschwitz-Prozess in den 1960er-Jahren, war die Bedeutung dieser Prozesse für die gesellschaftliche Auseinandersetzung mit NS-Verbrechen in der Bundesrepublik jedoch marginal. Erst in den 1980er-Jahren zeigten sich Effekte einer geschichtsbewegten und aktivistischen Hinwendung zur Lokalhistorie, die zur Auseinandersetzung mit den vor Ort begangenen NS-Verbrechen beitrug.

Die Geschichtswerkstätten und ihr Umfeld entdeckten zunächst die ehemaligen Lager vor der Haustür, anschließend geriet auch deren Räumung in den Blick. In diesen Zeitraum fallen die ersten erinnerungskulturellen Manifestationen wie Gedenkmärsche und Initiativen zur Errichtung von Denkmälern. Die damit angestoßenen Entwicklungen verliefen konflikthaft, wie das Beispiel Gauting verdeutlicht. An den Auseinandersetzungen um Denkmäler für Opfer der Todesmärsche lassen sich zeitgeistige Diskurse über die nationalsozialistische Vergangenheit ablesen: das Aufeinandertreffen von Abwehr und Emphase sowie die mit starken Reibungen einhergehenden Veränderungen in der Wahrnehmung von Denkmälern und Gedenkstätten weg vom unerwünschten Schandmal hin zum moralischen und geschichtspolitischen Standortfaktor.

In der DDR waren solche Denkmäler über die Jahrzehnte allgegenwärtig geworden. Die zahlreichen Gedenkstättenverzeichnisse verdeutlichen, dass die Todesmärsche lokale Fixpunkte der Erinnerungslandschaft in Ostdeutschland waren; in unzähligen Orten gab es Grab- oder Gedenkstätten, die an Räumungstransporte und ihre Opfer erinnerten. Zugleich traten die historischen Details hinter dem hohen Grad an Ritualisierung und Standardisierung zurück, und die konkreten Geschichten und ihre Verbindungen zur eigenen Ortschaft blieben oftmals unter den austauschbaren Bekenntnissen der Inschriften verborgen.

Nach dem Zusammenbruch des SED-Regimes waren die Gedenkstätten und Erinnerungszeichen unzeitgemäße Orte. Allerdings ersetzten neue Allgemeinplätze die alten Formeln: „Opfer des Faschismus" wurden zu „Opfern der Gewaltherrschaft" – was das mit dem darum befindlichen dörflichen Raum und seinen früheren und jetzigen Bewohnerinnen und Bewohnern zu tun haben sollte, wurde damit kaum deutlicher. Während die sich entfaltende Zivilgesellschaft im Osten über den Umgang mit den alten Denkmälern stritt, entstanden im Westen vielerorts erste Mahnmale mit Bezug auf die Todesmärsche. Unter den Bedingungen einer für das bundesrepublikanische Selbstverständnis obligatorisch werdenden Auseinandersetzung mit der NS-Zeit wurden nun Jahre zuvor angestoßene Projekte umgesetzt, Gedenksteine eingeweiht und Dokumentationen veröffentlicht. Parallel dazu geriet die Endphase der Lager sowie ihre Räumung auch in der Holocaust- und KZ-Forschung stärker in den Blick. Das „Supergedenkjahr 1995" sollte eine wahre Flut an entsprechenden historiografischen und populärwissenschaftlichen Veröffentlichungen mit sich bringen, die auch durch neue Quellenzugänge und die Erträge methodischer Erweiterungen – Stichwort: Oral History – möglich wurden.

Die Deutungshoheit lag aber weniger bei den Historikerinnen und Historikern als vielmehr bei den Zeitzeuginnen und Zeitzeugen. Und das meinte nicht mehr nur im engeren Sinne ehemalige KZ-Häftlinge, sondern verstärkt auch diejenigen, die in den Dörfern zu Augenzeugen geworden waren. Neben Flucht, Vertreibung und Bombenkrieg galten die Deutschen schließlich auch als Experten für die Todesmärsche, und ihre Deutungen sollten zunehmend die kolportierten Narrative bestimmen. Trotz wissenschaftlicher Erforschung und akribischer lokalgeschichtlicher Aufbereitung führte der Bedeutungszuwachs der Todesmärsche in der Erinnerungskultur nicht dazu, dass in der Öffentlichkeit die Verbrechensbeteiligung von Ortsansässigen vertiefend thematisiert wurde. Damit zeigt die Erinnerung an die Räumung der Lager, wie integrationsfähig Abwehrmechanismen gegenüber der NS-Vergangenheit aus der frühen Bundesrepublik, exkulpierende Narrative aus DDR-Zeiten und deutsche Opferperspektiven der „Berliner Republik" sein können.

„Die Wege der Erinnerung sind schwierig", so schloss der einleitend angeführte Arno Lustiger seine Rede im Deutschen Bundestag mit Blick auf die Opfer des Nationalsozialismus.[7] Die Geschichte der Todesmärsche und ihrer Nachwirkungen macht deutlich, dass dies insbesondere zutrifft, wenn es um die Erinnerung an ein Massenverbrechen geht, das inmitten der Gesellschaft, vor aller Augen und unter Beteiligung vieler stattfand.

Am Ende möchte ich auf Grundlage der hier vorgelegten Ergebnisse mögliche Anknüpfungspunkte für die weitere Auseinandersetzung mit den Todesmärschen skizzieren. Dies betrifft zunächst das engere Feld der Kriegsendphase

7 Rede von Professor Arno Lustiger bei der Gedenkstunde im Deutschen Bundestag zur Erinnerung an die Opfer des Nationalsozialismus am 60. Jahrestag der Befreiung des Konzentrationslagers Auschwitz, 27. 1. 2005, online unter: http://www.lpm.uni-sb.de/typo3/fileadmin/Benutzer/lpb/pdf/pdf2012/Rede_Prof.Lustiger.Gedenkstunde_Bundestag-2005.pdf [20. 4. 2016].

und frühen Nachkriegszeit, insbesondere im Hinblick auf die transnationale Ebene. So erscheint etwa ein Vergleich von Versuchen der Hilfeleistung – oder deren Unterlassung – für KZ-Häftlinge durch Zivilistinnen und Zivilisten auf deutschem, polnischem und tschechischem Gebiet vielversprechend im Hinblick auf die Verbindung von nationaler beziehungsweise ethnischer Identität, ideologischen Faktoren und konkreten Handlungsweisen. Des Weiteren zeichnete sich im Kapitel zur Strafverfolgung ab, dass bisher wenig über personelle Zusammensetzung und Arbeitsweise der alliierten *War Crimes*-Ermittler bekannt ist. Zudem bietet die Arbeit auch Anregungen zu vergleichenden Untersuchungen zur Räumung anderer NS-Zwangslager, Gefängnisse[8] oder zu Transporten von Kriegsgefangenen, zu denen bisher kaum Forschungen vorliegen.

Auf der Metaebene sehe ich Anknüpfungspunkte für übergreifende Fragen zum Zusammenhang von In- und Exklusion, der kollektiven Ablehnung als andersartig Wahrgenommener und daraus resultierenden Übergriffen gegenüber Schwächeren. Im diachronen Vergleich könnte so das spezifisch Nationalsozialistische an jener Massengewalt im ländlichen Raum gegenüber anderen Formen gemeinschaftlicher Aggression gegen Fremde herausdestilliert werden.

Darüber hinaus deuten sich in dieser Perspektive Aktualitätsbezüge an, die es sinnvoll erscheinen lassen, den Komplex der Todesmärsche stärker als bisher für die pädagogische Arbeit fruchtbar zu machen.[9] Diese Arbeit entstand, als Tausende Menschen auf der Flucht vor Krieg und Elend auch in Deutschland Zuflucht suchten. Dabei kam es vielerorts zu Gesten der Mitmenschlichkeit und handfester Hilfeleistung; zugleich haben aber auch rassistische, menschenverachtende Äußerungen, Handlungen und Gewalttaten mitten unter uns ein neues Ausmaß angenommen. Weit verstreute, zeitweise fast täglich gemeldete Brandstiftungen an geplanten oder bestehenden Asylunterkünften, tätliche Angriffe auf als „anders" definierte Menschen und offen fremdenfeindliche, verbalradikale

8 Vgl. Nikolaus Wachsmann, Gefangen unter Hitler. Justizterror und Strafvollzug im NS-Staat, München 2006, S. 362–372. Zuletzt Christoph Bitterberg/Sylvia de Pasquale, Mord, Massensterben und „Rückführungen". Die letzten Kriegsmonate im nationalsozialistischen Strafvollzug, in: Konzentrationslager. Studien zur Geschichte des NS-Terrors 1 (2015), S. 81–96, hier S. 91–93.

9 Im Jahr 2014 boten die KZ-Gedenkstätten Mittelbau-Dora und Bergen-Belsen ein Seminar zum Thema mit dem Titel „Unterwegs bei Kriegsende. KZ-Landschaften mitten in Deutschland" an. Vgl. den Flyer unter: https://www.buchenwald.de/fileadmin/mittelbau-dora/images/aktuelles/2014/PDF-Information.KZ-Landschaften.pdf [27. 6. 2016]. Vgl. auch Jaqueline Giere/Tanja Schmidhofer, Konfrontationen. Bausteine für die pädagogische Annäherung an Geschichte und Wirkung des Holocaust, Heft 6: Todesmärsche und Befreiung, Frankfurt a. M. 2003.

Zusammenrottungen organisierter Neonazis und „besorgter Bürger“ sollen dazu dienen, Angst zu verbreiten und „Fremde“ aus der Nachbarschaft fernzuhalten oder zu vertreiben. Auch unter dem Eindruck dieser Ereignisse erscheint es nach wie vor notwendig, sich mit historischen Formen kollektiver Gewalt im sozialen Nahbereich auseinanderzusetzen. Anknüpfend daran bieten sich die Todesmärsche angesichts der überregionalen Streuung der Tatorte und Gedenkzeichen, der großen Schnittmengen zwischen Verbrechens- und Alltagsgeschichte und der starken Involvierung „ganz normaler“ Akteure mit sehr breiten Handlungsspielräumen als vielversprechendes und noch deutlich ausbaufähiges Thema historisch-politischer Bildungsarbeit an. Ich hoffe, dass auch in dieser Hinsicht Impulse von meiner Arbeit ausgehen.

Dank

Das Schreiben einer Dissertation hat glücklicherweise nicht nur etwas mit der einsamen Arbeit am Schreibtisch oder im Archiv zu tun, sondern auch sehr viel mit Kontakt und Austausch. Nach intensiver Arbeit ist es mir eine große Freude, mich endlich bei denjenigen bedanken zu dürfen, die mich mehrere Jahre lang beim Recherchieren, Schreiben und Denken unterstützt haben. Nicht alle können hier genannt werden.

Zuerst danke ich Prof. Dr. Alfons Kenkmann dafür, mein Vorhaben von Beginn an nach Kräften unterstützt und voller Vertrauen begleitet zu haben. Eine bessere Betreuung kann ich mir nicht vorstellen. Prof. Dr. Michael Wildt hat sich frühzeitig bereit erklärt, das zweite Gutachten zu übernehmen, und meine Arbeit mit seinen Hinweisen erheblich bereichert. Dafür danke ich auch ihm ganz herzlich. Die Rosa-Luxemburg-Stiftung (RLS) hat diese Arbeit mit einem Promotionsstipendium vier Jahre lang großzügig gefördert und damit ermöglicht. Auch die ideelle Förderung in der Stiftung habe ich stets als große Bereicherung empfunden. Prof. Dr. Steffi Richter war Vertrauensdozentin im besten Sinne des Wortes.

Ich danke dem Comité International de Dachau herzlich für die Auszeichnung der Arbeit mit dem Stanislav-Zámečník-Preis sowie der RLS und der Stiftung Zeitlehren für die Druckkostenzuschüsse. So war es möglich, aus der Arbeit ein Buch zu machen. Ich freue mich, dass sich Friedrich Veitl von Metropol sofort bereit erklärt hat, die Arbeit in das Verlagsprogramm aufzunehmen, und danke Angelika Königseder für das umsichtige Lektorat.

Ohne all die Archivarinnen und Archivare, die (meist) geduldig alle Wünsche nach mehr und mehr „Futter" erfüllt haben, wäre vieles nicht möglich gewesen. Die Anne-Frank-Shoah-Bibliothek in der Deutschen Nationalbibliothek Leipzig war mir als täglicher Arbeitsplatz ein zweites Zuhause und mit ihrem vielseitigen Handapparat Quelle der Inspiration.

Meine Doktorväter haben es mir ermöglicht, regelmäßig an ihren Doktorand/innenkolloquien in Leipzig und Berlin teilhaben zu dürfen. Ich danke allen, mit denen ich dort über unsere interessanten Projekte diskutieren durfte, für Unterstützung und kollegiale Kritik. Auch in anderen Foren konnte ich mein Projekt zur Diskussion stellen. Ich danke den Teilnehmerinnen und Teilnehmern des Arbeitskreises „NS-Verbrechen" in der RLS für die stets angenehmen und konstruktiven Sitzungen in Berlin. Auch die Vorstellungen im Kolloquium von Prof. Dr. Patrick Wagner (Halle/Saale) und im Forschungskolloquium in der KZ-Gedenkstätte Flossenbürg haben mir sehr geholfen.

Abseits der institutionalisierten Forschungszusammenhänge haben viele Einzelpersonen zum Gelingen beigetragen. Zu Beginn sei Susanne Urban gedankt, die die Projektidee früh unterstützt hat und die Türen zum ITS öffnete. Mit großem Vertrauensvorschuss durfte ich in Bad Arolsen genau zum richtigen Zeitpunkt an der „AG Todesmärsche“ teilnehmen. Viele Kolleginnen und Kollegen, die ich dort kennengelernt habe, wurden über die Jahre wichtige Partner bei Recherche und offenem Gedankenaustausch. Ihnen allen möchte ich dafür danken. Zwei Expertinnen für die Todesmärsche seien hier hervorgehoben: Katrin Greiser hat mit großem Interesse daran teilgehabt, wie ich auf den Pfaden, die sie im unwegsamen Terrain bereitet hat, wandelte, um eigene Wege finden zu können. Ich danke ihr dafür, dass ich im Vorfeld der Recherche in den National Archives ihre Exzerpte nutzen durfte. Das ist nicht selbstverständlich. Mit Carmen Lange verbindet mich seit Jahren nicht nur stetiger intensiver inhaltlicher Austausch, sondern auch eine enge Freundschaft. Die Mitarbeit in der Gedenkstätte Todesmarsch im Belower Wald ermöglichte es zu Beginn, auch ohne Promotionsförderung „am Ball zu bleiben“. Nicht nur sie, auch andere haben Teile des Manuskripts gelesen und hoffentlich die gröbsten Schnitzer entdeckt: Ann-Katrin Düben, Anja Neubert und Sebastian Schönemann als Freunde und Kollegen vor Ort sowie Andrea Rudorff aus der Ferne, der ich für den Austausch zu den US-Ermittlungen danke. Claus Knapheides sprachliches Gespür hat den Text ebenso bereichert wie das „Schreib-Exil“ in seinem Haus in Berlin. In München hat uns dankenswerterweise David Schick seine Wohnung überlassen. Für ihre Unterstützung danke ich Brita Heinrichs, Ulrich Fritz, Jörg Skriebeleit und Stefan Hördler.

Last but absolutely not least kann ich kaum in Worte fassen, wie dankbar ich Josephine Ulbricht bin, die (fast) alles gelesen hat. Als härteste Kritikerin und geliebte Frau hat sie mit dem „ständig tagenden Kolloquium“ den größten Anteil, dass diese Arbeit jemals fertig gestellt wurde.

Die Welt dreht sich außerhalb der Schreibstube weiter, auch das musste ich in diesen Jahren lernen. Leider konnten meine Eltern den Abschluss der Arbeit nicht mehr erleben. Sigrid und Claus Martin Winter haben mein Interesse für Geschichte geweckt und mich immer gefördert, ich verdanke ihnen viel und habe große Teile dieser Arbeit in liebevollen Gedanken an sie geschrieben. Das trifft – auf ganz andere Weise – auch auf unseren Sohn Ruben zu. Ich danke ihm für die vielen neuen Perspektiven, für sein Lachen und die Ablenkung von der Wissenschaft.

Martin Clemens Winter, im Juni 2018

Abkürzungen

ADMV	Allgemeiner Deutscher Motorsport-Verband
APuZ	Aus Politik und Zeitgeschichte
BArch	Bundesarchiv
BdO	Befehlshaber der Ordnungspolizei
BG	Bezirksgericht
BNA	Bund der Notgemeinschaften ehemaliger berufsmäßiger Arbeitsdienstangehöriger und ihrer Hinterbliebenen
BStU	Die/Der Bundesbeauftragte für die Unterlagen des Staatssicherheitsdienstes der ehemaligen DDR
BSV	Bayerische Verwaltung der staatlichen Schlösser, Gärten und Seen
CIC	Counterintelligence Corps
CTB	Central Tracing Bureau
DDRJuNSV	DDR-Justiz und NS-Verbrechen
DM	Deutsche Mark
DP	Displaced Person
FDJ	Freie Deutsche Jugend
FZH	Forschungsstelle für Zeitgeschichte in Hamburg
GST	Gesellschaft für Sport und Technik
GstA/DDR	Generalstaatsanwalt der DDR
HA	Hauptabteilung
HICOG	High Commissioner for Germany
HJ	Hitler-Jugend
HSSPF	Höherer SS- und Polizeiführer
HU	Humboldt-Universität zu Berlin
ICRC	International Committee of the Red Cross
IfZ	Institut für Zeitgeschichte
ILK	Internationales Lagerkomitee
IKRK	Internationales Komitee des Roten Kreuzes
IIO	International Information Office (Dachau)
IMT	International Military Tribunal
IRO	International Refugee Organization
ITS	International Tracing Service

JAG	Judge Advocate General
JuNSV	Justiz und NS-Verbrechen
KAW	Komitee der Antifaschistischen Widerstandskämpfer in der DDR
KD	Kontrollratsdirektive
KL	Konzentrationslager
KRG	Kontrollratsgesetz
KZ	Konzentrationslager
LAG	Lagerarbeitsgemeinschaft
LASA	Landesarchiv Sachsen-Anhalt
LASH	Landesarchiv Schleswig-Holstein
Lfd. Nr.	Laufende Nummer
LG	Landgericht
LKA	Landeskriminalamt
MfS	Ministerium für Staatssicherheit
MLHA	Mecklenburgisches Landeshauptarchiv
NARA	National Archives and Records Administration
ND	Neues Deutschland
NMG	Nationale Mahn- und Gedenkstätte
NMT	Nuremberg Military Tribunals
NSDAP	Nationalsozialistische Deutsche Arbeiterpartei
NSG	Nationalsozialistische Gewaltverbrechen
NSV	Nationalsozialistische Volkswohlfahrt
NVA	Nationale Volksarmee
OdF	Opfer des Faschismus
OG	Oberstes Gericht der DDR
OLG	Oberlandesgericht
OMGUS	Office of Military Government for the US Zone
Pg	Parteigenosse
RAD	Reichsarbeitsdienst
RHE	Rechtshilfeersuchen
SA	Sturmabteilung
SAW	Sonderaktion Wehrmacht
SBZ	Sowjetische Besatzungszone
SED	Sozialistische Einheitspartei Deutschlands
SHAEF	Supreme Headquarters Allied Expeditionary Force
SMA	Sowjetische Militäradministration
SMAD	Sowjetische Militäradministration in Deutschland
SMT	Sowjetisches Militärtribunal
SS	Schutzstaffel

StGB	Strafgesetzbuch
SVZ	Sächsische Volkszeitung
UNRRA	United Nations Relief and Rehabilitation Administration
US	United States
USHMM	United States Holocaust Memorial Museum
VBK	Verband der Bildenden Künstler der DDR
VfZ	Vierteljahrshefte für Zeitgeschichte
VP	Volkspolizei
VVN	Vereinigung der Verfolgten des Naziregimes
WAST	Deutsche Dienststelle für die Benachrichtigung der nächsten Angehörigen von Gefallenen der ehemaligen Deutschen Wehrmacht
WCIT	War Crimes Investigation Team
WEL	Wehrertüchtigungslager
WVHA	Wirtschaftsverwaltungshauptamt
ZfG	Zeitschrift für Geschichtswissenschaft

Quellen- und Literaturverzeichnis

Archivalische Quellen

Bundesarchiv (BArch)

DP 3 Generalstaatsanwalt der DDR
1836

BY 5 Vereinigung der Verfolgten des Naziregimes/Sekretariat der britischen Zone
V 279/133

Stiftung Archiv der Parteien und Massenorganisationen der DDR im Bundesarchiv (SAPMO-BArch)

DY 55 Vereinigung der Verfolgten des Naziregimes
V 278/2/24, V 278/4/14, V 278/4/15, V 278/4/24, V 278/2/147, V 278/4/55, V 278/4/58, V 278/4/87, V 278/4/89, V 278/4/94

DY 57 Komitee der Antifaschistischen Widerstandskämpfer der DDR
951, 960

Bundesarchiv – Außenstelle Ludwigsburg

B 162 Zentrale Stelle der Landesjustizverwaltungen
1420–1422 (Materialsammlung Evakuierung der KL)
3759 (NL Sonneberg)
9497 (NL Markkleeberg)
9766 (Trpísty),
15511 (NL Halberstadt)
26756 (Ehingen)
28413 (NL Mettenheim/Mühldorf)

Archiv der KZ-Gedenkstätte Dachau (DaA)

A Berichte
268, 1983, 3140, 3160, 4019

Archiv der KZ-Gedenkstätte Flossenbürg (AGFl)

A Berichte
915, 918, 939, 984, 1003

Archiv des Bundesbeauftragten für die Unterlagen des Staatssicherheitsdienstes der ehemaligen DDR (BStU)

MfS, BV Dresden, ASt. 8/46
MfS, BV Dresden, ASt. 18/47
MfS, BV Dresden, ASt. 133/48
MfS, BV Halle, ASt. 4983
MfS, BV Halle, ASt. 4988/50
MfS, BV Halle, ASt. 5172/48
MfS, BV Halle, ASt. 5220
MfS, BV Halle, ASt. 6722
MfS, BV Magdeburg, Nr. 270
MfS, HA IX/11, RHE Nr. 91/76
MfS, HA IX/11, RHE-West Nr. 98, 184, 384, 615, 661, 687
MfS, Pdm AU 41/56

Archiv des Museums und der Gedenkstätte Sachsenhausen (AS)

JSU Ermittlungs- und Strafverfahren Sowjetunion
1/3, 1/10/1, 1/11/2, 2, 8, 13, 15, 16, 17
LSG Lagergeschichtliche Sammlung
1/5
NMG Nationale Mahn- und Gedenkstätte
K6/M4
P3 Personenbezogene Unterlagen/Häftlinge des KZ Sachsenhausen (1936–1945)
Wieber, Georg/1
R Sammlung zum KZ Sachsenhausen
22/20, 23/2, 23/3, 23/10, 27/10
Ordner AZ 4-03/8 Todesmarsch/Opferermittlung
B 38/39 (Evakuierungsbefehl)

Bayerisches Hauptstaatsarchiv München (BayHStAM)

OMGUS Office of Military Government in Germany
CO 454, 475
Dachauer Kriegsverbrecherprozesse (Mikrofilme)
Präsidium der Bayerischen Landpolizei
100

Dokumentationsstelle der KZ-Gedenkstätte Mittelbau-Dora (DMD)

Personenbezogene Unterlagen
P 4, Bd. 102
PS DDR, Bd. 16

Ghetto Fighter's House Archives, Beit Lohamei Hagetaot

Digitales Online-Archiv
Collection: Werner Ahlfeld, 11309R“M-Hol

Institut für Zeitgeschichte, München (IfZ)

Ge Gerichtsakten
02.08, 02.09

International Committee of the Red Cross, Audiovisual Archives (ICRC)

V-P-HIST

International Tracing Service, Bad Arolsen (ITS)

5.3 Todesmärsche
5.3.1 Alliierte Erhebungen zu Todesmärschen
5.3.2 Versuchte Identifizierung
5.3.3 Todesmärsche/Identifikation unbekannter Toter
6.1.1 Schriftgut/Verwaltung/Vorgängerorganisationen

Landesarchiv Sachsen-Anhalt (LASA)

Abt. Magdeburg
P 25 SED-Bezirksleitung Magdeburg
Abt. Merseburg
P 521 VVN-Landesvorstand Sachsen-Anhalt

Landesarchiv Schleswig-Holstein (LASH)

Abt. 352 Itzehoe
421-424

National Archives and Records Administration, Washington, D.C. (NARA)

RG 549 Records of US Army, Europe, „Cases not tried"
000-12-38, 000-12-102, 000-12-141, 000-12-170, 000-12-189, 000-12-199, 000-12-269, 000-12-273, 000-12-191, 000-12-242, 000-12-244, 000-12-269, 000-12-273, 000-12-373, 000-12-398, 000-12-414, 000-12-418, 000-12-424, 000-12-425, 000-12-429, 000-12-436, 000-12-475, 000-12-480, 000-12-487, 000-12-500, 000-12-512, 000-12-538, 000-12-561, 000-12-583, 000-12-561, 000-12-836
12-1054, 12-1920, 12-2451
66-44, 66-130, 66-133, 66-326, 66-382, 66-384, 66-395, 66-425, 66-569, 66-709, 66-721, 66-728, 66-836, 66-856, 66-1662

Sammlung der Gedenkstätte Todesmarsch im Belower Wald

Interview mit Lothar K.
Ordner TM 1/6

Sächsisches Hauptstaatsarchiv Dresden (SHStAD)

11391 Landesregierung Sachsen, Ministerium für Arbeit und Sozialfürsorge
992-995
13471 NS-Archiv des MfS
VgM Nr. 10100/1
ZA 3215/54

Staatsarchiv Augsburg (StAA)

Staatsanwaltschaft Memmingen, KS 2/1956
Staatsanwaltschaft Memmingen, KS 4/1965

Staatsarchiv Leipzig (StAL)

20232 Kreistag/Kreisrat Döbeln
1083

Staatsarchiv München (StAM)

Staatsanwaltschaft München, Generalstaatsanwaltschaft beim OLG München
4823, 6274
Staatsanwaltschaften
31500/4, 31500/5, 31513/2, 34412, 34480, 34481, 34483, 34485, 34488, 34489, 34580, 34724, 34744/6

United States Holocaust Memorial Museum, Washington, D.C. (USHMM)

ITS Digital Collection
1.1.0.7, Ordner 56 (Evakuierungstransporte)
Photo Archives
RG-50.030*0573 (Interview Benno Gantner)
RG-50.486*0067 (Interview Maria Seidenberger)
RG-67.031M (War Crimes files decoding Book)

Yad Vashem Archives, Jerusalem

RG M.31 (Righteous among the Nations)
3726

Online-Dokumente

Dr. Michael Rademacher, „Deutsche Verwaltungsgeschichte von der Reichseinigung 1871 bis zur Wiedervereinigung 1990“, www.verwaltungsgeschichte.de [20. 2. 2014].

Interview von David P. Boder mit Nelly Bondy, 22. 8. 1946, Voices of the Holocaust, http://voices.iit.edu/interviewee?doc=bondyN [12. 3. 2016].

Interview mit Thea Männel, 9. 9. 2003, www.ns-zeitzeugen.de/interview_todesmarsch_bearbeitet.pdf [23. 4. 2015].

Kutschker, Constanze/Landau, Debora, Ein Gründungsdilemma der deutschen Erinnerungskultur: das Massaker von Gardelegen am 13. April 1945 und seine Folgen, in: Forum Ritualdynamik. Diskussionsbeiträge des SFB 619 „Ritualdynamik“ der Ruprechts-Karls-Universität Heidelberg. Hrsg. von Dietrich Harth und Axel Michaels, Nr. 10, 2005, archiv.ub.uni-heidelberg.de/volltextserver/5435/1/GardelegenRitualforum.pdf [26. 6. 2018].

KZ-Gedenkstätte Neuengamme/Offenes Archiv, Polizeihäftlinge, S. 20, media.offenes-archiv.de/polizeihaeftlinge.pdf [27. 1. 2016].

KZ-Gedenkstätte Neuengamme/Offenes Archiv, „Cap Arcona“-Gedenken in Westdeutschland, S. 14–17, media.offenes-archiv.de/caparconawest.pdf [3. 2. 2016].

Rede von Professor Arno Lustiger bei der Gedenkstunde im Deutschen Bundestag zur Erinnerung an die Opfer des Nationalsozialismus am 60. Jahrestag der Befreiung des Konzentrationslagers Auschwitz, 27. 1. 2005, https://www.bundesregierung.de/Content/DE/Bulletin/2001_2007/2005/07-2_Lustiger.html [26. 6. 2018].

Schiffner, Sven, Cap Arcona: Das Schiff – Die Katastrophe – Das Denkmal. Beitrag zum Geschichtswettbewerb des Bundespräsidenten „Denkmal: Erinnerung – Mahnung – Ärgernis …“, 1993, www.koerber-stiftung.de/bildung/geschichtswettbewerb/datenbank/beitrag/cap-arcona-das-schiff-die-katastrophe-das-denkmal.html [28. 4. 2016].

Stadtrat München/Kulturreferat, NS-Dokumentationszentrum München, Annahme einer Zuwendung, Sachspende Skulptur „Todesmarsch Dachauer Häftlinge April 1945“, Beschluss des Kulturausschusses, 9. 7. 2015, www.ris-muenchen.de/RII/RII/DOK/SITZUNGSVORLAGE/3720796.pdf [26. 6. 2018].

Suchdienst für vermisste Deutsche in der sowjetischen Besatzungszone Deutschlands/im Gebiet der Deutschen Demokratischen Republik, bearb. v. Elisabeth Thalhofer/Walter Naasner, 2008, 2009, http://www.argus.bstu.bundesarchiv.de/DO105-37128/index.htm [26. 6. 2018].

Werner, Robert, Die namenlosen Toten von Wetterfeld, 20. 9. 2015, www.regensburg-digital.de/die-namenlosen-toten-von-wetterfeld/25092015/ [4. 1. 2016].

Literatur und gedruckte Quellen

Abzug, Robert H., Inside the Vicious Heart. Americans and the Liberation of Nazi Concentration Camps, New York 1985.

Alison, Miranda, Sexuelle Gewalt in Zeiten des Krieges. Menschenrechte für Frauen und Vorstellungen von Männlichkeit, in: Insa Eschebach/Regina Mühlhäuser (Hrsg.), Krieg und Geschlecht. Sexuelle Gewalt im Krieg und Sex-Zwangsarbeit in NS-Konzentrationslagern, Berlin 2008 (Materialien der Stiftung Brandenburgische Gedenkstätten, Bd. 3), S. 35–54.

Antifaschistischer Arbeitskreis des Gustav-Heinemann-Bürgerhauses, „Wir wußten, daß die Schwachen im Recht waren und der Starke dort im Unrecht war." Erinnerung an die Todesmärsche Anfang 1945. Dokumentation einer Gedenksveranstaltung, Bremen 1987.

Arbeitsgemeinschaft KZ-Transport 1945 (Hrsg.), Nie werde ich vergessen ... Dokumentation über den KZ-Transport Buchenwald – Nammering – Dachau vom 7. April bis 28. April 1945, Tittling 1995.

Arbeitsgemeinschaft Spurensuche in der Südharzregion/Verein Spurensuche Goslar e.V. (Hrsg.), Von „Dora" bis zum Bahnhof Oker: Das Wegzeichenprojekt Westharz und der Marsch des Lebens. Eine Spurensuche auf der Route der Todesmärsche der Südharzer KZ-Häftlinge vom April 1945 im Westharz und über das Gedenken an ihre Leiden und Opfer, Goslar/Osterode 2001.

Arendes, Cord/Wolfrum, Edgar/Zedler, Jörg (Hrsg.), Terror nach Innen. Verbrechen am Ende des Zweiten Weltkrieges, Göttingen 2006 (Dachauer Symposien zur Zeitgeschichte, Bd. 6).

– Zwischen Justiz und Tagespresse. „Durchschnittstäter" in regionalen NS-Verfahren, Paderborn/München/Wien/Zürich 2012.

Arlt, Erika, Niemals vergessen, Selbstverlag, o. O., o. D. (vermutl. 1996).

Arndt, Ino, Das Frauenkonzentrationslager Ravensbrück, in: Martin Broszat (Hrsg.), Studien zur Geschichte der Konzentrationslager, Stuttgart 1970, S. 93–129.

Assmann, Aleida/Frevert, Ute, Geschichtsvergessenheit – Geschichtsversessenheit. Vom Umgang mit deutschen Vergangenheiten nach 1945, Stuttgart 1999.

Baberowski, Jörg, Einleitung: Ermöglichungsräume exzessiver Gewalt, in: ders./ Gabriele Metzler (Hrsg.), Gewalträume. Soziale Ordnungen im Ausnahmezustand, Frankfurt a. M./New York 2012, S. 7–27.

– /Metzler, Gabriele (Hrsg.), Gewalträume. Soziale Ordnungen im Ausnahmezustand, Frankfurt a. M./New York 2012 (Eigene und fremde Welten, Bd. 20).

Bade, Claudia, Mittun und Eigennutz. Denunziation am Kriegsende und in der Nachkriegszeit, in: Einsicht. Bulletin des Fritz-Bauer-Instituts 13 (2015), S. 24–31.

Bajohr, Frank/Löw, Andrea (Hrsg.), Der Holocaust. Ergebnisse und neue Fragen der Forschung, Frankfurt a. M. 2015.

– /Löw, Andrea, Tendenzen und Probleme der neueren Holocaust-Forschung: Eine Einführung, in: dies., Der Holocaust. Ergebnisse und neue Fragen der Forschung, Frankfurt a. M. 2015, S. 9–30.

– Täterforschung: Ertrag, Probleme und Perspektiven eines Forschungsansatzes, in: ders./Andrea Löw (Hrsg.), Der Holocaust. Ergebnisse und neue Fragen der Forschung, Frankfurt a. M. 2015, S. 167–185.

Barnouw, Dagmar, Ansichten von Deutschland (1945). Krieg und Gewalt in der zeitgenössischen Photographie, Basel/Frankfurt a. M. 1997.

Bartuschka, Marc, Das Massaker in Großlöbichau am 12. April 1945, in: ders. (Hrsg.), Nationalsozialistische Lager und ihre Nachgeschichte in der StadtRegion Jena. Antisemitische Kommunalpolitik – Zwangsarbeit – Todesmärsche, Jena 2015, S. 271–291.

– Der Versuch einer Aufarbeitung: Prozesse wegen Verbrechen gegen Häftlinge und Zwangsarbeiter in der zweiten Hälfte der 1940er Jahre, in: ders. (Hrsg.), Nationalsozialistische Lager und ihre Nachgeschichte in der StadtRegion Jena. Antisemitische Kommunalpolitik – Zwangsarbeit – Todesmärsche, Jena 2015, S. 293–324.

– (Hrsg.), Nationalsozialistische Lager und ihre Nachgeschichte in der StadtRegion Jena. Antisemitische Kommunalpolitik – Zwangsarbeit – Todesmärsche, Jena 2015 (Bausteine zur Jenaer Stadtgeschichte, Bd. 19).

Bästlein, Klaus, Zeitgeist und Justiz. Die Strafverfolgung von NS-Verbrechen im deutsch-deutschen Vergleich, in: Zeitschrift für Geschichtswissenschaft 64 (2016) 1, S. 5–28.

Bauer, Theresia, Nationalsozialistische Agrarpolitik und bäuerliches Verhalten im Zweiten Weltkrieg. Eine Regionalstudie zur ländlichen Gesellschaft in Bayern, Frankfurt a. M./Berlin/Bern/New York/Paris/Wien 1996 (Münchner Studien zur neueren und neuesten Geschichte, Bd. 14).

Bauer, Yehuda, The Death-Marches, January-May 1945, in: Modern Judaism 3 (1983) 1, S. 1–21.

– The Initial Organization of the Holocaust Survivors in Bavaria, in: Yad Vashem Studies 8 (1970), S. 127–157.

Bayerische Verwaltung der staatlichen Schlösser, Gärten und Seen (Hrsg.), „Wenn das neue Geschlecht erkennt, was das alte verschuldet …“ KZ-Friedhöfe und -Gedenkstätten in Bayern, Regensburg 2011.

Benecke, Jakob (Hrsg.), Die Hitler-Jugend 1933 bis 1945. Programmatik, Alltag, Erinnerungen. Eine Dokumentation, Weinheim/Basel 2013.

Benz, Maximilian, Kritik der Karte. Mapping als literaturwissenschaftliches Verfahren, in: Marion Picker/Véronique Maleval/Florent Gabaude (Hrsg.), Die Zukunft der Kartographie. Neue und nicht so neue epistemologische Krisen, Bielefeld 2013, S. 199–218.

Benz, Wolfgang/Distel, Barbara (Hrsg.), Der Ort des Terrors. Geschichte der nationalsozialistischen Konzentrationslager,
Bd. 1: Die Organisation des Terrors, München 2005.
Bd. 3: Sachsenhausen, Buchenwald, München 2006.
Bd. 4: Flossenbürg, Mauthausen, Ravensbrück, München 2006.
Bd. 5: Hinzert, Auschwitz, Neuengamme, München 2007.
Bd. 7: Niederhagen/Wewelsburg, Lublin-Majdanek, Arbeitsdorf, Herzogenbusch (Vught), Bergen-Belsen, Mittelbau-Dora, München 2008.

– (Hrsg.), Wie wurde man Parteigenosse? Die NSDAP und ihre Mitglieder, Frankfurt a. M. 2009.

Bergerson, Drew, Rezension zu: Jill Stephenson, Hitler's Home Front. Württemberg under the Nazis, London 2006, in: H-German, H-Net Reviews, April 2007, http://www.h-net.org/reviews/showrev.php?id=13095 [6. 7. 2015].

Berkowitz, Michael/Brown-Fleming, Suzanne, Perceptions of Jewish Displaced Persons as Criminals in Early Postwar Germany. Lingering Stereotypes and Self-fulfiling Prophecies, in: Avinoam J. Patt/Michael Berkowitz (Hrsg.), „We are here". New Approaches to Jewish Displaced Persons in Postwar Germany, Detroit 2010, S. 167–193.

Bertram, Mijndert, April 1945. Der Luftangriff auf Celle und das Schicksal der KZ-Häftlinge aus Drütte, Celle 1989 (Schriftenreihe des Stadtarchivs Celle und des Bomann-Museums, Heft 18).

Bessel, Richard, Germany 1945. From War to Peace, London/New York/Sydney/Toronto 2009.

Bessmann, Alyn/Buggeln, Marc, Befehlsgeber und Direkttäter vor dem Militärgericht. Die britische Strafverfolgung der Verbrechen im KZ Neuengamme und seinen Außenlagern, in: ZfG 53 (2005) 6, S. 522–542.

Betriebsparteiorganisation der SED/Rat der Stadt Schwerin (Hrsg.), Es geschah vor unserer Stadt, Schwerin o. D. (vermutl. 1960).

von Beyme, Klaus, Totalitarismus – Zur Renaissance eines Begriffes nach dem Ende der kommunistischen Regime, in: Achim Siegel (Hrsg.), Totalitarismustheorien nach dem Ende des Kommunismus, Köln/Weimar 1998 (Schriften des Hannah-Arendt-Instituts für Totalitarismusforschung, Bd. 7), S. 23–36.

Bezirkskomitee Leipzig der Antifaschistischen Widerstandskämpfer der DDR (Hrsg.), Die KZ-Außenkommandos (1943–1945) auf dem Territorium des heutigen Bezirkes Leipzig. Entstehung, Solidarität und Widerstand, Todesmärsche, o. O., o. D. [1984].

Bezirksleitung Magdeburg der Sozialistischen Einheitspartei Deutschlands, Kommission zur Erforschung der Geschichte der örtlichen Arbeiterbewegung/Bezirksleitung des Deutschen Kulturbundes, Kommission Natur und Heimat/Komitee Touristik und Wandern des Bezirkes (Hrsg.), Niemals Verjährung von Kriegsverbrechen! Gardelegen, 13. April 1945, Magdeburg 1965.

Bezirksleitung Rostock der SED, Abt. Agit/Prop./Komitee der Antifaschistischen Widerstandskämpfer der DDR, Bezirkskomitee Rostock (Hrsg.), Gedenkstätte Cap Arcona Grevesmühlen, Schwerin o. D.

Bielefeld, Ulrich, Gewalt, Nachbarschaft und Staat. Eine Soziologie lokaler Gewalt, in: Mittelweg 36 13 (2004) 5, S. 5–22.

Birn, Ruth Bettina, Revising the Holocaust, in: The Historical Journal 40 (1997) 1, S. 195–215.

– /Rieß, Volker, Nachgelesen. Goldhagen und seine Quellen, in: Johannes Heil/Rainer Erb (Hrsg.), Geschichtswissenschaft und Öffentlichkeit. Der Streit um Daniel J. Goldhagen, Frankfurt a. M. 1998.

Bitterberg, Christoph/de Pasquale, Sylvia, Mord, Massensterben und „Rückführungen". Die letzten Kriegsmonate im nationalsozialistischen Strafvollzug, in: Konzentrationslager. Studien zur Geschichte des NS-Terrors 1 (2015), S. 81–96.

Blatman, Daniel, Die Todesmärsche 1944/45. Das letzte Kapitel des nationalsozialistischen Massenmords, Reinbek bei Hamburg 2011.

– Die Todesmärsche – Entscheidungsträger, Mörder und Opfer, in: Ulrich Herbert/Karin Orth/Christoph Dieckmann (Hrsg.), Die nationalsozialistischen Konzentrationslager. Entwicklung und Struktur, Bd. II, Göttingen 1998, S. 1063–1092.

– On the Traces of the Death Marches. The Historiographical Challenge, in: Jean-Luc Blondel/Susanne Urban/Sebastian Schönemann (Hrsg.), Auf den Spuren der Todesmärsche, Göttingen 2012, S. 85–107.

– Rückzug, Evakuierung und Todesmärsche 1944–1945, in: Wolfgang Benz/Barbara Distel (Hrsg.), Der Ort des Terrors. Geschichte der nationalsozialistischen Konzentrationslager, Bd. 1: Die Organisation des Terrors, München 2005, S. 296–312.

– The Death Marches, January–May 1945. Who Was Responsible for What?, in: Yad Vashem Studies 28 (2000), S. 155–201.

Blondel, Jean-Luc/Urban, Susanne/Schönemann, Sebastian (Hrsg.), Auf den Spuren der Todesmärsche, Göttingen 2012 (Freilegungen. Jahrbuch des International Tracing Service, Bd. 1).

Blumer, Herbert, Symbolic Interactionism. Perspective and Method, New Jersey 1986 (zuerst 1969).

Bock, Helmut, Es gibt kein historisches „Niemandsland“. Zu aktuellen Problemen des Erbes und der Tradition im Sozialismus von heute, in: Helmut Meier/Walter Schmidt (Hrsg.), Erbe und Tradition in der DDR. Die Diskussion der Historiker, Berlin (Ost) 1988, S. 218–239.

Boehling, Rebecca/Urban, Susanne/Bienert, René (Hrsg.), Überlebende – Erinnerungen – Transformationen, Göttingen 2013 (Freilegungen. Jahrbuch des International Tracing Service, Bd. 2).

Bopp, Petra (Hrsg.), Fremde im Visier. Fotoalben aus dem Zweiten Weltkrieg, Bielefeld 2009.

Borgsen, Werner/Volland, Klaus, Stalag X B Sandbostel. Zur Geschichte eines Kriegsgefangenen- und KZ-Außenlagers in Norddeutschland 1939–1945, Bremen 1991.

Bornemann, Manfred/Broszat, Martin, Das KL Dora-Mittelbau, in: Martin Broszat (Hrsg.), Studien zur Geschichte der Konzentrationslager, Stuttgart 1970, S. 154–198.

Bornstein, Ernst Israel, Die lange Nacht. Ein Bericht aus sieben Lagern, Frankfurt a. M. 1967.

Böttcher, Joachim, Der Untergang der Cap Arcona – Grenzen einer staatsanwaltschaftlichen Aufarbeitung, in: Heribert Ostendorf (Hrsg.), Strafverfolgung und Strafverzicht. Festschrift zum 125jährigen Bestehen der Staatsanwaltschaft Schleswig-Holstein, Köln/Berlin/Bonn/München 1992, S. 261–275.

Bredel, Willi, Das schweigende Dorf und andere Erzählungen, Rostock 1949.

Brink, Cornelia, Ikonen der Vernichtung. Öffentlicher Gebrauch von Fotografien aus nationalsozialistischen Konzentrationslagern nach 1945, Berlin 1998 (Schriftenreihe des Fritz-Bauer-Instituts, Bd. 14).

– /Wegerer, Jonas, Wie kommt die Gewalt ins Bild? Über den Zusammenhang von Gewaltakt, fotografischer Aufnahme und Bildwirkungen, in: Fotogeschichte 32 (2012) 125, S. 5–14.

Broszat, Martin (Hrsg.), Studien zur Geschichte der Konzentrationslager, Stuttgart 1970 (Schriftenreihe der Vierteljahrshefte für Zeitgeschichte, Nr. 21).

– /Fröhlich, Elke (Hrsg.), Bayern in der NS-Zeit II. Herrschaft und Gesellschaft im Konflikt, Teil A, München/Wien 1979.

– /Weber, Hermann (Hrsg.), SBZ-Handbuch. Staatliche Verwaltungen, Parteien, gesellschaftliche Organisationen und ihre Führungskräfte in der Sowje-

tischen Besatzungszone Deutschlands 1945–1949, München 1990 (2., unveränd. Aufl. 1993).
- Zur Struktur der NS-Massenbewegung, in: VfZ 31 (1983) 1, S. 52–76.

Browning, Christopher, Reply to Daniel Fulda, in: Norbert Frei/Wulf Kansteiner (Hrsg.), Den Holocaust erzählen. Historiographie zwischen wissenschaftlicher Empirie und narrativer Kreativität, Göttingen 2013 (Vorträge und Kolloquien, Bd. 11), S. 151–164.
- Ganz normale Männer. Das Reserve-Polizeibataillon 101 und die „Endlösung" in Polen, Reinbek bei Hamburg 1993.
- German Memory, Judicial Interrogation, and Historical Reconstruction: Writing Perpetrator History from Postwar Testimony, in: Saul Friedlander (Hrsg.), Probing the Limits of Representation. Nazism and the „Final Solution", Cambridge/London 1992, S. 22–36.
- Remembering Survival. Inside a Nazi Slave-Labor Camp, New York/London 2010.

Buggeln, Marc, Arbeit & Gewalt. Das Außenlagersystem des KZ Neuengamme, Göttingen 2009.
- Tödliche Zone KZ-Außenlager: Raumorganisation und die Be- und Entgrenzung von Gewalt 1942–1945, in: Jörg Baberowski/Gabriele Metzler (Hrsg.), Gewalträume. Soziale Ordnungen im Ausnahmezustand, Frankfurt a. M./New York 2012, S. 189–203.

Bundeszentrale für Politische Bildung (Hrsg.), Gedenkstätten für die Opfer des Nationalsozialismus. Eine Dokumentation. Bd. I: Baden-Württemberg, Bayern, Bremen, Hamburg, Hessen, Niedersachsen, Nordrhein-Westfalen, Rheinland-Pfalz, Saarland, Schleswig-Holstein, Bonn 1995.
- (Hrsg.), Gedenkstätten für die Opfer des Nationalsozialismus. Eine Dokumentation. Bd. II: Berlin, Brandenburg, Mecklenburg-Vorpommern, Sachsen-Anhalt, Sachsen, Thüringen, Bonn 1999.

Buscher, Frank M., Bestrafen und Erziehen. „Nürnberg" und das Kriegsverbrecherprogramm der USA, in: Norbert Frei (Hrsg.), Transnationale Vergangenheitspolitik. Der Umgang mit deutschen Kriegsverbrechern in Europa nach dem Zweiten Weltkrieg, Göttingen 2006, S. 94–139.

Classen, Christoph, Vom Anfang im Ende: „Befreiung" im Rundfunk, in: Martin Sabrow (Hrsg.), Geschichte als Herrschaftsdiskurs. Der Umgang mit der Vergangenheit in der DDR, Köln/Weimar/Wien 2000, S. 87–118.

Christ, Michaela, Die Dynamik des Tötens. Die Ermordung der Juden in Berditschew, Frankfurt a. M. 2011.

Comité International de Dachau (Hrsg.), Konzentrationslager Dachau 1933–1945, 7. Aufl., München 1978.

Connell, Raewyn, Masculinity and Nazism, in: Anette Dietrich/Ljiljana Heise (Hrsg.), Männlichkeitskonstruktionen im Nationalsozialismus. Normen, Funktionen und Wirkungsmacht von Geschlechterkonstruktionen im Nationalsozialismus und ihre Reflexion in der pädagogischen Praxis, Frankfurt a. M./Berlin/Bern/Brüssel/New York/Oxford/Wien 2013 (Zivilisationen & Geschichte, Bd. 18). S. 37–42.

Connell, Robert W., Der Gemachte Mann. Konstruktion und Krise von Männlichkeiten, 3. Aufl., Wiesbaden 2006 (Geschlecht und Gesellschaft, Bd. 8).

Cornelißen, Christoph, Was heißt Erinnerungskultur? Begriff – Methoden – Perspektiven, in: Geschichte in Wissenschaft und Unterricht 54 (2003) 10, S. 548–563.

Cramer, John, Belsen Trial 1945. Der Lüneburger Prozess gegen Wachpersonal der Konzentrationslager Auschwitz und Bergen-Belsen, Göttingen 2011 (Bergen-Belsen. Dokumente und Forschungen, Bd. 1).

Credé, Norbert, Das Ende der Todesmärsche in und um Schwerin im Mai 1945, in: Detlef Garbe/Carmen Lange (Hrsg.), Häftlinge zwischen Vernichtung und Befreiung. Die Auflösung des KZ Neuengamme und seiner Außenlager durch die SS im Frühjahr 1945, Bremen 2005, Häftlinge, S. 271–283.

Curilla, Wolfgang, Der Judenmord in Polen und die deutsche Ordnungspolizei 1939–1941, Paderborn/München/Wien/Zürich 2011.

– Die deutsche Ordnungspolizei und der Holocaust im Baltikum und in Weißrußland 1941–1945, Paderborn/München/Wien/Zürich 2006.

von Dahlen, Hans, Todesmarsch 1945, Dortmund 1967 (Sachsenhausenheft Nr. 4).

Danyel, Jürgen, Die Opfer- und Verfolgtenperspektive als Gründungskonsens? Zum Umgang mit der Widerstandstradition und der Schuldfrage in der DDR, in: ders. (Hrsg.), Die geteilte Vergangenheit. Zum Umgang mit Nationalsozialismus und Widerstand in beiden deutschen Staaten, Berlin 1995 (Zeithistorische Studien, Bd. 4), S. 31–46.

Der Generalstaatsanwalt der DDR/Ministerium der Justiz der DDR (Hrsg.), Die Haltung der beiden deutschen Staaten zu den Nazi- und Kriegsverbrechen. Eine Dokumentation, Berlin 1965.

Desbois, Patrick, The Holocaust by Bullets. A priest's journey to uncover the truth behind the murder of 1.5 million Jews, New York 2008.

Didi-Huberman, Georges, Bilder trotz allem, München 2007.

Diem, Veronika, Die Freiheitsaktion Bayern. Ein Aufstand in der Endphase des NS-Regimes, München 2013 (Münchner historische Studien, Abteilung Bayerische Geschichte, Bd. 19).

Distel, Barbara, Frauen in nationalsozialistischen Konzentrationslagern – Opfer und Täterinnen, in: Wolfgang Benz/Barbara Distel (Hrsg.), Der Ort des

Terrors. Geschichte der nationalsozialistischen Konzentrationslager, Bd. 1: Die Organisation des Terrors, München 2005, S. 195–209.

- Öffentliches Sterben. Vom Umgang der Öffentlichkeit mit den Todesmärschen, in: Dachauer Hefte 20 (2004), S. 39–46.
- Zum Mahnmal von Hubertus von Pilgrim in Erinnerung an den Todesmarsch der Häftlinge des Konzentrationslagers Dachau, in: Hubertus von Pilgrim, Das Mahnmal zur Erinnerung an den Todesmarsch der Häftlinge des Konzentrationslagers Dachau, München 2001, S. 34–43.

Döring, Jörg/Thielmann, Tristan (Hrsg.), Spatial Turn. Das Raumparadigma in den Kultur- und Sozialwissenschaften, Bielefeld 2008.

Döring, Stephan, Die Umsiedlung der Wolhyniendeutschen in den Jahren 1939 bis 1940, Frankfurt a. M./Berlin/Bern/New York/Paris/Wien 2001 (Militärhistorische Untersuchungen, Bd. 3).

Dudek, Peter, Nationalsozialistische Jugendpolitik und Arbeitserziehung. Das Arbeitslager als Instrument sozialer Disziplinierung, in: Heinz Sünker/Hans-Uwe Otto (Hrsg.), Politische Formierung und soziale Erziehung im Nationalsozialismus, Frankfurt a. M. 1991, S. 141–166.

Duesterberg, Julia, Von der „Umkehr aller Weiblichkeit". Charakterbilder einer KZ-Aufseherin, in: Insa Eschebach/Sigrid Jacobeit/Silke Wenk (Hrsg.), Gedächtnis und Geschlecht. Deutungsmuster in Darstellungen des nationalsozialistischen Genozids, Frankfurt a. M./New York 2002, S. 227–243.

Dünne, Jörg/Günzel, Stephan (Hrsg.), Raumtheorie. Grundlagentexte aus Philosophie und Kulturwissenschaften, Frankfurt a. M. 2006.

Echternkamp, Jörg (Hrsg.), Das Deutsche Reich und der Zweite Weltkrieg, Bd. 9/1: Die deutsche Kriegsgesellschaft 1939 bis 1945. Politisierung, Vernichtung, Überleben, München 2004.

- (Hrsg.), Das Deutsche Reich und der Zweite Weltkrieg, Bd. 9/2: Die deutsche Kriegsgesellschaft 1939 bis 1945. Ausbeutung, Deutung, Ausgrenzungen, München 2005.

Eiber, Ludwig/Sigel, Robert (Hrsg.), Dachauer Prozesse. NS-Verbrechen vor amerikanischen Militärgerichten in Dachau 1945–1948, Göttingen 2007 (Dachauer Symposien zur Zeitgeschichte, Bd. 7).

Eichmüller, Andreas, Die Strafverfolgung von NS-Verbrechen durch westdeutsche Justizbehörden seit 1945. Eine Zahlenbilanz, in: VfZ 56 (2008) 4, S. 621–640.

- Keine Generalamnestie. Die Strafverfolgung von NS-Verbrechen in der frühen Bundesrepublik, München 2012 (Quellen und Darstellungen zur Zeitgeschichte, Bd. 93).

Endler, Uwe, „Was am 22. April 1945 auf Saupsdorfer Bauernhöfen geschah", in: SED-Kreisleitung Sebnitz, Kommission zur Erforschung der Geschichte der örtlichen Arbeiterbewegung (Hrsg.), Dem Schweigen entrissen. Konferenzbericht, Sebnitz 1980, S. 26–29.

Endlich, Stefanie, Erinnerungszeichen und Denkmäler für die Opfer der Todesmärsche und KZ-Außenlager, Vortrag am 30. 7. 2014 in der KZ-Gedenkstätte Dachau, unveröffentlichtes Manuskript.

– Gelenkte Erinnerung? Mahnmale im Land Brandenburg, in: Dachauer Hefte 11 (1995), S. 32–55.

– Orte des Erinnerns – Mahnmale und Gedenkstätten, in: Peter Reichel/Harald Schmid/Peter Steinbach (Hrsg.), Der Nationalsozialismus. Die zweite Geschichte. Überwindung – Deutung – Erinnerung, München 2005, S. 350–377.

Erichsen, Johannes/Fraundorfer, Gertrud, Vorwort, in: Bayerische Verwaltung der staatlichen Schlösser, Gärten und Seen (Hrsg.), „Wenn das neue Geschlecht erkennt, was das alte verschuldet …" KZ-Friedhöfe und -Gedenkstätten in Bayern, Regensburg 2011, S. 9–11.

Erpel, Simone, Einführung, in: Delia Müller/Madlen Lepschies (Hrsg.), Tage der Angst und der Hoffnung. Erinnerungen an die Todesmärsche aus dem Frauen-Konzentrationslager Ravensbrück Ende April 1945, Berlin o. D. [2000], S. 11–28.

– (Hrsg.), Im Gefolge der SS. Aufseherinnen des Frauen-KZ Ravensbrück. Begleitband zur Ausstellung, Berlin 2007 (Schriftenreihe der Stiftung Brandenburgische Gedenkstätten, Bd. 17).

– Zwischen Vernichtung und Befreiung. Das Frauen-Konzentrationslager Ravensbrück in der letzten Kriegsphase, Berlin 2005.

Eschebach, Insa, Gespaltene Frauenbilder. Geschlechterdramaturgien im juristischen Diskurs ostdeutscher Gerichte, in: Ulrike Weckel/Edgar Wolfrum (Hrsg.), „Bestien" und „Befehlsempfänger". Frauen und Männer in NS-Prozessen nach 1945, Göttingen 2003, S. 95–116.

– /Jacobeit, Sigrid/Lanwerd, Susanne (Hrsg.), Die Sprache des Gedenkens. Zur Geschichte der Gedenkstätte Ravensbrück 1945–1995, Berlin 1999 (Schriftenreihe der Stiftung Brandenburgische Gedenkstätten, Bd. 11).

Falter, Jürgen W., Hitlers Wähler, München 1991.

Farquharson, John E., The Plough and the Swastika. The NSDAP and Agriculture in Germany 1928–1945, London 1976.

Farré, Sébastien/Schubert, Yan, From Sachsenhausen to Schwerin. The International Committee of the Red Cross (ICRC) and the death marches, in: Jean-Luc Blondel/Susanne Urban/Sebastian Schönemann (Hrsg.), Auf den Spuren der Todesmärsche, Göttingen 2012 (Freilegungen. Jahrbuch des International Tracing Service, Bd. 1), S. 282–299.

– The ICRC and the detainees in Nazi concentration camps (1942–1945), in: International Review of the Red Cross 94 (2012) 888, S. 1381–1408.

Fiebich, Peter, Buchenwald – Ravensbrück – Sachsenhausen. Die städtebaulich-architektonische und landschaftsarchitektonische Gestaltung der Nationalen Mahn- und Gedenkstätten, in: Insa Eschebach/Sigrid Jacobeit/Susanne Lanwerd (Hrsg.), Die Sprache des Gedenkens. Zur Geschichte der Gedenkstätte Ravensbrück 1945–1995, Berlin 1999, S. 262–281.

– Gedenkstätten, Mahnmale und Ehrenfriedhöfe für die Verfolgten des Nationalsozialismus. Ihre landschaftsarchitektonische Gestaltung in Deutschland 1945 bis 1960, unveröffentlichte Dissertation, TU Dresden 1999.

Finger, Jürgen/Keller, Sven, Täter und Opfer – Gedanken zu Quellenkritik und Aussagekontext, in: dies./Andreas Wirsching (Hrsg.), Vom Recht zur Geschichte. Akten aus NS-Prozessen als Quellen der Zeitgeschichte, Göttingen 2009, S. 114–131.

Fings, Karola, 5. SS-Eisenbahnbaubrigade, in: Wolfgang Benz/Barbara Distel (Hrsg.), Der Ort des Terrors. Geschichte der nationalsozialistischen Konzentrationslager, Bd. 3: Sachsenhausen, Buchenwald, München 2006, S. 152–154.

Fischer, Torben/Lorenz, Matthias N. (Hrsg.), Lexikon der „Vergangenheitsbewältigung“ in Deutschland. Debatten- und Diskursgeschichte des Nationalsozialismus nach 1945, Bielefeld 2007.

Form, Wolfgang, Dealing with the Part. Transitional Justice-Maßnahmenkataloge für den Umgang mit der Vergangenheit, in: Claudia Kuretsidis-Haider/Winfried R. Garscha (Hrsg.), Gerechtigkeit nach Diktatur und Krieg. Transitional Justice 1945 bis heute: Strafverfahren und ihre Quellen, Graz 2010 (Veröffentlichungen der Forschungsstelle Nachkriegsjustiz, Bd. 3), S. 15–30.

Forschungsstelle für Zeitgeschichte in Hamburg/Galerie Morgenland/Geschichtswerkstatt Eimsbüttel (Hrsg.), Geschichtswerkstätten gestern – heute – morgen. Bewegung! Stillstand. Aufbruch?, München/Hamburg 2004 (Hamburger Zeitspuren, Bd. 2).

Frank, Peter, Zum Todesmarsch der Häftlinge des ehemaligen Konzentrationslagers Sachsenhausen vom 21. 4. bis 3. 5. 1945, unveröffentlichte Staatsexamensarbeit, Ernst-Moritz-Arndt-Universität Greifswald 1965.

Frankel, Daniel, Die deutschen Gerechten unter den Völkern, in: Israel Gutman/Sara Bender (Hrsg.), Lexikon der Gerechten unter den Völkern. Deutsche und Österreicher, Göttingen 2005, S. 20–32.

von Fraunberg, Bero/von Fraunberg, Renate, Damals im April. Chronologie zum Seeshaupter Mahnmal, Seeshaupt 2012.

Frei, Norbert, 1945 und wir. Das Dritte Reich im Bewußtsein der Deutschen, München 2005.

– /Grotum, Thomas/Parcer, Jan/Steinbacher, Sybille/Wagner, Bernd C. (Hrsg.), Standort- und Kommandanturbefehle des Konzentrationslagers Auschwitz 1940–1945, München 2000 (Darstellungen und Quellen zur Geschichte von Auschwitz, Bd. 1).
– (Hrsg.), Transnationale Vergangenheitspolitik. Der Umgang mit deutschen Kriegsverbrechern in Europa nach dem Zweiten Weltkrieg, Göttingen 2006 (Beiträge zur Geschichte des 20. Jahrhunderts, Bd. 4).
– Vergangenheitspolitik. Die Anfänge der Bundesrepublik und die NS-Vergangenheit, München 1996.

Friedländer, Saul, Das Dritte Reich und die Juden. Bd. 1: Die Jahre der Verfolgung 1933–1939, München 1998.
– Das Dritte Reich und die Juden. Bd. 2: Die Jahre der Vernichtung 1939–1945, München 2006.

Fritz, Ulrich, KZ-Friedhöfe in Bayern, in: Bayerischer Landesverein für Heimatpflege e.V. (Hrsg.), Friedhof und Grabmal. Geschichte, Gestaltung, Bedeutungswandel, München 2015, S. 126–134.
– Schwarzenfeld: Tatort ohne Täter, Tatort ohne Opfer, Tatort ohne Tat, in: Rebecca Boehling/Susanne Urban/René Bienert (Hrsg.), Überlebende – Erinnerungen – Transformationen, Göttingen 2013, S. 99–111.

Fritz, Ulrich, Unbequeme Denkmale: KZ-Friedhöfe in Bayern. Kurze Geschichte einer institutionellen Odyssee mit Seitenblick nach Sachsen, in: Medaon 13 (2013), www.medaon.de/pdf/MEDAON_13_Fritz.pdf [22. 1. 2016].

Fritzsche, Peter, Rezension zu: Jill Stephenson, Hitler's Home Front. Württemberg under the Nazis, London 2006, in: The Historian 70 (2008) 4, S. 846 f.

Frühjahr 1945. Todesmärsche von KZ-Häftlingen durch den heutigen Bezirk Karl-Marx-Stadt, Karl-Marx-Stadt 1985.

Garbe, Detlef (Hrsg.), Die vergessenen KZs? Gedenkstätten für die Opfer des NS-Terrors in der Bundesrepublik, Bornheim-Merten 1983.
– Gedenkstätten in der Bundesrepublik: Eine geschichtspolitische Erfolgsgeschichte im Gegenwind, in: ders., Neuengamme im System der Konzentrationslager. Studien zur Ereignis- und Rezeptionsgeschichte, Berlin 2015 (Neuengammer Kolloquien, Bd. 5), S. 475–496.
– /Lange, Carmen (Hrsg.), Häftlinge zwischen Vernichtung und Befreiung. Die Auflösung des KZ Neuengamme und seiner Außenlager durch die SS im Frühjahr 1945, hrsg. im Auftrag der Gedenkstätte Neuengamme, Bremen 2005.
– Wiederentdeckte Geschichte: Gedenken an Todesmärsche, Auffanglager, Cap Arcona und andere Stätten der Erinnerung an das Ende des KZ Neuengamme im Westen Deutschlands, in: ders./Carmen Lange (Hrsg.), Häftlinge zwischen

Vernichtung und Befreiung. Die Auflösung des KZ Neuengamme und seiner Außenlager durch die SS im Frühjahr 1945, Bremen 2005, S. 295–307.

Gebhardt, Miriam, Als die Soldaten kamen. Die Vergewaltigung deutscher Frauen am Ende des Zweiten Weltkriegs, München 2015.

Gedenkstätte Buchenwald (Hrsg.), „Wie wird es einmal enden?“ Bericht des ehemaligen jüdischen Häftlings Michael Rozenek über seine Rettung, Weimar 1993.

Giere, Jaqueline/Schmidhofer, Tanja, Konfrontationen. Bausteine für die pädagogische Annäherung an Geschichte und Wirkung des Holocaust, Heft 6: Todesmärsche und Befreiung, Frankfurt a. M. 2003.

Gigliotti, Simone/Masurovsky, Marc J./Steiner, Erik B., From the Camp to the Road: Representing the Evacuations from Auschwitz, January 1945, in: Anne Kelly Knowles/Tim Cole/Alberto Giordano (Hrsg.), Geographies of the Holocaust, Bloomington/Indiana 2014, S. 192–226.

Godau-Schüttke, Klaus-Detlev, Die Heyde/Sawade-Affäre. Wie Juristen und Mediziner den NS-Euthanasieprofessor Heyde nach 1945 deckten und straflos blieben, 3. Aufl., Baden-Baden 2010.

Goguel, Rudi, „Cap Arcona“. Report über den Untergang der Häftlingsflotte in der Lübecker Bucht am 3. Mai 1945, Frankfurt a. M. 1972.

Goldenbogen, Nora, Einführung [Sachsen], in: Bundeszentrale für politische Bildung (Hrsg.), Gedenkstätten für die Opfer des Nationalsozialismus. Eine Dokumentation. Bd. II: Berlin, Brandenburg, Mecklenburg-Vorpommern, Sachsen-Anhalt, Sachsen, Thüringen, Bonn 1999, S. 608–616.

Goldhagen, Daniel Jonah, Hitlers willige Vollstrecker. Ganz gewöhnliche Deutsche und der Holocaust, Berlin 1996.

Goldstein, Cora Sol, Capturing the German Eye. American Visual Propaganda in Occupied Germany, Chicago 2009.

Goschler, Constantin, Der Fall Philipp Auerbach. Wiedergutmachung in Bayern, in: Ludolf Herbst/ders. (Hrsg.), Wiedergutmachung in der Bundesrepublik Deutschland, München 1989, S. 77–98.

Grabowski, Bernd, Deutsche Geschichte 1945–1966. Dargestellt am Leben und Wirken der ehemaligen Häftlinge und der Strafverfolgung der SS-Leute des Konzentrationslagers Dora, unveröff. Staatsexamensarbeit, HU Berlin 1966.

Gravenhorst, Lerke, NS-Verbrechen und asymmetrische Geschlechterdifferenz: eine kritische Auseinandersetzung mit historischen Analysen zur NS-Täterschaft, in: Elke Frietsch/Christina Herkommer (Hrsg.), Nationalsozialismus und Geschlecht. Zur Politisierung und Ästhetisierung von Körper, „Rasse“ und Sexualität im „Dritten Reich“ und nach 1945, Bielefeld 2009 (GenderCodes, Bd. 6), S. 86–103.

Greiser, Katrin, Die Todesmärsche von Buchenwald. Räumung, Befreiung und Spuren der Erinnerung, Göttingen 2008.

– Grabstätten und Sterbeorte in Bayern. Eine Suche nach den Opfern der Todesmärsche, in: Jean-Luc Blondel/Susanne Urban/Sebastian Schönemann (Hrsg.), Auf den Spuren der Todesmärsche, Göttingen 2012, S. 300–313.

Gring, Diana, Das Massaker von Gardelegen, in: Dachauer Hefte 20 (2008), S. 112–126.

– Die Todesmärsche und das Massaker von Gardelegen. NS-Verbrechen in der Endphase des Zweiten Weltkrieges, Gardelegen 1993 (Schriftenreihe des Stadtmuseums Gardelegen, Heft 1).

– „... immer zwischen zwei Feuern". Der kommunistische Funktionshäftling Karl Semmler, in: Annette Leo/Peter Reif-Spirek, Helden, Täter und Verräter. Studien zum DDR-Antifaschismus, Berlin 1999, S. 109–125.

Gross, Raphael/Renz, Werner (Hrsg.), Der Frankfurter Auschwitz-Prozess (1963–1965). Kommentierte Quellenedition, Bd. 1, Frankfurt a. M./New York 2013 (Wissenschaftliche Reihe des Fritz-Bauer-Instituts, Bd. 22).

Grossmann, Atina, A Question of Silence. The Rape of German Women by Occupation Soldiers, in: October 72 (1995), S. 43–63.

– Juden, Deutsche, Alliierte. Begegnungen im besetzten Deutschland, Göttingen 2012 (Hamburger Beiträge zur Geschichte der deutschen Juden, Bd. 39).

Grundmann, Friedrich, Agrarpolitik im „Dritten Reich". Anspruch und Wirklichkeit des Reichserbhofgesetzes, Hamburg 1979 (Historische Perspektiven, Bd. 14).

Gruner, Martin, Verurteilt in Dachau. Der Prozess gegen den KZ-Kommandanten Alex Piorkowski vor einem US-Militärgericht, Augsburg 2008.

Günzel, Stephan (Hrsg.), Raum. Ein interdisziplinäres Handbuch, Stuttgart 2010.

Gutman, Israel/Bender, Sara (Hrsg.), Lexikon der Gerechten unter den Völkern. Deutsche und Österreicher, Göttingen 2005.

Habel, Rainer, Außenlager Farge. Erinnerungen ehemaliger Häftlinge des KZ-Neuengamme, in: Geschichtswerkstatt 19 (1989), S. 9–17.

Hahn, Sepp, Außenstelle Heinkelwerk, Berlin 1961.

Hake, Günter/Grünreich, Dietmar/Meng, Liqiu, Kartographie. Visualisierung raum-zeitlicher Informationen, 8. Aufl., Berlin/New York 2002.

Halbrainer, Heimo, „Unsere Pflicht, wahrhaft und objektiv Gerechtigkeit zu sprechen" – Die Ahndung nationalsozialistischer Verbrechen im Zuge des Todesmarschs ungarischer Juden durch den Bezirk Leoben, in: Heimo Halbrainer/Christian Ehetreiber (Hrsg.), Todesmarsch Eisenstraße. Terror, Handlungsspielräume, Erinnerung. Menschliches Handeln unter Zwangsbedingungen, Graz 2005, S. 95–134.

Hammermann, Gabriele, Die Todesmärsche aus den Konzentrationslagern 1944/1945, in: Cord Arendes/Edgar Wolfrum/Jörg Zedler (Hrsg.), Terror nach Innen. Verbrechen am Ende des Zweiten Weltkrieges, Göttingen 2006, S. 122–148.

Harley, John Brian, Deconstructing the Map, in: Cartographica 26 (1989) 2, S. 1–20.

Haß, Ulrike, Mahnmaltexte 1945 bis 1988. Annäherung an eine schwierige Textsorte, in: Dachauer Hefte 6 (1990), S. 135–161.

Heigl, Peter, Konzentrationslager Flossenbürg in Geschichte und Gegenwart. Bilder und Dokumente gegen das zweite Vergessen, 3. Aufl., Regensburg 1994.

Henke, Klaus-Dietmar, Die amerikanische Besetzung Deutschlands, 2. Aufl., München 1996 (Quellen und Darstellungen zur Zeitgeschichte, Bd. 27).

Hensel, Rolf, Stufen zum Schafott. Der Berliner Stadtschulrat und Oberbürgermeister von Görlitz: Hans Meinshausen, Berlin 2012 (Zeitgeschichtliche Forschungen, Bd. 44).

von Hentig, Hans, Vom Ursprung der Henkersmahlzeit, Tübingen 1958.

Herlemann, Beatrix, „Der Bauer klebt am Hergebrachten". Bäuerliche Verhaltensweisen unterm Nationalsozialismus auf dem Gebiet des heutigen Landes Niedersachsen, Hannover 1993 (Niedersachsen 1933–1945, Bd. 4).

Hertz-Eichenrode, Katharina (Hrsg.), Ein KZ wird geräumt. Häftlinge zwischen Vernichtung und Befreiung. Die Auflösung des KZ Neuengamme und seiner Außenlager durch die SS im Frühjahr 1945. Katalog zur Wanderausstellung, Bremen 2000.

Herzberg, Abel J., Zweistromland. Tagebuch aus Bergen-Belsen, Wittingen 1997.

Hesse, Klaus, Rüstungsindustrie in Leipzig. Teil II, Leipzig 2001 (Eigenverlag).

Heubaum, Regine/Wagner, Jens-Christian (Hrsg.), Zwischen Harz und Heide. Todesmärsche und Räumungstransporte im April 1945. Begleitband zur Wanderausstellung, Göttingen 2015.

Hilger, Andreas, „Die Gerechtigkeit nehme ihren Lauf"? Die Bestrafung deutscher Kriegs- und Gewaltverbrecher in der Sowjetunion und der SBZ/DDR, in: Norbert Frei (Hrsg.), Transnationale Vergangenheitspolitik. Der Umgang mit deutschen Kriegsverbrechern in Europa nach dem Zweiten Weltkrieg, Göttingen 2006, S. 180–246.

Hillmann, Jörg/Zimmermann, John (Hrsg.), Kriegsende 1945 in Deutschland, München 2002 (Beiträge zur Militärgeschichte, Bd. 55).

Hilton, Wesley Vincent, The Blackest Canvas: U.S. Army Courts and the Trials of War Criminals in Post-World War II Europe, unveröffentlichte Dissertation, Texas Tech University, Lubbock, USA, 2003.

Hinrichsen, Kurt, „Befehlsnotstand“, in: Adalbert Rückerl (Hrsg.), NS-Prozesse. Nach 25 Jahren Strafverfolgung: Möglichkeiten – Grenzen – Ergebnisse, Karlsruhe 1971.

Historische Kommission bei der Bayerischen Akademie der Wissenschaften/ Generaldirektion der Staatlichen Archive Bayerns (Hrsg.), Die Protokolle des Bayerischen Ministerrats 1945–1954. Das Kabinett Ehard II, 20. September 1947 bis 18. Dezember 1950, Bd. 2, München 2005.

– /Generaldirektion der Staatlichen Archive Bayerns (Hrsg.), Die Protokolle des Bayerischen Ministerrats 1945–1954. Das Kabinett Ehard II, 20. September 1947 bis 18. Dezember 1950, Bd. 3, München 2010.

– /Generaldirektion der Staatlichen Archive Bayerns (Hrsg.), Die Protokolle des Bayerischen Ministerrats 1945–1954. Das Kabinett Ehard III, 18. Dezember 1950 bis 14. Dezember 1954, Bd. 1, München 2014.

– /Institut für Zeitgeschichte (Hrsg.), Die Bundesrepublik Deutschland und Frankreich: Dokumente 1949–1963, Bd. 1: Außenpolitik und Diplomatie, München 1997.

Historisches Museum Schwerin/Bezirkskomitee Antifaschistischer Widerstandskämpfer Schwerin (Hrsg.), Mahn- und Gedenkstätte Raben Steinfeld, Schwerin 1978.

Hoch, Gerhard, Von Auschwitz nach Holstein. Die jüdischen Häftlinge von Fürstengrube, Hamburg 1998.

Hoffmann, Georg, Fliegerlynchjustiz. Gewalt gegen abgeschossene alliierte Flugzeugbesatzungen 1943–1945, Paderborn 2015 (Krieg in der Geschichte, Bd. 88).

Homolka, Walter, Hesed und Zedaka als Triebfedern religionsgesetzlicher Entscheidung – Ein Responsum zu Exhumierung und Totenwürde, in: Walter Jacob/ders. (Hrsg.), Hesed and Tzedakah. From Bible to Modernity, Berlin 2006 (Aus Religion und Recht, Bd. 6), S. 101–105.

Hördler, Stefan, Die KZ-Wachmannschaften in der zweiten Kriegshälfte. Genese und Praxis, in: Angelika Benz/Marija Vulesica (Hrsg.), Bewachung und Ausführung. Alltag der Täter in nationalsozialistischen Lagern, Berlin 2011, S. 127–145.

– Ordnung und Vernichtung. Das KZ-System im letzten Kriegsjahr, Göttingen 2015.

– Wehrmacht und KZ-System. Zum Einsatz von Wehrmachtssoldaten in den KZ-Wachmannschaften 1944/45, in: Beiträge zur Geschichte der nationalsozialistischen Verfolgung in Norddeutschland 13 (2012), S. 12–23.

Hornung, Ela, Denunziation als soziale Praxis. Fälle aus der NS-Militärjustiz, Wien/Köln/Weimar 2010.

– /Langthaler, Ernst/Schweitzer, Sabine, Zwangsarbeiter in der Landwirtschaft, in: Jörg Echternkamp (Hrsg.), Das Deutsche Reich und der Zweite Weltkrieg, Bd. 9/2: Die deutsche Kriegsgesellschaft 1939 bis 1945. Ausbeutung, Deutung, Ausgrenzungen, München 2005, S. 577–666.

Hummel, Juliane, „Hier ruhen 156 unbekannte Opfer des Dritten Reichs". Gräber und Gedenken an die Opfer der Räumungstransporte – Skizzen aus Niedersachsen, in: Regine Heubaum/Jens-Christian Wagner (Hrsg.), Zwischen Harz und Heide. Todesmärsche und Räumungstransporte im April 1945. Begleitband zur Wanderausstellung, Göttingen 2015, S. 126–131.

Hüppauf, Bernd, Der entleerte Blick hinter der Kamera, in: Hannes Heer/Klaus Naumann (Hrsg.), Vernichtungskrieg. Verbrechen der Wehrmacht 1941 bis 1944, Hamburg 1995, S. 504–527.

Huth, Arno, Die Auflösung des KZ Natzweiler und seines Außenlagerkomplexes. Eine Übersicht, in: Jean-Luc Blondel/Susanne Urban/Sebastian Schönemann (Hrsg.), Auf den Spuren der Todesmärsche, Göttingen 2012, S. 184–197.

Ilien, Albert/Jeggle, Utz, Leben auf dem Dorf. Zur Sozialgeschichte des Dorfes und Sozialpsychologie seiner Bewohner, Opladen 1978.

Internationales Buchenwald-Komitee/Komitee der Antifaschistischen Widerstandskämpfer in der Deutschen Demokratischen Republik (Hrsg.), Buchenwald. Mahnung und Verpflichtung. Dokumente und Berichte, Berlin 1960.

Internationales Komitee vom Roten Kreuz (Hrsg.), Die Tätigkeit des IKRK zugunsten der in den deutschen Konzentrationslagern inhaftierten Zivilpersonen (1939–1945), Genf 1985 [1947].

Jacobeit, Sigrid (Hrsg.), „Ich grüße Euch als freier Mensch". Quellenedition zur Befreiung des Frauen-Konzentrationslagers Ravensbrück im April 1945, Berlin 1995 (Schriftenreihe der Stiftung Brandenburgische Gedenkstätten, Bd. 6).

Jacobmeyer, Wilhelm, Vom Zwangsarbeiter zum heimatlosen Ausländer. Die Displaced Persons in Westdeutschland 1945–1951, Göttingen 1985 (Kritische Studien zur Geschichtswissenschaft, Bd. 65).

Jäger, Herbert, Verbrechen unter totalitärer Herrschaft. Studien zur nationalsozialistischen Gewaltkriminalität, Olten/Freiburg i. Br. 1967.

Janowitz, Morris, German Reactions to Nazi Atrocities, in: The American Journal of Sociology 52 (1946) 2, S. 141–146.

Jardim, Tomaz, The Mauthausen Trial. American Military Justice in Germany, Cambridge/London 2012.

Jerouschek, Günter/Marßolek, Inge/Röckelein, Hedwig, Denunziation – ein interdisziplinäres Forschungsfeld, in: dies. (Hrsg.), Denunziation. Historische, juristische und psychologische Aspekte, Tübingen 1997 (Forum Psychohistorie, Bf. 7), S. 9–25.

Jeske, Natalja/Schmidt, Ute, Zur Verfolgung von Kriegs- und NS-Verbrechen durch sowjetische Militärtribunale in der SBZ, in: Andreas Hilger/Mike Schmeitzner/Ute Schmidt (Hrsg.), Sowjetische Militärtribunale. Bd. 2: Die Verurteilung deutscher Zivilisten 1945–1955, Köln/Weimar/Wien 2003 (Schriften des Hannah-Arendt-Instituts für Totalitarismusforschung, Bd. 17), S. 155–192.

Johe, Werner, Das KL Neuengamme, in: Martin Broszat (Hrsg.), Studien zur Geschichte der Konzentrationslager, Stuttgart 1970, S. 29–49.

Wagner Neuengamme. Zur Geschichte der Konzentrationslager in Hamburg, Hamburg 1981.

Kahl, Monika, Einführung [Thüringen], in: Bundeszentrale für politische Bildung (Hrsg.), Gedenkstätten für die Opfer des Nationalsozialismus. Eine Dokumentation. Bd. II: Berlin, Brandenburg, Mecklenburg-Vorpommern, Sachsen-Anhalt, Sachsen, Thüringen, Bonn 1999, S. 779–787.

Kaienburg, Hermann, Die britischen Militärgerichtsprozesse zu den Verbrechen im Konzentrationslager Neuengamme, in: Beiträge zur Geschichte der nationalsozialistischen Verfolgung in Norddeutschland 3 (1997), S. 56–64.

Kapischke, Jürgen, Die Zentralstellen zur Verfolgung nationalsozialistischer Gewaltverbrechen in Nordrhein-Westfalen – Entstehung und Aufgabenfeld, in: Juristische Zeitgeschichte 9 (2001), S. 1–11.

Käppner, Joachim, Erstarrte Geschichte. Faschismus und Holocaust im Spiegel der Geschichtswissenschaft und Geschichtspropaganda der DDR, Hamburg 1999 (Forum Zeitgeschichte, Bd. 9).

Keller, Sven, Volksgemeinschaft am Ende. Gesellschaft und Gewalt 1944/45, München 2013 (Quellen und Darstellungen zur Zeitgeschichte, Bd. 97).

Kenkmann, Alfons, „Ich war aber nicht der böse Mann, der Sie mit Wollust fortbringen wollte …". Rechts- und Unrechtswahrnehmungen deutscher Polizisten vor und nach 1945, in: Helmut Gebhardt (Hrsg.), Polizei, Recht und Geschichte. Europäische Aspekte einer wechselvollen Entwicklung. Beiträge des 14. Kolloquiums zur Polizeigeschichte, Graz 2006 (Grazer rechtswissenschaftliche Studien, Bd. 60), S. 147–156.

– Wilde Jugend. Lebenswelt großstädtischer Jugendlicher zwischen Weltwirtschaftskrise, Nationalsozialismus und Währungsreform, Essen 1996 (Düsseldorfer Schriften zur neueren Landesgeschichte und zur Geschichte Nordrhein-Westfalens, Bd. 42).

Kershaw, Ian, Das Ende. Kampf bis in den Untergang. NS-Deutschland 1944/45, München 2011.

Kiepe, Jan, Das Reservepolizeibataillon 101 vor Gericht. NS-Täter in Selbst- und Fremddarstellungen, Hamburg 2007 (Veröffentlichungen des Hamburger Arbeitskreises für Regionalgeschichte, Bd. 25).

Kimmel, Günther, Das Konzentrationslager Dachau. Eine Studie zu den nationalsozialistischen Gewaltverbrechen, in: Martin Broszat/Elke Fröhlich (Hrsg.), Bayern in der NS-Zeit II. Herrschaft und Gesellschaft im Konflikt, Teil A, München/Wien 1979, Bayern, S. 349–413.

Kirsch, Jan-Holger, „Hier geht es um den Kern unseres Selbstverständnisses als Nation". Helmut Kohl und die Genese des Holocaust-Gedenkens als bundesdeutscher Staatsräson, in: Potsdamer Bulletin für Zeithistorische Studien 43–44 (2008), S. 40–48.

Kissel, Hans, Der Deutsche Volkssturm 1944/45. Eine territoriale Miliz im Rahmen der Landesverteidigung, Frankfurt a. M. 1962 (Wehrwissenschaftliche Rundschau, Beiheft 16/17).

Klausch, Hans-Peter, Von der Wehrmacht ins KZ: Die Häftlingskategorie der SAW- und Zwischenhaft-Gefangenen, in: Beiträge zur nationalsozialistischen Verfolgung in Norddeutschland 13 (2012), S. 67–105.

Klee, Ernst, Auschwitz. Täter, Gehilfen, Opfer und was aus ihnen wurde. Ein Personenlexikon, Frankfurt a. M. 2013.

– Das Personenlexikon zum Dritten Reich. Wer war was vor und nach 1945, Frankfurt a. M. 2005.

Klemp, Stefan, Nicht ermittelt. Polizeibataillone und die Nachkriegsjustiz. Ein Handbuch, 2. überarb. u. erw. Aufl., Essen 2011 (Villa ten Hompel, Schriften, Bd. 5).

Kleßmann, Christoph, Spaltung und Verflechtung – ein Konzept zur integrierten Nachkriegsgeschichte 1945 bis 1990, in: ders./Peter Lautzas(Hrsg.), Teilung und Integration. Die doppelte deutsche Nachkriegsgeschichte als wissenschaftliches und didaktisches Problem, Bonn 2005 (Schriftenreihe der Bundeszentrale für politische Bildung, Bd. 482), S. 20–37.

Klützke, Anja-Isabelle, Kollektiv-solidarische Zivilcourage: Judenretter im Nationalsozialismus. Erprobung eines Konzepts der Widerstandsforschung, Marburg 2012.

Knigge, Volkhard/Frei, Norbert unter Mitarbeit von Anett Schweitzer (Hrsg.), Verbrechen erinnern. Die Auseinandersetzung mit Holocaust und Völkermord, München 2002.

– Gesellschaftsverbrechen erinnern. Zur Entstehung und Entwicklung des Konzepts seit 1945, in: ders./Ulrich Mählert (Hrsg.), Der Kommunismus im Museum. Formen der Auseinandersetzung in Deutschland und Ostmitteleuropa, Köln/Weimar/Wien 2005, S. 19–30.

– /Lüttgenau, Rikola-Gunnar/Wagner, Jens-Christian, Einleitung, in: dies. (Hrsg.), Zwangsarbeit. Die Deutschen, die Zwangsarbeiter und der Krieg. Begleitband zur Ausstellung, Weimar 2010, S. 6–11.

– /Lüttgenau, Rikola-Gunnar/Wagner, Jens-Christian (Hrsg.), Zwangsarbeit. Die Deutschen, die Zwangsarbeiter und der Krieg. Begleitband zur Ausstellung, Weimar 2010.
– Statt eines Nachworts: Abschied der Erinnerung. Anmerkungen zum notwendigen Wandel der Gedenkkultur in Deutschland, in: Volkhard Knigge/Norbert Frei (Hrsg.), Verbrechen erinnern. Die Auseinandersetzung mit Holocaust und Völkermord, München 2002, S. 423–440.
– Zur Entstehungsgeschichte der Nationalen Mahn- und Gedenkstätte Buchenwald, in: Günter Morsch (Hrsg.), Von der Erinnerung zum Monument. Die Entstehungsgeschichte der Nationalen Mahn- und Gedenkstätte Sachsenhausen, Berlin 1996, S. 101–113.

Knoch, Habbo, Die Rückkehr der Zeugen. Gedenkstätten als Gedächtnisorte der Bundesrepublik, in: Gerhard Paul/Bernhard Schoßig (Hrsg.), Öffentliche Erinnerung und Medialisierung des Nationalsozialismus. Eine Bilanz der letzten dreißig Jahre, Göttingen 2010, S. 116–137.

Knospe, Wolfgang, Leipzig-Thekla, in: Wolfgang Benz/Barbara Distel (Hrsg.), Der Ort des Terrors. Geschichte der nationalsozialistischen Konzentrationslager, Bd. 3: Sachsenhausen, Buchenwald, München 2006, Bd. 3, S. 502–506.

Kock, Gerhard, „Der Führer sorgt für unsere Kinder …" Die Kinderlandverschickung im Zweiten Weltkrieg, Paderborn/München/Wien/Zürich 1997.

Köhle-Hezinger, Christel, Lokale Honoratioren. Zur Rolle von Pfarrer und Lehrer im Dorf, in: Hans-Georg Wehling (Hrsg.), Dorfpolitik. Fachwissenschaftliche Analysen und didaktische Hilfen, Opladen 1978 (Analysen, Bd. 22), S. 54–64.

Kolb, Eberhard, Bergen-Belsen. Geschichte des „Aufenthaltslagers" 1943–1945, Hannover 1962.

Komitee der Antifaschistischen Widerstandskämpfer in der Deutschen Demokratischen Republik (Hrsg.), Damals in Sachsenhausen, Berlin 1961.
– (Hrsg.), Damals in Sachsenhausen. Solidarität und Widerstand im Konzentrationslager Sachsenhausen, 2. Aufl., Berlin 1967.
– (Hrsg.), Die Frauen von Ravensbrück, Berlin 1959.
– (Hrsg.), Sachsenhausen, Berlin o. D. (vermutl. 1962).

Kommission zur Erforschung der Geschichte der örtlichen Arbeiterbewegung bei der Kreisleitung der SED Wittstock/LAG Sachsenhausen bei der Zentralleitung des KAW/Bezirkskomitee Potsdam der Antifaschistischen Widerstandskämpfer (Hrsg.), Belower Wald in der Wittstocker Heide 23.–29. April 1945. Ein Teil Geschichte des Todesmarsches aus dem Konzentrationslager Sachsenhausen, Wittstock 1978.

Körber-Stiftung (Hrsg.), Offenes Geschichtslernen in einer geschlossenen Gesellschaft? Von den „Arbeitsgemeinschaften Junger Historiker" als einem ambivalenten Bestandteil historischer Bildung in der DDR. Ein Projekt- und Tagungsbericht, Berlin 1995.

Kosmala, Beate, Zivilcourage in extremer Situation. Retterinnen und Retter von Juden im „Dritten Reich“ (1941–1945), in: Gerd Meyer/Ulrich Dovermann/Siegfried Frech/Günther Gugel (Hrsg.), Zivilcourage lernen. Analysen – Modelle – Arbeitshilfen, Bonn 2004, S. 106–115.

Krakowski, Shmuel, The End of the Holocaust. The Death Marches in the Period of the Evacuation of the Camps, in: Yisrael Gutman/Avital Saf (Hrsg.), The Nazi Concentration Camps. Structure and Aims, the Image of the Prisoner, the Jews in the Camps. Proceedings of the Fourth Yad Vashem International Historical Conference, January 1980, Jerusalem 1984, S. 475–489.

Krause, Michael, Flucht vor dem Bombenkrieg. „Umquartierungen“ im Zweiten Weltkrieg und die Wiedereingliederung der Evakuierten in Deutschland 1943–1963, Düsseldorf 1997 (Beiträge zur Geschichte des Parlamentarismus und der politischen Parteien, Bd. 109).

Krause-Vilmar, Dietfrid, Das Lager als Lebensform des Nationalsozialismus – Anmerkungen und Fragen, in: Pädagogische Rundschau 38 (1984) 1, S. 29–38.

Krauss, Marita (Hrsg.), Sie waren dabei. Mitläuferinnen, Nutznießerinnen, Täterinnen im Nationalsozialismus, Göttingen 2008 (Dachauer Symposien zur Zeitgeschichte, Bd. 8).

Kreisleitung Aue der SED/Kreiskomitee Aue der Antifaschistischen Widerstandskämpfer der DDR/Rat des Kreises Aue, Abteilung Volksbildung (Hrsg.), Bericht der Clara-Zetkin-Oberschule Eibenstock und ihrer Arbeitsgemeinschaft „Junge Historiker“ anläßlich des 40. Jahrestages des Sieges über den Hitlerfaschismus und der Befreiung des deutschen Volkes vom Faschismus zu Ergebnissen von Nachforschungen über den Todesmarsch von Häftlingen des Konzentrationslagers Flossenbürg, Außenlager Nr. 87 in Lengenfeld, durch das Territorium des Kreises Aue im April 1945, o. O. 1985.

Kreisleitung Gardelegen der SED, Abt. Agitation und Propaganda/Kommission zur Erforschung der Geschichte der örtlichen Arbeiterbewegung/Kreiskomitee der Antifaschistischen Widerstandskämpfer (Hrsg.), Ihr Opfer bleibt unvergessen! Zur Geschichte des Mahn- und Gedenkweges Gardelegen, Gardelegen 1974.

Kressel, Carsten, Evakuierungen und Erweiterte Kinderlandverschickung im Vergleich. Das Beispiel der Städte Liverpool und Hamburg, Frankfurt a. M./Berlin/Bern/New York/Paris/Wien 1996 (Europäische Hochschulschriften, Reihe 3, Geschichte und ihre Hilfswissenschaften, Bd. 715).

Kretzer, Anette, NS-Täterschaft und Geschlecht. Der erste britische Ravensbrück-Prozess 1946/47 in Hamburg, Berlin 2009.

Kubetzky, Thomas, Fahrten ins Ungewisse. Räumungstransporte aus dem Konzentrationslager Bergen-Belsen im April 1945, in: Habbo Knoch/Thomas Rahe (Hrsg.), Bergen-Belsen. Neue Forschungen, Göttingen 2014 (Bergen Belsen. Dokumente und Forschungen, Bd. 2), S. 150–176.

Kühl, Stefan, Ganz normale Organisationen. Zur Soziologie des Holocaust, Frankfurt a. M. 2014.

Kühle, Barbara, Die Todesmärsche der Häftlinge des KZ Sachsenhausen, Oranienburg 1985 (Sachsenhausen, Heft 1).

Kühne, Thomas, Belonging and Genocide. Hitler's Community, 1918–1945, New Haven/London 2010.

– Zwischen Vernichtungskrieg und Freizeitgesellschaft. Die Veteranenkultur der Bundesrepublik (1945–1995), in: Klaus Naumann (Hrsg.), Nachkrieg in Deutschland, Hamburg 2001, S. 90–113.

Kuretsidis-Haider, Claudia, Täterinnen vor Gericht. Zur Kategorie Geschlecht bei der Ahndung von nationalsozialistischen Tötungsdelikten in Deutschland und Österreich, in: Marita Krauss (Hrsg.), Sie waren dabei. Mitläuferinnen, Nutznießerinnen, Täterinnen im Nationalsozialismus, Göttingen 2008, S. 187–210.

Lagergemeinschaft Neuengamme (Hrsg.), So ging es zu Ende … Neuengamme. Dokumente und Berichte, Hamburg 1960.

Landessekretariat VVN Mecklenburg (Hrsg.), Aus dem antifaschistischen Widerstandskampf in Mecklenburg gegen das Naziregime, o. O. 1948.

Landeszentrale für politische Bildung Baden-Württemberg (Hrsg.), Erschossen und verscharrt. Gedenkstein zur Mahnung an die Opfer des Hessentaler Todesmarsches, Dalkingen 1945, Stuttgart 1994.

Lange, Carmen, „Ihr Vermächtnis lebt in unseren Taten fort". Todesmarschgedenken in der DDR, in: Jean-Luc Blondel/Susanne Urban/Sebastian Schönemann (Hrsg.), Auf den Spuren der Todesmärsche, Göttingen 2012, S. 328–344.

Lange, Wilhelm, Cap Arcona. Das tragische Ende einiger Konzentrationslager-Evakuierungstransporte im Raum der Stadt Neustadt in Holstein am 3. Mai 1945, Neustadt in Holstein 1988.

– Neueste Erkenntnisse zur Bombardierung der KZ-Schiffe in der Neustädter Bucht am 3. Mai 1945: Vorgeschichte, Verlauf und Verantwortlichkeiten, in: Detlef Garbe/Carmen Lange (Hrsg.), Häftlinge zwischen Vernichtung und Befreiung. Die Auflösung des KZ Neuengamme und seiner Außenlager durch die SS im Frühjahr 1945, Bremen 2005, S. 217–229.

Langhamerová, Miroslava, Leitmeritz (Litoměřice), in: Wolfgang Benz/Barbara Distel (Hrsg.), Der Ort des Terrors. Geschichte der nationalsozialistischen Konzentrationslager, Bd. 4: Flossenbürg, Mauthausen, Ravensbrück, München 2006, S. 175–185.

Langthaler, Ernst, Die Erfindung des Gebirgsbauern. Identitätsdiskurse zwischen NS-System und voralpiner Lebenswelt, in: Ernst Langthaler/Reinhard Sieder (Hrsg.), Über die Dörfer. Ländliche Lebenswelten in der Moderne, Wien 2000, S. 87–142.

– Eigensinnige Kolonien. NS-Agrarsystem und bäuerliche Lebenswelten 1938–1945, in: Emmerich Tálos/Ernst Hanisch/Wolfgang Neugebauer/Reinhard Sieder (Hrsg.), NS-Herrschaft in Österreich. Ein Handbuch, Wien 2000, S. 348–375.

– /Sieder, Reinhard, Die Dorfgrenzen sind nicht die Grenzen des Dorfes. Positionen, Probleme und Perspektiven der Forschung, in: dies. (Hrsg.), Über die Dörfer. Ländliche Lebenswelten in der Moderne, Wien 2000, S. 7–30.

– /Sieder, Reinhard (Hrsg.), Über die Dörfer. Ländliche Lebenswelten in der Moderne, Wien 2000 (Kultur und Praxis, Bd. 4).

Lappin, Eleonore, Die Ahndung von NS-Gewaltverbrechen im Zuge der Todesmärsche ungarischer Juden durch die Steiermark, in: Claudia Kuretsidis-Haider/Winfried R. Garscha (Hrsg.), Keine „Abrechnung“. NS-Verbrechen, Justiz und Gesellschaft in Europa nach 1945, Leipzig/Wien 1998, S. 32–53.

– Ungarisch-Jüdische Zwangsarbeiter und Zwangsarbeiterinnen in Österreich 1944/45. Arbeitseinsatz – Todesmärsche – Folgen, Wien/Berlin/Münster 2010 (Austria. Forschung und Wissenschaft Geschichte, Bd. 3).

Laqueur, Renata, Bergen-Belsen-Tagebuch 1944/1945, 2. Aufl., Hannover 1989.

Laumer, Angelika, Getting Rural. Ein Plädoyer für kritische Forschung zu nationalsozialistischen Verbrechen im ländlichen Raum, in: Frédérick Bonnesoeur/Philipp Dinkelaker/Sarah Kleinmann/Jens Kolata/Anja Reuss (Hrsg.), Besatzung. Vernichtung. Zwangsarbeit. Beiträge des 20. Workshops zur Geschichte und Nachgeschichte der nationalsozialistischen Konzentrationslager, Berlin 2017, S. 221–243.

Leide, Henry, NS-Verbrecher und Staatssicherheit. Die geheime Vergangenheitspolitik der DDR, Göttingen 2005 (Analysen und Dokumente, Bd. 28).

Lemke, Michael, Nationalismus und Patriotismus in den frühen Jahren der DDR, in: APuZ B 50 (2000), S. 11–19.

Leo, Annette, „Der Befragung des Zeugen stehen ständige Hinderungsgründe entgegen.“ Deutsch-deutsche Rechtshilfe in NS-Verfahren, in: dies./Peter Reif-Spirek (Hrsg.), Vielstimmiges Schweigen. Neue Studien zum DDR-Antifaschismus, Berlin 2001, S. 153–171.

Leo, Wolf, „Wegzeichen“ – Erinnerung an die Todesmärsche, in: Detlef Garbe/Carmen Lange (Hrsg.), Häftlinge zwischen Vernichtung und Befreiung. Die Auflösung des KZ Neuengamme und seiner Außenlager durch die SS im Frühjahr 1945, Bremen 2005, S. 287–293.

Lessing, Holger, Der erste Dachauer Prozeß (1945/46), Baden-Baden 1993 (Fundamenta juridica, Bd. 21).

Linck, Stephan, Der Ordnung verpflichtet: Deutsche Polizei 1933–1949. Der Fall Flensburg, Paderborn/München/Wien/Zürich 2000.

– ‚Festung Nord' und ‚Alpenfestung'. Das Ende des NS-Sicherheitsapparates, in: Gerhard Paul/Klaus-Michael Mallmann (Hrsg.), Die Gestapo im Zweiten Weltkrieg. ‚Heimatfront' und besetztes Europa, Darmstadt 2000, S. 569–595.

Lindenberger, Thomas/Wildt, Michael, Radikale Pluralität. Geschichtswerkstätten als praktische Wissenschaftskritik, in: Archiv für Sozialgeschichte 29 (1989), S. 393–411.

Löw, Martina, Raumsoziologie, Frankfurt a. M. 2001.

Lucht, Roland/Henkel, Horst/Scholz, Wolfgang, Analyse der „Ausgabe für die Volkswirtschaft" in Umsetzung des Beschlusses des Nationalen Verteidigungsrates der DDR vom 13. Oktober 1965 im Vergleich mit der Topographischen Karte der DDR, in: Dagmar Unverhau (Hrsg.), Kartenverfälschung als Folge übergroßer Geheimhaltung? Eine Annäherung an das Thema Einflußnahme der Staatssicherheit auf das Kartenwesen der DDR. Referate der Tagung der BStU vom 08. –09.03.2001 in Berlin, Münster 2002 (Archiv zur DDR-Staatssicherheit, Bd. 5), S. 99–142.

Lüdtke, Alf, Alltagsgeschichte: Aneignung und Akteure. Oder – es hat noch kaum begonnen!, in: WerkstattGeschichte 17 (1997), S. 83–92.

Ludyga, Hannes, Philipp Auerbach (1906–1952). „Staatskommissar für rassisch, religiös und politisch Verfolgte", Berlin 2005 (Juristische Zeitgeschichte, Abt. 8, Judaica – jüdisches Recht, Judenrecht, Recht und Antisemitismus, Bd. 1).

Luers, Ulf, KZ-Häftlings-Transporte nach Flensburg im April/Mai 1945, in: Stadtarchiv Flensburg/IZRG Schleswig/BU Flensburg (Hrsg.), Verführt. Verfolgt. Verschleppt. Aspekte nationalsozialistischer Herrschaft in Flensburg 1933–1945, Flensburg 1996 (Flensburger Beiträge zur Zeitgeschichte, Bd. 1), S. 276–323.

Lustiger, Arno, Deportiert ins KZ Langenstein-Zwieberge – Erinnerungen, in: Jutta Dick/Marina Sassenberg (Hrsg.), Wegweiser durch das jüdische Sachsen-Anhalt, Potsdam 1998 (Beiträge zur Geschichte und Kultur der Juden in Brandenburg, Mecklenburg-Vorpommern, Sachsen-Anhalt, Sachsen und Thüringen, Bd. 3), S. 326–333.

Maciejewski, Franz, Trauer ohne Riten – Riten ohne Trauer. Deutsche Volkstrauer nach 1945, in: Jan Assmann/Franz Maciejewski/Axel Michaels (Hrsg.), Der Abschied von den Toten. Trauerrituale im Kulturvergleich, Göttingen 2005, S. 245–266.

Maier, Regina, NS-Kriminalität vor Gericht. Strafverfahren vor den Landgerichten Marburg und Kassel 1945–1955, Darmstadt/Marburg 2009 (Quellen und Forschungen zur hessischen Geschichte, Bd. 155).

Malá, Irena/Kubátová, Ludmila, Pochody Smrti, Prag 1965.

Mammach, Klaus, Der Volkssturm. Das letzte Aufgebot 1944/45, Berlin [Ost] 1981.

Manke, Matthias, Erinnerungsort im Gedächtnisraum? Die Geschichte der örtlichen Arbeiterbewegung im Bezirk Schwerin und die Kommission zu ihrer Erforschung, in: Janina Fuge/Rainer Hering/Harald Schmid (Hrsg.), Gedächtnisräume. Geschichtsbilder und Erinnerungskulturen in Norddeutschland, Göttingen 2014 (Formen der Erinnerung, Bd. 56/Reihe Zeit + Geschichte der Sparkassenstiftung Schleswig-Holstein, Bd. 33), S. 265–285.

Marcuse, Harold, Die vernachlässigten Massengräber. Der Skandal um den Leitenberg, 1949–1950, in: Dachauer Hefte 19 (2003), S. 3–23.

McDougall, Alan, A Duty to Forget? The ‚Hitler Youth Generation' and the Transition from Nazism to Communism in Postwar East Germany, c. 1945–49, in: German History 26 (2008) 1, S. 24–46.

Merten, Klaus, Zur Theorie des Gerüchts, in: Publizistik 54 (2009), S. 15–42.

Merton, Robert K., Soziologische Theorie und soziale Struktur, Berlin/New York 1995.

Meuser, Michael/Scholz, Sylka, Hegemoniale Männlichkeit. Versuch einer Begriffsklärung aus soziologischer Perspektive, in: Martin Dinges (Hrsg.), Männer – Macht – Körper. Hegemoniale Männlichkeiten vom Mittelalter bis heute, Frankfurt a. M./New York 2005 (Geschichte und Geschlechter, Bd. 49), S. 211–228.

Meyer, Ahlrich, Täter im Verhör. Die „Endlösung der Judenfrage" in Frankreich 1940–1944, Darmstadt 2005.

Meyer, Winfried, Britischer oder sowjetischer Sachsenhausen-Prozeß? Zur Vorgeschichte des „Berliner Prozesses" vom Oktober 1947, in: ZfG 45 (1997), S. 965–991.

– Stalinistischer Schauprozeß gegen KZ-Verbrecher? Der Berliner Sachsenhausen-Prozeß vom Oktober 1947, in: Dachauer Hefte 13 (1997): Gericht und Gerechtigkeit, S. 153–180.

Meyer-Seitz, Christian, Die Verfolgung von NS-Straftaten in der Sowjetischen Besatzungszone, Berlin 1998 (Justizforschung und Rechtssoziologie, Bd. 3).

Michelmann, Jeannette, Aktivisten der ersten Stunde. Die Antifa in der Sowjetischen Besatzungszone, Köln/Weimar/Wien 2002.

Mielke, Otto, Schnelldampfer „Cap Arcona". Fahrt ins Verderben (SOS – Schicksale deutscher Schiffe, Nr. 17), München 1953.

Ministerium für Volksbildung der DDR, Zentrales Methodisches Kabinett für außerunterrichtliche Tätigkeit, Empfehlungen für Arbeitsgemeinschaften der Klasse 5 bis 8. Junge Historiker, Berlin 1976.

– Zentrales Methodisches Kabinett für außerunterrichtliche Tätigkeit: Empfehlungen für Arbeitsgemeinschaften der Klasse 5 bis 8. Junge Historiker, 2. Aufl., Berlin 1982.

Mirbach, Willy, „Damit du es später deinem Sohn einmal erzählen kannst …" Der autobiographische Bericht eines Luftwaffensoldaten aus dem KZ Mittelbau (August 1944–Juli 1945). Hrsg. von Gerd Halmanns (Veröffentlichungen des Historischen Vereins für Geldern und Umgegend, Bd. 98), Geldern 1997.

Mission accomplished. The Story of the Campaigns if the VII Corps United States Army in the War against Germany 1944–1945, Leipzig 1945.

von Miquel, Marc, Ahnden oder amnestieren? Westdeutsche Justiz und Vergangenheitspolitik in den sechziger Jahren, Göttingen 2004 (Beiträge zur Geschichte des 20. Jahrhunderts, Bd. 1).

Möckel, Benjamin, Erfahrungsbruch und Generationsbehauptung. Die ‚Kriegsjugendgeneration' in den beiden deutschen Nachkriegsgesellschaften, Göttingen 2014 (Göttinger Studien zur Generationsforschung, Bd. 16).

– „Nutzlose Volksgenossen"? Der Arbeitseinsatz alter Menschen im Nationalsozialismus, Berlin 2010.

Möller, Reimer/Schönemann, Sebastian, Der Bestand der Effekten ehemaliger Häftlinge des KZ Neuengamme in Verwahrung des Internationalen Suchdienstes, in: Jean-Luc Blondel/Susanne Urban/Sebastian Schönemann (Hrsg.), Auf den Spuren der Todesmärsche, Göttingen 2012 (Freilegungen. Jahrbuch des International Tracing Service, Bd. 1), S. 251–262.

Morsch, Günter, Das „neue Unbehagen an der Erinnerungskultur" und die Politik mit der Erinnerung, in: ZfG 63 (2015) 10, S. 829–848.

– /Reckendrees, Alfred (Hrsg.), Befreiung Sachsenhausen 1945, Berlin 1996 (Schriftenreihe der Stiftung Brandenburgische Gedenkstätten, Bd. 7).

– (Hrsg.), Von der Erinnerung zum Monument. Die Entstehungsgeschichte der Nationalen Mahn- und Gedenkstätte Sachsenhausen, Berlin 1996 (Schriftenreihe der Stiftung Brandenburgische Gedenkstätten, Bd. 8).

Mühlenfeld, Daniel, Rezension zu: Keller, Sven, Volksgemeinschaft am Ende. Gesellschaft und Gewalt 1944/45, München 2013, in: Beiträge zur Geschichte des Nationalsozialismus 31 (2015), S. 210–212.

Mühlhäuser, Regina, Vergewaltigung, in: Christian Gudehus/Michaela Christ (Hrsg.), Gewalt. Ein interdisziplinäres Handbuch, Stuttgart/Weimar 2013, S. 164–170.

Müller, Delia/Lepschies, Madlen (Hrsg.), Tage der Angst und der Hoffnung. Erinnerungen an die Todesmärsche aus dem Frauen-Konzentrationslager Ravensbrück Ende April 1945, Berlin o. D. [2000].

Müller, Klaus-Dieter, Verbrechensahndung und Besatzungspolitik. Zur Rolle und Bedeutung der Todesurteile durch Sowjetische Militärtribunale, in: Andreas Weigelt/Klaus-Dieter Müller/Thomas Schaarschmidt/Mike Schmeitzner (Hrsg.), Todesurteile sowjetischer Militärtribunale gegen Deutsche (1944–1947). Eine historisch-biographische Studie, Göttingen 2015, S. 15–62.

Münkel, Daniela, Nationalsozialistische Agrarpolitik und Bauernalltag, Frankfurt a. M./New York 1996.

Naumann, Klaus, Der Krieg als Text. Das Jahr 1945 im kulturellen Gedächtnis der Presse, Hamburg 1998.

Neander, Joachim, Das Konzentrationslager „Mittelbau" in der Endphase der nationalsozialistischen Diktatur. Zur Geschichte des letzten im „Dritten Reich" gegründeten selbständigen Konzentrationslagers unter besonderer Berücksichtigung seiner Auflösungsphase, Clausthal-Zellerfeld 1999.

Neitzel, Sönke/Welzer, Harald, Soldaten. Protokolle vom Kämpfen, Töten und Sterben, Frankfurt a. M. 2011.

Neumann, Klaus, Shifting Memories. The Nazi Past in the New Germany, Ann Arbor 2000.

Neumann, Philipp, „… eine Sprachregelung zu finden". Zur Kanonisierung des kommunistischen Buchenwald-Gedächtnisses und der Dokumentation Mahnung und Verpflichtung, in: Katharina Stengel/Werner Konitzer (Hrsg.), Opfer als Akteure. Interventionen ehemaliger NS-Verfolgter in der Nachkriegszeit, Frankfurt a. M./New York 2008 (Jahrbuch des Fritz-Bauer-Instituts, Bd. 12), S. 151–173.

Neumann-Thein, Philipp, Parteidisziplin und Eigenwilligkeit. Das Internationale Komitee Buchenwald-Dora und Kommandos, hrsg. von der Stiftung Gedenkstätten Buchenwald und Mittelbau-Dora, Göttingen 2014.

Niemann, Mario/Herbst, Andreas (Hrsg.), SED-Kader. Die mittlere Ebene. Biographisches Lexikon der Sekretäre der Landes- und Bezirksleitungen, der Ministerpräsidenten und der Vorsitzenden der Räte der Bezirke 1946 bis 1989, Paderborn/München/Wien/Zürich 2010.

Niethammer, Lutz/Borsdorf, Ulrich/Brandt, Peter (Hrsg.), Arbeiterinitiative 1945. Antifaschistische Ausschüsse und Reorganisation der Arbeiterbewegung in Deutschland, Wuppertal 1976.

– Glasnost privat 1987, in: ders./Alexander von Plato/Dorothee Wierling (Hrsg.), Die volkseigene Erfahrung. Eine Archäologie des Lebens in der Industrieprovinz der DDR, Berlin 1991.

Niven, Bill (Hrsg.), Germans as Victims. Remembering the Past in Contemporary Germany, Basingstoke 2006.

Nolzen, Armin, Die NSDAP, der Krieg und die deutsche Gesellschaft, in: Jörg Echternkamp (Hrsg.), Das Deutsche Reich und der Zweite Weltkrieg, Bd. 9/1: Die deutsche Kriegsgesellschaft 1939 bis 1945. Politisierung, Vernichtung, Überleben, München 2004, S. 99–193.

Orth, Karin, Das System der nationalsozialistischen Konzentrationslager. Eine politische Organisationsgeschichte, Hamburg 1999.

Osterloh, Jörg/Vollnhals, Clemens, Einleitung, in: dies. (Hrsg.), NS-Prozesse und deutsche Öffentlichkeit. Besatzungszeit, Bundesrepublik und DDR, Göttingen 2001, S. 11–31.

– /Vollnhals, Clemens (Hrsg.), NS-Prozesse und deutsche Öffentlichkeit. Besatzungszeit, Bundesrepublik und DDR, Göttingen 2001 (Schriften des Hannah-Arendt-Instituts für Totalitarismusforschung, Bd. 45).

Pädagogisches Kreiskabinett Sebnitz/Kreisvorstand der Gewerkschaft Unterricht und Erziehung Sebnitz/Haus der Lehrer „Richard Schallock“ Dresden (Hrsg.), Laßt die Glut nicht verlöschen!, Sebnitz 1984.

Patel, Kiran Klaus, „Auslese“ und „Ausmerze“. Das Janusgesicht der nationalsozialistischen Lager, in: ZfG 54 (2006) 4, S. 339–365.

Paul, Axel T./Schwalb, Benjamin (Hrsg.), Gewaltmassen. Über Eigendynamik und Selbstorganisation kollektiver Gewalt, Hamburg 2015.

– /Schwalb, Benjamin, Vorwort, in: dies. (Hrsg.), Gewaltmassen. Über Eigendynamik und Selbstorganisation kollektiver Gewalt, Hamburg 2015, S. 7–18.

Paul, Gerhard/Mallmann, Klaus-Michael (Hrsg.), Die Gestapo im Zweiten Weltkrieg. ‚Heimatfront‘ und besetztes Europa, Darmstadt 2000.

– /Schoßig, Bernhard (Hrsg.), Öffentliche Erinnerung und Medialisierung des Nationalsozialismus. Eine Bilanz der letzten dreißig Jahre, Göttingen 2010 (Dachauer Symposien zur Zeitgeschichte, Bd. 10).

– Von Psychopathen, Technokraten des Terrors und „ganz gewöhnlichen“ Deutschen. Die Täter der Shoah im Spiegel der Forschung, in: ders. (Hrsg.), Die Täter der Shoah. Fanatische Nationalsozialisten oder ganz normale Deutsche?, Göttingen 2002 (Dachauer Symposien zur Zeitgeschichte, Bd. 2), S. 13–90.

Paulus, Martin/Raim, Edith/Ziegler, Gerhard (Hrsg.), Ein Ort wie jeder andere. Bilder aus einer deutschen Kleinstadt. Landsberg 1923–1958, Reinbek bei Hamburg 1995 (Schriftenreihe des Fritz-Bauer-Instituts, Bd. 9).

Petzold, Boris, „Todesmärsche“ – Verdrängte Vergangenheit? Untersuchungen zur Geschichte der Wahrnehmung von Todesmärschen in Deutschland seit Kriegsende, unveröffentlichte Diplomarbeit, FU Berlin 1997.

Pfister, Peter (Hrsg.), Das Ende des II. Weltkriegs im Erzbistum München und Freising, Die Kriegs- und Einmarschberichte im Archiv des Erzbistums München und Freising, Teil I und II, Regensburg 2005 (Schriften des Archivs des Erzbistums München und Freising, Bd. 8).

– Einführung, in: ders. (Hrsg.), Das Ende des II. Weltkriegs im Erzbistum München und Freising, Die Kriegs- und Einmarschberichte im Archiv des Erzbistums München und Freising, Teil I, Regensburg 2005, S. 17–32.

von Pilgrim, Hubertus, Das Mahnmal zur Erinnerung an den Todesmarsch der Häftlinge des Konzentrationslagers Dachau, München 2001.

Plum, Catherine, Antifascism After Hitler. East German Youth and Socialist Memory, 1949–1989, New York 2015 (Routledge Studies in Modern European History, No. 27).

– The Children of Antifascism. Exploring Young Historians Clubs in the GDR, in: German Politics and Society 86 (2008) 26, S. 1–28.

Pohl, Dieter, Die Stellung des Distrikts Lublin in der „Endlösung der Judenfrage", in: Bogdan Musial (Hrsg.), „Aktion Reinhardt". Der Völkermord an den Juden im Generalgouvernement 1941–1944, Osnabrück 2004 (Einzelveröffentlichungen des Deutschen Historischen Instituts Warschau, Bd. 10), S. 87–107.

Pomp, Rainer, Bauern und Großgrundbesitzer auf ihrem Weg ins Dritte Reich. Der Brandenburgische Landbund 1919–1933, Berlin 2011 (Elitenwandel in der Moderne, Bd. 8).

Poppe, Uli, „Wie der Sachverständige treffend sagt …" Überlegungen zur Bedeutung gerichtsmedizinischer Gutachten für den Verfahrensablauf vor dem Sondergericht 1941–45, in: Robert Bohn/Uwe Danker (Hrsg.), „Standgericht der inneren Front". Das Sondergericht Altona/Kiel 1932–1945, Hamburg 1998 (IZRG-Schriftenreihe, Bd. 3), S. 276–324.

Posset, Anton, Das Ende des Holocaust in Bayern. Rüstungsprojekt „Ringeltaube" KZ-Außenkommando Kaufering-Landsberg 1944/45, in: Geschichtswerkstatt 19 (1989), S. 29–40.

Priemel, Kim C./Stiller, Alexa (Hrsg.), NMT. Die Nürnberger Militärtribunale zwischen Geschichte, Gerechtigkeit und Rechtschöpfung, Hamburg 2013.

– /Stiller, Alexa (Hrsg.), Reassessing the Nuremberg Military Tribunals. Transitional Justice, Trial Narratives, and Historiography, New York 2012 (Studies on War and Genocide, Vol. 16).

Puvogel, Ulrike, Einleitung, in: Bundeszentrale für politische Bildung (Hrsg.), Gedenkstätten für die Opfer des Nationalsozialismus. Eine Dokumentation. Bd. II: Berlin, Brandenburg, Mecklenburg-Vorpommern, Sachsen-Anhalt, Sachsen, Thüringen, Bonn 1999, S. 11–26.

Pyta, Wolfram, Dorfgemeinschaft und Parteipolitik 1918–1933. Die Verschränkung von Milieu und Parteien in den protestantischen Landgebieten Deutschlands in der Weimarer Republik, Düsseldorf 1996 (Beiträge zur Geschichte des Parlamentarismus und der politischen Parteien, Bd. 106).

Raab, Jürgen, Visuelle Wissenssoziologie der Fotografie. Sozialwissenschaftliche Analysearbeit zwischen Einzelbild, Bildkontexten und Sozialmilieu, in: Österreichische Zeitschrift für Soziologie 37 (2012), S. 121–142.

Rabitsch, Gisela, Das KL Mauthausen, in: Martin Broszat (Hrsg.), Studien zur Geschichte der Konzentrationslager, Stuttgart 1970, S. 50–92.

Raim, Edith, Justiz zwischen Diktatur und Demokratie. Wiederaufbau und Ahndung von NS-Verbrechen in Westdeutschland 1945–1949, München 2013 (Quellen und Darstellungen zur Zeitgeschichte, Bd. 96).

– NS-Prozesse und Öffentlichkeit. Die Strafverfolgung von NS-Verbrechen durch die deutsche Justiz in den westlichen Besatzungszonen 1945–1949, in: Jörg Osterloh/Clemens Vollnhals (Hrsg.), NS-Prozesse und deutsche Öffentlichkeit. Besatzungszeit, Bundesrepublik und DDR, Göttingen 2001, S. 33–51.

Rat des Bezirkes Leipzig, Abteilung Kultur (Hrsg.), Juden in Leipzig. Eine Dokumentation, Leipzig 1988.

Reemtsma, Jan Philipp, Nachbarschaft als Gewaltressource, in: Mittelweg 36 13 (2004) 5, S. 103–120.

– Vertrauen und Gewalt. Versuch über eine besondere Konstellation der Moderne, Hamburg 2008.

Regener, Susanne, Verbrechen, Schönheit, Tod. Tatortfotografien, in: Fotogeschichte 20 (2000) 78, S. 27–42.

Reibel, Carl-Wilhelm, Das Fundament der Diktatur: die NSDAP-Ortsgruppen 1932–1945, Paderborn 2002.

Reichel, Peter/Schmid, Harald/Steinbach, Peter (Hrsg.), Der Nationalsozialismus. Die zweite Geschichte. Überwindung – Deutung – Erinnerung, München 2005.

Report of the Deputy Judge Advocate for War Crimes, European Command, June 1944 to July 1948, o. O., o. D.

Reuter, Elke/Hansel, Detlef, Das kurze Leben der VVN von 1947 bis 1953. Die Geschichte der Vereinigung der Verfolgten des Naziregimes in der sowjetischen Besatzungszone und in der DDR, Berlin 1997.

Riexinger, Klaus/Ernst, Detlef, Vernichtung durch Arbeit. Rüstung im Bergwerk. Die Geschichte des Konzentrationslagers Kochendorf – Außenkommando des KZ Natzweiler-Struthof, Tübingen 2003.

Rosenbaum, Heidi, „Und trotzdem war‘s ne schöne Zeit“. Kinderalltag im Nationalsozialismus, Frankfurt a. M./New York 2014.

Rübesamen, Hugo, Geschleifter Ort – Verwehte Spuren der Erinnerung, in: GedenkstättenRundbrief 137 (2007), S. 3–13.

Rudnick, Carola S., Die Etablierung der gesamtdeutschen staatlichen Gedenkstättenpolitik und das geschichtspolitisch umkämpfte Ende der Singularität der NS-Aufarbeitung, in: Beiträge zur Geschichte der Nationalsozialistischen Verfolgung in Norddeutschland 16 (2015), S. 53–61.

Rudorff, Andrea, Bismarckhütte, in: Wolfgang Benz/Barbara Distel (Hrsg.), Der Ort des Terrors. Geschichte der nationalsozialistischen Konzentrationslager, Bd. 5: Hinzert, Auschwitz, Neuengamme, München 2007, S. 183–186.

– Eintrachthütte, in: Wolfgang Benz/Barbara Distel (Hrsg.), Der Ort des Terrors. Geschichte der nationalsozialistischen Konzentrationslager, Bd. 5: Hinzert, Auschwitz, Neuengamme, München 2007, S. 211–217.

– Janinagrube, in: Wolfgang Benz/Barbara Distel (Hrsg.), Der Ort des Terrors. Geschichte der nationalsozialistischen Konzentrationslager, Bd. 5: Hinzert, Auschwitz, Neuengamme, München 2007, S. 256–260.

Rusinek, Bernd-A. (Hrsg.), Kriegsende 1945. Verbrechen, Katastrophen, Befreiungen in nationaler und internationaler Perspektive, Göttingen 2004 (Dachauer Symposien zur Zeitgeschichte, Bd. 4).

Rüter, Christiaan Frederik/Bästlein, Klaus, Die Ahndung von NS-Gewaltverbrechen im deutsch-deutschen Vergleich – Das „Unsere Leute-Prinzip“, in: Zeitschrift für Rechtspolitik 43 (2010) 3, S. 92–96.

– u. a. (Bearb.), DDR-Justiz und NS-Verbrechen. Sammlung ostdeutscher Strafurteile wegen nationalsozialistischer Tötungsverbrechen, Bd. I–XIV, Amsterdam/München 2002–2009.

– u. a. (Bearb.), Justiz und NS-Verbrechen. Sammlung deutscher Strafurteile wegen nationalsozialistischer Tötungsverbrechen, Bd. I ff., Amsterdam/München 1968 ff.

Sabrow, Martin, Den Zweiten Weltkrieg erinnern, in: APuZ 36/37 (2009), S. 14–21.

– Der staatssozialistische Geschichtsdiskurs im Spiegel seiner Gutachterpraxis, in: ders. (Hrsg.), Verwaltete Vergangenheit. Geschichtskultur und Herrschaftslegitimation in der DDR, Leipzig 1997 (Geschichtswissenschaft und Geschichtskultur im 20. Jahrhundert, Bd. 1), S. 35–65.

– Der Zeitzeuge als Wanderer zwischen den Welten, in: ders./Norbert Frei(Hrsg.), Die Geburt des Zeitzeugen nach 1945, Göttingen 2012, S. 13–32.

– Die DDR-Historie im Rückblick, in: Zeitschrift für Geschichtsdidaktik (2005), S. 14–26.

– Einleitung: Geschichtsdiskurs und Doktringesellschaft, in: ders. (Hrsg.), Geschichte als Herrschaftsdiskurs. Der Umgang mit der Vergangenheit in der DDR, Köln/Weimar/Wien 2000, S. 9–35.

– /Frei, Norbert (Hrsg.), Die Geburt des Zeitzeugen nach 1945, Göttingen 2012 (Geschichte der Gegenwart, Bd. 4/Beiträge zur Geschichte des 20. Jahrhunderts, Bd. 14).
– (Hrsg.), Geschichte als Herrschaftsdiskurs. Der Umgang mit der Vergangenheit in der DDR, Köln/Weimar/Wien 2000 (Herrschaftsstrukturen und Erfahrungsdimensionen der DDR-Geschichte, Bd. 3/Zeithistorische Studien, Bd. 14).
von Saldern, Adelheid, Stadtgedächtnis und Geschichtswerkstätten, in: WerkstattGeschichte 50 (2008) 3, S. 54–68.
Samson, Schlomo, Zwischen Finsternis und Licht. 50 Jahre nach Bergen-Belsen. Erinnerungen eines Leipziger Juden, Jerusalem 1995.
Satjukow, Silke, „Zeitzeugen der ersten Stunde“. Erinnerung an den Nationalsozialismus in der DDR, in: Martin Sabrow/Norbert Frei(Hrsg.), Die Geburt des Zeitzeugen nach 1945, Göttingen 2012, S. 201–223.
Schäfer, Christine, Einige Gedanken zur Erforschung der Evakuierungstransporte, in: Die Erforschung des antifaschistischen Widerstandskampfes im Konzentrationslager Buchenwald und die Verbreitung seiner Lehren in der DDR – Ergebnisse, Erfahrungen, Perspektiven. Materialien eines wissenschaftlichen Kolloquiums der Nationalen Mahn- und Gedenkstätte Buchenwald und der Lagerarbeitsgemeinschaft Buchenwald-Dora vom 9./10. Oktober 1984 (2. Teil), Weimar-Buchenwald 1985 (Buchenwaldheft 21), S. 43–48.
– Evakuierungstransporte des KZ Buchenwald und seiner Außenkommandos, Weimar-Buchenwald 1983 (Buchenwaldheft 16).
Schäfer, Torsten, „Jedenfalls habe ich auch mitgeschossen“. Das NSG-Verfahren gegen Johann Josef Kuhr und andere ehemalige Angehörige des Polizeibataillons 306, der Polizeireiterabteilung 2 und der SD-Dienststelle von Pinsk beim Landgericht Frankfurt am Main 1962–1973. Eine textanalytische Fallstudie zur Mentalitätsgeschichte, Hamburg 2007 (Villigst-Perspektiven, Bd. 11).
Scharrer, Guido (Hrsg.), Todesmärsche aus dem KZ Flossenbürg durch die Stadt Straubing und den Landkreis. Historischer Überblick – Dokumente – Augenzeugenberichte, Straubing 1995.
Scheer, Regina, Der Umgang mit den Denkmälern. Eine Recherche in Brandenburg, o. O. [Potsdam] 2003.
– Einführung [Mecklenburg-Vorpommern], in: Bundeszentrale für politische Bildung (Hrsg.), Gedenkstätten für die Opfer des Nationalsozialismus. Eine Dokumentation. Bd. II: Berlin, Brandenburg, Mecklenburg-Vorpommern, Sachsen-Anhalt, Sachsen, Thüringen, Bonn 1999, S. 380–385.
Schick, Christa, Die Internierungslager, in: Martin Broszat/Klaus-Dietmar Henke/Hans Woller (Hrsg.), Von Stalingrad zur Währungsreform. Zur

Sozialgeschichte des Umbruchs in Deutschland, 3. Aufl., München 1990 (Quellen und Darstellungen zur Zeitgeschichte, Bd. 26), S. 301–325.

Schiedeck, Jürgen/Stahlmann, Martin, Die Inszenierung „totalen Erlebens". Lagererziehung im Nationalsozialismus, in: Heinz Sünker/Hans-Uwe Otto (Hrsg.), Politische Formierung und soziale Erziehung im Nationalsozialismus, Frankfurt a. M. 1991, S. 167–202.

Schiffner, Sven, Cap-Arcona-Gedenken in der DDR: Gedenken, Volkssport, Propaganda, in: Detlef Garbe/Carmen Lange (Hrsg.), Häftlinge zwischen Vernichtung und Befreiung. Die Auflösung des KZ Neuengamme und seiner Außenlager durch die SS im Frühjahr 1945, Bremen 2005, S. 309–324.

Schildt, Axel, Zur Einleitung, in: Forschungsstelle für Zeitgeschichte in Hamburg/Galerie Morgenland/Geschichtswerkstatt Eimsbüttel (Hrsg.), Geschichtswerkstätten gestern – heute – morgen. Bewegung! Stillstand. Aufbruch?, München/Hamburg 2004, S. 15–20.

Schlaffer, Rudolf, GeRechte Sühne? Das Konzentrationslager Flossenbürg. Möglichkeiten und Grenzen der nationalen und internationalen Strafverfolgung von NS-Verbrechen, Hamburg 2001 (Studien zur Zeitgeschichte, Bd. 21).

Schlegel-Voß, Lil-Christine, Alter in der „Volksgemeinschaft". Zur Lebenslage der älteren Generation im Nationalsozialismus, Berlin 2005 (Studien zur Wirtschafts- und Sozialgeschichte, Bd. 80).

Schmid, Hans-Dieter, Gestapo Leipzig. Politische Abteilung des Polizeipräsidiums und Staatspolizeistelle Leipzig 1933–1945, Beucha 1997 (Leipziger Hefte, Nr. 11).

Schmid, Harald, Von der „Vergangenheitsbewältigung" zur „Erinnerungskultur". Zum öffentlichen Umgang mit dem Nationalsozialismus seit Ende der 1970er Jahre, in: Gerhard Paul/Bernhard Schoßig (Hrsg.), Öffentliche Erinnerung und Medialisierung des Nationalsozialismus. Eine Bilanz der letzten dreißig Jahre, Göttingen 2010, S. 171–202.

– „Wir Antifaschisten". Zum Spannungsfeld generationeller Erfahrungen und politischer Ideologie in der DDR, in: ders./Justyna Krzymianowska (Hrsg.), Politische Erinnerung. Geschichte und kollektive Identität, Würzburg 2007, S. 150–167.

Schmidt-Lux, Thomas, Vigilantismus als politische Gewalt. Eine Typologie, in: Behemoth. A Journal on Civilisation 6 (2013) 1, S. 98–117.

Schoeps, Julius H. (Hrsg.), Ein Volk von Mördern? Die Dokumentation zur Goldhagen-Kontroverse um die Rolle der Deutschen im Holocaust, Hamburg 1996.

Scholz, Stephan, „Als die Frauen ihren Mann stehen mussten". Geschlechtermotive im bundesdeutschen Vertreibungsdiskurs, in: Ariadne. Forum für Frauen- und Geschlechtergeschichte 59 (2011), S. 32–37.

Schön, Heinz, Die Cap Arcona Katastrophe. Eine Dokumentation nach Augenzeugenberichten, Stuttgart 1989.

Schönemann, Sebastian, „Accounting for the Dead“. Humanitäre und rechtliche Motive der alliierten Ermittlungsarbeit zu den Todesmärschen, in: Jean-Luc Blondel/Susanne Urban/Sebastian Schönemann (Hrsg.), Auf den Spuren der Todesmärsche, Göttingen 2012, Spuren, S. 122–135.

– Das Namensregister als Zeugnis. Zur kommemorativen Funktion früher Überlebenden-Suchdienste, in: Rebecca Boehling/Susanne Urban/René Bienert (Hrsg.), Überlebende – Erinnerungen – Transformationen, Göttingen 2013, S. 198–212.

– Die Untersuchungstätigkeit des International Tracing Service zu Todesmärschen. Das Programm „Attempted Identification of Unknown Dead“, in: GedenkstättenRundbrief 159 (2011), S. 28–33.

Schörken, Rolf, Jugend 1945. Politisches Denken und Lebensgeschichte, Frankfurt a. M. 2005 (zuerst Opladen 1990).

Schrimm, Kurt/Riedel, Joachim, 50 Jahre Zentrale Stelle in Ludwigsburg. Ein Erfahrungsbericht über die letzten zweieinhalb Jahrzehnte, in: VfZ 56 (2008) 4, S. 525–555.

Schulte, Jan Erik, The SS as the „Alibi of a Nation“? Narrative Continuities from the Nuremberg Trials to the 1960s, in: Kim C. Priemel/Alexa Stiller (Hrsg.), Reassessing the Nuremberg Military Tribunals. Transitional Justice, Trial Narratives, and Historiography, New York 2012, S. 134–159.

Schwalb, Benjamin/Paul, Axel T., Nicht-organisierte kollektive Gewalt, in: dies. (Hrsg.), Gewaltmassen. Über Eigendynamik und Selbstorganisation kollektiver Gewalt, Hamburg 2015, Gewaltmassen, S. 383–408.

Schwanzar, Fabian, Gedenkstätten im Wandel? Erinnerungsakteurinnen und -akteure und staatliche Geschichtspolitik in den 1980er Jahren, in: Beiträge zur Geschichte der nationalsozialistischen Verfolgung in Norddeutschland 16 (2015), S. 42–52.

Schwarberg, Günther, Angriffsziel Cap Arcona, Hamburg 1983.

Schwarz, Erika/Steppan, Simone, Die Entstehung der Nationalen Mahn- und Gedenkstätte Ravensbrück, 1945–1959, in: Insa Eschebach/Sigrid Jacobeit/Susanne Lanwerd (Hrsg.), Die Sprache des Gedenkens. Zur Geschichte der Gedenkstätte Ravensbrück 1945–1995, Berlin 1999, S. 218–239.

Schwarz, Erika/Steppan, Simone, Fanny Mütze-Specht – eine Frau und ihr Eintreten für das Erinnern, in: Zeitgeschichte Regional – Mitteilungen aus Mecklenburg-Vorpommern 4 (2000) 2, S. 41–44.

Schwelling, Birgit, Krieger in Nachkriegszeiten – Veteranenverbände als geschichtspolitische Akteure der frühen Bundesrepublik, in: Claudia

Fröhlich/Horst-Alfred Heinrich (Hrsg.), Geschichtspolitik. Wer sind ihre Akteure, wer ihre Rezipienten?, Stuttgart 2004, S. 69–80.

Schwenke, Kerstin, Dachauer Gedenkorte zwischen Vergessen und Erinnern. Die Massengräber am Leitenberg und der ehemalige SS-Schießplatz bei Hebertshausen nach 1945, München 2012 (Dachauer Diskurse, Bd. 6).

SED-Bezirksleitung Erfurt, Bezirkskommission zur Erforschung der Geschichte der örtlichen Arbeiterbewegung/Bezirkskomitee Erfurt der antifaschistischen Widerstandskämpfer der DDR/Rat des Bezirkes Erfurt, Abt. Kultur (Hrsg.), Gedenkstätten der Arbeiterbewegung. Bezirk Erfurt, o. D. [1981].

SED-Kreisleitung Sebnitz, Kommission zur Erforschung der Geschichte der örtlichen Arbeiterbewegung (Hrsg.), Dem Schweigen entrissen. Konferenzbericht, Sebnitz 1980.

SED-Kreisleitung Wanzleben/Kommission zur Erforschung der Geschichte der örtlichen Arbeiterbewegung/Komitee der Antifaschistischen Widerstandskämpfer der DDR, Kreiskomitee Oschersleben/Wanzleben (Hrsg.), Sie leben in uns fort. Zur Geschichte des antifaschistischen Widerstandskampfes unter Führung der Kommunistischen Partei Deutschlands von 1933 bis 1945 im Kreis Wanzleben, Wanzleben 1976.

SED Leipzig, Was geschah in Abtnaundorf? Den Lebenden zur Mahnung, Leipzig 1958.

Seidler, Franz W., „Deutscher Volkssturm". Das letzte Aufgebot 1944/1945, München/Berlin 1989.

Seifert, Ruth, Krieg und Vergewaltigung. Ansätze zu einer Analyse, in: Alexandra Stiglmayer (Hrsg.), Massenvergewaltigung. Krieg gegen die Frauen, Frankfurt a. M. 1993, S. 87–112.

Semmens, Kristin, Rezension zu: Jill Stephenson, Hitler's Home Front. Württemberg under the Nazis, London 2006, in: Central European History 40 (2007) 4, S. 749–751.

Senenko, Heinz, Sebnitzer Junge Historiker erforschen Todesmarsch von KZ-Häftlingen, in: Heimatgeschichte 13 (1982), S. 41–47.

Siebeck, Cornelia, „Einzug ins verheißene Land". Richard von Weizsäckers Rede zum 40. Jahrestag des Kriegsendes am 8. Mai 1985, in: Zeithistorische Forschungen/Studies in Contemporary History 12 (2015), S. 161–169.

Siegel, Steffen, Die ganze Karte. Für eine Praxeologie des Kartographischen, in: ders./Petra Weigel (Hrsg.), Die Werkstatt des Kartographen. Materialien und Praktiken visueller Welterzeugung, Paderborn 2011 (Laboratorium Aufklärung, Bd. 9), S. 7–28.

Siegert, Toni, Das Konzentrationslager Flossenbürg. Gegründet für sogenannte Asoziale und Kriminelle, in: Martin Broszat/Elke Fröhlich (Hrsg.), Bayern in der NS-Zeit II. Herrschaft und Gesellschaft im Konflikt, Teil A, München/ Wien 1979, S. 429–492.

Siegfried, Detlef, Die Rückkehr des Subjekts. Gesellschaftlicher Wandel und neue Geschichtsbewegung um 1980, in: Olaf Hartung/Katja Köhr (Hrsg.), Geschichte und Geschichtsvermittlung. Festschrift für Karl Heinrich Pohl, Bielefeld 2008, S. 125–146.

Sigel, Robert, Die Dachauer Prozesse 1945–1948 in der Öffentlichkeit: Prozesskritik, Kampagne, politischer Druck, in: Jörg Osterloh/Clemens Vollnhals (Hrsg.), NS-Prozesse und deutsche Öffentlichkeit. Besatzungszeit, Bundesrepublik und DDR, Göttingen 2001, S. 131–147.

– Im Interesse der Gerechtigkeit. Die Dachauer Kriegsverbrecherprozesse 1945–1948, Frankfurt a. M./New York 1992.

– Stephanskirchen, in: Wolfgang Benz/Barbara Distel (Hrsg.), Der Ort des Terrors. Geschichte der nationalsozialistischen Konzentrationslager, Bd. 2: Frühe Lager, Dachau, Emslandlager, München 2005, S. 502–504.

Sigl, Fritz, Todeslager Sachsenhausen. Ein Dokumentarbericht vom Sachsenhausen-Prozeß, Berlin 1948.

Skriebeleit, Jörg, Erinnerungsort Flossenbürg. Akteure, Zäsuren, Geschichtsbilder, Göttingen 2009.

– Exhumierungen und Erinnerungen. Paradigmenwechsel im Umgang mit Gräbern von Todesmarschopfern: Das Beispiel Pleystein, in: Jean-Luc Blondel/Susanne Urban/Sebastian Schönemann (Hrsg.), Auf den Spuren der Todesmärsche, Göttingen 2012, S. 314–327.

Šlaža, Mikas, Žvėrys žmogaus pavidalu. Bestien in Menschengestalt, Vilnius 1995.

Sofsky, Wolfgang, Traktat über die Gewalt, Frankfurt a. M. 2005.

Spoerer, Mark, Die soziale Differenzierung der ausländischen Zivilarbeiter, Kriegsgefangenen und Häftlinge im Deutschen Reich, in: Jörg Echternkamp (Hrsg.), Das Deutsche Reich und der Zweite Weltkrieg, Bd. 9/2: Die deutsche Kriegsgesellschaft 1939 bis 1945. Ausbeutung, Deutung, Ausgrenzungen, München 2005, S. 485–576.

Stadt Dachau (Hrsg.), Dachau-Preis für Zivilcourage 2005, Dachau 2006.

Statistisches Reichsamt (Hrsg.), Amtliches Gemeindeverzeichnis für das deutsche Reich auf Grund der Volkszählung 1939, Berlin 1941.

Stephenson, Jill, Hitler's Home Front. Württemberg under the Nazis, London 2006.

Steuwer, Janosch, Das Paradox der gesellschaftlichen Selbstaufklärung. Zwangsarbeiterentschädigung und öffentliche Meinung in Deutschland, in: Constantin Goschler (Hrsg.), Die Entschädigung von NS-Zwangsarbeit am Anfang des 21. Jahrhunderts, Bd. I: Die Stiftung. Der Abschluss der deutschen Wiedergutmachung?, Göttingen 2012, S. 148–234.

Strebel, Bernhard, Celle April 1945 revisited. Ein amerikanischer Bombenangriff, deutsche Massaker an KZ-Häftlingen und ein britisches Gerichtsverfahren, Bielefeld 2008 (Celler Beiträge zur Landes- und Kulturgeschichte, Schriftenreihe des Stadtarchivs und des Bomann-Museums, Bd. 38).

Streck-Plath, Ulrike, 24-3-45. Kollektive Performance 2013 anlässlich des Todesmarsches der Häftlinge des KZ Katzbach/Frankfurt nach Hünfeld, Hanau 2013.

– 25-3-45. Kollektive Performance anlässlich des Todesmarsches der Häftlinge des KZ Katzbach/Frankfurt durch Dörningheim. Eine Dokumentation, Hanau 2012.

Sünker, Heinz/Otto, Hans-Uwe (Hrsg.), Politische Formierung und soziale Erziehung im Nationalsozialismus, Frankfurt a. M. 1991.

Strzelecki, Andrzej, Endphase des KL Auschwitz. Evakuierung, Liquidierung und Befreiung des Lagers, Oświęcim-Brzezinka 1995.

Tálos, Emmerich/Hanisch, Ernst/Neugebauer, Wolfgang/Sieder, Reinhard (Hrsg.), NS-Herrschaft in Österreich. Ein Handbuch, Wien 2000.

Tanzscher, Monika, Die Vorläufer des Staatssicherheitsdienstes in der Polizei der Sowjetischen Besatzungszone – Ursprung und Entwicklung der K 5 –, in: Jahrbuch für Historische Kommunismusforschung (1998), S. 125–156.

Thomas, William Isaac/Thomas, Dorothy Swaine, The Child in America: Behaviour Problems and Programs, New York 1928.

Thonfeld, Christoph, Frauen und Denunziation. Anmerkungen aus geschlechterhistorischer Perspektive, in: Marita Krauss (Hrsg.), Sie waren dabei. Mitläuferinnen, Nutznießerinnen, Täterinnen im Nationalsozialismus, Göttingen 2008, S. 127–147.

– Sozialkontrolle und Eigensinn. Denunziation am Beispiel Thüringens 1933 bis 1949, Köln/Weimar/Wien 2003.

– Vergangenheitspolitische Rechtsprechung als Indikator politischen und gesellschaftlichen Wandels in der SBZ/DDR 1946 bis 1951, in: Jahrbuch für Historische Kommunismusforschung (2004) S. 156–166.

Todesmarsch aus dem Konzentrationslager Sachsenhausen vom 21. April bis 2. Mai 1945, Zusammengestellt im Auftrage der Arbeitsgruppe „Erforschung des Todesmarsches des KZ Sachsenhausen“ und nach Erlebnisberichten ehemaliger Häftlinge und Teilnehmer am Todesmarsch von Heinz Sommerfeld, Wittstock 1965.

Tosh, John, Hegemonic masculinity and the history of gender, in: Stefan Dudink/Karen Hagemann/John Tosh (Hrsg.), Masculinities in Politics and War. Gendering Modern History, Manchester/New York/Vancouver 2004, S. 41–58.

Troßbach, Werner/Zimmermann, Clemens, Die Geschichte des Dorfes. Von den Anfängen in Frankreich zur bundesdeutschen Gegenwart, Stuttgart 2006.

von Trotha, Trutz, Zur Soziologie der Gewalt, in: Kölner Zeitschrift für Soziologie und Sozialpsychologie 37 (1997), S. 9–56.

Thüsing, Andreas (Hrsg.), Das Präsidium der Landesverwaltung Sachsen. Die Protokolle der Sitzungen vom 9. Juli 1945 bis 10. Dezember 1946, Göttingen 2010 (Schriftenreihe des Hannah-Arendt-Instituts für Totalitarismusforschung, Bd. 40).

Ulbricht, Josephine, Die justizielle Ahndung von NS-Denunziationsverbrechen in der Sowjetischen Besatzungszone von 1945–1949 in geschlechtsspezifischer Perspektive. Das Beispiel Leipzig, unveröffentlichte Magistraarbeit, Universität Leipzig, 2010.

– Frauenbilder als Deutungs- und Interpretationsmuster. Die justizielle Ahndung von NS-Denunziationsverbrechen in der SBZ, in: Ariadne. Forum für Frauen- und Geschlechtergeschichte 59 (2011), S. 45–51.

– Die Untersuchungen der UNRRA zu den Todesmärschen des KZ Flossenbürg, in: Jean-Luc Blondel/Susanne Urban/Sebastian Schönemann (Hrsg.), Auf den Spuren der Todesmärsche, Göttingen 2012, S. 152–168.

Ullrich, Volker, Wie alles anfing. Die „neue Geschichtsbewegung" der achtziger Jahre, in: Forschungsstelle für Zeitgeschichte in Hamburg/Galerie Morgenland/Geschichtswerkstatt Eimsbüttel (Hrsg.), Geschichtswerkstätten gestern – heute – morgen. Bewegung! Stillstand. Aufbruch?, München/Hamburg 2004, S. 21–29.

Urban, Susanne, „Unknown Dead". Unsettling Finds from the Archive of the International Tracing Service, in: Yad Vashem Studies 40 (2012) 1, S. 197–216.

Uslu-Pauer, Susanne, „Vernichtungswut und Kadavergehorsam". Strafrechtliche Verfolgung von Endphaseverbrechen am Beispiel der so genannten Todesmärsche, in: Thomas Albrich/Winfried R. Garscha/Martin F. Polaschek (Hrsg.), Holocaust und Kriegsverbrechen vor Gericht. Der Fall Österreich, Innsbruck 2006, S. 279–304.

Vierneisel, Beatrice, Die Volksbefragung 1951, in: Deutschland Archiv 40 (2007) 3, S. 436–444.

Volland, Klaus, Sandbostel, in: Wolfgang Benz/Barbara Distel (Hrsg.), Der Ort des Terrors. Geschichte der nationalsozialistischen Konzentrationslager, Bd. 5: Hinzert, Auschwitz, Neuengamme, München 2007, S. 516–520.

Vollnhals, Clemens (Hrsg.), Entnazifierung. Politische Säuberung und Rehabilitierung in den vier Besatzungszonen 1945–1949, München 1991.

Wachsmann, Nikolaus, Gefangen unter Hitler. Justizterror und Strafvollzug im NS-Staat, München 2006.

– KL. Die Geschichte der nationalsozialistischen Konzentrationslager, München 2015.

Wagner, Andreas, Todesmarsch. Die Räumung und Teilräumung der Konzentrationslager Dachau, Kaufering und Mühldorf Ende April 1945, Ingolstadt 1995.

Wagner, Caroline, Die NSDAP auf dem Dorf. Eine Sozialgeschichte der NS-Machtergreifung in Lippe, Münster 1998 (Geschichtliche Arbeiten zur westfälischen Landesforschung, Wirtschafts- und Sozialgeschichtliche Gruppe, Bd. 11).

Wagner, Jens-Christian, Mörderisches Ende: Todesmärsche, Räumungstransporte und die Auflösung der Konzentrationslager, in: Konzentrationslager. Studien zur Geschichte des NS-Terrors 1 (2015), S. 17–36.

– Produktion des Todes. Das KZ Mittelbau-Dora, Göttingen 2001.

– Rezension zu: Blatman, Daniel, Die Todesmärsche 1944/45. Das letzte Kapitel des nationalsozialistischen Massenmordes, Reinbek bei Hamburg 2011, in: English Historical Review 128 (2013) 532, S. 739–741.

– Woffleben („B 12"), in: Wolfgang Benz/Barbara Distel (Hrsg.), Der Ort des Terrors. Geschichte der nationalsozialistischen Konzentrationslager, Bd. 7: Niederhagen/Wewelsburg, Lublin-Majdanek, Arbeitsdorf, Herzogenbusch (Vught), Bergen-Belsen, Mittelbau-Dora, München 2008, S. 340–342.

Wagner, Patrick, Der Kern des völkischen Maßnahmenstaates – Rolle, Macht und Selbstverständnis der Polizei im Nationalsozialismus, in: Wolfgang Schulte (Hrsg.), Die Polizei im NS-Staat. Beiträge eines internationalen Symposiums an der Deutschen Hochschule der Polizei in Münster, Frankfurt a. M. 2009 (Schriftenreihe der Deutschen Gesellschaft für Polizeigeschichte, Bd. 7), S. 23–48.

Wamhof, Georg, Gerichtskultur und NS-Vergangenheit. Performativität – Narrativität – Medialität, in: Georg Wamhof (Hrsg.), Das Gericht als Tribunal oder: Wie der NS-Vergangenheit der Prozess gemacht wurde, Göttingen 2009 (Veröffentlichungen des Zeitgeschichtlichen Arbeitskreises Niedersachsen, Bd. 25), S. 9–37.

Weber, Hermann/Herbst, Andreas, Deutsche Kommunisten. Biographisches Handbuch 1918 bis 1945, 2. überarb. u. stark erweiterte Ausg., Berlin 2008.

Weckel, Ulrike, Beschämende Bilder. Deutsche Reaktionen auf alliierte Dokumentarfilme über befreite Konzentrationslager, Stuttgart 2012.

– /Wolfrum, Edgar (Hrsg.), „Bestien" und „Befehlsempfänger". Frauen und Männer in NS-Prozessen nach 1945, Göttingen 2003.

– /Wolfrum, Edgar, NS-Prozesse und ihre öffentliche Resonanz aus geschlechtergeschichtlicher Perspektive, in: dies. (Hrsg.), „Bestien" und „Befehlsempfänger". Frauen und Männer in NS-Prozessen nach 1945, Göttingen 2003, S. 9–21.

– Zeichen der Scham. Reaktionen auf alliierte atrocity-Filme im Nachkriegsdeutschland, in: Mittelweg 36 1 (2014), S. 3–29.

Wegehaupt, Phillip, Funktionäre und Funktionseliten der NSDAP. Vom Blockleiter zum Gauleiter, in: Wolfgang Benz (Hrsg.), Wie wurde man Parteigenosse? Die NSDAP und ihre Mitglieder, Frankfurt a. M. 2009, S. 39–59.

Weigelt, Andreas, Fallgruppenübersicht und Erschließungsregister – Leitfaden für die biographische Dokumentation, in: Andreas Weigelt/Klaus-Dieter Müller/Thomas Schaarschmidt/Mike Schmeitzner (Hrsg.), Todesurteile sowjetischer Militärtribunale gegen Deutsche (1944–1947). Eine historisch-biographische Studie, Göttingen 2015, S. 159–416.

– /Müller, Klaus-Dieter/Schaarschmidt, Thomas/Schmeitzner, Mike (Hrsg.), Todesurteile sowjetischer Militärtribunale gegen Deutsche (1944–1947). Eine historisch-biographische Studie, Göttingen 2015.

– /Müller, Klaus-Dieter/Schaarschmidt, Thomas/Schmeitzner, Mike, Vorwort der Herausgeber, in: dies. (Hrsg.), Todesurteile sowjetischer Militärtribunale gegen Deutsche (1944–1947). Eine historisch-biographische Studie, Göttingen 2015, S. 7–10.

Weinberg, Werner, The lost Transport, in: Yad Vashem Studies 15 (1983), S. 283–326.

Weiner, John, Todesmarsch, in: Dachauer Hefte 17 (2001), S. 162–170.

Weinke, Annette, „Alliierter Angriff auf die nationale Souveränität“? Die Strafverfolgung von Kriegs- und NS-Verbrechern in der Bundesrepublik, der DDR und Österreich, in: Norbert Frei (Hrsg.), Transnationale Vergangenheitspolitik. Der Umgang mit deutschen Kriegsverbrechern in Europa nach dem Zweiten Weltkrieg, Göttingen 2006, S. 37–93.

– Die Verfolgung von NS-Tätern im geteilten Deutschland. Vergangenheitsbewältigungen 1949–1969 oder: Eine deutsch-deutsche Beziehungsgeschichte im Kalten Krieg, Paderborn/München/Wien/Zürich 2002.

– Eine Gesellschaft ermittelt gegen sich selbst. Die Geschichte der Zentralen Stelle Ludwigsburg 1958–2008, Darmstadt 2008 (Veröffentlichungen der Forschungsstelle Ludwigsburg der Universität Stuttgart, Bd. 13).

– Geschichte, Gerechtigkeit. Transnationale Debatten über deutsche Staatsverbrechen im 20. Jahrhundert, Göttingen 2016 (Beiträge zur Geschichte des 20. Jahrhunderts, Bd. 19).

Weiße-Rose-Stiftung (Hrsg.), „Das hätte doch jeder getan!“ Die Rettung der 13 Juden von Ergoldsbach. Ausstellung und Dokumentation, Regensburg 2005.

Welsch, Jan, Was wir über die Ereignisse in Chribská erforschen konnten, in: SED-Kreisleitung Sebnitz, Kommission zur Erforschung der Geschichte der örtlichen Arbeiterbewegung (Hrsg.), Dem Schweigen entrissen. Konferenzbericht, Sebnitz 1980, S. 34–36.

Welzer, Harald (unter Mitarbeit von Michaela Christ), Täter. Wie aus ganz normalen Menschen Massenmörder werden, Frankfurt a. M. 2007.

Wentker, Hermann, Die juristische Ahndung von NS-Verbrechen in der Sowjetischen Besatzungszone und in der DDR, in: Kritische Justiz 35 (2002) 1, S. 60–78.

– Die Neuordnung des Justizwesens in der SBZ/DDR 1945–1952/53, in: Roger Engelmann/Clemens Vollnhals (Hrsg.), Justiz im Dienste der Parteiherrschaft. Rechtspraxis und Staatssicherheit in der DDR, Berlin 1999 (Analysen und Dokumente, Bd. 16), S. 93–114.

– Justiz in der SBZ/DDR 1945–1953. Transformation und Rolle ihrer zentralen Institutionen, München 2001 (Quellen und Darstellungen zur Zeitgeschichte, Bd. 51).

Werkentin, Falco, DDR-Justiz und NS-Verbrechen. Notwendige Hinweise zu einer neuen Dokumentation, in: Deutschland Archiv 38 (2005) 3, S. 506–515.

Werner, Constanze, Die Todesmärsche und -transporte in Bayern: Itinerare des Grauens, in: Bayerische Verwaltung der staatlichen Schlösser, Gärten und Seen (Hrsg.), „Wenn das neue Geschlecht erkennt, was das alte verschuldet …“ KZ-Friedhöfe und -Gedenkstätten in Bayern, Regensburg 2011, S. 15–35.

Wessel, Alexander, Warum wir den Todesmarsch erkundeten und wie wir das organisiert haben, in: SED-Kreisleitung Sebnitz, Kommission zur Erforschung der Geschichte der örtlichen Arbeiterbewegung (Hrsg.), Dem Schweigen entrissen. Konferenzbericht, Sebnitz 1980, S. 3–7.

Wetzel, Juliane, Die NSDAP zwischen Öffnung und Mitgliedersperre, in: Wolfgang Benz (Hrsg.), Wie wurde man Parteigenosse? Die NSDAP und ihre Mitglieder, Frankfurt a. M. 2009, S. 74–90.

Wieland, Günther, Die Ahndung von NS-Verbrechen in Ostdeutschland 1945–1990, in: Christiaan F. Rüter u. a. (Bearb.), DDR-Justiz und NS-Verbrechen. Sammlung ostdeutscher Strafurteile wegen nationalsozialistischer Tötungsverbrechen, Register und Dokumente, Amsterdam/München 2010, S. 11–94.

– Zwischen Konfrontation und Kooperation – Der Rechtshilfeverkehr beider deutscher Staaten bei der Ahndung von NS-Verbrechen, in: Zeitgeschichte 20 (1993) 11/12, S. 403–418.

Wierling, Dorothee, Von der HJ zur FDJ?, in: BIOS. Zeitschrift für Biographieforschung und Oral History 6 (1993) 1, S. 107–118.

de Wijze, Louis, Only My Life. A Survivor's Story, New York 1997.

Wildt, Michael, Das „Bayern-Projekt“, die Alltagsforschung und die „Volksgemeinschaft“, in: Norbert Frei (Hrsg.), Martin Broszat, der „Staat Hitlers“ und die Historisierung des Nationalsozialismus, Göttingen 2007 (Vorträge und Kolloquien, Bd. 1), S. 119–129.

- Die Epochenzäsur 1989/90 und die NS-Historiographie, in: Zeithistorische Studien/Studies in Contemporary History 5 (2008), S. 349–371.
- Die große Geschichtswerkstattschlacht im Jahr 1992 oder: Wie Werkstatt-Geschichte entstand, in: WerkstattGeschichte 50 (2008) 3, S. 73–81.
- Differierende Wahrheiten. Historiker und Staatsanwälte als Ermittler von NS-Verbrechen, in: Norbert Frei/Dirk van Laak/Michael Stolleis (Hrsg.), Geschichte vor Gericht. Historiker, Richter und die Suche nach Gerechtigkeit, München 2000, S. 46–59.
- Volksgemeinschaft als Selbstermächtigung. Gewalt gegen Juden in der deutschen Provinz 1919 bis 1939, Hamburg 2007.

Winter, Martin Clemens, „Dienstleistung anläßlich eines Gefangenentransportes“: Polizei und Evakuierungstransporte aus Konzentrationslagern am Beispiel Brunsbüttelkoog, in: Beiträge zur nationalsozialistischen Verfolgung in Norddeutschland 15 (2013), S. 40–49.

- Die strafrechtliche Ahndung der Todesmärsche aus Leipzig: Ermittlungen und Prozesse 1945 bis 1976, in: Detlev Brunner/Alfons Kenkmann (Hrsg.), Leipzig im Nationalsozialismus. Beiträge zu Zwangsarbeit, Verfolgung und Widerstand, Leipzig 2016 (Quellen und Forschungen zur Geschichte der Stadt Leipzig, Bd. 13), S. 135–154.
- Die Todesmärsche in Sachsen. Verbrechen, Ahndung und Gedenken 1945 bis 1949, in: Mike Schmeitzner/Clemens Vollhals/Francesca Weil (Hrsg.), Von Stalingrad zur SBZ. Sachsen 1943 bis 1949, Göttingen 2016 (Schriften des Hannah-Arendt-Instituts für Totalitarismusforschung, Bd. 60), S. 157–173.
- Die Todesmärsche – letzte NS-Gesellschaftsverbrechen. Ein Beispiel aus Brandenburg, in: informationen. Wissenschaftliche Zeitschrift des Studienkreises Deutscher Widerstand 1933–1945 80 (2014), S. 8–12.
- Evacuating the Camps: The Last Collective Crime of Nazi Society, in: Dapim: Studies on the Holocaust 29 (2015) 3, S. 138–153.
- Frühe Ermittlungen zu den Todesmärschen. Quellen im Vergleich, in: Jean-Luc Blondel/Susanne Urban/Sebastian Schönemann (Hrsg.), Auf den Spuren der Todesmärsche, Göttingen 2012, S. 136–151.
- Öffentliche Erinnerungen an den Luftkrieg in Nordhausen 1945–2005, Marburg 2010.
- Rezension zu: Blatman, Daniel: Die Todesmärsche 1944/45. Das letzte Kapitel des nationalsozialistischen Massenmordes, Reinbek bei Hamburg 2011, in: H-Soz-Kult, 25. 3. 2011, http://www.hsozkult.de/publicationreview/id/rezbuecher-15746 [25. 5. 2016].

– /Greiser, Katrin, Untersuchungen zu den Todesmärschen seit 1945, in: Jean-Luc Blondel/Susanne Urban/Sebastian Schönemann (Hrsg.), Auf den Spuren der Todesmärsche, Göttingen 2012, S. 73–84.

Wolbring, Barbara, Nationales Stigma und persönliche Schuld. Die Debatte über Kollektivschuld in der Nachkriegszeit, in: Historische Zeitschrift 289 (2009) 2, S. 325–364.

Wolfrum, Edgar, Die beiden Deutschland, in: Volkhard Knigge/Norbert Frei (Hrsg.), Verbrechen erinnern. Die Auseinandersetzung mit Holocaust und Völkermord, München 2002, S. 133–149.

Wulf, Sigrun (Hrsg.), Nur Gott der Herr kennt ihre Namen. KZ-Züge auf der Heidebahn, Schneverdingen 1991.

Yavnai, Elisabeth M., Military Justice: The U.S. Army War Crimes Trials in Germany, 1944–1947, unveröffentlichte Dissertation, University of London, 2007.

Yavnai, Lisa, U.S. War Crimes Trials in Germany, 1945–1947, in: Patricia Heberer/Jürgen Matthäus (Hrsg.), Atrocities on Trial. Historical Perspectives on the Politics of Prosecuting War Crimes, Lincoln/London 2008, S. 49–71.

Yelton, David K, Hitler's Volkssturm. The Nazi Militia and the fall of Germany 1944–1945, Lawrence, Kansas 2002.

Zámecnik, Stanislav, „Kein Häftling darf lebend in die Hände des Feindes fallen." Zur Existenz des Himmler-Befehls vom 14./18. April 1945, in: Dachauer Hefte 1 (1985), S. 219–231.

Zarusky, Jürgen, „That is not the American Way of Fighting". Die Erschießungen gefangener SS-Leute bei der Befreiung des KZ Dachau, in: Dachauer Hefte 13 (1997), S. 27–55.

Zeiger, Antje, Die Auflösung des Konzentrationslagerkomplexes Sachsenhausen im Frühjahr 1945, in: Detlef Garbe/Carmen Lange (Hrsg.), Häftlinge zwischen Vernichtung und Befreiung. Die Auflösung des KZ Neuengamme und seiner Außenlager durch die SS im Frühjahr 1945, Bremen 2005, S. 251–270.

Zieger, Matthias, Paul Bergmann – ein Kommunist als Seele des Widerstandes, in: Pädagogisches Kreiskabinett Sebnitz/Kreisvorstand der Gewerkschaft Unterricht und Erziehung Sebnitz/Haus der Lehrer „Richard Schallock" Dresden (Hrsg.), Laßt die Glut nicht verlöschen!, Sebnitz 1984, S. 9–13.

Ziemke, Earl F., The U.S. Army in the Occupation of Germany 1944–1946, Washington, D.C. 1975.

Zimmermann, Clemens, Ländliche Gesellschaft und Agrarwirtschaft im 19. und 20. Jahrhundert. Transformationsprozesse als Thema der Agrargeschichte, in: Werner Troßbach/ders. (Hrsg.), Agrargeschichte. Positionen und Perspektiven, Stuttgart 1998 (Quellen und Forschungen zur Agrargeschichte, Bd. 44), S. 137–163.

Zonik, Zgymunt, Anus Belli. Ewakuacja i wyzwolenie Hitlerowskich obozów koncentracyjnych, Warschau 1988.

zur Nieden, Susanne, Antifaschismus und Kalter Krieg. Vom Hauptausschuß für die Opfer des Faschismus zur Vereinigung der Verfolgten des Naziregimes, in: Günter Morsch (Hrsg.), Von der Erinnerung zum Monument. Die Entstehungsgeschichte der Nationalen Mahn- und Gedenkstätte Sachsenhausen, Berlin 1996, S. 77–86.

Periodika

Amtliche Nachrichten der Landesverwaltung Sachsen
Amtsblatt der Erzdiözese München und Freising
Amtsblatt des Landratsamtes für den Landkreis Miesbach
Amtsblatt des Landratsamts Ostalbkreis
Bayerisches Gesetz- und Verordnungsblatt
Berliner Zeitung (Berlin-Ost)
Bundesgesetzblatt, Bonn
Cellesche Zeitung
Das 20. Jahrhundert, Düsseldorf
Der Neue Tag, Weiden/Oberpfalz
Der Spiegel
Die Glocke vom Ettersberg
Die Tat, Frankfurt a. M.
Die ZEIT, Hamburg
Fink. Das Magazin aus Freising
Frankenpost, Hof
Frankfurter Rundschau, Frankfurt a. M.
Freie Presse, Chemnitz
Fuldaer Zeitung
Landes-Zeitung, Schwerin
Lübecker Nachrichten
Märkische Allgemeine Zeitung, Potsdam
Märkische Volksstimme, Potsdam
Mitteldeutsche Tageszeitung Freiheit, Halle/Saale
Münchener Merkur
Neues Deutschland, Berlin (Ost)
Neue Zeit, Berlin (Ost)
Norddeutsche Rundschau, Flensburg

Passauer Neue Presse
Sächsisches Tageblatt, Dresden
Sächsische Volkszeitung, Chemnitz (SVZ)
Sächsische Volkszeitung, Leipzig
Sächsische Zeitung, Dresden
Süddeutsche Zeitung, München
Thüringische Landeszeitung, Weimar
Volksstimme, Dresden
Volksstimme, Magdeburg
Volkszeitung, Dresden
Volkszeitung, Chemnitz
VVN-Nachrichten, Düsseldorf
Weltwoche, Zürich

Ortsregister

Aachen 281
Abtnaundorf 220
Abtsdorf 264
Achmühle 84
Aibling 230
Aicha 207, 213, 390
Aichach 230
Albertaich 240
Allach 232
Altdürnbuch 155
Altenberg 91
Altendorf 42, 75, 148
Altötting 230, 233, 239–241
Ambach 192
Amberg 209
Annaberg 246
Anzing 186
Arnhofen 157
Arnstadt 425
Arnstedt 128
Artern 317
Attenkirchen 241
Aufkirchen 191
Augsburg 300 f.
Auschwitz 10, 55, 57, 213, 279, 281 f., 286, 290, 310, 376, 442, 467
Auschwitz-Monowitz 272 f., 321

Bad Arolsen 11, 28, 61, 224, 227, 234, 279, 309, 422
Bad Grund 157
Bad Steben 339
Bad Tölz 192, 233, 242–244, 317
Bad Wiessee 152, 193
Belower Wald 28, 158, 159, 222, 382, 399, 425, 446 f., 453 f.
Berchtesgaden 230 f., 233
Bergen-Belsen 58, 194, 280 f., 290, 310, 374, 429, 469
Berlin 158, 220, 222, 275, 291, 367, 387, 391, 402, 406 f., 441, 468
Bernried 339
Beuerberg 191
Bielefeld 21, 280
Bismarckhütte 279, 286
Bitterfeld 371
Blechhammer 213
Bolzwang 192
Bonn 321
Borstendorf 246
Breitenstein 76, 181, 312–315, 327
Bremen 414
Bremervörde 101
Brunsbüttelkoog 102–105, 108 f., 111, 182, 184, 278–281, 283 f., 289 f., 320
Buchenwald 9 f., 14 f., 22, 52, 67, 69, 94, 118, 132, 165–167, 200–202, 205, 208, 210, 212, 215–218, 223, 247, 296, 321, 376, 389–391, 395, 401, 403 f., 425, 427, 431, 448, 454, 466
Burghausen 239

Caaschwitz 133, 270, 332
Celle 98, 444

Cham 61, 227 f., 339 f., 379
Chemnitz 350
Choustníkovo Hradiště 308 f.
Chřibská 418
Colditz 260
Cottbus 331 f.
Crawinkel 210

Dachau 4, 10, 28, 39, 84–87, 145, 152, 158, 165, 168 f., 184, 190, 201 f., 204 f., 215 f., 218 f., 230–233, 238, 242–244, 294, 334, 353, 376, 378, 385, 387, 390, 408, 413, 422, 431 f., 434 f., 446, 460
Dalkingen 446
Dannenberg 429
Degerndorf 84, 151, 192, 238, 293
Dessau 208, 275
Diebersried 340
Döbeln 260, 346, 348
Dolle 360–362, 389
Döllen 94
Dorfen 240
Dörschnitz 77
Drackenstedt 41, 44, 375
Dresden 57, 125, 259, 267, 324, 349, 415, 428, 430
Düsseldorf 281

Ebersberg 230 f., 233 f.
Eddelak 105
Eging 380
Eintrachthütte 279
Eisenberg 132
Ellbach 317
Ellwangen 330
Endorf 51, 176
Erding 230
Erfurt 425–428, 438
Ergoldsbach 102
Ermsleben 10, 44–46, 88 f., 131, 312, 316
Estedt 4

Farge 415
Feichten 241
Feilitzsch 55
Feldafing 197, 211
Flensburg 109, 110
Flintsbach 153
Flossenbürg 10, 28, 60, 67, 178, 201, 205, 214, 219, 223, 227 f., 230, 339, 379, 385, 387, 413, 422, 429
Frankenhain 331
Frankfurt 11, 290, 467
Freiberg 264
Freising 131, 145, 148, 150 f., 230, 233, 241, 295, 353
Fürholzen 151
Fürstenfeldbruck 230, 232 f., 241
Fürstenstein 210, 431

Garching 239
Gardelegen 4, 18, 22, 63, 268, 339, 360, 374, 401 f., 423, 447, 452
Garmisch-Partenkirchen 230 f., 233
Gauting 165, 171, 431–434, 436, 439, 467
Gera 332, 425, 427 f.
Glaubitz 42 f., 50, 95 f., 117 f., 120 f., 126, 130, 146, 220
Glauchau 347
Glückstadt 103
Görlitz 272
Goslar 407
Gotha 425
Grabow 221 f., 358
Gradlitz 308 f.

Greifswald 399
Grevesmühlen 443
Grieben 362 f.
Grimma 372
Grobau 55
Gröditz 124 f.
Grönenbach 297
Großlöbichau 133, 223
Groß-Rosen 10, 81, 308, 310, 376
Groß Schwansee 371
Grub 186
Grünthal 149
Grünwald 160
Gündlkofen 151

Hadamar 217
Haffkrug 367, 369
Haimhausen 151
Halberstadt 9, 12, 70, 246
Halle/Saale 45, 265, 271–273, 312, 325
Hamburg 101, 197, 280, 369, 376, 406, 415
Handeloh 58 f., 100, 283, 288, 290
Hannover 321–323, 415, 429
Hannover-Stöcken 322
Harburg 100
Harkerode 134–141, 143, 146 f., 265 f., 271 f., 312, 318 f., 332, 457
Harzungen 103
Hebertshausen 165–167
Helmbrechts 210, 213
Herbstham 238
Hermsdorf 91
Hersbruck 214
Herzogswalde 78, 116 f., 267, 373, 465
Herzsprung 72 f., 92–94, 96, 156, 176 f., 182, 273–277, 315 f., 327, 359, 424
Hessental 86 f., 232, 446
Hof 51, 55, 77, 173, 180, 186, 196, 210, 239
Hohenbachern 74, 78, 295
Hohenbercha 240, 242
Holzhausen 192
Holzwimm 196
Hoym 212, 214, 344
Hütten 85–87
Hüttlingen 39

Ingolstadt 230 f., 233
Ittelsburg 71, 173, 297, 299 f., 327
Itzehoe 103, 281, 285

Janinagrube 279
Jarzt 241
Jena 101, 223, 268
Jerusalem 434

Karl-Marx-Stadt 412, 425 f., 428
Karlsfeld 432
Katerbow 40
Kehnert 362
Kelheim 207
Kerkingen 38
Kiel 285
Kirchanschöring 153
Kirchberg 190
Klardorf 171, 211
Knippelsdorf 331
Kocbeře 310
Kochendorf 85, 232
Köln 306, 308 f.
Königsdorf 192, 432 f.
Kossa 371
Kürbitz 148

Landsberg 160, 230 f., 233
Landshut 278, 292

Langenbach 153
Langendembach 209
Langenstein-Zwieberge 9 f., 52, 70
Laufen 230
Lauter 212, 235 f.
Leipzig 55, 95, 118, 209, 220, 224, 262, 388
Leipzig-Thekla 220

Lichtentanne 42 f., 57
Lindow 160
Loibersdorf 196, 238
Lommatzsch 246
Lovosice 57
Lübeck 253, 364, 367 f., 370 f.
Lublin 99
Ludwigsburg 27, 252, 255, 295, 302–305, 308, 462
Lukahammer 60
Lüneburg 198, 278, 280, 324
Lutherstadt Wittenberg 264

Magdeburg 41, 323, 327, 360, 362, 407, 429
Mallersdorf 339, 376
Malmédy 203
Marbach 260
Marburg 307 f.
Marktl am Inn 330
Mauthausen 201 f.
Meißen 346
Meldorf 280
Memmingen 297, 301
Mertendorf 99 f.
Miesbach 228, 230, 233
Mieste 423
Mittelbau-Dora 28, 69, 103, 201, 279, 286, 290, 360, 374, 401 f., 407, 427, 429, 469
Moorenweis 241
Moosburg 208
Moskau 202, 263, 400, 416
Mühldorf 184, 230, 233, 234
Mülsen St. Micheln 223
München 28, 135, 148, 151, 165, 184, 188, 230 f., 233, 255, 292, 353, 356, 383, 422, 435
Münsing 151, 192
Muschenried 339
Mutzschen 372

Nammering 212, 215, 218, 339 f., 431, 448
Natzweiler 87
Nauen 363
Neuengamme 103, 197, 280, 322 f., 326, 367, 369, 406, 415
Neumark 55 f.
Neunburg vorm Wald 191, 193, 353 f., 356–358, 378, 464
Neundorf 158
Neuötting 242
Neustadt in Holstein 10, 364–368, 406
Niederambach 241
Niederbobritzsch 100, 133, 264, 443
Niederschlema 223
Niederschmiedeberg 172
Niederstriegis 157, 346
Nordhausen 69, 208, 425, 429
Nürnberg 201 f.

Oberaudorf 240
Oberbobritzsch 386
Oberlindhart 102
Oberneukirchen 234
Oberschefflenz 74, 210
Oberwiederstedt 88, 128, 131
Obing 240

Ohrdruf 210
Oldenburg 366
Oranienburg 159, 221
Oschatz 224

Parchim 358 f., 443
Pechbrunn 48 f.
Pelzerhaken 368
Penig 260
Percha 165 f., 168 f.
Pfaffenhofen an der Ilm 230
Pinsk 99
Pirna 75
Plattling 155, 183 f., 207 f., 272
Plauen 55, 348
Pleystein 339, 377 f.
Plömnitz 208
Poel 370, 374, 382
Poing 184–190, 199, 211, 458
Porta Westfalica 326
Potsdam 275, 277, 398, 411, 436
Prag 172
Premenreuth 149
Pullach 59

Quenstedt 9–13, 23, 74, 81, 128–130, 134, 144, 146, 271, 324, 327

Raben Steinfeld 436, 439
Radeberg 346
Ravensbrück 10, 65, 158 f., 248, 381, 389, 443, 449
Regensburg 206, 356
Rehefeld 90–92, 209
Reichraming 321
Reitzenhain 172
Rettenbach 376
Rettendorf 310
Riesa 43, 95, 117, 121
Rochlitz 260
Roding 340, 352
Rosenheim 230, 233, 240
Rostock 370 f., 381 f.
Ruppertsgrün 55, 57
Ruppin 248

Sachsenhausen 10, 28, 40, 47, 93, 158–161, 163 f., 177, 197, 220–222, 248 f., 274, 350, 358 f., 363, 373, 382, 388, 391, 393 f., 396, 398–402, 404, 407, 423–427, 436–439, 454, 466
Sachsgrün 82
Sadisdorf 179, 181, 268
Sandbostel 101, 109, 415, 420 f.
Sankt Michaelisdonn 104 f., 182, 184, 279
Schmidmühlen 207, 214
Schneeberg 60 f., 130
Schneverdingen 343
Schönbach 56
Schongau 230
Schrobenhausen 230
Schwäbisch Gmünd 72
Schwäbisch Hall 86
Schwarzenfeld 339, 380
Schwarzheide 416
Schwerin 221, 382, 394 f., 407
Sebnitz 415, 417
Seeshaupt 192, 445
Semmenstedt 99
Seyboldsdorf 208
Sierksdorf 365–369
Solpke 268
Soltau 278
Sommerfeld 363
Sonneberg 211, 307, 321, 427
Spitzkunnersdorf 116
St. Heinrich 192

Stallwang 178 f., 182, 207
Stamsried 352
Starnberg 84, 165, 230, 233, 432
Staßfurt 246
Steinpleis 442
Stod 215
Straubing 447
Strenznaundorf 11, 52–54, 69 f., 79
Suhl 425–427
Sünzhausen 238
Surberg 235 f.
Syrau 307

Tacherting 239
Teschendorf 221 f., 358
Theuma 78, 81, 83 f., 155
Thierstein 352
Thonstetten 241
Timmendorfer Strand 368
Traunstein 230, 233, 235, 239 f., 292, 330
Tröbitz 194 f., 374
Tüntenhausen 150

Uchtspringe 59
Ulm 302

Vaihingen/Enz 39
Vilsbiburg 278
Vohenstrauß 339
Volkmannsdorf 443

Waakirchen 244
Walkenried 181
Wallersdorf 339
Wallerstein 100
Washington D. C. 28
Wasserburg am Inn 230
Weferting 210
Weilheim 230
Weimar 67, 69, 425
Wernesgrün 88, 132, 260
Wetterfeld 340, 352
Wien 206
Wismar 371
Wittenberge 429
Wittstock 158, 359, 399, 425
Woffleben 103, 279, 281, 286 f., 289
Wogau 101
Wolfen 268
Wolfratshausen 230, 233 f., 238

Zschaiten 95 f., 118–120, 123, 126
Zschopau 173
Zwickau 55, 57